民商法学家

MINSHANGFA XUEJIA

民商法学家(第9卷)

张民安 主编

美国当代隐私权研究
——美国隐私权的界定、类型、基础以及分析方法

张民安 主　编
林泰松 副主编

中山大学出版社
·广州·

图书在版编目（CIP）数据

美国当代隐私权研究：美国隐私权的界定、类型、基础以及分析方法/张民安主编；林泰松副主编．—广州：中山大学出版社，2013.11

（民商法学家·第9卷/张民安主编）

ISBN 978-7-306-04744-1

Ⅰ．①美…　Ⅱ．①张…②林…　Ⅲ．①隐私权—研究—美国　Ⅳ．①D971.23

中国版本图书馆CIP数据核字（2013）第285709号

出版人：徐　劲
策划编辑：蔡浩然
责任编辑：蔡浩然
封面设计：方楚涓
责任校对：杨文泉
责任技编：何雅涛
出版发行：中山大学出版社
电　　话：编辑部 020-84111996，84113349，84111997，84110779
　　　　　发行部 020-84111998，84111981，84111160
地　　址：广州市新港西路135号
邮　　编：510275　　传　真：020-84036565
网　　址：http://www.zsup.com.cn　　E-mail：zdcbs@mail.sysu.edu.cn
印 刷 者：广州中大印刷有限公司
规　　格：787mm×1092mm　1/16　34.25印张　526千字
版次印次：2013年11月第1版　2013年11月第1次印刷
定　　价：64.90元

主编特别声明

提出新观点，倡导新观念，援引新资料，解决新问题，推动中国民商法理论的创新和民商法学术的进步，是《民商法学家》一贯的宗旨，也是《民商法学家》主编一直以来追求的目标。

《民商法学家》主编张民安教授和林泰松博士凭借良好的专业素质、外语水平以及与国内外民商法理论界和民商法实务界的良好关系，从理论和实务、国内和国外两个角度诠释当代民商法的最新理念，揭示当代民商法案例中所蕴涵的内涵，提升我国民商法的理论水准，为我国立法机关科学地制定民商法提供理论支撑，为我国司法机关科学妥当地解决纷繁复杂的民商事案件提供理论指导。

尊敬的读者，如果您在《民商法学家》中读到所援引的案例、法官的判词、外国学者的精辟论语和提出的学术观点，并在撰写文章或出版著作时引用，请您遵守最基本的学术规范和尊重作者最基本的权利，加上“转引自张民安主编的《民商法学家》”等字样，以体现对作者艰辛劳动的尊重。因为，学术虽然是开放的，但是，作者的劳动是应当得到保护的。只有这样，学术才能繁荣，民商法学才能进步，在学术上倡导新理论、提出新观点的学者才能真正体现其价值。

序言：民法学者的社会地位应建立在单纯的理论创新的基础之上

一、民法学者获得尊严、社会尊重或者名望的学术创新方式与非学术创新方式

在西方社会，在两大法系国家，当民法学者在学术方面提出了某种具有开拓性、创新性的理论时，他们所提出的此种理论无论是在事实上还是在法律上都会得到其他民法学者的尊重，其他民法学者在此后讨论他们所提出的民法理论时都会尊重其原创地位；其他学者在出版有关方面的学术著作或者发表有关方面的学术论文时，都会在所出版的学术著作或者所发表的学术论文当中提及他们的原创地位，对于那些赞成他们所提出的民法理论的学者而言是如此，对于那些反对他们所提出的民法理论的学者而言也是如此。这一点，除了在19世纪末期的美国学者 Samuel D. Warren 和 Louis D. Brandei 身上得到完整、完美的体现之外，也在19世纪末期的法国学者 Saleilles 和 Josserand 身上得到完全、充分的体现。当然，在其他的具有开拓性、创新性的民法学者身上也得到同样完美的体现。

在西方社会，在两大法系国家，当民法学者在学术方面提出了某种具有开拓性、创新性的理论时，无论他们提出的理论是否最终被立法者所采用并因此被制定成制定法，也无论他们所提出的理论是否最终被法官所采纳并因此作为法官裁判案件的理论根据，他们均能够单凭其在学术方面的理论创新获得应有的尊严、社会尊重或者名望，无需再凭借其学术方面的理论创新之外的各种因素获得应有的尊严、社会尊重或者名望。例如，他们无需凭借其担任的政府官职、大学校长、法学院院长、核心期刊的主编等因素来获得应有的尊严、社会尊重或者名望。而在我国，无论是民法学者还是其他学者，他们根本无法像美国的 Samuel D. Warren 和 Louis D. Brandeis 或者法国的 Saleilles 和 Josserand 那样单凭他们在学术方面的理论创新来获得应有的尊

严、社会尊重或者名望，他们必须通过学术方面的理论创新之外的、中国社会特有的其他因素来获得应有的尊严、社会尊重或者名望。例如，他们必须通过其担任的政府官职、大学校长、法学院院长、核心期刊的主编等因素来获得应有的尊严、社会尊重或者名望。

笔者将民法学者所获得的“应有的尊严、社会尊重或者名望”统称为民法学者的“社会地位”。当民法学者单凭他们在学术方面的理论创新就能够获得社会地位时，笔者将民法学者获得社会地位的此种方式称为“学术创新方式”。当民法学者无法通过单纯的学术方面的理论创新而获得社会地位时，尤其是，当他们必须通过担当政府官职、大学校长、法学院院长、所谓核心刊物的主编等因素来获得社会地位时，笔者将他们获得社会地位的此种方式称为“非学术创新方式”，其中的“政府官职、大学校长、法学院院长、核心刊物的主编等因素”就是所谓的“非学术创新因素。”

换言之，在西方社会，在两大法系国家，民法学者获得社会地位的唯一方式是“学术创新方式”，在“学术创新方式”当中，民法学者的社会地位直接来源于他们在学术方面的理论创新，同“非学术创新因素”没有丝毫的关系，他们的社会地位仅仅是学术方面的理论创新的结果，不是“非学术创新因素”的“衍生品”、“附属品”。而在我国，民法学者获得社会地位的方式虽然多种多样，但是，他们基本上都是通过“非学术创新方式”获得的，很少通过“学术创新方式”获得，他们的社会地位仅仅是他们的“非学术创新因素”的“衍生品”、“附属品”，不是“学术创新方式”的直接结果。这一点，使我国民法学者在获得应有的社会地位方面同两大法系国家的民法学者形成鲜明的、强烈的对比，也是两大法系国家的民法理论能够持续繁荣昌盛而我国的民法理论则一直贫瘠落后的根本原因。

在民法上，当民法学者提出了具有开拓性、创新性的理论之后，他们并不会凭借其具有开拓性、创新性的理论就能够自动获得社会地位。他们在提出具有开拓性、创新性的民法理论之后所获得的社会地位以其他民法学者在研究、讨论他们所提出的民法理论时对他们承担道德上的、法律上的作为义务作为必要前提和保障，这就是，在其他民法学者研究、讨论他们最早、最先提出的民法理论时必须论及他们在此种民法理论产生当中所起的作用，不得有意或者无意忽视他们在该种理论当中的原创地位，否则，其他民法学者的不作为行为既构成违反道德义务的行为，也构成侵权法上的不作为过错行为，除了要遭受道德上的强烈谴责之外，也应当承担侵权责任。

二、通过“学术创新方式”获得社会地位的美国学者 Samuel D. Warren 和 Louis D. Brandeis

（一）美国学者对 Warren 和 Brandeis《论隐私权》一文的评价

在1890年第4期的《哈佛法律评论》上，Samuel D. Warren 和 Louis D. Brandeis 发表了《论隐私权》一文，主张美国要认可隐私权和隐私侵权责任的独立性，反对通过类推适用其他的既存侵权责任制度来保护他人的隐私利益。他们指出，最近的发明和商事手段要求普通法采取新的步骤来保护他人，使他们能够享有 Cooley 法官称之为“独处权”的权利。由于照相技术和报纸杂志的发展，快照和新闻媒体记者大量侵入他人的私人生活和家庭生活的领域，使他人的私人生活和家庭生活存在暴露于天下的危险。① 美国普通法有必要保护他人的隐私权，保护他人的隐私权免受行为人尤其是新闻媒体的侵害，因为，美国新闻媒体正在进入社会生活的各个领域，正在渗透到社会的各个角落。② 他们还指出，在英美法系国家，过去的既存侵权责任制度虽然能够对他人的隐私利益提供某些保护，但是这些保护都存在这样或者那样的问题。为了对他人的隐私利益进行良好的保护，美国侵权法应当承认一种独立的隐私权，此种隐私权不依赖于其他既存的侵权责任制度，诸如名誉侵权责任制度。③

在我国，由于受到我国台湾地区某些学者的影响，我国民法学者普遍认为，Samuel D. Warren 和 Louis D. Brandeis 是世界上最早、最

---

① 张民安：《无形人格侵权责任研究》，北京大学出版社2012年版，第440页。

② 张民安：《无形人格侵权责任研究》，北京大学出版社2012年版，第440页。

③ 张民安：《无形人格侵权责任研究》，北京大学出版社2012年版，第441页。

先主张隐私权理论的学者。[1] 实际上，此种理论极端错误，严重背离事实，因为事实是，在美国学者 Samuel D. Warren 和 Louis D. Brandeis 于 1890 年提出隐私权理论之前，法国学者 Jacobin Jérô me Pétion 和 Pierre-Paul Royer-Collard 就已经分别在 1791 年和 1819 年提出了隐私权的理论，他们均认为，鉴于新闻自由所存在的将他人的私人生活公之于众的危险，法律应当保护他人的隐私权，防止新闻媒体在他们的报纸杂志当中公开他人的私人生活。[2] 基于 Jacobin Jérô me Pétion 的主张，法国 1791 年宪法第 17 条对他人隐私权的法律保护作出了明确规定。尤其值得注意的是，在 1819 年的演讲当中，法国学者 Pierre-Paul Royer-Collard 提出了"他人的私人生活必须用围墙隔开！"的著名论断，该种著名论断不仅被 19 世纪中后期的法国法官在有关隐私侵权案件当中予以援引，用来作为他们责令行为人就其侵犯他人私人生活的行为对他人承担侵权责任的理论根据，而且还传遍整个欧洲大陆，成为推动欧洲大陆国家保护他人私人生活的重要理论力量。[3]

不过，Warren 和 Brandeis 虽然不是世界上最早、最先提出隐私权理论的学者，但是，他们在 1890 年所提出的隐私权理论除了为美国隐私侵权责任制度的建立作出了重大贡献之外，也为他们带来了崇高的社会地位，使他们单凭《论隐私权》一文就成为美国 100 多年来影响最大、最持久的美国法学学者。

（二）Warren 和 Brandeis《论隐私权》一文获得成功的原因

在美国，Warren 和 Brandeis 的《论隐私权》一文为什么成就了他们的崇高社会地位？关于这样的问题，美国学者往往从《论隐私

① 关于我国民法学者对隐私权的起源问题作出的说明，请读者阅读张民安：《隐私权的起源——对我国当前流行的有关隐私权理论产生于美国 1890 年观点的批判》，张民安主编：《侵权法报告》（第 6 卷），中山大学出版社 2013 年版，第 5－10 页。

② 张民安：《法国的隐私权研究》，张民安主编：《侵权法报告》（第 6 卷），中山大学出版社 2013 年版，第 121－124 页。

③ 张民安：《法国的隐私权研究》，张民安主编：《侵权法报告》（第 6 卷），中山大学出版社 2013 年版，第 124 页。

权》一文对美国立法所产生的影响、对美国司法以及美国学说所产生的影响等方面作出回答，认为他们之所以获得崇高的社会地位，是因为他们在1890年提出的隐私权理论除了获得立法者的广泛认同和司法判例的广泛适用之外，① 还获得了民法学者的广泛赞誉，因为民法学者将他们的文章称之为“当之无愧的经典文章”，② 是“美国所有法律评论所发表的文章当中最具影响力的文章”③，是“法律期刊对美国法律产生重大影响的杰出范例”，④ 是“对美国的侵权法著作增加了一章的文章”，⑤ 是“一颗普通法论证方面的明珠并且独立地创设了一种新的侵权行为”的文章。⑥的确，Warren 和 Brandeis 的《论隐私权》一文之所以成就了这两位作者，其原因当然是因为他们在1890年所提出的隐私权理论能够历经一百多年而仍然在美国的立法层面、司法层面以及学术层面找到其影响力。不过，笔者更关注的是一个美国学者没有讨论的原因，这就是，美国学者对具有创新性理论的尊重与传承。在美国，Warren 和 Brandeis 的《论隐私权》一文之所以历经百年而仍然能够为他们带来巨大的成就，一个重要的原因在于，他们所提出的隐私权理论具有创新性，该种创新性的理论能够在美国得到其他民法学者或者社会公众的广泛尊重和传承。

在美国，无论是那些赞成 Warren 和 Brandeis 在他们所发表的《论隐私权》一文当中所提观点的作者，还是那些反对他们在其《论隐私权》一文当中所提观点的作者，当他们在美国出版任何有关隐私侵权方面的著作时，或者当他们在美国任何法律评论期刊上发表任何有关隐私权方面的文章时，他们均会自觉地对美国隐私权的历史发展或者作出简单或者作出详尽的讨论，并且无论是作出简单的还是详

---

① 张民安：《无形人格侵权责任研究》，北京大学出版社2012年版，第442－446页。

② Fred R. Shapiro, The Most-Cited Law Review Articles, 73 Cal. L. Rev. 1540, 1545 (1985).

③ Richard A. Epstein, Cases and Materials on Tort, 15th edition, Little, Brown and Company, p1200; Harry Kalven, Jr., Privacy in Tort Law-Were Warren and Brandeis Wrong?, 31 Law & Contemp. Probs. 326, 327 (1966).

④ W. Page Keeton, Prosser and Keeton on Torts 5th edition, West Publishing Co., p849.

⑤ Alpheus Thomas Mason, Brandeis: A Free Man's Life 70 (1946).

⑥ Ruth Gavison, Too Early for a Requiem: Warren and Brandeis Were Right on Privacy vs. Free Speech, 43 S. C. L. Rev. 437, 438 (1992).

尽的讨论，他们均会论及 Warren 和 Brandeis 对美国隐私权产生的历史所作出的贡献，很少会有学者有意或者无意地忽略 Warren 和 Brandeis 对美国隐私权理论的产生所作出的贡献。

（三）美国学者在他们的侵权法著作当中对 Warren 和 Brandeis 地位的认可

在美国，如果民法学者要出版有关隐私侵权责任方面的著作，他们都会论及 Warren 和 Brandeis 在美国隐私权或者美国隐私侵权责任的产生与发展当中的开拓者的地位。

例如，Prosser 教授在其《侵权法》当中对 Warren 和 Brandeis 在美国隐私权的产生当中所起的作用作出了说明，他指出："所谓的隐私权的认可和发展或许是法律期刊对法官的司法判例产生重要影响的杰出范例。在 1890 年之前，无论是英国的法官还是美国的法官均不会对他人隐私权所遭受的损害予以法律救济，虽然，如果我们回头看，我们或许会发现，法官在处理某些案件的时候正在不遗余力地往这个方向走；并且 Cooley 法官已经阐述过'独处权'这一概念。在 1890 年，《哈佛法律评论》发表了一篇由 Samuel D. Warren 和 Louis D. Brandeis 所撰写的著名文章。在该篇文章当中，两位作者对一系列有关侵害他人名誉的案件、有关侵犯他人财产权的案件、有关背叛他人信任的案件或者有关违反他人所承担的暗含合同义务的案件进行仔细的审视，并且得出这样的结论，这就是，这些案件实际上是建立在一个范围更加广泛的原则基础上，该种更加广泛的原则应当获得法律的单独承认，这个更加广泛的原则就是他人的私人生活应当予以保护的原则。"① 同样，Schwartz，Kelly 和 Partlett 在他们主编的《侵权法》当中对 Warren 和 Brandeis 在美国隐私权产生的历史当中所起到的开创性作用作出了说明，他们指出："隐私权的认可和发展或许是法律期刊对法官的司法判例产生重要影响的杰出范例。在 1890 年之前，无论是英国的法官还是美国的法官均不会对他人隐私权所遭受的损害予以法律救济，虽然，如果我们回头看，我们也许会发现，法官在处理某些案件的时候正在不遗余力地往这个方向走；并且 Cooley

---

① W. Page Keeton, Prosser and Keeton on Torts 5th edition, West Publishing Co., p849.

法官已经阐述过‘独处权’这一概念。在1890年，《哈佛法律评论》发表了一篇由Samuel D. Warren和Louis D. Brandeis所撰写的著名文章。在该文章当中，两位作者对一系列有关名誉侵权的方面的案件、有关财产权侵犯的案件、有关背叛信任的案件、有关违反暗含合同义务的案件、有关信函的公开案件、有关肖像公开的案件等进行了仔细的检讨。他们在其文章当中得出了这样的结论，这就是，这些案件实际上是建立在一个更加广泛的原则的基础上，该种原则应当获得承认，他们将这一原则称为个人所享有的独处的隐私权，该种隐私权要求法律保护他人的私人生活在没有获得他人授权的情况下免受公开。”①

再例如，Franklin和Rabin也在他们所主编的《侵权法与可替代的救济》当中对Warren和Brandeis在美国隐私权的产生当中所起的作用作出了说明，他们指出：“隐私应当受到法律保护的理论来源于Samuel D. Warren和其合作伙伴Louis D. Brandeis在1890年第4期的《哈佛法律评论》当中所发表的名为《论隐私权》的文章。”②

（四）美国学者在他们的隐私权论文当中对Warren和Brandeis地位的认可

除了在他们的著作当中广泛论及Warren和Brandeis在美国隐私权的产生和发展当中所作出的卓越贡献之外，美国的学者同样在他们所发表的有关隐私权的文章当中或者简单或者详细的论及Warren和Brandeis对美国隐私权的产生和发展所作出的贡献。

例如，在《隐私权导论》一文当中，Danielle Keats Citront教授对Warren和Brandeis在美国隐私权的产生和发展当中所起的重要作用作出了明确说明，他指出：“在美国，有关隐私权方面的法律是基于19世纪的某些特定社会现象和隐患所导致的。在19世纪晚期，傻瓜照相机、录音设备的使用，使行为人能够在他人不知情的情况下以一种更加简便、低成本的方式获得他人的私人生活信息。与此同时，

---

① Victor E. Schwartz, Kathryn Kelly, David F. Partlett, Prosser, Wade and Schwartz's Torts, 10th edition, New York Foundation Press, p937.

② Marc A. Franklin, Robert L. Rabin, Tort Law and Alternativers, 7th edition, New York Foundation Press, p1098.

基于商事利益的获得，各种小报纸经常刊登他人私人照片或者通话内容。19 世纪晚期 Samuel Warren 和 Louis Brandeis 对上述现象作出了回应。他们第一次提出了‘隐私权’这一概念，并呼吁美国侵权法保护他人的‘独处权’。”①

同样，在《美国隐私权的百年历程》当中，KEN GORMLEY 也论及 Warren 和 Brandeis 对美国隐私权产生和发展所作出的贡献，他指出：“100 年前，Samuel Warren 和 Louis Brandeis 在《哈佛大学法学评论》（*the Harvard Law Review*）上发表了著名的《论隐私权》一文，在该文中，他们提出了‘个人独处的权利’这个概念。那时候，《哈佛大学法学评论》刚好创刊四年，通过 Brandeis 和其他人的努力，Samuel Warren 和 Louis Brandeis 所撰写的这篇只有短短 27 页却论证严密的论文终于在该刊发表了。在这篇论文中，Samuel Warren 和 Louis Brandeis 认为，普通法培育了一种新的权利，即隐私权，隐私权亟须得到美国法律制度的承认。他们认为，‘随着政治、社会以及经济的发展，美国应该承认隐私权是一项独立的权利’，‘普通法有很强的生命力，它们总是能适应社会的发展需要’。在 Samuel Warren 和 Louis Brandeis 所撰写的这篇文章中，他们要求美国普通法承认隐私权是一项独立的权利，希望美国普通法能够保护他人的隐私权。文章的内容显得很雄心勃勃，但其实他们所列举的支撑论据却很少。尽管如此，当他们的文章在《哈佛大学法学评论》1890 年第四期中发表以后，他们的观点还是获得了广泛的关注。该文发表以后，美国出版的讨论隐私权的书籍和文章成千上万。美国 20 世纪著名的法学家和哲学家，如 Roscoe Pound，Pau Freund，Erwin Griswold，Carl J. Friedrich，William Prosser，Laurence Tribe 等学者都曾对隐私权这个正逐渐消亡的概念进行过研究，或者通过开辟另外一种研究方式的形式对这个问题进行了研究。”②

再例如，在《隐私权法的统一化》当中，Lior Jacob Strahilevitzt

---

① Danielle Keats Citront, Mainstreaming Privacy Torts, (2010) California Law Review, p1807.

② KEN GORMLEY, ONE HUNDRED YEARS OF PRIVACY, (1992) Wis. L. Rev. 1335, pp1135 - 1136；转引黄淑芳译：《美国隐私权的百年历程》，张民安主编：《民商法学家》第 9 卷，中山大学出版社 2013 年版，第 100 - 101 页。

教授也对 Warren 和 Brandeis 在美国隐私权产生和发展当中所起的作用作出了说明，他指出："在 Warren 和 Brandeis 对隐私权进行简单说明之后，隐私权这一概念就毫无悬念地进入到了美国的法律体系当中，这当然就是 Warren 和 Brandeis 所提出的隐私权理论能够获得巨大成功并享有重要地位的原因之一。"①

三、通过"学术创新方式"获得社会地位的法国学者 Saleilles 和 Josserand

除了美国学者 Warren 和 Brandeis 单凭他们所提出的学术方面的理论创新获得社会地位之外，法国学者 Saleilles 和 Josserand 也单凭他们在 19 世纪末期所提出的具有开创性、创新性的民法理论而获得了崇高的社会地位，这就是他们在 19 世纪末期所提出的危险责任理论。

（一）Saleilles 和 Josserand 所提出的危险责任理论

在法国，为了应对工业革命所带来的日益严重的危险，为了对工业革命当中遭受工伤事故损害的人提供有效的法律保护，Saleilles 和 Josserand 在 19 世纪末期开始主张危险责任理论，他们认为法国应当废除单一的过错侵权责任制度，责令那些从事危险活动的人就其实施的危险活动引起的损害对他人承担侵权责任，即便这些人在从事这些危险活动的时候没有过错，也是如此。

在 1894 年至 1898 年这一时期，法国著名学者 Saleilles 公开发表了一系列论文，② 并出版了《工伤事故与民事责任》这本小册子，③ 除了对危险责任理论的适用范围作出说明之外，也对危险责任的理论

① Lior Jacob Strahilevitzt, Reunifying Privacy Law, (2010) California Law Review, p2008.

② R. Saleilles, Compte rendu de La thèse Reuker, Revue bourguignonne de l'enseignement supérieur, 1894; note précitée, D. 1897. 1. 433; Le risque professionnel dans le code civil, La reforme sociale, 1898, pp643 dts; 张民安：《现代法国侵权责任制度研究》（第二版），法律出版社 2007 年版，第 94 页。

③ R. Saleilles, Les accidents du travail et la responsabilité civil, 1897; 张民安：《现代法国侵权责任制度研究》（第二版），法律出版社 2007 年版，第 94 页。

根据予以说明。[①] 在 1897 年，法国著名学者 Josserand 发表了其大作《论因无生命的物的行为而所产生的侵权责任》[②]，开始倡导危险责任理论，他认为，《法国民法典》第 1384（1）条并非是对《法国民法典》第 1385 条和第 1386 条的简单说明，它实际上确立了一种独立的具有普遍意义的侵权责任根据，这就是因物的行为所产生的侵权责任原则，此种原则不同于以《法国民法典》第 1382 条为基础的侵权责任原则，因为后者是因人的行为所产生的侵权责任原则。这样，Josserand 首次在法国提出了影响法国现代侵权责任法的两个重要概念，即因物的行为所产生的侵权责任和因人的行为所产生的侵权责任。Josserand 认为，因物的行为所产生的侵权责任不仅适用于危险物所引起的损害，而且还应适用于非危险物所引起的损害，因此，它应适用于所有物所引起的损害。不仅如此，Josserand 还提出了因物的行为所产生的侵权责任的理论根据，认为法律之所以责令危险物的管理人就其物的行为所导致的损害承担侵权责任，是因为物的管理人从物的积极使用中获得了利益。[③] 这就是所谓的危险利益理论。

在法国，Saleilles 和 Josserand 当然不是世界上第一个主张危险责任理论的学者，就像 Warren 和 Brandeis 不是世界上第一个主张隐私权理论的学者一样，因为在他们主张此种危险责任理论之前，英国的法官早已经在 1866 年的著名案件 Ryland v. Fletcher[④] 一案当中确立了英国法当中的危险责任[⑤]；德国、奥地利和意大利的某些民法学者也主张过此种理论[⑥]。不过，Saleilles 和 Josserand 所提出的此种危险责任理论仍然被认为具有创新性，因为他们被认为是法国范围内最早、最先主张危险责任理论的学者，那些赞成或者反对他们提出的此种理论的学者在他们的著作或者论文当中均会提及 Saleilles 和 Josser-

---

① 张民安：《现代法国侵权责任制度研究》（第二版），法律出版社 2007 年版，第 94－97 页。

② L. Josserand , De La responsabilité du fait des choses inanimées paris：A Rousseau. 1897.

③ L. Josserand , De La responsabilité envers soimême, DH, 1934, ch. 73.

④ (1866) L. R. 1 Ex. 265；L. R. 3. H. L. 330 (1868).

⑤ 张民安：《过错侵权责任制度研究》，中国政法大学出版社 2002 年版，第 138－139 页。

⑥ 张民安：《现代法国侵权责任制度研究》（第二版），法律出版社 2007 年版，第 99 页。

and 对法国危险责任理论的产生和发展所作出的贡献。

（二）赞成 Saleilles 和 Josserand 所提出的危险责任理论的民法学者对 Saleilles 和 Josserand 在法国危险责任理论产生当中的原创地位的说明

在法国，那些赞成 Saleilles 和 Josserand 所提出的危险责任理论的学者在讨论危险责任理论的时候往往都会提及 Saleilles 和 Josserand 对法国危险责任理论产生所起的作用。例如，Roland 和 Boyer 在讨论侵权责任的理论根据时就提及 Saleilles 在法国危险责任产生当中的地位，他们指出："危险责任理论是在 19 世纪末期所产生的理论，因为在那时，法国和法国之外的其他国家均有学者主张此种理论，对于法国而言，人们在讨论最早主张此种理论的学者时经常会提及 Saleilles 的名字。"① 再例如，② Terré，Simler 和 Lequette 在讨论侵权责任的理论根据时也提及 Saleilles，他们指出："由于过错侵权责任存在明显的问题，某些民法学者不再主张主观性质的侵权责任理论，而是主张客观性质的侵权责任理论，其中尤其包括 Saleilles。"③

（三）反对 Saleilles 和 Josserand 所提出的危险责任理论的民法学者对 Saleilles 和 Josserand 在法国危险责任理论产生当中的原创地位的说明

在法国，那些反对 Saleilles 和 Josserand 所提出的危险责任理论的学者在主张过错责任理论的时候也会论及 Saleilles 和 Josserand 所主张的危险责任理论，最明显的例子是 Mazeaud 和 Francois Chabas。

在法国，Saleilles 或者 Josserand 所提出的危险责任理论虽然在最初提出来的时候遭遇了不少民法学者的强烈反对，④ 但是，在当今法

---

① Henri Roland et Laurent Boyer, Responsibility délictuelle 3 e edition, Litec, p29.

② Philippe Malaurie Laurent Aynès Philippe Stoffel-Munck, les, obligations, 4e edition DEFRENOIS, p4.

③ Francois Terré Philippe Simler Yves Lequette, Droit civil, Les obligations, 10e edition, Dalloz, p694.

④ 张民安：《现代法国侵权责任制度研究》（第二版），法律出版社 2007 年版，第 97－98 页。

国，大多数民法学者均支持他们所提出的此种理论，并且法国当今的侵权责任法已经完全采纳了他们所提出的此种侵权责任理论。不过，在当今法国，仍然有少数民法学者反对他们所提出的此种理论，认为法国仍然应当像传统民法那样仅仅认可过错侵权责任，不认可包括 Saleilles 或者 Josserand 所提出的危险责任在内的其他侵权责任，其中就包括 Mazeaud 和 Francois Chabas。不过，他们虽然强烈反对 Saleilles 和 Josserand 所提出的危险责任理论，虽然他们坚决主张单一的过错侵权责任理论，但是，在讨论侵权责任的理论根据时，他们仍然会提及 Saleilles 和 Josserand 所主张的危险责任理论。

一方面，他们在讨论法国民事责任的发展时对 Saleilles 和 Josserand 所提出的危险责任理论作出了介绍，他们指出："为了便于事故的受害人提起侵权诉讼，法国某些学者采取了一种极端的途径：因为过错侵权责任要求受害人证明行为人过错的存在，使法官难以责令行为人对受害人承担赔偿责任，这些学者认为，行为人在行为时存在过错不是他们对受害人承担侵权责任的条件。他们认为，行为人应当就其实施的行为对他人承担赔偿责任，即便他们在行为的时候没有过错；一旦行为人从事的某种活动使他人面临遭受损害的风险，例如，一旦工厂主的机器使其工人面临危险，则行为人所从事的活动就对他人产生了危险，当行为人的行为所产生的此种危险最终发生时，行为人就应当对他人因为其危险而遭受的损害承担赔偿责任，这就是所谓的危险责任理论。该种理论为 Saleilles 和 Josserand 在 1897 年所主张，他们认为，此种理论尤其应当在工伤事故领域予以适用。"①

另一方面，他们在主张单一的过错侵权责任的同时也对 Saleilles 和 Josserand 提出的危险责任理论作出了说明，他们指出："我们已经在前面的内容当中指出，Saleilles 和 Josserand 否定过错是行为人承担侵权责任的条件，他们认为，为了让工人、劳动事故的受害人能够获得损害赔偿，法律应当免除他们所承担的证明雇主存在过错的责任，这就是所谓的危险责任理论，它是一种一般的理论。Saleilles 和 Josserand 所主张的危险责任理论具有双重内容：它否定过错是行为人

① Henri et Leon Mazeaud Jean Mazeaud Francois Chabas, Obligations, 9 e édition, Montchrestien, p375.

对他人承担侵权责任的条件（消极内容）；它建议采取新的侵权责任理论，以取代过错侵权责任理论（积极内容）。”①

四、通过“非学术创新方式”获得社会地位的我国民法学者

（一）我国民法学者没有对民法学者获得社会地位的方式作出说明

在我国，民法学者是通过何种方式获得社会地位的？他们是否也是像美国学者 Samuel D. Warren 和 Louis D. Brandeis 或者法国学者 Saleilles 和 Josserand 那样通过单纯的提出具有创新性的民法理论来获得社会地位？如果他们不是像美国学者或者法国学者那样通过提出具有创新性的民法理论来获得社会地位，他们又是通过什么方式获得社会地位的？对于这些问题，我国迄今为止尚无人作出哪怕是最简单的说明，更遑论作出条分缕析了。

我国民法学者之所以不对这些问题作出说明，其理由可能多种多样，不过，一个无法言说的理由是，对于这些问题作出说明可能会得罪那些已经成为“著名”民法学者的人，并因此让那些对这些问题作出说明的民法学者在民法学界“无立锥之地。”因为在当今中国民法学界，正如在当今中国法学界乃至广而言之的中国整个学术界，那些已经因为各种各样的原因而成为“著名”民法学者的人已经统治着中国整个民法学界的江山，成为民法学界“有权有势”的人，他们不仅决定着对这些问题作出说明的民法学者在中国民法学界的未来地位，而且还决定着对这些问题作出说明的民法学者能否在中国那些永远让人莫测高深的所谓核心刊物上发表文章，不仅决定着对这些问题作出说明的民法学者是否能够获得教授职称的晋升，而且还决定着对这些问题作出说明的民法学者能否成功获得政府所设立的各种各样的奖项、形形色色的项目等。

① Henri et Leon Mazeaud Jean Mazeaud Francois Chabas, Obligations, 9 e édition, Montchrestien, p437.

（二）笔者对我国民法学者获得社会地位的方式作出回答

笔者认为，我们可以从消极方面和积极方面对这些问题作出回答。所谓从消极方面作出回答是指，在中国，民法学者很少像美国的 Samuel D. Warren，Louis D. Brandeis 或者法国的 Saleilles，Josserand 那样是通过他们所提出的具有创新性的理论来获得社会地位，因为在当下的中国，一个民法学者所获得的社会地位同他们是否提出了某种具有创新性的理论没有必然的关系：一方面，即便一个民法学者没有提出过任何具有创新性的民法理论，他们仍然能够像美国的 Samuel D. Warren 和 Louis D. Brandeis 或者法国的 Saleilles 和 Josserand 一样获得社会地位；另一方面，即便一个民法学者也像美国的 Samuel D. Warren 和 Louis D. Brandeis 或者法国的 Saleilles 和 Josserand 一样提出了某种具有创新性的民法理论，他们也可能无法获得像他们一样的社会地位。换言之，在中国，一个民法学者获得的社会地位同他们是否提出了某种具有创新性的民法理论没有丝毫关系。

所谓从积极方面作出回答是指，我国民法学者获得社会地位的主要方式有哪些。在我国，一个民法学者获得社会地位的方式可谓多种多样，包括通过占据具有特殊地位的地理位置，凭借这些特殊的地理位置获得社会地位；通过担当大学的校长、法学院院长等职位作为获得社会地位；通过担当政府官员，法院院长、副院长等官职获得社会地位；通过担当全国性的学术研究会的会长、副会长，核心刊物的主编等职务获得社会地位；等等。这些方式虽然千奇百怪、莫衷一是，但是均具有一个共同特征，这就是，它们均是民法学者所提出的某种创新性的民法理论之外的因素，他们均是“非学术创新因素”。

（三）我国民法学者获得社会地位的几种典型的“非学术创新因素”

1. 地理位置因素

在中国，民法学者获得社会地位的第一个主要的“非学术创新因素”是地理位置因素，这就是，当民法学者在中国的某些地区从事学术活动时，他们要比在其他的地区从事学术活动的人更容易获得社会地位。

在当下的中国，基于政治、经济、文化或者其他因素的影响，我国某些地区具有天然的让一个人获得社会地位的可能性，也包括让一个民法学者获得社会地位的可能性，当一个民法学者进入这些为数不多的地区从事学术活动时，他们即刻就能够凭借所占据的地区因素成为中国式的“著名”民法学者，并因此获得比在其他地区从事学术活动的民法学者高得多的社会地位。据说有人曾经作出这样的统计，说中国式的“著名”民法学者几乎都集中在这些地区，他们一言九鼎，一呼百应；他们在进行学术活动的时候，只需要花费其他地区的民法学者的四分之一的时间、精力就能够获得其他地区的民法学者所获得的社会地位。

2. 大学校长、法院院长、法学院院长等官职

在中国，民法学者获得社会地位的第二个主要的、也是最重要的“非学术创新因素”是民法学者所担当的某种官职，这就是，当一个民法学者担当了某种官职时，他们要比那些没有担当任何官职的民法学者更容易获得社会地位，更容易获得更高的社会地位。

在当下的中国，基于浓烈的官本位的现实，包括民法学者在内的几乎所有学者单靠其学者的身份是无法获得社会地位的，他们只能依靠担当某种官职的方式来获得社会地位，即便是那些能够提出某种具有创新性理论的民法学者也是如此。

因此，当一个民法学者担当了一个大学的校长、党委书记或者至少是法学院的院长职位的时候，他们获得的社会地位要远比那些没有担当此类职位的民法学者高得多。当一个民法学者担当了国务院学科评议组的成员、国家社会科学基金项目的评议人时，他们获得的社会地位要远远超过那些没有担当此类职位的民法学者。当一个民法学者担当了最高法院、地方高级法院或者其他法院的院长、副院长的时候，他们获得的社会地位要远比那些没有担当此类职位的法官高得多。

同样，当一个民法学者担当了社科院的院长、副院长或法学所的所长、副所长时，他们获得的社会地位要远比那些没有担当此类职位的民法学者高得多。当一个民法学者担当了全国性的学术组织的会长、副会长的时候，他们获得的社会地位要远远大于那些没有担当此类职位的民法学者。当一个民法学者担当了一家CSSCI期刊尤其是一家法学类的CSSCI期刊的主编、副主编职位时，他们获得的社会地位要远比那些没有担当此类职位的民法学者高得多。

3. 参与民事立法活动

在中国，民法学者获得社会地位的第三个主要的“非学术创新因素”是民法学者对民事立法活动的参与。

在当下的中国，民事立法活动频繁，立法者在进行各种民事立法活动时均会邀请民法学者参与其民事立法活动。当一个“名不见经传”的、“社会地位”很一般的民法学者经常、反复参与立法者所进行的民事立法活动时，该民法学者就会因为经常参与立法者所进行的民事立法活动而成为中国式的“著名”民法学者，他们所获得的社会地位要远远高于那些没有参与民事立法活动的民法学者。即便是那些具有创新性观念的民法学者，如果没有经常地、反复地参与立法者所进行的民事立法活动，他们也很难成为中国式的“著名”民法学者，也很难获得社会地位。

4. 参与司法解释

在中国，民法学者获得社会地位的第四个主要的“非学术创新因素”是民法学者对最高法院特有的司法解释的参与。

在当今的中国，除了立法者在频繁地制定民事法律之外，最高法院也在频繁地就立法者制定的民事法律进行司法解释。例如，当立法者制定了《中华人民共和国民法通则》(以下简称《民法通则》)之后，最高法院就拼命地对立法者制定的《民法通则》进行司法解释。再例如，当立法者制定了《中华人民共和国合同法》(以下简称《合同法》)时，最高法院也拼命地对立法者制定的《合同法》进行司法解释。同样，当立法者制定了《中华人民共和国婚姻法》(以下简称《婚姻法》)时，最高法院也拼命地对立法者制定的《婚姻法》进行司法解释。一个让人非常吃惊并且被几乎所有的民法学者视而不见、见怪不怪的现象是，最高法院对立法者所制定的民事法律作出的司法解释在条款的数量方面已经远远超过了立法者所制定的民法条款本身。

例如，立法者制定的《民法通则》仅有156条，而最高法院针对《民法通则》所作出的司法解释就多达270条，其中最高法院

《关于贯彻执行〈中华人民共和国民法通则〉若干问题的意见（试行）》有200条，《关于审理名誉权案件若干问题的解释》有11条，《关于确定民事侵权精神损害赔偿责任若干问题的解释》有12条，而《关于审理人身损害赔偿案件适用法律若干问题的解释》有36条。再例如，立法者制定的《婚姻法》仅有短短的51条，而最高法院针对《婚姻法》作出的司法解释则多达82条，其中《关于适用〈中华人民共和国婚姻法〉若干问题的解释（一）》有34条，《关于适用〈中华人民共和国婚姻法〉若干问题的解释（二）》有29条，《关于适用〈中华人民共和国婚姻法〉若干问题的解释（三）》有19条。

在中国，最高法院对立法者制定的民事法律进行大规模的司法解释的现象仅为中国特有的现象，其产生的后果严重，它不仅违反了立法法的规定，让最高法院取代了全国人大并因此成为事实上的立法者，[①] 让全国人大所享有的民事立法权大权旁落，而且还让最高法院懈怠了自己的审判职责，因为当最高法院将大量的人力、物力或者财力花费在对立法者制定的民事法律进行司法解释时，它实际上就没有勤勉地履行好所承担的审判职能。

为什么最高法院一直以来都热衷于对立法者制定的民事法律进行司法解释？对这种问题的回答当然有更加冠冕堂皇的理由，这就是消除立法者制定的民事法律当中的模棱两可的因素，统一全国各级地方法院对立法者制定的民事法律的适用标准，防止各级地方法院的法官在适用立法者制定的民事法律的时候享有过大的自由裁量权，等等。不过，最高法院热衷于对立法者制定的民事法律进行解释，难道没有其他的考虑？最高法院之所以热衷于对立法者制定的民事法律进行司法解释，除了上述冠冕堂皇的理由之外，当然还有其他的考虑，这就是，在中国，通过司法解释成就一个法官的社会地位，让那些参与司法解释的法官能够像那些通过其他途径成为中国式“著名”民法学者的民法学者一样成为“著名”的民法学者，并因此获得应有的社会地位。

在中国，一个法官是无法单纯通过其审判案件的数量、质量来获

---

① 张民安：《无形人格侵权责任研究》，北京大学出版社2012年版，第830页。

得社会地位的，即便他是最高法院的法官，也是如此，就像一个民法教授无法单纯通过其提出的具有创新性的民法理论来获得社会地位一样。一个最高法院的法官要获得社会地位，其途径无非有两种：一是担任最高法院的院长、副院长、庭长、副庭长或者审判委员会委员的职位；二是参与最高法院的司法解释。如果一个法官既没有担当上述任何职位，也没有参与最高法院的司法解释，则他们很难成为“著名”的民法学者，很难获得好的社会声望，很难获得包括民法教授在内的社会公众的尊重。对于最高法院的大多数法官而言，他们想担当最高法院的院长、副院长等的职位可谓难于上青天，因此，如果他们要想获得社会地位，他们也只有一种途径，这就是积极参与最高法院的司法解释。

在最高法院，参与司法解释之所以会让法官获得社会地位，其主要原因有二：

其一，一旦他们参与了最高法院的有关司法解释，他们就能够轻易地在出版社出版有关司法解释方面的书籍，供地方各级法院的法官尤其是律师事务所的律师阅读。每当最高法院通过某一方面的司法解释时，最高法院的那些参与该种司法解释的法官就会出版有关此种司法解释方面的书籍，对他们所通过的司法解释的背景、争议、有关司法解释条款的准确理解等问题作出详细的说明。据说最高法院的法官所出版的此种书籍非常畅销，要比名牌大学的著名民法教授们出版的学术著作畅销得多，大量的地方法院的法官、律师事务所的律师以及社会公众都会购买并且阅读这些书籍，使最高法院的法官因此获得了大量的、让名牌大学的著名民法教授们汗颜的稿费。

其二，一旦他们参与了最高法院的有关司法解释，他们就能够应邀到全国各地的地方法院、律师事务所以及其他机构举行全国巡回讲学、作报告、讲座，就他们起草和通过的司法解释作出解释、说明。据说最高法院的法官往往在星期五的下午下班之后匆匆忙忙地奔向首都机场，经过几个小时的颠簸之后往往在深夜到达邀请者所在地，在当地稍作休憩之后就开始了他们的讲学、作报告、讲座。据说最高法院的法官所举行的此类讲学、作报告、讲座的上座率非常高，几乎到了座无虚席的程度，使最高法院的参与司法解释的法官因此获得了大量的报酬、劳务费等。

在我国，最高法院的司法解释除了成就最高法院那些参与司法解释的法官并因此让他们获得其他的没有参与司法解释的法官没有办法获得的社会地位之外，最高法院的司法解释也成就了那些参与了最高法院有关司法解释活动的民法学者尤其是民法教授，让那些经常参与最高法院有关司法解释活动的民法教授成为“著名”教授并因此获得了社会地位，就像那些经常参与立法者的立法活动会成就一个“著名”的民法学者尤其是民法教授一样。因为，一旦一个民法学者尤其是民法教授经常参与最高法院的司法解释，当该种司法解释最终获得通过时，除了最高法院的那些参与有关司法解释的法官会应邀到全国各地举行巡回讲学、作报告、讲座之外，那些参与最高法院有关司法解释的民法学者尤其是民法教授也会应邀到全国各地举行巡回讲学、作报告、讲座，就最高法院有关司法解释的出台背景、有关问题的争议、有关司法解释条款的理解等问题进行解读。

（四）通过“非学术创新方式”获得社会地位所带来的弊害

总之，在当下的中国，民法学者获得社会地位的方式虽然种类繁多，但是，它们均同民法学者在学术方面的理论创新没有直接的关系，中国几乎没有任何民法学者是单凭其在学术领域的理论创新获得社会地位的。这一点既完全不同于美国的 Samuel D. Warren 和 Louis D. Brandeis，也完全不同于法国的 Saleilles 和 Josserand，因为他们均是基于他们在学术方面的理论创新而获得社会地位的，是通过学术方面的理论创新之外的其他途径而获得社会地位的，即便美国的 Louis D. Brandeis 在提出隐私权的理论之后成为美国联邦最高法院的首席大法官，他也没有像我国最高法院的某些大法官那样通过其担当的职位或者所作出的司法解释而获得社会地位，他仍然是靠他在 1890 年与 Samuel D. Warren 一起所提出的具有理论创新的学术文章《论隐私权》而获得社会地位的。

当一个国家的民法学者无法通过单纯的学术方面的理论创新而获得社会地位的时候，这个国家的民法水平就永远只能够停滞不前，民法理论就只能够永远简单地、经常性地、反复地在低水平上徘徊，因为这个国家的民法学者永远无法安安静静地、孜孜不倦地进行民法理论的研究，他们只能够成天游走在各种各样的权贵之间，希望通过这些权贵的扶持、提携并因此成为大学校长、副校长，法学院的院长、副院长以及诸如此类的行政职务并因此获得社会地位。为了让中国的民法水平能够跟上时代发展的步伐，为了让中国的民法理论能够在开拓性、创新性当中获得发展，我国应当像美国和法国那样，让民法学者的社会地位建立在单纯的理论创新的基础上，而不是建立在诸如官职、官位或者其他非学术性因素的基础上。

五、对提出创新性理论的学者予以尊重是民法学者所承担的道德义务和法定义务

在美国和法国，民法学者为什么会尊重那些提出了具有创新性理论的学者？或者说那些提出具有创新性理论的学者为什么能够得到其他民法学者或者社会公众的尊重？对此问题，其他国家的民法学者并没有作出过说明，我国民法学者更无人加以探讨。笔者认为，其主要原因有二：对那些提出了具有创新性理论的学者予以尊重是学者在学术方面所承担的道德义务；对那些提出了具有创新性理论的学者予以尊重是学者所承担的法定义务。

当一个民法学者提出了一种新理论时，如果其他民法学者要对此种新的理论进行讨论，他们均应当尊重该学者的原创地位，无论是赞成该学者的理论还是反对该学者的理论，他们均应当在所出版的学术著作或者所发表的学术论文当中对此作出说明，这既是民法学术规范的要求，也是民法学术道德的强制。如果他们在所出版的学术著作或者所发表的学术论文当中对此作出了说明，则他们在出版著作或者发表论文时就既遵守了民法学术规范的要求，也履行了民法学术道德规范对其强加的道德义务，使他们在民法学术规范与民法学术道德方面不存在任何欠缺，无需遭受民法学术道德的谴责或者制裁。如果他们不这样做，无论他们是故意不这样做还是因为疏忽、大意而不这样做，无论他们是有意不这样做还是无意不这样做，他们在出版著作或者发表论文时就既违反了民法学术规范对其提出的要求，也违反了民法学术道德对其强加的道德义务，应当受到学术道德的强烈谴责与制裁。

对那些提出了具有创新性理论的民法学者予以尊重不仅是民法学者在学术道德方面所承担的道德义务，而且还是他们在侵权法上对他人承担的法定义务。在民法上，当一个学者提出了一种新的理论时，如果其他学者要对此种新的理论进行讨论，他们均应当尊重该学者的原创地位，均应当在他们的学术著作或者学术论文当中论及该种理论的产生和发展，均应当提及该学者在该种理论的产生和发展当中所起到的作用，这是他们在侵权法上对他人承担的民事义务，也就是，他们在侵权法上对他人承担的作为义务。如果他们在出版的著作或者发表的论文当中对此作出说明，则他们在出版著作或者发表论文的时候就履行了他们所承担的侵权法上的作为义务，他们的行为就不构成不作为过错行为，无需对他人承担过错侵权责任。如果他们没有在出版的著作或者发表的论文当中对此作出说明，则他们在出版著作或者发表论文的时候就没有履行他们所承担的侵权法上的作为义务，他们的行为就构成不作为过错行为，应当对他人承担过错侵权责任。

在 1951 年的 Branly v. Turpain[①] 一案当中，法国最高法院对此种规则作出了明确的说明。在该案中，Turpain 教授于 1931 年在其引起极大争议的文章中对 Branly 的科学著作的价值和地位提出了挑战。到了 1939 年，在 Branly 死亡之后，他又撰写了一篇文章，对 Herz 和包括他自己在内的人所出版的科学著作作了介绍和说明，认为他们均对当时的法国无线发报技术的产生和发展起到了重大的作用。在其文章中，Turpain 教授既没有提到 Branly 教授，也没有提到他所出版的任何有关无线发报技术方面的著作。

为此，Branly 的家属向法院起诉，要求法官责令 Turpain 对其承担侵权责任，因为他们认为，鉴于 Branly 生前为法国当时的无线发报技术的产生和发展作出了重大贡献，Turpain 在撰写有关法国无线发报技术的产生和发展的文章时应当承担合理的注意义务，要论及 Branly 生前对法国无线发报技术的产生和发展所作出的贡献；Turpain 应当在其文章中承担给予其读者以准确信息的义务，而他没有履行此种义务，其不作为行为构成《法国民法典》第 1382 条和第 1383 条所规定的过错行为。法国最高法院认为，Turpain 的不作为行为的确构

① Cass. Civ. 27 February 1951. D1951. Jur. 329.

成《法国民法典》第1382条和第1383条所规定的过错行为，应当按照该条的规定对Branly的家属承担过错侵权责任，它指出：“根据《法国民法典》第1382条和第1383条，行为人所实施的过错行为既包括他们所实施的不作为行为，也包括他们所实施的作为行为。即便行为人所实施的行为是不作为行为，只要该种不作为行为引起了他人损害的发生，他们就应当就其不作为行为对他人承担赔偿责任，即便他们的不作为行为不是故意实施的，也是如此，如果行为人根据法律、某种规章、契约或者在职业层面上的要求应当承担提供准确信息的作为义务的话。”①

在我国，人们往往仅强调学者在从事学术研究的时候所承担的道德义务，很少强调学者在从事学术研究的时候所承担的法定义务，因为人们往往认为，学术问题仅仅是一种道德问题而不是法律问题。并且，即便人们仅仅将学术问题看作道德问题，他们在讨论学者所遵循的学术道德时也往往仅论及学者的学术抄袭问题、学术造假问题等等，很少论及学者在进行学术研究的时候是否要尊重那些具有原创性的学者的问题。在我国，人们之所以不将学术问题看作法律问题，其原因究竟是什么，学者少有详细的论述。笔者以为，其中的一个主要原因是，迄今为止，中国还很少有这样的案件发生，甚至其他国家也很少有这样的案件发生。当然，有关学术领域的案件较少甚至没有，不是学术问题而是法律问题的原因。

民法学者在他们的著作或者论文当中对首次提出其著作或者论文当中所讨论的理论的学者或者作出突出贡献的学者作出说明，是民法学者在侵权法上所承担的作为义务，如果民法学者在出版著作或者发表论文时不履行此种作为义务，他们不履行此种作为义务的行为当然构成我国《侵权责任法》第6条所规定的过错行为，应当根据该条的规定对他人承担侵权责任。民法学者所承担的此种义务之所以在性质上属于侵权法上的作为义务，其原因虽然多种多样，但是，一个最主要的原因是，要通过此种侵权法上的过错侵权责任制度来保护那些提出开拓性、创新性民法理论的学者，让他们通过提出具有开拓性、

① 张民安：《现代法国侵权责任制度研究》（第二版），法律出版社2007年版，第181页。

创新性民法理论的方式来获得社会地位、实现其个人价值。如果民法学者所承担的此种作为义务仅仅是一种学术方面的道德义务而不是侵权法上的义务，则那些在民法领域提出开创性、创新性理论的学者就没有办法获得应有的社会地位，他们就没有倡导新的民法理论、新的民法学说的积极性，民法的理论、民法的学说就会陷入停滞不前的境地，并最终影响社会的公共利益。

在民法发展的历史长河当中，能够提出具有开创性、创新性民法理论的学者实在是凤毛麟角。是什么促使这些少之又少的民法学者能够在民法领域苦心孤诣，想其他民法学者所不能够想的民法理论，言其他民法学者所不能够言的民法学说，并因此推动民法理论、民法学说的不断进步？当然是他们提出具有开拓性、创新性的民法理论之后所获得的应有尊严、社会尊重或者名望，也就是他们提出此种理论之后所获得的社会地位。如果一个民法学者提出了一个具有开拓性、创新性的民法理论之后，其他民法学者在讨论他们所提出的此种理论时根本就无视该学者的地位，不论及该学者在该种理论当中的原创地位或者突出贡献，则该民法学者将无法获得社会地位，他们也就丧失了提出开拓性、创新性理论的动力了，民法理论、民法学说将陷入停止的状况。而一旦将民法学者所承担的此种作为义务上升为侵权法上的作为义务，则该种状况即不会发生，民法学者提出开拓性、创新性理论的动力就会持续下去，使民法理论能够在少数民法学者的倡导下不断更新、发展。

六、《民商法学家》（第9卷）的主要内容

在美国，自从 Samuel D. Warren 和 Louis D. Brandeis 在 1890 年提出隐私权理论以来，美国的隐私权理论得到了全方位、快速的发展，并且已经超越了最早、最先倡导隐私权理论的法国，成为当今两大法系国家当中隐私权理论最发达的国家。

为了全方位展示美国当代隐私权理论的最新成就，为了让我国民法学者对美国当代隐私权的理论有一个全面的了解，《民商法学家》（第9卷）对美国当代隐私权进行系统的研究。《民商法学家》（第9卷）共计五编，主要内容包括：隐私权的定义；隐私权的类型；隐私侵权的类型；隐私权的理论基础以及隐私权的分析方法。

（一）隐私权的定义是什么

自从 Samuel D. Warren 和 Louis D. Brandeis 在 1890 年将隐私权称为“独处权”以来，美国民法学者几十年以来一直都在争论不休的一个基本问题是，什么是隐私权，隐私权究竟涵盖哪些方面的内容。对于这样的基本问题，美国民法学者从不同的角度作出了不同的说明。某些民法学者认为，隐私权是一种独处权；某些民法学者认为，隐私权是指他人享有的限制行为人对其予以接触的权利；某些民法学者认为，隐私权是指他人所享有的要求行为人对其私人事务予以保密的权利；某些民法学者则认为，所谓隐私权，是指他人所享有的就其具有隐秘性质的事项作出自由、自主决定并且免受政府干预的权利；等等。关于隐私权的定义问题，《民商法学家》（第 9 卷）将在第一编当中作出详细的说明，此处从略。

（二）隐私权的类型

在美国，隐私权的类型有哪些？不同类型的隐私权是如何产生、发展并且最终获得认可的？某一种类型的隐私权的主要内容是什么？不同类型的隐私权之间的共同点与差异是什么？对这些问题，美国的民法学者同样是争论不休，不同的学者作出了不同的回答，不同的法官也有不同的意见。关于隐私权的不同类型，以及各种不同类型的隐私权的产生、发展和具体内容，《民商法学家》（第 9 卷）将在第二编当中作出详细的说明，此处从略。

（三）隐私侵权行为的类型

在美国，基于著名学者 Prosser 教授在 1960 年发表的《论隐私权》一文的意见，从 20 世纪 60 年代以来，《美国侵权法复述（第二版）》和美国许多州的侵权法均将隐私侵权行为分为四种：擅自使用他人姓名、肖像或者其他人格特征的侵权行为；侵扰他人安宁的隐私侵权行为；公开他人私人事务的隐私侵权行为以及公开丑化他人形象的隐私侵权行为。[①] 问题在于，Prosser 教授对隐私侵权行为所作出的

---

① 张民安：《无形人格侵权责任研究》，北京大学出版社 2012 年版，第 446－447 页。

此种分类是否科学、合理？如果不科学、不合理，美国的隐私权法应当如何对隐私侵权行为进行新的分类？关于隐私侵权的类型问题，《民商法学家》（第 9 卷）将在第三编当中作出详细的说明，此处从略。

（四）隐私权的理论根据

虽然自美国学者 Samuel D. Warren 和 Louis D. Brandeis 在 1890 年提出隐私权的理论以来，美国的隐私权理论已经获得空前的发展，但是，美国的法律为什么要保护他人的隐私权免受行为人尤其是政府的侵犯？保护他人的隐私权会给哪些人带来哪些好处？这就是所谓的隐私权的理论根据问题。关于隐私权的理论根据问题，《民商法学家》（第 9 卷）将在第四编当中作出详细的说明，此处从略。

（五）隐私权的分析方法

如果他人认为行为人的行为侵犯了其隐私权并因此要求法官责令行为人对其承担侵权责任，法官是否会责令行为人对他人承担侵权责任？在当今社会，美国的法官逐渐采取了一种新的分析方法，这就是所谓的合理的隐私期待理论。根据该种理论，在决定行为人是否对他人承担隐私侵权责任时，法官要采取两步分析法：其一，看他人是否对其被侵犯的事务享有主观上的隐私期待，如果他人对其被侵犯的事项不享有主观上的隐私期待，则法官不会责令行为人对他人承担侵权责任；如果他人对其被侵犯的事项享有主观上的隐私期待，则法官还要考虑他人的隐私期待是否合理。其二，看他人对其被侵犯的事务所享有的隐私期待是否合理。在认定他人对其被侵犯的事务享有主观上的隐私期待之后，法官接着要采取第二步分析法，这就是，判断他人对其被侵犯的事务所具有的隐私期待是否合理，如果法官认定他人的隐私期待是合理的，就会责令行为人对他人承担隐私侵权责任，如果法官认定他人的隐私期待是不合理的，则不会责令行为人对他人承担隐私侵权责任。他人的隐私期待是否合理，其判断标准是社会公众的标准，也就是一般理性人的标准。关于合理隐私期待的分析方法，《民商法学家》（第 9 卷）将在第五编当中作出详细的说明，此处从略。

《民商法学家》（第9卷）之所以能够顺利出版，除了主编和各著译者的努力之外，还得益于中山大学出版社的鼎力支持，在《民商法学家》（第9卷）即将出版之际，本书主编真诚地对他们表示衷心的感谢！

张民安教授

2013年7月5日于

广州中山大学法学院

目　　录

第一编　美国隐私权的界定

第二编　美国隐私权的类型

第三编 美国隐私侵权的类型

第四编 美国隐私权的基础

第五编 美国隐私权的分析方法：“隐私的合理期待”

第一编　美国隐私权的界定

隐私权的定义

丹尼尔 J. 索洛韦伊[①] 著　黄淑芳[②] 译

目　次

一、导论

隐私权的含义很广，它包含了思想自由、个人身体的自我控制、独居、个人信息的自我控制、免受监视的自由、保护个人名誉、免受非法搜查和审讯等内容。哲学家、法学家们纷纷感叹，给隐私权下定义是一件很困难的事，而给隐私权下一个令人满意的定义更是难上加难。Arthur Miller 认为，给隐私权下定义很困难，因为隐私权的含义本来就很含糊，况且隐私权的含义容易随着时间的变化而发生改变。[③] Julie Inness 则认为，法学界以及哲学界有关隐私权定义的观点处在一种杂乱无章的状态。[④] Alan Westin 说："虽然隐私权很重要，但是我们这个社会并没有给隐私权下一个准确的定义。" William

① 丹尼尔 J. 索洛韦伊（Daniel J. Solove），乔治·华盛顿大学法学院教授。

② 黄淑芳，中山大学法学院助教。

③ Arthur R. Miller, The Assault On Privacy: Computers, Data Banks, And Dossiers 25 (1971).

④ Julie C. Inness, Privacy, Intimacy, And Isolation 3 (1992).

Beane 意识到，即便是那些支持保护隐私权的人也不得不承认，对隐私权的本质和范畴进行定义是一件很困难的事。[①] Tom Gerety 认为，对于所有的法律人来说，隐私权是一个可变的定义，因为任何案件都可以和隐私权理论联系起来。[②] Robert Post 认为，隐私权的含义很广，各个含义的内容不相同，它们的复杂程度也不相同，有时候，还会出现不同类型隐私权的内容相互矛盾的情况。基于上述原因，Robert Post 甚至认为，给隐私权下定义是一件不太可能的事。[③] 还有一些学者对法律所保护的隐私利益进行了调查研究，经过研究后他们发现，隐私权保护的利益范围很广，这些利益不仅种类不同，而且它们相互之间也没有什么关系。[④] Judith Thompson 甚至认为，给隐私权下定义没有什么意义。不过，他也认为隐私利益属于法律所要保护的主要利益。

近年来，隐私权研究的发展很快，学者对隐私权的研究已经发展到了对自由和民主这种重要话题的研究，即便如此，学者给隐私权下的定义还是不能令民众满意。在我们开始解决隐私权问题前，对于如何给隐私权下定义这个问题，我们必须达成一致意见，并制定一套行之有效的隐私权定义方法，将这种方法作为政策制定和法律解释的指南。虽然我们制定的隐私权法已经在处理隐私问题方面取得了重大进展，但是我们必须明白，隐私权问题并没有彻底解决，我们还有很长的路要走。目前，我们对隐私权的保护采取了多元化法律体系保护的方式，采用多元化法律体系保护的方式对隐私权进行保护显得有些多余和不合适，原因是什么呢？现今社会的技术进步突飞猛进，世界的面貌不断被技术改变。面对这样的情况，当隐私权问题所面临的具体情况不断发生变化时，我们该建立一种怎样强而有力的隐私权法律保护体系呢？

什么是隐私权？为什么隐私权如此重要？要准确地回答这些问题

---

① William M. Beaney, The Right to Privacy and American Lam, 31 Law & Contemp. Probs. 253, 255 (1966).

② Tom Gerety, Redefining Privacy, 12 Harv. C. R. -C. L. L. RV. 233, 234 (1977).

③ Robert C. Post, Three Concepts of Privacy, 89 Geo. LJ. 2087, 2087 (2001).

④ See, e. g. , Ken Gormley, One Hundred Years of Privacy, 1992 Wls. L. Rev. 1335, 1339.

很困难，隐私权法对这些问题的回答并不尽如人意，这也是现有的隐私权法在隐私权保护方面显得很无力的原因。司法意见和成文法规常常是依据隐私权的定义、隐私权的价值理论作出的，《美国联邦宪法第四修正案》关注“一个人是否享有合理的隐私权期待”这个问题，美国侵权法中有关公开他人私人事务的隐私侵权的规定也只在“公开的事务是有关他人私人生活”时才适用，[①] 适用侵扰他人安宁的隐私侵权相关条款时也要解决“何为隐私”这个问题。Whalen v. Roe一案[②]确定了宪法保护公民信息隐私权的先例，但要适用这一先例，首先就要解决隐私权概念的问题。联邦以及各州制定的许多法律法规都宣称保护隐私权，但要适用这些法律，我们首先就要给隐私权下一个准确的定义。只有这样，我们才能明确隐私权的内容是什么，法律所保护的隐私权范围有多宽。[③]

我们希望隐私法能对隐私权的定义进行准确描述，这个愿望当然无法实现，法官、政治家以及学者也无法给隐私权下一个准确的定义。他人享有哪些隐私利益？对于这个问题，理论界和实务界并没有达成一致意见。他人享有哪些隐私利益？法律应该怎样保护他人的隐私利益？对于这些问题，现有的法律并没有作出明确的表示，因此，他人的隐私权在很多情况下都得不到法律的保护。有很多学者都对隐私权的定义这个问题进行了探究，并发表了一系列论文，不过，笔者认为，这些论文并没有给隐私权下一个准确的定义，因此，给隐私权下一个准确的定义这项工作仍然很重要。

在本文当中，笔者提出了给隐私权下定义的一种新方法。在这里，笔者提出自己的两个观点：

第一，除了极少数例外之外，本文力图在给隐私权下定义的时候找到隐私权定义的充分必要条件。换言之，大多数学者都试图通过研究隐私权的一个或几个“重要的”或“核心的”特征就给隐私权下定义，他们都是通过找到隐私权含义中的相同特征这种方式来给隐私

---

① Restatement (Second) Of Torts § 652d (1977).

② 429 U. S. 589 (1977).

③ See, e. g., Family Educational Rights and Privacy Act of 1974, 20 U. S. C. § 1232g (2002).

权下定义的。与之相反，笔者认为，通过借鉴维特根斯坦家族相似性理论，隐私权定义会更好地得到理解。[①] Wittgenstein 认为，有些概念可能没有一个共同的特征。

第二，笔者提出了给隐私权下定义的一种实用主义的方法。实用主义囊括了各种理论，不同实用主义者的理论也不相同。实用主义者关注的是想法的结果，而不是想法与最终现实的一致性；实用主义者敦促哲学家致力于日常生活问题的解决，他们希望理论能适应不断改变的社会，他们并不试图寻找那些固定不变的一般原则；他们还强调具体的、历史的以及现实生活的重要性。笔者将自己的方法定义为"实用主义"，因为这个方法强调隐私权在不同语境中的动态性质。换言之，笔者提出的这种方法是一种从下而上的方法而不是从上而下的方法，从具体情况出发而不是从抽象理论出发。

在文章第一部分，我首先会对隐私权定义的现有文献进行考察。在研究了法官、法学家、哲学家、心理学家以及社会学家对隐私权的不同定义后，我发现，尽管从表面上看，隐私权的定义杂乱无章，但笔者认为这些定义可以总结为六种，这也是笔者在文章中要反复提到的观点。这些定义包括：①Samuel Warren 和 Louis Brandeis 所提出的著名的隐私权定义——个人独处的权利理论；②限制接近理论——禁止不受欢迎的人接近自己的权利；③秘密理论——对他人隐瞒自己私人事务的权利；④个人信息的自我控制理论；⑤人格权理论——保护他人的人格、个性和尊严；⑥亲密性关系理论——控制或限制行为人接触他人亲密关系或个人生活。

这些隐私权定义的问题很多。首先，这些概念对隐私权的总结并不够全面，有些概念关注获取个人隐私的手段，有些概念则关注隐私权的目的和终极目标。其次，这些概念之间有相互重合的地方，各个概念并没有相互独立。例如，个人信息的自我控制理论主要是限制行为人接触他人，但这个理论和个人独处的权利理论的内容有部分相同。因此，上述隐私权定义的分类并不符合分类学逻辑，它们只是因为不同学者选择的隐私权定义方法的不同而呈现出内容的不同。在本

① Ludwig Witrgenstein, Philosophical Investigations § § 66 - 67 (G. E. M. Anscombe Trans., 1958).

文讨论隐私权定义的代表性观点的过程中，笔者将使用上述标题。

不同的学者给隐私权下的定义也不相同，这些学者对持异见者的观点也进行了抨击。对于这一部分文献，笔者也进行了研究。通过研究这些学者对持异见者的批评文章，笔者也提出了对这些学者观点的批评意见。从整体来看，我对这些理论的批评归结起来就是两点：有些隐私权定义的内容过于狭隘，有些隐私权定义的内容却过于宽泛。

在文章第二部分，我指出，隐私权的传统定义都是通过寻找隐私事务的共同特征这种方式得出的，但通过这种方式得出的隐私权定义都不能令人满意。根据 Wittgenstein 的家族相似性理论，除了通过寻找事务共同特征这一方式外，我们还可以通过其他方式来给事物下定义。通过扩展 Wittgenstein 的观点，笔者提出了一种实用主义的方法，笔者希望我们在具体的实践中，通过借助行为、习俗、规范和传统来理解隐私权。笔者认为，隐私权的定义并不是一成不变的，这种一成不变的定义也不能适用在所有涉及隐私权的案件中。我们给隐私权下定义的目的是为了将隐私权定义运用到具体实践中，但我们要清楚，隐私权实践是历史和文化的产物。因此，我们应该在具体的实践中根据不同的情境来给隐私权下定义。为了论证这个观点，笔者将对西方学者一直认为属于隐私事务的家庭生活、个人身体和住宅进行隐私权分析。

哲学家 John Dewey 认为，哲学探究应该从处理生活中的困难和问题开始。[①] 笔者认为，给隐私权下定义也应该结合具体的语境，因为不同语境下所面临的隐私权问题也不相同。隐私侵权破坏了某一实践活动的完整性，甚至导致整个实践活动的终结。我们保护隐私权，就是要保护我们的某些实践活动不被干扰。“隐私权”只是一个普通名词，隐私权的含义需要借助我们所希望保护的实践活动本身以及对这些实践活动作出的保护行为等事情来理解。我认为，与其费尽心血去寻找这些实践活动的共同点，还不如通过关注对这些实践活动的侵扰行为类型以及被干扰的具体实践活动这种方式来给隐私权下定义。

在文章的第三部分，笔者将叙述的重点转向隐私权的价值这个论

---

① See John Dewey, Logic, The Theory Of Inquiry 106 – 110 (Jo Ann Boydston Ed., 1988).

题。在不同的语境中，隐私权的价值也不同，因为不同社会实践活动的社会重要性不同。

最后，本文考察了一些运用笔者所提出的方法给隐私权下定义的实例。通过列举一系列例子，笔者发现，隐私法有时候太过死板地应用了某些隐私权定义，这样做的结果是，在处理突发隐私权问题时，隐私法丧失了灵活性。法院在审理隐私权案件时，如果面临给隐私权下定义这一难题，那么，笔者提出的方法就能提供很好的帮助。

二、对隐私权定义的批判

什么是隐私？我们都知道，我们生活中的有些事情是“隐私”，也知道这些事情是相互关联的。但当我们说这些事情是“隐私”的时候，真正意思是什么呢？

在作出与隐私权有关的法律和政治决定的时候，我们都要回答这个问题。许多人意识到了隐私权对于自由、民主、社会福利、个人幸福以及其他权利的重要性。也有许多人认为，无论隐私权保护的成本有多高，它也是值得保护的。美国联邦最高法院大法官 Louis Brandeis 提出，创立隐私权概念以及对隐私权进行保护是很重要的。他将隐私权描述为“最全面也是最受文明人尊重的权利”。[①] 社会对隐私权的保护通常要抑制甚至牺牲其他极其重要的利益，如言论自由和出版自由、法律实施的效力、信息获取等利益。隐私权为什么如此重要，以至于我们为了保护隐私权而牺牲这些利益？在回答这个问题前，我们首先要弄清楚什么是隐私权，保护隐私权究竟要保护什么。

在传统的隐私权定义方法中，隐私权学者都会试图找出我们认为是“隐私”的事务的共同点，然后根据这些共同点为隐私权下定义。在本文中，我们将介绍隐私权的不同定义，并对这些定义进行批判。

司法界和学术界有关隐私权方面的文章给出了很多隐私权的定义，总结他们对隐私权的定义可以发现，隐私权的定义主要有如下六种：①个人独处的权利理论；②限制接触理论；③秘密理论；④个人信息的自我控制理论；⑤人格权理论；⑥亲密关系理论。这些理论所关注的隐私权的内容各不相同，但这些理论却常常有相互重合的地

① Olmstead v. United States, 277 U. S. 438, 478 (1928) (Brandeis, J., dissenting).

方。在文章的这一部分，笔者将对有关隐私权定义的相关文献进行深入分析，并对司法界、法学理论界以及哲学家、心理学家、社会学家及其他人提出的隐私权定义提出笔者的批判意见。

因为上述学者所作出的隐私权定义总会出现这样那样的缺点，因此，学者对这些定义都不满意，但他们也无法解决这些难题。通过对上述学者文章中出现的各种问题的分析，笔者提出了自己的隐私权定义方法。上述学者的隐私权定义都有相似的缺点，笔者将对这些缺点进行全面概括。总结起来，这些定义最普遍的问题是，他们提出的隐私权含义要么太窄，要么过宽。这些定义之所以含义过窄，是因为这些定义未能将我们通常看作私人生活的各个方面纳入其中。而这些定义之所以含义过宽，则是因为这些定义没有将那些我们不认为是隐私的事务排除在定义之外。同样的一个定义，在这种语境中可能出现定义过窄的问题，但如果换一种语境，这个定义又有可能出现定义过宽的问题。我认为，之所以会出现这些问题是因为这些学者所采用的隐私权定义方法不正确。

在文章的这个部分，笔者花了许多时间对那些有关隐私权定义的论著进行讨论分析。不过有几点要声明：尽管我通常将这些文章当作一个整体来看待，但这并不意味着所有的隐私权学者的论著都在笔者的讨论范围之内，也不意味着笔者在文章中的观点适用于每一个隐私权学者。每当我们对一个主题进行推理的时候，我们必须要对该主题的不同理论进行分析，要注意对同一词语的对立定义以及相互间有联系定义的不同理论进行分析。因此，当笔者将文献作为一个整体来讨论的时候，这是对文献进行概括，并将文献中我们不需要的背景材料剔除出去。

笔者对这些文献资料中隐私权定义进行批判的终极目的是找到给隐私权下定义的合适方法，并对隐私权进行准确定义。因此，研究给隐私权下定义的方法就显得很重要。

（一）隐私权定义的方法

1. 传统方法

我们在给隐私权下定义的时候，我们应该怎样做？根据那些被称为“传统方法”的隐私权定义方法，对隐私权下定义就是要尽力阐明隐私权与其他权利不同的地方，隐私权的独特之处是什么，在隐私权的各个表象特征中，哪些特征才是隐私权独有的。

大多数人是根据这种传统方法来给隐私权下定义的，大多数隐私权学者也是通过找到隐私权与其他权利的属性差异来给隐私权下定义。换言之，隐私权学者通过寻找隐私权与其他权利不同的、必要的并足够多的特征来给隐私权下定义。

隐私权的概念与我们惯常使用的“隐私权”一词不同，我们惯常使用的“隐私权”一词包含了我们在日常生活中使用这个词的方式，以及我们谈论“隐私权”这个话题时所指的事务。目前，“隐私权”这个词常被用来描述下列这一系列不同的事物：思想自由、个人信息的自我控制、免受监控、保护个人名誉、个人住宅不受非法侵犯、禁止非法公开他人私人信息以及其他事情。

根据传统的隐私权定义方法，隐私权的定义就是为隐私权划定一个类别，这是一个区分隐私权与其他权利的抽象框架，是判断某事务是否属于隐私权的准则。他人将不属于该类别的事物称为“隐私权”，或者不将该类别之内的事物称为“隐私权”，这两种行为都是不正确的。给隐私权下定义的目的是为了明确隐私权与其他权利的不同特征，当我们说某事物属于“隐私权”的时候，我们就必须确保我们所说的事物是处在“隐私权”这一概念之内。“隐私权”一词常被用来描述任何事物，这是我们面临的难题，这与“隐私权”一词的通常含义并不相符。隐私权的含义是什么？目前还缺乏统一的意见，许多学者希望建立一套区分隐私权与其他权利的清晰准则，将那些不属于“隐私权”的事务从隐私权定义中剔除出去，这样的话，隐私权定义中就只剩下那些大家普遍认为是隐私的事务。

有很多术语理论家都给隐私权下过定义，但大多数理论家都是采用隐私权定义的传统方法来给隐私权下定义：找出隐私权的“本质”，即，使事物成为隐私的共同核心要素。① 采用传统方法给隐私权下定义的学者试图构建一个隐私权区分于其他权利的体系（如自治、自由等），因为这个体系有清晰的界限，所以我们能很容易判断某一事物是在隐私权体系之内，还是在隐私权体系之外，当然，这种

① This will be illustrated in depth infra Part I. B.

想法太过理想了，这个目的很难实现。

在传统的隐私权定义方法中，他们又是怎样评估不同的隐私权定义的呢？传统的隐私权定义方法评估一种隐私权定义优劣的方式是，考察该隐私权的定义是否将那些属于隐私的事务都囊括在内。学者评估一种定义最常使用的方式是考察该定义是否条理清晰，即该定义是否前后一致并具有逻辑性，但是这种评估方式并不够全面。因此，除了考察一个定义是否前后一致并具有逻辑性之外，学者通常还会采用将该定义运用到实践当中这种方式来评估一种定义的优劣。学者通过这种方式来考察该定义是否将那些我们通常认为是隐私的事务囊括在内，并将那些不属于隐私的事务排除在该定义之外。例如，如果一种隐私权的定义将那些我们通常认为是隐私的事务排除在外，如医疗信息、夫妻秘密、免受监控的自由，如果发生这样的事情，学者就很可能会否决这样的定义。① 好的定义应该符合我们对隐私权的通常理解，并通过确立隐私权区别于其他权利的独特特征的总和这种方式来保持隐私权概念的一致性。当然，这并不是评估隐私权定义的唯一方法，但这种方法是学者最常用到的方法。

2. 维特根斯坦家族相似性理论

我们上文所提到的传统方法并不是给隐私权下定义的唯一方法，在本文中，笔者将引用哲学家 Ludwig Wittgenstein 的一些观点来论证这个问题。Ludwig Wittgenstein（1889—1951）是奥地利的一名哲学家，他主要研究语言和逻辑问题。他晚年所写的著作《哲学研究》(*Philosophical Investigations*) 在他死后得以出版。② 语言学的传统观点认为，我们应该尽力找到一个单词或一个词语所要表达的本质含义，并力争"使我们的表达变得更准确"。Wittgenstein 对语言学的这种传统定义进行了批判，他认为，在被表达的事物和我们表达所用的单词之间并不存在客观联系，单词的含义是根据该单词在具体语境中被表达的方式来确定的，单词本身和它所指的事物之间并不存在内在联系。

---

① For specific examples, see the discussion of the conceptions of privacy infra Part I. B.

② See Ludwig Nvitrgenstiin, Tracratus Logico-Pilosophicus (D. F. Pears & B. F. Mcguiness Trans., 1961).

Wittgenstein 的家族相似性理论告诉我们，除了传统的下定义方式外，我们还能用其他方式来给事物下定义。他还特别解释道，单词本身并没有生命力，只有将单词运用到具体的实践活动当中的时候，单词本身才具有生命力。Wittgenstein 提醒我们注意，当我们在考察单词的含义的时候，我们必须明白，处在同一定义概念中的事物可能并没有任何相同的特征。一个概念中可能包含有不同的特征，这些特征错综复杂、相互交叠重合，不同的事物可能只是因为具备其中的一个特征而处在该定义的范畴之内：不同事物之所以会处在同一个概念中，有时候是因为整体都具有相似性，有时候只是因为细节上具有相似性。他通过列举各种不同类型的游戏来论证这一点：棋类游戏、牌类游戏、球类游戏、奥运会等，所有的这些游戏没有共同之处，但有相似之处，有亲缘关系。棋类游戏和牌类游戏之间有许多对应之处，虽然这两者之间的许多共同特征已经消失了，但是这两者之间的一些其他共同特征又出现了。Wittgenstein 使用“家族相似性”这个词来描述这种互相重叠交叉的相似关系网络，因为“家族相似性”这个词很好地描述了家庭成员间的各种各样的相似关系。例如，体型、体貌、眼睛的颜色、步姿、性情等。① 举例来说，在一个家庭中，每个孩子都和他的父母在外型上有一些相似之处，孩子之间也会有一些相似特征，但他们两个人之间的相似之处可能不为这个人与第三者所拥有。不管怎样，每两个成员之间确实具有相似之处。

传统的定义方法则认为，一个概念就像车轴的中心，概念中的特征是车轮的辐条，这些辐条在车轮的中心交汇，这些特征是因为相互间的某一个相同性而连接在一起。不过，Wittgenstein 认为，有时候同一概念中的事物并没有相同性，而只是具有相似性。这些特征是相互纵横交错的，而不是根据某一个点联系在一起的。

一个概念中各组成部分可能并没有共同点，笔者提倡的这种概念化方式可能招来一些反对意见。反对者认为，这种概念化方式有缺陷，因为通过这种方法得出的事物定义的范围不仅过于宽泛，而且没有明显的界限。虽然 Wittgenstein 认为，并不是所有的概念都有一个

① See P. M. S. Hacker, Insight And Illusion: Themes In The Philosophy Of Wittgenstein 131 - 134 (1986).

明确的界限，但这也并不意味着通过这种方式给出的定义内容是无边无际、没有尽头的。这只是意味着，并不是所有的概念和其他概念之间都存在明确的界限。这些概念之间的边界有可能只是模糊的，或者处在不断的变化中。基于特定目的，我们可以划定一个概念的具体边界，但这并不意味着边界是一个概念的必须组成部分。Wittgenstein 认为，没有明确界限的概念也能起到很大的作用。

根据 Wittgenstein 的观点，寻找同一概念内事物的共同点并不是给事物下定义的唯一方式，对某一事物下定义还有其他方式。Judith Genova 是这样评价 Wittgenstein 的观点的："一旦一个人查看了各种不同的案例，以及这些案例中体现的家族相似性，就会发现，想为一个概念创建一个具有先验概括性的定义的努力是很挫败的。在给事物下定义的时候，我们应该根据不同情况作出不同的判断。在给一个事物下定义的时候，我们的目光应该从寻找共同点上移开，转而去寻找它们的相似点，这种做法很有效。如果一个隐私权定义是采用传统的从上而下这种定义方式作出的，那么我们可以推测学者构建这种定义的目的就是为了将该定义不加区分地适用到任何语境。不过，当这样的定义被运用到具体案件中的时候，该定义常常会与具体情况格格不人。"

传统的定义方法都是通过找到事务的共同点来给某物下定义，Wittgenstein 认为，传统的概念化方法不够完善，通过这种方法给事物下定义有时候会导致定义的混乱。其他学者在给隐私权下定义的时候常常遇到各种各样的难题，笔者认为，Wittgenstein 的观点正好解释了其他学者在给隐私权下定义的时候为什么会遇到这些难题。

在本部分的其他内容中，通过考察其他人给隐私权下的定义，笔者将论证通过家族相似性这一抽象理论给隐私权下定义的优势，同时，笔者也将论证试图找出隐私权概念中的核心和共同特征是一件多么困难的事。

（二）隐私权的定义

正如笔者在前文中所提到的那样，哲学中有关隐私权的各种概念都是试图找到隐私权中的共同特征。Wittgenstein 认为，并不是所有的概念都有一个"核心的"或"本质的"的特征，隐私权的概念也是这样的吗?

在文章的这个部分,笔者将对法学以及哲学文献中通过寻找隐私权的共同特征来给隐私权下定义的这种方式进行评估。虽然笔者对这其中的大部分定义都持批评态度,但这并不意味着这些定义一无是处。事实上,这其中的许多定义都捕捉到了隐私权的深刻含义。不过,这其中的每一个定义都有很大的限制,因此,不能将这些隐私权定义作为通用的隐私权定义。除了对各个隐私权定义的批判外,笔者还将对占主流地位的隐私权定义进行批判。

1. 个人独处的权利理论

1890 年,Samuel Warren 和 Louis Brandeis 发表了他们著名的《论隐私权》一文。[①] 这篇文章影响深远,美国的许多学者都认为,这篇文章的发表标志着美国隐私权的开端。文章的发表使得民众开始关注隐私权,该文还激发了学者对隐私利益的研究。为了保护隐私权,美国司法界至少确立了四个独立的诉由,这四个独立的诉由也是 20 世纪美国隐私权学者讨论最多的事情。

Warren 和 Brandeis 注意到,技术的发展可能会威胁到个人私生活,普通法应该适应时代的潮流为"隐私权"提供保护。不过,Warren 和 Brandeis 并没有花大力气讨论隐私权的概念是什么,他们将隐私权简单地定义为"个人独处的权利"。"个人独处的权利"一词最早出现在 Thomas Cooley 法官于 1880 年发表的侵权法论文中。[②] Cooley 所提出的"个人独处的权利"实际上是为了解释他的"身体接触是一种侵权伤害行为"理论,他提出这个概念并不是为了给隐私权下定义。[③] 而 Warren 和 Brandeis 的文章所要表达的目的是——隐私权也应该受到普通法的保护,"个人独处的权利"一词所表达的意思和他们文章的目的具有一致性。

Warren 和 Brandeis 认为,隐私权是不可侵犯的人格尊严。隐私权的价值并不是说他人享有分享出版利益的权利,隐私权意味着他人

---

① Samuel D. Warren & Louis D. Brandeis, The Right to Privacy, 4 Harv. L. Rev. 193 (1890).

② Thomas M. Cooley, Law Of Torts (2d Ed. 1888).

③ Robert Ellis Smith, Ben Franklin's Web Site: Privacy And Curiosity From Plymouth Rock To The Internet 128 (2000).

享有维护个人心境平和的权利，或者说他人拥有阻止出版社出版与自己有关的私事的权利，以及通过行使该权利给他人带来的轻松愉快心情。Warren 和 Brandeis 注意到，现代企业对他人隐私权的不断侵犯给他人带来了精神上的痛苦和压力，精神伤害给人带来的影响远比身体伤害给人带来的影响要大。笔者也注意到，当行为人的行为给他人带来精神伤害时，侵权法并不保护他人的精神损失。诽谤法禁止诋毁个人名誉，侵害隐私权的行为也涉及对个人情感的伤害，但在那时，精神伤害还难以得到侵权法的救济，因为那时的侵权法关注的主要是有形伤害。

在他们的文章发表四十年后，发生了 Olmstead v. United States 一案。[①] 那时候，Brandeis 是美国联邦最高法院的法官，他也是 Olmstead v. United States 一案的持异议法官。在该案中，Brandeis 发表了对后代影响深远的隐私权理论。在 Olmstead 案中，审理该案的其他法官认为，电话窃听行为并不违反《美国联邦宪法第四修正案》的精神，因为电话窃听行为并不是物理上的非法侵入他人住宅的行为。Brandeis 则认为，宪法制定者赋予他人的对抗政府的“个人独处的权利”是“最全面也是最受文明人重视的权利”，电话窃听行为当然违反《美国联邦宪法第四修正案》的精神。Brandeis 在该案中提出的反对意见也成为《美国联邦宪法第四修正案》中有关隐私权的最重要的文件。

Brandeis 的文章以及他在 Olmstead 案中的异议意见给美国隐私法以及隐私权理论的发展带来了深远的影响。在 Katz v. United States 一案中[②]，法院接受了 Brandeis 的观点并推翻了法院在 Olmstead 一案中的判决。《美国联邦宪法第四修正案》以及该修正案中的隐私权保护实质正当程序的相关规定都将隐私权视为个人独处的权利，法院在审理隐私权案件的时候也经常引用 Brandeis 将隐私权看作“个人独处的权利”的理论。[③]“隐私权，简单来说，就是个人独处的权利。”For-

---

① 277 U. S. 438 (1928).

② 389 U. S. 347 (1967).

③ See, e. g., Eisenstadt v. Baird, 405 U. S. 438, 454 n. 10 (1972); Stanley v. Georgia, 394 U. S. 557, 564 (1969); Katz, 389 U. S. at 350.

tas 法官认为："人人都有权生活在有政府法律的保护下，除非政府可以证明社会有明确需求，否则，每个人都享有按照个人的选择去生活的权利，每个人都享有个人生命不受威胁，个人安宁不受干扰的权利。"① Douglas 法官说："隐私权就是 Brandeis 法官所说的个人独处的权利。"隐私权包括了他人计划自己私人事务的特权，他人免受有害行为干扰的特权，每一个美国人都有权过他自己想过的生活，做他喜欢做的事，去他喜欢去的地方。② 将隐私权定义理解为个人独处的权利，这个定义仅仅是反映了隐私权的一个属性。将隐私权理解为个人独处的权利不能为隐私权与其他利益，如言论自由、法律的有效实施以及其他利益的区分提供更多的指南。个人独处的权利这一定义并不能唤起我们对那些不可受他人干扰事项的注意。Warren 和 Brandeis 也谈到了隐私权是"不可侵犯的人格权"，"不可侵犯的人格权"也可以看作对隐私权内容的一种描述，但"不可侵犯的人格权"这个词的含义太过含糊，而且 Warren 和 Brandeis 也没有将"不可侵犯的人格权"这个词的含义解释清楚。"个人独处的权利"一词也常被理解为"不被政府干预的权利"，但法学家 Ruth Gavison 认为："我们常常忽视这样一个问题，隐私权请求根本就不是请求政府不干涉他人，而是请求政府保护他人权利免受行为人干涉的一个请求。"

个人独处的权利理论将隐私权视为个人独居、不受行为人干扰的权利，许多学者都对这个理论进行了批评，他们认为这个定义太宽泛了。法学家 Anita Allen 对此进行了解释："如果隐私权就是个人独处的权利，那么行为人对他人实施的任何具有冒犯性或伤害性的行为都会被看作隐私侵权行为。打他人的鼻子是隐私侵权，偷窥他人卧室的行为也是隐私侵权。"哲学家 Ferdinand Schoeman 认为，Warren 和 Brandeis 从来就没有给隐私权下过定义。著名的隐私权理论家 Edward Bloustein 认为，Warren 和 Brandeis 的文章的主要目的是指出普通法的不足之处，而不是给隐私权下定义。

Warren 和 Brandeis 的文章太超前了，不过，他们文章为隐私权

---

① Time, Inc. v. Hill, 385 U. S. 374, 413 (1967) (Fortas, J., dissenting).

② Doe v. Bolton, 410 U. S. 179, 213 (1973) (Douglas, J., concurring) (citations omitted) (quoting Kent v. Dulles, 357 U. S. 116, 126 (1958)).

理论的发展注入了新活力。坦率来说，Warren 和 Brandeis 所写文章的目的并不是为了给隐私权下一个全面的定义，他们写作该文的真正目的是为了从普通法中找出保护他人隐私权的依据，让普通法也能为他人隐私权提供保护。毫无疑问，该文的发表标志着隐私权理论的开端。尽管法官和学者经常援引“个人独处的权利”这个概念，但是这种隐私权概念的内容始终是模糊的。①

2. 限制接触理论

有很多学者认为，隐私权的概念就是“限制行为人接触他人”。②这个概念意识到了他人有隐藏自己，远离行为人的需求。因此，从这一点来看，这个概念和“个人独处的权利理论”这个概念有一些相似之处，只不过，和“个人独处的权利理论”这个概念相比，限制接触理论这个概念更成熟。

独居是隐居的一种形式，独居意味着远离别人，自我独处。但是，限制接触理论这个概念并不等同于独居。独居既是“个人独处的权利理论”定义中的内容，又是“限制接触理论”定义中的内容。但是后面两个概念的含义都比独居的含义要广很多，因为后面两个概念的含义还包括了他人免受政府公权力、新闻媒体以及其他行为人侵扰的权利。根据“限制接触理论”这个概念的内容，他人除了享有远离行为人侵扰的权利，还享有其他一些隐私权利。

E. L. Godkin 是 19 世纪末的一名著名的作家，他提出了“限制接触理论”的早期版本。他认为：“没有什么事情比私人生活更值得法律保护，或者换句话说，每个人都有权保持他自己私人事务的私密性，并由他们自己决定哪些私人事务是公众可以观察和讨论的，哪些私人事务是公众不能观察和讨论的。”③ Warren 和 Brandeis 在 1890 年发表了《论隐私权》一文，在同一时间，Godkin 也发表了一篇与隐私权有关的文章。文章指出：“隐私权意味着，他人有权决定公众能

① See, e. g., J. Braxton Craven, Jr., Personhood: The Right to Be Let Alone, 1976 Duke L. J. 699.

② Adam Carlyle Breckenridge, The Right To Privacy 1 (1970).

③ E. L. Godkin, Libel and Its Legal Remedy, 12 J. Soc. Sci. 69, 80 (1880).

够在多大程度上了解他人的个人思想和情感、私人行为和私人事务。”①

还有许多当代学者也对“限制接触理论”这个概念进行了研究。哲学家Sissela Bok认为，保护他人的隐私权就是要保护他人免受行为人不受欢迎的接触，无论行为人接触的是他人的身体，还是他人的个人信息，或者行为人仅仅是引起他人的注意，这些行为都是不被允许的。② 隐私法学者Hyman Gross则认为，行为人了解他人生活的状况，了解他人或者是他人私人生活的途径应该受到限制。而Ernest Van Den Haag则认为，隐私权意味着他人享有排除行为人（或其他法律实体）接触他人私人事务的权利，他人享有排除行为人监视、利用或侵入（采用干涉或其他能够影响他人的方式）他人私人事务的权利。法学家Anita Allen认为，在一定程度上限制行为人对他人私人事务的接触有利于保护他人的隐私权。③

David O'Brien认为，尽管有许多学者都赞同“限制接触理论”这个概念，但不同学者的观点还是会有一些区别。具体来说，支持“限制接触理论”学者的观点又可以分为两种。第一种观点认为，限制接触理论意味着他人享有选择权，他人有权决定哪些人可以接触自己。第二种观点认为，限制接触是一种客观存在。O'Brien不认同第一种观点，他认为，我们可以将隐私权理解为对限制行为人接触他人私人生活和私人事务这种状态的一种描述，但是他人享有隐私权的含义和限制行为人接触他人的含义并不相同，因为并不是所有的隐私权都是一种选择权。有时候，隐私权是偶然发生的，强制性的，非自愿的。

按照O'Brien的观点，个人独处时的隐私权是最完美的。笔者认为，他的观点存在两个问题：其一，在O'Brien所提出的隐私权概念中，对于私人领域的具体范围是什么这一问题，O'Brien并没有给出明确的答案。其二，O'Brien所提出的隐私权概念忽视了另一个问题，

---

① E. L. Godkin, The Rights of the Citizen, IV-To His Own Reputation, Scribner's Magazine, July-Dec. 1890, at 65.

② Sissela Bok, Secrets: On The Ethics Of Concealment And Revelation 10－11 (1983).

③ See Edward Shils, Privacy: Its Constitution and Vicissitudes, 31 Law & Contemip. Proas. 281, 281 (1966).

即，他人享有的隐私权也包括了他人有权向别人披露自己私人事务的权利。O'Brien 认为，当他人被困孤岛时，他所享有的隐私权是最完整的。与其说他人被困孤岛时所享有的隐私权是最完整的，倒不如说被困孤岛时他人并不享有隐私权，因为那是一种与世隔绝的状态。人是社会中的人，隐私权反映的是人与人在社会中的关系，没有社会和其他人的存在，讨论隐私权也就没有任何意义。社会学家 Barrington Moore 认为，社会的存在才产生隐私权需求，社会不存在，就不会有隐私权需求。

哪些事务是隐私事务？隐私权的实质内容是什么？对于这些问题，“限制接触理论”并没有给出明确的答案。因此，行为人接触他人的哪些事务构成隐私侵权，我们也就无从得知了。毫无疑问，并不是所有的行为人接触他人的行为都构成隐私侵权，只有当行为人接触的是他人的特殊领域或特殊事务和特殊信息时，行为人接触他人的行为才构成隐私侵权。“限制接触理论”的内容模糊不清，它没有阐明当行为人接触他人私人领域到哪种程度时才构成隐私侵权，该理论也没有阐明他人享有多大的限制行为人接触自己的权利。

“限制接触理论”的支持者认为，隐私权的内容处在完全接触和完全不接触之间。如果隐私权的内容真的是处在完全接触和完全不接触之间，那么关键的问题是如何区分行为人对他人的哪些接触是合理的，哪些接触又是不合理的，这个界限该怎样划定？要回答这一问题，我们首先要弄明白哪些是私人事务，隐私权的价值是什么？遗憾的是，该理论并没有明确回答上述两个问题。因此，跟“个人独处的权利”理论一样，“限制接触理论”的含义也显得太过宽泛和模糊。

在法学家 Ruth Gavison 的《隐私与法律的界限》一书中，他试图解决“限制接触理论”的不足之处，Ruth Gavison 对“限制接触理论”概念的解读也成为“限制接触理论”最令人信服的一种解读。Gavison 的目标是给隐私权下一个中立的定义，这个定义必须内容清楚、条例清晰。因为我们在不同语境中主张隐私权的理由常常很相似，如果隐私权概念不清晰，就不容易对这些情况进行区分。Gavison 认为，“限制接触理论”这个隐私权概念可以成为隐私权的通行定义。他认为，他人的隐私利益与行为人对他人隐私的接触程度密切相关，这包括行为人了解他人私事的程度、行为人接触他人身体的程度以及行为人关注他人的程度。Gavison 还认为，我们最好将隐私权理解为他人享有不被行为人侵扰的一种诉求、一种心理状态或者说他人享有控制个人生活领域的权利。这是 Gavison 对隐私权价值的阐述，支持“限制接触理论”的其他学者都没有对隐私权的价值进行说明。Gavison 还认为，“限制接触理论”这个隐私权概念对于自由、自治理论的发展都有重大价值。

此外，Gavison 还解释了“限制接触理论”的具体内容。Gavison 认为，“限制接触理论”包含了三项相互独立且缺一不可的内容，即，秘密、匿名和独处。不过，Gavison 对“接触”这个词的定义限制了隐私权对他人秘密、匿名状态以及独居生活的保护。根据 Gavison 提出的隐私权概念，行为人对他人私人生活的侵扰、伤害，以及政府干预他人作出有关身体、健康、性行为以及家庭生活的决定并不被禁止。虽然 Gavison 声称，在她给出的隐私权概念中也对行为人收集、储存以及电脑化他人信息的行为进行了规制，但事实上，行为人的这些行为并没有揭露他人的秘密，也没有破坏他人的匿名状态，更没有打破他人的独居状态。因此，Gavison 所提出的隐私权的概念事实上不包括上述内容。因此，尽管和其他支持“限制接触理论”理论的学者观点相比，Gavison 的理论显得没有那么宽泛和模糊，但她对“接触”这个词的定义却过于狭窄，这导致他人的许多隐私利益得不到保护。

3. 秘密理论

有关隐私权的定义，学者们所达成的一个共识是，隐私权的内容包括了他人享有对其个人特定事务进行保密的权利。根据这种观点，行为人公开他人试图隐瞒的信息的行为构成隐私侵权。Richard Posner 法官认为，隐私权至少包括了两种不同的利益。其一，个人独处的利益。不受欢迎的电话、卡车发出的噪音、电梯里播放的音乐、大街上被别人挤挤推推、电影院播放的淫秽影片或者行为人爆粗口这些事情都可能侵犯了他人个人独处的利益。其二，隐瞒个人信息的利益。当行为人以违背他人意愿的方式获取他人的私密信息时，行为人的信息获取行为侵犯了他人隐瞒个人信息的利益。[①] 隐私权所包含的隐瞒个人信息的利益，就涉及本文将要阐述的秘密理论。Posner 认为，秘密就是指他人享有隐瞒自己丑事的权利。[②] Posner 将隐私权视为自利经济行为的一种具体表现形式，他认为，隐私权是指他人享有为了一己私利，隐瞒对他人不利事实的权利。每个人都希望能够操纵他周围的世界，对他们自身情况进行选择性披露就是他们操纵他们周遭世界的一种方式。Posner 认为，现在有很多人抱怨他们的隐私权没有得到很好的保护，不过这些抱怨者并不是希望法律能够加强对他们独居隐私权的保护，他们的真正目的是希望法律赋予他们更多的隐藏可能对他们不利信息的权利。Sidney Jourard 是这样定义隐私权的："隐私权是指他人享有不被行为人知悉其过去和现在的生活经历、行为以及将来打算的权利。"[③]

我们可以将"秘密理论"理解为"限制接触理论"的一个子集。他人隐瞒其个人信息是他人限制行为人接触自己的一种具体方式，"秘密理论"所包含的内容只是"限制接触理论"内容的一部分。因此，和"限制接触理论"的内容相比，"秘密理论"的内容要窄很多。

隐私权包含了他人享有隐瞒其个人信息的权利，这一点构成了宪法上信息隐私权的基础。宪法上的信息隐私权是美国联邦最高法院在采用实质性正当程序审理隐私权案件，如 Griswold v. Connecticut 一案[④]、Roe v. Wade 一案[⑤]以及 Whalen v. Roe 一案[⑥]时所确立的。美国联邦最高法院认为，美国联邦宪法不仅保护他人做重要决定的自由，还保护他人禁止行为人披露其个人事务的权利。美国联邦最高法院有关禁止行为人披露他人私人事务的观点和"秘密理论"的内容具有一致性。法院在援引宪法上信息隐私权判案的时候，如果某项信息是秘密信息（如个人医疗信息），法院就会保护他人的信息隐私

① Richard A. Posner, The Econoics Of Justice 272 – 273 (1981).

② Richard A. Posner, Economic Analysis Of Law 46 (5th ed. 1998).

③ Sidney M. Jourard, Some Psychological Aspects of Privacy, 31 Law & Contemp. Probs. 307, 307 (1966).

④ 381 U. S. 479 (1965).

⑤ 410 U. S. 113 (1973).

⑥ 429 U. S. 589 (1977).

权；如果某项信息不是秘密信息（如犯罪嫌疑人被逮捕和认罪的信息），法院就不会保护他人的信息隐私权。[①]

将隐私权定义为秘密将出现很多问题。根据“秘密理论”，如果他人的私人事务已经被公众知晓，那么无论知晓其私人事务的人有多少，他人的私人事务都不能再被称作“秘密”。只有当他人的私人事务处于“完全秘密”的状态时，他人才对此类私人事务享有隐私权。《美国联邦宪法第四修正案》就认同这个观点，根据《美国联邦宪法第四修正案》的规定，如果他人的私人事务不再处于“完全秘密”状态，他人对该私人事务就不再享有隐私权。William Stuntz 注意到，根据《美国联邦宪法第四修正案》，如果他人尽力保守自己私人事务的秘密，那么他人的私人事务就受《美国联邦宪法第四修正案》的保护。《美国联邦宪法第四修正案》并不关注他人是否遭受警察不合理的搜查和压制以及其他有损人格的行为。[②] 在法院审理过的一系列案件中，法院都认为，一旦他人的私人事务被置于公众视野，不管事实上有没有其他人看到或发现他人的私人事务，他人就不再享有隐私期待。法院在 Katz 一案中认为，如果他人向别人公开自己的私人事务，即便这种公开行为发生在他自己家里或他办公室，他的私人事务就不再受《美国联邦宪法第四修正案》的保护。[③] 例如，在 California v. Greenwood 一案中，[④] 法院认为，原告对已经被他丢弃的垃圾不再享有隐私期待，因为原告的垃圾已经被置于公众视野。法院认为，任何一个理性人都知道，一旦一个装满垃圾的塑料袋被丢弃在公共街道上或者是公共街道两边，小动物、小孩、拾荒者、伺机窥探者或者其他人就随时有可能会翻看垃圾里面的东西。同样，在 Florida v. Riley 一案中，[⑤] 法院认为，对他人处在航行当中的财产进行监视的行为不能适用《美国联邦宪法第四修正案》，因为这种监视是为了公众利益

---

① Paul P. v. Vemiero, 170 F. 3d 396, 404 (3d Cir. 1998).

② William J. Stuntz, Privacy's Problem and the Law of Criminal Procedure, 93 Mich. L. Rev. 1016, 1022 (1995).

③ Katz v. United States, 389 U. S. 347, 351 (1967).

④ 486 U. S. 35 (1988).

⑤ 488 U. S. 445 (1989).

的考虑。①

有很多学者认为，“秘密理论”这个隐私权概念的内容过于狭窄。法学家 Edward Bloustein 和人类学家 Arnold Simmel 对这个理论提出了批评，他们认为，“秘密理论”将秘密看作隐私权的同义词，当他人处在一个组织机构中时，这个理论的不足之处又显现出来了。有时候，他人希望组织机构中的有些人知道这件事，但又不希望该组织机构中的另一些人知道这件事。例如，当一个雇员向他的同事抱怨他的老板时，他是希望他的同事知道这件事，但他并不希望他老板知道这件事。作为组织中的一员，尤其是组织中不受欢迎的一员，别人对他的不满情绪也应该被视为别人的私人事务。

有一些学者试图解决“秘密理论”固有缺陷这个问题，他们提出了“选择性保密”概念。Amitai Etzioni 认为，隐私权意味着，当行为人（无论是一个自然人还是一个组织，如夫妇）披露了他人的私人事务时，行为人就要对他人承担隐私侵权责任。然而，“选择性保密”理论也存在不少问题，根据“选择性保密”理论，那些由隐私侵权行为造成的损失常常会被认为是由披露他人有意隐瞒信息的行为造成的。要保护他人的隐私权，仅靠禁止行为人披露他人的私人事务是远远不够的。我们还要保证，当他人的个人信息被利用时，他人的个人信息被利用的方式符合他人的意愿。哲学家 Judith Wagner De-Cew 认为，秘密的范围和隐私权的范围当然不一致。有很多秘密信息都不属于隐私权的范围（如秘密的军事计划），私人事务也不全是秘密（如个人债务）。②

即便是在公共场所，我们也希望我们的隐私权受到保护。隐私权不仅仅发生在私人场所，在某些公共场所，隐私权也能受到保护。我们读的书、买的日用品、交的朋友，这些通常不被看作秘密，即便如此，我们还是将这些事情看作私人事务。哲学家 Julie Inness 认为，将隐私权看作秘密忽视了他人对自己生活进行控制这一因素：“隐私权并不一定和公开相对立，隐私权的功能是为了给他人提供控制其个

---

① California v. Ciraolo, 476 U. S. 207 (1986).

② Judith Wagner Decew, In Pursuit Of Privacy: Law, Ethics, And The Rise Oftechnology 48 (1997).

人生活的能力。”Stanley Benn 也赞同这个观点，他认为，保护他人的隐私权并不意味着禁止行为人看到或知悉他人的私人事务，保护他人的隐私权意味着，当行为人未获得他人的同意时，行为人不得搜集或是报道他人的私人事务。①

在认真推敲了《自由信息法》（Freedom of Information Act）（简称 FOIA）的隐私豁免规则后，美国联邦最高法院意识到了将隐私权理解为秘密的不足。在 United States Department of Justice v. Reporters Committee for Freedom of the Press② 一案中，法院认为，根据《自由信息法》的隐私豁免规则，公开美国联邦调查局的训斥表（包括了从执法记录中得来的数以万计美国公民的个人信息）的行为是一种隐私侵权行为。尽管美国联邦调查局训斥表中的信息在这之前已经向公众公开了，但法院认为，这些信息并不是同一时间向公众披露的。而且，零散公开公民的个人信息和将公民个人信息整理收集后做一个整体公开这二者的性质不同。法院意识到，要保护他人的隐私权，规制行为人对他人信息的获取行为和保护他人私人事务的秘密同样重要。遗憾的是，法院在审理其他案件时并没有意识到这一点。

虽然大多数学者都认为，行为人披露他人私人事务秘密的行为构成隐私侵权，但是，并不只有披露他人秘密的行为构成隐私侵权，还有许多隐私侵权行为都和披露他人秘密无关。因此，“秘密理论”这个隐私权概念的内容太过狭窄了。

4. 个人信息的自我控制理论

在众多隐私权概念的理论中，个人信息的自我控制理论是其中占据主导地位的一个。按照 Alan Westin 对隐私权的定义，隐私权是指他人、团体或者公共机构自主决定何时、用怎样的方式以及在何种程度上与别人交流自己信息的权利。还有其他学者也提出了类似的理论，Arthur Miller 认为，他人有权控制与他有关的个人信息的公开，这是隐私权的基本属性。而 Charles Fried 则认为，他人享有的隐私权不仅包含了他人享有禁止行为人知悉其个人信息的内容，还包含了他人有权控制其个人信息的内容。克林顿政府信息基础特别工作小组

① Stanley I. Benn, Privacy, Freedom, and Respect for Persons, in Nomos XIII.
② 489 U. S. 749 (1989).

(President Clinton's Information Infrastructure Task Force) 将隐私权定义为"他人对其个人信息范围内内容进行控制的请求权，他人有权决定其个人信息该怎样被收集、公开和利用"①。美国联邦最高法院认为，隐私权就是指他人享有控制与其个人有关信息的权利②。

个人信息的自我控制理论也可以看作限制接触理论的一个子集。个人信息的自我控制理论注重对个人信息的保护，这是这个理论的优点。不过，由于个人信息的自我控制理论仅仅关注对他人个人信息的保护，他人隐私权的其他方面，如他人享有的做重大决定的权利（有关个人身体、生育以及子女教育的决定）并不包含在该概念之内，因此，将个人信息的自我控制理论作为隐私权的概念显得太过狭窄。

此外，个人信息的自我控制理论的含义还太过模糊。个人信息的自我控制理论的拥护者并没有说明他人应该控制其自身哪些类型的个人信息。Ferdinand Schoeman 认为，将隐私权视为一种请求权或者将隐私权看作他人有权决定别人可以获取自身哪些信息的权利，这种理论面临一个难题，即，该理论回避了隐私权的道德地位这个问题。该理论将隐私权假设为他人享有控制与其个人相关信息的权利。换言之，个人信息的自我控制理论顶多只能保护那些他人认为是私密的信息，但是他人的哪些信息属于隐私权的范围并不能仅仅由他人个人来决定，在一定程度上，社会也有权决定他人的哪些信息应该受到保护。

他人可以控制其个人的哪些个人信息？他人可控制的个人信息范围是什么？有一些学者试图回答上述问题，遗憾的是，这些学者给出的答案都不能令人满意。根据法学家 Richard Parker 的理论，个人信息的范围很广泛："隐私权是指他人享有的可以控制何人、在何时可以知悉其个人信息的权利。他人有权控制看到、听到、接触到、闻到、尝到自己私人事务的总人数，他人享有的控制行为人知悉其个人

① President Clinton's Information Infrastructure Task Force (11t: Principles Forproviding And Using Personal Information 5 (1995).

② United States Dep't of Justice v. Reporters Comm. for Freedom of the Press, 489 U.S. 749, 763 (1989).

信息的权利是隐私权的核心内容。”在社会交往中，他人不可能乐于接受所有对他们个人进行接触的行为，因此，根据 Parker 的隐私权概念，社会交往中任何不受欢迎的个人接触行为都是隐私侵权行为。然而，在现实生活中，很多人都可能看到或听到他人的私人信息，他人可能并不乐于接受这些行为，但他人根本不把别人的这些行为看作隐私侵权行为。

Charles Fried 将隐私权定义为“对个人信息的控制”。“对个人信息的控制”对于“尊重、爱情、友情和信任”这些最基本人际关系的保护来说是必须的。Charles Fried 的隐私权概念将个人信息的范围和隐私权的价值联系在了一起。在 Charles Fried 的隐私权概念中，隐私权的价值是为了促进人与人之间的相互尊重、维护爱情、友谊和人与人之间的信任。他还将个人信息的范围限定为“私密信息”，即那些对于人与人之间相互尊重、爱情、友情和信任关系的形成和发展有重要意义的信息。不过，Charles Fried 对个人信息的界定也不够完善。根据 Charles Fried 对个人信息的界定，个人的财政信息并不是私密信息，他人对其个人的财政信息并不享有控制权，但事实上，大多数人都认为他人对其个人财政信息享有控制权，他人的财政信息属于个人隐私。

还有一些学者将个人信息界定为“与个人有关的信息”。Richard Murphy 认为，任何信息，只要能够判断该信息属于某个具体的个人，那么该信息就属于个人信息。Murphy 有关个人信息的界定太过宽泛了，我们很容易就可以判断出一项信息属于哪个人，但那个人可能根本就没有将那项信息当作隐私。例如，如果一个人是一名非常很有名的政治家，只要有人一提到“有名的政治家”这个词，别人很快就会想到他，但是他人是有名的政治家这个事实并不属于该政治家的隐私事务。如果我们赞同 Murphy 的观点，那么个人信息的范围将会无边无尽，没有尽头。

个人信息的自我控制理论的拥护者除了在界定个人信息的范围上存在争议外，他们对于如何定义“控制”的概念也没有达成一致意见。“控制”的内容到底包括哪些内容，学者并没有给出明确的说明。即便有的学者对这个问题作出了说明，但该说明的内容要么过窄，要么过宽。“控制”一词通常被理解为行使信息所有权的一种方式。Westin 认为，个人信息，应该被视为一种财产权。Westin 的这一观点体现在商业广告侵权法中，根据该法的规定，在未获得他人同意前，任何人不得基于商业目的使用他人的肖像。

他人对其个人信息享有财产权这一观点来源于洛克（John Locke），洛克认为，他人对其个人身体和劳动成果享有所有权，隐私权是个人人格权的一个分支："每个人都对其个人身体享有财产权。"[①] 从这个理论出发，洛克推断出他人对其劳动成果也享有财产权："只要他人对自然中存在的事物进行了改造，那么该改造物就成为了他人的物品，他人也就对该改造物享有财产权。"

根据洛克的观点，他人的劳动成果属于他人财产，他人的个人信息作为人格权的扩张也具有了财产权属性，洛克的这一观点构成了知识产权法的主要内容。James Boyle 认为，洛克的这一观点最后发展成了"浪漫主义作家"理论。"浪漫主义作家"通常会将其独特的想法融入其创作中，他们的创作也充分体现了他们的独创性和新奇性。[②] 与有形财产不同，知识产权法保护他人的智力财产，保护他人思想的表达，作品的原创性必须通过有形方式表现出来。[③]"浪漫主义作家"理论使得洛克的观点得以具体化，洛克认为，当某物是由他人创造的，那么他人就对该物享有财产权。

如果我们将他人的个人信息看作他人人格权的扩张，那么我们将他人的个人信息看作他人的个人财产就是合理的。作为我们自己生活的创作者，我们的个人信息量随着我们人格的发展而不断变大。随着个人主义的兴起，越来越多的人认为，他人的行为和过往生活属于个人隐私，愿意和谁分享他们的信息是他人的权利，他人有权决定和谁分享他们的个人信息。Madame Merle 在阅读完 Henry James 的《一位女士的肖像》（*Portrait of a Lady*）一书后得出了这样的结论："对于他人来说，自我，就是个人对自己的描述"。一个人的房子、家具、

---

① John Locke, Second Treatise Of Government § 27, at 19 (1980) (1690).

② See James Boyle, Shamans, Software, And Spleens: Law And The Construction Of the Information Society 54 (1996).

③ 17 U. S. C. § 102 (a) (1994).

服装、读的书、同伴，这些都是自我的具体表现形式。①

由于信息的独特属性，想要将上面的概念延伸至信息领域还是面临很多困难。信息的传播很简单，一旦他人的个人信息被另一个人知道，想要把这些信息从别人脑海中清除出去就变得不可能。与有形物品不同，同一信息可以同时为几百万人所有。这就是知识产权法为什么不保护思想本身，而保护思想的表达的原因。个人信息之所以复杂，是因为个人信息不仅是一系列事实和个人历史记录，而且也是对个人情况的一种描述。

个人信息的自我控制理论将个人信息视为一般商品，这种理论存在不少问题。要知道，个人信息产生于人与人之间的交往中，任何团体，只要该团体对他人的个人信息有需求，这个团体也就成为该个人信息的创建者。例如，他人并不是他们网页浏览信息的创造者，大多数网页浏览信息都是通过用户和网页互动这种方式形成的。信息的市场价值并不完全靠与该信息有关人员的个人的劳动创造，编纂该信息的第三方也是该信息市场价值的创建者。对于广告人员和市场营销人员来说，个人信息之所以会具有市场价值，是因为他们对这些个人信息进行了分类整合。

确定谁拥有信息的所有权这个问题很复杂，审理 Haynes v. Alfred A. Knopf, Inc. 一案②的法官就面临这个问题。在该案中，Nicholas Lemann 出版了一本新书，该书主要描述非裔美国人从美国南部移民到美国北部城市的社会历史背景和政治历史背景。在这本书中，Nicholas Lemann 以编年体的形式记载了 Ruby Lee Daniels 的生活。在书中，作者记述了 Ruby Lee Daniels 前夫 Luther Haynes 是一个酒鬼的事实。作者认为，Luther Haynes 既自私自利，又毫无责任心，长期以来，Ruby Lee Daniels 饱受折磨。该书出版后，Haynes 根据公开他人私人事务的隐私侵权法起诉了该书的作者和出版商。Haynes 诉称，他早已经改过自新了，对他个人过去生活的公开摧毁了他辛辛苦苦创建的新生活。Posne 法官撰写了本案的判决书，他认为，该书作者和

---

① Henry James, Portrait Of A Lady 253 (Geoffrey Moore ed., Penguin Books 1986) (1881).

② 8 F. 3d 1222 (7th Cir. 1993) (Posner, J.).

出版商无需对他们的行为承担责任，因为他人基于隐瞒真相而得的名誉并不是一项受法律保护的权利。该书讲述的故事不仅合法，而且该故事的出版对公共利益的维护有重大价值。

尽管该案的重点并不是讨论信息的共享性这个话题，但是该案的判决也暗示我们，他人并不一定是其个人信息的唯一所有权人，因为他人的个人信息是通过与别人的交往形成的。由于 Ruby Daniels 和 Haynes 的人生有一定交集，因此他们的人生经历会有一些相同的地方。Daniels 有权讲述她过去的经历，她有权将这些经历告诉别人，因为她和 Luther Haynes 曾经是夫妻的这一事实不仅是 Luther Haynes 的人生经历，也是她的人生经历。因此，基于个人信息具有共享性这一特征，将“控制”理解为他人对其个人信息的所有权这个理论就面临很大的困境。毕竟，隐私权案件和所有权案件有很大差别。

如何定义“控制”这个词是一件很费劲的事，此外，“信息控制”这个词定义的内容太宽泛了。Gerety 认为，如果我们采纳 Westin 对隐私权的定义，那么个人信息就包含了个人的一切信息，这种定义太过宽泛了。无论是在法律层面还是在现实生活中，我们对隐私权的保护范围都没有那么宽。Inness 认为，并不是所有的个人信息都属于隐私权的范围，她认为，只有当个人信息是私密信息时，他人才对该个人信息享有隐私权。按照这种观点，只有当信息是私密信息的时候，他人才可以对该信息进行“信息控制”。

虽然将他人对其个人信息的控制权限定在“私密信息”这一范围的做法具有一定进步意义，但是该定义所包含的内容还是太过宽泛了。DeCew 认为，因为行为人的行为导致他人对其个人“私密信息”丧失控制权的现象时有发生，但行为人的行为并不被认为是隐私权侵权行为。为了论证这个观点，Daniel Farber 引用了暴露狂的例子。如果按照“私密信息”理论，他人对其个人裸体这一信息享有控制权，暴露狂有权公开裸露其身体。但在现实生活中，别人阻止该暴露狂裸露其身体的行为并不构成隐私侵权。相反，该暴露狂的裸露行为倒构成了对其他人隐私权的侵犯。[①]

---

① Daniel A. Farber, Book Review: Privacy, Intimacy, and Isolation by Julie C. Inness, 10 Const. Comment. 510, 514 – 515 (1993).

David O'Brien 常常批评个人信息的自我控制理论，因为他认为这个理论的含义太过狭窄了。他认为，隐私权不仅包含了行为人不得揭露他人的个人信息这一内容，他人享有的进行私人活动的自由也应该包含在隐私权的范围之内。David O'Brien 的观点是正确的，因为他意识到，与对他人个人信息的侵犯一样，一些令他人感到厌烦的事，如噪音、难闻的气味以及其他干扰他人心境安宁的事物，也可能侵犯到他人的隐私权。正如 DeCew 所指出的那样，个人信息的自我控制理论这个隐私权概念的含义太过狭窄了，因为按照这个概念，隐私的范围被缩小为个人信息，但很显然，隐私的内容绝不仅仅指个人信息。DeCew 认为，即便行为人对他人的个人信息一点都不了解，行为人的行为也可能构成隐私侵权。比如说，广告人员强制他人听其宣传商品的行为，受众被潜意识广告操纵的行为，打断他人阅读或思考的行为。个人信息的自我控制理论将很多我们通常认为是隐私的事务排除在这一概念之外，因此，该理论的含义太过狭窄了。Anita Allen 对该理论也持批评态度，他也认为该理论的含义过于狭窄，因为该理论并没有包含他人的堕胎权和性自由权。

还有一些学者也对个人信息的自我控制理论提出了批评，因为他们认为这个理论的含义太过狭隘，该理论只关注他人的个人选择。个人信息的自我控制理论要成立，首先要有一个假设前提，即，他人在任何时候都对其个人信息享有控制权。不过，Paul Schwartz 认为，这个假设本身就是错误的，因为该假设忽视了，个人自决权利是由个人数据的处理决定的。① 个人信息的自我控制理论的成立还依赖于另一个假设，即，他人都有完全行为能力来决定是否公开其个人信息或与哪些人分享其个人信息。Schwartz 对这个理论提出了质疑，要知道，在对个人信息传播进行议价这件事上，由于人与人之间知识的差异、个人能力的差异，同样的情形，可能会产生完全不同的结果。Schwartz 的言下之意是，隐私权不仅仅指他人对其个人信息的控制，还包含了社会对他人个人信息监管的内容。② 换言之，隐私权也属于社会

① Paul M. Schwartz, Privacy and Democracy in Cyberspace, 52 Vand. L. Rev. 1609, 1661 (1999).

② AnitaAllen-Castellitto, Coercing Privacy, 40 Wm. & Mary L. Rev. 723 (1999).

构造的一部分，隐私权不仅意味着他人对其个人信息的控制，而且应该包含社会对他人个人信息进行监管的内容。

总结来看，个人信息的自我控制理论的含义太过模糊。在某些方面，该理论的含义显得有些狭窄；但在另一方面，该理论的内容又太过宽泛。个人信息的自我控制理论对“信息控制”的界定太过模糊，因为该理论没有阐明他人对其哪些个人信息享有控制权。而个人信息的自我控制理论的拥护者在对“个人信息”的含义进行界定时，有些学者将“个人信息”的含义界定得过于宽泛，而有些学者却极度限制“个人信息”的含义范围。此外，很多学者将“控制”理解为所有权的一种形式，这一点使得个人信息的自我控制理论不受人待见。最后，在个人信息的自我控制理论中，“信息控制”的含义太窄了，因为该理论将隐私权仅仅限定在信息方面，太过于关注他人的个人选择权，而忽视了隐私权中自主决定的自由。

5. 人格权理论

人格权理论认为，保护他人的隐私权是保护他人人格权的一种具体表现形式。Warren 和 Brandeis 提出了“不可侵犯的人格”理论，人格权理论就是根据 Warren 和 Brandeis 提出的“不可侵犯的人格”理论提出来的。Paul Freund 是最早提出“人格”一词的学者，他认为，人格是指他人不可被束缚的个人特征。①

人格权理论与我们之前讨论到的隐私权理论都不同，因为该理论强调保护他人人格的完整性，这也是隐私权的终极价值。虽然人格权理论和其他理论都不同，但是这并不意味着人格权理论和其他隐私权理论没有任何关系，学者经常将人格权理论和其他隐私权理论摆在一起，用来论证保护他人隐私权的重要性，他人对其自身的哪些信息享有当然的控制权，该对他人哪些方面的隐私权进行限制，等等。

（1）个性、尊严和自治。人格是什么？隐私权应该保护他人的哪些权利？Edward Bloustein 认为，隐私权保护他人的个性。保护他人的隐私权就是要保护他人的个性和尊严，侵犯他人隐私权的行为亵渎了他人的个性和尊严。Jeffrey Reiman 也认为，人格是隐私权的重要

---

① Paul Freund, American Law Institute, 52nd Annual Meeting 42 - 43 (1975).

组成部分，“隐私权保护他人之所以成为人的利益”①。

哲学家 Stanley Benn 也是人格权理论的支持者，他也提出了一种隐私权概念。他认为，隐私权意味着尊重他人的选择权，“尊重他人作为一个人的权利、尊重他人的选择权就是尊重他人享有进行自我创造性事业的权利，别人仅仅只是观看他人的行为都可能构成对他人隐私权的侵扰。” Benn 引用了 Jean Paul Sartre 的《存在与虚无》(*Being and Nothingness*) 一书中的观点来解释他的理论，Jean Paul Sartre 认为，作为别人观察的对象或者别人关注的焦点有利于他人重新认识自己。当局者迷，旁观者清，别人的眼睛能够看到他人看不到的东西。通过这种方式，被观察者成为别人谈论的客体，被观察者可以通过别人的言谈更好地认清自己，与此同时，被观察者对其个人个性的认知也会进一步加强。不过，Benn 认为，当一个人处在别人监视、观察中的时候，被监视、观察者的选择权就受到了限制，被监视、观察者的选择权被限定在一定范围之内。换言之，Benn 认为，别人对他人的监视限制了他人选择权的范围，因此，这种监视行为限制了他人的自由。尊重他人的人格就要尊重他人的选择权，而他人的人格受隐私权保护，因此，尊重他人的隐私权就要尊重他人的选择权。

美国联邦最高法院在审理 Griswold v. Connecticut 一案、Eisenstadt v. Baird 一案②、Roe v. Wade 一案③等一系列案件的时候就采用了人格权理论。早在 1891 年，美国联邦最高法院就在 Union Pacific Railway Co. v. Botsford 一案中④阐述了隐私权的人格属性。在该案的判决书中，法院认为，法院无权强制民事诉讼的原告进行外科手术。法院重申了如下原则：“除了法律条文中有明确说明外，他人享有占有和控制其个人身体的权利，他人的这种权利不受行为人的干扰和约束。在 Botsford 一案判决之后发生的隐私权案件中，法院倾向于将隐

① Jeffrey H. Reiman, Privacy, Intimacy, and Personhood, in Philosophical Dimensions Of-privacy.

② 405 U. S. 438 (1972) (extending Griswold to the use of contraceptives by nonmarriedindividuals).

③ 410 U. S. 113 (1973) (finding that the constitutional right to privacy encompasses the decisionto procure an abortion).

④ 141 U. S. 250 (1891).

私权看作‘他人享有的自主做重要决定的利益’。这些重大决定包括婚姻、生育、避孕、家庭关系和子女抚养的决定。”① 在 Planned Parenthood v. Casey 一案②中，美国联邦最高法院对“隐私权”作了最详尽的解释。法院认为，受宪法保护的隐私权包括：他人一生中所做的最私密性的决定、有关他人尊严和自治的决定，他人享有的做这些决定的自由受《美国联邦宪法第四修正案》的保护。自由的核心价值在于保护他人之所以为人的权利、在于保护他人存在的意义、他人对宇宙以及人类生活奥秘进行探究的权利。不过，这并不意味着国家的强制力创造了他人的人格属性，他人的人格独立于国家的强制力。法院的这一解释意味着，法院将隐私权定义为他人享有的不受国家干预的自主决定权。

有些学者对人格权理论以及法院在上述案件中的判决意见都提出了批评，他们认为，人格权理论讨论的不是隐私权，而是自由和自治权。在《民主的不满》(*Democracy's Discontent*) 一书中，Michael Sandel 对法院的做法提出了批评。他认为，法院的判决在事实上将隐私权和自治权合并在了一起。③ Louis Henkin 认为，Griswold 一案、Roe 一案和 Baird 一案的审理并没有确立隐私权“免受政府干扰”原则，而是确立了隐私权“免受政府规制”的原则。④ DeCew 对上述学者的观点进行了反驳，她认为，在上述有关宪法上隐私权案件的判决中，法院已经明确提到了隐私权这个概念。她认为，我们没有必要将隐私权和自由、自治权完全区分开来，因为一个概念和另一个概念之间常常没有明确的界限，这些概念之间常常会有相互重合的地方。

不过，人格权理论也有缺陷，因为人格权理论的支持者并没有阐明隐私权是什么这个问题，这些学者也没有给“人格”这个词下一个准确定义。Freund 对有关他人“不可被束缚的属性”的解释太过模糊了。事实上，他解释的是“自我”的含义，而不是“人格”的含义。Bloustein 将“人格”解释为“个性”，但他的理论没有对“个

① Whalen v. Roe, 429 U. S. 589, 599 - 600 (1977).

② 505 U. S. 833 (1992).

③ Michael Sandel, Democracy's Discontent 93 (1996).

④ Louis Henkin, Privacy and Autonomy, 74 Colum. L. Rev. 1410, 1424 (1974).

性”的本质、内容范围进行准确定义。其他学者则认为，人格是他人自治权的一种具体类型。[①] Jed Rubenfeld 认为，人格并不是自治权的一种具体类型。他认为，将隐私权看作自治权的一种具体类型意味着隐私权只是他人在道德上享有的自由，如果情况变成那样，那么隐私权对于他人权益的保障将会变得没有任何价值。[②]

此外，人格权理论的含义还太过宽泛了。要知道，他人所享有的人格利益的范围很广，人格权并不等同于隐私权，他人的人格权中还有许多内容并不属于隐私。事实上，他人很愿意在公众面前展示许多能够体现其人格的事务。例如，艺术作品通常都是该作品创作者内心深处情感的反映，但很少有艺术家愿意孤芳自赏，也很少有艺术家将其作品视为个人隐私，不将该作品在公众面前展示。Gavison 对 Bloustein 的尊严概念提出了批评，她认为，许多侵犯人格和尊严的行为都与隐私权无关。对此，她还专门进行了解释说明，“他人为了生存而被迫去乞讨或卖淫，这时候，乞讨或卖淫行为构成了对他人人格尊严的侮辱，但是乞讨或卖淫行为并没有减损他人的隐私利益。”

虽然人格权理论阐明了我们保护隐私权的原因（为了保护他人的个性、尊严和自治），这一点具有进步意义，但是人格权理论在法律实务当中关注的焦点是他人在自我决定过程中免受政府公权力干扰的权利，该理论对个人领域的关注较少，仅仅限制政府的干扰行为对于他人隐私权的保护来说是远远不够的。人格权理论除了强调政府不得干预他人的自我决定权外，对于如何保护他人隐私权这个问题并没有解释清楚。Bloustein 只是告诉我们为什么要保护他人的隐私权，但是他对什么是隐私权这个问题的解释却含糊不清，这也是 Gross 和 O'Brien 批评 Bloustein 的人格权理论的原因。

（2）反极权主义。Jed Rubenfeld 在其著名的《隐私权》一文中对人格权理论存在的问题进行了全面描述。Rubenfeld 认为，人格权理论所强调的是，只要国家的干预行为危及他人的个性或自我决定，国家的行为就应该被禁止。Rubenfeld 意识到，法律不可能对他人的

① See, e. g., Joel Feinberg, Autonomy, Sovereignty, and Privacy: Moral Ideas in the Constitution?, 58 Notre Dame L. Rev. 445 (1983).

② Jed Rubenfeld, The Right of Privacy, 102 Harv. L. Rav. 737, 750 (1989).

所有自我认知行为都进行保护，因为他人的人格权有时候会与其他人的权利相冲突，而且那些对自我认知有意义的行为常常会影响到其他人的利益。对他人人格权的保护如果不丧失中立性、偏向于保护他人的人格权这一边，他人就不可能排除那些他人所不能容忍的异己势力。基于上述事实，Rubenfeld 总结到，当一项人格利益对于他人来说很重要的时候，他人的这项人格利益就应该受到法律的保护，这是保护他人人格利益所要坚守的“最后防线”。

人格权理论力图排除国家公权力对他人人格的侵犯，Rubenfeld 认为，隐私权的保护有利于保护他人的人格权，人格这个词就是这样和隐私权联系在一起的。国家在保护他人人格的时候，它必须采用、也必须强制适用国家自己对人格的定义（国家眼中的人格概念和他人眼中的人格概念会有所不同，可能国家在定义什么是人格的时候会侵犯他人的自由）。

针对上述问题，Rubenfeld 提出了另一种隐私权定义。他认为，隐私权是指他人享有的他人生活不完全被国家决定的基本自由。Rubenfeld 认为，隐私权保护他人免受极权主义对他人生活的控制。当政府权力渗入他人生活的各个方面、完全掌控他人生活的时候，他人才可以主张政府的行为构成隐私侵权。Rubenfeld 解释到，反极权主义禁止国家强制他人接受国家对人格的定义。

Rubenfeld 对人格权理论的批评很在理，不过，就连他自己也没有意识到，他的隐私权理论实际上就是人格权理论。根据他的隐私权理论，隐私权仅仅是指他人享有排除国家对他人整个个人生活的干预。如果我们同意这个观点，那么隐私权所保护的利益将变得非常狭窄。事实上，Rubenfeld 自己也意识到，大多数隐私侵权行为都发生在人与人之间，隐私侵权情节也不算严重，并不是所有的隐私侵权都涉及国家公权力对他人的侵犯。这一点，在笔者的另一篇论文中有具体阐述。

虽然 Rubenfeld 反对人格权理论，但他并没有阐明“人格”的定义，也没有说明他人的哪些人格利益是法律所保护的。他之所以没有对“人格”进行界定，是因为如果他对“人格”进行界定，就会出现夺取他人手中权利来对人格进行定义的情况。由于 Rubenfeld 的理论没有对“人格”一词进行界定，因此，他的理论变成了没有明确含义的个人独处的权利理论。要想限制国家的隐私侵权行为，首先就要对“人格”一词进行界定，但是，Rubenfeld 的理论并没有对“人格”进行界定，因此，根据 Rubenfeld 的理论，我们无法判断国家的哪些行为构成隐私侵权。Rubenfeld 认为，子女抚养、婚姻、性行为、角色定义、直接活动、操作或创造紧张的情感关系、价值告知等就是个人日常生活和意识的真实写照。Rubenfeld 认为，生活中的这些内容是他人人格权所要保护的核心内容，因为这些内容是我们每个人都会经历到的，我们经常会遇到这些情况，因此，人格具有普遍性和长期性。Rubenfeld 提出了人格具有普遍性和长期性的观点，其实，Rubenfeld 所提出的这个观点就是他对“人格”的定义。

生活中的哪些内容对于他人来说是至关重要的，对于这个问题，Rubenfeld 指出，那些声称保护他人人格的法律通常都会对此进行界定，这些法律会在法条中对该情况进行说明，通过制定成文法的方式，国家将国家的人格观点强加给他人。与此同时，通过这种方式，法律排除了他人对有关“人格”的定义。Rubenfeld 的这个观点是正确的，据此，Rubenfeld 很快就断定国家所有的干预他人人格的行为都是“令人厌恶的”，但是，并不是所有的国家公权力行为都是有害的。事实上，隐私权既是一项积极的权利，又是一项消极的权利。他人享有隐私权不仅意味着他人享有免受国家公权力非法侵扰的权利，而且意味着国家必须积极作为去保护他人隐私利益。例如，国家要承认并保护他人的财产权，侵权法、刑法以及其他法律也要对他人的隐私权进行保护。如果国家不对强奸、非法袭击、非法侵入、非法收集他人信息等行为进行规制，那么，我们也就毫无隐私权可言，他人的人格权也将得不到法律的保护。为了保护他人的人格，国家必须有所作为，废除那些束缚他人自由的习俗和社会规范。Rubenfeld 认为，当国家涉嫌侵犯他人人格的时候，国家的态度不可能是中立的，他的这一观点也是正确的。尽管如此，Rubenfeld 的理论还是存在致命缺陷，因为不对“人格”进行定义，他是不可能构造出反极权主义这个理论的。

6. 亲密关系理论

现在，越来越多的人开始将隐私权看作一种亲密关系形态。亲密关系理论认为，隐私权对于他人的自我创造很重要。不过，隐私权对于人际关系的维持也很重要。Daniel Farber 认为，亲密关系理论的好处之一是扩大了道德人格的范围，从此以后，道德理论的内容将不再仅仅指简单的理性自治。根据亲密关系理论，他人享有隐私权意味着他人有权限制行为人接触他人，有权对其个人信息进行控制。亲密关系理论还认为，隐私权的价值存在于不断发展变化的人际关系中。

人与人之间亲密程度的不同决定了人与人之间社会关系的亲疏远近，一般来说，越是亲密的两个人，他们之间形成的社会关系也就越亲密。虽然社会上的每个人都和我们有或多或少的社会联系，但是这些人和我们的亲密程度都不一样。两个人之间的亲密程度不同，隐私权对该关系的保护程度也不同。政治学家 Robert Gerstein 认为，如果隐私权都不保护他人和别人之间的这种亲密关系，那么他人和别人之间的这种亲密关系将不复存在。[①] Jeffrey Rosen 认为，亲密关系的形成取决于对他人对别人真正了解的程度，他人对别人的了解既需要时间，也需要空间：如果人与人之间少一些相互揭底的行为，那么，他人远离公众关注的愿望就可能实现了。[②] 根据亲密关系理论，隐私权的价值在于发展人与人之间的亲密关系。他人享有隐私权既意味着他人有权决定哪些人可以接触其个人生活，又意味着他人有权决定这些人可以接触他人生活的哪些方面，还意味着他人有权决定对其哪些个人信息进行控制，并有权决定其本人的哪些信息属于要保密的内容。

在《隐私、亲密关系和独居》(*Privacy, Intimacy and Isolation*)一书中，哲学家 Julie Inness 提出了亲密关系理论：如果我们仅仅关注信息、接触和私密性决定这些内容，我们永远都不可能得出隐私权的概念。隐私权的确包含信息、接触和私密性决定这三方面的内容，这三个方面的内容也各不相同，但我认为，这三方面的内容可以被亲密关系一词所容纳。与大多数亲密关系理论拥护者观点不一样的是，Inness 意识到了定义"亲密关系"的必要性。她认为，我们可以采用两种方法来对亲密关系进行解释：其一，观察行为；其二，观察动机。她认为，通过采用考察他人具体行为这种实证检验的方法得出的"亲密性"定义并不够完善，因为他人的这些具体行为缺乏"亲密

---

① Robert S. Gerstein, Intimacy and Privacy, in Philosophical Dimensions Of Privacy.

② Jeffrey Rosen, The Unwanted Gaze: The Destruction Of Privacy In America 8 (2000).

性”的实质。“亲密性”的内容随着时间和文化的改变而改变，只关注他人具体行为这种方式并不能准确描述“亲密性”的上述特征。Inness认为，“亲密性”理论的渊源并不是他人的行为，“亲密性”的渊源先于他人的行为而存在，他人的动机与“亲密性”之间的关系才是我们要考察的重点。她认为，他人的关爱和喜好赋予了“亲密性”事物或行为以价值和意义，这是Inness对“亲密性”所下的定义。隐私权就是他人对亲密性决定的控制状态，他人享有决定哪些人可以接近自己、传播自己信息和行为的权利。

Charles Fried是个人信息的自我控制理论的支持者，为了准确定义隐私的价值以及限定他人所能控制的个人信息范围，他也从亲密性关系理论的角度提出了他对隐私权的定义。他认为，根据“亲密性”关系理论，个人信息的自我控制理论不仅包含了他人所享有的将自己的行为、信仰和别人分享的权利，也包含了他人享有的不和别人分享其个人信息的权利，根据“亲密性”理论，他人不和别人分享其个人信息的动机受“亲密性”理论的保护。[①] Charles Fried认为，他人享有隐私权意味着他人享有我们在上文中所说的权利。如果我们赞同Charles Fried对隐私权的定义，那么他人在友情和爱情的维系中所要耗费的道德资本将在这样的隐私权定义中得到了满足。James Rachels和Charles Fried的观点比较相似，他认为隐私权对于他人来说很重要。他人享有隐私权意味着他人有权决定哪些人能接近自己以及自己的个人信息，这种隐私权定义和他人创建、维系各种社会关系的能力有着密切联系。[②]

隐私信息是指那些他人只愿意对少部分人揭露的个人信息。Fried和Rachels认为，隐私信息是指他人不愿意为别人所知的信息。哲学家Jeff Reiman不同意他们的观点，他认为，如果两个人的关系很亲密，那么这种亲密关系的意义不仅意味他们会相互分享一些他们不会对除他们两个人之外的人分享的信息，更意味着他们对彼此的关心，在亲密关系中体现的人与人之间的关爱才是亲密关系理论的意义

① Charles Fried, An Anatomy Of Values: Problems Of Personal And Social Choice 142 (1970).

② James Rachels, Why Privacy is Important, in Philosophical Dimensions Of Privacy.

所在。Fried 和 Rachels 有关隐私信息的观点忽略了他人在与别人分享自己私密信息这个过程中所体现的关心、爱护和信任，这个过程中所体现的关心、爱护和信任的价值远远超越了信息分享行为本身的价值。为了论证他观点的正确性，Reiman 还举了一个例子。他说，有时候，他人愿意和他的精神分析专家谈论一些话题，虽然这些谈话的内容他人并不一定愿意对他朋友或伴侣说，但是这并不意味着他和精神分析专家的关系要比他和朋友、伴侣之间的关系更亲密。Reiman 认为，造成这种现象的原因很简单，因为他人和他的精神分析专家之间缺乏朋友之间的那种相互关爱的情感，他人的精神分析专家不会过多关注他人的情感问题，他人的精神分析专家不会像他人的朋友那样关心他人，所以他人才愿意对他的精神分析专家吐露一些他人不愿意对他的朋友吐露的事情。只有相互关爱，两个人的关系才会变得更亲密。为了论证他的观点，Reiman 又举了一个例子。他说，两个人有身体接触行为并不意味着这两个人之间发生了亲密的性关系，否则，医生检查病人生殖器的行为也会被视为医生和病人有亲密的性关系。Reiman 认为，Fried 和 Rachels 的观点过于重视他人对自身信息的控制以及对行为人接触他人自身信息行为的限制，他们并没有弄懂亲密性关系的本质属性。

Tom Gerety 也是亲密性关系理论的支持者，他认为，现有的隐私权理论的内容都太过宽泛了，因为这些理论没有对隐私权的范围做一个限定。他认为，从对他人的隐私权进行限制这个角度来看，到目前为止，亲密性关系理论无疑是在这方面做得最好的一个理论。他指出，如果两个人之间有亲密关系，这意味着他人清醒地意识到自己在接触别人的身体、思想或意识到别人在接触自己的身体、思想，并且这种接触对自己和别人来说都不是不受欢迎的。这么看来，Gerety 的理论只是限制接触理论中的一个具体分支。不过，他的理论并没有正确指出隐私权的内容和范围，这也是限制接触理论同样要面临的难题。Gerety 还对自己的理论作了进一步的延伸，他在他论文的后半部分提到了个人自治和个人身份地位提高的问题。他认为，决定堕胎是一个私人决定，因为这涉及妇女的自治权和妇女地位的提高问题。

Gerety 的亲密关系理论和他所批评的其他隐私权理论一样，都存在固有缺陷，因为他的理论的内容太过宽泛了。Gerety 试图用“身份”和“自治”这样的字眼来限制隐私权的范围，可惜这些词汇本身的含义就很广，而且我们几乎可以将这些词汇运用到人类的任何一次行为或决定当中。Gerety 批评其他隐私权理论没有对隐私权的范围做一个有意义的限定，殊不知，他自己提出的隐私权理论也面临同样的问题。Gerety 的理论没有对“亲密性”一词的范围进行限制，在他的理论中，“亲密性”一词的含义和“隐私权”的含义是一样的，这样一来，Gerety 的隐私权理论中“隐私权”的范围也是不受限制的。因此，Gerety 的理论也不能准确定义哪些事务属于他人的隐私事务。

而从另一方面来看，亲密关系理论的含义却显得过于狭隘。因为亲密关系理论只关注人与人之间的关系以及他人在人际交往中的具体感受。尽管人与人之间的信任、友爱和关心关系属于隐私权的内容，但这几个词并不能完全概况隐私权的内容。正如 DeCew 所指出的那样，他人的财政信息属于隐私信息，但他人的财政不属于亲密关系信息。隐私权的提倡有助于人与人之间信任、友爱和关心关系的维系，但这几个词并不足以概括隐私权内容的全部。Farber 意识到，在很多情况下，两个人之间发生性关系并不是基于两个人相互之间的爱、喜欢或关心这些情感。人类有许多能表达爱、喜欢和关心的行为也不被认为是亲密性的，例如，给别人购买礼物的行为。

隐私权的价值不仅仅体现在促进亲密性人际关系上。他人与别人的亲密关系属于隐私生活的内容，当隐私权内容涉及人与人之间关系的时候，亲密性关系理论确实能概括这一方面的内容。可是，隐私权的内容并不仅仅指人与人之间的这种亲密性关系，隐私权有时候仅仅关涉个人本身，与别人无关，当我们谈论到这一部分内容的时候，亲密性关系理论就已经不足以概括这一部分内容了。Weinstein 指出，在很多情况下，当我们谈论隐私时，我们并不是在谈论人与人之间的那种亲密性关系。当他人认为自己的隐私事务没有受到社会团体或其他组织的尊重时，他们同样会主张自己的隐私权受侵犯，这种情况就不属于人与人之间亲密性关系的范围。政治学家 Priscilla Regan 指出，电脑数据库的出现使得个人隐私权受侵犯的可能性大大增加，不过，在这种情况下，他人隐私权受侵犯并没有对他人与别人之间的友情、爱情和信任关系造成重大影响，因为在这种情况下，他人隐私主要是受到私人组织、政府组织的侵犯，如警察局、福利机构、信贷机构、银行和雇主，这种隐私侵权行为对人与人之间关系的影响不大。

综上所述，由于亲密性关系理论没有对“亲密性”一词进行限定，因此，该理论的含义显得过于宽泛；而与此同时，该理论只是强调人与人之间的这种亲密性关系受隐私权保护，忽略了他人本身也有隐私权诉求，因此，该理论的内容又显得太过狭隘。

（三）一种新的隐私权的定义方法

我们上文讨论到的所有隐私权定义都对隐私权特征的某一方面进行了详尽描述，这些见解也很独到，不足的是，这些定义要么含义过宽，要么含义过窄。鉴于隐私权定义面临的这些难题，那些被称为“限缩者”的学者认为，之所以讨论隐私权定义的论文那么少，是因为隐私权本来就没有一个明晰的定义。他们认为，与其他概念和权利的内容不同的是，隐私权的内容本来就是可变的。这种理论的最坚定支持者是 Judith Thomson，他认为，隐私权与其他权利的界限并不明显，隐私权的内容和其他权利的内容有相互重叠的地方。Thomson 认为，隐私权的内容包含了他人享有的不被其他人看到和听到的权利，她认为，隐私权是一种类似于财产权的权利。

不过，在司法实践中并没有多少案例是根据限缩者的理论作出判决的。要想准确定义隐私权，我们还应该察看其他概念，而不仅仅只关注隐私权这个概念本身。学者希望给每个词语都下一个定义，明确每个概念的范围，在他们的理论中，每个概念都应该有其独立的范围，各个概念之间没有重合的地方。隐私权的内容和其他权利的内容有相互重合的地方，在不同的概念中，这些相互重合的地方是采用不同的方式表现出来的。Wittgenstein 认为，给事物下定义只是理解事物的一种方式，定义反映了不同的人对事物的不同理解，不同的人对事物的关注点不同，他们对事物的理解就不同，给事物下的定义也就不同。

其他学者也意识到，隐私权的含义很广，上述任何一种定义都无法概括出隐私权的全部内容。因此，用一种集合的方式给隐私权下定义是一种更为可取的方法。Jerry Kang 所提出的隐私权定义就是一个集合，该定义包括了三方面的内容：其一，物理空间—— 他人的独居生活领域免受不受欢迎的物体和信号干扰的程度；其二，选择权——他人享有的在做重大决定时免受行为人干扰的权利；其三，个人信息的传播——他人享有的控制其个人信息的取得、处理、披露和使用的权利。

DeCew 认为，隐私权包括三方面的内容：信息隐私权；限制接触隐私权；表达隐私权。信息隐私权是指他人对自身信息的控制权。限制接触隐私权和限制接触理论隐私权的含义一致，该理论不仅关注行为人对他人信息的获取，更关注行为人对他人的观察和身体接触。表达隐私权保护他人通过语言和行为表达自己身份或人格的权利。因此，DeCew 的隐私权定义是我们上文所讨论的个人信息的自我控制理论、限制接触理论、人格权理论的结合体。

通过一个集合的方式来给隐私权下定义的方法尽管和 Wittgenstein 的家族相似性理论具有一定的相似性，但是这个方法还是没有摆脱传统隐私权定义方法的固定模式，即，这种隐私权定义方法妄图通过将几个具有固定界限的概念拼凑在一起来给隐私权下定义。这种通过将几个概念拼凑在一起所得出的隐私权定义也不利于我们理解隐私权。因此，笔者对传统的隐私权定义方法提出了质疑。如果我们不去探索隐私权的一般特征以及隐私权的本质，我们又怎么能准确地定义隐私权呢？这将是笔者在本文第二部分要重点探讨的问题。

三、对隐私权的重新定义：一种实用的方法

现有的隐私权定义方法都存在各种问题，没有一种隐私权定义方法是令人满意的。鉴于此，笔者将介绍一种新的隐私权定义方法。实用主义的定义方法和 Wittgenstein 的家族相似性理论有密切联系，Stanley Cavell 解释到，根据 Wittgenstein 的家族相似性理论，我们对一个概念进行解释的时候并不一定要找到该事物不同方面内容所包含的共性，而且这种共性对概念的解释也起不到作用。[①] Cavell 指出，只有在具体案例中，一个单词或一个概念的新含义才能被发掘，也只有通过这种方式得出的概念新含义才显得有说服力。实用主义摈弃了

① Stanley Cavell, Excursus on Wittgenstein's Vision of Language, in The New Wittgenstein 35 (Alice Crary & Rupert Read eds., 2000).

寻找事物共性的做法，他们将关注点集中于具体情境中单词的含义。

如果我们采用 Wittgenstein 的家族相似性理论来给隐私权下定义，那么我们就不用在“什么是隐私权定义的充分必要条件”这个问题上浪费心思，我们也不用费尽心思对隐私权的范围进行限定，也不用探讨隐私权的共同特征是什么这个问题。如果我们不用再去探索隐私权的本质，那么我们就应该去理解隐私权内容中那些纵横交错、相互重叠的地方。我们更应该关注隐私权内容的不同类型，并对这些不同类型隐私权的相同点和不同点进行区分。我们应该把自己看作地图测绘者，如果将隐私权比喻为山峰，那么我们的工作就是在实地考察隐私权这座山后，根据该山每一处实际地形的不同勾勒出隐私权这座山“地形”的起伏。隐私权的内容很广，将隐私权限定在一个概念中的做法是不可取的。Judith Genova 是这样理解 Wittgenstein 的家族相似性理论的：对一项事物的了解并不是推测事物的可能含义、提供有关该事物的一些解释或其他总结性的言论。要想了解一项事物，我们就应该在不受干扰的情况下去倾听、去观察。这是实用主义者的哲学思维。

笔者所提出的隐私权定义方法也受到了实用主义者思维的启发，按照笔者的观点，如果我们想要得到隐私权的准确定义，我们就必须全面考察隐私权在不同语境中的含义，我们应该抛弃先验知识，关注隐私权在具体情境中的含义。William James 认为，根据其他人的定义方式所得出的隐私权定义内容都是抽象的，通过那些方式给隐私权下的定义也显得很不完整，那些定义大部分是口头解决方案，他们的定义中都包含一些固定不变的原则，按照他们的观点，所有的定义都是一个封闭的系统，并认为定义是绝对的和独一无二的。这是采用传统方法给隐私权下定义的缺陷所在，采用实用主义者的方法给隐私权下定义就不会出现这些问题。实用主义者关注事物在不同语境中的不同含义，他们关注具体事实、具体行为以及权力的运作。正如 James 所指出的那样，实用主义者摈弃那些先验的知识。先验主义者认为，每一种事物的客观和普遍真理先于事物而存在，这种普遍真理独立于实践而存在；而实用主义者认为，知识只有通过实践才可获得。这就是两者的区别。

John Dewey 的观点给隐私权的定义工作带来很大的启发。根据

Dewey 的观点，我们都是因为在实践中遇到具体问题才会对事物进行哲学探索，我们不会因为遇到抽象的问题或者有关普遍原则的问题而去进行哲学探索。哲学探索必须是实践性的，从实践中遇到的具体问题出发，根据在实践中遇到的具体问题作出总结，然后再将总结出的内容运用到其他具体实践中，并在该实践中来检验我们先前总结的内容是否正确。一般来说，所有的反思和总结都是从对具体问题的解决中得来的，总结性言论的目的就是为了澄清某事或是对某结论进行肯定，特定问题中出现的新情况才需要我们去进行哲学探究。Dewey 认为，知识就是那些被确定的事实，不能确定真实性的东西不能被认为是知识。

根据实用主义者的观点，我们应该在具体语境中去理解隐私权的含义。如果我们采用实用主义的方法给隐私权下定义，我们最好要有一个心理准备，即，我们将得出的定义并不是一个抽象的定义。Dewey 认为，实用主义者都会根据事物和事件发生的具体情景来作出自己的判断，他们不会抽离事件本身而对事件形成自己的判断。如果我们在理解某事物的时候不联系该事物发生的具体情境，我们对该事物的理解将会很不全面。因此，我们在理解事物的时候不能忽视事件发生的具体环境。

我们摈弃传统的隐私权定义方式，因为这些方法都显得太过抽象。给隐私权下定义面临着很多难题，不过，这并不意味着我们要放弃给隐私权下定义。如果我们不给隐私权下一个准确的定义，对隐私权问题的法律和政策分析注定是不会成功的。问题的本质是什么？哪些利益正受到威胁？互相冲突的利益又是哪些？要想解决问题，我们首先就必须解决上述问题。Dewey 认为，要想得出隐私权的准确定义，我们既要仔细观察隐私权在不同语境中的含义，又要对这些情境进行概括性的总结，并将总结理论化。如果我们只关注事实，而不对收集到的事实进行总结，那么我们将永远得不出一个通俗易懂的隐私权定义。

Dewey 强调，即便我们已经得出了某事物的概念，我们在面对具体情况的时候也要注意不要让这个概念影响我们评估具体情况的能力。不过，他也承认，根据具体实践经验总结得来的概念具有重要价值。对于 Dewey 来说，丰富实践经验的唯一方式是对经历过的事情进行总结、概况和理论化。William James 认为，实用主义者注重事实和实践，他们喜欢从具体案例中观察真相，并对这些事实进行总结概括，他们会根据事物所处的整个环境来对事物进行考究。因此，实用主义者对于概念这个问题有自己独特的态度。对于实用主义者来说，概念只是一个有助于我们认识事物的假设，并不是一个固定不变的实体，概念也必须从具体情境中总结而来，并要将已得的概念放置在具体实践中，接受实践的检验和塑造。

因此，本文只是提出一种理解隐私权定义的方式，而不是给隐私权下一个具体的定义。之所以说本文只是提供一种隐私权定义的方式，是因为本文并没有对隐私权的内容和范围进行具体的界定，本文只是根据隐私权的具体实践为隐私权的认定、分析和价值认定提供一些指导。这种定义方式也将为隐私权问题的解决、成本和效益的评估以及社会关系的构建提供帮助。笔者提出的隐私权定义方式是一种从下到上、而不是从上到下的方式，因为笔者提出的隐私权定义方式是从具体实际中总结的，而不是从抽象理论得来的。

（一）隐私权及其实践

1. 社会实践

由于实用主义者重视实践、事实以及具体情境，因此，他们将理论化的出发点放在了具体实践中。在给隐私权下定义这个问题上，他们也坚持了这个做法。他们认为，我们要给隐私权下定义，首先就要理解隐私权在具体情境中的含义，并且要解决隐私权面临的具体问题。我认为，隐私问题会给某些具体实践带来干扰，笔者所说的实践指的是广义上的各种活动，风俗、规则和传统。例如，写信、和自己的精神分析师进行交流、发生性关系、作出某个具体的决定等。隐私属于上述实践活动中的一种，根据笔者提出的定义方式，隐私不是一个抽象的概念，隐私属于上述活动中的一部分。正如 Robert Postaptly 所说的那样，我们不应该将隐私限定为像“空间距离、信息或他人的观察”这些具体的事实，我们应该将隐私理解为具体行为规范的参考。

隐私属于社会实践的一部分，也是我们生活的一部分。当隐私属于社会实践的一部分时，隐私实际上是具体实践重要的（有时是必要的）的组成部分。要理解隐私权，我们就要调查具体实践中是怎样体现隐私权的，隐私权在具体实践中体现实践目的的程度如何。当我们说我们在保护隐私权的时候，我们的真实目的其实是为了保护具体实践不被外界干扰。隐私侵权行为有时候会干扰，甚至直接导致某项实践活动的失败。实践活动很容易受到外界的干扰，这些干扰类型是多种多样的。例如，打扰他人心绪的安静和平和、侵入他人独居生活区、违反与他人的保密协定、他人丧失对其个人信息的控制、搜查他人身体或搜查他人财产、威胁他人人身安全或侵犯他人人身安全、损害他人名誉、监视等。

不同的实践活动都会受到这样那样的干扰，实践活动不同，他们受到的干扰也可能不同，不过，不同实践活动也可能受到同一种行为的干扰。我们在给隐私权下定义的时候，首先要明白哪些实践活动受到了干扰。其次，我们应该关注侵扰实践活动的行为主要有哪些种类。如果我们将隐私权的定义界定为具体实践活动受干扰类型的集合，那么这样的定义一定是以一种网状、映射式的方式呈现。我们可以关注这个定义网上一些具体的点，这些点的含义并不是给隐私权归类，它们的内容也没有固定的边界。这些点只是代表我们所关注事物的领域，这些点帮助我们看到我们所要看到的细节，以免我们要关注的东西淹没在整个定义大网中。

同样一种干扰类型，并不总是以同样的方式干扰隐私权实践。例如，署名权中设置匿名权的目的就是为了保护他人无拘无束地表达自己思想的自由。对该权利的其中一种侵犯形式就是披露作者的身份，在这种情况下，揭露作者身份的行为就属于侵犯他人匿名权的行为。立法者看到了匿名权的重要性，因而设置专章保护他人的匿名权。披露行为还会干扰其他社会实践活动，例如，披露他人过往犯罪记录的行为就会给他人自我重塑、新生活的展开带来影响。之所以要禁止行为人的此类披露行为，是因为我们认为罪犯再社会化的价值大于其他公民的知情权。虽然在上述两种情形中，我们都禁止行为人披露他人的信息，但是设置匿名权的目的和帮助罪犯再社会化的目的是不一样的。因此，这两种情况下的禁止行为人揭露他人信息的目的和意义也是不一样的。

另外一种形式的隐私侵权行为是监视，监视也是常见的隐私侵权行为。监视和非法披露行为不同，即使行为人不将通过监视得来的信息进行披露，行为人的行为也可能构成隐私侵权。行为人的监视行为打破了他人内心的平和，使他人变得紧张，并会打扰他人的日常活动。我们禁止非法监视行为的目的有两个：其一，非法监视行为打扰了正常实践活动的进行，禁止非法监视行为有利于社会实践活动顺利进行；其二，禁止非法监视行为有利于社会的构建（通过限制政府和雇主的权力）。

将我们的关注点从侵扰行为本身转移到被侵扰的实践活动本身上来，这些实践活动就是被我们称为“隐私事务”的实践活动。换言之，某些具体的事物、地方和事务被称为“隐私”。长期以来，哲学家都在讨论哪些事务属于公共领域，哪些事务又属于私人领域。公共领域和私人领域界限的划定为自我的表达、培养，人际关系的形成以及政治生活的参与创造了有利条件。

公共领域和私人领域划分理论通过一种空间隐喻的方式来理解隐私权。学者在讨论隐私权的时候通常是从空间角度来探讨的，大多数学者认为，隐私权像一个无时无刻围绕在他人身边的水球，水球的大小就是隐私权的范围。法学家 Milton Konvitz 认为，隐私权是一种诉求，是他人对那些属于自身的不被公共使用和控制权利的诉求。社会学家 Arnold Simmel 认为，我们设立了一个专属于自己的领域范围，只有当别人被我们邀请时，别人才能够进入这个领域。在这个领域之内，我们对自己的事务享有完全的主权，主动权掌握在我们自己手上，我们有自由从事某事的自由。在这个领域范围内，我们与外界的打扰和监视绝缘，这样的状态就是我们所说的“隐私”。美国联邦最高法院就经常谈到隐私权的范围，他们也是从空间隐喻的角度来理解隐私权的。

谈到隐私权，大部分人都会提到空间理论。不过，空间理论存在致命的缺陷。Lloyd Weinreb 解释说，用空间来解释隐私权只是一种隐喻，这种隐喻对于隐私权的理解也不起作用，因为空间理论并没有指明隐私权的具体范围和具体内容，隐私权不仅仅是以一种空间的形式出现。隐私权的其中一项重要内容就是他人对个人信息的掌控，这一内容与空间理论就没有太大的关系。其次，正如 Katrin Byford 所指出的那样，当我们在虚拟的信息空间中来谈论隐私权的时候，用空间理论来给隐私权下的定义就面临着理论难题，因为虚拟的信息空间不是物理意义上的空间。通过空间理论给隐私权下的定义，这样的定义将隐私权与物理空间联系在一起，当这样的定义遇到无形物质时，这样的定义就没有了适用意义。

空间理论限制了我们对隐私权的理解，虽然空间理论确实指出了一些私人领域和公共领域的区别，但是我们更应该在实践中去理解隐私权，而不是仅仅通过从理论上将隐私权划分为私人领域和公共领域这种方式来理解隐私权。采用划分公共领域和私人领域的方式来理解隐私权对于一般的讨论来说是有一定作用的，但是这种分类会误导大众，在文章下一部分，笔者将对这个问题作出详细解释。

2. 隐私权实践的历史发展

将隐私权实践划分为公共领域和私人领域，然后再将不同的事务归入这二者中的其中一类，很显然，这种做法缩小了隐私权的范围。原因主要有如下几点：

其一，隐私的定义会随着时间的改变而改变，那些过去被认为是隐私的事务到现在可能就不会被认为是隐私事务。虽然在整个西方文明的进程中都充斥着公众领域和私人领域的划分，但是判断某一事务属于公众领域还是私人领域会随着时代的变化而变化，由于公众态度的改变，社会制度、生活条件的变化和技术的进步，同样的事务到底属于公众领域还是私人领域，同一个人也可能作出不同的判断。因此，判断某事务是不是隐私事务，我们要综合考虑文化和历史因素，时代不同，公众对同一事务的看法也不相同。

其二，随着时代的变迁，有些过去被认为是公众领域的事务现在被认为是私人领域事务，而有些过去被认为是私人领域的事务现在则被认为是公众领域的事务，而有些事务是突然从公众领域转为私人领域，或者突然从私人领域转变为公众领域，与后者先比，前者的变化显得没有那么明显。有一些事务从过去到现在都被认为是隐私事务，但是不同时代，它们被认为是隐私事务的原因不一样，有时候是因为分类标准的不同，而有时候，它们并不完全属于隐私事务，因为对于一些人或者一些团体来说，这些事务是隐私事务，但是对于其他人来说，这些事务根本就不是隐私事务。换言之，简单地将某一事物划分为私人领域事务还是公众领域事务这种做法太笼统。当我们说某一事物属于隐私事务时，我们首先就要弄清楚这种归类对该事务来说到底意味着什么。一般来说，我们都会认为自己的社保号码、性行为、日记以及自己的住宅属于隐私事务，但是在我们心目中，这些事务的私密程度都不一样。有关我们生活的许多方面的内容都会被看作个人隐私，我们可以举一些例子来说明：家庭成员、个人身体、住宅。仅仅简单地将这些事务视为隐私事务是不准确的，因为在这些事务中，哪些内容属于隐私事务，公众的态度已经发生了改变。为了论证笔者的观点，笔者将对公众对家庭成员、个人身体和住宅的态度进行追踪分析。

(1) 家庭成员。家庭，长期以来一直被视为私人领域的核心，但是家庭成员并不总是属于隐私的范围。我们通常将家庭看作由有亲密关系个体所组成的组织，在这个组织中，一个核心家庭住在同一住宅中，家庭成员间有一种相互友爱的关系（或者正朝这个方向努力的关系）。此外，家庭有助于个人价值的自我实现。

不过，研究西方历史后我们发现，婚姻并不是他人行使自主选择权的结果，他人的自主选择权也并没有因为他人已经结婚这一事实而有所增强。对于许多人来说，婚姻缔结的基础并不是爱情，他人要和哪个人结婚并不完全由他自己决定，许多人的婚姻都受到父母的影响，或是出于经济目的。婚姻形成家庭，家庭是一个他人可以通过构建和其他家庭成员的亲密关系来发展自我的社会组织，但对这些人来说，婚姻意味着社会责任，它会给他人的个人的发展带来阻碍。在家庭生活中，个人并不是自由的，个人会受到不同力量的规制。对女性来说，婚姻就意味着一生的顺从。事实上，家庭通常被视为社会控制个人的一个集中地，家庭实际上就是一个由家长控制的微型的君主政体。对于不断扩大的中产阶级来说，家庭生活和职业生活有着千丝万缕的联系。公共商务是一张由社会关系和声誉构建的大网，家庭属于公共商务中被使用的一种商业资产，同时，公共关系的构建还必须符合社会规范。家庭是基于社交性而存在，而不是基于隐私而存在。

当然，笔者的上述结论只是对家庭生活作一个宽泛的总结，还是有许多家庭是基于爱情而组建的，许多人决定结婚也是出于个人的自由选择，很多妇女在家庭生活中也并不是完全屈服于她丈夫。笔者的意思是，跟现在相比，在过去，笔者在上文所说的有关家庭生活的观点和实践是很流行并被广泛接受的。

从19世纪开始，家庭慢慢地变成个人隐私所重点保护的地方。家庭的角色逐步由经济组织转变为一个由有亲密关系个体所组成的、能实现自我实现目的的地方。工作和家庭开始从实体上分离，这种分离使得公共商务变得更专业，也使得家庭变成一个更加关注家庭成员亲密关系，以及更加注重隐私的地方。个人主义的含义是个人作为一个独立的个体，个人有追求其个人目标的自由，个人并不对其亲属、社会和国家负有责任，个人主义的兴起导致了个人对包办婚姻的反对，也使得婚姻开始变成个人的自主选择，一个人决定是否和另一个人结婚不再是为了经济目的。慢慢地，家庭开始演变成一个关注家庭本身的私组织。

对于女性来说，在很长一段时间内，家庭和个人的自我发展没有任何联系。Anita Allen认为，从历史上来看，婚姻构成了对女性隐私权保护的最大障碍。Reva Siegel进一步解释到："历史上，妻子必须服从和服务于她的丈夫，作为互惠，丈夫则负有扶养妻子的义务。同时，在法律生活中，丈夫有权代表妻子为法律行为。只要丈夫的惩罚行为没有给妻子带来永久性伤害，丈夫就可以在肉体上惩罚妻子而不受法律的制裁。丈夫对妻子的肉体惩罚被法院确认是合法行为，因为法院不想干涉个人的婚姻隐私。有一个法院解释说，虽然丈夫殴打妻子的行为是一种典型的故意伤害行为，但是将这种行为归为犯罪会将夫妻私人生活置于公众之野，散播夫妻间的不合和冲突，打破家庭生活原有的和谐和平静。因此，家庭生活隐私包含了国家不得干预夫妻生活的内容。Siegel解释说，这种做法是为了执行和维护丈夫和妻子间所形成的权威关系。法官对家庭生活隐私权的解释使得妇女的权益得不到法律保护，因此，隐私权遭到了许多女权主义者的抨击。

在过去，家庭隐私意味着国家不得干预个人的家庭生活，但这并不意味着我们现在也要坚持这样的做法。在当代美国社会，我们希望政府更大程度的介入配偶关系和子女抚养这些问题上。有人认为，当代人所享有的家庭隐私利益比以前少，因为个人要求政府干预家庭生活的诉求在不断增加，不过，当代的家庭隐私增加了独立、思想自由、免于压制、自我发展和追求个人利益的内容。政府干预个人家庭生活能加强对个人隐私权的保护。

（2）身体。民众对个人身体态度的转变也是值得我们考察的。在很长一段时间内，学者都将个人身体视为隐私的核心内容。美国联邦最高法院曾解释说："没有任何权利比个人对自己身体的占有和控制权更为神圣，也没有任何权利比个人对自己身体的占有和控制权这么受普通法的重视。"主张他人的个人身体属于隐私主要是主张涉及他人的个人身体的一些实践活动属于他人的个人隐私事务，行为人不得干涉。例如，他人隐瞒特定疾病和身体状况、他人的人际交往和接触规则、他人对涉及个人身体决定的控制权。Radhika Rao 解释到，受美国联邦宪法保护的隐私权通常被认为属于他人对其身体所享有的所有权，这种观点认为，他人的身体属于他人所有。当然，隐私权并不一定和他人的身体有联系。我们常常将隐私权和隐瞒这个词联系在一起（我们穿上衣服使得自己的身体不被别人看到），不过，在古希腊和古罗马，个人裸露的身体根本就算不上隐私。Richard Sennett 注意到，在古希腊，公开展示自己赤裸的身体是向别人展示自己力量强大的一种方式，民众借这种方法来告诉别人，自己不是一个软弱的人，公开展示自己赤裸的身体也是向别人显示自己是文明人的一种方式，公开展示自己赤裸的身体也是对其公民身份的肯定。在中世纪，在别人面前洗澡这种现象并不鲜见，而洗澡这种活动是很多庆典和社会集会的一部分。

随着时代的变化，民众变得越来越在意自己的身体，不希望自己的身体被别人看到、接触到。在文艺复兴时期，在富人阶层（并逐步向中产阶级扩散）中，他们已经开始注意保持自己身体和别人身体的距离："男性和女性对自己的身体功能运作都变得更加害羞，希望能保持自己身体的私密。他们已经不愿意在自己的住宅中、学校和旅馆中与陌生人共用一张床。他们也已经不愿意使用公共碟子和杯子进食，因为他们觉得这些餐具中沾上了别人的唾液。16 世纪以后，人们开始对他们的身体变得敏感起来，并禁止别人接触他们的身体。

而人们希望隐瞒的另一种行为是有关他们身体功能的行为，如大小便和性交行为。在 17 世纪，一个人坐在夜壶上面和朋友聊天并不被认为是反常行为，而在 19 世纪晚期之前，穷人家庭（几乎占了英格兰一半的人口）的所有家庭成员都生活在一个房间里，家庭成员的大小便行为和性交行为都置于其他家庭成员的视野。当然，这种情况也因人们家庭经济状况和家庭居住地方的不同而有所不同。城市家庭的后院通常没有厕所，Lawrence Stone 注意到，直到18世纪末，欧洲家庭中的便壶和夜壶在家里的公共地方随便乱放，在这样的环境下，个人享有的隐私很少，或者说个人根本就不享有隐私权。

现在，我们开始将个人身体与个人对自身的自我控制联系在一起，尽管有越来越多的人赞同 John Stuart Mill 有关个人对其身体享有主权的说法，但是在历史上很长的一段时间内，人们都认为自己的身体（尤其是自己的血液）属于自己的家庭和祖先。而随着人们对家庭态度的转变以及新的个人身份观点的出现，人们开始将自己的身体视为个人财产的一部分。

（3）住宅。住宅这个例子最能论证笔者的观点：住宅被视为个人享有隐私权最典型的地方。不过，“住宅”是私人地方这种说法并不准确，虽然住宅长期以来被视为私人地方，但是住宅过去的含义和现在的含义已经有了很大的不同。

在很长一段时间内，个人住宅都被视为个人的“城堡”，个人在这个城堡中享有免受政府干预的自由。1886 年，法院在 Boyd v. United States 一案①中对个人住宅神圣不可侵犯的权利进行了严格的保护。法院对个人住宅的保护之心从未动摇过，大概在该案判决后一个世纪，法院又重申了法律对个人住宅的保护：个人住宅有一个明晰的物理界限，因此，隐私权中住宅隐私权的内容比其他类型隐私权的内容更容易界定。该声明的发表意义重大，这一精神也体现在《美国联邦宪法第三修正案》，在该修正案中，法条明令禁止军队在和平时期驻扎在个人住宅。而《美国联邦宪法第四修正案》也明令禁止国家的非法搜查和非法逮捕行为。法院宣称：“《美国联邦宪法第四修正案》保护他人独居在自己家中以及免受政府不合理的干扰的权利。”

长期以来，个人住宅被视为个人免受政府干扰的避难所，但如今，住宅的性质已经发生了改变，它已经不再是原来那个仅供个人独居和自我发展的地方了。现在，个人住宅只是一个从物理上将公众挡在门外的地方。Douglas 法官认为：“毫无疑问，个人住宅是隐私权所要重点保护的地方，个人住宅不容公共使用，也不容公众随意进

① 116 U. S. 616 (1886).

人。”首先，个人住宅被认为是个人用于寻找心绪宁静和培养与家人亲密关系的地方。Michelle Adams 将住宅巧妙地描述为“住宅是一个可供个人独居、保护个人家庭生活不被外界窥探的地方，住宅也是个人与家庭成员交流感情的地方”，这也是西方民众普遍认可的观点。其次，个人住宅还被认为是一个可供个人发展的地方，在自己的住宅中，个人可以做一些私事，这些私事谁也管不着。在 Stanley v. Georgia 一案[①]中，法院在判决中认为，虽然那些规制猥亵行为的成文法有明确规定，但是政府也不能因为法律的规定而侵犯公民在其住宅中所享有的隐私权。按照《美国联邦宪法第一修正案》的规定，一个人在自己家中看什么书、看什么电影不关州政府的事，州政府无权干预公民在自己家中的行为。

虽然大多数人认为住宅是一个可供个人远离嘈杂的公共生活，在里面独居、享受独居生活安静的地方，但是住宅的功能不总是与我们上文所说的相符合。在很长的一段时间内，人们都不将住宅视为“家庭生活的天国和个人独居的地方”。直到 150 年以前，上述观点才开始广泛传播开来，而且这种观点最初只被城市中的中产阶级所接受。在那个时候，许多非家庭成员也会出现在个人住宅中，例如，学徒、佣人和寄宿者。Tamara Hareven 解释说：“现在的人都将个人住宅视为一个可以远离外面世界、在里面独居的地方，与此相反，人类在工业革命前都将个人住宅视为处理个人工作和公共事务的地方。”当然，上述总结是对一些特定家庭生活情况的粗略概括，主要是对城市小店店主的情况进行的总结。像城市小店店主这样的家庭，他们都是在自己住宅中卖东西，因为这样，他们的住宅变得很拥挤很吵闹，在这样的住宅中，能留给个人独居的空间非常小。

17 世纪以前，许多住宅的空间都非常小。最初，中产阶级都是在家中工作。房屋的前半部分用于营业，房屋的后半部分或者楼上就用于家庭生活。在那个时候，住宅既拥挤又嘈杂。有时候一个房间就要住几户人家。那时候的房屋都是用木头建造的，踩起来咯吱作响，房屋的隔音效果也很差，根本无法隔离从外面传进来的声音，因此，住宅内显得很吵闹。那时候的家庭很少有“床”这种休息用品，而

---

① 394 U. S. 557 (1969).

在那些有床的人家，床都是非常大的，一家人都挤在一张床上。如果来客人了，客人也要和他们睡一张床。即使是在新英格兰殖民地的清教徒之中，夫妇俩都不会认为和另一个成年人睡在同一张床上有什么问题。住宅的功能未被划分为起居室、卧室、书房之前，家里的床都是摆在公共地方，家庭成员在家里的公共地方拉上一张窗帘就睡下了，也不管住宅中是否正在进行其他社会活动（如外人在场）。

从17世纪开始，住宅开始被分隔成一个一个的小房间，每一个房间的功能不同，有一些房间甚至开始在房门上标记住户的名字，规定这个房间归这个人住。随着住宅功能的细分，越来越多的人开始将卧室和起居室分开来，并将卧室安排在楼上的空间。虽然将住宅划分为一间一间的小房，但是个人的独居生活还是会被打扰，因为那时的住宅内没有走廊，家里人都会从个人房间中通过，个人的房间中会一直有人走来走去。

将个人住宅划分为一个一个的房间最开始只是富人的做法，不过，富人的这种做法要面临另一个难题，也不能完全保证个人独居生活不被打扰。Lawrence Stone 考查到，英格兰那些富丽堂皇住宅的所有人其实很纠结，因为建这些豪宅虽然在一定程度上能保护个人隐私，但他们的这种个人隐私需求和他们的公共角色有冲突。一方面，他们既希望他们的个人住宅能展示他们的财富和身份地位，另一方面，他们又想保留一些隐私，不想让别人知道自己很富裕。其次，住宅大了，就要聘用仆人来打理，但是仆人会传播谣言，有时候甚至会敲诈主人，这些都使得个人在其住宅的独居生活被打破。即便到了18世纪，那些非常富裕的家庭离开仆人就不能生活，没有仆人的照顾，有些人甚至不会穿衣服和脱衣服。而自来水、集中供热、电灯和煤气的出现才最终取代了仆人不可替代的地位。

生活空间的扩大使得个人在其住宅中的独居生活受到更大的保护，在18世纪，那些家庭成员很多的家庭中开始出现了过道，过道的出现使得个人独处和免被别人打扰成为可能。在特定房间中，个人开始有隐私可言。如在书房中，一家之主就可以要求别人不要打扰他安静的阅读，也可以在书房里和别人进行秘密对话。

19世纪晚期，随着大批农民从农村进入城市工厂做工，更多人家里的住宅开始和工作分离，个人的职业生活开始被视为与个人家庭生活相分离的一个领域。工作从住宅分离的这一现象有助于我们进一步认清住宅和家庭的本质属性和功能。Hareven 认为："作为城市化和工业化的一个结果，工作场所开始与住宅分离，家庭重新成为家庭成员的私人避难所，而住宅对于个人来说也意味着新的内容和含义。"

3. 社会、技术的变化和隐私权的关系

社会和技术的变化会改变人们对隐私权的态度，也会改变隐私权的具体内容和含义，这一点，我们在前文已经进行了讨论。哪些事务属于隐私，隐私权的具体内容是什么，这些问题的答案都会随着时代的不同而不同。笔者只是对人类过往历史做一个大概的研究，如果我们深入研究人类历史中对家庭、个人身体和住宅的态度，我们会发现，城市化、阶级和社会地位、种族和宗教信仰这些因素对人类隐私权态度的影响很大。虽然笔者没有对这些因素做深入研究，但笔者想说的是，笔者在上文简要概述历史的目的是为了说明人类对隐私权的态度并不是一成不变的，在不同的历史时代，人类对隐私权的态度也会不同。家庭成员规模的萎缩、新的社交场所的出现、家庭性质的变化、住宅结构的变化、对个人身体态度的变化、财富和生活空间的增加、工作和住宅的分离以及人类生活质量和性质等其他因素的改变都深远地影响人类对隐私的态度。虽然有些事务长久以来都被视为是隐私事务，但我们要注意的是，这些事务的具体内容已经不同于过去。

哪些事务属于私人领域？哪些事务属于公共领域？这些问题的答案会因历史和文化的不同而不同。不过，这也并不意味着人类对家庭、个人身体和住宅的所有态度都是偶然的，都是随着时代的变化而变化的。人类对隐私的某些看法和态度可能从人类诞生以来就没有发生过改变。社会学家 Barrington Moore 在分析原始社会文化中的隐私权态度后发现，即便是原始人，他们在性交的时候也希望是在一个别人看不到的场所（虽然这种愿望在现实中常常不能实现）。Moore 认为："我们不能因为人类对自己的某些冲动行为进行了控制就认为人类没有这些冲动行为，人类的心灵早就被先天的东西填满了，社会训练在人类心灵中无立足之地，不会起到任何改变人类态度的作用。"

有些事务和行为，我们过去认为是隐私事务，但是我们现在已经不这么认为。不过，我们还是可以用这一事务过去是隐私事务这一理

由来说明人类对该事务是有隐私期待的，这种隐私期待是人类的生物需求，当技术和社会发展后，这些事务也就成为隐私事务。生物需求和社会实践在某些情况下或许点燃了人类对隐私权的渴望。因此，我们有必要进一步研究在具体情况中引起我们隐私权渴望的源头是什么，这个问题的回答也应该联系具体实践。虽然人类对某些事务的隐私权需求部分是基于生物本能，但在实践中，人类会对自己的生物本能进行控制。因此，仅仅有人类对某事务的隐私权渴望并不意味着该事务就属于隐私事务。

可能有人会反对笔者的观点，因为笔者在论证这个观点的时候涉及了人类本性这个问题。反对者可能会质疑，如果人类历史上不存在对隐私权始终如一的态度，那么我们该怎样确定哪些事务是应该受隐私权保护的事务呢？其实，我们在决定哪些事务应该受隐私权保护的时候必须用经验主义和历史主义的态度对具体实践活动进行全面评估。在给隐私权下定义的时候，具体考察现行社会文化对隐私权的态度是非常重要的。隐私权定义一定要紧跟社会现实的改变，因为隐私也是社会实践的一方面。社会实践的变化是隐私权概念转变的原动力，因此，我们有必要考察社会实践的历史发展。考察社会实践的历史进程有助于加深我们对隐私权在历史进程中所扮演角色的理解，也有助于我们理解隐私权被侵犯的后果。

不过，我们在理解隐私权的时候也不能仅仅靠考察具体实践，给隐私权下定义一定要有一些规范的组成部分，如果定义中没有这一内容，这个定义就只能适用于现行社会而不能对将来社会中可能出现的情况作出预测。一方面，如果我们只关注人们目前的隐私权期待，在监控盛行的现代社会，用这种方法给隐私权下的定义将会显得过于狭隘。相似的，政府就会慢慢地让民众接受电话窃听等隐私侵权行为，这些行为会改变整个社会的隐私权期待。另一方面，如果我们只研究那些在历史上被认为是隐私的事务，通过这种方式给隐私权下的定义肯定不能适应现代社会的发展需求。

即使要通过制定法律这种麻烦的方式来实现隐私权的保护这个目的，我们还是希望法律明确规定某些事务是隐私事务。隐私权意味着权力，它不仅仅是社会大众的普遍期待，更是一种社会大众对社会构造看法的产物。例如，在美国，他人的通信隐私权属于保护通信秘密不被其他人和政府官员知晓权利的一个重要组成部分。在殖民地时期的美国，信件通常都不是密封的，想要给信件密封很困难，那些信件密封蜡的密封效果也不好。那时候，送信员阅读用户信件的现象很常见。许多杰出人士，如 Thomas Jefferson，Alexander Hamilton 和 George Washington 都对这种侵犯他人信件隐私权的行为进行谴责，并把保护他人信件隐私权的宣言写进法典。Ralph Waldo Emerson 认为："那些装满我们最秘密想法的信件要从一个地方寄到另一个地方，仅仅靠一个密封章来保证这些秘密不被经手人知晓几乎不太可能。"人们当然知道这个情况，他们知道自己的信件内容可能会被别人知道，他们心里有这样的预期，不过，法律还是对他人的信件隐私权提供了强有力的隐私权保护。Benjamin Franklin 是美国殖民地时期的邮政部部长，他要求他的员工宣誓不打开用户的信件。在 18 世纪晚期和 19 世纪早期，美国国会通过了一些禁止非法拆开他人信件的法律，美国联邦最高法院也在 1877 年一起案件的判决中阐明，虽然公民自愿将自己的信件交由政府的通信系统去邮递，但是政府不能检查公民密封的包裹，公民的这一权利受《美国联邦宪法第四修正案》的保护。这个例子证明，隐私权的保护可以通过直接制定法律的方式来实现。通过确立一套保护通信隐私权的法律体系进而确立公民写信和使用政府通信系统的一套规则。

（二）隐私权的价值

在给隐私权下定义过程中必不可少的一项工作就是评价隐私权的价值。弄清楚了隐私权的价值也就弄清了隐私权是什么这个问题，当实践中出现不同的隐私权价值相互冲突的情况时，对隐私权价值的考察还有助于实现不同价值利益冲突的平衡。笔者认为，隐私权的价值取决于具体实践行为的目的。隐私权是一种权力，它对人们行为的方式、选择和行为的影响很大。我们对某一活动可能会作出保护、开始进行、打断或是终止这些不同的决定，我们的这些决定一定是基于我们对这些实践活动目的重要性的考量作出的。任何实践活动的发生都有特定的理由、目的和目标，实践活动目标的重要性决定了隐私权的价值。

例如，当我们在制定有关住宅隐私权的法律和政策时，我们必然要考察隐私权的价值这个问题，而要了解隐私权的价值，我们就必须对住宅隐私权实践的目的进行深入研究。设置住宅隐私权的其中一个目的就是让人们能够远离日常生活的喧嚣，不过，这一目的常常和其他利益相冲突，例如，其他公民的言论自由权赋予了其他公民可以在他人住宅外进行广播或者通过电视或收音机进行广播的权利，其他人权利的实现与他人的住宅隐私权是相冲突的。

我们在考察某一具体实践活动的价值的时候，我们必须弄明白隐私权在该实践活动中有没有价值，如果隐私权在该实践活动中起到了作用，那么我们应该进一步探究隐私权在该实践活动中究竟起到多大的作用。

如果隐私权给实践活动带来消极影响，那么该实践活动对隐私权的期待就变小；如果隐私权能促进实践活动向更好的方向发展（或者说隐私权构成了该实践活动不可或缺的一部分），那么隐私权的保护在该实践活动中就是受欢迎的。

我们对实践活动的看法取决于我们对美好的看法，即，我们期待隐私权会给社会带来哪些改变以及我们想怎样用隐私权来武装自己，在笔者所提出的隐私权定义方法中并没有对那些从古至今都被认为是隐私的事务进行探究，笔者主要对隐私权实践以及它们在社会中起作用的方式的历史进程进行研究。

当然，目前社会比较重视对隐私权的保护。我们可能会认为某一具体的隐私权实践活动并没有那么受欢迎，或者说是完全不受欢迎的，但我们还是要考察打断该隐私权实践活动的后果和代价。即使某一隐私权实践活动会令人不安，但如果该活动被打断，活动组织者还是可以控告行为人阻碍了他人掌控自己生活能力的发挥。我们可能会认为，如果所有的医疗信息都是公开的，这个社会会变得更好，人们所享有的福利就会越多，但我们不能忽略大多数人还是在拼命保护自己的医疗信息隐私这个事实。一部法律从出台到实际运用的这一过程总会给人带来一些心理紧张，当然，这一过程也会改变人们的行为方式，并最终导致对个人自由的限制。笔者这样说并不是说自己反对国家对现行社会实践进行干涉，笔者的意思是，国家在制定政策和法律的时候要考虑这些政策和法律对人们心理的影响。国家对某一社会实践的干涉会影响另一社会实践，在很多情况下还会影响公民的社会福利、心理健康和个人自由的权利。

既然这样，那么我们应该怎样对隐私权的价值进行评价？笔者认为，首先，隐私权价值的衡量必须工具化；其次，不能用一种抽象的方式来衡量隐私权的价值，隐私权价值的衡量必须结合具体实践，联系具体的情境。

笔者的第一个论点主要关注一般的价值评价方法。很多学者都认为，隐私权有一个固有的价值。这一理论支持者的代表人物 Ronald Dworkin 认为，“有一些事务本来就是有价值的，它们具有价值并不是因为它们的功能或者说它们给我们带来愉悦和满足感。”还有一些支持该观点的学者认为，任何一件事务本身就是有价值的，该事务既然存在于社会，那么该事务必然具有一定的价值，这也是社会对该事务存在的一种必要尊重。Stanley Benn 认为，“对他人作为一个人、作为一个选择者的尊重也就意味着要尊重他人从事的创意事业，即便是对这种创意事业的观察行为都可能构成对他人隐私权的侵犯。”Julie Inness 认为，隐私权具有极高的价值，因为隐私权尊重他人作为一个独立自主的、有能力去爱和关心别人的人的权利，换言之，隐私权赋予了他人与别人自由发展亲密关系的自由。

我认为，隐私权具有一种工具价值，即隐私权是实现其他价值的一种手段。John Dewey 认为，其他价值并不是既定的，它们是一个不断发展变化的目标，当他人朝这个目标不断努力的时候，这些目标也在发生变化。这些价值都是可预见的结果，它们产生于活动过程中并给实践活动附加更多的意义，还为后续活动提供指引。

很多学者都对隐私权价值进行了抽象的描述，我并不同意这种方式。我认为，隐私权中并不存在一个占主要地位的价值。很多学者都对隐私权的价值进行了研究。Fried 认为，隐私权培育了人与人之间的爱情和友情。Bloustein 则认为，隐私权保护了他人的尊严和个性。Boling 和 Inness 则认为，隐私权对于人与人之间亲密关系的维系来说是必不可少的。Gavison 认为，隐私权的保护对于他人自主和自由权利的维护起到重要作用。很多人都对隐私权价值这个问题提出了自己的理论，隐私权的保护能促进自我发展，培养他人的独立性、自主性、创造力、想象力，也有助于他人反主流文化思想的形成，维护他人思想的自由以及传播他人的良好声誉。

虽然学者提出了上述不同的主张，但我们已知的所有隐私权实践活动都没有起到推动上文所描述隐私权价值的作用。从抽象意义上来讨论隐私权的价值存在不足之处，因为隐私权是由不同的隐私权实践所组成的，而不同的隐私权实践都有一个不同的隐私权价值，不同语境下的隐私权的内容也各不相同。其他的隐私权定义方法将主要精力都放在寻找抽象隐私权价值这个问题上，而笔者所提出的隐私权定义方法并没有那样做，和其他隐私权定义方法相反，笔者主要关注具体隐私权实践中所体现的隐私权价值。

（三）实际运用

可能大家会问，为什么学者和法官要采用笔者的隐私权定义方法呢？法官和学者在处理各种各样隐私权问题的时候不得不采用一种复合的隐私权定义，因为采用旧的隐私权定义无法解决问题。美国联邦最高法院在 Olmstead v. United States 一案[①]的判决中强调了给隐私权下一个弹性定义的必要性。法院认为，对他人住宅电话的窃听（通过对他人住宅外的通讯设备进行改装）行为并不违反《美国联邦宪法第四修正案》的精神，因为行为人并没有侵入他人住宅。Louis Brandeis 法官完全不同意上述意见，他是该案判决的持异议法官。他认为，法院在审理该案的时候太过死板地援引美国宪法的规定，而没有注意到现实情况已经发生了巨大的变化，美国宪法也应该作出适当调整以应对新问题："在宪法的实际运用过程中，我们不能仅仅思考宪法'是什么'这个问题，我们还应该思考宪法'还可能是什么'这个问题。"《美国联邦宪法第四修正案》只保护他人享有的禁止行为人从物理上侵入他们住宅的权利，这种观点早已过时，审理 Olmstead 一案的法官却一直坚持这种观点，这样做的结果是，在长达 40 年的时间里，《美国联邦宪法第四修正案》都无法适用到电话窃听案件中，而电话窃听案件是 20 世纪美国最常见的隐私侵权案件，法院这样的态度导致他人的隐私权得不到《美国联邦宪法第四修正案》的保护。直到 1967 年所判决的 Katz v. United States 一案[②]，法院的态

① 277 U. S. 438 (1928).

② 389 U. S. 347 (1967) (overruling Olmstead).

度才转变过来，法院在该案的判决中指出，《美国联邦宪法第四修正案》可以适用到电话窃听案件中。从《美国联邦宪法第四修正案》是否可以适用到电话窃听案件这一事件中，我们可以看到 Brandeis 法官的长远智慧，Brandeis 法官早就指出，隐私权的内容是不断变化的，因为社会在进步，技术在不断革新，所以我们在给隐私权下定义的时候要采用一个富有弹性的概念。

在概括性的隐私权定义中是没有这种弹性含义的，一个统一的、概括性的定义无法解决所有的隐私权难题。锤子只能用来敲钉子，不能用来打洞，一个锤子无法解决所有的木工问题，这二者的道理是一样的。信息隐私法大部分内容的制定都是为了解决他人面临的特殊隐私权问题，信息隐私法不能解决我们面临的所有隐私权问题，并不是所有的隐私权问题所面临的情况都是一样的，在不同的语境中用不同的隐私权定义会起到最好的效果。我们与其将旧的隐私权定义适用到新问题新情况中，还不如试着去寻找特殊问题中的特殊情况。例如，被中断的是什么隐私权实践活动？这种中断隐私权实践活动的行为和其他中断隐私权实践活动的行为有哪些相似之处？这些中断隐私权实践活动的行为又是怎样影响社会以及社会制度的？当我们在处理隐私权难题的时候，我们应该问问上面这些问题。在本节内容的后部分，笔者将会举一些例子来论证这些观点。

McNamara 一案[①]证明，如果我们不分析不同隐私侵权行为的不同之处，我们也就不能正确地解决隐私权。在 McNamara 一案中，高中足球运动员 McNamara 在球场上跑步的时候不经意间露出了自己的生殖器，这一幕被报社记者拍下来随后出版发行。原告向法院起诉，控告被告报社的行为违反了公开他人私人事务的隐私侵权法律的相关规定。根据公开他人私人事务的隐私侵权法律的相关规定，行为人要对公布“对一个理性人来说是极具冒犯性的、且不关涉公众利益的、关涉他人私人生活的事实”承担法律责任。原告声称，被告报社的行为违反了一般公共礼仪准则，被告报社在他的报道中本可以用其他照片代替这张照片，但被告报社没有这样做，因此，被告报社的行为侵犯了他的隐私权。法院驳回了原告的起诉，法院认为，报社刊登的

---

① 802 S. W. 2d 901 (Tex. Ct. App. 1991).

照片准确的描述了一起公共事件，这张照片也是报社报道比赛的一部分。在这张照片被拍下来的那个时间点，原告自己是自愿在公共场所参加一场群众运动会。

尽管法院没有明确说，但是事实上法院倾向于将隐私权定义为秘密的一种具体形式，公开他人有意隐瞒事务的行为是侵权行为。但由于该照片是在他人住宅外拍摄的，而且拍摄地点是公共场所，因此，原告不能主张那张记录下他裸露生殖器的照片是他的私人事务。法院还在其他涉及公开他人私人事务的隐私侵权案件中运用同样的理论。根据法院的理解，只要他人置身于公共场所中，他的隐私权就已不再受法律保护。例如，在 Penwell v. Taft Broadcasting Co. 一案中，原告起诉被告 Taft Broadcasting 公司播放和广播了对一对夫妇的错误逮捕行为，法院驳回了原告的起诉，法院认为，被告公司录制逮捕行动的行为发生在公共场所，因此被告的行为不构成隐私侵权。

不过，审理 McNamara 一案的法官判决这个案件时所适用的隐私权定义是不恰当的。原告遭受的损失并不是由公开他人有意隐瞒的信息这个行为带来的，而是由笔者所说的“揭露”行为带来的。“揭露”和“公开”的含义不同，在“揭露”行为中，行为人并没有揭露他人的秘密或者有意隐瞒的信息。“揭露”是指对他人身体或者情绪属性的揭露，他人身体或者情绪属性体现在一些社会实践中，他人的身体或情绪属性通常都禁止外人探究。例如，我们都知道人是要大小便的，在这种语境下，披露他人大小便这个事实并没有侵犯他人的隐私权，因为大家都知道人都是要大小便的。同样的，除了某人身体有特殊的特征外，他人的裸体并不能揭露他人的秘密或其他情况。然而，现在的人越来越不想自己的裸体或大小便行为被别人看到。正如我们前文所讨论的那样，他人这种心理的形成经过了很长的一段历史，不过这种观点现在已经被大众普遍接受。偷拍别人裸体和大小便的照片会给大多数当事人带来难堪和忧虑。如果他人的秘密没有被揭露，那么，他人怎么会对这种揭露形式如此反感呢？

笔者想，造成上述结果的原因是因为社会上大多数人都将那些行为视为动物行为，那些行为如果发生在公共场所是令人感到恶心的。我们洗澡、穿衣服的目的是为了在公众面前出现的时候是以一种有尊严的方式出现。我们努力去除身体上的异味、在隐蔽的地方大小便，因为社会上大多数人都认为这些行为是令人恶心的。在公共场所中，我们都会穿衣服来遮住自己的身体，因为这是基本的社交礼仪。现在，我们都认为上述社会实践属于个人隐私的范围，这些具体的社会实践都与人的尊严密切相关。尊严，从某种程度上是指人类享有的超越动物本性，使人类变得文明，值得他人尊重的能力。使他人变得脏兮兮、脱光他人的衣服、强迫他人在公共场所大小便等行为不是一个正常人会做的行为，这些行为降低了人的等级。当与人的尊严有关的社会实践被干扰，这种干扰行为所造成的后果是严重的，有时候会使他人受屈辱甚至使他人丧失自尊。因此，虽然原告学生生殖器被暴露在公众面前这个事实可能削减了生殖器属于秘密的这一属性，但学生遭受的损失并不是秘密被别人知晓。法院不应该认为他人的隐私部位在公共场所中被揭露对他人来说是不重要的。

笔者举的另外一个例子可能会使法院在审理案件时将关注的重点转向更相关和重要的因素。在 Nader v. General Motors Corp. 一案[①]中，Ralph Nader 是一个有名的公众人物，他致力于消费者安全的保护，他批评被告公司的手机给消费者带来的安全隐患已经很多年了。为了掌握 Nader 个人生活的隐私，通用公司会见了 Nader 的朋友和熟人。在掌握了 Nader 的个人信息后，被告公司多次给 Nader 打恐吓电话，对他的电话进行窃听、窃听他和别人的谈话，雇佣妓女去引诱他，使他陷入召妓丑闻，还派人跟踪他，Nader 在公共场所的所有行动都在被告公司的掌控下。

法院对通用公司的行为进行了逐个分析，法院认为，通用公司会见 Nader 朋友的行为并不构成隐私侵权："我们很难说原告已经被别人知晓的个人信息属于原告的隐私。"而通用公司给原告打骚扰电话、雇佣妓女诱惑原告行为的目的并不是为了收集原告的私人信息，这些行为没有对原告私人信息的保密状态进行侵扰，因此，上述两种行为并不构成隐私侵权。不过，电话窃听行为属于典型的隐私侵权行为。至于通用公司在公共场所监视原告的行为，法院认为，被告公司对原告的跟踪监视行为发生在公共场所中，还没有达到侵犯原告隐私权的程度，但如果被告公司的跟踪监视行为实在是太明显和严重了，

---

① 255 N. E. 2d 765 (N. Y. 1970).

这种行为也是可诉的。法院解释说，“即便他人处在公共场所中，他人在公共场所的一举一动也不会自动成为可以为公众知悉的事情，Nader 虽然是在银行里取钱，但是其他人没有权利知道他取了多少钱。”基于上述理由，法院认为，在公共场所监视他人的行为是否可诉，关键是看原告证据的性质以及原告举证是不是够充分。不过，这个例子也只能说明，只有当他人那些普遍被认为是隐私的事务被行为人揭露之后，在公共场所监视他人的行为才构成隐私侵权。

Brietel 法官认为，尽管美国普通法中的隐私侵权法对隐私侵权进行了具体的划分，但在那时，这些分类并没有对隐私侵权行为进行全面的概括。Brietel 法官认为，在公共场所钓鱼执法，企图诱捕一名“貌似”妓女的人的行为不属于美国隐私法中的任何一种隐私侵权行为，我们过早下这样的结论显得不成熟。Brietel 还认为，单看某个行为可能不能提起独立的隐私侵权之诉，但是原告可以将几个行为结合起来提起诉讼，或者将这些行为当作证据，用来加强举证力度。

正如 Brietel 所指出的那样，多数人在处理问题的时候都容易犯只见树木不见森林的错误。通用公司动用这么多人力物力，实施这一系列行为的目的就是为了扰乱 Nader 的私人事务。法院在审理该案件的时候本应该注意到，通用公司正是通过实施这一系列行为这种方式实现了干扰 Nader 私人事务这一目的，遗憾的是，法院并没有注意到这一点，法院也没认识到制止恐吓、骚扰以及故意败坏他人声誉行为的重要性，尤其当他人是一个专注于社会和政治事务的人士时，保护他们的隐私权就显得更加重要。通用公司就是通过攻击 Nader 的私人生活这种方式实现对 Nader 个人的攻击：他的朋友，他的性行为，他的谈话和他每天的日常活动，这些内容都是我们通常认为是隐私的个人生活内容。对于 Nader 来说，他个人的这些私生活与他所提倡的消费者权益保护问题无关。在这个案件中，原告遭受到损失并不是秘密被外人知晓，因为在该案中，原告的秘密并没有被揭露。通用公司所收集的 Nader 的大部分信息都不是私密信息。在本案中，我们也没有证据表明通用公司发现了任何一件令 Nader 感到难堪的事实或令 Nader 名誉受损的事实，Nader 也没有丧失对个人信息的控制。但是，该案中被告的行为确实构成了隐私侵权。不过，被告的这种隐私侵权行为与其他的隐私侵权行为不同，我们应该采用从下往上的隐私权定义方式，并关注个案中的具体情况来考察被告的这种隐私侵权行为。通用公司的骚扰、监控和调查行为构成了对原告的系统性压迫，这些行为联合起来给原告造成了无形的压力，这些行为严重威胁到了原告的私人生活，使得原告生活在压迫之下。通用公司实施这些行为会使得原告感到无助和脆弱，因为通用公司实施的这一系列行为会让原告觉得自己是一个被逮捕的猎物或者是受监视的犯人。

法院与其对每一具体行为进行解剖，并在已存的隐私权分类中找到每一种隐私侵权行为的所属类别，倒不如对事件进行整体分析。法院在审理案件的时候对案件进行了切割划分，这种做法影响了陪审团审查整个案件的能力。在 Nader 一案中，有些行为单独看并不构成隐私侵权，但把这些行为联合在一起，我们就会发现这一系列行为给他人带来了压迫感。简单地说，法院与其根据现有的分类来判断单个行为是否构成该类型的隐私侵权，还不如关注整个社会实践事件中发生的所有干扰行为。法院这样做将会使得法院能更好地评估通用公司这一系列行为所带来影响的性质和后果。事实上，保护他人隐私权最重要的一个理由就是为了保护他人免受无形权力的迫害。

有关实用主义的隐私权定义方式的第三个例子可能显得和信息时代保护他人隐私权的思潮有些格格不入。法院在一系列的判决中都将隐私权视为秘密的一种，法院认为，如果他人的信息已经被除了他之外的第三方知晓，那么他人对该信息就不再享有合理的隐私权期待。在 United States v. Miller 一案[①]中，法院认为，因为他人的个人金融记录是由银行保管的，他人的金融记录已经被第三方知晓，所以他人对该金融记录不再享有合理的隐私权期待。法院的这种态度被类推适用到他人被朋友出卖、泄露了他人对他朋友讲过的秘密，行为人向警方线人和卧底人员告密等行为中，在这些情况下，他人对自己的信息也不再享有合理的隐私权期待。法院认为，他人自愿将自己的信息披露给第三方，然后该第三方向政府机构告密，《美国联邦宪法第四修正案》并不禁止行为人的这种行为。在 Smith v. Maryland 一案[②]中，法院认为，他人对自己所打过电话的清单不享有合理的隐私权期待，

① 425 U. S. 435 (1976).
② 442 U. S. 735 (1979).

因为他人知道这份清单将要交给第三方（电话公司）。他人对自己的这些信息要被交给电话公司这个情况是知情的，他人也知道电话公司可以、而且确实会记录下他们所打过电话的记录。因此，他人不能主张他们所打过电话的清单是个人秘密，他人对该电话清单不享有合理的隐私权期待。

法院在上述案件的判决中都将隐私权定义为秘密的一种形式，但是这样的定义并不符合上述案件的具体情况。我们打电话的对象、我们丢弃的废纸以及我们的金融记录虽然第三方可以接触到（甚至占有），但这些事务都是被公众普遍认为是隐私的信息。他人对这些信息抱有隐私权期待，因为他人不想那些未经授权的人深入研究这些信息。事实上，我们经常会跟不同的人分享我们的信息，我们和别人分享的某些信息受法律保护，其他人不得向第三方披露。例如，当事人和律师以及医生和病人之间的谈话内容，律师和医生就不得向第三方披露。在信息时代，我们总是要和第三方交换信息，如电话公司、互联网服务提供商、商人等，因此，将隐私权理解为秘密的一种形式将会使得隐私权在实践中无法得到法律的保护。有些人的观点和上述观点相反，他们认为隐私权并不是秘密的一种具体形式，隐私权在某种程度上可以理解为他人对信息获取的期望。虽然这种观点并不够全面，但是这种观点更符合隐私权实践，因为现代社会所交易和公开的数据变得越来越多。

法院在处理收集和使用他人信息案件所面临的困境也从侧面论证了采用笔者所提出的隐私权定义方法的重要性。在信息时代，笔者认为对不同的隐私权问题要做不同的分析。如果我们通过隐喻的方式来理解隐私权，那么法官和学者在处理涉及收集和使用他人信息问题的时候将面临很多问题。例如，在 U. S. West, Inc. v. Federal Communications Commission 一案①中，电信公司根据《美国联邦宪法第一修正案》的相关规定起诉美国联邦通信委员会，原告诉称，美国联邦通信委员会制定的隐私权保护规则限制了原告根据《美国联邦宪法第一修正案》所享有的权利。在美国联邦通信委员会制定的法令中有限制披露和使用消费者个人信息的内容，消费者同意的除外。法院根

① 182 F. 3d 1224 (10th Cir. 1999).

据哈德森中间审查标准的方式对该法令进行了审查，经审查后法院认为，该法令限制了原告公司的商业演说权。法院认为，美国联邦通信委员会制定的规章没有通过哈德森中间审查标准，因此，法院认为美国联邦通信委员会所主张的保护消费者隐私权这种国家利益并不够“重要”。法院也意识到隐私权是一个非常广泛的概念，法院在判决中说，美国联邦通信委员会并没有明确指明隐私权的特定含义以及在这种情况下隐私权所保护的特定利益。法院在该案中运用了自己对隐私权的理解：政府必须告诫公民，传播他人那些意图保持私密的信息将给他人带来伤害，例如，不必要的尴尬、嘲笑，恐吓或骚扰，为了假冒他人而盗用他人敏感的个人信息。

法院认为，虽然行为人可以随时获取他人的个人信息，这个现象让他人很不舒服，但哈德森中间审查标准也没有必要将个人信息上升到国家利益层面来保护，因为行为人的信息获取行为给他人带来的损害并不是一种可鉴别的损害。

审理 U. S. West 一案的法官只看到了隐私权定义的一种观点，即，不将一系列的侵权行为视为一个整体，而将这一系列行为视为不相关的行为进行逐个分析，并将这些行为视为类侵权行为，只有当该行为在单独评价也构成侵权时，他人的权利才受到法律保护（如被损毁的名誉、被摔断的腿、心理伤害等等）。这种观点显然会限制他人的隐私权，当私人机构未经他人同意而使用他人信息时，他人的隐私权就很有可能得不到法律的保护。大型公司和公民个人之间的权力分配涉及社会构建问题。这个问题和我们之前所讨论的揭露他人秘密、裸体或者监视问题都不同，这个问题涉及信息时代社会构建问题。

在笔者的其他论文中已经对私人公司收集和使用他人个人信息这一类隐私侵权问题进行了探究，虽然有许多隐私侵权行为都涉及披露他人秘密，但是那些所谓的“秘密”大多数是行为人从他人日常生活数据库中得来的。这些信息通常都不是什么秘密，如他人的姓名、地址、电话号码、种族、性别、生日等。将这些信息理解为“秘密”显得没有说服力。事实上，将这些信息理解为秘密还会导致一些更重要的信息被我们忽略掉。将隐私权理解为“秘密”，这种定义在这个案例中就不适用，因为通常来说，数据库并没有侵犯或者打扰到他人的私人生活。他人的名字、地址、汽车品牌等内容的私密程度当然无法与我们内心深藏的秘密或者日记内容的私密程度相比。在网络世界，他人和别人的关系与其说是亲密的人际关系，倒不如说是一种商业交易关系。

而个人信息的自我控制理论对隐私权问题也只是进行了部分分析，在信息被收集、加工和使用的过程中同样会涉及隐私侵权问题，但是个人信息的自我控制理论并没有对这些问题进行分析。换言之，之所以说这个问题很重要是因为他人的这些信息已经被整合了，他人会根据这些信息作出一些重大决定，私人机构对这些信息的整合通常都不受规制，而他人对自己信息被处理和使用的情况通常都没有多大的了解。

现有的隐私权定义都没有对这个问题做一个恰当的说明。如果我们采用从下往上的定义方式，这个问题的理解和解决也就变得容易了。从下往上的定义方法是从问题本身出发而不是拿现存问题套用到已有的分类中。

四、结语

现有的隐私权定义都不够全面，这些定义都不令人满意。那些通过确定隐私权核心或重要特征这种方法给隐私权下的定义要么内容过宽，要么内容过窄。当然，不是说我们在处理隐私权问题的时候都不能运用那些定义，有时候，我们在处理具体的隐私权问题的时候引用那些定义会让问题的处理变得更加方便和高效。不过，当我们面临政策和法律难题的时候，现有的隐私权定义就失去了作用。因此，我们有必要用一种不同的方式给隐私权下定义。

在这个技术飞跃进步的时代，采用从下往上的定义方式更能解决我们所面临的隐私权难题。当然，即便根据本文对隐私权的定义，我们还是要解决下面这个问题：笔者提出的定义要对隐私权做多大程度的概括？这个问题很难回答，笔者认为，隐私权的定义中并不存在这样一种概括性内容。如果笔者的定义方式也采用传统方法，那么，笔者提出的定义方式将不能灵活运用到不同的社会实践活动中，那样的定义将只能对一部分活动适用。那些对隐私权做一般概括的定义都是不完美的，我们只有关注具体实践活动中的隐私权问题才能真正的理解隐私权。我们人类的思维无法从抽象上去理解隐私权，我们必须将隐私权问题分解，逐个部分逐个部分来理解隐私权。

我们定义隐私权的方式很重要，因为这直接决定我们解决具体隐私权问题时所采用的法律解决方式。要检验隐私权定义方式的优劣很简单，我们只要将我们的定义运用到具体实践中，然后观察该定义在具体实践中的运行。虽然笔者不赞同其他学者的传统隐私权定义方法，但是他们对隐私权定义工作所做的努力还是值得笔者钦佩。当我们面临法律上和政策上的隐私权难题的时候，采用笔者提出的隐私权定义方法就显得尤为重要。在信息时代，我们面临着越来越多的隐私权问题，出现了很多干扰具有极高社会价值实践活动的行为，这时候，我们怎样定义隐私权就显得尤为关键。采用笔者提出的隐私权定义方式将会使我们能更好地理解隐私权，也许会让我们能更好地解决突发问题。

作为身份维持原则的隐私

乔纳森·卡恩[①] 著 王梓棋[②] 译

目 次

作为自我界定和个人发展的一项基本要件，隐私一直以来在西方自由精神的传统中占据着核心地位[③]。然而，隐私一词的含义长久以来却未能得到清楚明确的界定。法学家和哲学家们试图从各个方面来廓清"隐私"这一词，他们对隐私做了各种各样的描述，他们形容其为一种社交的自治、一项权利、一种心理状态、一个免受侵扰的物理空间或是支配自身的一种形式[④]等等。一些更具体的界定则包括：隐私是一种"和旁人保持距离"[⑤]的心理状态、"不参与他人行为的自由"、"授权个人对其存在享有道德权利的社会习惯"[⑥]、"信息不

---

① 乔纳森·卡恩（Jonathan Kahn），康奈尔大学美国史专业博士，加利福尼亚伯克利分校博尔特霍尔法学院法学博士学位，现为美国哈姆林大学法学院副教授。

② 王梓棋，中山大学法学院助教。

③ See generally Alan Westin, Privacy and Freedom (1968).

④ Ruth Gavison, Privacy and the Limits of the Law, 89 Yale L. J. 421, 424 (1980).

⑤ Richard Parker, A Definition of Privacy, 27 Rutgers L. Rev. 275, 276 (1974).

⑥ Jeffrey H. Reiman, Privacy, Intimacy and Personhood, 6 Phil. & Pub. Aff. 26, 39 (1976).

从其拥有者流向其他人的界限"①、"别人了解他人某些生活方式的限制"②、"个人对其财产（私事）等事项享有的排他性的处分权"③、"他人为防止别人为不利目的而使用自己信息的保密手段"④ 以及隐私是"个人、组织或是机构自行决定何时、以何种方式以及何种程度公开他们个人信息的权利"⑤。

无论是信息、地域还是自身，似乎所有定义都会关注"支配"。因此，隐私也可以被定义为对"关于个人情况的熟知"⑥、"个人私密行为"、"个人私事的了解"、"对他人一些不是或不再是属于公众领域私密信息的披露"⑦ 以及"那些关乎个人爱情、关心和喜好事项的决定"⑧ 的支配控制权，说到底，就是对那些能察知我们的人的控制权。

本文将综合各领域各流派的观点，包括哲学、文学以及英美法理学，对隐私一词作出了一个基于史实的解释。当然，本文的核心并非一劳永逸地给隐私下一个权威定义，而是思索现有学术著作是如何定义和构建隐私的，以此指明隐私是一种维护身份和自我完整的法律（社会）价值。要研究这一问题必不可少的一环，就是将隐私看作一种调控原则并用它来构建、管理个人和三个最重要领域——社会、市场和国家之间的关系。当代对隐私的研究倾向集中在隐私是如何保护个人免受国家强权侵扰和社会闲杂是非之辈窥探的，而较少注意到隐私事实上在市场力量之外已然划出了一个空间，而这正是笔者对身份问题的关注所在。由于隐私已经承认和保护对发展适当个性和个人意识的必要条件，其早已置身于现代市场无限扩张权力的对立面中，如

---

① Edward Shils, Privacy: Its Consequences and Vicissitudes, 31 Law & Contemp. Probs. 281, 282 (1966).

② C. Keith Boone, Privacy and Community, 9 Soc. Theory & Prac. 1, 6 (1983).

③ Ernst Van Den Haag, On Privacy, in Privacy: Nomos XIII 150 - 151 (J. RolandPennock & John W. Chapman eds., 1971).

④ Richard Posner, The Right of Privacy, 12 GA. L. Rev. 393, 394 (1978).

⑤ Richard Posner, Privacy, Secrecy, and Reputation, 28 Buff. L. Rev. 1, 5 (1979).

⑥ Charles Fried, Privacy, 77 Yale L. J. 475, 483 (1968).

⑦ Randall P. Bezanson, The Right to Privacy Revisited: Privacy, News, and Social Change 1890 - 1990, 80 Cal. L. Rev. 1133, 1151 (1992).

⑧ Julie C. Innes, Privacy, Intimacy And Isolation 91 (1992).

果事物只要可以通过普通交换媒介就可衡量其价值，则必然会导致其存在性的降低。

笔者认为现有隐私著作实际上都是围绕着法律是如何来维护和管理身份利益而展开的，而这一环节的核心在于对这些身份尊严利益进行界定和保护，因为这些利益被视为是在现代社会、经济和政治力量中维持自我完整性的关键所在。简而言之，隐私为我们讨论人格法律管理提供了原则，从而可促进个人身份的有效维持和发展，而这对我们的自由政治体制和人类繁荣都是不可或缺的。

这些原则的其中一项即是承认和保护对发展适当个性和个人意识的必要条件，尤其是对个性免受市场力量影响的法律承认和保护。因为免受市场作用意味着，他人对其自身的描述或定位可以不必如同要在市场中以一件物体来交换另一件物体那样。从更广泛的层面来说，这些隐私理论还展示了认可隐私为一种构建社会的方式的可能性。作为维持社会的一项原则，隐私将个人身份的构建也视为一种亲属的、社交的过程。这种过程往往表明个人概念的建立和历史密不可分，并坐落于社会关系往来之中。在本文中，隐私将挑战自我是有限的这一概念，并且为自我身份的构建提供法律原则，将其视为一个不确定的、开放的以及在时间和空间中不断转化的概念。说到底，隐私仍根植于对基本尊严保护的关注，这种尊严包含着允许个人通过一种自治的方式来应对生活的复杂多样，允许他人对自身的发展进行支配，从而达到人类社会的多样性和繁荣。

一、隐私和不受侵犯的人格

19 世纪的隐私法律框架围绕着当时法律关注的问题而发展起来，这些关注包含从通信保护到对非法侵入住宅的讨论，乃至商标侵权以及对自白书的保护。[①] 在其具有影响力的侵权法著作中，法官托马斯·古力（Judge Thomas Cooley）将“独处权（the right to be left alone）”看作一种人身豁免[②]。1890 年，《国家报》最著名的编辑 E. L. Godkin 写道，公民“对其自身名誉享有的权利”为“个人财产权

① The Right to Privacy in Nineteenth Century America, 94 Harv. L. Rev. 1892 (1981).

② Thomas Cooley, The Law Of Torts 29 (2d ed. 1888).

中最重要的一种”，并且警惕“侵犯隐私权利”成为社会秩序和内部和谐的威胁。[1] 虽然如此，他们均没有对隐私权的保护作出详细说明。在美国，Warren 和 Brandeis 是第一个全面对隐私这种基本原则进行了详细说明并主张隐私作为一种权利应该得到法律认可和保护的学者。

在一篇如今看起来有几分传奇色彩的法律评论文章中，Warren 和 Brandeis 回顾了有关隐私利益的各类法律、政治和社会评论，并从中得出结论：隐私因关注“人类精神本性（man's spiritual nature）”而当然在法律上和其他权利有着明显的区别。对 Warren 和 Brandeis 而言，隐私没有过多的涉及财产内容而是表现为“人们普遍要求独处的权利”。所以他们的主要目标是“将隐私从财产的束缚中解放出来”，因此他们伟大的成果就是将隐私提炼为一种独立的基本权利。

Warren 和 Brandeis 以人类尊严和“不可侵犯的人格”原则为基础形成隐私权概念。同样，第一个承认隐私权的案例，即 Pavesich v. New England Life Insurance Co. 一案[2]就认定，若行为人未经他人同意为商业目的而使用他人姓名和肖像，则他们的行为构成对他人人格完整性的侵犯，贬损了他人尊严。基于此我们可以说，隐私权不是简单地根植于尊严，这种尊严可被更具体地称为他人身份和人格完整的尊严。审理 Pavesich 一案的法院明确表达了其对现代市场无限扩张的权力日益加剧地抹杀他人个性的担忧。正如 Bloustein 在对该案的评论中所指出的那样：“未经他人允许，为商业目的而使用其照片的行为实际上将人变成了商品，使他人沦为经济需求和别人利益的奴仆。在一个警惕将人类价值商品化的社会里，违背他人意愿而使其成为商业的一部分必然是对他人人格尊严的贬损。”[3]

在 Warren 和 Brandeis 的文章发表后的第 70 个年头，William Prosser 教授为现代隐私侵权分类设立了标准，并根据其设立的标准将隐私侵权划分为四种类型：侵扰他人安宁的隐私侵权、公开披露让

---

① E. L. Godkin, The Rights of the Citizen. IV. To His Own Reputation, Scribner's Magazine, July 1890, at 59 – 65.

② 50 S. E. 68 (Ga. 1905).

③ Edward J. Bloustein, Privacy As An Aspect of Human Dignity: An Answer to Dean Prosser, 39 N. Y. U. L. Rev. 962, 971 (1964).

他人尴尬的私事的隐私侵权、公开丑化他人形象的隐私侵权以及擅自使用他人姓名或肖像的隐私侵权①。Prosser 教授对隐私的分类恰恰批判了 Warren 和 Brandeis 文章的精髓，因为他否认隐私和财产利益之间的区别并且认为“隐私根本就不是一个独立价值而是一项揉和了名誉、心理安宁和无形财产等利益的综合体”。

作为对 Prosser 教授的回应，Bloustein 试图再次统一隐私侵权，并将其归于损害人类尊严的范畴内。Bloustein 虽然接受了 Prosser 教授关于隐私侵权形态的四种分类，但他也仍坚持 Warren 和 Brandeis 的观点，认为隐私必须被认作是一项独立的权利，因为它体现的是他人自身或个性价值而非财产利益。Bloustein 坚称所有隐私侵权背后隐藏的社会基本价值正是我们对人类尊严的关注。Bloustein 指出，Prosser 教授对擅自使用他人身份侵权的分类恰恰表明的是对他人人格商品化的关注。Bloustein 进一步论述道，行为人实施的隐私侵权并非是“侵占了他人享有的某种财产利益”，而是通过“对他人个性商品化”的方式“贬损他人人格、使他人蒙羞”。

Gross 对 Bloustein 的观点进行了批判性的继承，他认为，尽管 Bloustein 论证了隐私为何是有价值的，但他并没有充分恰当的对隐私作出定义。② Gross 认同 Bloustein 将隐私定义为人类尊严的一方面，但他认为 Bloustein 理论不完整的地方表现在，他没有具体指明隐私权究竟是人格尊严的哪一方面。Gross 将隐私定义为他人对自己私人事务享有的支配权，但他并没有在隐私、尊严和身份之间的关系上大费墨笔。于是争议焦点是，我们的关注点到底在于隐私本身，还是隐私所涉身份在法律上的地位。

当 Bloustein 的关注仍停留在尊严和隐私上时，他并没有完全考虑这与他人身份之间更深层的关系。隐私侵权所导致的人格损害实质上意味着对他人身份完整性的破坏。Bloustein 清楚这一点，但他仍只是说明这一关系，并没有进行进一步的论证和分析。当然，尊严和身份的界定，比定义隐私还难。不过联系到尊严和隐私的关系，我们或许可以对一些特别规定（这些规定体现了对他人身份的法律确认及

① William Prosser, Privacy, 48 Cal. L. Rev. 383, 389 (1960).

② Hyman Gross, The Concept of Privacy, 42 N. Y. U. L. Rev. 34, 35 (1967).

其法律结构）背后的原则有一个更完整的理解。

尊严基本上代表的是一种对人类内在价值的思索，而隐私则更多的是对保护人格之必要条件的权利的关注。也就是说，尊严是人格的一种广泛表现形式，而隐私是人格的一种属性。在充分认识到人格的同时意味着承认和发展个人身份的前提下，自由主义传统将二者联系起来。[①] 之所以破坏他人身份损害了他人的个人尊严，是因为承认个性差异是尊重和发展个人人格的必要条件。因此，隐私侵权是通过破坏他人身份完整性的方式来损害他人尊严的：打压个性差异或强迫所有人一致，从而彻底抹杀个性，或者说是消除个人之间的差别使每个人都可被替代。所以，作为 Gross 对 Bloustein 批判的回应，笔者认为隐私意味着尊严从某一方面说是建立在充分认识到他人的人格需要承认、尊重的基础之上的，所以意识到自己独一无二的个性和身份对每一个人来说都是必要的。

二、隐私是一种特殊利益

在论及隐私的基本原则时，本文不同于其他理论，比如 Prosser 教授就将隐私分为几项内容不同的权利。笔者认为，Prosser 教授的观点或许比 Kalven 或 Thomson 等学者离经叛道得更彻底一些，因为 Kalven 等人只是否认隐私侵权特殊性的存在或者认为这种差别至多可称“细微”而已[②]，而 Thomson 就认为隐私权从来就不是独立存在的，而是一些基本权利的衍生物，只有在侵犯其他基本权利的同时才形成对隐私利益的侵害[③]。

Scanlon 和 Reiman 都对 Thomson 的观点进行了反驳，他们认为在当代社会背景下的隐私具有更广泛的含义。隐私是一项独特和独立的权利，“是复杂多样的社会实践的一项基本组成，由此社会群体认识

---

① See John Rawls, Political Liberalism, 29 - 34 (1993).

② Harry Kalven, Privacy in Tort Law—Were Warren and Brandeis Wrong?, 31 Law & Contemp. Probs. 326, 326 - 331 (1966).

③ Judith Jarvis Thomson, The Right to Privacy, 4Phil. & Pub. Aff. 295, 303 - 310 (1975).

到——并且向每一个人传达这样一种信息——他的存在是属于他自己的。”[①] Reiman 因此认为，隐私“对个人存在是必要的，因为自我至少是一个人认为他的存在——他的想法、身体和行为——是属于他自己的”。隐私是自我的组成部分，是在这个社会中承认、构建以及维持个人身份的方式，这正是 Reiman 承认隐私重要性的根据。虽然他对隐私权仍采用基于财产（property-based）的所有权式的说法，将他归于洛克式自由的传统之中，但同时他又采用开放式的态度将隐私作为一个社会动态来研究。Reiman 总结道，Thomson 将隐私视为派生权利的观点没有考虑到在一个自由的国度里，隐私所扮演的社会角色的特殊性以及它在个性形成和发展中的独特地位。非法侵入和滋扰侵权方面的法律维护了良好有序的社会交往关系并且保护个人的物理空间不受侵犯，但是它们没有基于人格和身份给予隐私以同等保护。

和 Reiman 一样，Scanlon 在分析隐私时也强调了社会背景。他给隐私权利设定了一个共同基础，“一些特定种类的侵权所侵犯的一种特殊利益”[②]。在他的分析中，Scanlon 主张隐私侵权的产生是因行为人违反由社会规范和惯例所建立起的准则。他认为隐私侵权一般在侵犯“按照传统定义为隐私的领域”时始发生。Scanlon 对“界限”的强调同样也体现了古典自由主义思想，但他对社会规范重要性的关注向我们展示了一个独特视角，让我们得以深刻理解隐私权利的动态发展。

Post 继承了 Reiman 和 Scanlon 的观点，更详尽地阐释了隐私法律的社会基础。[③] 在他那篇分析 Warren 和 Brandeis 的文章中，Post 区分了描述性隐私（descriptive privacy）和规范性隐私（normative privacy）。他将描述性隐私理解为依照经验可查明的“想法、情绪以及感觉”的综合，它们构成他人的人格，当然需要得到保护。因为对他人人格的侵害会导致他人精神压抑和痛苦。Post 借鉴了 Gavison 将描述性隐私分解为“秘密”、“自治”和“安宁”几个相关概念的观

---

① Jeffrey H. Reiman, Privacy, Intimacy and Personhood, 6 Phil. & Pub. Aff. 26, 39 (1976).

② Thomas Scanlon, Thomson on Privacy, 4 Phil. & Pub. Aff. 315, 315－318 (1975).

③ Robert C. Post, Rereading Warren and Brandeis: Privacy, Property, and Appropriation, 41 Case W. Res. L. Rev. 647, 648 (1991).

点。不同于依经验上可判断的隐私侵权，规范性隐私是对某些特定社会关系的“道德描述”。它是“我们作为一个共同社会群体的成员彼此之间相互尊重的规则”，违反这些规则就侵犯了他人人格。Post将这种隐私归纳为规范性隐私，“因为这种隐私从根本上需要社会规范的运用和实践”。因此，规范性隐私的概念解释了为何侵犯这种隐私即产生了损害。Post认为，普通法上的隐私概念实质上是规范性隐私权的概念。尽管如此，他承认关于隐私的不同学说、各个学派都从这个或另一个角度，或多或少地阐释了规范性和描述性隐私之间的关系。

Post关于规范性隐私的概念，在衡量以隐私为基础（privacy-based）的尊严是如何表明个人身份的完整性时格外具有意义。他关于描述性隐私的详细阐释也清楚表明了身份所代表的利益，即使这种利益是以一个高度精神上的形式来表现的。不过，Post关于规范性隐私和描述性隐私的提法设置的不仅仅是一种差别，更是一种分裂，这就给分析法律、隐私和身份三者间关系制造了一个难题。就这一点而言，他的分析是不必要的并且有可能会误导他人。正如Post本人所说的那样，各种各样隐私的概念和应用实际上都不同程度地包含了描述性隐私和规范性隐私两方面的内容。而在对待身份这一问题上，将这些概念统一起来或许比制造它们之间的分歧更有现实意义。

三、隐私和尊严

首先让我们撇开规范性隐私不谈，假设隐私即意味着尊严、自治和自我的完整。Bloustein对Prosser教授的回应就是一个不错的出发点。在批判Prosser教授对隐私侵权分类的那篇文章中，Bloustein提出，所有隐私案件中都存在一种共同的尊严利益。Prosser教授认为，隐私侵权损害的利益是侵扰行为导致的精神痛苦，Bloustein则主张隐私侵权实际上导致的是“对他人尊严的贬损，人格的打击”。这种侵权之所以非法的原因在于“它造成了他人人格的降低，不论它们是否造成了精神创伤”。这种分析同样适用于政府侵权的情形，Bloustein视这种侵权为“暴君手中的利器”。

同样，Bloustein区分公开披露隐私侵权和诽谤，他认为“诽谤的构成基础是对他人名誉的毁损，而隐私侵权则是建立在对他人个性的打击之上”。此外，擅自使用他人身份的侵权涉及的不是所有权利益，而是“贬损人格和侮辱”导致的损害，这种贬损是通过“个性商品化”的方式而达成的。因此，可以说 Bloustein 接过了 Warren 和 Brandeis 手中的接力棒，传承了其原始观点，试图使用一种统一的利益来保护人类无形的精神利益。

在 Henkin 的著作《人格尊严和宪法权利》一文中，他主张“人格尊严的保护需要尊重每个个体物理上和心理上的完整，尊重其在法律上的人格，尊重他（她）的自治权和自由”。① Henkin 将身份和人格完整作为尊严核心的观点，和 Bloustein 对隐私利益背后核心原则的分析一脉相承。隐私只有在促进他人可建立、维持以及发展身份个性时才显示其价值，这种身份个性是他人人格核心的重要方面。因此，按照这种观点，隐私侵权是因为损害了他人身份特性而构成对他人尊严的冒犯。如果我们首要关心的是这种冒犯，那么，在定义隐私侵权的“界限”时，即便是一些个人感受也将被社会和历史地理解为对他人身份完整性的威胁。

Gewirth 列出了尊严的两项概念作为基本权利的基础：观念上的尊严（empirical dignity）和固有的尊严（inherent dignity）。② 观念上的尊严“是一种通常通过一些相关形容词来演绎说明的特征：有尊严的，明显是一种庄严、端正、沉着、自重、自信等连同多种良好品格所说明的态度”。他认为观念上的尊严是可以得到或者丧失的。观念上的尊严会因情况而异，从而产生一些相关权利，但这并不是“权利产生的根基”。相反，固有的尊严“意味着一种被所有人平等享有的内在价值”，是不可替代和不可被剥夺的，因此“享有固有的尊严即等于享有权利”。

在某种程度上说，Gewirth 关于尊严的分类与 Post 区分描述性和规范性隐私的做法有异曲同工之妙。规范性隐私的范畴可视为是定义、明确和保护固有尊严的范围。而这每一项都涉及在一个文明社会

① Louis Henkin, Human Dignity and Constitutional Rights, in The Constitution Of Rights: Human Dignity And American Values 210 (Michael J. Meyer & W. A. Parent eds., 1992).

② Alan Gewirth, Human Dignity as the Basis of Rights, in The Constitution Of Rights: Human Dignity And American Values 11 - 12 (Michael J. Meyer & W. A. Parent eds., 1992).

中，在一个民主开化的国度里，衡量（和实施）一人身份所具有的历史和社会价值和自由行为（包括个人和政府行为）适当的界限。

具有讽刺意味的是，规范性的"界限"这一概念或许恰恰产生了更多观念上的尊严或者说是记述性的隐私，尤其是在要举例说明一些具体情况时。当然，Gewirth 并非字面地研究两者间的物理界限，但是，他对尊严因情况而异或者不可剥夺的特征描述将尊严置于市场力量的影响之外。这里有个跨越空间的隐含关系：它同 Warren 和 Brandeis 保护私人事务不受公众关注的观点相辉映。尊严需要维持一个存在于这个市场化的世界对立面的空间。Warren 和 Brandeis 将这个空间定义为隐私——这是一个保护人类精神的不可替换性免受商品化损害的领域。在这一点上，根据 Warren 和 Brandeis 设立的理论框架，观念上的和固有的尊严交织在一起，不分彼此。对这些 19 世纪晚期的高级教授们来说，隐私使得他人依照其观念"有尊严的"行为，但是这种行为首先是被认为是他人固有尊严的外在表现形式。

Parent 详细说明了 Gewirth 对人类尊严核心分类的内在价值。[①] Parent 使用"道德尊严"这一术语描述了"作为一个人而不被擅自、不法地毁谤的权利"。Parent 因此将尊严归纳为一种社会关系，是我们被别人如何对待的根据。不过，他并不怎么赞同个性和身份本身是通过社会和历史交往关系而构建起来的。相反，他主张一个完全自治的人对其自身尊严享有当然的权利。他认为尊严是我们享有不受到别人某种对待的权利的说法从根本上否认了尊严的概念。因为作为一个人而享有的这种积极性的权利，并不是尊严。相反，Warren 和 Brandies 对隐私权利的重视，不仅仅是因为其保护文明的人们免受现代化粗暴的不利影响，更重要的是它有力地维持了一个空间和社会，在其中，人们可以意识到他作为一个文明公民的所有权利。正如有人所说隐私权不仅仅指"自己独处"的消极权利一样，或许尊严也不仅仅是一种对抗不利对待的消极权利[②]。

---

① William A. Parent, Constitutional Values and Human Dignity, in The Constitution Of Rights: Human Dignity And American Values 47 (Michael J. Meyer and W. A. Parent eds., 1992).

② See William M. Beaney, The Right to Privacy in American Law, 31 Law & Contemp. Probs. 253, 254 (1966).

四、隐私是一种自治

大法官布伦南（Justice Brennan）曾经指出："宪法代表着人们对社会正义的需求，兄弟情谊和人性尊严造就了这个国家。"[①] Dworkin 与布伦南大法官的观点不谋而合，认为信仰个人尊严在我们的政治文化体制和宪法结构中占据着核心地位。[②] 他将这种信仰描述为"人们根据他们自己的良知和信念，为其自身享有道德权利、承担道德义务，绝大多数的基础问题都是涉及他们自身生活的价值和意义"。Dworkin 指出，在定义"隐私"的所有这些权利里，"对生活的自治权"最恰当有效地形容了隐私。因此他将隐私和自治权的概念联系起来，将两者置于人类尊严广泛的价值范围内。

隐私作为一种自治权经常同支配权合并讨论。Schoeman 在社会关系背景下将隐私描述为一种保护，以"防止社会过度延伸的边界限制了他人对其生活的自由支配"。[③] 无独有偶，Margalit 声称公权力对隐私的侵犯因剥夺了他人对其生活的支配权或者降低了这种支配的价值而侵害了他人权益。[④] Inness 和 Margalit 相反，他对隐私的概念采用了一种没有政治色彩并且较公正的定义："他人拥有对其私密领域进行支配的权利，这种支配包括其对私密信息的使用、私人关系以及私密行为等事项的决定。" Inness 进一步定义私密为事关"一个人的爱情、喜好和关心事项的价值和意义的选择"。因此，隐私请求权是请求拥有"我们对爱情、喜好和关心表达的自治权"。Inness 降低了隐私的价值，只承认隐私对他人"作为一个人……自由地发展亲密关系的可能性"的尊重。Inness 的说法看上去很有道理，但是不失偏颇地看，他的观点有些吝啬。因为 Inness 对隐私的定义让我们无法进行实际评价并且也没有解释为什么对"隐私"关系的尊重要比一般公民（或者说是人与人）之间的尊重更重要。更具讽刺意味的是，

---

① William J. Brennan, Jr., The Constitution of the United States: Contemporary Ratification, in Interpreting The Constitution: The Debate Over Original Intent 23 (Jack N. Rakove ed., 1990).

② Ronald Dworkin, Freedom's Law 111 (1996).

③ Ferdinand David Schoeman, Privacy And Social Freedom 1 (1992).

④ Avishai Margalit, The Decent Society 207 (1996).

Inness 的定义甚至还有消除个性差别之嫌，因为他仅在共识为私密关系的范畴内评价他人的行为。这相当于是一种精神上的还原论，完全没有解释 Margalit 定义的那种可以威胁到个人身份和人格完整性的贬损行为。

Tribe 对自治权下了个广泛的定义，认为其包含"隐私和人格方面的种种权利"。① 就支配这一问题，在他对罗诉韦德案件（Roe v. Wade）的分析中，他将隐私权同自治权区别开来。他声称罗诉韦德案件的关键不是隐私权而是自治权，他将自治权定义为他人对其身体和生育命运的支配权。Henkin 也同样认为联邦最高法院从 Griswold 案到 Roe 案的一系列案件事实上并不是隐私案件，而是对自治权新领域的确认，对"推定豁免于政府管制的权利"的确认。② 这种区分在一定框架内是有意义的，但这局限在一个相当狭小的范围内，即把隐私对半折从而划分出两种领域：私人领域和公共领域（或者说是私人和非私人的）。这种区分看似合理，但是隐射了一种描述性隐私而非规范性隐私的思想。此种划分使得我们首先关注的是侵权发生的领域而非这种侵权侵犯的是什么利益。如果我们反过来，以规范性隐私作为一项维持他人自我和身份完整性的积极权利，那么区分自治权和隐私的界限就显得不那么重要了③。

Cornell 对隐私权利则采取了积极的态度，她使用精神分析理论将堕胎权同身体完整性的概念连接起来。④ 她认为"否认堕胎权的错误不是因为堕胎造成了对他人'身体'完整的破坏所以要给予否认这种权利，它的错误在于阻止了他人个性化最小条件的发展，而这对他人人格的任何方面来说都是必要的"。并且由于个性化的条件一般是"带有社会性和象征意义的"，Cornell 对把保持他人身体完整的权利描述为隐私权持保留态度——"如果隐私意味着一项独处的权利

---

① Laurence Tribe, American Constitutional Law 1302 – 1435 (1988).

② Louis Henkin, Privacy and Autonomy, 74 Colum. L. Rev. 1410, 1411 (1974).

③ Thus Ruth Gavison, for example, connects privacy to the affirmative right of free speech as both related to values of autonomy and self-realization. Ruth Gavison, Too Early for A Requiem, 43 S. C. L. Rev. 437, 461 – 462 (1992).

④ Drucilla Cornell, Bodily Integrity and the Right to Abortion, in Identities, Politics, And Rights 21 – 22 (Austin Sarat & Thomas R. Kearns eds., 1995).

的话”。不过，将身体完整权从隐私权中分出来也是没有必要的，如果我们把隐私本身就看作社会性和象征性的综合（如同 Post 和一些学者提出的观点那样）——是一种构建社会和自我的方式，而不仅是一种保护他人免受侵扰的工具①。从这方面理解，隐私权实际上表明了一种对维持他人身份规范性利益之必要条件的关注，正是在这种条件中，他人人格和身份的完整才可得以建立和发展。

五、隐私和信息的支配

下面让我们把眼光投向描述性隐私。这种隐私概念或许将隐私看得更具体——视其为对几种特定类型信息的支配权。这种支配权隐含了私人事务自治权的观点，但它更倾向于关注对披露的信息种类的经验评价以及信息披露对象的人数或范围。比如 Gerety 就将隐私定义为“一种对个人私密行为的自治或支配权”，又或者 Tribe 将信息自治权理解为我们自由选择向谁、因何目的而泄露自己信息的权利。Parker 对隐私下了一个更纯粹信息性的定义，他主张“隐私是对我们的各方面信息可被别人察知的具体时间和对象的控制”。同样，Gavison 也主张隐私侵权可依据“我们可被知道的范围”② 来衡量。

Westin 认为“隐私是个人、组织或是机构自行决定何时、以何种方式以及何种程度公开他们个人信息的权利”。因此，Westin 将隐私视作对公共社会的一种撤离。Bezanson 沿袭了 Westin 的观点，把隐私定义为“他人对其身份信息的支配”，并从而试图将隐私“嵌入秘密性的概念中”③。

Westin 和 Bezanson 对隐私的分析对设定一个框架来管制政府或新闻媒体获取特定人的特定信息的行为而言是有意义的，但是从另一角度来说，他们关于隐私性质和价值的观点相当局限。尤其是他们几乎没有阐释隐私侵权为什么、怎么样表明了尊严利益和如何影响他人

① See generally Robert C. Post, The Social Foundations of Privacy: Community and Self in the Common Law Tort, 77 Cal. L. Rev. 957 (1989); Keith C. Boone, Privacy and Community, 9 Soc. Theory & Prac. 1 (1983).

② Ruth Gavison, Privacy and the Limits of Law, 89 Yale L. J. 421, 423 (1980).

③ Randall P. Bezanson, The Right to Privacy Revisited: Privacy, News, and Social Change: 1890 - 1990, 80 Cal. L. Rev. 1133, 1150 (1992).

人格和身份完整性。他们也完全没有考虑丧失信息控制而导致的损害是如何表明这些价值的。在 Bezanson 对 Warren 和 Brandeis 那篇详细阐述隐私的文章的分析中，他认识到他们是在试图保护“一人享有当前家庭和社会体系所赋予他们身份的权利”。于是他提出了一种建立在秘密性之上的当代侵权类型，这就产生了新的问题，如谁来认定、采取何种标准来认定什么是私人信息。他曲解了 Warren 和 Brandeis 关于隐私作为一种尊严的原始观点，认为隐私是“试图保护社会机构各部件在现代社会统一、客观和价值无涉（value-free）的影响力下的运作”。Warren 和 Brandeis 无疑是在试图制定一些西方文明资产阶级社会的规范准则，但是他们反对现代社会的影响力不是因为他们“价值无涉”，反而正是因为现代社会所带来和呈现的独有价值。

在今天这个个人主义色彩浓重、多元化的民主社会中，不难想象 Bezanson 为何没有采用 Warren 和 Brandeis 沙文主义方面的视角来定义隐私。Bezanson 将现代社会描述为多样、多元以及“价值无涉”的，且把秘密性作为不受外部和社会规范影响的自我支配的核心，从而巧妙地将隐私的问题转化为规范性价值。可关键问题是自我支配不能和社会规范脱离关系，除非这个社会完全不成体系。法律对隐私利益的认可本身就意味着且取决于社会关系给隐私的限制。此外，现代社会当然不是“价值无涉”的，其多元化和多样性也不至于使我们放弃定义隐私的需求，我们仍需对各种价值进行理解、界定，直至其最终形成隐私权。

Warren 和 Brandeis 看到了这一点。他们当然是佼佼者，他们关于尊严的观点一直统领学术界并形成了一些强制性的社会规范，但是仅仅是认识到这种不足并没有实际解决问题。事实上，挑战即是让 Warren 和 Brandeis 在论述中详细阐述对隐私和尊严间关系的理解，这样可以使司法实践更充分地认识和尊重他人人格和身份的完整。

六、隐私是一种私人领域

实际上，隐私最广为使用的概念当属“私人领域”或曰“个人的边界”。隐私经常被定义为一种空间概念，指代那些社会影响力所鞭长莫及的领域。[①] 从这个概念引申出了“私人神圣领域”[②] 的概念，即一个独立于政治世界和市场社会的区域。“私人领域”的概念招致了女性主义的批判，因为私人领域的历史性建构实则为男权体系下对女性的支配。[③] 公共和私人领域的界限可以说是自由的政治和法律思想的核心，但是正如 Carole Pateman 所言，“自由在什么是‘公共的’和什么是‘私人的’这一问题上，本身就是暧昧不清、含糊不明的。”[④] 或许隐私本身的概念也同样具有这种模糊性。Allen 和 Mack 就认为：“‘隐私’制造了物理上和信息性的不可接近，比如安宁或者秘密，隐私同样也指定了一个‘私人领域’和在该领域内某种程度上的自治权。”Olsen 在私人领域内还额外重点区分了市场和家庭两方面的内容。她提出使用类似私人领域的概念来描述和评价国家对市场和家庭干预的适当程度和类型。

女权主义对隐私的批判主要集中在家庭生活内的权力关系。这一观点起源于 19 世纪早期美国不断发展变化的社会，私人领域概念的提出将神圣的家庭生活和世俗的市场和政治生活分割开来。处于妇女和女性情感治理下的私人领域是充满感情和亲密的家庭领域；而公共领域则是充斥着激烈商业和工业竞争关系的男性主宰领域。Olsen 指出了市场（和家庭）的二重性，主张当市场掩饰女性下等低级的地位的同时，同样也产生了这一领域内某种程度的自治权和根据，基于此，女性可实际行使一定的自治权。然而，在法律和政治体系内，用私人领域的概念来证明经有权机关的批准或是巩固家庭传统结构的国

---

① See Anita L. Allen & Erin Mack, How Privacy Got Its Gender, 10 N. Ill. U. L. Rev. 441, 445 (1990).

② The connection of privacy to " sacred space" hardly ended with the nineteenth century. In 1966, for example, Milton Konvitz presented privacy as a " sacred precinct" where the self is beyond or outside the influence of the state. Milton Konvitz, Privacy and the Law: A Philosophical Prelude, 31 Law & Contemp. Probs. 272, 274 - 277 (1966). In contrast to Warren and Brandeis, however, he used property metaphors to posit a sort of portable private space that a man can carry with him wherever he goes.

③ Catharine MacKinnon, Feminism Unmodifed: Discourses Scourses On Life and Law . 93 - 102 (1987).

④ Carole Pateman, The Disorder of Woman: Democracy, Feminism And Political Theory 118 (1989).

家行为是正当时，问题就变得尖锐起来。在这个范畴内，隐私被用来维持等级制度的现状，以便对女性和小孩实行家长式作风的统治，女权主义认定这样的隐私是一种不公正的手段①。例如，在 MacKinnon 对罗诉韦德案逻辑的批判中，她将“私人”一词描述为将女性从属化的工具，认为“当隐私法律来管制对私人领域的侵扰时，它的栅栏事实上反过来管控了私人领域。现在私人领域内的权力和资源的分配机制恰恰就是隐私法所意图保护的”。

尽管如此，Pateman 并不认同女权主义批判的某些观点，例如大多数女权主义学者都认为公共和私人领域“实际上是相互联系的，由家族结构联系起来”，同时 Pateman 指出，“他们没有必要主张社会生活的政治方面和私人方面没有或不应有差别。” Okin 同样也指出，“质疑这种区分（私人和公共领域之间）并不意味着要全盘否定隐私概念的作用或是隐私在人们生活中的价值。”实际上，当隐私的概念应用于私人领域不受市场影响时，其价值凸显。因此，Warren 和 Brandeis 将“神圣不可侵犯的人格”置于这种领域中，他们将隐私从财产权中解放出来并且声称隐私并非有形价值因此不应受到市场作用的影响。当 Warren 和 Brandeis 将隐私权利从财产权中释放出来后，他们关于人类尊严价值的概念仍停留在独立领域的思想体系中，隐私的二重性因此得到证实。他们着力于保护“神圣的私人领域和家庭生活”，稳定中产阶级父权式的家庭结构，并将这作为人类精神价值的源泉和守卫。对此，Allen 和 Mack 一语见地，“Warren 和 Brandeis 的文章引领了侵权法上的一场学术革命。但是当涉及两性问题时，其观点仍是传统思路下的老生常谈。”尽管他们关于人格尊严的概念映射了他们所处社会阶层和历史时期下的家长式社会规范，但这并不一定破坏了普通法保护隐私原则的作用，因为依据普通法，我们或许可以（已经）启用了政府的权力来保护人格尊严免受市场作用下商品化的贬损。

Warren 和 Brandeis 关于隐私的基本概念并没有太大问题，他们将隐私定义为对抗市场力量的壁垒，这是一个对隐私和人格尊严的性质高度性别化的概念。因此，在应对女权主义对隐私的批判时，我们

① See, e. g. , Susan Moller Okin, Justice, Gender, And The Family 110 – 133 (1989);

必须谨慎地不要丢掉了隐私存在意义的基础。然而，就当代对性别的理解和现代社会的权力结构而言，解读隐私的原则仍是十分必要的。即使许多批判集中在隐私使得维持父权统治秩序的政府行为，或是将女性排除在工业、商业和政治之外的公权行为合法化，但是我们仍要肯定隐私的保护作用，这种保护不仅是使个人免受国家行为的侵扰，更重要的是使其免受市场作用的影响。

七、隐私是限定自我的边界

隐私的空间概念不仅涉及在社会中建立一个私人的“领域”，而且涉及划分一个关于自我更私人的“范围”。因此 Simmel 声称，“我们每一项要求隐私权利的主张都是主张别人越过隐私特定的边界，而这其实是对我们某些自我的侵犯。所以，隐私的边界就是自我的边界。”① Fried 同样将隐私的“空间”范围定义为产生“最基本形式的关系”的环境。和 Simmel 一样，Fried 因此将隐私侵权描述为对“我们作为人的自我完整性”的威胁。相似地，Shils 形容隐私的一方面为“信息不从其拥有者流向其他人的界限”。他认为“隐私侵权之所以有害，是因为它干预了他人对属于他自己事务的处置。他人周围的‘社会空间’、他过去的回忆、他所说的话、他的身体和想法全部属于他”。② Shils 的观点响应了 Warren 和 Brandeis 对人类精神本质的关注，Shils 认为他人“因其作为一个独立存在的人、作为公民社会的一个成员所与生俱来的权益”而“拥有”这些事务。因此，隐私侵权威胁到了自我和社会的完整性。

遗憾的是，我们又一次看见了描述性隐私和规范性隐私概念的混合。因此，Scanlon 指出隐私的“范围”并不一定得是空间上的，也可能是依据社会惯例和社会规范来界定的范围。所以对 Simmel，Fried 和 Shils 来说，隐私侵权包含观念上的界限和规范性界限两方面。每一个使用观念上的空间概念来定义隐私的人，都赞同隐私侵权

---

① Arnold Simmel, Privacy Is Not An Isolated Freedom, in Privacy: Nomos XIII 72 (J. Roland Pennock & John W. Chapman eds., 1971).

② Edward Shils, Privacy: Its Consequences and Vicissitudes, 31 Law & Contemp. Probs. 281, 282 (1966).

损害了自身的“完整”。这种损害远不止使他人产生了精神痛苦，它还使得社会承担因个人破坏互尊互重的社会规范的损害后果，仅仅因为他们是社会的成员——所以也同时损害到了社会。因此，他们的理论暗含了一种将身份的维持（最终是社会的维持）作为隐私核心的理解。

Post 对隐私提出了一个更明确的规范性概念，他说，“在普通法上，就像在日常生活当中一样，隐私指的是人们对一些特定行为的描述，而不是对世界保持中立和客观的衡量。”对 Post 而言，隐私意味着文明礼貌的基本规则，这同样也是社会建立起来的基础。隐私侵权通过否认文明礼仪原则对社会成员的保护，从而“威胁到将其排除在社会之外”。按照这种理论，法院的判决可视为维护和重建原告作为社会成员的权利。Post 借鉴 Goffman“自我的疆域（territories of the self)”的概念，并在此基础上形成了具有规范性和社会性的隐私空间概念。这样的一种疆域范围是依环境而定的，其边界由社会关系所决定并随着很多因素的影响而变化。Post 指出，“Goffman 将隐私疆域定义为他人可主张‘占有、支配、使用和处置的权利’的‘一方领域’或是‘保护区’。”同 Shils 一样，Post 在形容隐私时使用了诸如“占有”和“所有”等象征概念。保护占有的观点表现了占有个人主义的问题，因为按照此种定义，自我的概念首先取决于他人所拥有的东西①。这样一种概念或许会否认存在于任何实际占有行为之前自我的概念。因此，正如 Cohen 对 Goffman 自我概念的批评，认为 Goffman 的理论是抹杀个性以换得“执行的技能和动力”②，同样，这种区域概念是冒着减少个性的风险来换取“占有”的领域。

更具体的概念则有，Post 将隐私侵权解释为“对自我的范围作出的权威认可”。依照这种说法，设立侵扰侵权的目的有三：第一，保护他人因其各自领域主张而应有的尊重；第二，维持这种因疆域而形

① For an insightful discussion of this problem in the context of cultural property, see Richard Handler, Who Owns the Past? History, Cultural Property, and the Logic of Possessive Individualism, in The Politics Of Culture 64 (Brett Williams ed., 1991) (discussing C. B. Macpherson, The Political Theory Of Possessive Individualism (1962)).

② Anthony P. Cohen, Self-Consciousness: An Alternative Anthropology Of Identity 68 (1994).

成的主张或“风俗惯例”，从而保护这种私人领域代表的意义；第三，维护他人在其疆域内依其惯例表达主张的能力。Post 的结论得到了 Reiman 的赞同，后者认为对这种领域的支配是维持他人作为“一个独立和自治的人”的感觉的核心。

对 Post 而言，隐私有助于社会和个人的构成。每个个体的独特性，即他人的“身份”，是通过保护社会文明礼仪规则而得到维持的。Boone 也质疑将隐私视为个人和社会对立的根据的观点，他主张“隐私和社会同人的气息吐纳一样，只不过是保证一个更大的有机物的运行，所以它们应该被理解为同时具有对立性和统一性的一对矛盾”。但倘若从深处说，Post 对隐私的分析没有充分考虑到身份本身所有的属性，其意义远远超过他人认为其是独立存在的感觉。他对隐私社会结构的关注正中问题实质，但是和 Boone 一样，他仍采用自由主义局限和分立的眼光来看问题。

当代法律批判理论，尤其是女权主义理论，对隐私概念进行了更激进的挑战。例如，Nedelsky 就主张“我们需要一个新概念来形容个人和集体之间的紧张关系，因为边界已经不是一个恰当的形容了”①。她认为，宪法对财产利益的关注催生了权利分析领域里边界说法的发展。但是她也认为自我的边界并非不证自明的。个人自治并不是一个静态概念而是一个关系概念。所以要定义身份的概念，要将其放在社会关系中来考量，于是边界就变成了问题。Nedelsky 总结道，“对自治权的发展而言什么是必需的？不是对侵权的保护而是关系结构。探索自治权的（法律上的或者其他方面的）核心问题是思索怎么构建关系网络以便可以促进而不是破坏自治权。”由于边界的说法模糊了自治权的关系方面，他们开始攻击权力关系以掩饰这一缺陷。Mansbridge 提出，将关系连结的政治概念“替代”为女性，分离的政治概念则为男性。② 她同样主张将自治重新构建为培育关系网络的需要，以平衡个人和社会之间极端的对立性。

---

① Jennifer Nedelsky, Law, Boundaries and the Bounded Self, in Law And The Order Of Culture 162 (Robert Post ed., 1991).

② Jane Mansbridge, Feminism and Democratic Community, in Democratic Community: Nomos XXXV 351 (John W. Chapman & Ian Shapiro eds., 1993).

Nedelsky 和 Mansbridge 从两性角度来看待 Sandel 对 Rawl 观点的批判，Rawl 假定了一种人是不受限制、没有负担的“初始状态”[①]。Sandel 指出，对不受限制的人格最重要的“不是我们选择的结果，而是我们有选择的能力”。Sandel 主张，Rawl 的观点否认了“任何社会的成员会受到先于自由选择的道德束缚的可能性”。在 Sandel 看来，个人身份在很大程度上通过社会成员关系而建立：我们不是简单地通过我们作出的选择而是通过我们的社交网络以及我们在社会和历史中的位置来认识到我们的人格的。

这种对自治关系性的理解，同 Post 和 Boone 认为隐私是由社会建立又同时构建了社会的观点如出一辙。因此，隐私或许被认为是一项原则，来确认和保护对自治的发展必要的关系。不仅如此，隐私还包含保护促成他人认为自己是独一无二的关系，也即一种身份感。对独特性的关注并不和重视身份的关系面相对立。恰恰相反，每个人都可形成一套自己的关系网络并从中获得他（她）独一无二的身份。

八、宪政法所规定的隐私权利和身份利益

因为隐私的法律研究和应用通常超过了普通法范围和宪法原则，所以还是有必要简单地梳理下目前宪政法对隐私保护的现状。毫无疑问，这是当代宪政法领域内一个最具争议的话题。并非回顾同隐私有关的一切争议，只是强调一些依据宪政法作出的隐私判例，尤其是一些涉及对身份利益的给予法律承认的案件。Post 在对诽谤法社会基础的研究中指出，从 1964 年开始，诽谤法的现状大体上是沿着“美国联邦最高法院作出的一系列宪法判例”的指引，可以说联邦最高法院已经“使用《美国联邦宪法第一修正案》作为‘改造普通法面貌’的工具”了。[②]对隐私的判例几乎也是如此。正如 New York Times v. Sullivan 案[③]彻底改变了诽谤法一样，从 Griswold v. Connecticut. 案[④]

① Michael Sandel, The Procedural Republic and the Unencumbered Self, in Communitarianism And Individualism 18 (Shlomo Avinieri & Avner de-Shalit eds., 1992).

② Robert Post, Social Foundations of Defamation Law: Reputation and the Constitution, 74 Cal. L. Rev. 691, 721 (1986).

③ 376 U. S. 254 (1964).

④ 381 U. S. 479 (1965).

以来，太多的宪法性原则开始主导隐私研究。在 Bloustein 看来，出现这种现象是很自然的，因为他认为宪政法上的隐私和普通法上的隐私的核心价值都是尊严利益。

DeCew 认为无论是宪政法上还是普通法上的隐私利益都处于岌岌可危的状态。[①] 布兰代斯大法官（Justice Brandeis）对 Olmstead v. United States. 一案[②]著名的异议意见或许最直接明确地表明了这一点。在这个案件中，联邦最高法院多数意见认定政府的窃听行为没有侵犯《美国联邦宪法第四修正案》所保护的范围。在他慷慨激昂或许有几分义愤填膺的异议意见中，布兰代斯大法官开宗明义地说道："《美国联邦宪法第四修正案》赋予每个公民的是免于公权力无度滥用的保护，所以它必须随着这个世界的发展变化而不断丰富其内容。"而这恰好是 Warren 和 Brandeis 那篇 37 年前发表的关于普通法上的隐私权文章的观点和实质。笔者将在下文详述，Warren 和 Brandeis 将他们对隐私权利的观点建立在普通法"应随着社会新的需求而不断发展"的信仰之上。根据 Brandeis 的观点，宪政法上的隐私利益和普通法上隐私权利的发展都应建立在我们不断调整旧的法律原则以适应新的现实状况的基础之上。

更具体地说，布兰代斯大法官在他的异议意见中表达了他的担心，"潜移默化的和触角更广泛的隐私侵犯方式对政府来说已经变得触手可及……而这远比伸长挂架打开房门去获得他人秘密并使其公布于众危险得多。"他总结道，"科技的进步"使政府具备了能够侵犯公民私人生活更大的能力。对新科技带来的强大入侵力同样的担心也存在于 Warren 和 Brandeis 那篇关于普通法上隐私利益的文章中——只有在此时公众的焦点会集中在私人一方，例如，媒体使用科技曝光私人事务以吸引大众眼球或是贬低市场的唯利主义。Warren 和 Brandeis 的那篇文章谈到了普通法上的隐私权利，认为隐私是保护"人类精神权利"和"不受侵犯的人格"，在 Olmstead 一案中，布兰代斯大法官几乎一字不差地引用他早期的文章，当他主张宪政法上的隐私权

---

① Judith Wagner DeCew, The Scope of Privacy in Law and Ethics, 5 Law & Phil. 145, 173 (1986).

② 277 U. S. 438 (1927).

利建立在宪法起草者对“人类精神本质的重要性（如他的感情和他的智力)”的承认之上。他总结道，“独处权是最广泛的权利，而且是对文明社会的公民最有价值的一项权利。”Brandeis 看到了普通法领域和宪法领域内的隐私利益，从此将其视为文明开化的社会的一项核心价值。这两个领域内隐私利益都有几分表明 Bloustein 关于尊严的观点，只不过前者关注私人行为，后者则关心政府行为。

在探讨隐私在一个合理的社会中的地位时，Margalit 认为，区分制度和社会对隐私的侵犯对考虑宪政法上和普通法上的隐私之间的关系是有益的[①]。Margalit 首先就把合理的社会（decent society）和文明的社会（civilized society）区分开来：“一个文明的社会是指在这个社会中，其成员间不会互相羞辱；而一个合理的社会是指这个社会的体系不会羞辱他的人民。因此，比如一个人或许会认为（前）捷克斯洛伐克共产主义社会是一个文明社会但不是一个合理的社会，同时可以毫无疑问地认为捷克共和国是合理却不那么文明的。”Margalit 认为，一个合理的社会需要建立不侵犯个人隐私的体系制度。他了解恶意流言的侵害，这也是 Warren 和 Brandeis 所高度关注的，而“一个文明的社会比一个合理的社会更接近这一问题”。在每一个案件中，他首要关心的都是人格尊严或者他人没有受到羞辱。Margalit 此处的区分恰好迎合了普通法和美国宪法各自对隐私利益的关注点。宪政法对隐私的保护主要集中在对国家机关行为的管控上；普通法则首要关注社会中的个人。Margalit 指出，这两种类型的隐私侵权都构成对他人的羞辱。由此，宪政法上的隐私和普通法上的隐私说到底都是对个人尊严的普遍保护，尤其是对他人身份完整性的保护。我们在 Brandeis 的那篇《隐私权》和他在 Olmstead 案的异议意见中无疑可以清楚地看见这种联系。

在对个人身份完整性的关注上，或许关于隐私权的宪法判例是最相关的说明了。普通法和宪政法对隐私的保护都承认和管理他人的身份利益。事实上，宪法学上从尊严和个人完整的角度来评价身份法律地位的方法来自于普通法的渊源。布兰代斯大法官在 Olmstead 一案中的异议意见也佐证了这一点。更近一些的明证则是斯图尔特大法官

---

① Avishai Margalit, The Decent Society 201 - 211 (1996).

(Justice Stewart) 在 Rosenblatt v. Baer 一案[①]中的协同意见，他在该案中的意见清楚地表明了普通法和宪政法对隐私的保护之间这种相似的联系："他人保护其名誉免受不当侵犯的权利，恰好反映了我们作为一个人所体现的基本价值和尊严——这根植于任何一个体面的、有秩序的自由制度之中。对内在人格的保护和对私人生活的保护一样，统统留给了联邦宪法第九修正案和第十修正案来补白，但这并不意味着这种权利不被法院所承认，这种基本权利同样是我们宪法系统的组成部分。"在他对宪法基本原则解读的这篇宪法性意见中，斯图尔特大法官实际上有效地运用了普通法传统，并表达了他对个人尊严和自我完整性的关注。斯图尔特大法官关于宪政法所规定的隐私利益的观点——"根植于任何一个体面的、有秩序的自由制度之中"实际影射了普通法传统。

Tribe 表明了同样的观点，他还把宪政法上的隐私的两个基本方面联系起来。Tribe 将隐私分为"内在的（inward-looking）"隐私和"外在的（outward-looking）"隐私，前者意味着隐蔽、禁区或者说是安宁，后者则代表着他人在社会中是如何被旁人所察知。然而，这两种隐私所代表的利益是一致的，因为这两种隐私都"需要掌握他人在世界中所树立的身份"。因此，当布兰代斯大法官解释 Olmstead 一案中的窃听时，他认为这威胁到了人的"精神本质"，而不仅仅是对秘密的保护。他主张宪法应该被鼓励来保护私人领域，因为在这个领域内，个人可以自由保持和发展他的身份个性。一些早期的实体性正当程序案件同样也关注体系和惯例完整性的维持，例如，对家庭和子女的抚养，那时被视为维持个人完整的核心。举例来说，在 Meyer v. Nebraska 一案[②]中，美国联邦最高法院宣布内布拉斯加州一项法律因违宪无效。因为该项法律禁止国民小学教授英语以外的外国语言。这是由"一战"引发的极端反德思潮的余波，美国联邦最高法院认为该州在"培养一个统一的民族"这个问题上矫枉过正了。

同样基于正当程序理由，在 Pierce v. Society of Sisters 一案[③]中，

---

① Rosenblatt v. Baer, 383 U. S. 75, 92 (1966) (Stewart, J., concurring).

② 262 U. S. 390 (1923).

③ 268 U. S. 510 (1925).

美国联邦最高法院推翻了俄勒冈州的一部法律，因为它要求所有学生均进入公立学校，也就是说法律禁止学生进入私立或天主教区学校。引用 Meyer 一案的判决，法院强调父母享有“自由管理、养育和教育孩子”的权利，宣布“自由的理论基础建立在美利坚合众国的政权决不允许任何州使用权力将孩子刻度化、标准化之上”。法院还总结道，“孩子并不仅仅是各州的产物；那些抚养他与赋予他命运的人有权利，同时也是至上的义务，这是属于他的以及为他施加的额外责任。”然而，这当然构建了一副将家庭作为男性家长的私人领域（和财产）的场景，法院的判决同 Margalit 关于隐私在维持一个合理社会中所扮演角色的构想一致。这些案件并没有禁止各州侵犯私人生活和家庭的所有行为，但是确实禁止了能威胁到家庭和孩子完整性的行为。这几个案件中的威胁是“统一化”或者“标准化”，也就是说该行为会抹杀家庭成员的身份和个性。

在 Moore v. City of East Cleveland 一案[①]中，美国联邦最高法院同样表达了对家庭完整性的关注。在 Moore 一案中，法院推翻了当地的一项房屋条例，因为该条例限制家庭成员对住宅单元的占有。该法条将“家庭”的概念限定在有直系血缘关系的亲属内。初审法院认为 Moore 违反了该条例因为她与其两个外孙一起居住。鲍威尔大法官（Justice Powell）在其撰写的法院多数意见中指出，“关于家庭和婚姻生活事项的个人选择自由”被《美国联邦宪法第四修正案》的正当程序条款所保护。以 Meyer 和 Pierce 案件为开端，美国联邦最高法院引用了一系列案件来说明“联邦最高法院一直以来承认家庭生活领域的神圣性不可侵犯”。而“家庭的神圣性”是“所有珍贵价值”的生命之源和表现形式。鲍威尔大法官继承了 Pierce 一案的思想，总结道，“美国联邦宪法禁止该市通过强迫所有人生活在狭隘的家庭概念之中，而把孩子们和成人们的生活标准化。”

政府对家庭单位结构的侵权恰好是 Margalit 所论及的类型：制度上的羞辱。Margalit 提到过，制度上的侵权对隐私核心形式之一的羞辱即是“抛弃，即将个人排除在‘人类家庭’之外”。Moore 案中，法院将这种人类家庭结构的说法运用于判决中。该州拒绝承认或尊重

---

① 431 U. S. 494 (1977).

原告的家庭结构的行为实际上羞辱了她的人格并且抹杀（或曰标准化）了她的个性。

隐私原则同样以其他形式存在于美国联邦宪法中。Bloustein 尤其主张个人隐私和结社权之间存在明确的联系。他认为“独处权保护个人的尊严和完整。秘密同他人合作的权利——结社隐私权利——保证了社团成功和完整的目的”。[①] 或许最清楚表现 Bloustein 观点的是 NAACP v. Alabama 案[②]。在该案中，美国联邦最高法院禁止了阿拉巴马州对全国有色人种协进会（NAACP）披露其成员名单的要求，判决认为，“法院看到了自由结社和社群隐私之间至关重要的关系。”法院继续指出，“在很多情况下，社群隐私的神圣不可侵犯性对结社自由而言是不可或缺的，尤其是当这个社群是一个异见团体时。”除了同隐私明确的联系外，法院还将注意点放在“异见信仰”上，视其为对 Meyer，Pierce 和 Moore 案中所提的标准化某种意义上的对抗。如果说个人和家庭隐私是保护人们认识其个性身份的必要条件，那么，NAACP v. Alabama 一案的政治背景则表明对他人结社权的尊重是保护一个合理、民主社会的必要条件。

或许在美国联邦最高法院所判决的案件中，最直接明确判决因结社权而享有隐私身份利益的案件当属 Roberts v. United States Jaycees. 一案[③]。在该案中，美国联邦最高法院维持了初审法院对《明尼苏达州人权法》的解释，裁定强制美国青年商会接收女性成员的要求并没有违反宪法第一修正案规定的自由结社权。布伦南大法官认为，自由结社权的基础存在于一个社团是维持和发展个人成员的身份的：“我们并没有精确说明给予这种宪法保护背后的每一项考虑，但我们已经指出几种类型的关系在这个国家培养和传递共享想法及信念的文化传统中扮演了一个核心角色；它们因此给人格多样性的发展创造了条件并担当了缓解个人自由和州权力之间矛盾的重任。不仅如此，对此种关系进行宪法保护还反映了这样的认识，即他人感情大多来源于

① Edward Bloustein, Group Privacy: The Right to Huddle, 8 Rutgers-Cam. L. J. 219, 278 (1977).

② 357 U. S. 449 (1958).

③ 468 U. S. 609 (1984).

同旁人所建立起来的亲密关系，保护这些关系免受州权不正当的干涉就是保护了他人的身份利益，而这对任何一种自由的概念都是至关重要的。”

在此，布伦南大法官引用了宪法第一修正案来保护社会结构和社会关系，正是在这些社会关系和结构中个人身份才得以建立和维持。他试图在个人和州的矛盾之间留有一个缓冲地带的做法辉映了 Margalit 认为隐私在一个得体的社会中应有地位的观点。实际上，布伦南大法官是沿袭了 Bloustein 早期的观点提出了一种结社隐私。那么，和普通法上的隐私权利一样，这首先要做到法律对个人身份完整性——用 Brandeis 大法官的话来说就是“人类精神本质”——的承认、确定和保护。

Tribe 同样注意到美国联邦最高法院在案件中对有关职业、旅行、个人信息管控以及外貌等各种个人身份的关注。在对 Hampton v. Mow Sun Wong 一案①的分析中，Tribe 认为政府的行为是违宪的，因为它在缺乏明确正当的理由的情况下就报道了他人职业选择中的身份利益。同样，在对 Shapiro v. Thompson 一案②的讨论中，Tribe 认为旅行对他人而言是具有价值的，因为旅行“是他人表达和教育的一个方面，也是他人改变住所和重新开始新生活的一种方式。无论是居所的变化还是重新生活的改变对他人人格的重要性都是不言而喻的”。而“重新开始新生活”所代表的人格直接反映了他人尊严利益的建构和身份利益的维持。Tribe 进一步讨论了“对私人事务进行支配”所蕴涵的个人利益，认为这主要是一个“外在”隐私的问题。他大范围地回顾了美国联邦最高法院一系列关于“政府收集、保存和传播信息的体制”的案件，并声称这种体制威胁到个人对其自身信息的控制，而这是“向世界呈现最‘自我’的基本权利”。

Tribe 同样批判了大部分法院拒绝适用宪法权利来对抗政府进行外貌管制（regulations of appearance）的倾向，这些管制包括头发长度或衣着等方面。他认为“我们不应该把他人头发长度和他的言行完全等同起来，殊不知政府对外貌的强制侵犯了人格重要的一方

---

① 426 U. S. 88 (1976).

② 394 U. S. 618 (1969).

面”。美国联邦最高法院对 Kelly v. Johnson 一案[①]的判决令 Tribe 痛心疾首，因为该案判决不仅支持了警察局对工作人员发型的管制，并且法院还表明，对极易被感染的年轻一辈进行管制是极其有必要的，因为对他们而言“通过外貌来凸显自己的个性是最基本的表达方式”。在每一个案件中，Tribe 都详细阐述了宪法原则最终被承认的根本原因——不仅是因为这些原则蕴涵了人类尊严的一般价值，而且更重要的是他们维持了对个性化必要的条件——这使得他人意识到他作为一个独一无二的人所拥有的独一无二的身份。

最重要也是最明显的一点是，宪政法上对隐私的保护已深深等同于他人支配自己身体和生育自治权的问题。而在 Kelly 一案中，对他人身体支配的问题显然被提升至一个更高层面。倘若说关于宪法隐私利益其他方面的著作也是汗牛充栋，那么围绕生育自治权方面的争议和辩论恐怕要用延绵不绝来形容了。笔者将试图对一些特别案件的核心方面做一个简短的回顾，因为它们所蕴涵的法律利益关系到个人身份的确认、保护以及构建。

美国联邦最高法院在 Griswold v. Connecticut. 一案[②]中判决，禁止避孕或劝说避孕行为的州法无效，这无疑为隐私权的发展开了个好头。该案的判决引用了 Meyer，Pierce 以及 NAACP v. Alabama 等一系列案件，道格拉斯大法官由此提出一种理论，认为隐私权是一种一般性的宪法权利，他认为，尽管美国宪法没有明确提及隐私权，但从宪法修正案的“延伸区域（penumbras）”可“推导（emanations）”出受宪法保护的公民隐私权，而这也是《权利法案》的题中之义。和 Margalit 一样，道格拉斯大法官清楚地阐述了隐私是对抗州权羞辱和贬损身份侵权行为的壁垒。道格拉斯大法官铿锵有力地说道，“仅因证据显示他人有使用避孕药具之疑，我们就应该允许警察搜查夫妻卧室这样神圣的领地吗?”并且他认为这种权利实际上比权利法案更古老，“我们这里所面对的这种隐私权存在于权利法案诞生之前，比我们的政党还要年长，比我们的学校制度更有历史。”金伯格大法官（Justice Goldberg）在他的协同意见中表明了同样的观点，他使用联

① 425 U. S. 238 (1976).

② 381 U. S. 479 (1965).

邦宪法第九修正案——未列举但根植于社会传统和人们集体良知中的基本权利来佐证。哈伦大法官也赞成该州的制定法侵犯了“一个良好有序的社会所应有的基本利益”。这些意见将隐私看作一个得体社会中优先于政治的基本价值。就这一点而言，他们引用的原则实际上与 Warren 和 Brandeis 的隐私观点同属一脉。而这两者皆要求法律承认和保护个人身份的完整。

在 Eisenstadt v. Baird. 一案①中，美国联邦最高法院推翻了向未婚者传播避孕知识有罪的判决，确认妇女有独立决定堕胎的权利，即使丈夫也无权干涉。在该案中，法院适用平等保护条款将 Griswold 案确立的范围扩大至未婚夫妇。这个案件是真正和隐私权相关的案件，因为布伦南大法官代表多数意见起草的判决书中明确宣称：“隐私权对我们是如此重要，它从根本上对我们产生影响。隐私是一项基本权利，不论他人是已婚还是单身，他（她）都在政府不必介入的领域有个人抉择的自由，如父母决定是否生孩子。”

最后要谈的案件自然是 Roe v. Wade. 一案了。在该案中，法院扩大了隐私权的范围，认为隐私权涵盖了他人控制堕胎的权利。法院判决隐私权属于一项人类基本权利并且涵盖了他人关于堕胎事项的决定。因此，州政府的权力不能凌驾于孕妇权利之上，但州政府有行使令人信服（compelling）的权利来保护孕妇健康。尽管在 Roe 案件后，堕胎权的实际操作和生育健康服务情况遭到严峻挑战，但美国联邦最高法院仍有几分含糊地在 Planned Parenthood v. Casey. 一案②中再次重申了“Roe 一案判决的基本思想”。一份史无前例地由奥康纳大法官、肯尼迪大法官和苏特大法官组成的联合意见推翻了 Roe 案中以三月为期划分孕期的框架，认定各州有权限制堕胎，但不得对堕胎女性造成任何“不当负担（undue burden）”。“无论出于何种特殊情况，任何州不得禁止任何女性在她生育之前作出终止妊娠的最终决定。”Dworkin 称赞这份判决为“明确胎儿成形前妇女自由选择堕胎基本权利的认可书”，同时警示“我们必须谨记……仍有四位法官明确宣布他们想要推翻 Roe 案件的决心”。仅仅再需一票，我们 25 年之前才

① 410 U. S. 113 (1973).

② 505 U. S. 833 (1992).

开始明白并逐渐确立的宪政法隐私权的格局将会发生彻底的改变。

在 Bowers v. Hardwick. 一案[①]中，美国联邦最高法院支持佐治亚州法将同性性交行为（sodomy）规定为犯罪的行为并不违宪，并对隐私权和个人事项自治权的范围作出了极其严格的限制。该案争议很大，大法官之间的意见分歧明显。在最后的判决中，法院拒绝将"实质性正当法律程序"对隐私权的保护延伸至同性成人间的性交行为。怀特大法官的多数意见将此案和先前的隐私案件区分开来，宣称"隐私权仅限于生育和家庭自治，男同性性交行为和这二者都无关系，因而不在隐私保护之列"。在更近的案件，即 Romer v. Evans. 一案[②]中，美国科罗拉多州多数公民通过投票的方式，决定在其宪法中加入一个被称为第二修正案的条款，该条款规定禁止该州各级地方政府的所有立法、行政或司法部门，针对男同性恋者、女同性恋者、双性恋倾向者作出特殊的保护措施。该案由肯尼迪大法官主笔多数意见，他适用平等保护条款宣布科罗拉多州的宪法修正案无效。尽管这不是明确依据隐私权所作出的判决，但法院确是基于对所有公民的基本尊严同样的尊重，宣布"一州法律不得给予一种群体不同等于社会上其他一般人的待遇"。

Parent 毫不留情地批判了 Griswold 和 Eisenstadt 案，认为这两案都未恰当定义隐私。他认为"独处权"的概念过于宽泛却缺乏深刻意义。他认为，这些案件中的侵权行为侵犯的是自由而非隐私。他还反对以实质正当程序理论来判决这些案件。相反，他赞成需要进行"严密合理的司法推理以建立区分政府正当行为和不正当侵权的可靠标准"。[③]

DeCew 不赞成 Parent 对 Griswold 等案的评价，她认为这些判决不合理地混淆了隐私和自由[④]。她认为 Parent 对隐私的定义——因为它仅指个人信息不被公开的权利——太狭隘而不能涵盖隐私法学理论的

① 478 U. S. 186 (1986).

② 517 U. S. 620 (1996).

③ William A. Parent, A New Definition of Privacy for the Law, 2 Law & Phil. 305, 316 - 318 (1983).

④ Judith Wagner Decew, The Scope of Privacy in Law and Ethics, 5 Law & Phil. 145, 173 (1986).

实质。DeCew 主张隐私的范围“不仅包含个人信息还包括个人行为不被公开的权利以及一些合法的公开行为”。她认可隐私概念的文化多样性，因为“隐私”的概念是通过“社会惯例”建构起来的，这有助于“解除他人合理担忧，他人意味着侵权案件中的当事人，是对政府提起宪法要求的人”。这些都是值得肯定的，尤其是她对隐私领域社会建构的关注。但是 DeCew 的理论并没有解答所有问题：如隐私概念是怎么树立起来的、由何种（谁的）社会惯例决定的。这些只有在清楚考虑法院如何分析隐私侵权所致损害的性质以及为何我们的文化历来重视隐私后才能得到详细清楚的解释。这又把我们带回了人类尊严和个人身份完整性的老话题之上。

对自我完整性的关注已经招致许多评论，例如 Tribe，形容 Griswold 案中所明确 Roe 案所详述的隐私权更似一种私人事项自治权而非隐私权。Mindle 曾细致地指出，Brandeis 的“隐私权”和 Tribe 的“自治权”之间是有区别的。[①] 就 Tribe 所著第一版的《美国宪法》，Mindle 做了如下评论：“对 Brandeis 而言，隐私权是他人自由向社会隐藏其特征、存在的权利，然而对他青出于蓝的继承人 Tribe 而言，对隐私做如此定义尚不足以维护人类尊严，Tribe 使用自治权作为对 Brandeis 所说隐私之替代。”

Mindle 主张 Tribe 更倾向于认为隐私是一种向公众表达的形式——管理自己社会名誉的权利。Mindle 参阅二人对 Stanley v. Georgia. 一案[②]的观点，看到了 Brandeis 和 Tribe 对隐私定义的分歧点。在该案中，美国联邦最高法院引用隐私权推翻州法的规定，允许私人拥有淫秽物品。Tribe 对 Stanley 案的评论是，如果支持该州的法律规定会导致“Stanley 内在自我的束缚或压抑”；而 Brandeis 则赞成适用该州法律规定以防止“社会标准和道德的降低”，Mindle 将二者对比得出了结论。

应当肯定 Mindle 的对比拿捏得当，而且捕捉到各种隐私权的定义之间细微真实的差别是极其重要的。但是，我们也切勿轻视二者间更深的联系。Brandeis 详细阐述了隐私权“确保了他人从公共生活中

---

① Grant Mindle, Liberalism, Privacy, and Autonomy, 51 J. L. & Pol. 575 (1989).

② 394 U. S. 577 (1969).

撤退出来（至少是暂时抽离出来）的权利，并在他人不受打扰的私人领域内寻求内心安宁与精神统一”。Mindle 认为，Brandeis 的这一观点虽然并不至于错得离谱但至少是有些狭隘或是不全面。这并没有直接推动 Brandeis 的改变，不过由于 Brandeis 将法律看作一项不断发展、改变的事务，这使得他在研究隐私概念时，不遗余力地探索和研究承认和保护他人尊严、人格或曰“精神利益”完整性的根本原则究竟是什么。Mindle 评价 Brandeis 对隐私的看法“与隐私本质——无需考虑太多他人感觉而依自己意志行为的权利——相去甚远”。这种评价似乎没有引起当代对 Tribe 所述自治权的关注，反而使自治权的观点陷于一种目中无人式的自我陶醉之中。Mindle 秉持自治权的观点，视而不见 Brandeis 不断完善和改良其关于尊严和自我完整性的观点，这些观点引起了公众日益增长（当然也曾间或黯淡）的关注。有人或许会辩论，Tribe（及他人）提出的私人事项自治权，并将其视为维持他人与众不同的特征和独一无二的个性的核心，而这恰恰就是 Brandeis 一直苦苦探索研究并争取要保护而未果的对象。或许在 Stanley 案中，Brandeis 肯定该州法律，主张人在文明、有教养的社会中应有的观点，而 Tribe 认为该州的法律是对他人内在自我的束缚或压抑，但是 Brandeis 也是用他自己的方式来定义隐私的，他视隐私为保护他人身份和个性的工具，以免这些人的特性被现代社会的影响力，被那些社交、经济或政治力量所标准化、抑制或者抹杀。

综上所述，隐私权的概念，如同其他学者和法院所给出的那样，是一种对公开的拒绝。理论界关于隐私各种各样有时甚至是相左的定义和区分并不是学者或法官故意追求的结果。这么说并非是暗示隐私是一个非固定而经常变换种类和定义的概念。但任何试图将隐私划入某一领域的努力都被其在另一领域内的运用所打破。因而，试图定义和归类隐私权被现实多样性的潜在需要所否定，我们只能分割隐私概念以免其意义过于宽泛。我们应当从以下三个方面来考虑隐私的概念：

首先，由于目前现有著作大都默认隐私的本质是保护个人免受外部市场的侵扰，于是隐私演变为在市场力量之外定义个人身份的一种机制。因此，学者应该以定义财产的严格标准之外的方式来思索隐私。倘若要给予隐私一个规范性概念，那么应当认为隐私是一种保护他人免受旁人侵扰的社会机制，其对象不单单是公民的财产。

其次，除了重点从尊严、个性以及空间关系等方面来剖析隐私的概念外，我们应看到隐私绝不应被认作是和现实社会的断层。恰恰相反，或许视隐私为一个与市场进行社会交往的综合理论是最佳选择。但同时，隐私并非是关于不同领域间社会关系的理论的堆砌，而是一项统一的原则，隐私本身即意味着尊严和身份的树立，这是学者在定义隐私时最常用的两个概念。

最后，我们最好将隐私视为一种权利的集合。这不是说隐私是一个包括一切权利的综合概念，而是意味着隐私类似于一个可游走的点或是一条浮动的界线，它在规范性和描述性概念之间、身份和尊严之间自由移动和转换。因此，不能仅仅将隐私定义为保护财产的方式，它同时也是构建身份的工具。

第二编　美国隐私权的类型

美国隐私权的百年历程

肯·高米莉[①] 著　黄淑芳[②] 译

目　次

一、导论

随着1990年的到来，美国历史翻开了崭新的一页。一百年前，Samuel Warren 和 Louis Brandeis 在《哈佛大学法学评论》（*the Harvard Law Review*）上发表了著名的《论隐私权》一文，在该文中，他们提出了“个人独处的权利”这个概念。那时候，《哈佛大学法学评论》刚好创刊四年，通过 Brandeis 和其他人的努力，Samuel Warren 和 Louis Brandeis 所撰写的这篇只有短短27页却论证严密的论文终于在该刊发表了。在这篇论文中，Samuel Warren 和 Louis Brandeis 认为，

---

① 肯·高米莉（Ken Gormley），哈佛大学法学博士，宾夕法尼亚州律师，匹兹堡大学法学院兼职教授。

② 黄淑芳，中山大学法学院助教。

普通法培育了一种新的权利，即隐私权，隐私权亟须得到美国法律制度的承认。他们认为，“随着政治、社会以及经济的发展，美国应该承认隐私权是一项独立的权利”，“普通法有很强的生命力，它们总是能适应社会的发展需要”。①

在 Samuel Warren 和 Louis Brandeis 所撰写的这篇文章中，他们要求美国普通法承认隐私权是一项独立的权利，希望美国普通法能够保护他人的隐私权。文章的内容显得很雄心勃勃，但其实他们所列举的支撑论据却很少。尽管如此，当他们的文章在《哈佛大学法学评论》1890 年第四期发表以后，他们的观点还是获得了广泛的关注。该文发表以后，美国出版的讨论隐私权的书籍和文章成千上万。美国 20 世纪著名的法学家和哲学家，如 Roscoe Pound，Pau Freund，Erwin Griswold，Carl J. Friedrich，William Prosser，Laurence Tribe 等学者都曾对隐私权这个正在逐渐消亡的概念进行过研究，或者通过开辟另外一种研究方式的形式对这个问题进行了研究。

考察他们的文章后我们发现，他们的大多数文章都是在讨论怎样给隐私权下一个准确的定义这个问题，尤其是怎样给隐私权下一个抽象定义这个问题。他们认为，只有给隐私权下一个抽象的、能够适用到不同案件的定义，隐私权这个概念才可以和判例法脱节，在面对不同案件的时候，我们也就无须操心在特定案件中隐私权的含义是什么这个问题。Warren 和 Brandeis 将隐私权定义为“个人独处的权利”，而 20 世纪的学者则开始从哲学、社会学、神学和人类学的角度来给隐私权下定义，这使得隐私权的定义不断发生变化，越来越有创造力而且越来越精细化。

隐私权这个概念已经经历了一百年的发展，在这一百年中，给隐私权下定义这项工作就从未停止过。不同的人提出了不同的隐私权概念，这些概念之间的内容冲突很严重，而且每种理论都有很多支持者。隐私权这项权利在美国法体系中占据重要地位，和天文学家热衷于给新发现的行星确定一个独一无二的名字一样，那些追随 Warren 和 Brandeis 脚步的法学理论研究者都试图给隐私权下一个单一的定

---

① Samuel D. Warren & Louis D. Brandeis, The Right to Privacy, 4 Harv. L. Rev. 193 (1890).

义。他们认为，只有给隐私权下一个单一的定义，我们才能确定隐私权的范围以及隐私权这个概念所能起到的预测作用。只有隐私权的范围和预测作用都确定了，隐私权才会得到美国法律的承认。

回首隐私权在美国发展的百年历程，总结各个学者的观点，笔者认为，有关隐私权定义的理论主要有四种：

第一种理论认为，隐私权是一种人格权。这个观点可以追溯到1915年，Roscoe Pound最先提出这个理论。此后，Freund在1975年又对这个理论作了进一步的解释和说明，该理论得到进一步的发展。根据人格权理论，隐私权是有关人之所以为人的权利。①

第二种理论认为，隐私权是个人自治权的组成部分。这种理论的内容和人格权理论有一些类似之处，Louis Henkin等学者将隐私权定义为个人自治权的一部分。根据自治权理论，他人有权沉醉在自己的思想世界中，他人有权做他想做的事，他人也有权自主作出决定。②

第三种观点认为，隐私权，至少在大部分情况下都是指公民控制其个人信息以及公民个人和其他人之间关系的权利。根据这种观点，公民享有决定“其个人信息在什么时候，以什么方式、对哪些人公开、公开到什么程度”。这种观点的代表学者是Alan Westin和Charles Fried。③

第四种观点采取了一种模糊及混合的做法，他们通常将隐私权划分为两个或者三个不同的组成部分，例如，Ruth Gavison就将隐私权划分为“秘密、匿名和独居”④。而另一名学者在其发表在《加利福尼亚法学评论》的文章中就将隐私权划分为“安宁、隐居以及私密性决定”⑤。

笔者对过往学者提出的隐私权定义进行了考察，在本文中，笔者

---

① Paul A. Freund, Address to the American Law Institute (May 23, 1975), quoted in 52 A. L. I. Proc. 574 - 575 (1975).

② See Louis Henkin, Privacy and Autonomy, 74 Colum. L. Rev. 1410, 1425 (1974).

③ Charles Fried, Privacy, 77 Yale L. J. 475, 477 - 478 (1968).

④ Ruth Gavison, Privacy, 89 Yale L. J. 421, 433 (1980); see also Gerald G. Watson, The Ninth Amendment: A Source of a Substantive Right of Privacy, 19 J. Marshall L. Rev. 959, 961 (1986).

⑤ Gary L. Bostwick, Comment, A Taxonomy of Privacy: Repose, Sanctuary, and Intimate Decision, 64 Cal. L. Rev. 1447 (1976).

试图揭开这些不同定义的面纱，并分析这些定义中的谬误，最后提出一种新的观点，使得自己的观点与现存隐私权观点并存。1980 年，Gavison 教授在《耶鲁大学法学评论》（*Yale Law Journal*）中发文，对在她之前的学者（包括 Fried 和 Westin）的观点进行了一一驳斥。她认为，隐私权是他人享有的控制其个人信息的权利。她的观点受到“秘密、匿名和独居”这一理论的影响，大部分人认为她提出的隐私权定义是一种更中立的隐私权定义。1974 年，Louis Henkin 在《哥伦比亚大学法学评论》（*the Columbia Law Review*）发表了一篇影响深远的论文，该论文的发表使得“隐私权是一种免受来自政府侵扰的权利”这种观点得到了广泛传播。这个观点阐明了隐私权的底线，即“初步自治的范围（zone of prima facie autonomy）”。Jed Rubenfeld 教授最近在《哈佛大学法学评论》发表了一篇论文，在这篇论文中，他指出，“自治”和“人格”不能作为隐私权的定义。他认为，隐私权是“反极权主义”的一种形式。根据他对隐私权的理解，隐私权是指“他人所享有的、自己的生活不被极权国家操纵的权利”。

笔者认为，我们上文提到的每一种隐私权定义都有其合理性，这些定义在现实生活中也起到了重要作用，这些概念也有助于我们更好地理解隐私权。现在，美国法律也承认了隐私权这项权利。不过，客观来说，我们在上文中所列举的这些隐私权理论对隐私权内容的解读，Warren 和 Brandeis 肯定不会认同。从另一方面来看，这些概念也不助于我们预测美国隐私权的未来发展轨迹。

研究隐私权的学者的内部争议比较大，直到现在，美国也没有一个统一的隐私权定义。因为研究隐私权的学者通常将隐私权看作一个哲学或者道德概念，所以他们会认为，如果隐私权是一个哲学或者道德概念，那么他们就可以对隐私权这个词进行多种解读，他们完全没有认识到隐私权是一个法律概念这个问题。在美国法律体系中，隐私权的法律含义也是多种多样。美国法律体系中的隐私权的法律含义都是从 Warren 和 Brandeis 的理论中发展而来的，在 20 世纪，美国法律体系所承认的隐私权内容已经为美国公民提供了充实而又有区别的保护和救济。Fried，Gavison 和 Rubenfeld 这些学者都在探索隐私权理论的定义，不过，他们似乎将给隐私权下定义这项工作看作他们研究工作中最重要的事情。在他们看来，谁给隐私权下了一个准确的定义，谁就获得了隐私权研究比赛的“圣杯”。因为他们认为，给隐私权下定义有利于我们实现隐私权法律意义上的终极目标。虽然他们所做的这些工作有助于我们理解不同的隐私权观点和判例法中的不同做法，但是他们的这种思想是错误的。事实上，如果我们给隐私权下的是一个抽象的、可以适用到所有案件的定义，那么这样的隐私权定义的价值是极其有限的。残酷的现实是：法律意义上的隐私权事实上包含了四种或者五种不同的法律权利，这些权利的内容各不相同。因此，如果我们在给隐私权下定义的时候没有对隐私权的内容进行全面考察，而只是考虑到了隐私权内容的一部分，那么这样的定义是不可能完全概括隐私权的全部内容，体现隐私权的所有价值。不过，这并不意味着这样的定义没有任何意义，大量事实表明，我们完全不考虑一种定义和另外一种定义的联系这种做法将造成灾难性后果。

考察隐私权学者以前发表的隐私权论文后我们发现，他们并没有将研究的主要精力集中在隐私权的法律含义这个问题上。笔者在本文中的做法和以前学者的做法都不同（Warren 和 Brandeis 以及 Prosser 教授文章中提出的观点除外），本文的大部分内容都是在研究如下问题：隐私权的法律含义是什么？在这过去的一百年中，隐私权是如何在美国发展起来的？我们可以对美国隐私权未来百年的发展做怎样的展望？已故教授 Freund 曾经提出了一个问题：“隐私权是只有一个概念吗？还是隐私权有多种概念？”Freund 教授的想法是正确的。通过分析美国法律的实际发展过程，我们知道，隐私权的概念有很多种。我们只有将隐私权的概念拆分开来，并且通过熟知学者提出的、采用将隐私权的不同含义捆绑在一起这种方式得出的隐私权定义，我们才能去探索不同的隐私权法律含义之间的相互联系以及他们之间相互区分的地方。我们应该充分利用现存的那些零零散散的隐私权定义，对这些定义进行研究。要知道，现存的那些零零散散的定义中还是有一些有用的定义，这些定义有助于我们预测隐私权将来的可能发展路径。

试图给隐私权下一个单一的法律定义这种工作是徒劳的，因为这种单一的法律定义根本就不存在（或者说永远都不会存在）。经过一百年的发展，隐私权已经得到了美国法律体系的承认。在本文中，笔者将摒弃只考察隐私权其中一种含义的做法，并将对不同类型隐私权的模式、特点以及他们之间的相互关系进行考究。本文将对隐私权这一百年发展中的五种法律意义上的隐私权含义进行考究，这五种法律意义上的隐私权包括：①普通法中侵权法意义上的隐私权（Warren 和 Brandeis 有关隐私权的最原始定义）；②《美国联邦宪法第四修正案》中规定的隐私权（涉及政府不正当的搜查和扣押行为）；③《美国联邦宪法第一修正案》中规定的隐私权（反极权主义意义上的隐私权，这涉及他人的言论自由权和其他人思想自由和独居之间的权利冲突）；④做最基本决定意义上的隐私权（包括受《美国联邦宪法第四修正案》中正当程序条款保护的个人做最基本决定的自由，社会契约中的漏洞亟需得到弥补）；⑤各州宪法规定的隐私权（包括了上述四种隐私权的含义，但是不同的州保护隐私权的前提都不同）。

一旦我们将不同种类的隐私权分离开来，并在美国法律中检验这些不同种类隐私权的交汇点，我们就会发现，隐私权有许多有趣的特点。只要我们新发现了一种新的隐私权类型，该类隐私权很快就能融入现有的法律体系中。在 20 世纪的美国，民主已经开始逐渐崭露头角。我们这样做的目的就是为了与民主的进程保持一致，而不是从抽象的理论出发论述问题。

由于隐私权在美国已经有一百年的历史了，因此，我们要想更好地从法律意义的角度去理解隐私权，就要关注在美国历史重大事件中，人们是怎样看待隐私权的。美国隐私权的发展经历了四个阶段，这四个阶段重要的时间点分别是 1890 年、1939 年、1968 年和 1973 年。1890 年，Samuel Warren 和 Louis Brandeis 提出了隐私权这个概念。Samuel Warren 和 Louis Brandeis 在 1890 年提出隐私权这个概念的原因和 1939 年美国社会开始普遍接受隐私权这个概念的原因肯定是不一样的，它和隐私权概念在 1968 年和 1973 年得到发展的原因也不同。攀爬植物会随着周边环境的变化而长出不同的分支，隐私权的定义也是一样的，隐私权的含义在美国的发展就和攀爬植物的生长过程一样，会随着周边环境的变化而变化。随着美国社会生活的变化，隐私权的含义也会出现新内容，出现不同的分支。

由于隐私权概念是美国历史的产物，因此，我们不可能准确预测隐私权将来可能发生的变化，这和我们不能预测美国历史重大事件是否发生的原因是一样的。在探索隐私权定义的时候，笔者将集中精力关注隐私权的一种类型或者其他类型，那些与隐私权定义无关的事情都不在笔者的探讨范围，上述理由就是笔者这样做的其中一个原因。例如，Rubenfeld 教授在其发表在《哈佛大学法学评论》上的一篇论文中就对此进行了说明："读者在阅读本文的时候要清楚，本文讨论的隐私权与《美国联邦宪法第四修正案》所保护的隐私期待以及受美国侵权法保护的隐私权都不同，大家不要混淆这三者的概念。"

为了纪念 Warren 和 Brandeis《论隐私权》一文发表一百年，美国法学界举行了盛大的庆祝会议，在发表在 *The Case Western Reserve Law Review* 上的一篇会议论文中，论文作者指出，Warren 和 Brandeis《论隐私权》一文中所说的"隐私权"是泛指所有法律中体现的隐私权。不过，此次研讨会却朝着隐私权在侵权法上表现出的虚拟排他性（virtual exclusivity）这个方向走了。好像美国 20 世纪其他与隐私权有关的法律都不重要了一样，这是很不幸的。虽然法律意义上的隐私权定义不止一种，这些定义的内容也各不相同，但是我们在讨论隐私权其中一种法律意义上的定义的时候最好是和隐私权的其他法律含义结合起来，只有这样，我们得出的定义才会更完善。将隐私权分为不同的种类，然后得出这些不同种类隐私权的各自含义，最后将这些不同的含义结合起来，我们就可以得到一个内容比较全面的隐私权定义。只有这样做，我们才能够准确预测隐私权的未来发展趋势。

在上文中，笔者将隐私权划分为五种，笔者是根据美国的判例法总结出来的。笔者认为，找出这五种隐私权的不同特征这项工作和探明隐私权的哲学含义一样重要。从具体案件出发，然后对这些具体案件进行总结，最后得出隐私权的含义。Gavison 教授认为，这种隐私权定义方式并不可取。因为这些判例法本身就没有相关性，所以任何试图将隐私权这一概念强加在这些本来就没有相关性的案件中的努力都是徒劳的。1960 年，William Prosser 通过总结美国法院以前判决的隐私权案件将隐私侵权划分为四类。Gavison 教授所批评的这种隐私权定义方式和 William Prosser 采用的方式有些类似，对于这种说法，如果 Oliver Wendell Holmes Jr. 还活着的话，他一定会进行反驳，他反驳的内容就是他在 1881 年说过的："法律的生命在于经验而不在于逻辑。"①

① Oliver Wendell Holmes, Jr., The Common Law 1 (1881).

由于美国社会的民主生活是不断发展变化的，而隐私权的含义与美国民众对民主的理解又密切相关，因此，从本质来看，隐私权就不是一个静止的概念。所以，想要给隐私权下一个单一的哲学定义是不可能的。要知道，1992 年美国的民主状况和 1835 年 Alexis de Tocqueville 时期的民主状况肯定不同。毫无疑问，一百年后，在 2092 年的美国民主状况也肯定和我们现在所处的民主状况不同。一百年前，虽然 Warren 和 Brandeis 只是简单地将隐私权定义为"个人独处的权利"，但是和与他们同一时期的其他学者的理论相比，他们的理论依然比其他人先进。我们似乎忘了一个问题，即"我们为什么要保护隐私权?"在 1890 年，Warren 和 Brandeis 提出隐私权的概念是为了禁止报纸媒体和摄影师对个人隐私权的侵犯。而对于 Warren 和 Brandeis 之后的美国人来说，他们想要禁止的行为和 Warren 和 Brandeis 想要禁止的行为就不一样了：隐私权的种类正在不断地增长，我们要关注的是，这些新出现的隐私权类型何时才能得到法律的保护，以及法律要在多大程度上保护该类隐私权。

在 Warren 和 Brandeis 提出隐私权这个概念一百年后的今天，隐私权这个词已经成为美国法律界讨论最多的一个词了。在 20 世纪三四十年代，美国联邦宪法主要关注贸易条款问题。而在 20 世纪六七十年代，美国联邦宪法主要关注平等保护和正当程序问题。到了 20 世纪 90 年代，美国联邦宪法已经进入隐私权保护的时代。美国联邦宪法开始关注堕胎问题、自杀的权利、工作场所的毒品检测问题、艾滋病、同性恋以及酒后驾驶路障问题。到目前为止，隐私权的含义已经发生了很大的改变，隐私权的法律含义是什么？这个问题的回答对于上述问题的解决起到至关重要的作用，或者至少起到部分作用。

因此，本文研究的重点就是美国一百年来隐私权的发展历程。为了理解隐私权的历史角色，我们将从隐私权的不同分支这个角度来对这个问题进行解读。

二、侵权法意义上的隐私权

（一）Warren 和 Brandeis 提出的隐私权

Samuel Warren 和 Louis Brandeis 会成为《论隐私权》一文的合作

作者绝不是偶然。1875 年到 1877 年，Samuel Warren 和 Louis Brandeis 都在哈佛大学法学院学习，他们是同班同学。在毕业后，他们两人合伙在波士顿开了一家小型律师事务所，从那以后，这两个人成为了一生的朋友。与此同时，他们都对创立《哈佛大学法学评论》这件事感兴趣，Brandeis 在 1889 年还成为《哈佛大学法学评论》第一届理事会的成员。

Warren 和 Brandeis 早在 1888 年和 1889 年就合作发表了两篇相对不出名的文章。这两篇文章是“The Watuppa”和“水池定律（The Law of the Ponds)”，由于这两篇文章是根据他们自己的实践经验来写的，文章都没有过多探讨法律知识，因此，这两篇文章的知名度和《论隐私权》一文比起来就显得没有那么知名。1890 年，Warren 和 Brandeis 开始关注隐私权这个问题，不过，研究这个问题的挑战很大，因为当时的美国法律中并不存在一个条理清晰的隐私权含义。1888 年，Thomas Cooley 法官发表的一篇与侵权法有关的论文中提出了“个人独处的权利”这种隐私权观点，为了回应 John StuartMill 在《自由》（*Liberty*）中刊登的文章，Fitz James Stephen 在其于 1873 年发表的一篇论文中也提到了隐私权这个词。① 这些都是法官学者对隐私权的讨论，美国联邦宪法和侵权法都没有承认隐私权属于美国法律体系的一部分。

不过，这并不意味着隐私权在美国法律中没有任何体现。根据美国普通法有关直接故意侵权（包括非法侵入他人动产和不动产）的相关规定，他人享有个人财产不被行为人侵犯的权利，这个规定和隐私权有一定的关系。美国刑法典规定，刑法保护他人免受行为人明目张胆的攻袭，这个规定和隐私权概念也有一定的关系。虽然是通过间接的方式，但是隐私权的基本精神还是被注入到了美国早期普通法中。有一些学者认为，在殖民地时期的美国，隐私权这个概念是不存在的，这种观点是错误的。② 即便在殖民地时期的美国，隐私权这个观念也是存在的，只不过是以一种和现在不同的形式出现。在殖民地时期的美国，隐私权这个概念可能是晦涩难懂的，但在我们这个时

---

① James F. Stephen, Liberty, Equality, Fraternity 160 (1967, 1st ed. 1873).

② See John Demos, A Little Commonwealth: Family Life In Plymouth Colony 152 (1970).

代，隐私权已经成为一个大家都熟悉的词汇。在殖民地时期的美国，为了取暖，家庭成员和寄宿者经常都是睡在同一张床上。为了给每个房间都点上蜡烛，家庭成员可以自由地从一个房间走到另一个房间。大家都是沿着小镇绿林建自己的房子，小镇的整个格局是一种线性网络的状况。所以，每个居民对小镇其他居民家发生的事都很熟悉。从我们现代人的角度来看；那时候的人所享有的“独居和匿名”权利是受到很大限制的。与此同时，家庭独立于社会的权利开始受到重视。早期的美国原住民享有的要求行为人撤退到门外，让自己处在黑暗、宁静和沉默中的权利很容易就可以得到实现，这是现代隐私权含义的前身。虽然早期的美国人，像清教徒牧师 Cotton Mather 和殖民者 William Penn 都写过与隐私权有关的书籍，但是他们对隐私权的理解都是根据他们对那个时候美国社会的理解所作出的，因此，我们在理解隐私权的时候不能照搬他们的解释，而应该联系我们所处社会的实际情况作出判断。

简而言之，直到 1890 年 Warren 和 Brandeis 在《哈佛大学法学评论》上发表文章之前，美国侵权法中都没有一个明确的隐私权概念。Warren 和 Brandeis 指出，随着普通法的发展变化，美国有必要从侵权法的角度承认隐私权的存在。为了论证他们的观点，Warren 和 Brandeis 引用了英国和爱尔兰法院所判决的具体案件。Warren 和 Brandeis 的观点事实上起到了催化剂的作用，他们提出的观点引起了美国侵权法是否要保护隐私权的大讨论。由于在 Warren 和 Brandeis 发表论文之前，美国学术界讨论隐私权的文章很少，因此，Warren 和 Brandeis 对这个问题的研究可能面临不少阻碍。不过，考虑到法律应该与社会的发展同步这个问题，事情又可以从积极的一方面想：随着政治、社会和经济的变化，我们有必要承认一种新的权利的存在，普通法应该永葆其生命力，要满足社会不断发展变化的需求。上述言论并不是哪个法学家说的，而是美国的立法者说的。

Warren 和 Brandeis 所提出的“个人独处的权利”是从侵权法角度来说的，从他们为受害人提供的救济措施上可以体现这个观点。Warren 和 Brandeis 提议：“侵权法应该为所有隐私权受侵犯的受害者提供侵权法上的救济。”因此，在他们提出的隐私权概念中没有计划生育、堕胎以及酒后驾驶路障这些内容也就不足为奇了。如果我们仔细考察 Warren 和 Brandeis 的论文，就会发现他们所提出的隐私权有如下特点：①从表面看，隐私侵权之诉和诽谤之诉很相似。不过，和诽谤之诉不同的是，隐私侵权之诉不要求原告证明自己因为被告的不法行为遭受了实际的金钱损失。此外，和诽谤之诉相比，被告公开的是原告的真实信息这个理由不能成为隐私侵权之诉中的抗辩理由。②从严格意义上来说，隐私权并不是一种财产权，相反，提出隐私权这个概念是为了保护他人“不可侵犯的人格”。被告的隐私侵权行为使原告“感情”或“荣誉”受到伤害，由于原告的“感情”或“荣誉”和原告的“人格”是密切相关的，因此，原告可以认为自己的“人格”也受到了伤害。③隐私权这个概念是建立在普通法基础上的，每个人都享有决定“他的思想、情绪和情感在多大程度上被其他人知道”的权利。④隐私权也要受到一定的限制。当事务涉及“公共利益”的时候，如政治选举，他人的隐私权将不受法律保护。此外，当他人的信息进入公共领域的时候，他人也就丧失了对该信息所享有的隐私权。

为了阐明他们的隐私权观点，Warren 和 Brandeis 引用了各种不同的案例，美国纽约州最高法院在 1890 年 6 月判决的 Marion Manola v. Stevens & Myers 一案①就是一个典型案例。Warren 和 Brandeis 认为，该案反映了美国社会承认隐私权的必要性。在该案中，原告是百老汇的一名新星，在一出百老汇戏剧中，原告穿着紧身衣参与表演，而在剧院观看表演的两个人偷偷摸摸拍下了原告的照片。原告认为，这两个人拍摄的照片会降低社会公众对她的评价，于是，原告向初审法院提起诉讼，要求法院颁布禁止令，禁止被告公开出版发行这些照片（尤其不能在报纸媒体上发表这些照片）。Warren 和 Brandeis 认为，这个问题很严重：“瞬时照片和报业集团已经侵犯到了他人私人生活和家庭生活，可以预见的是，随着机械设备的不断涌现……那些在密室里的谈话内容将会冲破屋顶，被其他人知道。”

Warren 和 Brandeis 还引用了一系列英国法院判决的案例来论证他们的观点。事实上，普通法已经开始探索隐私权这个概念了，只不过探索之路走得很崎岖。尤其有意义的是，法院开始逐渐意识到，虽

① New your Times on June 15, 18, 21, 1890.

然从严格意义上来说，他人对他的肖像、铜像作品或者思想不享有财产利益，但是当行为人窃取了他人的这些东西，并将他人的这些信息公布在公共领域，那么行为人的行为就和“违反信任”的行为类似。例如，在 Pollard v. Photographic Co. 一案①中，一家摄影工作室将原告的照片映在圣诞卡片上，并意图销售这些卡片。原告向英国衡平法院起诉，要求法院颁布禁止令禁止被告销售这些圣诞卡片，虽然原告对这些照片并不享有著作权，但是法院还是作出了支持原告的判决。法院认为，被告的行为既违反了合约义务，又违反了原告对他的信任。Warren 和 Brandeis 还重点提到的 Prince Albert v. Strange 一案②，在该案中，法院作出了禁止被告出版发行 Albert 亲王和 Victoria 女王铜版画的判决。该案是根据财产法来判决的，不过，Cottenham 上议员认为，本案原告受到侵犯的不是财产权，而是隐私权。Warren 和 Brandeis 认为，从 Prince Albert 一案可以看出，一个案件反映的原则往往比我们最初对这个案件的讨论要广。

如果我们花时间去仔细研究 Warren 和 Brandeis 所整理出来的英国、爱尔兰和美国的案件，那么我们肯定会发现这样一个问题，即在 1890 年，无论是在英国、爱尔兰还是美国，隐私权都是一个不存在的概念，这可能显得有点不可思议。虽然 Warren 和 Brandeis 在文章的最后诗意地总结道，隐私权已经经过了“几个世纪的文火锤炼”。但是事实上，美国和英国都只有零星的隐私权规定，无论在美国还是英国，隐私权都还不成体系。Warren 和 Brandeis 的论文并不是在描述一种已存的权利，而是在描述一种他们相信或者说他们希望能够得到保护的权利。

（二）Warren 和 Brandeis 提出隐私权保护的原因

为了理解隐私权和美国历史发展之间的关系，我们将对下面这几个问题进行探究：Warren 和 Brandeis 为什么会提出要保护隐私权这种新型权利呢？在 1890 年的美国，哪些原因导致了隐私权的产生并被社会大众所接受？

---

① 40 Ch. D. 345 (Ch. 1888).

② 41 Eng. Rep. 1171 (1849).

到目前为止，其他学者对这个问题的回答都显得很肤浅。他们认为，Warren 和 Brandeis 之所以会提出隐私权这个概念完全是因为他们自己的遭遇。笔者认为，很显然，报纸以及摄影师对他人隐私的侵犯是引起隐私权讨论的最主要原因：新闻媒体的行为已经明显超越了社会礼仪和行为规范的范围，对他人私生活进行了全方位的入侵。流言蜚语不再是空虚无聊和邪恶之人的消遣，流言蜚语现在已经成了一种交易，并逐步成为一种厚颜无耻的产业。为了满足好色之徒的口味，各大日报在其专栏中刊登文章，详细描述性关系的细节。为了占领懒散者市场，报纸媒体会在专栏与专栏之间的空隙刊登一些流言蜚语，而这些流言蜚语都只能通过侵扰他人家庭生活这种方式获得。随着人类文明的演进，生活变得越来越复杂，生活的复杂性使得他人产生了从外面世界撤退出来的愿望。受文化氛围的影响，人类对于引起公众注意这件事变得越来越敏感。因此，随着文明的演进，独居和隐私在他人心目中占据着越来越重要的地位。但是现代企业和发明对他人隐私进行侵犯的现象越来越严重，这些行为给他人带来了精神痛苦和紧张，要知道，精神痛苦和紧张给他人带来的影响比单纯的身体伤害给他人带来的影响会更大。

报纸和摄影术这种现代发明所侵犯的是什么权利？用“个人独处的权利”这个词来概括这种权利为什么会招致批评呢？William 院长在他于 1960 年发表的一篇有关最新隐私侵权行为的权威性论文中指出，Samuel Warren 的妻子是一位社交名流，波士顿一家报纸对他妻子社交行为中“极其私人并令人感到难堪的细节”进行了报道，Samuel Warren 因此很愤怒。Prosser 认为，这是 Samuel Warren 写下那篇著名论文的最初原因：“当报纸媒体铺天盖地地报道他女儿婚礼进行的情况时，Warren 先生开始变得恼火了。”Prosser 院长认为，Warren 先生的女儿一定很漂亮，因为 Warren 先生认为，报纸媒体拍到他女儿的脸这件事就值得提起一千次诉讼。

人们通过总结各方证据后认为，Warren 对媒体的厌恶是他发表《论隐私权》一文的最主要动因。然而，事实并不是这样。在 Alfred Lief 为 Brandeis 所写的传记中，我们得到了一个不同的故事版本：Samuel Warren 的妻子是 Mabel Boyard，她是当时英国驻美国大使的女儿。报纸编辑们于是认为，由于 Mabel Boyard 是公众人物，所以

Samuel Warren 也和他妻子一样属于公众人物，因此，他的私人事务应该置于公众之眼，摄影师也可以拍摄他的照片。令 Samuel Warren 恼火的是，摄影师居然拦住他女儿的婴儿车，拍下他女儿的照片，侵犯他女儿的隐私。Samuel Warren 认为，根据现有的法律，法院不会支持他的权利主张，因此，他并没有向法院起诉，而是跟他的好朋友 Louis 商量解决对策。

很多人认为，Warren 是因为波士顿报纸报道他女儿婚礼这件事才发表《论隐私权》一文的，这种观点是错误的。要知道，Warren 发表《论隐私权》一文的时候，他女儿才 6 岁，怎么可能就结婚了呢？波士顿《周六晚报》被大部分人认为是引起 Warren 恼火的原因，但事实上，该报也只是在 1883 年和 1890 年中两次提到 Warren 的名字，而且这两次都是报道一些对 Warren 来说并无害处的事务。因此，引起 Warren 写下《论隐私权》一文的原因并不是因为他妻子总是被报纸报道或者他女儿的婚礼被报纸报道，这两个故事都是谣言，这些谣言和 Warren 和 Brandeis 所批评的流言蜚语的性质是一样的。

不过，Samuel Warren 不满波士顿报纸媒体的行为这个事实倒是真的。于是，他恳请 Brandeis 和他一起来写一篇有关隐私权的文章。Warren 的这种想法在这篇文章发表 15 年后，Brandeis 给 Warren 的信件中得到了证实。即便如此，我们也不能简单地认为 Warren 在 1890 年写下《论隐私权》一文只是因为他和报纸媒体之间的私怨。研究美国历史特定时期的历史资料后我们就会发现，历史资料中还有很多被我们漏掉的线索，而这些线索都和隐私权（尤其是信息隐私权）的孕育和接受有关系。在 1890 年的美国，“个人独处的权利”的准确含义是什么？要解决这个问题，我们首先就要了解促使 Warren 提出隐私权这个概念的历史因素是什么。通过研究后我们发现，促使 Warren 提出隐私权这个概念与当时美国大众媒体井喷式的发展有关系。

Warren 和 Brandeis 在 19 世纪晚期写下了《论隐私权》一文，这个时代是美国“黄色新闻”的黄金年代。在那个年代，报社开始在街边贩卖报纸。和 19 世纪七八十年代相比，不仅报纸行业发生了重大改变，整个新闻行业都发生了翻天覆地的变化。美国国内战争结束后，美国开始了工业化进程，城市化进程随之而来，大量人群开始涌入城市，形成了一个新的工人阶层，这个阶层的工人对他周边世界的一切事物都感到好奇。在美国国内革命战争之前，报纸纸张都很小，而且很贵，报纸基本受当地政党控制，是宣传政党思想的工具。不过，美国新闻业的这种现象在1870年发生了重大改变。在大城市里，那些几乎没有受过教育的人、移民以及好奇的大众所购买报纸的数量越来越多，为了迎合这些人的口味，扩大报纸的发行量，报纸行业开始转变风格，它们不再将自己定位于政治服务的工具，而是开始回归它们在19世纪30年代的做法。

除了新闻行业的变化外，社会技术也发生了翻天覆地的变化。到了19世纪70年代，莱诺铸排机以及更快的印刷机开始出现。与此同时，还出现了彩印、卡通画、照片等更高科技的印刷术。和美国国内战争之前的报纸相比，报纸的版式也发生了很大的变化。美国国内战争后，报纸的头版会刊登两条、三条甚至是八条头条新闻铺满整个头版。报纸如雨后春笋般涌现，在Joseph Pulitzer买下了负债累累的《圣路易斯新闻报道》（*St. Louis Dispatch*）和《纽约世界报》（*New-York World*）之后，他建立了自己的报业王国。而William Randolph Hearst则掌控着《旧金山调查报》（*The San Francisco Examiner*）和《纽约日报》（*The New York Journal*）这两大报业。

美国报纸行业发生的巨变使得“黄色新闻”或者说“新新闻”思潮席卷整个美国。Pulitzer、Hearst以及他们的追随者所经营的报纸强调新闻的奇特性、戏剧性和不寻常性，他们给读者提供的都是有关“罪恶、性和暴力”的新闻。在19世纪80年代，我们在《纽约世界报》上就很容易见到类似“爆炸死亡”、“一切都是为了得到一个女人的爱”、“是他的新娘但不是他的妻子”、“血的洗礼”这样吸人眼球的新闻标题。这些报纸的这种做法获得了巨大的成功，报纸的发行量得到了很大的提高，到了19世纪80年代，其他报纸，如《费城记录》（*Philadelphia Record*）和《波士顿环球报》（*The Boston Globe*）也开始纷纷效仿上述报纸的做法。

很显然，美国新闻出版业的上述巨变会影响到他人的隐私权。到了1890、1891年之交，Warren和Brandeis在《哈佛大学法学评论》上发表论文的时候，新闻出版业和摄影师对他人个人以及家庭隐私权的侵犯已经到了令人发指的程度。Frank Luther Mott 在他所写的有关美国新闻的论文中指出，“内幕新闻”的时代有明显的分支：“和追求轰动效果紧密相连的是……调查记者对他人隐私权的侵犯……”新闻媒体跟踪 Grover Cleveland 总统和他新娘度蜜月就是一件臭名昭著的新闻界丑闻，这起丑闻事件是有文字记载在案的。

美国新闻业和摄影术在 1870 年到 1890 年这段时间发生了巨大变化，随着巨变而来的是人们对新闻业和摄影师收集和传播他人信息的不满，毫无疑问，这一历史原因是促使 Warren 和 Brandeis 发表《论隐私权》一文的动因。事实上，19 世纪和 20 世纪之交其他学者发表的文章也论证了这一点。

如果我们从美国法律这一百年的发展变化情况来探索隐私权的含义，那么我们也就掌握了理解隐私权的第一种方法。Warren 和 Brandeis 是从侵权法的角度来理解隐私权的，他们认为，隐私权属于侵权法上的权利。这意味着，我们应该从普通法的角度深挖隐私权的本质，提倡他人的隐私权就是为了保护他人“不可侵犯的人格”。和个人的财产和身体不同，“人格”是一种易受攻击但又虚幻的东西，但“人格”对于“文明”和“有教养”社会的维持至关重要。在美国民主政治的演进过程中，尤其关注个人的优先权利。人类自己的发明创造给人类自己的“独居”生活带来了新的威胁，已有的法律已经不能够应付公民和周边环境之间出现的新冲突。当这个问题变得足够严重的时候，当整个社会都被自己发明创造的东西所困扰的时候，在旧法的基础上制定新的法律就显得很有必要了。在一个新型城市化的美国，新闻界、摄影术的变革以及大规模信息发行能力的提高是 Warren 和 Brandeis 提出隐私权这个概念的催化剂，在他们提出隐私权这个概念后，隐私权开始逐步被美国社会所接受。公民个人隐私权受侵犯的现象很严重，报刊媒体会刊登他人的流言蜚语和绯闻，新闻媒体为了挣取广告费，擅自使用他人的肖像，将他人照片印制在报纸的广告中。为了使美国民主社会的进程与人类技术文明的发展相一致，隐私权这个概念应运而生了。因此，即便 Warren 和 Brandeis 不提出隐私权这个概念，也会有其他人提出隐私权这个概念，或者提出一个相近似的概念。

（三）Warren 和 Brandeis 提出隐私权之后美国隐私权的发展

Warren 和 Brandeis 提出隐私权这一概念之后，对隐私权的研究开始朝着隐私侵权这个方向走，这证实了笔者上文的论断。虽然早期学者或法官对隐私权的研究都只是断断续续的，但是我们还是要赞扬这种行为，因为这意味着我们已经开始研究隐私权这个问题了。Warren 和 Brandeis 的文章刊登在 1891 年《哈佛大学法学评论》第四期中，该文发表后立刻引起了法官和学者的注意。随后，纽约州、马萨诸塞州和佐治亚州都开始出现相关的隐私权案例，这其中，最著名的要算 Pavesich v. New England Life Insurance Co. 一案①，佐治亚州最高法院于 1905 年对该案进行了审理。在该案中，被告公司为了给自己做宣传广告，将一张显现原告病态沮丧面容的照片和一个知名艺术家的照片摆在了一起。佐治亚州最高法院认为，在这种情况下，原告可以主张自己的隐私权。

与此同时，美国的其他州开始制定有关隐私权的法律，在当时，报纸和广告商以盈利为目的，未经他人同意而使用他人姓名或肖像的现象很严重，这些法律主要规制报纸和广告商的上述行为。加利福尼亚州在 1899 年制定了相关法律，纽约州②和宾夕法尼亚州在 1903 年也制定了有关隐私权的法律，③ 弗吉尼亚州在 1904 年制定了，犹他州在 1909 年制定了。虽然有些州制定的与隐私权有关的法律存续时间很短，但是上文所列这些州所制定的法律无一例外地都采纳了 Warren 和 Brandeis 的观点。

很多学者都认为，在 Warren 和 Brandeis 提出隐私权这个概念之后，美国隐私侵权法的发展很快，隐私侵权制度逐步条理化，隐私权也开始被美国社会普遍接受。在 Roberson v. Rochester Folding Box Co. 一案④中，纽约州法院优先引用了纽约州于 1905 年制定的有关隐私权的制定法对该案进行了判决。不过，纽约州法院发现，美国许

---

① 50 S. E. 68 (Ga. 1905).

② Act of Apr. 6, 1903, ch. 132, § § 1－2, 1903 N. Y. Laws 308.

③ Act of May 12, 1903, 1903 Pa. Laws 265.

④ 64 N. E. 442 (N. Y. 1902).

多其他州的法院也发现了一个问题，即美国普通法中并不存在隐私权这种权利。法院在判决这些案件的时候都往隐私侵权这个方向靠，但是事实上，这些案件不见得都跟报纸或者摄影师的隐私侵权行为有关，这些隐私侵权行为也与 Warren 和 Brandeis 对隐私权的最初设想不同。

不过，我们至少可以这么说：隐私权在美国确实得到了发展，美国社会也逐步接受了隐私权这个概念。1939 年颁布的《美国侵权法复述（第一版）》明确承认，隐私权是一项独立的权利。不同案件所反映的隐私权类型各不相同，后来，Prosser 院长对这些隐私侵权类型进行了系统的分类。在 20 世纪早期，美国有些法院明确承认隐私权是一项独立的权利，而有些法院则不承认隐私权是一项独立的权利。法院审理的隐私权案件主要是报纸、摄影师、广告商对他人信息隐私权的侵犯这一类案件，这类侵权行为也是引起 Warren 和 Brandeis 发表《论隐私权》一文的原因。

（四）Prosser 教授的隐私权理论

从 Warren 和 Brandeis 提出隐私权这个概念到 1960 年 Prosser 教授在《加利福尼亚大学法学评论》上发表文章，对隐私侵权类型进行概括总结，这段路走得崎岖坎坷。在该文中，Prosser 教授指出，在美国，有“压倒性的多数”法院都至少承认一种或几种隐私侵权类型，而只有几个州完全不承认隐私侵权制度。Prosser 教授的文章发表以后，有很多侵权法的学者继续对 Brandeis 所提出的“个人独处的权利”进行细分，并将隐私侵权分解为不同的诉由，而这些诉由现在都得到了美国法律的承认，就这样，美国的隐私侵权理论继续向前发展。根据 Prosser 教授的分类，隐私侵权主要有四种类型：①擅自使用他人姓名或肖像的隐私侵权；②侵扰他人安宁的隐私侵权；③公开他人私人事务的隐私侵权；④公开丑化他人的隐私侵权。

Prosser 教授文章的发表标志着隐私权在美国的全面确立，隐私权研究的第一阶段工作以胜利告终。然而，美国承认隐私权并不是历史的偶然，隐私权在美国得以承认是美国历史发展各种因素共同作用的结果。和 Warren 和 Brandeis 最初设想的隐私权含义相比，美国现今的隐私权含义已经发生了翻天覆地的变化。“个人信息的自我控制”理论或“保留（reserve）”理论是和 Warren 和 Brandeis 最初设想的隐私权含义最相近的隐私权概念。美国社会早就认识到，“个人信息的自我控制”对于民主社会的维持起到至关重要的作用。这是因为，只要他人可以控制个人信息，那么他人就可以决定别人用什么方式、在什么时候可以接触或了解自己，他人所享有的这种权利对于个人人格的保护至关重要。正如 Hyman Gross 教授解释的那样，他人正是通过这种方式来建立自己在社会中的身份地位，这也决定了社会上其他人怎样看待我们：是把我们看作他们的父母、兄弟、姐妹、雇主、雇员、邻居和公民。上面列举的所有角色以及社会对我们的看法构成了我们在美国现代民主社会中的身份、特征。作为已经受美国法律保护的隐私权，Warren 和 Brandeis 最开始把它定义为“个人独处的权利”。在他们那个年代，对他人信息进行不合理的收集和传播的现象很严重，媒体和摄影师对他人信息的侵犯现象尤为严重。

随着历史的发展，隐私权理论已经产生了不同的分支，隐私权理论研究工作正在火热进行中。

三、《美国联邦宪法第四修正案》中的隐私权

（一）《美国联邦宪法第四修正案》中的隐私权形成过程

1916 年，受 Woodrow Wilson 总统的委任，Brandeis 成为美国联邦最高法院的首席大法官。在担任美国联邦最高法院首席大法官期间，Brandeis 对隐私权理论进行了进一步的思考总结。Warren 和 Brandeis 在 1890 年提出，美国的侵权法应该保护公民的隐私权，他们是从侵权法的角度来理解隐私权的。而在《美国联邦宪法第四修正案》中规定了“隐私期待”这一内容，许多学者试图将《美国联邦宪法第四修正案》中规定的隐私权和侵权法中规定的隐私权分裂开来。随后，在 Griswold v. Connecticut 一案[①]中首次提出了“做最基本决定之隐私权（fundamental-decision privacy）”这个概念，与此同时，美国法律中也开始出现其他类型的隐私权。然而，对隐私权进行如此明显的划分不见得是一件好事，因为历史早已证明，不管隐私权的分支

---

① 381 U. S. 479（1965）.

有多少，Warren 和 Brandeis 提出的隐私权概念都是后人提出的隐私权概念的共同出发点。《美国联邦宪法第四修正案》中有关隐私权的规定同样受到 Louis Brandeis 思想的影响，他在 Olmstead v. United-States 一案中阐述的异议意见最终得到了《美国联邦宪法第四修正案》的认同。

1967 年审理的 Katz v. United States 一案[①]迫使《美国联邦宪法第四修正案》明确承认，隐私权是美国公民一项宪法上的权利。在考察美国法律态度转变的历史动因之前，我们有必要考察美国保护公民"不受非法搜查和扣押"这一类隐私权的理由。如果我们一定要说早期美国法律对隐私权早有规定，那么早期美国法律中最能体现隐私权的是刑事诉讼法。即便是在殖民地时期，美国的刑事诉讼法都体现了"一个人的房子就是他的城堡，在他的城堡里，他有权像一个王子那样享受着安宁"[②]这种原则，这个原则的确定直接受到英国的影响。老 William Pitt 在一次有关《消费税法案》的演说中是这样认为的："即便是最穷的人，当他处在自己的庄园中的时候，他也有权要求国王不得侵入他的私人领地。风能进，雨能进，国王不能进我的破茅屋。国王的权力再大，国王也不得踏进我的房门半步。"[③]

这个原则在殖民地时期的美国也同样是神圣的。1647 年颁布的《罗德岛法典》（The Rhode Island Code of 1647）中就规定："一个人的房间就是他自己、他的家人和动产的城堡。" John Adams 在 1774 年的一次陪审委员会中警告道："英国人的房间是他自己的城堡，法律应该起到加固这个城堡的作用。"[④]

在英国，他人住宅是神圣不可侵犯的，英国的这种态度也影响了美国。宪法是和早期美国公民关系最密切的法律，根据《美国联邦宪法第三修正案》，军人不得擅自进入公民的住宅。为了反对英国国王乔治三世的统治，美国颁布了《自由宣言》，《自由宣言》所禁止

① 389, U. S. 347 (1967).

② Paxton's Case, Superior Ct. 1761, reprinted in Quincy's Mass. Rep. 1761 – 1762, 51 (1865).

③ William Pitt, Speech on the Excise Bill, quoted in Frank v. Maryland, 359 U. S. 360, 378 – 379 (1959).

④ Egal Papers Of John Adams, 1, 137 – 138, Quoted In Flaherty.

的这种行为就是一种隐私侵权行为。《美国联邦宪法第四修正案》对搜查和扣押程序作了具体的规定，公权力在搜查和扣押公民财产前必须获得法院的授权令，而且授权令要明确授权的范围等事项。在殖民地时期的美国，授权令或者令状通常没有写明授权的范围等事项，海关官员和军人只要手握授权令或者令状就可以以搜查违禁品为由随意搜查美国人的住宅和私人物品，授权令成为英国殖民者侵犯美国人私权的帮凶。为了杜绝类似事件的发生，《美国联邦宪法第四修正案》明确规定，授权令必须列明授权的事项等内容。在殖民地时期的美国，隐私这个概念荡然无存，它只是18世纪安全保卫措施中的一个下位概念。

1886年，美国法院审理了 Boyd v. United States 一案①，该案是最早将隐私权概念和"《美国联邦宪法第四修正案》规定的免受不合理的搜查和扣押"的权利联系起来的案件。在该案中，Bradley 法官高度赞扬了"公民住宅以及生活隐私的神圣性"。在该案中，美国联邦当局在纽约港扣押了原告35箱抛光平板玻璃，美国联邦当局要求被告开具发票，而这张发票后来成了当局证明被告行为违反《海关法》的证据。Bradley 法官认为，美国联邦当局的行为是犯罪行为。而"一个人的住宅就是他自己的城堡"这种隐私权观念和《美国联邦宪法第四修正案》的联系是通过 Thomas Cooley 法官建立起来的，这里所说的 Thomas Cooley 法官就是那位在他所写的侵权法论文中提出"个人独处的权利"这个概念的法官。Cooley 法官提出"个人独处的权利"这个概念比 Warren 和 Brandeis 都要早。1868年，Cooley 在他所写的一篇有关美国联邦宪法的论文中指出，在刑事诉讼法中，隐私权是"普通法有这样一个格言，即当公民个人处在自己的住宅中的时候，他享有不被政府当局监视的权利，政府应该保护公民的人身、财产和文件资料的安全，即使法律的实施这种情况，公民的上述权利也应该受保护，特殊案件除外"。"他人的住宅就是他自己的城堡"这个普通法格言是美国联邦宪法的一个组成部分，这一内容体现在"免受不合理的搜查和扣押"这一内容中。

① Boyd, 116 U. S. at 625 - 626.

（二）承认《美国联邦宪法第四修正案》中隐私权的原因

1916 年，Brandeis 结束了他在哈佛大学法学院的任教，前往美国联邦最高法院任职。在他担任美国联邦最高法院首席大法官期间，他充分利用了前人有关《美国联邦宪法第四修正案》和宪政法意义上的隐私权之间联系的研究成果，在他的努力下，这两者之间的关系更加密切了。在 1928 年判决的 Olmstead v. United States 一案[1]中，Brandeis 是该案的持异议法官。Brandeis 认为，随着科技的进步，新发明层出不穷，技术的发展使得联邦政府官员可以窃听公民的电话谈话内容。在 Brandeis 看来，虽然联邦政府官员窃听公民电话的行为并没有物理性地侵入公民住宅或者扣押公民的有形财产，但是从本质上来看，联邦政府的行为属于《美国联邦宪法第四修正案》所规定的“不合理的搜查和扣押”行为。

该案根据美国联邦最高法院其他五名法官的意见作出了判决，这五名法官认为，根据《美国联邦宪法第四修正案》和《美国联邦宪法第五修正案》的规定，美国联邦政府的行为并不违法，因为美国联邦政府既没有实施搜查行为（物理上的入侵），又没有实施扣押行为（针对有形财产）。Brandeis 认为，《美国联邦宪法第四修正案》中含有保护“个人独处的权利”这一项内容。为了论证他的观点，他大量引用了他 37 年前发表在《哈佛大学法学评论》中《论隐私权》一文中的内容，事实证明，这个论据是最具说服力的。Brandeis 认为，《美国联邦宪法第四修正案》中有关“搜查和扣押”的条款中包含了“个人独处的权利”这一内容：美国公民受《美国联邦宪法第四修正案》和《美国联邦宪法第五修正案》所保护的权利要比宪法文本字面所规定的权利要广，我们宪法的制定者为什么要在宪法文本中明确列出美国公民享有的权利？他们这样做的目的就是为了给美国公民创造有利于他们追求幸福的条件。宪法的制定者认识到了人类精神本质、情感和智力的重要性。他们也认识到，人类生活中的痛苦、愉悦和满足感等情绪并不完全受物质的东西的影响，还有其他因素也会对人类的痛苦、愉悦和满足感等情绪产生影响。他们希望宪法

---

① 277 U. S. 438 (1928).

开始，美国联邦政府窃听公民的电话是为了侦查共产党的同情者和外国政府线人。虽然美国联邦最高法院在审理 Nardone v. United States 一案[①]的时候已经明确表示，根据成文法的规定，电话窃听是不合法的。美国1934年颁布的《联邦通信法》(Federal Communications Act of 1934) 的相关规定都很模糊，为了解决这个问题，国会在1941年和1942年都曾进行过激烈讨论，但最终，国会上下并没有达成一致意见，也没有出台更具强制力的立法。因此，虽然美国联邦最高法院在 Nardone 一案中已经有明确说明，但是政府特工在现实中还是继续忽视美国联邦最高法院的意见。相反，他们总是声称罗斯福总统曾经颁发给杰克逊总检察长一道秘密行政授权命令，根据该命令，联邦调查局在调查“涉及国家安全的事务”时，他们使用电话窃听这种手段的行为不违法法律。

而到了20世纪50年代，可以为政府使用的监控技术呈幂指数的速度增长。抛物线麦克风、像香烟盒子那样大小的发射器、感应线圈设备和微型电视发射器的出现使得政府特工、警察、私人侦探和一般公民偷看、偷听和偷录他人的声音和动作成为可能。“随着技术的革新，越来越多私人侦探开始使用这些技术去获取他人的商业以及家庭纠纷信息，监控的范围扩大到了他人的私人领域。”联邦政府出台的限制或者禁止电话窃听行为的政策大部分都没有效果，美国各个州的具体做法也不容乐观。考察美国各个州的做法后我们发现，各州都倾向于认为警察实施监控行为是法律禁止监控的一个例外，这种例外情况和获得当事人同意这种情况是一样的。随着技术的飞速发展，各个州成文法的内容必然不能适应现实的需要，立法机关应该紧随时代的发展，对成文法作出适当的修改，以适应社会发展的需要。但是，各个州的立法机关并没有这样做，这使得各个州制定的有关隐私权的法律很快就过时了，不能适应社会发展的需求。到了20世纪60年代，在州的层面来看，各个州出台的保护他人隐私权、限制行为人使用电子监控设备行为的法律已经全面败退。

政府和私人侦探是否享有无需审查即可对他人实施窃听行为的权

① Nardone v. United States, 302 U. S. 379 (1937); Nardone v. United States, 308 U. S. 338 (1939).

利？到了20世纪60年代，美国整个社会都开始反思这个问题。美国联邦检察总长Robert Kennedy在美国联邦参议院司法委员会于1962年召开的一次会议中指出，美国应该制定新的法律来规制电话窃听行为。他认为，电话窃听行为应该被全面禁止，政府调查也只能在获得法院命令的情况下才可以实施窃听行为。“包括Alan Westin，Arthur-Miller在内的知名学者都曾立书著说，在他们的文章中详细说明了监控技术给他人隐私权带来的威胁。”《纽约邮报》(*The New York Post*)、《美国新闻》(*U. S. News*)和《环球报道》(*World Report*)这些报纸杂志都是在全美发行的，在这些报纸杂志的专题和社论中，有大量文章谴责美国电子监控失控的使用情况，文章中充斥着呼吁当局进行改革的内容。参议员Edward V. Long (D. Mo.)是参议院行政实践和程序小组委员会的主席，在1964年到1966年期间，该小组委员会举行了多场有关联邦调查局监控他人行为合法性的听证会，参与听证会的包括美国财政部及其他政府部门。在听证会中，参议院行政实践和程序小组委员会对公众公开了很多令人震惊的事实。

1967年，Lyndon B. Johnson总统在美国国会发布了1967年美国国情咨文。该国情咨文得到了美国民主党和共和党的支持，该国情咨文包含了如下内容：我们应该保护Brandeis所说的“最受文明人重视的权利”，即个人独处的权利。除了国家安全这一种例外之外，我们应该宣布所有的电话窃听行为都是不合法的。无论行为人是公权力机构还是私人主体，也无论电话窃听行为发生在什么时间、什么地点，电话窃听行为都应该被禁止。我们应该充分发挥美国联邦宪法的作用，宣布电子窃听的行为是不合法的行为。

20世纪60年代，美国整个社会逐步意识到了新发明给个人独处带来的威胁。在此期间，《美国联邦宪法第四修正案》的角色也开始逐步转变，该修正案逐渐加强了对公民隐私权的保护。在Olmstead一案判决后，有很多法院在判决类似案件的时候都参考美国联邦最高法院在该案中的做法，最著名的要数Goldman v. United States一案①和On Lee v. United States一案②，在Olmstead一案中，法官指出，只

---

① 316 U. S. 129 (1942).

② 343 U. S. 747 (1952).

有当行为人采用物理性的方式侵入他人财产或者扣押他人有形物品的时候，行为人的行为才可能违反《美国联邦宪法第四修正案》。在On Lee一案中，Olmstead一案的上述结论得到进一步的强化。这意味着，在调查被告的人身或财产的时候，政府特工使用窃听器和麦克风进行窃听的行为是被允许的，因为政府特工并没有从物理上接触到被告。直到1961年，在审理Silverman v. United States一案①的时候，审理该案的法官都同意保护他人的隐私权，禁止行为人通过将"针型麦克风"插入墙体的方式侵入他人住宅。在该案中，政府公务人员通过将窃听装置安放在输热管内，从而窃听到刑事被告人在其住宅内的所有谈话内容。审理该案的西尔弗曼地区的法院继续采用"物理性侵入"这个原则，而在同一时期，Stewart法官的意见暗示着法官们看待《美国联邦宪法第四修正案》的态度已经发生了转变，法官们更倾向于为他人提供更多的隐私权保护。Stewart指出，虽然我们在这个时候重新去考察Goldman提出的隐私权保护原则显得不合适，但是"我们拒绝超越这一原则，丝毫都不行"。

1967年，10月17日，Katz v. United States一案②的双方当事人进行了口头辩论，在辩论过程中，Brandeis法官在Olmstead一案的异议意见被提了出来。在该案中，Charles Katz在波士顿和迈阿密经营图书编辑出版事业，联邦当局将窃听设备安装在一个公用电话亭外面，并通过这个窃听设备偷听到了Charles Katz和别人的谈话内容，随后，联邦当局根据其获取的电话内容作出了逮捕Charles Katz的决定，并在洛杉矶逮捕了Charles Katz。该案上诉到了美国联邦最高法院，Stewart法官审理该案，他的意见也得到了审理该案的其他大部分法官的支持。他认为，在该案中，虽然刑事被告的身体和财产都没有被侵害，但是联邦当局获取证据的方式违反了《美国联邦宪法第四修正案》的规定。Stewart法官认为，《美国联邦宪法第四修正案》"保护的是美国的公民，而不是一个地点"。Stewart法官摒弃了Olmstead一案所确立的狭小的"受宪法保护的范围"，他开始从《美国联邦宪法第四修正案》中找寻隐私权的更准确的定义。他认为："他

① 365 U. S. 505 (1961).
② 389 U. S. 347 (1967).

人试图保持私密的事务，即便该事务处在社会公众可以接触得到的地方，他人的这一事务也可能受宪法保护。” Harlan 法官赞同 Stewart 法官在 Katz 一案中的判决意见，他还提出了“合理的隐私期待”理论，“合理的隐私期待”理论在《美国联邦宪法第四修正案》中留下了浓墨重彩的一笔。现在，即便是法学院一年级的学生，他们在考察政府“搜查和扣押”行为时都会引用“合理的隐私期待”这个理论。

早在 1928 年，Brandeis 可能已经预测到，法律有保护“个人独处的权利”免受电子窃听设备、电视机以及其他杰出技术侵扰的必要性。不过，在当时，Brandeis 有关技术会侵扰个人私人空间的这一担忧并没有得到社会大众的认同。或者更准确地说，直到 20 世纪 60 年代中期，Katz 一案发生之后，Brandeis 所忧虑的事情才逐渐引起社会大众的关注。在 Katz 一案判决前，美国人的个人独居生活受电子技术的侵扰已经长达几十年，这几十年的遭遇最终促进了隐私权另一分支的出现。这和 Warren 和 Brandeis 提出隐私权这个概念的原因是一样的，社会现实的发展迫使法律不得不对这一新情况作出应对。

有些学者将隐私权定义为“隐居”、“秘密”和“独居”，《美国联邦宪法第四修正案》中规定的“搜查和扣押”中享有的隐私权和上述学者的观点有很密切的联系，他们的观点包含了《美国联邦宪法第四修正案》中公民所享有的隐私权这一内容。公民根据《美国联邦宪法第四修正案》所享有的隐私权并不是美国法律中一个新的概念，这种提法只是英国人以及英国殖民者所提出的“他人的住宅就是他人的城堡”理论的一个变种。为了保护他人的住宅免受现代社会科技的侵扰，我们将“他人的住宅就是他人的城堡”纳入到隐私权这个概念中。

（三）《美国联邦宪法第四修正案》中规定的隐私权和隐私侵权法之间的关系

第一，最明显的是，这二者都是由 Louis Brandeis 引入美国法律体系中的，他通过总结一些同样的案例材料得出了这些概念。在撰写 Olmstead 一案的异议意见的时候，Brandeis 大量引用他和 Warren 所写的《论隐私权》一文中的内容，因为在他看来，侵权法所规定的隐私内容和《美国联邦宪法第四修正案》所规定的隐私权内容是一样的，二者都与“个人独处的权利”有关，侵权法所规定的隐私权和其他公民（如报纸等）有关，而《美国联邦宪法第四修正案》所规定的隐私权和政府的侵扰行为有关。Brandeis 认为，随着社会技术的发展，新发明不断涌现，这些新发明给个人隐私和独居带来的影响，不论是《美国联邦宪法第四修正案》，还是普通法中的侵权法，他们都无法处理好。毕竟，隐私权这个概念以及个人权利的保护是贯穿在普通法中的一个原则，普通法中的有些隐私权保护原则得到了宪法的承认，而有些原则则被民法和侵权法所采纳。不管这些原则是体现在宪法中，还是体现在民法和侵权法中，他们的目的都是为了促进美国民主制度的发展。基于上述原因，Brandeis 认为这两种隐私权类型没有什么区别也就不奇怪了。在《论隐私权》一文中，作者指出，保护他人隐私权是普通法中的一项古老原则，该原则要求我们“承认他人的精神、感觉和智力”。Brandeis 在撰写 Olmstead 一案的异议意见的时候，提出《美国联邦宪法第四修正案》保护他人的隐私权，在论述理论的时候，他还是引用了上述论据。宪法的制定者之所以会将普通法中的“他人的住宅就是他人的城堡”这一原则写入宪法，是因为他们意识到了“他人的精神、情感和智力的重要性”。Brandeis 在论证这两种隐私权的时候用了相同的一句话，因为这两种隐私权都起源于普通法，他们的目的都是为了保障美国人的个人自由。

《美国联邦宪法第四修正案》所规定的隐私权和美国普通法中侵权法所规定的隐私权的第二个相似之处体现在他们的发展模式上。这两种类型的隐私权的产生都是受到技术变革的影响，不过，我们要注意的是，并不是社会技术一发展，该类隐私权就立刻得到美国法律体系的承认，普通法中侵权法上的隐私权和《美国联邦宪法第四修正案》中隐私权的承认都经过了几十年的时间。只有新技术给个人和个人独居生活带来的影响达到一定程度，社会大众已经饱受新技术的影响，法院在判决具体案件的时候才会考虑一般人的感受，承认此类隐私权的存在，保护他人的隐私权。因此，在新技术出现以后，隐私权的承认还需要一段酝酿期。

在 Katz 一案判决后，美国法院是如何对待宪法上的隐私权的？该案判决后的 20 多年里，不同的法院对待宪法上的隐私权的态度各不相同，甚至差异很大，有些法院承认他人享有宪法上的隐私权，而有些法院根本不承认他人享有宪法上的隐私权，不过，《美国联邦宪法第四修正案》保护他人的隐私权这个观点最终还是得到了美国法律的承认，宪法上的隐私权得以进入美国法律体系中。“个人独处的权利”这个概念的提出最开始是为了反对政府当局对他人的窃听行为，到现在，“个人独处的权利”这个概念当然比这个概念最先提出时的含义要广很多。

由于精力有限，本文对《美国联邦宪法第四修正案》中有关搜查和扣押的内容难免描述得不够全面，不过，考察一些涉及“合理”和“不合理”隐私期待的案件有助于我们了解 Katz 一案判决后法院的负责态度。

从积极的方面看，在 Katz 一案判决后的 20 年里，无论他人处在自己的住宅中，还是处在自己的住宅外，当他人的隐私受到政府侵扰的时候，法院在不同案件中都作出了保护他人独居隐私免受政府侵扰的判决。法院在审理政府使用窃听设备侵扰他人隐私的案件中，政府当局对他人住宅和商业机构的行政性搜查案件中，政府当局搜查他人的行李袋、储物箱和密封箱案件中，禁药取缔机构（DEA）的特工搜查他人藏在小鼓里的药物案件中，政府当局为了抓获越境者而不断地在国境边巡逻的案件中，政府当局在公路上设置排查点搜查非法入境者案件中，在检查点随机抽查汽车，以检查司机的驾驶证和车辆登记情况的案件中，“合理的隐私期待”这个标准诞生了。

从消极方面看，在大量涉及政府刑事搜查案件中，法院都不承认他人享有《美国联邦宪法第四修正案》所规定的“合理的隐私期待”。法院在审理涉及政府调查他人的个人银行交易记录的案件中，调查他人可识别的声音或者文字资料的案件中，用寄存器记录他人电话号码的案件中、政府线人偷录他人谈话内容的案件中，以及其他一系列的涉及政府搜查他人汽车、行李箱、杂物箱和其他密闭容器的案件中，尤其是在那些警察明知道需要遵循明确规则才可以实施搜查行为的案件中，法院都作出了不保护他人“合理的隐私期待”的判决。

从法院最近判决的涉及《美国联邦宪法第四修正案》所规定的隐私权案件来看，当他人的秘密或独居权利与政府打击毒品和酒精的利益相冲突的时候，法院在考察他人是否享有“合理的隐私期待”时就会变得异常严格。换言之，在现实案件中，他人是否享有《美国联邦宪法第四修正案》所规定的隐私权似乎由案件的性质来决定。在 United States v. Place 一案[①]中，搜查人员命令缉毒犬对某一件行李进行“嗅觉测试”，随后在该行李中发现可卡因，在这种情况下，法院认为，他人不享有《美国联邦宪法第四修正案》所规定的“合理的隐私期待”。而在 California v. Greenwood 一案[②]中，为了找到嫌疑人使用麻醉药品的证据，警察搜查了刑事被告的垃圾，在这种情况下，法院认为，他人不享有《美国联邦宪法第四修正案》所规定的“合理的隐私期待”。在 New Jersey v. T. L. O 一案[③]中，一名副校长为了找出学生吸食大麻的证据搜查了一名高中生的钱包，在这种情况下，法院认为，他人不享有《美国联邦宪法第四修正案》所规定的“合理的隐私期待”。而在另一起案件中，为了取得他人非法种植大麻以及其他非法活动的证据，警方动用了直升机和高性能的照相机这些设备，法院认为，他人不享有《美国联邦宪法第四修正案》所规定的“合理的隐私期待”。在 1989 年审理的 Skinner v. Railway Labor Executives' Ass'ns 一案[④]和 National Treasury Employees Union v. Von Raab 一案[⑤]中，为了遏制毒品犯罪和酒精犯罪，政府允许对特定的联邦政府公务人员（与铁路事故发生有关的工程师、携带枪支的海关工作人员）进行强制性的药物测试。审理这两个案件的法官认为，政府当局“特殊的政府需要”这一利益比他人的隐私期待利益要重要，因此，法院要优先保护政府当局的“特殊的政府需要”这一利益。美国联邦最高法院首席大法官 Rehnquist 在审理 Michigan Department of State Police v. Sitz 一案[⑥]的时候认为，警察可以在高速公路设置酒驾检查点，但是警察在设置酒驾检查点的时候应该是有节制的，不能随意设点，这个观点体现了民意。他认为，考虑到高速公路发生酒驾事故的严重情况，而且个人隐私权也只是在被检查的时候受到了“暂时的侵犯”，因此，国家抑制酒驾事故的利益高于个人的隐私

① 462 U. S. 696 (1983).
② 486 U. S. 35 (1988).
③ 469 U. S. 325 (1985).
④ 489 U. S. 602 (1989).
⑤ 489 U. S. 656 (1989).
⑥ 496 U. S. 444 (1990).

利益。

（四）Katz一案判决后美国法院的态度

在Katz一案判决后，美国法院在处理他人的隐私期待是“合理”还是“不合理”这个问题上已经变得越来越成熟。正如一些学者所指出的那样，《美国联邦宪法第四修正案》中所规定的隐私权是按等级划分内容的。[①] 在法院看来，“合理的隐私期待”是个人用来保护个人意欲保持私密的财产和行为的一种工具，为了打击毒品和酒精犯罪，政府当局对他人实施了搜查行为，在这种情况下，他人的“合理的隐私期待”被极力压缩，他人的隐私利益不得不让位于社会大众在减少吸毒后以及酒后驾车上所享有的利益。对于隐私权的这一发展趋势，我们应该不感到奇怪。从定义来看，《美国联邦宪法第四修正案》所规定的隐私权就是按等级来划分的。因为美国联邦宪法文本语言本身就具有不确定性，所以，为了判断政府当局的搜查和扣押逮捕行为是不是“不合理”，法院必须平衡个人的独居利益和社会大众的利益。在Skinner，Von Raab和Sitz这些案件的审理过程中，我们看到了法院平衡各方利益的做法。事实上，在法院审理的每一个涉及《美国联邦宪法第四修正案》的案件中，法院都会考虑各方利益的平衡这个问题，只不过在这些案件中，法院的手段很微妙，我们不那么容易发现。把《美国联邦宪法第四修正案》中的内容区分优先顺序进行先后排列是一件不可避免的事情，坦率地讲，个人保持自己独居和秘密状态的需求必然会和社会识别、检举犯罪的行为相冲突，识别、检举犯罪的行为是《美国联邦宪法第四修正案》规定的属于社会公众合法关注的事项，这一特征使得《美国联邦宪法第四修正案》中的隐私权和侵权法上的隐私权区分开来。侵权法中的隐私权只处理来自私主体的侵扰行为，而《美国联邦宪法第四修正案》中的隐私权只处理政府行为对他人隐私权的侵扰，在那些涉及毒品和酒精的案件中，个人隐私利益和受国家保护的社会大众利益经常会冲突。

有意思的是，虽然《美国联邦宪法第四修正案》的文本当中并

---

① ee Note, Protecting Privacy Under the Fourth Amendment, 91 Yale L. J. 313 (1981).

没有提到"隐私权"这个词，但是法院（包括保守派法官）在平衡他人的隐私利益和社会大众的利益的时候，毫无犹豫地就引用《美国联邦宪法第四修正案》所蕴涵的不成文规则。虽然《美国联邦宪法第四修正案》的文本中没有提到"合理的隐私期待"这个词，也没有提出下列看法，即20世纪美国智慧的体现就是准确定义哪些属于"合理的隐私期待"，哪些不属于"合理的隐私期待"，但是法院在引用《美国联邦宪法第四修正案》的时候都无一例外地认为这是该宪法修正案的当然规定，无需证明。法院之前在审理隐私权案件的时候会引用宪法的发展历史、判例法、通行的社会规则以及抽象原则这些理由，不过，这些理由在隐私权法的其他领域本身就产生了很多争议，尤其是在那些涉及堕胎和做最基本决定的隐私权案件中，上述理由引起的争议就更大了。因此，在 Oliver v. United States 一案①中，审理该案的保守派法官也认为，考虑到"宪法起草者的目的"和"社会对他人隐私权受保护范围的一般理解"，他们也同意该案适用《美国联邦宪法第四修正案》的规定。最后，他们认为，由于涉案空地并没有立着"不得闯入"标志，因此，原告对该空地不享有合理的隐私期待。而在 California v. Greenwood 一案②中，保守派法官认为，根据"常识"、《美国联邦宪法第四修正案》先例、法院审理此类案件的发展趋势以及其他理由，该案也应该适用《美国联邦宪法第四修正案》的规定。为了论证《美国联邦宪法第四修正案》所未指明的隐私权这个概念，也为了将隐私权这个概念应用到20世纪的美国，法院采用了传统的司法解释方法。

此类案件判决结果有意思的地方在于，法院在这些案件的审理中都很好地平衡了他人的隐私利益和公共利益，而且法院还根据这些利益的重要性进行了排序。不过，法院在审理这些案件时采用的解释方法和法院审理做最基本决定权的隐私权案件时采用的方法是一样的。我们要注意的是，法院在审理做最基本决定的隐私权案件时采用的解释方法带来了很多问题（例如，我们在文章第五部分将要讨论的堕胎和避孕问题）。

---

① 466 U. S. 170, 178 (1984).

② 486 U. S. 35 (1988).

从法院过往审理的隐私权案件中，学者们意识到了法院在有意限制他人根据《美国联邦宪法第四修正案》所享有的隐私权。法院的这一做法历来饱受学者的批评，而且批评法院这种做法的学者越来越多。虽然1974年的时候，Rehnquist还是一名年轻的法官，但是他当时说过的话到现在来看却异常正确。他说：“毫无疑问，现在的政府对公民个人信息的了解程度要比50年前的政府对公民个人信息的了解程度高很多，这意味着现在的美国公民比50年前的美国公民所享有的隐私权要少很多。”在某种程度上，Rehnquist法官的话成为一种自我实现的语言。不过，从更广泛的历史意义的角度看，在这过去的30年中，《美国联邦宪法第四修正案》所规定的隐私权还是属于“个人独处的权利”的一种。毒品和酒精是我们这个时代最具象征意义的议题，反对毒品和酒精是美国整个社会的共同利益需求。因此，当他人的隐私利益和美国社会反对毒品和酒精的利益相冲突的时候，法院作出不保护他人的独居和秘密利益的判决一点都不奇怪。隐私的根基在于社会，社会不存在，我们也就没必要讨论隐私这个话题，不过，隐私并不是绝对的。事实上，“合理的隐私期待”这个判断标准已经深深地植入《美国联邦宪法第四修正案》中。根据这个标准，美国公民提起的反对美国政府不合理的搜查、逮捕和扣押行为的隐私权诉讼常常能得到法院的支持。在一些偶然情况下，法院会反复平衡他人的隐私权和政府的侵扰行为，对二者进行定义或者重新定义后作出驳回他人诉讼请求的判决。虽然他人的有些诉讼请求不能得到法院的支持，但是这并不是一件坏事。要知道，在1928年的时候，Louis Brandeis自己根本不能证明为什么“审理此类案件的多数法官都应该联系当时美国法的历史发展情况，平衡各方利益”。

在Olmstead一案的审理过程中，Brandeis阐述了自己有关《美国联邦宪法第四修正案》中隐私权的观点，这个观点还夹杂着他早期侵权法上隐私权中的内容。现在，Brandeis有关《美国联邦宪法第四修正案》中隐私权的观点已经成为美国刑事诉讼法中的固有组成部分。他的观点来源于“他人的住宅就是他人的城堡”这一古老的普通法原则，通过他的阐释，普通法中这一古老的原则被《美国联邦宪法第四修正案》所吸纳，并成为强调美国民主重要性的一个有力表达。

美国侵权法和《美国联邦宪法第四修正案》对他人隐私权的保护模式不同。根据美国侵权法的规定，他人有权控制个人信息的流通。而根据《美国联邦宪法第四修正案》的规定，他人享有个人的“秘密”、“独居”和“避难所”免受政府侵扰的权利。他人可以自由地工作、祈祷、和家庭成员交流感情、拥有财产、阅读、休息和思考，政治实体不得干扰他人的这些行为。在美国民主意识刚开始成形的时候，上述独居生活利益被认为是个人自由最核心的体现。或者正如 James Otis 所指出的那样，在那个时候，每个人的自由都被捏在“一个小官员的手中”。早在 1690 年的时候，William Penn 就写过一首名为“独居之果”的诗，在这首诗中有下列内容：记住这句格言，保密得好，就生活得好。他们过着幸福的退休般的生活，这种生活现在很少有人能够享受到。外人不知道他们生活的细节，他们有空余的时间和家庭成员相处，与家人共享天伦之乐，这是人世间最美好的事情了。

从法律层面来看，受《美国联邦宪法第四修正案》保护的隐私权可以被定义为“个人独处的权利，不过，在某些情况下，政府的搜查、扣押行为会被社会认为是合理的”。

四、《美国联邦宪法第一修正案》中的隐私权

在隐私权的百年发展历史中，最令人头痛的或许是隐私权和《美国联邦宪法第一修正案》之间的纠葛。学者对这类隐私权的研究有两个极端，有些学者完全忽视美国公民的这类隐私权，而有些学者则花大力气去定义此类隐私权的范围和重要性。我们有充分的理由可以证明，他人根据《美国联邦宪法第一修正案》所享有的隐私权是最难定义和分类的。事实上，美国联邦最高法院在 1988 年审理的 Frisby v. Schultz，一案[①]的时候继续采用平衡隐私权和《美国联邦宪法第一修正案》中言论自由权的做法。《美国联邦宪法第一修正案》中言论自由权的规定有些捉摸不透，我们希望能在下文当中对这个问题进行说明。

在研究这个问题的时候，我们要做的第一件事就是区分纯粹的隐

---

① 487 U. S. 474 (1988).

私权案件和与《美国联邦宪法第一修正案》有关的隐私权案件，与《美国联邦宪法第一修正案》中言论自由权有关的隐私权案件。例如，当一个律师挨家挨户走访去敲别人家的门，向那些在屋子里的人传达一些别人不愿听到的信息。这种情况就涉及第三类隐私权，这就是所谓的准宪法性权利。虽然很多人会将这类权利和《美国联邦宪法第一修正案》所规定的新闻出版自由权混淆，不过，这类权利和《美国联邦宪法第一修正案》所规定的新闻出版自由权利是不一样的。例如，当强奸案受害者不希望别人知道自己的名字的时候，一家报纸报道受害者姓名的行为就涉及新闻出版自由权和他人隐私权的冲突，这样的案件完全就仅仅只是一个侵权案件。在这样的案件中，他人的隐私权并不会优先得到法律的保护，当他人的隐私权与行为人根据《美国联邦宪法第一修正案》所享有的新闻出版自由权相冲突的时候，法院通常会保护新闻媒体的新闻出版自由权。

在下文中，笔者将具体讨论与《美国联邦宪法第一修正案》中言论自由权有关的隐私权案件。与《美国联邦宪法第一修正案》中言论自由权有关的隐私权案件很特别：其一，最重要的一点是，美国联邦宪法并没有直接规定这一类权利，它只是寄生在美国联邦宪法中，此类隐私权存在的目的是为了限制他人根据《美国联邦宪法第一修正案》所享有的言论自由权。根据《美国联邦宪法第一修正案》的规定，行为人可以去敲别人家的门，行为人也可以在公园用扩音器说教，《美国联邦宪法第一修正案》对行为人这些行为的保护招来很多批评。我们要注意的是，行为人在实施上述行为的时候可能侵犯了他人的隐私权，而且在某些情况下，他人的隐私利益应该优先于行为人的言论自由利益受法律保护。侵权法上的隐私权和《美国联邦宪法第四修正案》中的隐私权都是一项独立的权利，与上述权利不同，他人根据《美国联邦宪法第一修正案》享有的隐私权并不是独立的，该权利存在的目的就是为了限制言论自由权这一宪法权利。

“《美国联邦宪法第一修正案》中的隐私权”究竟是来源于《美国联邦宪法第一修正案》，还是只是一个“他人的住宅就是他人的城堡”和《美国联邦宪法第四修正案》的杂交体？还是普通法中侵权法上一项反对公权力侵权的权利？还是上述各种权利的结合体？上述问题，“《美国联邦宪法第一修正案》中的隐私权”这个用语并没有解释清楚。因此，采用"《美国联邦宪法第一修正案》中的隐私权"这个用语可能并不准确。美国联邦最高法院在审理涉及《美国联邦宪法第一修正案》的隐私权案件的时候基本上会对隐私权和言论自由权进行利益平衡考虑，这似乎成为了一种司法惯例，而在大多数案件中，法院会倾向于保护他人的隐私权，因为法院认为个人独处的权利的准确范围是不用证明的。考察《美国联邦宪法第一修正案》中隐私权的历史和发展轨迹后我们发现，此类隐私权和其他类型隐私权的发展轨迹几乎是一样的，不过，这类隐私权无论是在宪法中还是在实践中，它的含义都是模糊的。

不幸的是，大多数人都忽视了《美国联邦宪法第一修正案》中隐私权的起源这个问题。事实上，考察《美国联邦宪法第一修正案》中隐私权的起源这个问题很重要，这个概念是 Brandeis 最先引入美国法律体系中的，值得我们注意的是，Brandeis 早在 1920 年就提出了《美国联邦宪法第一修正案》中隐私权这个概念，这比他在 Olmstead 一案异议意见中提出的《美国联邦宪法第四修正案》中的隐私权都还要早。《美国联邦宪法第一修正案》中的隐私权是 Brandeis 提出的第一类宪政法上的隐私权。事实上，美国联邦最高法院在 20 世纪 40 年代审理的案件中早就承认了隐私权和《美国联邦宪法第一修正案》之间的这种联系，这比美国联邦最高法院在 Katz 一案中承认他人享有《美国联邦宪法第四修正案》中隐私权的判决要早 20 年。

Brandeis 是 Gilbert v. Minnesotae 一案[①]的持异议法官，虽然 Brandeis 的论证显得很冗长，但是在该案中，Brandeis 首次指出了"个人独处的权利"和《美国联邦宪法第一修正案》所体现原则之间的关系，Brandeis 的异议意见书中所写的内容意义重大。Gilbert 一案涉及明尼苏达州的一项制定法，该法在"一战"时生效。根据该法的规定，行为人阻碍征兵工作的行为是违法的，行为人教唆或者鼓动公民不支持美国对抗敌国的行为也是违法的。在欧洲举行的一次无党派联盟的反战集会上，Gilbert 发表了"我们最好先要确保美国的安全，美国民主的维护是美国首先要考虑的问题"这样的言论，根据明尼苏达州的制定法，Gilbert 涉嫌刑事犯罪，遭到明尼苏达州检方的刑事

① 254 U. S. 325 (1920).

指控。

Gilbert 认为，他的反战言论受《美国联邦宪法第一修正案》的保护，但是审理该案的绝大多数法官都不同意他的主张。法院指出，人人生而享有言论自由权，但是言论自由权并不是绝对的。不过，Brandeis 和其他法官的意见完全不一样，他是从另一方面来考察这个案件的。Brandeis 认为，明尼苏达州的制定法不允许公民发表反战言论，公民甚至在自己的住宅中发表反战言论也是被禁止的：根据明尼苏达州制定法的规定，父母不能根据自己的宗教信仰、自己是良知或认知来教导自己的子女爱好和平这一信义。Brandeis 认为，明尼苏达州制定法对反战言论的严格规制“侵犯了他人的隐私权以及他人在自己住宅中所享有的自由权”。

Brandeis 所说的个人住宅中的隐私权是《美国联邦宪法第一修正案》对他人言论自由权保护的必然结果还是一个和《美国联邦宪法第四修正案》中“自由”有关的概念，这一点，我们并不清楚，因为这两个修正案在 Brandeis 的异议意见中都有所体现。然而，有一点我们是清楚的，即 Brandeis 试图从宪法的角度来研究隐私权。为了保护他人在其住宅中享有言论自由权，Brandeis 将《美国联邦宪法第一修正案》中的相关规定都引用了。可惜的是，Brandeis 对 Gilbert 一案的异议意见大部分都遗失了，我们无法看到该异议意见书的全貌。不过，Brandeis 异议意见书中所暗含的《美国联邦宪法第一修正案》隐含着保护他人隐私权的这一内容在 20 世纪 40 年代被其他法官发掘了出来。

（一）隐私权和言论自由权

在第二次世界大战期间发生的一些挨家挨户宣传的案例催生了《美国联邦宪法第一修正案》下的隐私权。在 Martin v. City of Struthers 一案①中，法院判决被告败诉，被告不得禁止耶和华的见证人（即牧师）挨家挨户散发小册子，宣传他们的神权政治公约思想。虽然在这个案件中，牧师的言论自由权得到了法律的优先保护，但是在其他有关隐私权和言论自由权的冲突案件中，其他法院判决的意见却

① 319 U. S. 141 (1943).

大相径庭，并不是所有案件当事人的言论自由权都优先于他人的隐私权受保护。Murphy 法官认为，由于在这些案件中，法官并不禁止行为人挨家挨户的宣传行为，因此，业主的独居生活受保护的途径就很受限。与此同时，Murphy 法官还明确承认他人在其住宅中享有的隐私权，他是这样说的："几乎没有人，如果说有的话，也是极少有人会比我对'他人的住宅就是他人的城堡'这个格言抱有更深的信念。"随后，他还引用了他在一个有关《美国联邦宪法第四修正案》的隐私权案件——Goldman v. United States 一案[1]中的异议意见，在该案的异议意见中，Murphy 法官高度赞扬了《美国联邦宪法第四修正案》中隐私权以及 Warren 和 Brandeis 提出的普通法上隐私权的价值。他认为，在审理案件时，法院引用 Warren 和 Brandeis 提出的普通法上隐私权的观点来审理案件的做法是正确的。Murphy 法官还对他人在其住宅中所享有的隐私权进行了总结，他是这样概括的："如果他人的隐私权和其他人的宗教信仰自由发生冲突，如果有可能的话，我们应该对这两种利益予以平衡，同时保护他人的隐私权和行为人的宗教信仰自由权。"Frankfurter 法官在他的异议意见中指出，这样做的后果是他人的隐私权、心境的平和以及身体会受到外人的干扰。如果我们对这种情况坐视不理，那么我们自己的住宅就起不到半点保护隐私权的作用，这和我们生活在类似于蜂窝这样的房间有什么两样？在阐释上述意见后，他认为，在城市中禁止行为人发传单以及挨家挨户进行宣传的做法是正确的，也是合适的。Reed 法官和他的意见一致，他也是该案的持异议法官，他认为，他人在《美国联邦宪法第一修正案》中享有的隐私权足以对抗行为人根据《美国联邦宪法第一修正案》所享有的言论自由权。

不可否认的是，从严格意义上来说，Martin 一案并不是一个严格意义上的有关《美国联邦宪法第一修正案》中隐私权的案件。不过，从该案的审理中我们确实可以看出，某些（有精确起源的）隐私权类型可以用来平衡他人的权利和其他人根据《美国联邦宪法第一修正案》所享有的言论自由权。

---

① 316 U. S. 129, 136 (1942) (Murphy, J., dissenting).

在1951年审理的Breard v. City of Alexandria一案[①]中，法院对业主和入侵者的利益进行了平衡，最终，法院作出了保护业主隐私权的判决，这是在此类隐私权案件中，法院第一次作出保护业主隐私权的案件。在该案中，Breard遭到了路易斯安那州亚历山大市的刑事监控，检方指控Breard的行为违反了该州所谓的“绿河”条例，该条例在20世纪三四十年代很流行，因为在那个年代，各种零售商蜂拥而上，纷纷到他人的家门口推销东西。Breard的工作就是负责挨家挨户推销他的流行杂志，让住户订阅他们的杂志，这些杂志都是像《周六晚报》和《女士家庭杂志》这样的报纸杂志。路易斯安那州的“绿河”条例禁止律师、小摊小贩或者其他流动商贩在没有获得业主或者房屋的占有人邀请的情况下向住户进行订单招徕行为。到了该案审理的年代，Reed法官已经可以说服审理该案的大多数法官采纳他在Martin一案提出的异议意见，与此同时，他还发现业主的隐私权会限制零售商根据《美国联邦宪法第一修正案》所享有的言论自由权。他是这么说的：“要考察路易斯安那州亚历山大市条例是否合宪，我们就要考察该条例是否平衡了业主对隐私权的期待和出版社销售出版物的权利，对于出版社来说，上门推销能给他们带来最大的利益。”

在隐私权的发展过程中，Breard一案在确立《美国联邦宪法第一修正案》中言论自由权和业主隐私权之间的固有联系过程中起到了重要作用。Reed法官在该案中阐述的观点可以看作普通法上隐私权的一种观点，不过，我们并不清楚Reed法官在该案中阐述观点的准确来源。根据Reed法官的观点，他人的隐私权应该优先于行为人在《美国联邦宪法第一修正案》中所享有的权利。

当隐私权和《美国民权法》中的条款扯上关系的时候，他人隐私权和行为人言论自由权的平衡问题就变得更复杂了。根据《美国民权法》的规定，即使他人不在其住宅中，他人的隐私权利也应该受到保护。Brandeis法官对“公共场所有隐私”理论的发展贡献巨大，我们可以列举他审理的“受俘获的听众”案件来证明这一点。美国发生的最早的涉及“公共场所有隐私”的案件是1932年审理的

① 341 U. S. 622 (1951).

Packer Corporation v. Utah 一案①，该案涉及犹他州的一项制定法，根据该制定法的规定，生产商和广告商不得在犹他州的广告牌、沿街运行的车辆和布告牌上刊登香烟等烟草广告。Brandeis 是该案的主审法官，审理该案法官的意见是一致的，他们一致作出了支持被告犹他州的判决。在该案中，原告提出，被告的法令违反了平等保护的原则，因为被告犹他州制定的法令并不禁止广告商在报纸上刊登烟草广告。不过，法院驳回了原告的意见。随后，Brandeis 法官将该案审理的重点转移到“不情愿的观众”的隐私权这个方面。在该案中，Brandeis 法官引用了犹他州最高法院判决书中的意见，他认为，根据广义的“个人独处的权利”概念，他人的隐私权应该优先于行为人在《美国联邦宪法第一修正案》中的权利，即使“受俘获的”他人处在大街上而不是在自己住宅中，他人的隐私权也应该优先得到保护。Brandeis 认为，他人如果不想听收音机里的广告，他人关掉收音机就可以了。但是如果他人不想看到街道广告牌和街边运行汽车中的广告，他人根本没有办法让自己不看到这些，法律应该保护他人不被不想看到东西打扰的权利。

Brandeis 在 Packer 一案中阐述的隐私权观点有些极端，根据他在该案中阐述的观点，无论何时，只要他人不想看到或者听到其他人传递的信息，那么其他人的言论自由权就应该受到限制。这种观点是一种“不受欢迎的政治理想”，很快就被驳回了。如果我们采纳这样的观点，那么将会出现隐私权大无边界的局面，只要他人不想听到或者看到某一信息，他人就会主张隐私权去对抗其他人的权利，这种后果当然不是我们想要看到的。不过，Packer 一案的价值我们不应该忽视，在该案中首次提到了隐私权和“受俘获的听众”之间的联系，而这种联系在后来类似案件的审理中被反复提到。

在 1949 年审理的 Kovacs v. Cooper 一案②中，隐私权在传统的“受俘获的听众”案件中首次亮相。在该案中，他人的隐私权优先于行为人的言论自由权受保护。该案涉及美国新泽西州特伦敦市的一项制定法，根据该制定法的规定，用卡车喇叭和扩音设备发出“响亮

① 285 U. S. 105 (1932).
② 336 U. S. 77 (1949).

而刺耳”声音的行为是违法的。Reed 法官强调，受俘获的听众（受到从公共街道卡车扩音设备中传来的音乐以及劳动争议言论的影响）的隐私权应该受到法律的保护，他是这样说的：“有些人为了宣传自己的产品，他们会给路人分发传单，路人可以选择接受或者不接受这样的传单。和上述情况不同，当行为人使用扩音设备的时候，听众会不可避免的受到影响，听众无法选择不听到行为人散播的信息。无论他人是处在自己的住宅中还是在街道上，当行为人使用扩音设备的时候，他人根本无法逃离行为人的干扰，他人的隐私权只能通过市政府制定法令的方式才可以实现。”

Frankfurter 法官对这个问题的讨论更加深入，在 Kovacs 一案中，他对美国社会留给他人“宁静反思”机会变得越来越少的现象进行了谴责。他认为：“如果他人没有宁静和反思的机会，思想自由就是一个笑话。思想不自由，社会也就不自由。”

因此，他人不仅仅在其住宅内享有隐私权。在 Kovacs 一案以及接下来的一系列有关“受俘获的听众”案件中，隐私权的范围从他人住宅内扩张到了住宅外，隐私在他人生活中所处的地位越来越重要。虽然隐私权的起源问题依旧很模糊，但是我们已经看到，隐私权不像是普通法中侵权法上的一项权利。在该案中，隐私权和《美国联邦宪法第一修正案》中言论自由权的关系被推进了一步，在该案后，Brandeis 倡导的宪政法上隐私权开始受到重视。

从上述案件看，隐私权不仅是他人普通法上的权利，也是他人宪政法上的权利，我们该怎样来解释隐私权的这种变化呢？或许，指出《美国联邦宪法第一修正案》本身就包含两种不同的利益是最简答的回答。《美国联邦宪法第一修正案》包含了两项内容：第一项内容就是我们熟悉的言论自由权以及公民享有在公共场所自由表达自身意见而不受政府干预的权利；至于《美国联邦宪法第一修正案》包含的第二项内容，大家可能不太熟悉，该内容是指公民享有的远离外界嘈杂言论的狂轰滥炸，自己独自进行思考的权利，即“思想隐私”。在美国法中，《美国联邦宪法第一修正案》的第二项内容并不是一个全新的概念。1883 年，在 Joseph Story 法官对美国联邦宪法的经典评论中就有《美国联邦宪法第一修正案》包含“私人情绪”和“私人判断”的内容。Francis Lieber 是美国国内战争之前研究美国宪法的著名学者，他认为，《美国联邦宪法第一修正案》中包含了“交流的自由”和“沉默的自由”这两项内容。上述说法只是“思想隐私”的另外一种说法，按照这样的说法，思想隐私和《美国联邦宪法第一修正案》早有联系。

还有一个问题我们不得不注意，即在我们讨论的大部分涉及行为人的言论自由权和他人隐私权冲突的案件都不涉及国家行为，这些案件完全涉及私人行为（虽然在这些案件中会涉及州或者当地政府制定的法律法规，不过这并不影响此类案件的私人性质）。因此，属于听众的思想隐私的起源从技术上来说并不是《美国联邦宪法第一修正案》，因为《美国联邦宪法第一修正案》只处理涉及政治实体对公民权利侵扰的行为。无论如何，隐私权的内容在不断发展和完善。隐私权不仅仅只包含国家行为对公民个人权利的侵扰这一项内容，为了扩展隐私权的内容，隐私权就必须从美国联邦宪法中和美国联邦宪法外汲取能量。

从20世纪50年代开始，隐私权的第三种类型，即《美国联邦宪法第一修正案》中的隐私权开始被认为是平衡其他人在《美国联邦宪法第一修正案》中享有的言论自由权的一项重要权利，不过，不同案件的法官对这项权利的态度并不相同。在 Public Utilities ommission v. Pollak 一案[①]中，原告认为，被告决定在其运营的公车路线上播放音乐和收音机节目的行为会分散乘客的注意力，这种行为是一种冒犯性行为，会侵犯乘客的言论自由权。虽然大多数人都承认，《美国联邦宪法第五修正案》中存在隐私权保护的内容，但是当他人乘坐公共运输工具的时候，他人在《美国联邦宪法第五修正案》中的权利似乎没有受到侵犯。Douglas 法官对这个观点进行了猛烈的抨击，他是该案的持异议法官，他认为，根据《美国联邦宪法第一修正案》，他人享有“沉默的自由”这项权利。他是这样说的：“《美国联邦宪法第一修正案》尊重他人思想和信仰的神圣地位，根据《美国联邦宪法第一修正案》，他人享有思想自由和信仰自由的权利。上述两个方面是美国宪政法上‘个人独处的权利’的重要组成部分。”

---

① 343 U. S. 451 (1952).

大概 20 年后，在 Stanley v. Georgia 一案[①]的审理中，《美国联邦宪法第一修正案》中包含了保护他人思想自由和他人在其住宅内的独居生活的观点开始得到广泛的接受。在该案中，原告在被告的卧室发现了淫秽物品，原审法院判决被告的行为构成犯罪。被告向上级法院提起上诉，上诉法院推翻了原审法院的判决。Marshall 法官认为，公民隐私权免受政府侵扰是公民享有的一项最基本的权利。在该案中，他还引用了 Brandeis 在 Olmstead 一案中的异议意见。当有人质疑他的观点的时候，Marshall 会这样回复别人的质疑："《美国联邦宪法第一修正案》的意义在于，当公民个人身处自己家中的时候，国家无权告诉公民该看什么书，该看什么电影。我们国家的宪法的精神就是要给予公民反抗国家控制的权利。"

在该案审理后一年发生的 Rowan v. United States Post Office 一案[②]中，关于公民在《美国联邦宪法第一修正案》中所享有的在其住宅中的隐私权的问题，Burger 法庭作出了支持公民隐私权的判决。该案涉及美国联邦的一项制定法，根据该制定法的规定，当业主怀疑外人寄送的邮包含有"性挑逗"或"激发性欲"的内容的时候，业主有权拒收这样的邮包。法院认为，美国联邦的这项法令是有效的。在明确表明"个人独处的权利"必须和《美国联邦宪法第一修正案》中言论自由权进行平衡这个观点后，首席大法官 Burger 总结道："只有当业主有权控制不受欢迎的邮件的时候，业主个人自治的权利才能得到保证。"

Stanley 一案和 Rowan 一案都不属于普通法上侵权法中的隐私权案件，Stanley 一案涉及犯罪行为，而 Rowan 一案则涉及美国联邦政府的一项规章制度。不过，上述两个案件都涉及他人在其住宅中隐私权的问题：审理 Stanley 一案的法官明确指出，该案涉及《美国联邦宪法第一修正案》中的权利。而审理 Rowan 一案的法官对案件性质没有作出明确说明。

虽然《美国联邦宪法第一修正案》有准宪法化倾向，不过，这并不意味着《美国联邦宪法第一修正案》中隐私权的界定是不可能

---

① 394 U. S. 557 (1969).

② 397 U. S. 728 (1970).

的事。在很多相似案件中，当不情愿的听众或观众受到行为人侵扰行为的干扰的时候，尤其当他人处在住宅外面的时候，法院都作出了保护行为人在《美国联邦宪法第一修正案》中言论自由权的判决。在 Cohen v. California 一案①、Better Austin v. Keefe 一案②中和 Erznoznik v. City of Jacksonville 一案③中，原告都主张自己的隐私权受到了侵犯，法院对这些案件都作出了驳回原告诉讼请求的判决，法院认为，在这些案件中，行为人的言论自由权更应该受到保护。虽然在上述案件中，他人的隐私权没有得到法院的保护，但是这些案件的审理促进了隐私权的发展，因为在这些案件中，法院认为那些不情愿的听众或观众的隐私权保护请求是有根据的，法院认为，原告隐私权请求的法律依据是《美国联邦宪法第一修正案》，该修正案承认他人享有《美国联邦宪法第一修正案》中的隐私权。无论《美国联邦宪法第一修正案》中隐私权的依据是什么，我们不可否认的一点是，《美国联邦宪法第一修正案》中的隐私权已经成为美国隐私权的一个重要分支。

结果就是，法院在审理类似案件的时候都会自觉平衡他人隐私权和行为人根据《美国联邦宪法第一修正案》所享有的言论自由权。从本质上来说，法院的这种做法是在创建他人隐私权和行为人言论自由权的共生关系。在 FCC v. Pacifica Foundation 一案④中，原告认为被告喜剧演员在电视节目中说了低俗下流的话，这会给观众带来不良影响，于是，原告向法院起诉，要求法院禁止被告出现在电视节目中。经审理，法院作出了支持原告的判决。法院认为，他人在其住宅中所享有的“个人独处的权利”比行为人在《美国联邦宪法第一修正案》中所享有的言论自由权更重要，法律应该优先保护他人在其住宅中的“个人独处的权利”。Carey v. Brown 一案⑤是一件涉及政府在公民住宅区设置安全警戒的案件，该案涉及伊利诺伊州的一项制定法，根据该制定法，政府在设置安全警戒的时候，不得区分对待罢工

---

① 403 U. S. 15 (1971).
② 402 U. S. 415 (1971).
③ 422 U. S. 205 (1975).
④ 438 U. S. 726 (1978).
⑤ 447 U. S. 455 (1980).

集会和其他和平集会，法院没有采纳被告法律中的规定。与此同时，法院也承认，在自由和文明的社会，保护公民的幸福、安宁和在其住宅中的隐私权是国家利益的最高追求。

住宅隐私权的概念在1988审理的Frisby v. Schultz一案①中被进一步明确化。根据威斯康星州布鲁克菲尔德市的一项制定法，政府不得在公民住宅区设置警戒。在该案中，审理该案的大多数法官都认为该市政府颁布的这项法令是合法的。O'Connor法官对法院过往审理的涉及《美国联邦宪法第一修正案》中隐私权的案件进行了回顾，在考察完这些案件后，O'Connor法官也作出了支持市政府制定法中规定的决定，并描绘了住宅隐私权或者说是家庭隐私权的美好蓝图。正如Carey一案所说的那样，保护他人在其住宅中的安宁是国家追求的最高利益。不仅如此，公民个人的住宅也是神圣不可侵犯的，因为公民个人的住宅是公民从日常生活中撤退出来，远离外界侵扰的场所，同时，公民个人的住宅还是那些“疲惫的、生病的”人的最后一座城堡。

法院在审理涉及言论自由权案件的时候，没有任何解释说明，仅凭法官的良心就承认他人享有《美国联邦宪法第一修正案》中的隐私权，这种做法合法吗?《美国联邦宪法第一修正案》中隐私权的起源和界限是什么？最开始，《美国联邦宪法第一修正案》中隐私权是美国普通法上隐私权和《美国联邦宪法第四修正案》中隐私权的一种混合体，不过到了现在，此类隐私权和《美国联邦宪法第一修正案》本身的联系变得越来愈密切。这或许是描述《美国联邦宪法第一修正案》中隐私权最直接的方式。和美国普通法中侵权法上的隐私权和《美国联邦宪法第四修正案》中隐私权一样，《美国联邦宪法第一修正案》中隐私权起源于普通法中暗含的原则，普通法中暗含的隐私权保护原则在日期上早于美国联邦宪法和侵权法中的独居和个性观念，普通法中隐私权保护原则是美国民主社会建立的基石。当案件涉及政府行为的时候，整个案件就和《美国联邦宪法第一修正案》和《美国联邦宪法第四修正案》有关，因此，从本质上来说，《美国联邦宪法第一修正案》中隐私权具有准宪法的性质。当案件不涉及

① 487 U. S. 474 (1988).

政府行为的时候，如果他人的隐私权遭到另一私主体的侵犯，那么该案就涉及他人隐私权和行为人言论自由权的冲突。此时，此类案件就和普通法中保护他人独居隐私权这一最高原则有关。而侵权法和《美国联邦宪法第四修正案》都吸收了普通法中隐私权保护的原则，因此，法院在审理该类案件的时候可以引用上述法律。在上面提到的两种情况下，他人的隐私权都应该优先于行为人在《美国联邦宪法第一修正案》中的权利受保护。

和促使其他隐私权分支诞生的原因相比，促使《美国联邦宪法第一修正案》中隐私权这一类隐私权分支诞生的历史动因可能并没有那么明显和有说服力。因为在最开始，《美国联邦宪法第一修正案》中隐私权只是作为《美国联邦宪法第一修正案》中言论自由权的一种附属物，我们很难说《美国联邦宪法第一修正案》中隐私权是《美国联邦宪法第一修正案》自身催化出来的，这类隐私权和美国普通法上隐私权和《美国联邦宪法第四修正案》中隐私权的诞生原因都不同，后面两种隐私权都是它们自身催化的结果。《美国联邦宪法第一修正案》中隐私权之所以会在20世纪40年代被提出来，很大一部分原因是出于保护他人独居生活的需要。当然，限制当时美国社会的言论自由权也是《美国联邦宪法第一修正案》中隐私权提出的原因之一。到了20世纪四五十年代，美国社会的工业化进程已经完成，市郊化运动已经开始。在钢铁水泥构筑的城市，高楼大厦到处可见，人人都生活在Frankfurter所说的“大型蜂窝箱”中，人们开始二十四小时轮班工作，不同的人工作时间都不同，一天中的任何时候都可能是别人睡觉或者独居的时间。与此同时，城市郊区也开始发展起来。城市变得越来越拥挤，汽车开始成为美国家庭日常生活不可或缺的一部分。工业的集中化生产经营模式给他人生活带来许多影响，他人远离外界吵闹声，使自己与外界隔离的愿望变得越来越强烈。早在18世纪，清教徒Cotton Mather就强调过尊重他人独居愿望的重要性：“有时候，神职人员也需要适当的休息，只有这样，他们才能继续从事他们的传道事业。”随着社会的发展，Cotton Mather的这种观念越来越得到美国社会的认同。到了20世纪中期，在《美国联邦宪法第一修正案》中隐私权首次被提出来的时候，美国公民希望远离外界干扰，进行独居生活的愿望越来越难实现。“二战”后，美国推行孤立主义策略，受该政策的影响，美国公民也期望自己的独居和家庭生活不被外界干扰。而在那时，挨家挨户进行宣传和推销开始逐渐变成美国公民行使言论自由权和商业演说权的一种重要途径，这种挨家挨户进行宣讲的行为对他人住宅隐私的影响很大。上述情况使得他人请求法律保护他们独居生活的期望变得越来越强烈，住宅隐私权或者说家庭隐私权开始被重视，而对言论自由权进行限制的呼声也使得《美国联邦宪法第一修正案》中隐私权的提出变得顺理成章。

美国中产阶级越来越希望去小城镇或郊区过自己的独居生活，他们在自己的房屋周围种树，在房屋后面留出一块空地，他们这样做的目的就是为了使自己与外界隔离开来。他们希望在自己的房屋里过着安静的生活，慢慢地变老，他们不希望受到商业宣传、宗教或者政治宣传的狂轰滥炸。和隐私权其他分支产生的原因一样，《美国联邦宪法第一修正案》中隐私权的产生也是受到美国社会生活变化的影响，美国社会生活的变化是促使《美国联邦宪法第一修正案》中隐私权产生的历史因素。与此同时，《美国联邦宪法第一修正案》中隐私权也成为《美国联邦宪法第一修正案》的永久附属物，它的出现增加了《美国联邦宪法第一修正案》的内容。

（二）隐私权和新闻自由

当隐私权案件涉及新闻自由的时候，隐私权就不仅仅是侵权法上的一个普通概念。虽然有些学者会将判例法中与新闻自由有关的隐私权案件和我们之前讨论的与言论自由权有关的隐私权案件相混淆，但是这二者其实是两个完全对立的概念。我们在这里要讨论的隐私权是侵权法中的一项权利，该权利是由国家通过制定法律的方式创造的。新闻媒体会公布他人的真实信息，新闻媒体的公布行为会侵犯他人的秘密利益或者独居生活利益，他人对这些领域享有毫无争议的隐私利益。而在涉及言论自由的隐私权案件中，他人的隐私权请求通常都能得到法院的支持，在那些涉及他人住宅隐私权的案件中更是如此。不过，那些涉及新闻自由的隐私权缺乏宪法基础或者特殊地位，在此类案件中，他人的隐私权并不具有优先于行为人新闻自由权利的地位。

在讨论隐私权和《美国联邦宪法第一修正案》的关系时候，很多人都会将涉及《美国联邦宪法第一修正案》中言论自由权和涉及

《美国联邦宪法第一修正案》中新闻自由权的案件混为一谈，在这些案件中，我们将会看到这两类隐私权的不同之处。在以 The New York limes v. Sullivan 一案[①]为代表的一系列涉及他人隐私权和新闻媒体的新闻自由权冲突的案件中，法院都作出了保护新闻媒体根据《美国联邦宪法第一修正案》所享有的新闻自由权的判决，并在此类诽谤案件中确立了保护新闻媒体新闻自由的标准。在这些案件中，如果原告不能证明作为被告的报纸或者其他新闻媒体有“实际恶意”，那么原告就不能向法院提起诽谤之诉，这大大削减州政府打击报纸等新闻媒体隐私侵权行为的能力。法院在审理“公开丑化他人”和“公开他人私人事务”的案件时也机械地套用诽谤法中隐私权案件的这个标准，这种做法的后果很严重，在他人侵权法上的隐私权和行为人的新闻自由权相冲突的“公开丑化他人”和“公开他人私人事务”的案件中套用上述标准会使得他人隐私权很难得到法律的保护，这会大大压缩他人隐私权利的范围。

在 Time, Inc. v. Hill 一案[②]中首次出现了隐私权和新闻媒体新闻自由权的冲突，此类案件的典型代表还有 Cantrell v. Forest City Publishing Co. 一案[③]和 Cox Broadcasting v. Cohn. 一案[④]。在这些“公开丑化他人”和“公开他人私人事务”的案件中，法院都作出了支持新闻媒体新闻自由权的判决，因为他们在审理这些案件的时候都是简单套用 the New York Times 一案所确立的“实际恶意”标准。而在随后审理的 Oklahoma Publishing Co. v. District Court 一案[⑤]、Landmark Communications, Inc. v. Virginia 一案[⑥]和 Smith v. Daily Mail Publishing Co. 一案[⑦]中，他人的隐私权同样没有得到法院的支持。在20世纪70年代审理的隐私权案件中，只要法院在审理案件的时候

---

① 376 U. S. 254 (1964). See also Gertz v. Robert Welch, Inc., 418 U. S. 323 (1974); Curtiss Publishing Co. v. Butts, 388 U. S. 130 (1967).

② 385 U. S. 374 (1967).

③ 419 U. S. 254 (1975).

④ 420 U. S. 469 (1975).

⑤ 430 U. S. 308 (1977).

⑥ 435 U. S. 829 (1978).

⑦ 443 U. S. 97 (1979).

引用了 the New York Times 一案所确立的“实际恶意”标准，那么他人的隐私权都不会得到法院的支持。法院强调，我们应该赋予新闻媒体从公共资源中合法获取信息的权利。

1989 年审理的 Florida Star v. B. J. F. 一案[①]体现了隐私权在对抗新闻自由权上的无力。在该案中，法院对新闻媒体的新闻自由权做了进一步的保护，法院认为，虽然新闻媒体的信息披露行为不合适，该州的制定法和美国国内新闻行业规则也禁止此类披露行为，但是与州制定法中规定的隐私保护条款相比，新闻媒体的新闻自由权还是应该优先受保护。佛罗里达州的法院认为，被告的行为违反了隐私侵权法的规定以及佛罗里达州禁止公开他人私人信息制定法的规定，其行为构成隐私侵权。被告不服佛罗里达州法院的判决，该案上诉到了美国联邦最高法院。美国联邦最高法院的 Marshall 法官审理了该案，在该案中，Marshall 法官再次作出了保护新闻媒体新闻自由权的判决。Marshall 法官强调，尽管报社随后错误地公开了这些信息，但该案报社记者是通过合法途径获取的信息。法院认为，这些信息不属于他人的隐私范围，既然这些信息不属于他人隐私权的保护范围，那么州政府也就不对他人的这些信息承担保护责任。Marshall 法官认为，有时候，州政府的思想很狭隘，他们会很认为他人的某项利益很重要，因此，该利益可以对抗行为人在《美国联邦宪法第一修正案》中享有的新闻自由权。不过，法院并没有列举出具体事例，证明各州的狭隘思维。Florida Star 一案对美国隐私权发展的影响是，当他人的隐私权与行为人根据《美国联邦宪法第一修正案》所享有的权利，尤其是与行为人的新闻自由权相冲突的时候，他人的隐私权常常得不到保护。

上述案例反映了法院对待他人隐私权和行为人根据《美国联邦宪法第一修正案》所享有权利的基本态度。当他人的隐私权与行为人的言论自由权相冲突的时候，他人的隐私权通常被看作一项准宪法的权利。而当他人的隐私权与行为人的新闻自由权相冲突的时候，情况就变得和 Edelman 教授所指出的那样，这两种利益没有一个明确的价值衡量标准，这就是近年来会出现“公开丑化他人”隐私侵权被

---

① 491 U. S. 524 (1989).

认为是一项失败的制度的原因。从另一方面看，在涉及言论自由的隐私权案件中，听众的隐私权被认为是《美国联邦宪法第一修正案》、《美国联邦宪法第四修正案》和普通法最高原则中规定的内容。法院在审理此类案件的时候会遵循一系列标准和原则，在这样的案件中，他人的隐私权也常常受到法院的保护。

在涉及他人隐私权和行为人言论自由权案件中所体现的隐私权可以被描述为“个人独处的权利”，此类隐私权才是和《美国联邦宪法第一修正案》有真正联系的隐私权类型。在这样的案件中，他人行使言论自由权的行为会给他人的思想自由和独居利益带来侵扰。

与《美国联邦宪法第四修正案》中隐私权一样，《美国联邦宪法第一修正案》中隐私权的内容和法学家怎样定义“安宁”、“独居”、“隐居”有关。不过，《美国联邦宪法第一修正案》中隐私权和《美国联邦宪法第四修正案》中隐私权还有许多不同的地方，在《美国联邦宪法第一修正案》中隐私权中，它并不总是和政府的侵扰行为有关，在《美国联邦宪法第一修正案》中隐私权案件中，有时候完全是私主体与私主体之间的权利冲突，例如，挨家挨户推销商品、宣传思想的行为。美国整个社会已经实现了从农业社会到工业社会的转变，大批人从城市逃向郊区，不愿意住在公寓里，希望住在有前院后院的郊区小房子里，在这种情况下，此类准宪法性质的隐私权就显得异常重要。此类隐私权捍卫了公民的宗教的、政治的、艺术的思想自由，也为公民保守家庭秘密、进行独立思考等行为提供了条件。敲别人家的门、按门铃、牧师传道等一系列借口“言论自由”的行为并不是民主社会个人主义思潮中的进步因素：《美国联邦宪法第一修正案》中隐私权起到看门狗角色的作用，不过，此类隐私权起到的实际作用却不大。当行为人行使自己言论自由权而侵犯他人的隐私权的时候，他人的隐私权还可以受到法律的保护，除此之外，他人在《美国联邦宪法第一修正案》中的隐私权很难得到保护。因此，如果学者和法官不承认《美国联邦宪法第一修正案》中隐私权的独立地位并阐明《美国联邦宪法第一修正案》中隐私权和普通法中侵权法上的隐私权的不同，《美国联邦宪法第一修正案》中隐私权将面临着身份认同危机。

五、做最基本决定意义上的隐私权

（一）做最基本决定隐私权的确立

1965 年，美国联邦最高法院在 Griswold v. Connecticut. 一案[①]的判决中肯定了个人自由的价值，该案引发了关于做最基本决定的隐私权这项饱受争议的隐私权类型的大讨论。该案涉及康涅狄格州的一部法律，这部法律已经颁布了 80 年，该法禁止一切使用和销售避孕产品的行为。在该案的判决中，美国联邦最高法院认为，康涅狄格州的这部法律侵犯了公民的“婚姻隐私”，而尊重公民的婚姻隐私是美国联邦宪法的重要价值。在审理该案的法官当中，有六名法官认为，虽然学者对隐私权究竟属不属于公民宪法上的一项权利存在不同的观点，但是无论怎样，隐私权都是公民的一项基本权利。Douglas 为本案书写了判决意见，他认为，隐私权漂浮在《美国联邦宪法第一修正案》、《美国联邦宪法第三修正案》、《美国联邦宪法第四修正案》、《美国联邦宪法第五修正案》和《美国联邦宪法第九修正案》的边沿地带。虽然其他法官对此种观点的来源存在质疑，但是审理该案的大多数法官都认为，既然隐私权是公民的一项基本权利，那么公民所享有的这项基本权利就足以能够让已婚夫妇决定在自己的卧室中做什么，州政府不得干涉。

1973 年，在另一起著名案件，即 Roe v. Wade 一案[②]，法官将隐私权和美国民权法联系在了一起。现在，该案在《美国联邦宪法第十四修正案》的“自由”一词中找到了根据。根据正当程序条款中暗含的隐私权，妇女有权决定是否终止妊娠。在 Roe 一案中，法官们直面回应了这个问题，而这个问题是 Douglas 法官在 Griswold 一案和 Poe v. Ullman 一案[③]中试图回避的问题。审理 Roe 一案的法官认为，实质正当程序在此类案件中起作用，它会保护他人做某些选择的权利。

Roe 一案的审理标志着做最基本决定隐私权的确立。在 Griswold

---

① 381 U. S. 479 (1965).

② 410 U. S. 113 (1973).

③ 67 U. S. 497, 517 - 519 (1961) (Douglas, J., dissenting).

一案中，法官将做最基本决定的隐私权和我们熟悉的隐私权观念联系起来了，如《美国联邦宪法第四修正案》规定的住宅隐私权、侵权法中公开他人私人信息的行为和《美国联邦宪法第一修正案》中与婚姻关系相关的概念，审理该案法官的这种做法减轻了论证的难度，该案首次将隐私权和做最基本决定的自由联系起来。

从 Griswold 一案的结论跳跃到 Roe 一案的结论很复杂，也异常危险。因为该结论的得出没有宪法上的依据，我们至少不能根据宪法直接得出该结论。Roe 一案涉及做个人决定这个过程本身，它不局限于像住宅和卧室这些传统的秘密和独居场所的物理边界。虽然 Roe 一案唤起了人们对美国民权法中隐私权的关注，但是该案最终还是按照《美国联邦宪法第十四修正案》中的正当程序条款来审理，《美国联邦宪法第十四修正案》中的"自由"一词是该案与《美国联邦宪法第十四修正案》的唯一连接点。上述观点是 Harlan 法官在 Griswold 一案中的判决意见，该意见和 Harlan 法官在之前审理的 Poe v. Ullman 一案中的异议意见也是一致的。Griswold 一案到 Roe 一案的变化被誉为 20 世纪美国隐私权研究最重要的变化，这一变化不比 Warren 和 Brandeis 于 1890 年提出隐私权这个概念少任何戏剧性。Warren 和 Brandeis 通过收集英国和爱尔兰的历史资料来证明隐私权的存在，而事实上，在那时的英国和爱尔兰根本就不存在隐私权这个概念。

Griswold 一案和 Roe 一案的判决结果受到其他隐私权案件的影响，我们通过考察运用相同标准审理的案件来论证这个道理。审理 Griswold 一案的法官是从哪些地方来论证"婚姻隐私"权的呢？他们是从涉及《美国联邦宪法第四修正案》和《美国联邦宪法第五修正案》的隐私权案件的判决中来论证，这些案例有 Boyd v. United States 一案①、Mapp v. Ohio 一案②以及 Lord Camden 在 Entick v. Carrington 一案所作出的"他人的住宅就是他的城堡"判决。涉及《美国联邦宪法第一修正案》中安宁权的案件有 Breard v. Alexandria 一案和 Public Utilities Commission v. Pollak 一案③，涉及《美国联邦宪法第一

① Poe, 367 U. S. at 522 (Harlan, J., dissenting).

② 367 U. S. 643 (1961).

③ 343 U. S. 451 (1952).

修正案》中隐私决定的案件有 Naacp v. Alabama 一案[①]。这些案件和《美国联邦宪法第十四修正案》也有联系，在这些案件中，法官们无需论证 Lochner 理论，这些涉及《美国联邦宪法第十四修正案》中"自由"的案件有 Skinner v. Oklahoma 一案[②]、Meyer v. Nebraska 一案[③]以及 Pierce v. Society of Sisters 一案[④]，从这些对隐私权界定不明的案件中产生了婚姻隐私权这个概念。

Douglas 法官的"边缘部分"理论现在很出名，这个理论曾被用于构建做最基本决定的隐私权，不过，他的这个理论其实并不新奇，Holmes 法官在审理 Olmstead 一案的时候就已经提到"边缘部分"这个词。Holmes 法官在其异议意见中赞扬了"边缘部分"这个词在描述美国联邦宪法第四、第五修正案"地点"中所起到的作用。我们至少可以推断出，Douglas 法官在 Griswold 一案提出"边缘部分"构想的时候一定是查阅了 Brandeis 和 Holmes 法官在 Olmstead 一案中作出的涉及《美国联邦宪法第四修正案》和《美国联邦宪法第五修正案》的异议意见，而"边缘部分"构想最终促成了一种新型隐私权类型的出现。

Goldberg 法官是 Griswold 一案中对判决意见持赞同意见的法官，他认为，婚姻隐私权来源于《美国联邦宪法第九修正案》，他是根据 Brandeis 在 Olmstead 一案中的异议意见作出了上述判断。他认为，Brandeis 法官对美国联邦宪法中蕴涵的隐私权保护原则进行了综合性总结。Harlan 法官在审理 Griswold 一案的时候试图建立《美国联邦宪法第十四修正案》中正当程序条款和隐私权之间的直接联系，在论证理由的时候，他还是参照了自己在 Poe v. Ullman 一案中异议意见的内容。Harlan 法官在 Poe v. Ullman 一案中的异议意见反过来将正当程序和公民"暗含在有序的自由这个概念中"的基本权利联系起来了，Harlan 法官认为，"暗含在有序的自由这个概念中"的基本权利包括了《美国联邦宪法第四修正案》中隐私权的内容（引用了

① 377 U. S. 288 (1964).

② 316 U. S. 535 (1942), cited in Griswold, 381 U. S. at 485.

③ 262 U. S. 390 (1923), cited in Griswold, 381 U. S. at 481 -482.

④ 268, U. S. 510 (1925), cited in Griswold, 381 U. S. at 481.

Brandeis 在 Olmstead 一案中的异议意见）和《美国联邦宪法第一修正案》中隐私权的内容（引用了 Brandeis 在 Gilbert v. Minnesota 一案中的异议意见）。因此，Griswold 一案更像是我们之前所讨论到的隐私权类型的混合体，不过，很少有人从这个角度来评价 Griswold 一案。

和 Griswold 一案一样，Roe 一案对其他类型隐私权持同样的开放态度。事实上，这是不可避免的，因为如果我们要填补旧的涉及"自由"的案件和新的涉及"自由选择"案件之间的鸿沟，我们就不得不这么做。新的与"自由选择"有关的案件主要围绕私密性决定这一点展开。Blackmun 法官在审理 Roe 一案的时候引用了涉及《美国联邦宪法第一修正案》的 Stanley v. Georgia 一案①，涉及《美国联邦宪法第四修正案》、《美国联邦宪法第五修正案》的 Katz 案、Boyd 案和 Olmstead 案，以及涉及《美国联邦宪法第十四修正案》中"自由权"的 Loving 案和 Skinner 案。通过对这些案件的总结分析，美国隐私权中的第四种类型，即做最基本决定的隐私权这种隐私权类型诞生了。不过，Rehnquist 法官并不认为这是一类新型的隐私权，他认为，这类隐私权甚至连"《美国联邦宪法第四修正案》中免受逮捕和扣押自由的远亲都算不上"，而《美国联邦宪法第四修正案》是大部分隐私权类型的最初来源，但法院在审理这个案件的时候并没有考虑到这一点就创造出一种新的隐私权类型。

Griswold 一案和 Roe 一案的创新之处在于这两个案件的审理成功地将备受尊重的宪法上隐私权观念（最初是从《美国联邦宪法第一修正案》和《美国联邦宪法第四修正案》中得出的）和已经被遗忘的"自由权"案件混合在了一起。这两个案件的审理将涉及《美国联邦宪法第十四修正案》中"自由权"的案件和"自由选择权"案件结合起来，并成功地创造出一种新的隐私权类型。

（二）学者对做最基本决定的隐私权的认可

如果我们承认做最基本决定的隐私权属于美国隐私权中的第四种类型，那么，有一些问题我们就不得不提，即促使此类隐私权出现的

① Roe v. Wade, 410 U. S. 113, 152 (1973) (citing Stanley v. Georgia, 394 U. S. 557 (1969)).

历史动因是什么呢？此类隐私权合宪吗？此类隐私权的特征和其他类型隐私权的特征有什么不同？

和其他诞生于20世纪的隐私权类型相比，做最基本决定的隐私权引起的争议会更大。做最基本决定的隐私权是技术进步的直接产物，技术的进步给个人带来的选择机会之多是以前的美国人无法想象的。公民个人选择机会变多的结果就是公民和国家之间的冲突变得越来越严重，而且随着公民个人选择机会的增加，公民的诉求就不再仅仅是自己的秘密或者独居生活不被侵扰，他们开始质疑下面这些问题：谁有权做这些基本决定？是我自己还是政府？美国公民的觉醒使得这些被尘封的、之前没有引起人们注意、也没有引起什么争议的问题开始浮出水面，这些问题涉及避孕产品的使用、堕胎、同性恋、死亡的权利等。我们之前所讨论的隐私权都是涉及维护他人在其住宅中内心安静、平和的利益或者是规范其他人获取他人信息的方式，而根据《美国联邦宪法第十四修正案》所规定的做最基本决定的隐私权和我们之前讨论的所有隐私权类型都不同，做最基本决定的隐私权更多地涉及美国人的个性这个主题。我们亟需对这个问题进行重新评估，对美国联邦宪法中体现的社会契约精神进行解释。美国公民和政府都将第一次面临决定某些基本的决定（这个问题我们以前从未仔细讨论过，美国1791民权法案的起草者更没有讨论过这个问题）是否属于《美国联邦宪法第十四修正案》中“自由”一词所保护的个人自治权利的范围。做最基本决定的隐私权能否得到承认？这主要由美国社会的民主状况，即人们对“自由”一词的理解来决定。因此，做最基本决定的隐私权也属于实质正当程序原理的范围，不过，实质正当程序原理是美国联邦宪法中最受诟病的原理之一。

将做最基本决定的隐私权和实质正当程序联系起来的做法很快就招来一些著名学者的批评，这些学者包括 John Hart Ely，Alexander Bickel 和 Harry Wellington。在他们看来，Roe 一案以及该案创造的新型隐私权只是社会立法的一种形式，Lochner 原理早就已经没落了，而随着 Lochner 原理的没落，实质正当程序原理也已经被人们所丢弃了，该案只是将这种早被人们丢弃的实质正当程序原理重新挖了出来。耶鲁大学的 Wellington 教授是这样评价的：“如果法院直接引用 Lochner 原理，那么法院的论证会显得更具有说服力。”

Roe一案所强调的做最基本决定的隐私权是否重新制定了一个Lochner原理？Lochner原理是一个不受待见的词汇，在笔者看来，做最基本决定的隐私权并不是Lochner原理的再现。Roe一案和Lochner一案都涉及《美国联邦宪法第十四修正案》中正当程序条款中“自由”一词所蕴涵的他人的基本权利（不仅仅是程序上的保障）。不过，这两个案件有很大的区别。最明显的就是Lochner一案处理的是他人的经济权利问题，而Roe一案处理的是一种更具人格属性的自由权。这个观点也是大家对Roe一案和Lochner一案的通常理解，不过，这种观点只看到了事情的表面。Lochner一案所处理的经济权利只是一种特殊的经济权利，即劳动权、工作小时、健康和安全权，而这些权利在传统上是国家警察权力的核心利益。此外，Lochner一案判决后马上就是美国经济大萧条和美国新政时期，这些政治因素导致了Lochner原理的衰落。更重要的是，这个1910年发生的案件将“自由”视为每个人都享有的权利，每个人都可以主张自己的自由权，虽然其所主张的权利范围有大有小。该案没有区分“经济性的权利”和“非经济性的权利”，而事实上，这两种经济性的权利差别很大，区分二者很关键。该案也没有区分普通权利和那些被美国人视为最基本的、不可侵犯的权利，而将二者一视同仁。我们很难说Lochner一案中的面包师傅不享有自由权，事实上，如果Lochner一案涉及的是关于公民是否有成为一个面包师傅的权利的时候，审理该案的法官或许就会作出另一种完全不同的判决。笔者认为，Lochner一案所体现的契约自由精神在整个宪法精神中是微不足道的。

在Roe一案判决后，John Hart Ely在《耶鲁大学法学评论》发表了一篇文章。他认为，Roe一案和Lochner一案的关系就像是同一片豆荚里的两颗豌豆，这两个案件的判决都存在致命的缺陷，因为我们无法从美国联邦宪法的文本中找到支撑这两个案件判决的依据。在Ely看来，是否区分该权利是经济性权利还是非经济性权利与本案的关系不大，审理Roe一案和Lochner一案的法官只顾着为那些重要的权利提供特殊保护，却不去考察美国联邦宪法是否为这些权利提供了特殊救济。

Laurence Tribe从另一个角度来看待这个问题，他认为，人们的社会道德观是不断变化的，Roe一案是法官有关社会道德的一种法律表述，该案将处在不断变化的社会道德观固定了下来。在 Tribe 看来，美国联邦宪法是一项“有机且处在不断变化种类”的文件。Roe 一案之所以会提出做最基本决定的隐私权这种隐私权类型，是因为审理该案的法官为这种处在演变状态中的权利构建了一个基本框架，或者说审理该案的法官参与了构建此类权利基本框架的工作，他们在构建这个框架的时候参照了社会规则和自己对该权利的理解，最后他们用法律语言将这个框架表述了出来。

事后看来，有关做最基本决定的隐私权的真相处在 Ely 和 Tribe 有关该权利的最初看法之中。事实证明，做最基本决定的隐私权并不是 Lochner 原理的再现，该案可以被看作人们全权委托法院将“自由”精神穿插在《美国联邦宪法第十四修正案》文本中，该案也不属于社会集体道德的范畴，因为在不断发展变化的美国，人们的宗教观和道德观也是不断变化的。事实上，Griswold 一案和 Roe 一案确立做最基本决定的隐私权的目的就是为了理清并弥补现行社会交往中存在的法律漏洞，做最基本决定的隐私权属于隐私权的一种狭义类别。做最基本决定的隐私权正发挥其作用，并成为现代社会一项必不可少的权利。在现代社会，由于新发明层出不穷，社会环境发生了巨大的变化，普通公民面临着越来越多的不可预见的决定。而与此同时，美国又流行对宪法文本进行广义解释，这两种情况的出现必然会产生矛盾。因此，美国联邦宪法必须明确一件事，即当政府和公民对同一事务持不同意见的时候，谁拥有最终决定权。

和笔者在前文已经探讨的三类隐私权一样，在美国历史的特定时期出现做最基本决定这类隐私权的历史背景是可以查明的。美国医疗技术的进步是促进做最基本决定的隐私权出现的最重要的历史因素，事实上，我们常常忽略医疗技术进步对于改变美国社会面貌的重要性，我们也忽视了医疗技术对美国社会的深远影响。20 世纪 50 年代到 20 世纪 60 年代，医疗技术的进步正为做最基本决定隐私权的产生准备沃土。具体来说，美国避孕和堕胎技术的成熟是引起做最基本决定的隐私权讨论的直接诱因。上述医疗技术的进步使得公民面临的选择前所未有之多，而且这些选择都和隐私权有关：个人的身体，人类的生殖器官。Louis Brandeis 的“个人独处的权利”理论可以解决这个新问题，法学家认为，做最基本决定的隐私权属于“自治”权的一种。个人享有决定是否堕胎或者进行某种体检的权利，该权利属于个人独处的权利的一种，这是对公民决定自己生活权利的尊敬。

在美国或者世界上的其他国家，使用避孕产品都不是一件新鲜事，古中国、古希腊和古埃及早就出现了原始的避孕技术，他们使用药物、草药或者骆驼唾液来避孕或者引产。不过上述方法毕竟是原始的，所花费的时间也比较长，这种现象一直持续到了20世纪。不过，1944年一项重大医学发现改变了这一现象。在这一年，人类第一次在显微镜下观察到了精子和卵子的结合，解开了人类繁衍的奥秘，这一重大科学发现也给人类的繁衍和避孕带来了重大的影响。

20世纪50年代，美国制药行业开始发展，口服避孕药开始出现，这些药品能控制女性相关的雌性激素。此类药品于20世纪50年代开始在美国进行临床试验，1960年，美国食品和药物管理局正式批准此类药品用于商业。早在1958年，Gregory Pincus 和其他学者就对该类药品进行市场推广进行了评估，他们认为，此类药品的推广具有革命性意义。和传统避孕方法比，口服避孕药这种方法避孕效果明显，只有0.4%到2.7%的口服者有怀孕的风险。

上述医学新突破给美国社会带来了巨大影响，而这一技术进步也最终引起了做最基本决定的隐私权的讨论。到了1964年，美国所有的医疗机构都同意采用这种避孕技术，有48个州通过了成文法承认使用药物进行避孕的合法性。1965年（Griswold 一案进行判决的同一年），盖洛普公司发布了一项民意调查，该调查显示，有81%的受访公民认为政府应该为那些有需要的人士提供节育知识。同一年，避孕药因其方便性和有效性成为美国已婚夫妇中使用人数最多的避孕方式。

20世纪50年代到20世纪60年代期间由于避孕药品出现引发了对做最基本决定的隐私权的大讨论，这是前人无法想象到的事情，和避孕药的出现相类似，20世纪60年代晚期到20世纪70年代堕胎技术的成熟也同样成为隐私权研究的热点。堕胎技术的成熟是做最基本决定隐私权这一分支的另一股推动力。

和避孕技术一样，堕胎技术出现的时间也很久远。不过，早期的堕胎技术很落后，风险很大。直到1867年，Joseph Lister 才提出要对所有手术进行消毒的理念。在这之前，所有的手术（包括堕胎手术）

都处在危险的自然环境状态下，病人常常会受到病毒的感染或者引发其他并发症。而在现代医院，要进行堕胎手术必须对子宫进行消毒，和人类早期相比，技术进步了很多，堕胎手术的风险降低了很多，尤其是在妊娠的头三个月，这种风险就更低了。堕胎技术的完善使得堕胎所需时间大大减少，前列腺素化学组成的发现、月经诱导技术的进步、堕胎药的发明都使得堕胎变得更加安全和有效。

医学家宣布，妇女在具备相关设备的医疗机构进行堕胎手术的死亡率比正常分娩的死亡率要低。纽约对与堕胎有关的制定法进行了修订，在该法修订后的 11 个月中，纽约市内的医疗机构共进行了 165000 例堕胎手术，而在此期间，堕胎妇女的死亡率是十万分之五点三，堕胎手术的死亡率和扁桃腺切除术的死亡率不相上下。

堕胎技术的成熟最终引发了人们关于隐私权的讨论，早在 1962 年，美国法学会就和英国剑桥大学教授 Glanville Williams 进行了联系，讨论了美国《模范刑法典》（Model Penal Code）的修改工作，并讨论了将公民选择堕胎这一行为合法化的问题。美国的医学协会对堕胎行为合法化这一论题显得更有热情，他们认为，堕胎行为都是合法的。不过，到了 1970 年，美国医学界对堕胎的态度开始变得谨慎。美国医学协会的众议院议员在 1970 年的会议中指出，有医学上的必要的堕胎行为是合法的。与此同时，科罗拉多州成为美国第一个立法采用美国法学会有关《模范刑法典》应该立法确认治疗性堕胎合法化的观点。

到了 20 世纪 70 年代，美国的许多新教教会，包括卫理公会教会和联合基督教会对堕胎法的态度都变得没有那么强硬了。在尼克松总统执政期间，表面上，政府并不支持堕胎行为，但是暗地里却又加大了联邦资金对计划生育和人口控制研究的投入。在老布什总统执政期间，一个年轻的美国人写了一本呼吁世界进行人口控制的书。而 1969 年的一项哈里斯民意调查显示，绝大多数人认为决定是否堕胎属于个人的一项私人决定。

促使法官作出 Griswold 一案和 Roe 一案判决的历史因素比起之前的隐私权类型出现的原因显得更令人印象深刻。Warren 和 Brandeis 所提出的隐私权理念最初是为了应对社会技术的变化，到了现在，隐私权已经成为美国社会一个人人熟悉的法律议题。报纸和摄影家的出现使得他人的独居生活受到侵犯，不过这一问题用侵权法就可以解决。和上面的情况相类似，在 Olmstead 一案和 Katz 一案中出现的问题可以用《美国联邦宪法第四修正案》来解决电子窃听问题。不过，《美国联邦宪法第四修正案》中有关电子窃听的内容可以被“个人的住宅就是他的城堡”这个理念所包含。但我们忽略了 Griswold 一案和 Roe 一案所出现的做最基本决定的隐私权问题，我们还没有对这个问题进行仔细研究。不可否认的是，避孕技术和堕胎技术在美国还没诞生前就已经有了，但是直到 20 世纪 50 年代到 20 世纪 60 年代，避孕技术和堕胎技术才变得安全和更加有效。美国之前与受孕和私生子有关的法律都掺杂了宗教、道德和安全因素的考虑，这些法律突然之间都变得过时了。美国公民所面临的选择也前所未有的多，这些选择的背后体现了对公民民主权利的保护。社会契约中体现的隐私权和社会契约本身一样重要。即便隐私权对于美国民主社会的维持至关重要，但除了自治权对隐私权进行保护外，美国还没有产生其他隐私权保护途径。

Roe v. Wade 一案判决后，审理其他隐私权案件的法官开始运用《美国联邦宪法第一修正案》和《美国联邦宪法第四修正案》中的自治精神来判决隐私权案件，这种做法导致了 Lochner 一案的判决不被遵循，并由此产生了美国隐私权的第四种类型，即做最基本决定的隐私权。此类隐私权直接根据《美国联邦宪法第十四修正案》的文本提出来的，它主要关注的是：是否生育孩子的决定（Griswold 一案、Roe 一案和 Eisenstadt 一案）①；有关婚姻和家庭生活的决定（Loving v. Virginia 一案、Cleveland Board of Education v. Lafleur 一案和 Moore v. City of East Cleveland 一案）②；有关子女抚养的决定（Pierce v. Society of Sisters 一案、Meyer v. Nebraska 一案和 Prince v. Massachu-

① See, Griswold v. Connecticut, 381 U. S. 479 (1964); Roe v. Wade, 410 U. S. 113 (1973); Eisenstadt v. Baird, 405 U. S. 438 (1972). See also Planned Parenthood of Missouri v. Danforth, 428 U. S. 52 (1976).

② Loving v. Virginia, 388 U. S. 1 (1967); Cleveland Board of Education. v. Lafleur, 414 U. S. 632, 639 (1974); Moore v. City of East Cleveland, 431 U. S. 494 (1977).

setts 一案)[①]。正如 Rehnquist 法官在 Paul v. Davis 一案[②]中所总结的那样,《美国联邦宪法第十四修正案》中所体现的隐私权可以被看作"婚姻、生育、避孕、家庭关系、子女抚养和教育"有关的结合体。

Griswold 一案和 Roe 一案判决后,学者认为在隐私权的定义过程中,"人格"才是这场运动的胜利者。有些人认为做最基本决定的隐私权是 John Stuart Mill 所提出原则的宪法化,虽然他早在 1859 年就提出了这个理念。不过做最基本决定的隐私权并不完全赞同 John Stuart Mill 的"利己主义"哲学,而在 Griswold 一案和 Roe 一案判决后,很多法院拒绝承认隐私权是一项独立的权利,而在这些案件中就涉及体现他人"利己主义"的选择权。法院最终用自治权来审理这些案件,虽然这种做法并不会对公民权利产生不利影响。当然,驾车必须系安全带法、坐摩托车必须戴头盔法、凌晨一点后禁止停车法、禁止垂钓法都和他人做利己主义选择有关,但这些行为都受到国家法律的规制。根据 Mill 的自由原则,《美国联邦宪法第十四修正案》所体现的做最基本决定的隐私权这一权利本身限制了对他人来说至关重要的自由。最终,隐私权在个人自治这一宽泛的权利中占据一小块角落。

(三) 做最基本决定隐私权的适用

接下来的问题是我们不得不问:哪些自由受隐私权的保护?法官在审理案件的时候怎么判断该案是否属于做最基本决定的隐私权案件呢?

1. 现行社会契约

Jed Rubenfeld 在《哈佛大学法学评论》发文称,隐私权(既不是人格,也不是个性)在美国社会生活中占据重要地位,它和反极权主义的地位一样重要。Rubenfeld 教授解释道:"隐私权的要义并不是他人享有在做某些基本决定的自由,隐私权的要义在于他人享有个人生活不被一个逐步规范化的国家完全掌控的自由。"他的观点很吸引人,该观点也和政治学家 Carl J. Friedrich 在 1971 年提出的观点具

---

① Pierce v. Society of Sisters, 268 U. S. 510, 534 - 535 (1925).

② 424 U. S. 693 (1975).

有相似的地方。当然，Griswold 一案、Roe 一案以及其他与做最基本决定的隐私权有关的案件都体现了对政府侵入私权的一种厌恶情绪。通过禁止政府强制他人作出某些决定这种方式，隐私权保护了他人免受逐步规范化国家侵扰的权利。

然而，Rubenfeld 所提出的隐私权定义最终也逃不出人格这一内容的控制，这种定义也属于人格所包含内容的一种。这样的话，我们的问题就变成“公民的哪些行为和决定免受政府的干扰?”，这当然不是隐私权的全部内容。虽然 Rubenfeld 很在意美国政府所采取的标准化这种措施对美国公民的影响，但是我们要注意的是，美国公民以及世界上其他民主国家在其他方面也都采取了标准化措施。更重要的问题是，哪些决定要被纳入政府的标准化范围，哪些决定不用纳入政府的标准化范围。答案就是，只有那些与他人人格有关的“重要的”、“核心的”或者“基本的”的决定才受到做最基本决定的隐私权的保护。反极权主义带我们绕了一个圈，我们又回到了人格这个概念。

为隐私权下一个能符合所有情境的定义这项工作很紧急，但是直到现在也没有一个令人满意的隐私权定义，因为这些定义都没有抓住隐私权的要义。从哲学的角度看，这些定义要么与“人格”有关，要么与“反极权主义”有关，这些定义都具有其合理性。但是从实践的角度来看，隐私权的内容是不断变化的，而这些定义包含的内容也太广了。并不是所有的“人格”都受到法律的保护，也并不是所有的“极权主义”行为都受到《美国联邦宪法第十四修正案》的禁止。事实上，做最基本决定的隐私权所解决的最重要的问题是确认他人在做某些基本决定的选择权，但是这种权利的范围很狭窄。做最基本决定的隐私权这一定义也解决了下列问题：涉及公民生存权利的决定由谁来做呢？是公民自己还是政府？由谁来决定这个问题在一些大的选择上很容易确定，因为大多数重要的决定在最初的社会契约文本中（如美国联邦宪法）都有具体的规定。之所以会在最原始的社会契约文本中规定这些内容，是因为在那个特定时期，宪法的起草者认为这些内容是重要的，因此宪法的起草者会对公民和国家权力界限的问题进行了具体规定。

不过有一个问题是，公民和国家的界限并没有界定得那么清晰，在John Hart Ely看来，这二者的界限永远都界定不清，美国联邦宪法假设了三个层面的内容。

第一层面的内容是这三者之中最具体的，它允许个人自治的事务用准确的文字规定在宪法文本中。这样的话，个人就享有了不成为奴隶的权利，或者说个人享有了不处在不自愿的奴役状态下，这是《美国联邦宪法第十三修正案》中规定的内容。个人自治中的这项权利是受宪法保护的，与个人是否受奴役有关的决定权不得赋予政府，因为这是美国联邦宪法中明确规定的。

美国联邦宪法第二层面的内容就没有那么具体了，通过查阅美国联邦宪法具体文本，我们或许可以解决与个人自治有关的隐私权问题。不过，如果我们在解决此类问题时不将其与美国社会历史的发展和美国联邦宪法判例法联系在一起，要解决此类问题或许很难办到。鉴于此，美国联邦最高法院在判决中认为，个人将执行死刑的权利交给国家，而国家则给予个人以社会福利。《美国联邦宪法第八修正案》所规定的“免受残忍的和不寻常惩罚”权利引发了他人是否享有决定自己生死的权利之争，不过，一旦个人犯了某种罪行，那么其决定自己生死的权利将不复存在，在这个问题上，这就是国家和公民个人权利的界限。“残酷和不寻常惩罚”这个词还需要进一步进行解释。但是审理Gregg v. Georgia一案[①]的法官却对《美国联邦宪法第八修正案》中这个没有明确具体意思的词语进行了考究，法官们考据了该条款制定时美国社会和英国社会的历史（英国支持死刑制度）以及“不断发展变化的、标志着社会成熟的礼仪标准”（包括美国35个州制定法中对死刑制度的支持）。最终，他们得出了“死刑制度不违反美国联邦宪法”的结论。因此，美国联邦宪法第二层面的内容并不是宪法文本所规定的内容，法官们通过考察历史，并将历史中的原因应用在现代社会的方法解决了个人自治这个问题，这种方法也使得公民和国家的权利得到了较好的界定。

美国联邦宪法第三个层面的内容是最不具体的，因此，该内容也是最重要的内容。美国联邦宪法规定了公民的最基本权利，它的含义比其字面含义要广很多。虽然历史和现代社会规范能对司法解释作出

---

① 428 U. S. 153 (1976).

指引，但是参照历史和现代社会规范的方法将使得这项工作变得异常困难，因为历史不会（也不能）回答哪一个词语才是对事实的最准确的描述，而社会规范又是一成不变的。因此，“自由”这个词包含了个人享有堕胎的权利吗？“受法律的平等保护”这个词包含了黑人公民享有和白人公民同样的入读公立学校的权利吗？在当时，上述问题都没有明确的历史指引。从《美国联邦宪法第十四修正案》起草时起，这两个问题的答案就明确了。在 Brown v. Board of Education 一案[①]和 Roe v. Wade 一案中，法院都被迫界定个人自治权利范围，因为个人自治的含义太广了，而隐私权有属于其内容的一部分，法院不得不这么做。而这个时候，宪法文本中并没有明确规定，美国历史上也没有这方面的规定。

从 Griswold 一案和 Roe 一案萌发的做最基本决定的隐私权关注了美国联邦宪法下游法律的特殊性。Thomas Grey 在其发表在《斯坦福大学法学评论》（*the Stanford Law Review*）上的文章中用“不成文的宪法保障”来描述这个现象。不过笔者认为，用这个词来刻画这种现象是危险的。当然，“自由”这个词是美国联邦宪法明文规定的，而美国联邦宪法中的其他词在美国历史发展这两百年中也赋予了更多的含义。由 Griswold 一案和 Roe 一案萌发的做最基本决定的隐私权之所以特殊是因为这种隐私权在最初的社会契约中是从来没有直接提出来的。这类隐私权在制定美国联邦宪法的时候是不存在的，或者说这类隐私权代表着现代秩序的一种变化。做最基本决定的隐私权和洛克提出的社会契约论很契合，这类隐私权也涉及公民和国家权力的划分，随着历史的发展，二者之间的鸿沟不断产生。

洛克《政府二论》（*Second Treatise of Government*）在美国的盛行使得社会契约论的思想在美国广为传播。社会契约论的前提在于一个人生活在“自由、平等、独立”的国家，在没有经过同意的情况下，任何人都不得被剥夺自由和政治权利，而这种同意是由公民组成的为实现共同和平和安全的单一政体以协议的形式作出的。个人通过割让一部分的自由和自治权利给政府从而进入这个社会契约中，政府一旦组成，它就可以作为一个实体单独行为而不顾个人意志。

① Brown v. Board of Educ., 347 U. S. 483 (1954).

个人在进入社会契约的过程中并没有放弃其全部自由。虽然有许多事情都可以限制人们根据自然法则所拥有的自由，但即便如此，个人自由和做决定的权利并没有完全交给国家。在洛克看来，社会的目标就是保护社会成员中个人的财产（生命、自由和土地）。即便国家已经产生，人们还是拥有财产权。因此，人们加入社会契约的行为并不会抹去个人自由和自治权利。社会契约只不过是在公民和国家之间划定了一条界线，在界线的一边是公民为了社会利益让位于政府的权利，在界线的另一边是公民自己保留的不可侵犯的自由权。

洛克以及和他同时代的辉格党（Whig）将他们的理论纳入了不成文的英国宪法中。英国不成文宪法中的思想也跟随着移民者漂洋过海来到美国，不过，在美国，洛克的思想被挖掘得更深，增加了新内容。美国人认为，社会契约应该和其他契约一样，应该以书面形式予以呈现。

有一个问题我们不得不提，谁来决定哪些自由是个人让位给国家的，哪些自由是个人自己保留的？首先，立法机关。立法机关是国家创造的第一种机构，也是国家的最高权力机关。立法机关制定宪法、解释宪法以及制定其他能够实现宪法目的的法律。一旦社会契约达成，并且是书面的形式，立法机关也不得凌驾于社会契约行使自己的权力。个人让位于国家的权利在社会契约中是明文指出来的，因此，立法机关拥有的权力不能超过社会契约的规定。

如果立法机关在立法的时候超越了其权力范围并侵犯了个人的权利，解决的办法只有两种。第一种理解方法是公民向上帝起诉（appeal to Heaven）。在洛克看来，这种解决方法和革命是一样的，这是人类历史先前的法律赋予的，也是人类最高法则。第二种解决方法就是交由那些能够公平解释社会法律的人去解决，当一方违反社会契约时由他们去检验法律的合法性。洛克解释说："立法机关，或者说最高权力机关不能假设自己拥有裁决任何法律的权力，这项权力应该由法官来行使，由权威的法官根据现行颁布的法律来决定。自然法最开始都是不成文的，因此，我们无法找到自然法的书面记载，这些只能从人们的意识中去寻找，根据人们的看法来判断，如果没有法官，我们也就无法判断他们是否滥用了这些权利。"

表面看起来，洛克是一个立法机关权力的拥护者，但事实上并不完全这样，洛克想把这些权利赋予给那些“知名的、权威的法官”。虽然我们并不清楚这些法官在洛克的社会契约论中扮演着什么角色，但是在美国联邦宪法中，这个角色的地位得以明晰，因为美国联邦宪法在宪法文本中已经作了明文规定。自从 Marbury v. Madison 一案发生后，立法机关就已经决定不再担任立法者和法官的双重职位。基本权利是国家和公民在社会契约中要争论的重点，当立法机关违反社会契约的时候，美国允许对立法机关进行司法审查。

不管我们喜不喜欢，做最基本决定的隐私权事实上相当于对原始社会契约的一种解释，因为这类隐私权涉及个人自由的权利。在我们的日常生活中总是有数不清的有关个人决定的“不足道的隐私”被让位于国家，而这样做的后果就是我们的一些重大选择将面临危险，而司法制度将保证国家不会违反对其授权的社会契约。

在 Griswold 一案和 Roe 一案后，我们大概可以将做最基本决定的隐私权分为两类。第一类是和那些不会引起争议的涉及“婚姻、家庭和住宅”的案件。当法院宣告公民个人有权决定和谁结婚、怎样教育他们的孩子以及和谁住在一起的时候，没有人会反对法院的意见。这些基本决定虽然没有在美国联邦宪法中明文写下来，但是人们长期这样认为，这种思想在美国有很长的历史。因此，在 1923 年，美国联邦最高法院在 Meyer v. Nebraska 一案中才会宣布《美国联邦宪法第十四修正案》中的“自由”包括了父母送自己的子女去由德国人教学的学校上学的权利。1787 年的条例就已经宣告，学校以及教育方式永远都是受支持的。抚养、教育子女的权利长期以来都是美国民主的一部分，这也是对社会契约的一种解释吗？答案无疑是肯定的。这是对宪法的解释？答案还是肯定的。

Meyer v. Nebraska 一案、Pierce v. Society of Sisters 一案、Loving v. Virginia 一案、Moore v. City of East Cleveland 一案以及其他案件都是这方面的典型案例，这些案件之所以会产生这么小的争议是因为这些案件背后运用的法理早已在美国社会生活中达成了共识。

第二类可能会引发一些争议，不过这类隐私权也是想对模糊的社会契约作进一步的解释说明，这就是堕胎 - 避孕权、死亡权和同性恋。这些案件的审理有助于社会契约漏洞的填补，但这些案件并没有深厚的历史传统和渊源。因此，在成文宪法中没有规定的情况下，我们怎么推算出这也是一项基本的宪法权利就成了我们要解决的问题。

Griswold 一案、Roe 一案、Carey v. Population Services International 一案、Planned Parenthood of Missouri v. Danforth 一案、Colautti v. Franklin 一案以及其他和《美国联邦宪法第十四修正案》中与避孕及堕胎有关的隐私案件都属于这一类。在这些案件中，司法解释对社会契约的震动会更大。这不是因为“自由”这个词在这一类案件中的含义比在第一类案件中的含义更具体，而是因为这些涉及通过药物来避孕、通过高科技的医学手段堕胎这些现象在社会契约订立之初是从来没有的事。当社会和技术发展后，原始社会契约中有关“自由”的规定就出现了漏洞，而新出现的现象是历史上没有发生过的，这就带来了难题。做重大决定的权利属于公民还是国家？做最基本决定的隐私权就是为了填补社会契约中出现的这个漏洞，解决国家和公民之间出现的契约问题。

法院在审理 Cruzan v. Missouri Department of Health 一案的时候就面临这个难题，该案涉及他人是否享有决定继续用人工营养和水来维持生命的权利。虽然 Cruzan 一案绕开了隐私权这个话题，允许法院暂时歇一口气，但是随着技术的发展，法院最终还是要面对这个难题。医学技术的成熟造成了国家和公民个人的新对立，个人自由这个终极问题是《美国联邦宪法第十四修正案》的起草者没有预想到的。要不要断开生命支持系统是由国家来决定还是公民来决定？自然死亡由国家决定还是公民个人决定？“个人独处的权利”现在的内容已经不是 Brandeis 所能预想到的了，因此，解释“自由”一词的含义也就变成了司法者的任务。

像 Bowers v. Hardwick 这样的同性恋案件和以往的隐私权案件明显不同。当然，人类历史上有关同性恋的讨论已经进行了很久，但是现代的同性恋权利运动和同性恋作为一种社会接受的生活方式是 18 世纪的英国、殖民地时期的美国和美国联邦宪法起草者所处时代所没有出现的。在这种情况下，改变的是社会观念而不是技术。自由一词包含了他人有权选择性取向的自由吗？他人有权选择和传统的美国社会不同的亲密交往对象的自由吗？在公共厕所和酒吧发生同性恋之间的性行为会受到国家的规制，尤其是近年来艾滋病的盛行更让国家有理由去规制这类行为，当然，异性性行为也会导致艾滋病的发生。有一个问题不得不问，国家怎样规制他人在自己家中发生的同性恋性行为呢？他们是已经锁好门窗，拉好窗帘了呀。审理 Bowers 一案的法院引用了国家和公民之间的契约理论，法院认为，做最基本决定的隐私权并没有扩展到允许公民在家里实行同性恋性行为的权利。法院的态度很坚持，不过，这个问题还没有完结。

笔者在前文已经提到，隐私权的一个特征就是在其得到司法的接纳之前，它都要经过社会的浸染。Bowers 一案失败的原因在于美国社会对待同性恋的矛盾心理，即美国社会不知道同性婚姻是美国社会的一种生活方式还是只是历史中一种过往云烟的现象。在经过了社会和技术的变革一段时间后，侵权法上的隐私权和《美国联邦宪法第四修正案》中的隐私权才得到美国社会的认同，和上述隐私权类型一样，做最基本决定的隐私权也要在解决社会契约中的漏洞，如同性恋现象，让人们相信这是一个社会长期的现象才会得到社会的认同。

2. 对社会契约进行司法解释的合法性

美国联邦宪法的语言说得越不具体，法官对宪法文本的解释就越难。这意味着法官在面临新的隐私权问题的时候不用对美国联邦宪法进行解释吗？当然不是。

美国联邦最高法院在面临做最基本决定的隐私权这个问题上显得不够大胆，美国联邦最高法院的前任大法官 Robert Bork 认为，《美国联邦宪法第十四修正案》中的隐私权就像是水中月雾中花，这只不过是法院对道德规范的司法解释。然而，用道德规范来解释《美国联邦宪法第十四修正案》中的隐私权是不准确的。和其他宪法没有明文指出的权利类型一样，当美国的社会生活发生改变的时候，法院在审理这些案件时就要联系美国的历史、先例以及整个宪法体系，这样才能保持美国联邦宪法的开放性，才能应对新情况的出现。这也是《美国联邦宪法第四修正案》中涉及逮捕和扣押的隐私权的形成中面临的问题，在《美国联邦宪法第四修正案》中的隐私权中，“合理的隐私期待”也是不成文的，它们也是由法院根据美国特定历史时期的具体情况来确定的。在《美国联邦宪法第四修正案》中隐私权的确立过程中，美国联邦最高法院结合了美国历史、判例法和各州判决的案件以及各州立法相关知识，对这些知识进行整理后作出了一个令人信服的解释。

从美国联邦最高法院最近审理的 Webster v. Reproductive Health Services 一案可以看出，并不是所有的美国联邦最高法院的法官都认同由美国联邦最高法院来创设一种新的隐私权类型是合法的。Webster 一案显示了美国联邦最高法院内部对这个问题的分歧，这种分歧还在不断加大，在堕胎这个问题上尤其如此。美国联邦最高法院首席大法官 Rehnquist 努力降低做最基本决定的隐私权的地位，他认为，Webster 一案涉及的妇女堕胎权只是一种受正当程序条款所保护的利益而不是一种基本的宪法权利。

Blackmun 是本案的持异议法官，他认为 Rehnquist 法官在 Webster 一案的观点只不过是一种理性的观点。因此，并不是所有的法官都同意首席大法官降低做最基本决定的隐私权地位的做法，仅仅将这项权利视为正当程序条款中的一项利益。而随着社会契约漏洞的填补，尤其是在堕胎案件中，我们面临着美国联邦最高法院迎合政府利益的风险。

如果人们对政府的行为感到不满意的情况越来越多，那么人们就会慢慢地疏远政府，不受政府的管束。那么解决的路径也就只有一条了，即革命。因此，当社会和技术发展的时候，在面临新情况、新问题的时候，我们要及时对宪法文本作出解释。美国式民主假设的前提就是个人享有做重大决定的自由。和其他契约不同，由于社会契约的起草者在契约起草时并不能预测到现在发生的新情况，因此我们现在必须要对契约进行适当的解释和说明，当然这种工作耗费的时间会很长，人们真正享受这种权利要经过长时间的历史检验。

六、各州宪法规定的隐私权

促进隐私权发展的另一个刺激因素是 20 世纪 70 年代各州宪法的复兴，这是 Louis Brandeis 不可能预想到的因素。20 世纪 70 年代各州宪法之所以会出现复兴局面，一部分原因是各州对 Burger 法庭对民权问题保守态度的回应，另一部分原因是各个州对已被遗忘的、丰富的历史资料的发现，这些资料比美国联邦宪法还要早至少十年。

由美国联邦最高法院和其行政分支在 20 世纪 70 年代和 20 世纪 80 年代判决的使得个人权利和自由全面回归的案件主要围绕“联邦制”和“州权”这两个主题，即将权力归还各州这个主题。在 Warren 法官时期，美国联邦最高法院对这个问题进行了解释。美国联邦宪法有意为各个州预留了与做决定有关的权力，尤其是刑事诉讼法和个人权利领域。

20 世纪后期各州宪法的兴起，或者说“新联邦主义”的兴起直接影响了美国隐私权含义的广度和深度。各州宪法中的隐私权既是《美国联邦宪法第四修正案》、《美国联邦宪法第一修正案》和《美国联邦宪法第十四修正案》的综合体，又排除了美国联邦的干涉。更重要的一点是，各州宪法中的隐私权内容正成为一种新的隐私权类型。例如，死亡权、工作场所有毒物质检测、醉驾，这些内容对联邦隐私权的发展产生了重大影响。

将各州宪法中体现的隐私权当作美国隐私权的第五种类型可能并不完全准确。虽然各州法律文本都对这类隐私权给予了特殊保护，但是这类隐私权的很多内容在我们前文讨论的类型中都有体现。不过，各州宪法中体现的隐私权和我们前文讨论的内容也有很大的不同，例如，很多州的宪法判例所承认的隐私权的范围很广，这个范围比联邦法和普通法所承认的隐私权的范围都要广。更有趣的是，有些州的宪法条文创造了一些新的隐私权名词，我们在前文所讨论的判例法中找不到一个和这些名词相呼应的词语。

虽然 Brandeis 法官并不会预料到美国社会会出现此类隐私权分支，但是他一定会赞同各州宪法中的隐私权内容也属于一种新的隐私权类型。各州宪法中的隐私权成为 Brandeis 努力将隐私权嵌入美国联邦系统的现代实验室。这样的话，新的隐私权现象出现的时候，这些新的内容按以下步骤也能容纳进美国法律体系中。

（一）第一步：将联邦法律中的隐私权内容吸纳进各州宪法中

在美国立国的头两百年，美国几乎没有一个州认识到自己州的宪法中会包含有隐私权保护的内容。华盛顿特区和亚利桑那州在 20 世纪之初以州的身份明确指出，他们州宪法中与逮捕和扣押有关的条款与隐私权有关。不过，这也是根据《美国联邦宪法第四修正案》提出来的，这种提法并不独立于《美国联邦宪法第四修正案》。直到各州宪法运动发生后，各州宪法中的隐私权才独立于美国联邦宪法。

1967 年，美国联邦最高法院判决了 Katz v. United States 一案，该案进一步确立了《美国联邦宪法第四修正案》中隐私权的地位。该案判决后，很多州都将“逮捕和扣押隐私权”容纳进本州的宪法文本中。夏威夷州于 1968 年修改了宪法，伊利诺伊州于 1970 年修改了宪法，南卡罗来纳州于 1971 年修改了宪法，路易斯安那州于 1974 年修改了宪法。这些州都在其宪法文本中增加了保护公民免受不合理的隐私侵犯的内容，有些州增加了规范通信拦截或者电子窃听的内容，这种行为迈出了各州宪法隐私权这种隐私权类型形成的第一步，这种做法追随了美国联邦最高法院的判决意见。

Griswold 一案和 Roe 一案判决后，公民做最基本决定的隐私权引起了各州的广泛关注。1972 年的蒙大拿州、阿拉斯加州和夏威夷州以及 1980 年的佛罗里达州都将 Griswold-Roe 案中隐私权精神容纳进该州宪法的文本中。这样一来，即使将来美国联邦发生剧变，这些州的权力也不会受到任何影响，因为这项权力已经明确规范在本周宪法中。蒙大拿州和夏威夷州走得更远，这两个州通过总结 Griswold-Roe 这两个案件得出了“强制性国家利益”这个概念，将《美国联邦宪法第十四修正案》中发展出来的多重司法审查标准宪法化，并在宪法中明确指出该内容是宪法的一个组成部分（和美国联邦层面的保护相比，Roe 一案所体现的隐私权类型受美国各个州宪法的保护要更多一些，尽管此类隐私权最初是美国联邦创建的）。

有些州直接修订本州的宪法文本，将新出现的隐私权类型写入本州的宪法文本中，而有些州则不对本州宪法文本进行修订，他们通过对现有的宪法文本进行解释，将新的隐私权类型纳入宪法解释中。例如，有很多州就是通过宪法解释的方法将逮捕和扣押隐私权这一内容纳入本州宪法的保护范围，这和美国联邦宪法最高法院的法官运用《美国联邦宪法第四修正案》来判决 Katz 一案的做法很相似。Griswold 案和 Roe 案的判决使得隐私权理念席卷美国大地，很多州的最高法院开始从历史的尘埃中发掘了做最基本决定的隐私权这种隐私权类型，他们认为这项内容处在本州宪法的边沿地带，本州宪法既然有此项内容，那么无需对宪法文本进行修订。

（二）第二步：对联邦判例作出回应

将逮捕和扣押隐私权和做最基本决定的隐私权的内容吸纳进本州宪法后，对美国联邦最高法院某些不可接受的判决作出回应并发展出本州自己的一套宪法隐私权体系，这种州宪法隐私权的范围比联邦宪法隐私权体系的范围要广。

逮捕和扣押隐私权在州宪法中很快引起了震动，这主要是美国联邦最高法院在判决中大力削减公民的这项权利引起的，这又回到了 Warren 法庭时期有关《美国联邦宪法第四修正案》的判决。作为回应，一些州收集了很多与美国联邦最高法院判决相背的判决，这些州认为，根据本州宪法，公民享有更为广泛的隐私权利。州宪法的这项运动是很引人注意的，要知道，大多数州在 Katz 一案判决时都还不承认隐私权是一项独立的权利，而到了 20 世纪 70 年代，他们竟然能为隐私权的保护作出如此大的努力，这当然惹人注意。各个州的反应很快，各个州的宪法成为隐私权的新天堂，刑事诉讼法领域尤为突出。

阿拉斯加州的南达科他法院在审理 South Dakota v. Opperman 一案①的时候拒绝引用美国联邦最高法院的判例来审理该案。法院认为，根据该州法律，未经授权，执法人员不得搜查和扣押公民的交通工具。密歇根州、新罕布什尔州、蒙大拿州、阿拉斯加州和佛罗里达州在审理类似案件的时候都拒绝遵循美国联邦最高法院在 United States v. White，一案②中的做法，因为该案允许政府线人监听公民的行为。

到了 20 世纪 80 年代的 Burger 法庭时期和 Rehnquist 法庭时期，美国联邦最高法院继续削减公民的宪法性隐私权，而在这场州宪法运动中，逮捕和扣押隐私权在州宪法中得到了更为严格的保护。在 United States v. Ross 一案③判决后，很多州都对美国联邦最高法院的判决作出了谴责，因为该案允许执法人员在没有搜查令的前提下对公民

① South Dakota v. Opperman, 428 U. S. 364 (1976).

② 401 U. S. 745 (1971) (plurality opinion).

③ 456 U. S. 798 (1982).

汽车中的密闭容器进行了搜查。在审理 Smith v. Maryland 一案[①]的时候，根据《美国联邦宪法第四修正案》，美国联邦最高法院允许政府使用笔寄存器记录下公民的电话拨号记录，爱达荷州拒绝适用美国联邦最高法院的这个判例。南卡罗来纳州、康尼狄格州、新泽西州以及宾夕法尼亚州的绝大多数法院都拒绝引用美国联邦最高法院在 United States v. Leon 一案[②]中作出的判决，美国联邦最高法院在该案中认为，由于此次搜查涉及重大的国家利益，因此此次非法搜查和扣押行为中适用“善意的例外”原则。各个州判决的宪法性隐私权案件还有很多，通过这些案件，各个州为公民提供了联邦民权法所没有的保护。

上述案件在美国隐私权发展的历史上都占据重要地位，宪法性隐私权，尤其是《美国联邦宪法第四修正案》中的逮捕和扣押隐私权是美国联邦最高法院在 20 世纪 70 年代创造出来的。各个州一旦将此项权利写入宪法文本中或者在司法解释中增加这些内容，这些州就不会再愿意放弃这项权力。这样一来，Brandeis 法官在 Olmstead 一案中划分的权力将在很大程度上成为州的权力。

（三）第三步：多元化和实践

各州宪法对美国隐私权发展的最大贡献并不在于州宪法对美国联邦最高法院令人不可接受判例的拒绝援引，而在于各个州勇于解决美国联邦最高法院所没有解决的新的隐私权问题。各州的这种做法将会使得隐私权理论更加成熟，并为美国联邦解决隐私权问题提供有益借鉴。

有关死亡权的判例是最有说服力的，美国联邦最高法院直到 1990 年 6 月才对 Cruzan 一案[③]作出判决。该案是有关死亡权并且能够进入美国联邦法院系统审判的一个代表性案件。Cruzan 一案的判决可能令很多期待隐私权保护的旁观者失望了，法院认为，根据《美国联邦宪法第十四修正案》，一个有行为能力的人或许可以作出自我

---

① Smith v. Maryland, 442 U. S. 735 (1979).

② 468 U. S. 897 (1984).

③ Cruzan v. Missouri Dep't. of Health, 497 U. S. 261, 110 S. Ct. 2841 (1990).

灭亡的决定，但是无行为能力人（如 Cruzan 太太），他们不能通过其代理人作出同样的决定，尽管她是完全自愿的。因此，个人是否享有死亡权这个问题其实并没有解决。

在 O'Connor 法官看来，Cruzan 并没有给出明确答案。她说："现在，我们只需要考虑州的司法活动不违反美国联邦宪法即可，制定适当的程序来维护公民的自由利益这项更为艰巨的任务都将交给各个州去处理，由各个州在司法实践中去解决。事实上，各个州早就致力于解决这个问题，在死亡权（以及拒绝接受医疗救助的权利）这个领域已经有了比较成熟的做法。美国联邦最高法院在审理 Cruzan 一案的时候就参照很多州的判例，尤其是 re Quinlan 一案①。这个案件是新泽西州最高法院在 1976 年判决的，法院认为，Karen Ann Quinlan 根据新泽西州宪法第一条第一款所享有的隐私权要比国家通过医疗手段保护公民生命健康的国家利益重要。法院认为，虽然 Quinlan 并不是具有完全行为能力的人，但是根据她所享有的隐私权，她有权要求终止治疗。由于他父亲是她的监护人，因此她父亲也有权这么做。Quinlan 一案判决后在美国引起了很大反响，该案对死亡权的探讨要比 Cruzan 一案早很久。这个案件也被亚利桑那州和加利福尼亚州的法院所援引，当这两个州的法院在审理公民拒绝接受医疗治理并且该公民的病情并没有到达疾病晚期的时候。

各个州的法院在面临新的隐私权难题的时候积极应对，并发展出了一套解决此类案件的思路，很多情况都是美国联邦最高法院没有遇到过的。直到 1989 年，美国联邦最高法院才开始尝试解决工作场所毒品检测这类案件。而且它还将这类检测限定在特定的行业领域，即铁路工程师和携带枪支的海关人员，而且这都还是因为政府的特定需求才发生的。而在这之前，很多州早就那样做了。

例如，马萨诸塞州最高法院就曾在其判决中认为随意对铁路工人进行毒品检测违反了该州与隐私权有关的法律。马萨诸塞州最高法院认为，如果委员会到一个拥有合法执照的公民家中搜查毒品，那么对该公民进行尿检就毫无疑问地侵犯了公民的私生活。阿拉斯加州最高

① 355 A. 2d 647 (N. J. 1976).

法院在 Luedtke v. Nabors Alaska Drilling, Inc. 一案[①]中认为，该州宪法中的条款并不适用于私人雇员，但法院又强调私人毒品测试项目还是要满足普通法上侵权法中要求的“合理性”这个标准，这个案件符合了上述标准。

酒后驾车路障案件同样受到法院的重视。在美国联邦最高法院审理 Michigan Department of State Police v. Sitz 一案[②]之前（1990 年），美国至少有四个州已经对这类案件进行了审理，这些案件的审理为美国联邦最高法院审理该案提供了有益的逻辑参考。宾夕法尼亚州联邦法院在审理 Baraschv. Pennsylvania Public Utility Commission 一案[③]的时候就认为，Bell Atlantic 公司的来电显示（可以知悉来电人的信息、拒听功能）侵犯了他人的隐私权，该案的判决为隐私权中的另一个难题的解决提供了参考资料。加利福尼亚州最高法院就审理一起在美国联邦宪法中没有对应描述的案件，而华盛顿特区最高法院也审理了一起雇佣中运用测谎仪的案件，[④] 这些案件都是美国联邦最高法院以前没有审理过的。纽约州上诉法院在审理 Callahan v. Carey 一案[⑤]的时候认为，根据纽约州宪法，流浪汉也拥有遮挡自身的权利。而康尼狄格州最高法院在审理 State v. Mooney 一案[⑥]的时候就认为，流浪汉对于自己放置在天桥底下的盒子享有合理的隐私期待。

上述案件表明，新技术的出现和社会环境的变化会产生越来越多的隐私权难题，而各州法院遇到这些难题的次数要比美国联邦最高法院要多得多。流浪汉的权利问题、通过电话和电脑侵扰他人独居生活的问题、同性恋的问题都需要我们去解决，但现有的宪法文本中根本就没有对这些问题进行规制。严格来说，各州宪法中的隐私权并不是一项独立的隐私权类型，但是在这个特定的历史时期，将这类隐私权

---

① 768 P. 2d 1123 (Alaska 1989).

② Michigan Dep't of State Police v. Sitz, 496 U. S. 444 (1990).

③ 576 A. 2d 79 (Pa. 1990), aff'd sub nom., Barasch v. Bell Tel. Co., 605 A. 2d 1198 (Pa. 1992).

④ See O'Hartigan v. State, 821 P. 2d 44 (Wash. 1992).

⑤ Callahan v. Carey, No. 42582/79 (N. Y. Sup. Ct.), cited in Eldredgev. Koch, 98 A. D. 2d 675 (N. Y. App. Div. 1983).

⑥ 588 A. 2d 145 (Conn. 1991) cert. denied, 112 S. Ct. 330 (1991).

和其他隐私权混为一谈是不合适的。在某些时候，此类隐私权属于第四种隐私权在第一种隐私权中的反映，但在另外的一些情况中，此类隐私权的含义又会更广一些，它是各类隐私权的综合体。

在 Brandeis 看来，为了保持术语前后的一致性，第五类隐私权应该被称为“个人独处的权利或考虑到政府的很多隐私侵犯行为既属于第一种隐私权的规制范围，又属于第四种隐私权的规制范围，为了扩大对公民隐私权的保护，各州宪法增加了隐私权保护条款”，Louis Brandeis 是不会反对这种做法的。各州法院是隐私权实践的试验田，这将为美国隐私权的保护提供更充分的保障。

七、结语

本文并没有对美国的隐私权进行全面的概括，还有一些隐私权类型本文并没有讨论，这些隐私权类型已经在美国出现了，不过并没有获得其独立地位。1886 年发生的 Boyd v. United States 一案①与《美国联邦宪法第五修正案》中政府不得要求被告人自证其罪的内容有关。《美国联邦宪法第五修正案》第三款的内容与隐私权有关，尤其是与《美国联邦宪法第四修正案》中逮捕和扣押隐私权有关，但是仅仅根据《美国联邦宪法第五修正案》本身，我们得不出该条款和隐私权的关系。Dean Erwin Griswold 和其他学者在 20 世纪 50 年代至 20 世纪 60 年代将《美国联邦宪法第五修正案》中的不得要求被告人自证其罪条款具体化，将其融入“个人独处的权利”之中。最初，他们只是将该理论运用在非美籍人士和共产主义活动案件中，不过或许是因为美国人已经认识到自己的罪恶，他们不再认为国会的政治迫害会对美国社会的安全构成持续性威胁，为了保护他人隐私，政府不得要求被告人自证其罪。

近些年来，《美国联邦宪法第一修正案》中“相关的隐私权”有兴起的趋势，很多隐私权案件声称和《美国联邦宪法第一修正案》有关。1958 年审理的 NAACP v. Alabama 一案②以及最近发生的 Board

① 116 U. S. 616 (1886).

② NAACP v. Alabama ex rel. Patterson, 357 U. S. 449 (1958).

of Directors of Rotary Int'l v. Rotary Club of Duarte 一案①以及 New York State alub Association v. City of New York 一案②，法院都在判决中暗指这些案件当事人的隐私权受《美国联邦宪法第一修正案》的保护。不过，法院最终判决这些案件和隐私权无关，只不过再次确认了公民的结社自由权。

隐私权不受法院重视并不是因为隐私权本身不够重要，而是因为美国社会的历史条件还不够成熟，司法还没有对隐私权产生一种迫切需要，所以隐私权没有被容纳进现行法律中。反对自证其罪的特权和结社自由权的内容包含在"秘密"、"独居"和"人格"这些词汇中，而上述三个词汇是隐私权的近义词，美国民权法的其他条款中的权利也可以用上述三个词汇来概括。不过隐私权并没有马上产生这些分支，最主要的原因可能是现行的宪法条款并没有完全失效，现有的技术变化和社会变化也没有有力地证明这些条款是不合适的。

经历了种种考验，它们终于在美国法律体系中占据了一席之地，总结起来，美国的隐私权主要有五种类型：①个人独处的权利。这是由于获取和传播他人信息现象，尤其是报纸行业以及摄影师在未经他人允许的情况下对他人信息的收集和传播行为极其严重引起的（Warren 和 Brandeis 提出的侵权法上的隐私权理论）。②个人独处的权利。这是由于政府的搜查和扣押行为侵犯了他人享有合理的隐私期待的隐私权引起的（《美国联邦宪法第四修正案》中的隐私权）。③个人独处的权利。当一个人的言论自由权和另一个人的思考自由和心绪宁静利益相冲突时（《美国联邦宪法第一修正案》中的隐私权）。④个人独处的权利。涉及公民个人的基本决定，在社会契约中明示或者默示由公民个人保留的权利（《美国联邦宪法第十四修正案》中的隐私权）。⑤个人独处的权利。和前面四种隐私权类型有重叠的地方，不过各个州的宪法为公民提供更广的隐私权保护。

弄清楚这五种隐私权的行为模式和收集"个人独处的权利"的定义这项工作同样重要，因为行为模式揭示了隐私权的内涵，并可以预测隐私权的未来走向。任何一种隐私权类型对于现代美国民主的发

① 481 U. S. 537 (1987).
② 487 U. S. 1 (1988).

展并阻止民主发展停滞不前来说都是必要的，这些隐私权类型对于保护美国民主核心的自由精神都是必要的。自由精神体现在宪法的这些方面：家庭、工作、宗教表达、家庭生活、沉思、公民和社区。19世纪晚期，美国兴起了工业化和城市化，在这个阶段，采用侵权法来保护公民的隐私权就成为了一种必要，因为这个时候的人们开始注重自己的尊严，而报纸和摄影技术的发达为行为人刺探他人私生活提供了极其有利的条件。技术的发达警醒人们保护与自己有关的个人信息，因为个人信息的泄露会影响自己在别人心目中的形象。20世纪中期，《美国联邦宪法第四修正案》中的隐私权开始引起人们的注意，因为在这个时候，政府越来越经常地使用新技术来获取公民个人的信息，美国联邦调查局在讨伐不同政见者的时候常常用到这种手段。政府的这种侵扰行为被认为是对“他人的住宅就是他人的城堡”原则的侵犯，也是对美国人个性的威胁。《美国联邦宪法第一修正案》中的隐私权这种隐私权类型为第二次世界大战后美国人们的独居生活提供了很好的保护，在这个时期，一部分人积极的行使言论自由权，他们的行为干扰了其他美国人所向往的“隐居”、“宁静”的生活。20世纪60年代到20世纪70年代，《美国联邦宪法第十四修正案》中的隐私权兴起，公民和国家对社会契约中的权力划分出现分歧，社会契约的漏洞日益彰显，公民希望自己做最基本决定的权利不被国家干涉。长期以来，“自由”都被理解为选择的自由，而到了现在，自由也包含了他人决定是否做某事的权利。各州宪法中的隐私权必然会被提出来，因为美国联邦层面对隐私权的保护并不够完善，此类隐私权是和第一类隐私权以及第四类隐私权内容有相互重叠的地方，这是新联邦主义运动兴起的一种表现形式。

这五类隐私权是区分美国社会和其他国家的关键，Jed Rubenfeld和Carl J. Friedrich认为，这五类隐私权的存在就是为了反对“极权主义”，但事实并不是这样，这只是隐私权的一部分功能。美国民主的发展在一定程度上要得益于美国公民隐私权的保护制度，现在，美国民主和其他民主制度已经完全不一样了，尤其和柏拉图及亚里士多德提倡的古希腊城邦国家的民主制度完全不一样了。在古希腊，少数人的民主要让位于多数人的民主。他们的民主是以团体形式出现的，个人不得单独行使的，公民高度参与的民主。民主最主要的实现方式就是积极参与公共活动。古希腊的民主内容范围很小，种类单一。可以行使民主权利的公民只有 5000 到 10000 人。因此，公民和公民之间有很大机会是相互认识的。柏拉图和亚里士多德批评古希腊的民主制，因为他们认为古希腊的民主制将太多的权利留给了愚昧无知的大众。他们认为，好的政府，无论是民主制、寡头制还是贵族制，都是少数人的统治。亚里士多德在其书中写到："人多必乱。"

美国有 50 个州，各个州的隐私制度都不同，这一点也和古希腊不同。美国隐私权的高度发展也使得美国和 20 世纪 50 年代的极权主义国家，如苏联以及多数人参与的民主制、寡头制或者贵族制中的民主区分开来，因为这些制度强调公共生活的重要性，个人利益要让位于公共利益。

政治理论家 Robert Dahl 发现，现代国家正将已经调整的民主内容带入我们的生活。政府出现了，公民不再直接行使自己管理国家的权利，这项权利由政府代为行使。公民无需亲自现身某个集会去行使自己的政治权利，他们的权利由他们选举的代表代为行使。人口不断增长，不同人的宗教和政治信仰、职业、种族和对本地的忠诚度都不同，最终出现的结果是政治冲突增加，人们对共同利益的看法就变得越来越不一致了。冲突不仅出现了，这种冲突也是有益的。美国社会变得越来越多元化，社会组织和利益团体越来越成为一支独立力量。个人权利，尤其是自由和政治平等的权利在 20 世纪得以扩张，这种扩展和社会多样化的发展是相适应的。政治体系也相应地变成了"多头政治"体系（polyarchy）。多头政治是一种公民权属于大多数成年人的代表性政治体系，在这种政治体系下，公民有权提出反对意见，有权选举官员甚至是国家最高行政官员。在这种政治体系下，公民拥有强大的选举权利，因此公共官员会时刻规范自己的行为，以便公民在选举的时候能够给自己投赞成票。这种政治体系导致了社会的多样性，也形成了美国式的个人主义和平等主义观念，而这两种思潮都是人类历史上的新鲜事物。

上述美国式民主的特征和其他政治体系中民主的特征都不同，美国式的民主也促使了过去一百年中各类隐私权的诞生。在 20 世纪，作为代表的政府得以发展，如果没有隐私权的持续作为美国民主的标志——个性和平等是不可能受到保护的。美国就是一个个性多样化的国家，从 Benjamin 到 Abraham Lincoln，从 Mark Twain 到 Amelia Earhart、Harry Truman、Ronald Reagan 都是这样。个性是美国社会生活的标志，安宁、隐居、匿名这些概念的创设都是为了确保普通公民能够掌控自己个人的组成、塑造自己对其他人的看法和认知、在自己和自己住宅周围竖起一道隔离之墙以及取得事业的成功。没有这些概念，上述成就是不可能取得的。

虽然本文没有直接阐述平等的民主思想，没有追根溯源至《独立宣言》(Declaration of Independence）和《自由大宪章》(Magna Carta）中的“人人生而平等”，但毫无疑问，平等思想在隐私权的发展过程至关重要。Louis Brandeis 是来自布拉格的犹太人移民后代，他的祖先之所以移民到美国就是因为那时候欧洲都在限制犹太人的行动和自由，于是他们移民到了美国的肯塔基州，当了一个烟草农场的农场主。因为他的家族有这样的经历，所以他知道政府未经限制地侵入他人住宅和财产会给少数民族和信仰少数教派的人带来多大的危害。1967 年，法官之所以会这样判决 Katz 绝不是偶然的。如果不对政府搜查和扣押的权力进行限制，那么黑人和其他少数群体将会成为政府搜查和扣押行为的受害者。现在，美国社会开始加大对少数群体的研究。

同样，做最基本决定的隐私权和平等思想也有着微妙的联系。《美国联邦宪法第四修正案》关注的主要是妇女（通常是穷困的妇女)、少数想要堕胎的妇女、想要生活在大家庭中的家人（通常是黑人家庭和其他非白人家庭)、希望自己的子女上特定学校的父母（通常是少数民族或者是信仰少数教派的)、同性恋、无家可归的人以及其他非美国政治主流的现象。法院认为，将做基本决定的自由赋予其中一些人而不赋予另外一些人将会威胁到这些未被赋予权利群体的个性和人格。

第三巡回法院的荣誉退休法官 Leon Higginbotham 最近指出，美国联邦最高法院的非裔美国人 Clarence Thomas 法官之所以能够在佐治亚州的 Pin-Point 长大，读常青藤名校，娶白种人，住弗吉尼亚州舒适的郊区以及在历史上作出显著的贡献，这很大程度上要归功于美国的平等保护政策、保护他人的住宅权利和隐私权。Leon Higginbotham 法官没有夸大其词，如果我们联系美国人根深蒂固的平等思想以及自我管理思想，我们就会知道，如果公民可以自由自在地去过自己想要的生活、不受他人或政府的干扰，幸福生活的取得是多么的顺其自然的一件事。

隐私权至关重要，国家还存在，隐私权也就必须存在。Robert Dahl 指出，有可能这种奇怪的杂交体，即正常的美国体系对于其他国家是不适用的。美国的隐私权制度也是随着美国社会的发展变化而逐步完善起来的，因此，美国的政治体系和隐私体系都不是其他国家可以复制的。

从隐私权一百年的发展中可以看出，隐私权和其他权利最大的区别在于它对历史变革是极其敏感的，这一点，笔者在上文已经提到过。每一类隐私权都受到美国社会生活和技术变革的影响，这些社会和技术的变革最终导致新的隐私权类型的产生，也意味着将来还可能出现其他类型的隐私权。因此，试图将隐私权看成一个只有一种单一的含义的努力都是徒劳的，而我们也无法得知那些因素会促进新的隐私权种类的诞生。我们也只有通过仔细考究美国历史发展中的相关因素、那些导致国家和公民以及公民和公民之间冲突的美国社会和技术的变化，才能发现不同类型隐私权产生的原因，当然，不同类型的隐私权也需要长时间的酝酿才会在社会达成共识，得到多数人的理解。只有现有的法律无法填补自我漏洞时，新的隐私权类型才会诞生。

学者在发表自己的观点的时候用“预测”一词显得很不谨慎，不过，在隐私法领域，在 Warren 和 Brandeis 提出隐私权近一个世纪的今天，预测的危害并没有那么大。

电脑技术的不断发展必然会促进隐私权的新发展。人们存储文件的工具由文件柜变成了电脑，人们开始用电子邮件取代传统的邮局收件，工作产品和个人交流方式都发生了巨大的变化。电子邮件的盛行使得雇主和政府官员可以窥探他人的私人信息秘密，而这都还只是冰山一角。电话新技术使得行为人可以采用人工录制的声音骚扰他人住宅安宁，也可以通过来电显示功能泄露来电者的身份，而住宅安宁和个人身份都是他人极其重视的隐私权利。最新的扫描器使得行为人可以窃听他人的无线电通话内容和婴儿监视器频率。信用卡中的微型电脑芯片可以让人知道持有人的消费历史和消费习惯，录像出租者可以知道他人的观影喜好，这些都是过去不曾出现的现象。美国联邦最高法院没有将性取向看作隐私权的一部分，不过，圣公会教（the Episcopal Church）研究小组最近指出，该教允许同性恋者进入教堂祝教，这是社会的一个重大进步。艾滋病感染者问题、血库保护捐赠者身份等隐私权问题都开始在法院出现。相似的，艾滋病患者的名誉，即便是在其死后，也都属于我们要关注的问题。无家可归的人在其临时住所的个人财产问题给“他人的住宅就是他人的城堡”原则带来了新挑战，而这些都是 Louis Brandeis 所不能想到的问题。当他人染上致命疾病而又无有效医治办法时，他人的死亡权就提上了议程。此外，器官移植、冷冻身体组织以及其他科技的发展可以作出更多有关生活和死亡的选择，而这些都是 21 世纪隐私权研究所不能回避的问题。

人类的想象力是无穷的，因此人类的创造力也是无穷的。人类的想象力带来了技术和社会的变革，而社会和技术的变革会使隐私权的内容更加丰富，由 Warren 和 Brandeis 提出的隐私权概念没有一个明确的终点。美国的民主制度在前进，隐私权的内容也就会不断变化。

第三编　美国隐私侵权的类型

论隐私权

威廉·普罗瑟[①]　W. 佩奇·基顿[②] 著　廖嘉娴[③] 译

目　次

一、导论

"隐私权"[④] 的认可和发展，大概是法学期刊影响法院裁判的一个典型例子。在1890年以前，英国或美国的法院从未明确地以侵犯他人的隐私权为由判决行为人对他人承担侵权责任；尽管现在回顾起来，确实有一些案例似乎在摸索中朝保护隐私权的方向前进，Cooley法官[⑤]也因此创设了"独处权（the right to be let alone）"这个概念。

---

① 威廉·普罗瑟（William Prosser，1898—1972），曾任美国哈佛大学法学院教授、加州大学伯克利分校法学院院长。

② W. 佩奇·基顿（W. Page Keeton，1909—1999），曾任美国德州大学法学院院长。

③ 廖嘉娴，中山大学法学院助教。

④ See Davis，What Do We Mean By " Right to Privacy"，1959，4 S. Dak. L. Rev. 1.

⑤ Cooley，Torts，2d ed. 1888，29.

1890年，Samuel D. Warren 和 Louis D. Brandeis 在《哈佛法律评论》上发表了一篇著名的文章，① 回顾了一系列以名誉侵权、侵犯财产权、违反保密义务或者违反默示合同为理由而给予法律救济的判例，并得出结论：这些判例实际上是建立在一个应当予以独立认可的更广泛的原则之上。为了支持他们的论点，Warren 和 Brandeis 主张，② 在新闻媒体越来越过度扩张其势力的趋势下，为了避免私人主体遭受不合理的精神痛苦和困扰，我们必须认可隐私利益的独立地位并给予法律救济。尽管一开始还有些许犹豫，③ 但许多法学家很快就接受了这种观点。④ 迄今为止，还未有其他任何一种侵权能够像隐私侵权一样，仅仅因其在侵权法上的独立地位就得到如此多的支持和评论。

第一个真正严肃对待隐私权学说并因此而走在前沿的州是纽约州。纽约州的下级法院在若干个案件中承认了 Warren 和 Brandeis 所提出的隐私权的存在。然而在随后的 Roberson v. Rochester Folding Box Co. 一案⑤中，纽约州上诉法院却作出了反对隐私权理论的判决。在本案当中，被告在未得到对方同意的情况下在其面粉广告中使用了一位年轻貌美女士的照片。案件的最终判决是以 4∶3 的微弱优势作出的——持否定意见的法官提出了强有力的异议，但法院依旧断然否定了人们享有对抗本案中被告所作所为的权利，法官提出的理由是：缺乏相关的先例；原告所遭受的损害纯粹是精神损害；承认此种权利可能导致“大量类似的诉讼”接踵而至；难以划分“公共领域”和“私人领域”这两个概念所包含的范围；以及害怕对言论自由和新闻自由造成过度限制。

---

① Warren and Brandeis, The Right to Privacy, 1890, 4 Harv. L. Rev. 193.

② Warren and Brandeis, The Right to Privacy, 1890, 4 Harv. L. Rev. 193, 196.

③ See O'Brien, The Right of Privacy, 1902, 2 Col. L. Rev. 437; Notes, 1902, 2 Col. L. Rev. 486; 1902, 64 Albany L. J. 428. Later dissenting voices are Lisle, The Right of Privacy (A Contra View), 1931, 19 Ky. L. J. 137; Kalven, Privacy in Tort Law—Were Warren and Brandeis Wrong?, 1966, 31 Law & Con. Prob. 326; Notes, 1925, 29 Law Notes 64; 1929, 43 Harv. L. Rev. 297; 1931, 26 Ill. L. Rev. 63.

④ Among others Larremore, The Law of Privacy, 1912, 12 Col. L. Rev. 693; Ragland, The Right of Privacy, 1929, 17 Ky. L. J. 101.

⑤ 1902, 171 N. Y. 538, 64 N. E. 442. See the account of the case in Peck, Decision at Law, 1961, 70-96.

Roberson 一案判决的直接后果是引发了一场公众非议的风暴；为此，纽约州上诉法院一位对该案判决持赞成意见的法官还史无前例地在某本法律评论期刊上发表了一篇为案件判决辩解的文章。[①] 在这种情况下，纽约州的立法机关制定了一部成文法，[②] 它规定：为了“广告目的或者商业贸易的目的”，在未得到他人书面同意的情况下使用他人的姓名、肖像或者照片，将同时构成轻微的犯罪以及侵权。这部法律目前依然存在于纽约州的法律体系中，至今已有超过 100 个判例与这部法律相关。除了制定法本身对隐私权范围的限制之外，纽约州的隐私侵权判例与普通法的内容相当一致，所以这些判例在美国其他各州也行之有效；而且，在遍及全国的隐私侵权案件中，法官们也经常引用纽约州的这些判例。三年后，佐治亚州最高法院在 Pavesich v. New England Life Insurance Co. 一案[③]中也面临了相同的问题，在该案当中，被告在其保险广告中使用了原告的姓名和照片，并伪造了一封以原告名义出具的推荐信。汲取了纽约州之前的经验教训，佐治亚州最高法院摈弃了 Roberson 一案的判决，而采用了 Warren 和 Brandeis 提出的观点，承认隐私权作为一项独立权利的存在。这成为美国首个承认隐私权的判例。

在很长一段时间内，官方对隐私权的态度是存在分歧的。但到了 20 世纪 30 年代，得益于《美国侵权法复述（第一版）》[④] 的出台，局面开始倾向于认可隐私权，那些否定隐私权的判例也开始遭到否决。隐私权几乎在美国各州内都以各种各样的形式获得了认可。[⑤] 包括纽约州、俄克拉荷马州、犹他州、弗吉尼亚州、威斯康星州和内布拉斯加州在内的几个州仅在有限的范围内承认隐私权，并为此制定了成文法。而据称到 1980 年为止，罗德岛是仅存的唯一的一个完全不

---

① O'Brien, The Right of Privacy, 1902, 2 Col. L. Rev. 437.

② N. Y. Sess. Laws 1903, ch. 132, § §1 - 2. Now, as amended in 1921, N. Y. — McKinney's Civil Rights Law, § §50 - 51.

③ 1905, 122 Ga. 190, 50 S. E. 68.

④ §867, approving a cause of action for " unreasonable and serious" interference with privacy.

⑤ Carr v. Watkins, 1962, 227 Md. 578, 177 A. 2d 841; Truxes v. Kenco Enterprises, Inc., 1963, 80 S. D. 104, 119 N. W. 2d 914; Olan Mills, Inc. of Texas v. Dodd, 1962, 234 Ark. 495, 353 S. W. 2d 22.

承认隐私权的州。①

早期的判例都专注于讨论隐私权是否存在这个问题，而几乎甚至完全没有关注到隐私权是什么的问题。而到今天，我们已有几百个纪录在册的判例，得出一些相当确定的结论已经成为可能，这就是，隐私权并不是一项十分简单的权利。从已有的判例来看，隐私侵权不是一种侵权行为，而是四种侵权行为的综合体：①擅自使用他人姓名、肖像或照片的隐私侵权行为；②不合理地侵扰他人安宁的隐私侵权行为；③公开披露他人私人事实的隐私侵权行为；④公开丑化他人形象的隐私侵权行为。目前，隐私侵权由这四种独立的侵权行为组成，它们分别侵犯了原告四种不同的利益；这四种侵权行为虽然共享着隐私侵权这一个名称，但除了它们都代表着对原告“独处权”的侵犯之外，四者之间几乎没有其他的共同点。我们将首先对这四类侵权行为进行研究，至于“隐私权”这个一般性的术语是否包括其他可能遭受侵犯的利益，则为后话。

二、擅自使用他人姓名、肖像或者照片的隐私侵权行为

行为人所实施的第一种类型的隐私侵权行为是擅自为了商业目的使用他人姓名、肖像或者照片的隐私侵权行为。② 由于该类型的隐私侵权早在 Roberson 一案中就已经出现，③ 再加上纽约州随后制定的成文法，所以，这一类型的侵权行为在隐私权法中占据了相当大的篇幅。因此，纽约州和其他许多州都有大量相关的判例；在这些判例中，被告在没有得到原告同意的情况下使用原告的姓名、照片或者肖像，用于为被告的产品做广告、为公司的名声增色或者其他商业目的，原告因此而获得救济。纽约州的制定法及其效仿者受到本身条文的限制，只能适用于被告有广告目的或者“商业贸易目的”的情况；就此而言，其他各州的普通法在适用范围上可能更广一些。但总体而言，各州的判例并不存在重大区别。

---

① See Note, Tort Recovery for Invasion of Privacy, 1980, 59 Neb. L. Rev. 808.

② See Gordon, Right of Property in Name, Likeness, Personality and History, 1961, 55 Northwestern U. L. Rev. 553; Note, 1953, 26 So. Cal. L. Rev. 311.

③ 1902, 171 N. Y. 538, 64 N. E. 442. See the account of the case in Peck, Decision at Law, 1961, 70 -96.

擅自使用原告姓名的侵权行为指向的是作为原告身份象征的姓名，而不仅仅是一个名称。除非被告以侵犯性的方式利用了原告的姓名，否则，原告对其姓名的使用并不享有所谓的排他性权利，任何人都可以被赋予任何姓名，也都可以使用自己满意的任何名称。① 只有当被告为了盗用原告的身份而使用原告的姓名时，他才应当承担侵权责任。例如，被告冒充原告以获得贷款或者保密信息，假装原告的妻子，或者假冒父亲取得孩子的出生证明，等等。这才是对擅自使用原告姓名、肖像或照片的行为的正确理解。因此，如果被告只是在一本小说或者一个公司名称中使用了与原告相同的姓名，则被告的行为不足以构成侵权行为，除非上下文或者情况显示被告使用的正是原告的姓名。如果被告公开的照片中只有原告的手、腿、足，或者原告的房子、汽车、狗，而没有迹象能指向它们的主人，则被告也无需承担侵权责任。而且，即便原告的特征、职业、事业的一般概况以及原告生活中很多真实事件都被用于塑造一位小说人物，只要该小说人物明显属于虚构人物，那么被告也无需承担任何责任。

如果能够确定被告使用的姓名、肖像或者照片指向原告本人，则应当进一步考虑被告是否为了自己的利益而擅自使用该姓名、肖像或者照片。根据制定法的规定，这种利益必须是一种经济利益（pecuniary one）；不过普通法中则几乎没有这个限制。② 纽约州的法院早就认识到一个十分明显的事实——报纸和杂志，更不用说广播、电视和电影，都绝对不是慈善机构，而是以利益为目的而运作的机构。难道这些机构公开的所有内容都必然是“为了商业贸易的目的”吗？面对这种观点，法院不得不提出——被告的行为与其自身利益之间必须存在某种更为紧密、更为直接的联系，不能仅凭销售报纸本身就认定被告的行为具有为己之利的目的；即便被告在原告的姓名或肖像旁边刊登广告，或者被告复制某则新闻的目的就是为了给出版物本身做广告，也不能就此认定被告的行为是为了他自己的利益。除此之外的其

---

① Du Boulay v. Du Boulay, 1869, L. R. 2 P. C. 430; Cowley v. Cowley, [1901] A. C. 450.

② See for example State ex rel. La Follette v. Hinkle, 1924, 131 Wash. 86, 229 P. 317 (use of name as candidate by political party); Hinish v. Meier & Frank Co., 1941, 166 Or. 482, 113 P. 2d 438 (name signed to telegram urging governor to veto a bill).

他结论很可能都是对新闻自由的违宪性干涉。[①] 因此，如果被告只是在一本书或一部电影中偶然提及原告的姓名，这种行为并不会被认为是侵犯了原告的隐私权；如果被告公开的一幅照片或一则新闻短片中偶然出现了原告的身影，被告的行为也不构成对原告隐私权的侵犯。

在一个擅自使用原告姓名、肖像或照片的案件中，[②] 尽管原告的个人感受很明显不应当被忽视，但法院判决的真正作用在于认可或者创设一项排他性权利，使原告对其姓名和肖像享有类似于商标所有权人对商标名称和商标图案所享有的那种权利。至于这种权利是否应当归入“财产权”的类别，争论这个问题显得相当无意义；[③] 因为这项权利的本质就具有明显的财产性质。一旦这项权利被纳入法律保护的范围，它将成为一项很有价值的权利，原告可以通过特许别人使用的方式来实现这一权利的价值。美国联邦第二巡回法院[④]指出，一个获得独占许可的人（exclusive licensee）将享有所谓的“公开权（right of publicity）”，[⑤] 他有权禁止第三人使用其享有权利的名称或肖像。

三、不合理侵扰他人安宁的隐私侵权行为

行为人所实施的第二种类型的隐私侵权行为是不合理地、高度冒犯性地侵扰他人安宁的隐私侵权行为。故意干涉他人独居或者隐居的利益，无论是针对他人的人身还是私人事务，都将构成侵扰他人安宁的隐私侵权行为。[⑥] 侵扰他人安宁的隐私侵权行为包括侵入原告的家庭或其他空间，或者在商场中非法搜查原告的购物包，从而侵犯了原

① See Donahue v. Warner Brothers Picture Distributing Corp., 1954, 2 Utah 2d 256, 272 P. 2d 177.

② Foster-Milburn Co. v. Chinn, 1909, 134 Ky. 424, 420 S. W. 364.

③ See Rhodes v. Sperry & Hutchinson Co., 1908, 193 N. Y. 223, 85 N. E. 1097, affirmed, 1911, 220 U. S 502, 31 S. Ct. 490, 55 L. Ed. 561.

④ Haelan Laboratories v. Topps Chewing Gum Inc., 2d Cir. 1953, 202 F. 2d 866, certiorari denied 346 U. S. 816, 74 S. Ct. 26, 98 L. Ed. 343.

⑤ Nimmer, The Right of Publicity, 1954, 19 Law & Con. Prob. 203; Notes, 1953, 62 Yale L. J. 1123; 1953, 41 Geo. L. J. 583. But see contra, Strickler v. National Broadcasting Co., S. D. Cal. 1958, 167 F. Supp. 68.

⑥ Second Restatement of Torts, § 652B, Commnet a.

告有形的独处或者隐居利益。[1] 然而，这种隐私侵权不仅适用于上述有形的侵扰行为，还适用于通过搭线窃听和以麦克风的方式窃听他人私人对话的行为；还有的判例指出，这种隐私侵权可以适用于窥视他人家庭内部的行为[2]以及令人厌烦的持续性骚扰电话行为。[3] 在一个被告未经原告授权而探查原告银行账户的案件中，法院以被告的行为构成侵扰他人安宁的隐私侵权为由作出判决。[4] 此后，这种隐私侵权的法律原则还被用于撤销一项非法的强制性血液测试，[5] 以及废止一类普遍适用的传票，这种传票要求他人提供与自己有关的所有文件和记录。[6]

侵扰他人安宁的隐私侵权行为包括几个明显的构成要件。首先，刺探和侵扰行为必须包含某种实质性内容。因此，如果被告仅仅是用噪音妨碍一场教堂集会，或者在公共场所举止不良、谩骂以及作出辱骂性手势等，并不足以构成侵扰他人安宁的隐私侵权行为。其次，被告的侵扰行为必须是让一个有理性的人感到受冒犯或者十分反感的行为；因此，房东在星期天早晨到承租人家里收取房租的行为也不会构成侵权。再次，被告的侵扰或刺探行为所指向的对象必须具有私密性。在以下几种情况下，原告是无权起诉的：原告所作的庭前证词被记录下来；警察在职权范围内收集原告的照片、指纹或体征；行为人查看并公开原告依法必须保存和提供的公司记录。在公共道路或其他公共场合中，原告并不享有独处的合法权利，尾随和监视原告的行为本身并不构成对其隐私权的侵犯。同样，一方面，在上述场合中被告拍摄原告的照片的行为也不构成隐私侵权，因为这种行为就等于做记录的行为，在本质上无异于从一个任何人都可以自由看到的公共视角对原告进行全面的书面描述。另一方面，如果原告正在住院或者仅仅是待在自己家中，那么，被告对其拍照的行为也构成侵犯隐私权行

① See Ezer, Intrusion on Solitude, 1961, 21 Law in Transition 63.

② Souder v. Pendleton Detectives, Inc., La. App. 1956, 88 So. 2d 716.

③ Housh v. Peth, 1956, 165 Ohio St. 35, 133 N. E. 2d 340, affirming 1955, 99 Ohio App. 485, 135 N. E. 2d 140.

④ Brex v. Smith, 1929, 104 N. J. Eq. 386, 146 A. 34.

⑤ Bednarik v. Bednarik, 1940, 18 N. J. Misc. 633, 16 A. 2d 80.

⑥ Frey v. Dixon, 1848, 141 N. J. Eq. 481, 58 A. 2d 86.

为，原告有权向法院起诉。不过，即便在公共场合，他人仍有一些东西是具有私密性的。因此，如果一名女性在游乐园中裙子意外地被风吹起的形象被拍摄下来，她有权对行为人提起诉讼。

从最近发生的关于侵扰他人安宁的隐私侵权的案例中可以看出，获取他人私人信息的行为是否可诉取决于两个方面的重要因素。第一个因素是行为人使用的手段。如果行为人获取他人私人信息所使用的手段是不正常的，则不论其目的何在，该侵扰行为都很可能是可诉的。因此，搭线窃听以及利用电子设备的行为通常都是可诉的，而无需考虑行为人的目的。① 第二个因素是行为人获取他人私人信息的目的。通过私家侦探的跟踪而使他人处于监视之中的行为在行为人具有某些特定目的的情况下是可诉的，但在其他情况下则是不可诉的。②

四、公开披露他人私人事实的隐私侵权行为

行为人所实施的第三种类型的隐私侵权行为是公开披露他人私人事实的隐私侵权行为，即如果行为人通过某种令人强烈反感的行为公开了他人的私人信息，他人可以向法院起诉，要求法官责令行为人对其承担侵权责任，即便行为人公开的信息是真实的而使他人不能提起名誉侵权诉讼。这种不合理地侵犯他人隐私权的类型关系到两个重要的问题：①普通法的救济条件是什么？②那些根据《美国联邦宪法第一修正案》保护言论自由和新闻自由的判例对普通法的救济作出了何种程度的限制？

（一）普通法的规定

关于公开披露原告私人事实的隐私侵权的构成要件，学者们的看法并不一致；而不同法院之间在正确处理此类隐私侵权案件的做法上也存在实质性的区别。Prosser 教授认为在此类隐私侵权案件中，只有同时符合以下三个要件，原告才能获得救济：①被告对原告私人事

① Nader v. General Motors Corp., 1970, 25 N. Y. 2d 560, 307 N. Y. S. 2d 647, 255 N. E. 2d 765.

② McLain v. Boise Cascade Corp., 1975, 271 Or. 549, 533 P. 2d 343.

实的披露必须是公开披露而非私下披露;① ②被告披露的事实必须是私人事实而非公共事实;③被告披露的事实对于一个具有一般感受能力的有理性的人而言是具有高度冒犯性的且令人反感的。②《美国侵权法复述(第二版)》规定,除了上述三个要件之外,原告提起此种隐私侵权诉讼还须满足另一个要件,即被告对公开原告私人事实这一行为须不具有合法的公共利益。③ Alfred Hill 则认为,在决定原告是否能够获得救济时,法官应当考虑的最重要的因素仅仅有一个,即被告的披露行为是令人震惊的,例如在强奸犯罪发生很久之后披露受害者姓名的行为。因此,公开行为的性质、被披露的事实中所包含公共利益的大小以及其他各种情况,都只是在作出最终判断的过程中所考虑到的一部分因素,这种判断应由法院而不是由陪审团来做。④ Hill 教授的观点存在很多值得商榷的地方,特别是因为我们很难区分公共事实和私人事实、与公众利益无关的事项和与公众利益相关的事项。

原告被公开的事实对于一个具有一般感受能力的有理性的人而言是具有高度冒犯性的且令人反感的,这个构成要件得到了普遍的认同。隐私侵权制度并不是为了保护过分敏感的人,因为我们所有人都应该在某种合理的程度上生活在公众的视野当中。只要一个人不是隐士,他就应当预料到他的邻居或者过路人将会或多或少地偶尔注意到他的身份和行为,也应当预料到他的日常活动可能受到新闻媒体的报道。一般的有理性的人并不会因为报纸提到他去拜访朋友、在树林中露营或者在家中为朋友举办派对而感到生气。不过,如果某人性关系的细节被传之于世,或者行为人对其私密的特征或行为进行高度具体的写照,那又完全是另一回事了。在这方面,最有代表性的判例是 Sidis v. F-R Publishing Corp. 一案⑤。在该案当中,被告出版的一本

① Santiesteban v. Goodyear Tire & Rubber Co., 5th Cir. 1962, 306 F. 2d 9.

② Reed v. Real Detective Publishing Co., 1945, 63 Ariz. 294, 162 P. 2d 133.

③ See Comment d of § 652D; also see, Virgil v. Time, Inc., 9th Cir. 1975, 527 F. 2d 1122, certiorari denied 425 U. S. 998, 96 S. Ct. 2215, 48 L. Ed. 2d 823, on remand 424 F. Supp. 1286.

④ See, Hill, Defamation and Privacy Under the First Amendment, 1976, 76 Colum. L. Rev. 1205, 1258 – 1262.

⑤ 2d Cir. 1940, 113 F. 2d 806, affirming S. D. N. Y. 1938, 34 F. Supp. 19.

杂志回顾了原告作为一位前数学天才的经历之外还描述了原告目前的下落和活动；法院认为，被告的这种行为并不会使任何正常人感到反感。而在 Melvin v. Reid 一案[①]中，被告则揭露了一名妓女和一名谋杀案被告的过往，该法官认为，被告的行为是会让任何正常人都反感的行为。上述两个案件的对比说明了“道德风俗”判断标准（a "mores" test）是决定被告的公开行为是不是具有高度冒犯性的标准，根据这一判断标准，只有当社会风俗和公众的一般看法认为被告披露的事实是令人高度反感的，被告才应当为其公开行为承担隐私侵权责任。

公开披露要件的必要性面临相当多的质疑。例如，债权人为了向原告收债而采取公开披露原告负债情况的自力救济方式的行为被认为是对原告隐私权的侵犯；然而，债权人向雇主或者其他具有合法利益的人私下披露原告负债情况的行为则通常都被认为是可容许的。所以曾有判例指出，只有行为人的公开披露行为才是可以被起诉的行为。[②] 但是，这个一般性的要件并不能普遍适用于所有披露原告私人事实的案件，也不能普遍作为对原告进行救济的前提条件。因此，如果被告向报纸、军事机构、原告的邻居或者利益不相干的雇主披露原告的私人事实，也将构成对原告隐私权的侵犯。

Warren 和 Brandeis[③] 认为，被告的公开行为应当是采用书面或者印刷的方式，除非情况显示被告的行为给原告造成了某种特殊损害（special damage）。也曾有判例表明，[④] 被告口头公开行为不能作为原告提起隐私侵权诉讼的理由。但是，单看无线电通讯的发展，就已经足以使这项要求显得不合时宜了。[⑤] 现在，公开披露原告私人事实的隐私侵权已经不再将书面方式作为构成要件之一，这一点几乎无人质疑。

公开披露他人私人事实的隐私侵权的目的在于避免人们的私人事

---

① 1931, 112 Cal. App. 285, 297 P. 91.

② Santiesteban v. Goodyear Tire & Rubber Co., 5th Cir. 1962, 306 F. 2d 9.

③ Warren and Brandeis, The Right to Privacy, 1890, 4 Harv. L. Rev. 193, 217.

④ Martin v. F. I. Y. Theatre. Co., 1838, 1 Ohio Supp. 19, 10 O. O. 338.

⑤ Mau v. Rio Grande Oil, Inc., N. D. Cal. 1939, 28 F. Supp. 845.

实受到未经授权的公开。[1] 最近的一个版本是这样表述的："被告向公众披露的事实必须是私人事实而不是公共事实。如果被告的行为只是令原告公开从事的职业受到公众的关注，或者被告公开的只是原告的生日、结婚日期或服役记录这类属于公共记录、可以公开查阅的事实，那么原告是不能提起隐私侵权诉讼的。[2] 人们普遍认为，任何在公共场所可以看得见的事物都可以用照片或者相同程度的书面描述记录下来并传播开去，因为这种行为就相当于公开那些已经处于公开状态、任何人都可以自由查看的事物。[3] 有一种观点认为，[4] 如果他人已经离开公共视野但仍然受到过分的关注，则这种过分关注构成对其私人权利的侵犯；不过，这种观点尚未得到法院判决的承认。另一方面，如果被告未经原告同意而在私人场合拍摄了原告的照片，或者用窃取、贿赂或其他违背信义的手段取得原告的照片，则原告因此而被公开的照片很明显仍然具有私密性，被告的这种行为侵犯了原告的私人权利，原告有权提起诉讼。"

但是，如果某个事实中并不包含与公共利益相关的事项，而仅仅由于该事实出现在公共场合和一般公众的视野中（事实上很可能只有少部分人看到），或者仅因为该事实存在于公共记录之中，那也不意味着该事实应当受到广泛的公开。所以，对于很久以前的事情，即便其发生在公共场合，行为人也不能肆意地将其予以广泛公开，否则将构成高度冒犯性的公开行为。[5]

（二）新闻媒体、公众人物和新闻

普通法中有两个得到普遍认可的紧密联系在一起的命题，这两个命题都是建立在新闻自由的基础上[6]：其一，新闻媒体享有公开报道公众人物的免责特权；其二，新闻媒体享有公开报道新闻或者其他涉

---

① Rawlins v. Hutchinson Publishing Co., 1975, 218 Kan. 295, 543 P. 2d 988.

② Hubbard v. Journal Publishing Co., 1962, 69 N. M. 473, 368 P. 2d 147.

③ Gill v. Hearst Publishing Co., 1953, 40 Cal. 2d 224, 253 P. 2d 441.

④ See Note, 1958, 44 Va. L. Rev. 1303.

⑤ See Street v. National Broadcasting Co., 6th Cir. 1981, 645 F. 2d 1227, certiorari dismissed 454 U. S. 1095, 102 S. Ct. 667, 70 L. Ed. 2d 636.

⑥ See Note, 1953, 28 Ind. L. J. 180.

及公共利益事项的免责特权。前者主要关注公开报道的主体对象；后者则主要关注与主体对象相关的事件、事实或话题。不过，二者很明显只是同一件事的两个方面，在实践中经常融为一体、不可分离。

所谓公众人物，是指由于他人的成就、名望，或生活方式，或者由于他人从事了某种专业或职业而使社会公众对其行为、事务和品质享有合法利益，从而使其成为一位“社会名流（public personage）”。① 换句话说，公众人物就是名人。那些经常出现在公众视野中并因此享有一定名声的人很明显就属于公众人物的范畴，如演员、专业棒球运动员、职业拳击手或者其他任何演艺人员。然而，公众人物的范围远不只如此。公众人物还包括公共官员、著名的发明家和探险家、战争英雄乃至普通士兵、神童以及尊贵的统治者。总而言之，任何人只要达到了这样一种地位——能使社会公众的注意力集中到他本人身上，那么他就属于公众人物。

这些公众人物至少在某种程度上是不享有隐私权的。法院作出的司法判例给出了三个或多或少有所相似的理由：①公众人物往往同意且致力于向社会宣传自己，所以他们在受到公开时无权抱怨；②公众人物本人及其相关事务都已经具有公共性，而不再是属于他们自己的私事；③根据《美国联邦宪法》的规定，新闻媒体享有公开公众人物事务的免责特权，其目的是使社会公众了解那些与公共利益相关联的人。以上述三个理由的之一或全部为基础，现有的先例提出，当公众人物受到额外公开时，只要公开的事项属于由他们引起的公共利益的范围内，那么，新闻媒体无需就其公开行为对公众人物承担隐私侵权责任。

发布新闻以及其他包含公共利益的事项的免责特权，来源于社会公众了解时事的渴望和权利，以及新闻媒体和其他信息机构将时事内容广而告之的自由。“新闻”包括所有符合以下特征的事件或者项目：该事件或者项目中包含的信息超出了普通、单调的日常信息的范围，或者属于“能够引起社会公众关注的不确定性信息”。② 在很大

---

① Cason v. Baskin, 1947, 159 Fla. 31, 30 So. 2d 635, 638.

② Sweenek v. Pathe New, E. D. N. Y. 1936, 16 F. Supp. 746, 747. See Note, 1963, 30 U. Chi. L. Rev. 722.

程度上，新闻媒体凭借其在读者喜好方面的经验或直觉，已经成功地定义了他们眼中的新闻的概念，我们从任何一份报纸中都可以充分地了解到这一点。在新闻媒体看来，新闻包括杀人和其他犯罪、逮捕和警察的突然搜查、自杀、结婚和离婚、事故、滥用毒品者的死亡、患有罕见疾病的妇女、12 岁女孩成为母亲、被认为多年前遭到谋杀的人重新出现，以及其他许多类似事件，这些事件是真实的，或许在某种程度上是悲惨的，从而具有大众吸引力。①

然而，启发和引导（enlightening）社会公众的特权并不局限于传播当前发生的时事新闻。它还适用于通过书籍、文章、照片、电影和广播节目等普遍反映人类活动有趣内容的方式，以及在新闻短片和观光影片中对公共场景的再现，从而向社会公众传播各种信息、对公众予以教育，甚至仅仅是为了供公共娱乐和消遣。要决定此种免责特权的界限之所在，法院应当通过新闻检查制度（censorship）来确定社会公众有权阅读何种内容；在这个问题上，法院享有令人信服的自由决定权。

新闻和公共利益之间的复杂问题还来源于另一类人：他们从未曾寻求向社会公众宣传、公开自己，甚至都像被指控犯罪的刑事被告一样尽力地避免自己被社会公众所知晓，然而他们仍在一定程度上失去了隐私权。例如性侵犯的受害者、目睹丈夫被谋杀的妇女、在警察对香烟店的突击搜查行动中被误认为店主而受到抓捕的无辜局外人，这些人的不幸之事很可能被传之于世，但他们并不能获得法律救济。这些人将会在一段时间内成为公众人物。“社会公众对这些人就好像对领导人物、英雄、罪犯和受害人一样具有好奇心，在这些人回归到社会上大多数人过的那种合法而平淡的生活之前，他们都必须忍受新闻媒体所享有的满足社会公众好奇心的免责特权。”② 这种免责特权甚至可以延伸到对上述公众人物的家人进行身份确认以及某种合理的描述。当然，这种免责特权也必然会受到一定的限制，例如新闻媒体不得进入上述公众人物的私人生活。

上述免责特权要求原告和公共利益之间必须存在某种逻辑联系。

---

① Smith v. National Broadcasting Co., 1956, 138 Cal. App. 2d 807, 292 P. 2d 600.

② First Restatement of Torts, §867, Comment f.

新闻媒体享有这种免责特权的最极端情况或许是：在描述某个一般性主题而非具体事件的书籍或者文章中，被告使用原告的肖像作为插图。一方面，如果在这些书籍或文章中使用原告的肖像作为插图是合适且切合主题的，例如，被告在其关于一本罢工题材的书中使用一位罢工者的照片作为插图，或者在一篇关于印度绳子把戏（Indian rope trick）的文章当中使用了一位印度教魔术师的照片作为插图；那么，被告便无需承担隐私侵权责任，因为在这种情况下，公共利益压倒了原告的隐私权。另一方面，如果被告使用原告的肖像作为插图并不切题，且原告与该公共利益之间并无联系，例如，被告将一位体面正派的模特与一篇描写“饥渴”女人的文章联系在一起；那么，被告的这种行为构成对原告的虚假描述，原告将可以据此获得法律救济。

在隐私侵权判例中建立起来的公众人物的概念不同于后来美国联邦最高法院为了处理虚假的具有名誉毁损性质的陈述与宪法免责特权之间的关系而建立起来的公众人物的概念，二者不可混同。在隐私侵权判例中，法院只是建立起这样一个概念，即新闻媒体在公开他人事实的情况下有可能需要承担侵权责任，但这种可能性很小。关键在于，如果新闻媒体认为公开发表某则真实的新闻具有充分的正当性，那么，它的公开行为通常都可以受到公共利益的保护，不会由于该公开行为的正当性而被卷入冗长繁琐的诉讼当中。

（三）宪政限制

美国联邦最高法院在 1967 年的 Time, Inc. v. Hill 一案①中承认，被告未经授权而公开原告真实信息的行为有可能会让他们对原告承担侵权责任。在该案判例的一个脚注中，美国联邦最高法院引用了 Sidis v. F-R Publishing Corp. 一案②的判决，并指出：“站在原告的角度，被告所揭露的内容可能具有极高的私密性，其揭露行为可能是极不正当的，以至于超出了社会公众的道德观念所能够接受的范围。”③

① 1967, 385 U. S. 374, 87 S. Ct. 534, 17 L. Ed. 2d 456.

② 2d Cir. 1940, 113 F. 2d 806, certiorari denied 311 U. S. 711, 61 S. Ct. 393, 85 L. Ed. 462.

③ 1967, 385 U. S. 374, 383 n. 7, 87 S. Ct. 534, 539 n. 7, 17 L. Ed. 2d 456.

然而，尽管已经受到Sidis一案确立的过度公开（outrageous publicity）原则的约束，美国联邦最高法院在1975年的Cox Broadcasting Corp. v. Cohn一案①中还是大大削弱了隐私侵权法律救济的可能性。在本案当中，美国联邦最高法院指出："根据《美国联邦宪法第一修正案》和《美国联邦宪法第十四修正案》的规定，如果被告公开发表的信息是包含在对公众开放的官方记录中的真实信息，那么各州对被告的此种行为不得加以限制。"② 美国联邦最高法院在Cox Broadcasting Corp. v. Cohn一案中的观点还暗示着：如果被告披露的事实并不包含于公共记录之中，则不论该事实是公共事实还是私人事实，被告都有可能需要承担侵权责任。

五、公开丑化他人形象的隐私侵权行为

（一）公开丑化他人形象的隐私侵权的主要表现形式

行为人所实施的第四种类型的隐私侵权行为是公开丑化他人形象的隐私侵权行为。在具体案件当中，该类型的隐私侵权也被称为丑化原告形象的隐私侵权。③ 其首次出现似乎是在1816年的一个判例中。在该案中，被告以Lord Byron的名义发表了一首很差的诗，Lord Byron认为自己的形象受到丑化而向法院起诉，要求法官禁止该诗继续流传。最后Lord Byron胜诉，得以禁止这首诗继续流传。④ 在很长一段时间内，此种类型的隐私侵权都只是在一系列判例中以相当模糊的形式出现；在这些判例中，被告陈述的虚假性或虚构性压倒了被告享有的报道新闻或其他具有公共利益的事项的特权。直到近几年，丑化原告形象这种隐私侵权的独立性才开始得到认可。

丑化原告形象的隐私侵权的第一种方式是像Byron一案中被告的行为一样，被告以原告的名义公开发表某种观点或言论，例如冒用原

① 1975, 420 U. S. 469, 95 S. Ct. 1029, 43 L. Ed. 2d 328, on remand 234 Ga. 67, 214 S. E. 2d 530.

② 1975, 420 U. S. 469, 495, 95 S. Ct. 1029, 1046, 43 L. Ed. 2d 328, on remand 234 Ga. 67, 214 S. E. 2d 530.

③ See, generally, Wade, Defamation and the Right of Privacy, 1962, 15 Vand. L. Rev. 1093; Note, 1962, 50 Cal. L. Rev. 357.

④ Lord Byron v. Johnston, 1816, 2 Mer. 29, 35 Eng. Rep. 851.

告的名义出版书籍或者发表文章，或者未经原告授权而在某种请愿书或申请书上使用原告的姓名，或者以原告的名义成为政府机构的候选人，或者以原告之名发布广告寻找某个事故的目击者，或者未经原告同意而使原告加入某项令人尴尬的流行竞赛，或者未经原告授权而以原告的名义提起诉讼。

丑化原告形象的隐私侵权的另一种方式是在与原告没有合理联系的书籍或者文章中使用原告的照片作为插图，从而暗示原告与该书籍或者文章之间存在某种关联。例如，被告在一篇关于的士司机具有欺骗倾向的新闻报道中使用一位诚实的的士司机的头像作为插图。另外一个例子是，被告在一份列举已决犯资料的公开的“流氓名单”中列举原告的姓名、照片或指纹，而实际上原告从未因任何犯罪被法院判刑。①

（二）公开丑化他人形象的隐私侵权与名誉侵权的关系

被告对原告形象的丑化未必一定会构成对原告名誉具有毁损的性质陈述；② 不过在通常情况下，被告的这种行为都可能具有名誉毁损性，③ 所以原告往往也可以提起名誉侵权诉讼。但很明显的一点是，被告丑化原告形象的行为必须能使一般有理性的人在相同情况下也感到反感；所以，过分敏感的人是不受保护的，这一点和公开披露原告私人事实的隐私侵权类型相同。④ 因此，如果一部传记中只存在细微的和不重要的错误，例如，在日期和地点、不重要的事件上存在错误，那么传主并不能因此而获得隐私侵权的法律救济；同样，如果一位爱打听的摄影师在街上采访了一个女孩并将她错误地描述成一个吸烟的女孩，这个女孩也不能因此而获得隐私侵权法律救济。在此类隐私侵权案件中，法官很可能也要采取“道德风俗”这样的判断标准。

名誉侵权诉讼和隐私侵权诉讼应当被仔细地区分开来。前者是为了保护一个人对其良好的名誉所享有的利益。而后者是为了保护一个

---

① Itzkovitch v. Whitaker, 1950, 115 La. 479, 39 So. 499.

② See Zolich, Laudatory Invasion of Privacy, 1967, 16 Clev. Marsh. L. Rev. 540.

③ Bennett v. Norban, 1959, 396 Pa. 94, 151 A. 2d 476.

④ Carlisle v. Fawcett Publications, Inc., 1962, 201 Cal. App. 2d 733, 20 Cal. Rptr. 405.

人独处的利益，只有行为人实施的公开行为具有高度的冒犯性，他人才能够向法院起诉，要求法官责令行为人对其承担侵权责任。

几乎所有可诉的隐私侵权行为都是故意的侵权行为，或者是被告知道或有理由知道的具有高度冒犯性的侵权行为；所以，隐私侵权行为是一种典型的过激行为，因为被告明知或者有理由知道其行为将给原告造成严重的精神压力。因此，如果被告的描述是真实的，并没有虚假地丑化原告的形象，那么原告就不能提起此类隐私侵权诉讼；只有这样，丑化原告形象的隐私侵权的法律救济才言之有理。换句话说，被告公开行为的过激性主要在于其报道中的某些内容是虚假的，且被告对该虚假内容存有主观上的故意。如果人们非自愿或自愿地参与了某个事件，而被告对该事件作出了虚假的描述，则大多数人都会感觉自己遭到了冒犯。至于原告能否就被告的行为提起名誉侵权诉讼，实际上并无多大关系。在被告作出的虚构的报道中，很可能有一个或多个虚假陈述是具有名誉毁损性质的陈述；如果确实存在名誉毁损性的陈述，那么原告很可能有权提起名誉侵权诉讼。但是，原告也可以根据一个具有名誉毁损性的虚假陈述而对被告公开某一事项的行为提起隐私侵权诉讼；更重要的是，即便被告作出的虚假陈述不具有名誉毁损性，原告仍然可以对被告的公开行为提起隐私侵权诉讼。《美国侵权法复述（第二版）》采纳了上述观点，规定被告的公开行为必须是对一个有理性的人具有高度冒犯性的行为。[①] 美国联邦最高法院作出的两个关于新闻自由的判例就可以很好地说明《美国侵权法复述（第二版）》的这种立场。

（三）宪法免责特权与公开丑化他人形象的隐私侵权

在 1967 年的 Time, Inc. v. Hill 一案[②]中，美国联邦最高法院扩大了新闻自由这一宪法特权的适用范围，使其得以适用于丑化原告形象的隐私侵权行为。1952 年，三个越狱的罪犯侵入原告家中，并劫持原告及其家人作为人质长达 19 个小时。1953 年，一位作家出版了一部关于这个事件的小说，在小说中他描写了几个纯粹虚构的情节。

① Section 652D and Comment c.

② 1967, 385 U. S. 374, 87 S. Ct. 534, 17 L. Ed. 2d 456.

后来，这部小说被改编成一部戏剧，戏剧中仍然沿用了那几个虚构的情节。1955 年，《生活》杂志刊登了一篇关于该剧的文章，并附有照片，文章中写到该剧是对 Hill 一家真实经历的再现重演，并载有 Hill 一家的姓名。原告根据纽约州的制定法提起了隐私侵权诉讼；纽约州的法院认为，由于被告对事实进行了虚假陈述，所以被告应当承担侵权责任。① 在移送审理诉讼文件中，法院对名誉侵权的分析十分清楚，且很有说服力；美国联邦最高法院适用了 New York Times Co. v. Sullivan 一案②确立的规则，认为被告对其公开行为享有特权，除非原告能够证明被告是在明知其陈述的虚假性或者鲁莽地不关心其陈述真实性的情况下作出虚假陈述的，否则，被告无需对原告承担隐私侵权责任。

Cantrell v. Forest City Publishing Co. 一案在某种程度上与 Times 一案有所相似。③ 在该案当中，美国联邦最高法院根据丑化他人形象的隐私侵权理论支持了原告的救济诉求。在该案中，原告获得救济的基础是被告的报纸对一场桥梁事故中受害者的贫困家庭进行报道的行为。这则报道是在事故发生将近 8 个月之后才刊登出来的；在这样一个时间点再次公开这些内容的行为并不具有什么公共利益。美国联邦最高法院指出，通过刊登这则虚假专题报道的行为，被告实际上使原告成为世人怜悯和嘲笑的对象，并使原告遭受了巨大的精神压力和耻辱。美国联邦最高法院认为，由于报社明知其代理人的行为将使原告的形象遭到丑化，所以报社应当为其代理人的行为承担责任，此种责任是合宪的。

（四）名誉侵权限制性规定的可适用性

如果被告公开的虚假陈述是具有名誉毁损性质的陈述，那么，他至少可以提出：法院不应当规避名誉侵权诉讼中存在已久的限制性规

---

① The last New York decision was Hill v. Hayes, 965, 15 N. Y. 2d 986, 260 N. Y. S. 2d 7, 207 N. E. 2d 604, amended 16 N. Y. 2d 658, 261 N. Y. S. 2d 289, 209 N. E. 2d 282, set aside Time, Inc. v. Hill, 1967, 385 U. S. 374, 87 S. Ct. 534, 17 L. Ed. 2d 456.

② 1964, 376 U. S. 254, 84 S. Ct. 710, 11 L. Ed. 2d 686, motion denied 376 U. S. 967, 84 S. Ct. 1130, 12 L. Ed. 2d 83.

③ 1974, 419 U. S. 245, 95 S. Ct. 465, 42 L. Ed. 2d 419.

定，而适用后来才发展起来的隐私侵权理论。[①] 这些限制性规定可能包括：当被告作出的具有名誉毁损性质的陈述不属于本身就可以起诉（actionable per se）的名誉侵权行为时，原告必须证明他遭受了某种特殊损害（special damage）才能够向法院起诉；还可能包括陈述撤回法（retraction statutes）当中规定的对名誉侵权诉讼的限制。但是，这些适用于名誉侵权诉讼的限制性规定并不必然适用于以下这种情况：被告故意公开虚假的、具有名誉毁损性质的事项，使其公开行为具有高度的冒犯性，从而侵犯了原告所享有的独处利益。在这样的案件中，原告只需证明被告的公开行为有可能导致而且确实导致自己遭受了严重的精神压力，且这种精神压力并非源于被告的行为可能对原告名誉造成的损害。丑化原告形象的隐私侵权更有可能被适用于被告作出的虚假但不具有名誉毁损性陈述的案件当中。如果被告作出的虚假陈述具有名誉毁损性，那么，比起采用隐私侵权理论的原告，以名誉侵权理论为依据的原告通常更有可能获得救济；尤其在原告是普通社会公众的情况下，只要被告在其陈述的真实性上具有过失，就可以同时满足宪法和普通法关于原告获得救济的要求。所以在这种情况下，原告不太可能采用丑化原告形象的隐私侵权理论。被告行为的过激性在很大程度上是来源于被告为了加强其新闻报道的轰动性而故意虚构关于原告的描述的事实。通常来说，原告很可能是一个非自愿地卷入某个悲惨的或者具有新闻价值的事件中从而被推到风口浪尖上的普通人；也可能是一位公共官员或者公众人物，非自愿地参与到某个与其公共职责的角色或资格无关的事件中。如果上述观点成立，那么在丑化原告形象的隐私侵权案件中，原告获得救济的前提条件很可能是——被告明知其公开的陈述具有虚假性或者鲁莽地不关心其陈述的真实性。

六、隐私权在宪法上的扩张

1950 年之后，美国联邦最高法院开始在刑事案件中提出关于政府官员不正当行为的问题，并谈到一种用于保护个人免受上述政府官员的不当行为侵犯的“宪法性”隐私权。在这些案件中，政府的行

---

① Second Restatement of Torts，§625E，Comment e.

为都可以被合理地称作“侵扰（intrusions）”。1965 年，美国联邦最高法院在 Griswold v. Connecticut 一案[①]中认定一部禁止向公民提供避孕信息的制定法违宪，理由是这部制定法剥夺了《美国联邦宪法》赋予已婚夫妇的“隐私权”。

所以，当牵涉到国家行为时，公民的“隐私权”会受到《美国联邦宪法》的保护，而且宪法的保护在近年来有所增强。宪法不仅保护普通法上的隐私利益，而且对于个人在特定的私人重要决定方面的自主权也给予了相当多的保护。个人自治利益通常都关系到结婚、生育、避孕、家庭关系、子女抚养以及教育等问题。[②]

本文在这里并不是企图从总体上讨论宪法性隐私权。然而我们必须承认，宪法性隐私权已经被很好地建立起来了，如果原告所享有的宪法性隐私权受到公共官员的侵犯，或者在其他涉及国家行为的情况下遭到侵犯，那么他可以通过隐私侵权诉讼的方式获得救济，因为国家已经不再享有某种豁免权了。[③]

七、隐私侵权的抗辩事由

具有高度冒犯性的隐私侵权行为似乎不存在什么肯定性的抗辩事由。有一种观点认为，普通法中主要的抗辩事由是原告对于侵权行为的同意（consent）。但是，如果原告同意被告的行为，那么自然也不存在什么冒犯性地侵犯原告隐私权的问题了。所以实际上，原告本来就应当证明被告的侵权行为是未经他同意的。显然，原告对被告所实施的某种特定行为的同意将会阻却该行为构成可诉的侵权行为。[④] 原告可能明确地表示同意，也可能通过某种行为表示同意；例如，原告在明知其照片用途的情况下仍然为拍摄该照片摆好姿势，或者被告对原告作出某种公开行为，而原告本身一直在努力追求此种公开。

原告在被告作出侵权行为之前的任何时候都可以撤回其在无偿情

---

① 1965, 381 U. S. 479, 85 S. Ct. 1678, 14 L. Ed. 2d 510.

② Whalen v. Roe, 1977, 429 U. S. 589, 599 – 600, 97 S. Ct. 869, 876, 51 L. Ed. 2d 64.

③ Bivens v. Six Unknown Named Agents of Federal Bureau of Narcotics, 1971, 403 U. S. 388, 91 S. Ct. 1999, 29 L. Ed. 2d 619.

④ Grossman v. Frederick Brothers, Artists Corp., Sup. Ct. 1942, 34 N. Y. S. 2d 785.

况下作出的同意。[1] 但是，如果原告的同意属于合同的一个部分，则此种同意通常是不可撤回的，被告在该合同范围内作出的任何公开行为或者使用原告姓名或肖像的行为都无需承担侵权责任。[2] 然而，如果被告的实际行为超过了合同规定的范畴，公平地说，例如，被告改动原告的照片，或者被告的公开行为在类型和程度上与合同预期的公开行为存在实质性区别，或者被告在原告授权期限超过后作出公开行为，那么被告就应当为其行为承担侵权责任。各州的制定法均要求原告的同意必须以书面形式作出。如果被告只是善意地相信原告同意其行为，而事实上并非如此，则可以减轻被告承担的惩罚性损害赔偿责任（punitive damages），但这并不属于一种抗辩事由。[3]

其他抗辩事由出现的频率较低。Warren 和 Brandeis[4] 认为，任何能使书面诽谤或口头诽谤的公开行为具有正当性的免责特权都可以适用于隐私侵权诉讼，原因在于被告如果享有发表虚假的名誉毁损性陈述的免责特权，那么，他必然也享有发表真实的或者不具名誉毁损性的陈述的免责特权。我们没有理由质疑这种结论，因为法律已经承认目击证人和执行职务中的行政官员享有绝对免责特权（absolute privilege），也承认报道公开诉讼的人享有相对免责特权。而被告享有的保护或者促进自身合法利益的相对免责特权（qualified privilege）也在一些判例中出现过，例如，法院允许电话公司对电话通讯进行监控，也允许被告在未经原告同意的情况下使用原告的姓名来为原告的生活提供保险。而被告在贷款或保险理赔过程中进行无可非议的合理调查也是受到免责特权保护的行为。还有一种观点认为，不受著作权保护的文学作品是处在公共领域的，被告可以自由地发表、公开这种作品，并使用原告的姓名来表明作者的身份。[5] 而如果原告为被告设计服装，那么，被告在广告中披露原告与其产品之间的关系并不构成对原告隐私权的侵犯。

---

① Garden v. Parfumerie Rigard, 1933, 151 Misc. 692, 271 N. Y. S. 187.

② Lillie v. Warner Brothers Pictures, 1934, 139 Cal. App. 724, 34 P. 2d 835.

③ Fisher v. Murray M. Rosenberg, Inc., 1940, 175 Misc. 370, 23 N. Y. S. 2d 677.

④ Warren and Brandeis, The Right to Privacy, 1890, 4 Harv. L. Rev. 193, 216.

⑤ Ellis v. Hurst, 1910, 70 Misc. 122, 128 N. Y. S. 144, affirmed 1911, 145 App. Div. 918, 130 N. Y. S. 1110.

隐私的类型化研究

丹尼尔 J. 索洛韦伊[①] 著　骆俊菲[②] 译

目　次

一、导论

隐私的法律定义相当混乱，没有人可以清楚阐述它的含义。正如一位学者曾经说过，隐私权理论面临着“定义困难的尴尬”。隐私是一个非常模糊的概念，它不仅不能为法官裁判案件提供清晰的依据，也不能为立法者立法提供明确指引，在平衡隐私权与其他具有更确切含义的权利时，法官和立法者常常忽视了人们的隐私权益。

在1960年，著名的侵权法学家 William Prosser 教授将隐私侵权行为所侵犯的利益分为四种类别，试图借此使隐私权的法律含义确定化。但是 Prosser 教授仅仅从侵权法的角度分析隐私的内涵，却忽略了有关信息隐私（information privacy）的相关法律，笔者认为后者很显然要更为复杂繁多，因为后者甚至牵涉到《美国联邦宪法第四修正案》、宪法赋予公民对个人信息享有的隐私权、证据特权（eviden-

---

① 丹尼尔 J. 索洛韦伊（Daniel J. Solove），乔治·华盛顿大学法学院教授。
② 骆俊菲，中山大学法学院助教。

tiary privilege）和数以千计的联邦立法以及数以百计的州立法。更重要的是，Prosser教授撰写的《论隐私》（*Privacy*）一文发表于四十年前，而如今新科技的发展导致了新型隐私侵权行为的发生，因此为了迎合社会的发展，学界迫切需要对侵犯隐私权的行为进行重新分类。本文对可能造成他人隐私权损害的行为和现象进行重新分类，新的分类法涉及多元参考因素，而且将信息隐私的范围作了较为明确的划定。本文试图促使立法者更全面地理解隐私的含义，并为他们在未来制定有关隐私权的法律提供指引框架。

在阿根廷著名作家Jorge Luis Borges所写的著名寓言故事《尘世与虚无》（*Everything and Nothing*）当中，作者描写了一位天才剧作家。这位剧作家写出了许多扣人心弦的文学作品，他笔下的人物众多，每一个都有着令人难以忘怀的独特个性，广受人们的欢迎。尽管这名剧作家有着令人惊叹的想象力，但是他对生活却充满绝望（despair）。他可以构想出一大堆的虚构人物——将自己当作他们一样的思考，聆听他们灵魂深处的声音，但是他没有自己的本心，他不知道如何去了解自己，也无法定义自己。在这篇故事的结尾，这位剧作家在死前向上帝倾诉他的绝望："'我将自己想象成各种各样的人，想借此找到自我，但都是徒劳无功。'随着一阵旋风，上帝的声音传来：'我的莎士比亚啊，我不是任何人，我曾经像你构思你的作品一样想象这个世界的样子，你存在于我的想象中，你就像我一样，既是众生，又不是众生中的任何一人。"①

隐私包罗万象，而又正因为如此，它又似乎什么都不是。正如一位学者所说："很显然，'隐私'一词的修辞学含义错综复杂，因为人们可以在许多不相关的场合看到这个词语……就像'自由'这个让人心潮澎湃的词一样，'隐私'一词可以覆盖各种事物和各种不同的人，发展到今天，这个词已经丢失了它一度拥有的清晰的法律含义。"②

Lilian BeVier曾经写道："隐私这个词就像是一条变色龙，含义

① Jorge Luis Borges, Everything and Nothing, in Labyrinths 249 (Donald A. Yates &James E. Irby eds., J. E. I. trans., 1964).

② 1 J. Thomas Mccarthy, The Rights of Publicity and Privacy § 5. 59 (2d ed. 2005).

多样：它的外延涵盖各种相互独立的权利，涉及领域十分广泛——从个人信息的保密性到生育自主权；它的内涵则包括了人们以隐私的名义所享有的利益。"[①]其他学者有的感慨隐私是"模糊的、细微的"[②]、"变化无常的"[③]，而且面临"难以定义的尴尬"[④]，哲学家 Judith Jarvis Thomson 还认为："或许最让人惊讶的是，似乎没有人清楚知道隐私权到底是什么。"[⑤]

通常，人们往往会自觉或者不自觉地谈论隐私问题，比如人们常常会说"那侵犯了我的隐私权！"尤其当人们对可能侵犯个人隐私的行为，例如商业机构将人们的个人信息收集并储存在其建立的数据库等行为进行深入思考时，人们会本能地感到恐慌和焦虑。[⑥] 但是，学者们常常以为这只是人们不理性的反应，并没有由此看出为什么侵犯隐私的行为可能对人们造成损害。不过，即使人们宣称隐私应当受到保护，但是他们仍然不十分清楚这句话意味着什么。缺乏对隐私问题的清晰认识使政府在制定有关政策或者法院在审判有关案件时面临不少困难，因为立法者和法官们难以清楚说明行为人侵犯他人隐私权所造成的损害是什么。而与隐私权存在冲突关系的一些权利，诸如言论自由、充分的市场交易以及国家安全等等，他们却能轻而易举地作出阐述。法院和政策的制定者总是在是否承认隐私权益的漩涡中挣扎，在实践中应对这个问题时，法院可能会选择驳回有关隐私侵权的案件中原告所提出的起诉，而立法者则可能会驳回修订法律的提案，他们这样做的结果就是隐私与其他与之相冲突的利益根本没有被置于同一天平上进行衡量。

如果不对"隐私"的内涵进行细致入微地理解和阐释，是无法

---

① Lillian R. BeVier, Information About Individuals in the Hands of Government: Some Reflections on echanisms for Privacy Protection, 4 WM. & MARY BILL RTS. J. 455, 458 (1995).

② 5arthur R. Miller, The Assault on Privacy: Computers, Data Banks, and Dossiers 25 (1971)

③ Tom Gerety, *Redefining Privacy*, 12 Harv. C. R. -C. L. L. Rev. 233, 234 (1977).

④ Kim Lane Scheppele, Legal Secrets 184 - 185 (1988).

⑤ Judith Jarvis Thomson, *The Right to Privacy*, in Philosophical Dimensions Of Privacy: An Anthology 272, 272 (Ferdinand David Schoeman ed., 1984).

⑥ SeeJames Q. Whitman, *The Two Western Cultures of Privacy: Dignity Versus Liberty*, 113Yale L. J. 1151, 1154 (2004)

解决上述问题的。例如《9·11事件调查委员会报告》就建议，由于政府机构之间以及政府机构和商业机构之间都存在共享信息资源的状况，因此，这些机构应当“保护共享信息的信息主体的隐私”。[①] 但是保护“隐私”究竟是指什么？如果人们不能理解隐私所面临的威胁是什么，人们又如何从有实际意义的角度来阐述隐私一词？

许多学者都将隐私作为一个整体概念来理解，认为它具有一个统一的价值，无论在怎样不同的情形下，这个统一的价值都不会发生变化。这与笔者的观点正好相反，笔者认为，侵犯隐私权的行为包括一系列不同类别的行为（harmful or problematic activities）。[②] 以下是一些涉及侵犯他人隐私的典型行为：①一份报纸将强奸案受害者的姓名公之于众；[③] ②记者通过欺骗的手段进入他人的家，并秘密地拍摄这个人的照片和对他的谈话进行录音；[④] ③新型X光仪器可以透过人们的衣服对人们进行“虚拟光身搜查（virtual strip-search）”；[⑤] ④政府执法人员使用红外线探测仪对他人的房子热力状况进行检查；[⑥] ⑤某公司出售一份罗列了500万名年老、失禁妇女名字的清单；[⑦] ⑥某公司虽然向其员工承诺了不会将他们的个人信息出售给别人，但实际上该公司违背了承诺出售了员工的个人信息。[⑧]

这些侵犯隐私权的行为有着明显的区别。尽管目前有许多法律部门都会提及隐私问题，但是学者们始终无法释怀的是，这些法律都无法为个人隐私提供充分的保护。[⑨] 在确定行为人实施的某种行为是否侵犯了他人的隐私权时，法官和政策制定者眼界狭窄，常常无法全面

---

① Nat'l Comm'n on Terrorist Atracks upon the U. S., The 9/11 Commission Report 394 (2004).

② Daniel J. Solove, *Conceptualizing Privacy*, 90 Cal. L. Rev. 1087, 1130 (2002).

③ See Florida Star v. B. J. F., 491 U. S. 524 527 (1989).

④ See Dietemann v. Time, Inc., 449 F. 2d 245, 246 (9th Cir. 1971).

⑤ See Beyond X-ray Vision: Can Big Brother See Right Through Your Clothes?, Discover, July 2002, at 24.

⑥ See Kyllo v. United States, 533 U. S. 27, 29 (2001).

⑦ See Standards for Privacy of Individually Identifiable Health Information, 65 Fed. Reg. 82, 461, 82, 467 (Dec. 28, 2000) (codified at 45 C. F. R. pts. 160 & 164).

⑧ See *In re* GeoCities, 127 F. T. C. 94, 97–98 (1999).

⑨ See, *e. g.*, Joel R. Reidenberg, *Privacy in the Information Economy: A Fortress or Frontier for Individual Rights*, 44 FED. COMM. L. J. 195, 208 (1992).

分析问题。其结果就是，他们或者将具有显著区别的各类隐私问题合并在一起考虑，或者即使将每个问题单独予以考虑却不能充分认识到问题症结的所在。法律关于隐私问题的规定混乱，有的规定是立法者基于对这些问题的错误理解而制定的，有的规定则相互矛盾。“隐私”一词的概念太过模糊，无法成为法官审判案件或者立法者制定法律的依据。到底应当如何阐述“隐私”一词，使其含义的表述既不片面也不脱离现实情形，同时还能成为法官审判相关案件以及学者们分析各类隐私问题时的依据呢？

在本文中，笔者尝试提出一个理论框架以促使美国的法律体系能更好地认识隐私的内涵和相关问题。笔者的目的是要研究隐私权的类型，更加具体地关注行为人所实施的不同类型的侵权行为。本文并没有过多地纠缠于“隐私”一词的模糊概念，而是将讨论焦点集中在引起隐私问题的特定行为上。尽管学者们多次尝试详细说明“隐私”一词的含义，但是很少有学者从综合全面的角度认识隐私问题的根本。其中最为著名的一次尝试是传奇人物、著名的侵权法学家 William Prosser 在 1960 年发表的论文，在该文中，Prosser 教授将隐私侵权行为分为四类，分别是：①侵扰他人的居所、安宁或私人事务的隐私侵权行为；②公开他人令人尴尬的私人事务的隐私侵权行为；③公开丑化他人形象的隐私侵权行为；④为了行为人的利益，擅自使用他人的姓名或者肖像的隐私侵权行为。[①] Prosser 教授最为杰出的贡献在于，他运用 Samuel Warren 和 Louis Brandeis 在他们撰写的著名论文《论隐私权》（*The Right of Privacy*）中的理论，综合分析了众多案件后得出了上述分类理论。[②]

然而，Prosser 教授的理论具有局限性。一方面，他的分析仅仅限于侵权法范围内，而在美国，有关隐私的法律部门远不止侵权法，而且有关规定也比隐私侵权的有关规定更为复杂，除了侵权法，保护美国宪法赋予公民的“隐私权”的各项法律法规还包括：《美国联邦宪法第四修正案》，有关证据特权的法律规定，数十条联邦立法条文

① William L. Prosser, *Privacy*, 48 Cal. L. Rev. 383, 389 (1960).

② Samuel D. Warren & Louis D. Brandeis, *The Right to Privacy*, 4 Harv. L. Rev. 193, 195 - 196 (1890).

和数以百计的州立法条文，等等。①《信息自由法》规定，在两种例外情况下，行为人行使权利会因为构成“不合理侵犯他人个人隐私”的行为而承担法律责任。许多州关于保存公共信息记录的法律同样包含了保护个人隐私的条文。②许多州的宪法还明确在条文中规定赋予公民以隐私权。

Prosser 教授的论文发表于四十多年前，那个时候还没有信息时代（Information Age）的崛起。而在当今，新的科技引发了一系列前所未有的隐私问题，其中很多问题无法纳入 Prosser 教授当年提出的隐私侵权行为的四种类型当中。因此，人们迫切需要一种新的隐私的类型化理论以迎合当今时代的需求。

笔者在本文中提出的新的隐私的类型化理论旨在对目前社会上公认的各类侵犯隐私权的现象进行界定和分析，并希望借此帮助法官和政策制定者更好地平衡公民的个人隐私权和与之相冲突的各种利益。本文撰写的最终目的在于促进法律的发展，以使得隐私能够获得更明确的法律地位。尽管本文提出的隐私的类型化理论首要重心在于对法律规定的分析，但是，这个分类法并不局限于将现行法律类型化，这点与 Prosser 教授的论文并不相同，笔者所期望的，是深入理解目前已经得到社会公众一定程度认识的、各式各样可能侵害他人隐私的现象和由此引发的各种问题。在本文的行文中，笔者会频繁地引用现行法律作为标准来判断哪些隐私侵权行为得到了社会的承认。不过，笔者并不仅仅想评价现行法律，而是期望通过分析为相关法律将来的发展和制定提供理论框架的支持。

二、隐私类型的四分法理论

笔者认为，“隐私”的内涵是不能脱离社会背景来理解的。社会学家 Barrington Moore 一针见血地指出：“人们对隐私的需求是社会所造成的，没有社会，也就没有对隐私的需求。”③社会当中充满了各种

---

① See Anita L. Allen, Privacy in American Law, in Privacies: Philosophical Evaluations 19, 26 (Beate R6ssler ed., 2004).

② See Daniel J. Solove, Access and Aggregation: Public Records, Privacy and the Constitution, 86 MINN. L. Rev. 1137, 1160 - 1164 (2002).

③ Barrington Moore, Jr., Privacy: Studies in Social and Cultural History 73 (1984).

冲突和摩擦，个人、机构和政府都有可能参与到某些对其余两方不利的活动当中来。

隐私不仅可以使人们远离某些社会摩擦的漩涡，还可以使人们轻松地进行某些有意义的活动，而在缺乏隐私的情况下，人们会发现进行这些活动非常困难甚至不可能。当然，隐私不能让人们摆脱任何形式的社会摩擦，它只能使人们免于某些相互关联、给人们带来损害的活动的困扰。本文提出的隐私侵权的分类法旨在对这类行为进行界定和梳理。这些行为本身并不存在本质的恶性或损害他人的特质。如果他人对行为人实施大部分这些行为表示同意，行为人实施的这些行为就不会侵害他人的隐私。例如，如果一对夫妻邀请第三者来观看他们实施性行为的过程，第三者的这种观察行为不构成侵犯这对夫妻隐私的行为；然而，如果第三者实施观察行为之前没有获得这对夫妻的同意，其行为通常会被认定构成隐私侵权行为。

不过，并不是行为人实施的所有可能损害他人利益的行为都需要法律予以矫正，因为可能存在法律不适宜对该行为进行调整的原因，或者某些与他人受损害利益相冲突的利益需要优先得到保护。正如 Anita Allen 所说，在某些时候，人们应当为自己的私人活动（private activities）承担责任。[1]本文提出隐私的类型化理论的目的不在于回答法律究竟应不应该保护个人隐私免受侵害的问题，而是指出可能对个人隐私造成影响的行为，并解释这些行为为什么可以引起纠纷，它们又以何种形式引起纠纷。对于法律应当在什么情况下、通过何种手段对这些行为进行规制的问题，笔者认为这只能够在具体的个案中进行解答。但是，要回答这个问题存在一定困难，因为可能影响个人隐私的各类活动纷繁复杂，难以一一界定，本文的分类法将会帮助人们分析各种类型的隐私问题，以促进法律的修订，推动法律更好地处理相关问题并平衡隐私权和与其相互矛盾的权利。

隐私侵权行为按照不同的标准可以划分为不同的类型，就像从不同角度去观察《蒙娜丽莎的微笑》都可以看见蒙娜丽莎不同的笑容一样 。笔者着重归纳可能侵犯个人隐私的各种行为，本文的分类法旨在协助法律体系更准确地把握隐私的内涵。既然立法者制定法律的

① See Anita I. Allen, Why Privacy Isn't Everything 2, 146 (2003).

目标是建立隐私保护的机制，防止和处理某些涉及隐私侵权的问题，人们首先需要理解这些问题的缘起，才能真正地评估法律所提供的隐私保护机制所达到的效果。

笔者的研究重点在于引起隐私纠纷的行为上，笔者希望本文在能够展现这些行为的重要区别的同时，归纳出它们的共同特征。隐私的内涵过于复杂，其本质究竟是什么，难以归纳出一个单一的对应物。如果人们试图找出这个单一的本质，通常会得出一个宽泛而模糊的结论，而且这个结论难以发挥作用，解决不了实际问题。笔者曾经在其他论文当中指出，更理想的做法是将隐私理解为权利束而不是单一的权利。①正如哲学家 Ludwig Wittgenstein 所说，某些事物也许没有共同特征，但是它们“相互之间在不同方面都存在千丝万缕的联系”。② Wittgenstein 将这种状况类比为一个家庭中的各个成员之间的关系，因为尽管他们的外貌不一定都有某个共同的特征，但是家庭成员之间在外貌上总会有这样或那样的一些相近（如眼眸的颜色、高度、面部轮廓、发色等等）；这些相互联系的事物和人之间，“相似特征的网络纵横交错”。③

隐私是一个伞状性术语（umbrella term），它表示一组涉及面广泛又相互独立的权利。使用这样宽泛的术语在某些情形下是有利的，但在另外一些情形下却未必。例如，“动物（animal）”一词，表示一大群生物，包括哺乳类、鸟类、爬行类、鱼类生物等等，在这些类别下还有各子类别生物。在某些情况下使用“动物”一词就足够表达说话者的意思了，比如，假设 Sue 问 Bob：“动物园里有多少只动物？” Bob 无需知道具体的动物类别就可以回答这个问题。在这个例子的语境中，“动物”一词已经足够清楚表明 Sue 所指的事物。再比如，假设 Sue 想让 Bob 给她带一条狗回来，她不会含糊地说“给我带一只动物回来”，而会清楚地指明她想要的那种动物是狗。而且，即便说明是狗而不是其他动物，也许还不足够，因为 Sue 可能想要某一

① Daniel J. Solove, *Conceptualizing Privacy*, 90 Cal. L. Rev. 1096 - 1099 (2002).

② Ludwig Wrtrgenstein, Philosophical Investigations § 65 (G. E. M. Anscombe trans., 1968) (1958).

③ Ludwig Wrtrgenstein, Philosophical Investigations § 66 (G. E. M. Anscombe trans., 1968) (1958).

特定种类的狗。就像上述例子中“动物”一词的使用情况那样，“隐私”这个总称在许多情况下是足够表达说话者意思的，但是有的时候人们需要更确切的用语。所以，使用总称“隐私”一词可能导致将某些不同类型的问题合并表述，还可能导致法官和政策制定者在处理隐私问题时对“隐私”的理解与具体语境下“隐私”的意思不符。

本文的分类法可以说明不同类型的损害和纠纷之间是存在联系的，不同的纠纷都有可能被认为是隐私问题，这并不奇怪，因为这些纠纷之间存在明显的相似性。但人们同时必须认识到这些纠纷之间的差别。本文撰写的其中一个目标是更明确地指出在每一种不同的情形下这些隐私问题的具体内容是什么——该问题的独特之处、与其他类型隐私问题的区别与联系。

通常，隐私侵权会给他人造成损害。某些类型的损害是很容易计算和理解的，例如财产损害。但隐私侵权造成的损害则更复杂一些。Warren 和 Brandeis 认为，隐私侵权造成的是非财产损害而不是财产损害。他们认为，法律开始认可此种非财产损害。他们指出，“现代技术与现代发明对他人隐私的侵害使他人遭受的精神痛苦远比他人身体遭受侵害时所遭受的精神痛苦严重。”①他们还指出，侵扰他人的隐私会给他人造成“感情损害（injury to the feelings）”。②

Warren 和 Brandeis 所说的这种损害是指对个人尊严的损害，这类损害的典型例子就是名誉损害。Warren 和 Brandeis 认为，尽管有关毁损他人名誉的法律长期以来正视并且处理了许多涉及贬低他人在公众心目中形象的案件，但是，他们也意识到，除了名誉损害之外还有其他类型的对他人尊严的损害，本文对新的隐私的类型化理论也反映了这个问题。除了名誉损害之外，行为人粗鲁的言行、缺乏对他人尊重的言行以及引起他人不安的行为都可能对他人造成人格尊严损害。Warren 和 Brandeis 担心，这类对他人人格尊严的损害可能会被法官认为过于轻微而不能得到法律的救济，他们希望借助他们的论文

---

① Samuel D. Warren & Louis D. Brandeis, The Right to Privacy, 4 Harv. L. Rev. 196 (1890).

② Samuel D. Warren & Louis D. Brandeis, The Right to Privacy, 4 Harv. L. Rev. 197 (1890).

说明这类损害的确是对他人的损害，应当得到法律的救济，[①] 而最终他们成功了，正如 Prosser 教授在他 1960 年发表的论文中所收集的数以百计的案件所证明的那样，法官对于受到这类损害的当事人给予了救济。[②]

不过，有一类更为现代化的隐私问题，是这几位学者所没有考虑到的，笔者把这类问题称为“建构性（architectural）”问题，[③]实施“建构性”行为的行为人不会对他人造成明显的羞辱或名誉损害，但是却造成他人在将来可能受到损害的可能性。这类问题在许多方面与环境破坏或环境污染问题很相似。在本文的分类法当中，有两类建构性问题经常出现，在第一类问题中，行为人实施的行为会使他人受到损害的风险提高。例如，行为人实施涉及他人个人信息的行为可能使他人身份被盗用或者他人被诈骗的风险提高。而且，这类增加风险的行为不仅使他人可能遭受人格尊严损害的风险提高，还增大了他人遭受财产损失和身体损害的可能性。在第二类问题中，行为人实施的行为可能破坏各种社会力量之间或某些机构之间权力的平衡，导致人们不愿意看到的结果。典型例子比如，如果执法人员的权力过大，人们实施日常活动的方式可能会因而改变，人们的日常活动可能会随之减少，他们参与政治集会或者批判某种流行观点的热情会消减。监视行为也可以达到这种效果。这类行为对人们行为自由造成的干涉效果通常被称为“寒蝉效应（chilling effect）”。[④]权力的不平衡也可能增加权力滥用的风险。

当人们谈论上述“建构性问题”时，他们通常会关注引起这类问题的行为如何影响个人的生活。但这并不能说明隐私只是一种个人化的权利。哲学家 John Dewey 认为个人的权利并不只是个人的财产，相反，由于这些权利“为社区的福利贡献良多”，个人权利也是社会

---

① Samuel D. Warren & Louis D. Brandeis, *The Right to Privacy*, 4 Harv. L. Rev. 197 (1890).

② William L. Prosser, *Privacy*, 48 Cal. L. Rev. 389 (1960).

③ See Daniel J. Solove, The Digital Person: Technology and Privacy in The Information Age, 97 - 101 (2004).

④ See, e. g. , Laird v. Tatum, 408 U. S. 1, 1, 13 (1972).

发展的助力。[1]有几位学者与 Dewey 持相似的观点，他们也认为隐私是社会的“基本（constitutive）要素”。根据这种观点，行为人侵犯他人隐私所造成的损害不仅仅是对他人造成“精神上的痛苦”，还违反了社会利益，并且妨碍他人实施对社会福祉有贡献的行为。Spiros Simitis 认为，“有关隐私的忧虑已经不是个别人士的私人问题，而是影响所有人的重大问题”。[2] Robert Post 则提出，有关隐私侵权的法律“维护了社会文明的规则，在某些重要方面不仅影响到个人，还影响到全社会”。[3] Julie Cohen 和 Paul Schwartz 随后的研究继承并发展了这种将隐私作为社会生活基本要素的理论，这两位学者都认为，隐私是文明社会的基本构成要素。[4]

在下文的隐私的类型化理论中，笔者将侵犯他人隐私的行为分为四种：①信息收集行为（information collection）；②信息加工行为（information processing）；③信息传播行为（information dissemination）；④侵犯他人私人事务的行为（invasion）。这四种行为中的任何一种都包含有不同的子类别。

笔者以信息主体（data subject）为起点，按照四类行为之间的关系建立的理论模型（参见下图），信息主体是指其生活最为直接受到这四类行为影响的个人。

---

① John Dewey, Liberalism and Civil Liberties, in 11 Later Works 372, 373 (Jo Ann Boydston ed., S. Ill. Univ. Press 1987) (1936).

② Spiros Simitis, Reviewing Privacy in an Information Society, 135 U. PA. L. Rev. 707, 709 (1987).

③ Robert C. Post, *The Social Foundations of Privacy: Community and Self in the Common Law Tort*, 77 Cal. L. Rev. 957, 959 (1989).

④ See Julie E. Cohen, *Examined Lives: Informational Privacy and the Subject as Object*, 52 Stan. L. Rev. 1373, 1397 - 1398 (2000).

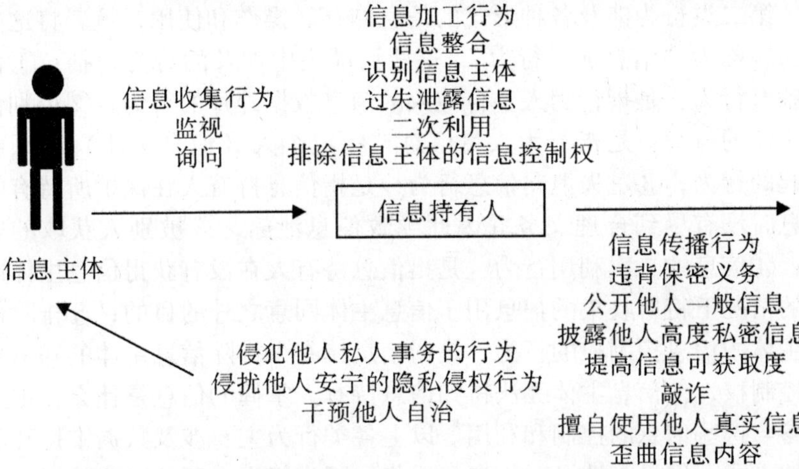

按照四类行为之间的关系建立的理论模型图

首先，不同的个体（包括个人、公司和政府）从信息主体身上收集信息，即发生信息收集行为。尽管不是所有信息收集行为都会造成损害，但是这个收集信息的过程可能侵犯信息主体的隐私，给他（她）造成损害。其次，这些收集信息的个体（“信息持有人”）对收集到的信息进行加工——储存、整合、操作、搜索和利用。笔者将这一系列行为称为“信息加工行为”。①再次，“信息传播行为”，即信息持有人将信息传递给别人或者公之于众。从信息收集行为到信息传播的整个过程，个人信息数据逐渐远离信息主体的控制。最后，还有一类影响个人隐私的行为，这就是“侵犯他人私人事务的行为”，这类行为涉及对个人权利的直接损害。这一类行为并没有遵循以上三类行为的进程，脱离信息主体的控制，反而指向信息主体，而且不一定会涉及信息主题的个人信息。

第一类行为是信息收集行为，其中包括监视（surveillance）和询问（interrogation）两种行为。①监视行为，是指行为人观察、监听或者摄录他人举动的行为；②询问行为，是指行为人通过各种形式的提问和信息刺探手段收集他人信息的行为。

① See Council Directive 95/46, art. 2 (b), 1995 O. J. (L 281) 31 (EC).

第二类行为涉及各种形式的信息储存、操作和使用，笔者将这些行为统称为“信息加工行为”，这些活动当中涉及的行为包括：①信息整合行为，是指行为人整合他人的信息数据碎片的行为；②识别信息主体的行为，是指行为人将信息与特定个人（信息主体）联系在一起的行为；③过失泄露信息行为，是指信息持有人在保护所持有的信息时没有尽到合理义务并因此导致信息泄露，或被别人获取的行为；④信息的二次利用行为，是指信息持有人在没有获得信息主体同意的情况下将所收集的信息用于信息主体同意之外的目的；⑤排除信息主体的信息控制权的行为，是指信息持有人排除信息主体的知情权和控制权，使信息主体无法得知信息持有人掌握的信息是什么，也无法参与这些信息的控制和利用。以上各类行为主要涉及数据维持和利用的方式，但没有涉及对信息的采集，因为行为人所处理的数据是已经收集的信息。

第三类行为是信息传播行为，这类行为多种多样，其中包括：①违背保密协议的行为，是指行为人向他人承诺对他人的信息保密后，违背承诺泄露他人信息的行为；②公开他人一般信息的行为，是指行为人将他人（信息主体）的真实信息公开披露并因此影响别人对信息主体个人品格评价的行为；③披露他人高度私密信息的行为，是指行为人将他人的裸体形象、不幸的遭遇或者解决生理问题的情形等私密信息向第三者披露的行为；④提高信息可获取度的行为，是指行为人采用某种手段，使信息主体之外的人更容易获得他（她）的个人信息的行为；⑤敲诈行为，是指行为人威胁公开他人私人信息以换取利益的行为；⑥擅自使用他人真实信息的行为，是指行为人为了自己或第三者的利益，使用他人（信息主体）的身份数据的行为；⑦歪曲他人信息的行为，是指行为人将关于他人的虚假信息、误导信息向第三者传播的行为。信息传播行为全部都涉及将个人信息数据向公众传播或向第三人传递，或者威胁进行上述活动的行为。

第四类行为，也是最后一类行为，涉及行为人侵犯他人的私人事务的行为。这一类行为区别于上述三类行为之处在于，第四类行为无需涉及个人信息（尽管在许多情况下，这类行为的确涉及个人信息），其中包括侵扰他人安宁的隐私侵权行为和干预他人自治的行为。①侵扰他人安宁的隐私侵权行为，是指行为人实施侵犯性行为，打扰了他人的安宁和独处；②干预他人自治的行为，是指在信息主体为自己的私人事务作出自主决定时，政府对信息主体进行干扰。

三、信息收集行为

信息收集行为，是指行为人在实施信息收集行为的过程中对他人造成的隐私侵权行为，尽管信息收集行为的实施者不一定会将所收集信息公开，但是信息收集行为仍然可能造成损害。笔者认为目前有两类信息收集行为可能给信息主体带来损害：其一，监视行为；其二，询问行为。

（一）监视行为

在很长一段时间里，人们都认为监视行为容易引起麻烦。“窥视者汤姆（Peeping Tom）”一词来源于1050年发生的一个传说。传说一名英格兰贵族妇女戈黛娃夫人（Lady Godiva）为了争取减免税收，裸体骑马绕行考文垂市（Coventry），一名年轻人Tom因为目瞪口呆地盯着她看而受到惩罚，成为了瞎子。①今天，许多城市都制定了关于限制窥视行为的法律。例如，在南卡罗来纳州，如果行为人“为了窥探他人或第三者的隐私而透过他人房屋的或附近的窗户、门或者其他类似地方对他人或第三者实施窥视或者类似性质的行为，以致侵犯他人或第三者的隐私”，则他们的行为构成刑事犯罪行为。有的州甚至禁止在某些场所安装双向透明玻璃镜。②

除了视觉监视（visual surveillance），音频监视（audio surveillance）也同样备受人们的责难。William Blackstone认为，窃听（eavesdropping）是一种普通法上的罪行，他将这种罪行界定为“行为人在墙根下、窗外、屋檐下偷听，以获知他人的对话，并据此对他人进行言辞诽谤或捏造事实中伤他人的行为”。③即使在电子窃听设备出现之后，人们仍然以为窃听就是Blackstone所形容的行为。早在

① Clay Calvert, Voyeur Nation 36 – 38 (2000); Avishai Margalit, *Privacy in the Decent Society*, 68 SOC. RES. 255, 259 (2001).

② Cal. Penal Code § 653n (West 1988).

③ William Blackstone, Commentaries * 169.

1862 年，加利福尼亚州就禁止任何人对别人的电话对话实施窃听（interception）。[①]之后，在 1862 年，电话有线监听（telephone wiretapping）行为一出现，几个州就迅速出台相关法律法规禁止公民实施电话有线监听，其中包括加利福尼亚州在 1905 年出台的相关法律。[②]在 1928 之前，全美国有超过半数的州的法律规定，电话有线监听行为是一种犯罪行为。[③] Holmes 法官将电话有线监听行为称作"肮脏的勾当"[④]，而 Frankfurter 法官则认为这种行为"令人厌恶"[⑤]。尽管美国联邦最高法院在 1928 年 Olmstead v. United States 一案[⑥]的判决中认定，《美国联邦宪法第四修正案》并不禁止政府工作人员对他人的电话进行有线监听，不过，在 1934 年，美国国会制定法律，明确将有线监听的行为规定为犯罪。在 1967 年，美国联邦最高法院终于改变了它对有线监听行为的态度，在 Katz v. United States 一案[⑦]中推翻了 Olmstead 一案的判决。又过了一年后，美国国会于 1968 年通过了《综合犯罪控制与安全街道法》（Omnibus Crime Control and Safe Streets Act），该部法律的第四编（Title Ⅲ）对有线监听行为作出了规定。根据该法第四编，执法人员在实施有线监听行为之前必须获得地区治安官或者法官签发的搜查令（warrant），任何私人机构或个人实施有线监听行为均构成犯罪。在 1986 年，美国国会通过了《电子通讯隐私法》（Electronic Communication Privacy Act，ECPA），修改了原《综合犯罪控制与安全街道法》第四编，将其对有线监听行为的限制扩展至任何形式的电子监视行为。[⑧]

如果公众或者政府持续观察人们的行为或者偷听人们的谈话会造

---

① Samuel Dash et al., The Eavesdroppers, 25 - 26 (1959).

② Samuel Dash et al., The Eavesdroppers, 8, 25 (1959).

③ Orin S. Kerr, The Fourth Amendment and New Technologies: Constitutional Myths and the Case for Caution, 102 MICH. L. Rev. 801, 841 (2004).

④ Olmstead v. United States, 277 U. S. 438, 470 (1928) (Holmes, J., dissenting).

⑤ On Lee v. United States, 343 U. S. 747, 758 - 759 (1952) (Frankfurter, J., dissenting).

⑥ 277 U. S. at 466.

⑦ 389 U. S. 347, 353 (1967).

⑧ See Electronic Communications Privacy Act of 1986, Pub. L. No. 99 - 508, 100 Stat. 1848.

成什么损害呢？日常生活中，我们都会观察别人的言行，尽管别人可能不希望我们这么做，但是我们通常不会认为这种行为有任何不妥。然而，如果这种观察或偷听的行为是通过以某种方式长时间实施的，比如持续地对他人进行监控，这种监视行为就会产生不良后果。例如，人们可以预料到自己在公交车上或者地铁上会被周围的人所看见，但是如果有乘客对他们持续地盯梢，会引起他们的紧张和不适感。

当他人意识到行为人在监视自己的时候，他人不仅可能感觉到极度不舒服，还可能因此改变自己的行为。监视可以引起自我审视（self-censorship）和自我抑制（inhibition）。[①]而且因为监视具有抑制监视对象的行为的效果，所以监视手段成为社会对个人进行控制的工具，增强了社会规范的约束力，当他人受到社区里其他人的观察时，社会规范在被观察者身上产生的约束效果更为明显。[②] John Gilliom 认为："对他人的行为进行监视是为了控制他人的行为，无论是限制他人接近某些机构或场所，还是监控和约束他人在这些区域内的行为，又或者是通过观察和摄录他人的合法行为或违法行为，所有的监控措施都只是为了控制他人的活动。"[③]监视可以达到控制人们行为的这种效果不是必然会造成损害的，因为社会对个人的控制可能是有益的，每个社会都必须实行一定程度的社会约束或社会控制，才能更好地发展。例如，监视可以有效地遏制犯罪的发生。许多人都希望监视可以实现社会秩序和对个人的行为控制。Jeff Rosen 在评价英国的闭路电视监控网使用了超过 400 万个公共监控摄像头的这一现象时说道，民众普遍认为这个监控网"是从天空中俯视的友善之眼，不是专横独断的'老大哥（Big Brother）'，而是和蔼可亲的、警惕危险的叔叔或

---

① Jerry Kang. Information Privacy in Cyberspace Transactions, 50 ST. AN. L. Rev. 1193, 1202 - 1203 (1998); Peter P. Swire, Financial Privacy and the Theory of High-Tech Government-Surveillance, 77 Wash. U. L. Q. 461, 473 (1999).

② Richard A. Posner, The Problematics of Moral and Legal Theory 75 (1999); see also James B. Rule, Private Lives and Public Surveillance, 28 (1974).

③ John Gilliom, Overseers Of The Poor: Surveillance, Resistance, And The Limits Of Privacy, 3 (2001).

阿姨”。[1]

然而，过多的社会控制会极大地冲击人们的自由、创造性和自我发展。根据 Julie Cohen 的理论，“无处不在的监控能够捕获人们的每个动静和任何一次错误的尝试，它造成的极端结果就是，人们会倾向于对世事漠不关心、不采取任何行动或者随大流。”[2]监控手段限制了“社会所接受的信仰和行为的范围”，造成“人们的个性上一个微妙但是重大的改变，即让人们的价值判断从明确逐渐变得模糊”。监视因而“不仅让一些特立独行的人噤声，不敢表达观点，而且会逐渐抑制人们表达自我的欲望”。Paul Schawartz 也认为，监视妨碍了人们的选择自由，损害了人们的自主决定权。[3]

在许多情况下，如果人们都不会意识到自己正受到别人的观察。那么，隐蔽监视（covert surveillance）是否会产生问题呢？有人认为，监视根本就是一种错误的行为，无论是公开的（overt）监视还是隐蔽的监视，因为这证明了监视者不尊重被监视对象的匿名权益。哲学家 Stanley Benn 认为，公开的监视对被监视对象“作为自我主宰和选择决定者的自由意志”产生威胁。[4]他还认为，“当人们发现自己成为了别人检视的对象，成为了别人关注的焦点，人们会产生一种新的自我意识，这种意识仿佛是被观察者从别人的眼中对自己进行观察而产生的。”而对于隐蔽监视，Bennett 认为这种监视行为“是不应当实施的，因为它有意地欺骗了被观察者，误导了他对周围世界的印象，而且导致他因为一些不能归咎于他自己的原因而无法作出合理的选择”。

尽管隐蔽监视是具有欺骗性的，但是 Benn 的说法仍然缺乏说服力。因为被观察者只有在意识到自己正被别人所观察时，被观察者的

---

① Jeffrey Rosen, The Naked Crowd: Reclaiming Security And Freedom In An Anxious Age, 36 (2004).

② See Julie E. Cohen, Examined Lives: Informational Privacy and the Subject as Object, 52 Stan. L. Rev. 1426 (2000).

③ Paul M. Schwartz, Privacy and Democracy in Cyberspace, 52 Vand. L. Rev. 1656 (1999).

④ Stanley I. Benn, Privacy, Freedom, and Respect for Persons, in Nomos Xiii: Privacy1, 7 (J. Roland Pennock &John W. Chapman eds., 1971).

自由才有可能受到影响，而Benn却没有解释为什么隐蔽监视可以对个人的行为产生明显的影响。笔者认为，隐蔽监视会产生不良后果的一个更重要的原因是它会对个人行为产生“寒蝉效应”。实际上，如果人们普遍意识到自己可能被监视，但又不确定自己是否时刻都受到监视时，监视对他们产生的“寒蝉效应”会更为严重。这种现象被称为全景效应（Panoptic effect），这种现象的命名源于Jeremy Bentham在1791年设计的全景监狱（Panopticon）。①这种监狱的正中心是一座监视塔，而囚犯的囚室围绕监视塔而建。这种监狱最重要的一个特点是，狱警可以从监视塔看见每一名囚犯在狱中的情形，而囚犯在自己的囚室里却无法看见狱警。Michel Foucault认为，这样的囚室就像“一个个小型剧院，每个剧院里都只有一名演员，他们的表演完全个人化，而且观众随时随地可以看见他们的表演”②，囚犯的“唯一理性的选择”是服从监狱的管理规则，因为在任何时候，他们都可能被监视，③所以，令被监视者意识到自己被监视的可能性与对被监视者实施真正的监视同样具有抑制其行为的效果。

人们可以想象有的监视可能非常隐蔽，以至于被监视者完全没有意识到被别人监视的可能性。这种极其隐蔽的监视几乎不会产生寒蝉效应，而且监视者仍然可以收集到有关被监视者的相当可观的信息，这同样会产生构建性问题（architectural problem）。执法者行使调查权的方式灵活多变，监视是其中一种覆盖面极大的方式，相比于搜查，监视的调查深度更为彻底，因为监视记录了人们的行为、社会公众的反应甚至反映了他人可能会说的话、可能做的事。监视者在实施监视之前，并没有特定的信息目标，但是通过监视，监视者可以诱使被监视者暴露许多在监视之前的搜查过程中没有被发现的信息。如果监视者监视的时间足够长，被监视对象的某些非法或不道德的行为可能会被记录下来，而这些信息则可能被利用来作为损害被监视者的名誉或者威胁被监视者的手段。一个著名的例子是美国联邦调查局

① David Lyon, The Electronic Eye: The Rise Of Surveillance Society 62 - 67 (1994).

② Michel Foucault, Discipline And Punish 200 (Alan Sheridan trans., Vintage Books, 2d ed. 1995) (1977).

③ David Lyon, The Electronic Eye: The Rise Of Surveillance Society 63 (1994).

（FBI）当年对 Martin Luther King，Jr.（马丁·路德·金）实施的大范围有线窃听行为，许多人相信 FBI 这么做的目的是为了披露 King 与共产主义者（communist）的“联系”。尽管 FBI 没能达到目的，却意外地发现了 King 的婚外情。之后，FBI 试图以此威胁 King，有的 FBI 探员还泄露这些相关信息以毁损 King 的名誉。[①]

在处理有关监视行为的问题时，法律所关注的是监视行为发生的场所而不是监视行为可能引起的不良后果。法律通常承认，行为人在私人场所实施的监视行为会对他人造成损害，却不认为在公共场所实施的监视行为同样会损害他人的利益。在 Kyllo v. United States 一案[②]中，美国联邦最高法院判决认定，根据《美国联邦宪法第四修正案》的要求，执法人员必须获得有效的搜查令才可以使用红外线成像仪对他人的房屋散发出来的热量进行侦查。该院判决的主要理由是，尽管执法人员对被告的房屋实施的监视行为发生在被告的房屋之外，但是监视所记录的信息是来自屋内的个人活动，“我们已经强调过，《美国联邦宪法第四修正案》将是否进入被告的房屋作为对执法人员调查行为的限制之一。”

然而，当行为人实施的监视行为发生在公共场所时，美国联邦最高法院拒绝承认被监视的他人享有合理的隐私期待。在 Florida v. Riley 一案[③]中，警察乘坐直升机飞抵被告的温室上空，从400英尺的高空向下观察，透过温室缺了几块挡板的屋顶发现被告在温室内种植大麻。美国联邦最高法院认为，本案被告不享有合理的隐私期待，理由是：“警察可以在他们有权利进入的公共场所，利用有利地势观察他们在该地点可以看见的东西，这是人们的一种共识。”在 Dow Chemical v. United States 一案[④]中，美国联邦最高法院认为，政府执法人员不仅可以飞抵被告房产的上空用肉眼进行观察，还可以运用功能强大、足以分辨直径只有一点五英寸的目标的航空绘图摄影机（aerial mapping camera）进行拍摄。

---

① See Daniel J. Solove, The Digital Person: Technology And Privacy In The Information Age 97-101 (2004).

② 533 U. S. 27, 40 (2001).

③ 488 U. S. 445, 448-449 (1989).

④ 476 U. S. 227, 238-239 (1986).

法律对于发生在公共场所的监视行为和发生在私人场所的监视行为的态度截然不同，最明显的例子就是美国联邦最高法院审理的一系列涉及追踪设备的案件。在 United States v. Karo 一案[1]中，美国联邦最高法院认为执法人员使用追踪设备监控被告在家中的一举一动的行为，构成对被告合理隐私期待的侵犯。而 United States v. Knott 一案[2]与 Karo 一案的案情相似，判决却截然相反。在 Knott 一案中，警察将追踪设备放置在被告购买的一个装有氯仿的桶内，被告随后将这个桶放到自己的轿车上，警察于是借助追踪设备，找到了被告的轿车停放的地点。美国联邦最高法院认为，在该案中，执法人员的监视行为"基本上相当于跟踪一辆在公共街道或马路上行驶的汽车"，而且，该院还认为《美国联邦宪法第四修正案》在该案中并不适用，因为"在公共道路上驾驶汽车的驾驶者对于自己的行程不享有合理的隐私期待"。因此，美国联邦最高法院认定，尽管《美国联邦宪法第四修正案》限制行为人在他人的住所等私人场所内实施监视行为，但是该修正案并不限制行为人在公共场所实施监视行为，因此执法人员的行为并没有构成对被告隐私的侵犯。法院认为，隐私仅存在于私人场所的这种观点源于一种隐私的判断标准，笔者将之称为"秘密性理论（secrecy paradigm）"[3]。根据秘密性理论，隐私等同于秘密，所以只有当行为人将他人隐蔽起来的信息向别人披露的时候，行为人的行为才构成对他人隐私的侵犯。而如果他人的信息在事前并没有被刻意地隐藏起来，则行为人收集或者传播他人这些信息的行为并不会影响他人的隐私权益。许多部门法中都体现出这种狭隘的观点，以至于限制了法律对于隐私侵权行为的认定。

侵权法对隐私侵权行为的规定总体上与上述观点一致。在审理有关行为人在他人的私人场所内实施监视行为的案件时，美国联邦最高法院适用有关侵扰他人安宁的隐私侵权方面的法律（即行为人侵扰"他人的安宁、住所或者他人的私人事务的行为"的法律规定）进行

---

① 468 U. S. 705, 714 (1984).

② 460 U. S. 705, 714 (1984).

③ See Daniel J. Solove, The Digital Person: Technology And Privacy In The Information Age 42 - 44 (2004).

审理。例如，在 Hamberger v. Eastman 一案[①]中，法院认定，被告（房东）在原告（租户）的卧室内安装隐蔽录音设备的行为，构成了侵扰原告夫妇安宁的隐私侵权行为。但是，在涉及被告在公共场所实施监视行为的案件中，被告的抗辩通常会得到法官的采纳。

不过，在某些案件中，法官也会认为被告在公共场所实施的监控行为侵犯他人的隐私权。比如在 Nader v. General Motors Corp. 一案[②]中，因为 Ralph Nader 指责 General Motors 所制造的汽车不安全，General Motors 对 Nader 实行了全面的调查，企图寻找证据诋毁 Nader 的名誉。最重要的是，General Motors 窃听了 Nader 的电话，并且当 Nader 身处公共场所的时候，General Motors 仍然对其实施了密切（extensive）监视。法院认为，General Motors 在公共场所实施的这种监视行为构成对 Nader 个人隐私的侵犯；尽管“行为人在公共场所内对他人实施观察行为（observation）不会构成隐私侵权行为”，但是在某些场合下，“行为人‘过分热心（overzealous）’的监视行为足以构成合适的诉讼理由”。法院在判决书中写道：“一个人身处公共场所不等于他必然将自己所做的一切公之于众，假如 Nader 到银行去，也不等于任何人都有权利知道他到底取出了多少钱。”在该案中支持判决结果的法官都认为，行为人在公共场所对他人实施全面的监视会揭示出别人通过一般观察行为不会发现的一些隐秘细节。不过，法官的分析更注重行为人公开他人的信息所造成的损害，而不是监视行为本身对他人造成的损害；而实际上，密切监视可以披露人们平常遮掩起来的一些细节，从而导致发现他人的秘密，监视行为本身就已经可能对他人造成损害。但是法院并不承认监视行为本身可能对他人造成损害，而只承认某些披露他人秘密的监视行为可能对他人造成损害，他人可以以此为诉讼理由起诉实施监视的行为人。

因此，笔者认为，尽管法律通常只关注行为人是在公共场所还是在私人场所实施监视行为，以为只有发生在私人场所的监视行为才会对他人造成损害，但实际上发生在任何场合的监视行为都会对他人造

---

① 206 A. 2d 239, 241 - 242 (N. H. 1964).

② 225 N. E. 2d 765, 767 (N. Y. 1970).

成损害。[①]在公共场所发生的监视行为会引起人们的不安，假如读者想象一下自己在公共场合被别人持续盯梢时的情景，就会明白这种不安的感觉为何会产生。正如 Alan Westin 所说，“当人们意识到或者害怕在公共场所受到系统性的观察时，人们在开放的空间和公共领域内所渴望的轻松和自由的感觉会被完全破坏。”[②]更重要的是，公共场所的监视会产生寒蝉效应，使人们不愿意与某些社团进行联系、参加集会或者在会议上发言。人们需要很大的勇气才能作出支持某些极端信仰的行为或者作出某些与世俗不相符的举动，而别人专注的盯梢，尤其是来自政府的盯梢，会使得这些举动的危险性更大，令更多的人望而却步。因此，无论行为人实施的监视行为发生在公共场所还是私人场所，其行为都有可能造成他人人格尊严的损害以及其他构建性问题。法律却更倾向于将焦点放在监视行为所披露的秘密之上，而不是监视行为本身所引起的问题和给他人造成的损害上面，笔者认为这是不妥当的。

（二）询问行为

《美国联邦宪法第五修正案》规定：“禁止任何人强迫刑事案件的被告证明自己的罪行。”这个规定赋予了美国公民“免于自证其罪的特权”，而且阻止了政府强迫被告出庭作证指证自己的罪行。[③]这种特权保护人们免于“遭受被执法人员逼迫他们自证其罪的残酷待遇”[④]，“保护了人们的良心和人格尊严”[⑤]，并且推动社会“对个人的正直与诚实品质的尊重”[⑥]。

刑事被告不得不回答政府监控人员的问题、说明自己的犯罪行为真的是那么不人道的事情吗？人们为什么要保护一个可能有罪的人，

---

① *See* Aba Criminal Justice Section's Standards Comm. , Aba Criminal Justice Standards On Electronic Surveillance Relating To Technologically assisted Physical Surveillance § 2 - 6. 1 (d) to (g) (Draft 3d ed. 1997).

② Alan F. Westin, Privacy And Freedom, 31 (1967).

③ David M. O'brien, Privacy, Law, And Public Policy 92 - 93 (1979) .

④ Brown v. Walker, 161 U. S. 591, 637 (1896) (FieldJ. , dissenting).

⑤ Ullmann v. United States, 350 U. S. 422, 445 (1956) (Douglas, J. , dissenting).

⑥ Charles Fried, *Privacy*, 77 Yale L. J. 475, 488 (1968).

让他无需暴露自己的犯罪活动呢？

除了刑事审判中监控人员对被告的询问，政府或者别人对信息主体实施的某些询问行为也具有一定的强迫性。在19世纪晚期，在美国进行人口普查的过程中，人们发现人口普查的问题涉及越来越多的私人事务，诸如婚姻状况、读写能力、财产、健康状况、经济状况等等，这引起了公众的强烈抗议。[①]在19世纪70年代，各大报纸如《纽约时报》（*The New York Times*）都刊登了许多关于人口普查的社论，这些社论讽刺人口普查不只是“调查”，而是“审查（inquisition)”。[②] 在1890年的《纽约太阳报》（*The New York Sun*）上刊登的一首诗，就对美国的人口普查幽默又辛辣地讽刺了一番：“我是一名人口普查工作人员，我在一扇又一扇的门之间逡巡，从一户人家到另一户人家，从一家商店到另一家商店，我随身带着铅笔、纸张还有大量的权力。我随性而为，我随口提问，你必须臣服于我；打开你的支票本吧，交出你家的钥匙吧，不要挣扎了，告诉我，你有什么慢性病。”

为什么公众会如此反感？当别人向你提出一些不合时宜、深入个人事务的问题时，你常常会嗤之以鼻并附上一句：“这与你无关!”这种问题为什么会让人作出这种反应？为什么人们会因为别人的某些不当提问而动怒，尤其是在你被迫回答这些问题的时候？

从广义上说，以上例子都涉及一种相似的行为，笔者称之为“询问（interrogation）行为”。询问行为是一种向他人施加压力以促使他人暴露个人信息的行为。询问有许多用处，因为它可以使行为人获取他人的信息；然而，询问也可能给他人造成损害，这种损害的严重程度与询问的强迫性大小相关。《美国联邦宪法第五修正案》规定，被询问（刑事法律上称为“讯问”，译者注）的犯罪嫌疑人或被告有权利拒绝回答涉及大量个人信息的高强迫性问题。[③]但是一般而言，询问者不一定会直接强迫被询问者回答他的问题，询问的强迫性

---

① See Daniel J. Solove, Privacy and Power: Computer Databases and Metaphors for Information Privacy, 53 Stan. L. Rev. 1393, 1401 (2001).

② Robert Ellis Smith, Ben Franklin's Web Site: Privacy And Curiosity From Plymouth Rock To The Internet, 62 (2000).

③ *See*, *e. g.*, Miranda v. Arizona, 384 U. S. 436, 467 (1966).

并非赤裸裸地呈现于人前的。询问的强迫性可能隐含在被询问者对应聘失败的担忧中，也可能由于被询问者害怕背负上某种社会公认的耻辱而产生。当行为人向他人提出过分深入他人私人事务的不当问题时，即使行为人没有强迫他人回答这个问题，他人依然会感到恼怒。有人认为这是因为在这种情况下，被询问者担心如果自己不回答该问题，会给询问者留下一种错觉，以为被询问者在隐瞒事实，这同样会造成询问行为的间接强迫性。因此，笔者认为，既然过分私密的问题会让他人感到不舒服，社会上应当存在某种规则限制行为人向他人提出过分私密的问题。总体而言，行为人向他人询问，会迫使他人考虑如何解释自己的行为，或者担心自己如果拒绝回答会给行为人留下怎样的印象等等问题。

就其侵犯性而言，询问行为与侵扰他人安宁的隐私侵权行为相似，因为询问是一种刺探他人信息的手段，是搜查的一种形式。询问行为与公开披露他人一般信息的行为（disclosure）有相似之处，也有区别：尽管二者均涉及信息主体向别人披露自己隐藏的信息的行为，但是前者并不涉及行为人对他人信息的传播行为，而且，即便如此，询问行为仍然会给他人带来不舒服的感觉。询问行为与监视行为同样既有联系、又有区别：在这两种行为的实施过程中，信息主体都是不自愿地参与到行为人的信息收集行为工作之中的，只不过询问行为是在信息主体知情的情况下进行的，而监视行为则可以是行为人秘密实施的。

在美国历史上，询问曾经被用作打击公民结社自由和信仰自由的工具，这是询问行为的其中一种负面作用。在麦卡锡时代（McCarthy era），即20世纪50年代，美国众议院调查委员会（the House Un-American Activities Committee，简称HUAC）就运用了询问行为攻击共产主义者，并禁止他们集会和表达政治信仰。[①]在Barenblatt v. United States一案[②]中，美国联邦最高法院对HUAC的调查权表示支持，认为HUAC有权力强制证人回答有关他们自己与共产主义者之间的联系（Communists ties）的问题，但是审理该案的Black法官、Warren

① Ellen Schrecker, Many Are The Crimes: Mccarthyism In America 369 – 370 (1998).
② 360 U. S. 109, 127, 134 (1959).

法官和 Douglas 法官均对此表示反对，他们认为这种询问行为是不当的，不仅仅会损害证人的利益，还损害了“全体民众参与社会团体和提出政治要求的权利，而且令那些犯下了政治‘错误’的人因为敢于为自己考虑争取权益而受到政府的惩罚”。

询问行为的另一种负面作用就是可能造成被询问者的信息遭到曲解。因为询问者对于如何诱导被询问者披露信息、披露哪些信息以及对于信息披露后会产生的效果，都可以加以有力的控制。有技巧的询问者能够精心设计与被询问者的对话，以获得想要的信息并据此作出推论。例如，在刑事审判的交叉询问阶段，技艺娴熟的辩护律师会小心地操控询问过程，控制证人所说出的证言，还可能恐吓证人说出对证人自己不利的证言。而禁止强迫被告自证其罪的规定则可以保护证人证言的准确性，以防出现以上问题。[①]但是，即使询问者没有故意操纵询问过程，被询问者提供的信息仍然可能被歪曲。Peter Brook 认为，“询问者总是企图令被询问者的陈述符合询问者预先设计好的故事情节。”[②]询问可能歪曲事实的原因在于，询问者并非信息主体本人，询问者通常没有兴趣了解完整的信息，或者说，他们倾向于断章取义。比如，当询问者使用问卷或统一表格询问信息主体的有关信息时，他们通常不会询问产生信息的前因后果，而有的问题提问方式不恰当，也可能导致信息主体提供的答案模棱两可、令人迷惑，这些询问技术的瑕疵都可能造成信息被歪曲或误解。

美国法律中有许多规则限制人们的询问行为，其中，《美国联邦宪法第五修正案》规定，禁止政府询问公民的政治关系。例如，在 Shelton v. Tucker 一案[③]中，作为被告的公立学校的管理规章规定，教师必须报告他们参加的或有活动联系的社会团体，美国联邦最高法院使用了严格的标准审查这一规定，并判决该规定违反法律，应当撤销。又比如，在 Baird v. State Bar of America 一案[④]中，美国联邦最高法院判决认为，州政府不得为了获取有关公民的政治观点或参与政治

① John Henry Wigmore, Evidence In Trials At Common Law § 2251 n. I (c) (John T. McNaughton ed., 4th ed. 1961).

② Peter Brooks, Troubling Confessions: Speaking Guilt In Law And Literature, 40 (2000).

③ 364 U. S. 479, 488 - 490 (1960).

④ 401 U. S. 1, 6 - 7 (1971).

活动的信息而询问公民相关问题。该院在判决书中写道："如果州政府企图询问公民有关他们的信仰或社会活动，政府的权力就应当受到《美国联邦宪法第一修正案》的限制。像亚利桑那州政府这样在整个州的范围内大面积询问公民这些受法律保护的信息，会对他们形成阻吓作用，令他们不再积极行使美国联邦宪法赋予他们的权利。"

有关保护强奸案受害人的法律对于在法庭上询问强奸案件受害人的行为有严格限制。[①] 1990 年颁布的《美国残疾人法》（The Americans with Disabilities Act）限制了某些雇主询问雇员的身体残疾状况。许多州的法律都禁止雇主询问雇员或者应聘者的某些个人信息。例如，威斯康星州禁止雇主要求雇员或应聘者进行 HIV（艾滋病毒）测试；马萨诸塞州禁止雇主询问雇员或者应聘者过去是否曾经因为不构成犯罪的违法行为而被拘捕，也不得询问他们之前是否有犯罪行，更不得询问他们之前是否曾经在精神疾病治疗机构接受治疗；还有好几个州都禁止雇主要求雇员或应聘者进行基因测试。有关证据特权（evidentiary privileges）的法律规定，律师和当事人之间、牧师和忏悔者之间以及医生和病人之间的对话属于保密范围，任何人都不得强迫他们将这些对话的内容公开。但是，这种特权并不禁止别人询问信息主体有关他的个人信息，而是禁止别人询问信息主体以外的人有关信息主体的个人信息。正如 Catherine Ross 所说，证据特权禁止询问者"强迫被询问者背叛信息主体的信任"。[②]

法律虽然对于行为人实施询问行为予以许多限制，但是这些相关的法律规定混乱而不成体系。例如，《美国联邦宪法第五修正案》虽然限制控辩双方的询问行为，但目的却不是为了保护信息本身，如果某事实不是经过询问，而是在审判过程中由其他证人证言或证据证明得出的话，《美国联邦宪法第五修正案》是不禁止法庭采纳这一事实的。因此，《美国联邦宪法第五修正案》只关注信息的类型及其运用，如果这些信息是被询问者被迫透露的话，这些信息不会被法庭所

---

① See Harriet R. Galvin, Shielding Rape Victims in the State and Federal Courts: A Proposal for the Second Decade, 70 MINN. L. Rev. 763, 765 – 766 (1986).

② Catherine J. Ross, Implementing Constitutional Rights forJuvenies: The Parent-Child Privilege in Context, 14 Stan. L. & POL'Y Rev. 85, 86 (2003).

认可采纳为案件事实。

然而，William Stuntz 认为，根据《美国联邦宪法第五修正案》，“即使法律保护证人享有的‘证词使用豁免权’（use immunity，政府不得以证人被迫所说的证词为依据起诉证人），政府仍然可以随心所欲地强迫人们公开自己的隐私；如果证据特权将个人隐私纳入保护范围，这种特权就可以防止政府强迫人们公开个人隐私，然而《美国联邦宪法第五修正案》关注面狭窄，仅限于关注被迫公开的隐私是否会造成刑事法律后果——刑事被告是否会因为其证词被判决有罪，不会造成刑事法律后果的隐私并不在《美国联邦宪法第五修正案》的保护范围内。因此，该修正案并非真正保护个人隐私。”

所以，即使政府强迫证人提供判断刑事被告是否有罪的关键信息，只要这些信息不会直接导致被告被判决有罪，即便这种提供信息的行为会造成证人的名誉受损，《美国联邦宪法第五修正案》也不会对此行为予以禁止。[①]例如，在 Ullmann v. United States 一案[②]中，一名证人向法庭请求获得证词使用豁免权，理由是他出庭作证陈述他在参与共产党（Communist Party）时的活动，不仅会导致个人名誉受损，而且可能受到社会的严厉批判，包括失去工作，失去朋友甚至被用人单位列入黑名单，以致将来难以找到工作，等等。美国联邦最高法院驳回了这名证人的请求，理由是这名证人作证不会对他本人产生刑法上的不利后果。审理该案的法官 Douglas 不同意这种观点，他认为，“虽然《美国联邦宪法第五修正案》不仅规定检控人员不得以证人的证词为证据，对证人提出起诉，还为被告不会因为自己的证词而承受名誉毁损提供保障”，而且，他认为“名誉的毁损”和刑事惩罚会对被告产生同等的损害；但是在该案中将《美国联邦宪法第五修正案》作为审判依据是不合适的，因为该修正案所保护的利益究竟是什么还有待确定。正如 Stuntz 所说：“几乎可以确定的是，熟悉有关禁止强迫被告自证其罪的法律规定的人们都会相信，这个规定不能用

---

① William J. Stuntz, Self-Incrimination and Excuse, 88 COLUM. L. Rev. 1227, 1234 (1988).

② 350 U. S. 422, 430 (1956).

任何合理的理论进行解释。”①

证据特权与《美国联邦宪法第五修正案》的规定相似，适用范围相当狭窄。尽管大众强烈反对政府强迫父母和子女出庭作证指证对方的行为，但是大部分的法院都不承认父母和子女之间享有证据特权，不会认为他们无需相互指证。②而在少数承认这一特权的法院当中，有的法院则认为，“强迫父母披露他们子女的不法行为，这是与人们的正义观念和礼仪传统相违背的。”③

有关隐私权的法律对于询问行为的规定不仅仅是混乱，而且少得可怜。尽管立法者认识到行为人实施询问行为，如强迫他人提供信息、令他人披露隐私信息和强迫别人背叛他人的信任提供信息等可能对他人造成的损害和可能引发的问题，法官其实仅仅在很少情况下会以有关隐私权的法律对于询问行为的规定为依据处理相关案件。

四、信息加工行为

信息加工行为，是指行为人对已收集信息的利用（use）、储存（storage）和操作（manipulation）行为。信息的加工不涉及信息的收集，而是对已收集信息的各种处理手段的总称。在下文中，笔者将会探讨五种信息加工行为：其一，信息整合行为（aggregation）；其二，识别信息主体的行为（identification）；其三，过失泄露信息行为（insecurity）；其四，信息的二次利用行为（secondary use）；其五，排除信息主体的信息控制权的行为（exclusion）。

信息加工涉及将已有数据或信息和各个相关人物进行联系的各种手段。信息加工过程中可能会发生信息数据的传递（transmission），但是，信息加工与信息传播是有所区别的，因为信息的传递不涉及将信息向公众公开的行为，也不涉及将信息向第三者披露的行为，在信息加工过程中，信息往往只是在不同的数据存储系统当中传递或者与其他数据整合在一起。信息加工与信息收集也是不同的，因为信息加工过程中可能引起纠纷的环节是信息的整合和利用，而信息收集过程

---

① William J. Stuntz, Self-Incrimination and Excuse, 88 COLUM. L. Rev. 1228 (1988).

② See In re Grand Jury, 103 F. 3d 1140, 1146 (3d Cir. 1997).

③ In rea & M, 403 N. Y. S. 2d 375, 380 (App. Div. 1978).

则可能由于收集信息的方式引起纠纷。

（一）信息整合行为

当电脑在20世纪60年代登上时代的舞台之后，公众对个人隐私安全的担忧与日俱增。[①]学者们对这种现象表示出极大的关注，对个人隐私的保护问题也开始进入美国国会的议事日程。社会各界担心的主要焦点在于政府如何保存个人信息数据的问题。在1965年，一群以Richard Ruggles教授为首的学者提出，目前政府的信息数据系统结构不合理，数据储存过于分散，建议政府将数据整合后再行保存。[②]美国预算局（现在称为美国行政管理和预算局）采纳了学者们的这一意见，并建议设立联邦数据中心。但是这一提议在美国国会审议时遭到攻击并随之弃置。[③]在1974年，美国总务管理局的John Holt提议建立美国联邦信息网络，计划将联邦政府在全国各地各部门的所有电脑联网。但是这一提议同样落得了夭折的命运，当时的美国副总统Ford将计划叫停，并将Holt降职。

政府和国会一再阻止联邦政府信息保存系统的建立，它们在担忧什么？既然所有数据都已经保存在政府部门的信息储存系统，为什么政府不将这些数据和电脑连接起来组成一个巨大的数据库？

笔者认为这里面涉及一个处理数据的重要手段即“信息整合”。[④]信息整合行为是指行为人将某一个人的信息数据聚集起来进行整合的行为。如果信息零碎，东一点西一点的，那并不能说明什么问题；但是如果将所有数据整合在一起，一点一滴的信息可以拼凑出一个人的全部形象。一加一大于二就是这个道理，[⑤]这是因为整合起来的信息会产生协同作用，当信息经过分析整合后，其结果会揭示出某些新信

① See Priscilla M. Regan, Legislating Privacy, 82 (1995).

② Robert Ellis Smith, Ben Franklin's Web Site: Privacy And Curiosity From Plymouth Rock To The Internet, 309 (2000).

③ Robert Ellis Smith, Ben Franklin's Web Site: Privacy And Curiosity From Plymouth Rock To The Internet, 145 (2000).

④ See Daniel J. Solove, Privacy and Power: Computer Databases and Metaphors for Information Privacy, 44 -47 Stan. L. Rev. (2001).

⑤ See Julie E. Cohen, Examined Lives: Informational Privacy and the Subject as Object, 52 Stan. L. Rev. 1398 (2000).

息，这是在当初原始的、零碎的信息被收集起来时，信息主体所没有预料到的。

信息整合行为并非是一种新的活动。在信息时代来临之前，行为人也可以将他人的个人信息整合在一起，并因此对他人产生某些新的认识。但是在信息时代，信息整合的影响力和范围要远远超出之前的时代，整合程序变得更易于操作，而且因为有了计算机技术，对信息的分析会更为复杂而彻底。

将信息整合起来并加以分析的手段是非常有用的。例如，亚马逊网（Amazon. com）将客户以往购买书籍的消费记录整理起来，继而根据客户的兴趣向这名客户推荐他（她）可能感兴趣的书籍。同样，信用报告能够帮助债权人确定债务人的财务状况。如果债权人在与债务人进行业务往来的时候欠缺债务人的第一手财务报告或者个人信用报告的话，[①]它们很难做出是否与债务人进行交易的理性决定，在这个由数十亿人组成的社会里，口口相传已经不足以树立一份良好的个人声誉，因此，债权人不得不借助信用报告来评价债务人的信用。

然而整合个人信息除了能够带来以上好处之外，还可能造成对信息主体人格尊严的损害，因为信息整理的结果可能动摇人们的隐私期待，这些隐私期待包括限制别人获取自己的信息以及限制别人从已有信息中推测出新的信息。而整合信息的手段颠覆了人们的这些隐私期待，因为行为人通过新的甚至是难以预料的方式将信息整合从而反映出他人不为人知的一面。人们在不同的场合都会暴露一些个人信息，但也只限于在每种场合都暴露很少一部分的信息。雁过留痕，他人活动的痕迹会遍布他（她）活动的所有地点，但是这些痕迹大多是人们有选择地留下的，人们只会预期每一处痕迹里只披露自己很小一部分的自我。但是，当所有的这些痕迹，这些遗留的点滴个人信息被行为人集合在一起，行为人就可以更深入地了解他人的生活。

整合信息的行为与监视行为有着相似之处，因为二者都是获取他人信息的手段，而且前者还可以揭示出他人在向行为人提供信息碎片时所没有预料到的更多的信息。不过，整合信息的行为是一种间接获

---

① See Steven L. Nock, The Costs Of Privacy: Surveillance And Reputation In America 73 (1993).

取信息的手段，这与监视行为不同，因为整合阶段只会出现在行为人加工处理已经收集的个人信息的过程中。

整合信息的行为同样可能造成建构性问题，因为这种行为可以提升行为人对他人的影响力。通过整合个人信息而形成的个人档案常常被别人用作评价他人的依据，例如信用报告，是银行用于评价客户的财务信誉进而作出是否向他（她）提供贷款、租约和房贷等足以影响该客户一生的重要决定的依据。在笔者的另外一篇文章中，笔者曾经探讨过目前社会上使用的汇编个人信息的多种方法，笔者称之为制作“数位人”的方法，这些“数位人”正是各机构或个人对他人作出重大决定时的参考依据。换言之，在数字空间里的数位人对于现实世界里由血肉之躯组成的真实个人具有影响力，而且这股影响力正在增强。①

尽管依据综合信息数据作出决定是一种有效的自主决定方法，但是这种方法存在缺陷。因为数据的集合虽然能反映许多事实，但这些数据通常都是不完整的，它们只能反映人们生活的某些侧面，这些信息数据在传递过程中是递减的，而且无法与其收集时的原始背景相联系，这会导致信息的歪曲。正如 H. Jeff Smith 所说：“根据个人判断和人为因素所作出的决定，其依据通常都是老旧的‘处方’。在当今社会，自主决定的程序通常单调而死板，被电子数据化的信息成为自主决定的重要基础。数据的整理者会将需要实质性审查的那些事实依据按照预先设定的分类划分为一个个信息块，而且这些数据块之间相互不连续而且分散。”②

有的法院认为，行为人整合他人信息的行为构成对他人隐私利益的侵犯。在 United States Department of Justice v. Reporters Committee for Freedom of the Press 一案③中，美国联邦最高法院认为，根据《信息自由法》（Freedom of Information Act，FOIA）的规定，记者公开披露美国联邦调查局的拘捕记录（rap sheet）的行为，构成了侵犯他人

① See Daniel J. Solove, Privacy and Power: Computer Databases and Metaphors for Information Privacy, 1－10, Stan. L. Rev. (2001).

② Jeff Smith, Managing Privacy: Information Technology And Corporate America 121 (1994).

③ 489 U. S. 749, 780 (1989).

隐私权的行为，违反了 FOIA 的规定。根据 FOIA，“任何人”都有权利向行政机构查询“记录（record）”档案，而拘捕记录是从各种刑事案件记录中整理出来的一种信息汇编，[①] FOIA 规定，“人们可以合理预料一旦公开会对他人的个人隐私造成不合理侵犯”的某些司法记录不属于“任何人”都有权利查询的“记录”档案。尽管在该案中，记者主张拘捕记录不属于私人信息记录，因为拘捕记录上面的所有信息都已经被公开了，记者报道拘捕记录上的内容不构成对他人隐私的侵犯；但是美国联邦最高法院不同意这种说法，它认为“在组织化的社会里，没有什么事情不是已经在某些时候向某些人公开了的”，所以，“就是否侵犯个人隐私而言，将拘捕记录的内容分散地向不同个人公开，与将拘捕记录的全部内容整体公开这两种行为是有区别的”，后者构成了侵犯他人个人隐私权的行为。[②]

Reporters Committee 一案是目前少数承认对信息的整合可能严重影响行为人对他人的认知的案例之一。大部分法院仍然遵循旧式的秘密性理论来判断行为人的行为是否构成对他人隐私权的侵犯，但是该标准并不承认信息主体对某些已经为公众知悉或者已经向某些人传播的信息享有隐私权益。[③]《美国侵权法复述（第二版）》主张，“如果行为人仅仅是将他人已经公开的信息向更大范围的公众传播，行为人无需就此行为对他人承担隐私侵权责任。所以，如果行为人公开他人已经记录在公共记录（public record）上的个人生活信息，行为人同样无须就此行为对他人承担隐私侵权责任。以上两种行为均不构成公开他人私人事务的隐私侵权行为。”《美国侵权法复述（第二版）》还认为，“如果行为人仅仅是查阅他人的公共记录信息，其行为不构成侵扰他人安宁的隐私侵权行为，因而行为人无须就此行为对他人承担隐私侵权责任。”然而，行为人整合他人的个人信息的行为与上述各种行为是有所区别的，笔者认为行为人整合信息的行为会构成对他人隐私权的侵犯，因为即使被整合的信息来源于公共资源，整合信息仍

---

① *Reporters Comm.*, 489 U. S. at 749.

② *Reporters Comm.*, 489 U. S. at 764.

③ *See*, *eg.*, Cordell v. Detective Publ'ns, 307 F. Supp. 1212, 1218 (E. D. Tenn. 1968).

然会极大地提高行为人对他人的了解程度。

与 Reporters Committee 一案相反，法院并不认为梅甘法（Megan's Law）将性犯罪获释者的信息汇编向其居住地社区传播的规定构成了对信息主体隐私权益的侵犯。[①]例如，在 Russell v. Gregoire 一案[②]中，原告主张华盛顿州的梅甘法侵犯了宪法赋予他的权利，但是法官驳回了原告的诉讼请求，理由是政府所公开的原告信息“早已完全为公众知晓”，不属于他的隐私信息。无独有偶，在 Paul P. v. Verniero 一案[③]中，美国联邦最高法院也拒绝遵循 Reporters Committee 一案的判决，认定新泽西州的梅甘法符合联邦宪法的规定。有一个法院认为：“美国联邦第三巡回法院和本法院都曾经反复强调，Reporters Committee 一案的判决不利于保护美国联邦宪法赋予公民的隐私权益。”[④] 这一类案件的判决认为 Reporters Committee 一案的判决仅适用于涉及 FOIA 的案件，但是对于法官为什么会认为除了 FOIA，其他法律均不承认人们对于整合后的个人信息享有隐私权益的问题，这些案件的判决书都没有阐述具体理由。因而，从法律上看，这一类案例为判断信息主体对被整合汇编的信息是否享有隐私权益划定了一个判断标准；但是从理论上看，这类案例的判决缺乏有力的理据支持。

不可否认，人们有理由相信梅甘法所保护的利益应当优先于曾经的性犯罪罪犯的个人隐私权，因为梅甘法有利于保护儿童的人身安全，该法的实施使父母随时了解儿童应当避免接触哪些邻居，还可以帮助父母判断他们聘请的保姆是否是曾经的儿童性骚扰罪犯，这是对两种利益的平衡。但是，Russell 一案和 Paul P. 一案并不是在平衡信息主体的隐私权益和儿童的人身安全利益的基础上作出判决的，这两个案件完全否认了信息主体对被整合信息数据所享有的隐私权益。

---

① *See*, *e. g.*, Cutshall v. Sundquist, 193 F. 3d 466, 481 (6th Cir. 1999).

② 124 F. 3d 1079, 1094 (9th Cir. 1997).

③ 170 F. 3d 396, 400, 405 (3d Cir. 1999), *affd on reh'g sub nom.* Paul P. v. Farmer, 227 F. 3d 98 (3d Cir. 2000).

④ A. A. v. New Jersey, 176 F. Supp. 2d 274, 305 (D. N. J. 2001), *affd* 341 F. 3d 206 (3d Cir. 2003).

（二）识别信息主体行为

在美国历史上，议员曾经多次向国会提议为国民办理全国统一的身份证（national identification card），但都被国会驳回。在美国社会保障制度（Social Security System）建立之初，“Roosevelt 总统和国会议员曾经承诺，政府机构会对社会保险卡（Social Security Card）上的信息保密，而且不会将卡上的信息用于识别持卡人身份。”[①]美国公民的社会保险卡上甚至印有“非用于识别身份（not for identification）”字样。1973 年发表的一篇报告《记录、电脑和公民权利》（Records, Computer and the Rights of Citizens）中有这么一段话：“人们认为，在目前以及可以预见的将来，美国都不适合推广使用标准通用标识（standard universal identifier，简称 SUI）作为公民身份的象征。根据美国对社会保险号（Social Security Number，简称 SSN）的定义，SSN 无法胜任 SUI 的角色，SSN 仅仅是 SUI 的一个近似物。但是随着社会发展，人们越来越倾向于将 SSN 当作 SUI 来使用。”[②] 为什么美国国会对身份识别制度（identification system）会表示强烈反对？识别个人身份存在什么问题？

识别信息主体行为，是指行为人将他人与他（她）的信息相联系的行为。根据 Roger Clarke 的观点，“识别信息主体”是一种将信息数据与某一特定人物相联系的行为。[③]识别信息主体的行为不仅可以使别人或机构判断出当前查阅个人信息记录的人是否是账户所有人或信息主体本人，还可以使人们从罪犯留下的痕迹如指纹或遗传物质中判断出罪犯是谁。[④]

识别信息主体行为与其他信息加工方式有着密切的联系，也有着

---

① Richard Sobel, *The Demeaning of Identity and Personhood in National Identification Systems*, 15 Harv. J. L. &Tech. 319, 349 - 350 (2002).

② U. S. Dep't Of Health, Educ., & Welfare, Records, Computers, And The Rights Of Citizens, xxxii (1973).

③ Roger Clarke, Smart Card Technical Issues Starter Kit, ch. 3 (April 8, 1998), *available at* http://www.anu.edu.au/people/Roger.Clarke/DV/SCTISK3.html.

④ See Simon A. Cole, Suspect Identities: A History Of Fingerprinting And Criminal Identification, 4 - 5 (2001).

显著的区别。首先，识别信息主体的行为与公开他人一般信息的行为相比较，二者的相似之处在于都涉及对他人真实信息的披露（revelation）；两者的区别在于前者披露的是一种特定形式的真实信息——信息主体的身份（identity）信息，这种信息能够使信息数据库与人们联系在一起。此外，识别信息主体的行为与整合信息的行为相比，二者的相似之处在于都涉及将信息主体的不同信息碎片整合在一起，其中就包括了这个人的身份信息；二者的区别在于识别信息主体的行为会引起信息与活生生的本人产生联系。例如，他人的大量信息会在多个数据库中整合储存，但是这种整合很少会与这个人的日常活动产生联系。在有的场合里，个人信息的处理只需达到高整合度和低识别度即可。相反的，在另一些场合里，个人信息的处理就必须达到高识别度，而对整合度的要求就相对降低，例如，在公路的检查站，人们通常只需要展示自己的身份证明，而检查站的工作人员无需检查驾驶员的大量个人信息。

识别信息主体这种信息加工处理行为的用途广泛。①例如，为了查阅账户信息，银行等机构必须确认查阅者的身份，这是减少诈骗和提高信任度的一种重要手段。又如，识别信息主体可以阻止误导选民的政治竞选广告的播出。根据联邦选举法，电视台在播出宣传某一位候选人的当选或者落败的电视广告之前，必须确认要求播放广告的个人或团体的身份。②如果某个竞选广告未获得候选人的授权，“该广告就应当清楚说明为这个广告付款的人或机构的名字（名称）、地址、电话号码或者网址，而且必须说明这个广告并未获得任何候选人或候选人的竞选团队的授权。”③像这样要求识别信息主体的规定可以帮助防止错误信息的流通以及帮助民众更好地评价所看到的广告。

虽然识别信息主体的身份或者某些信息的来源可以给人们带来许多好处，但也同样可能造成问题。有的人认为通过信息来识别信息主体是有损信息主体的人格尊严，因为这相当于将人贬低为一串数字或

---

① *See generally john* d. Woodward, Jr. et al., Biometrics: Identity Assurance In The Information Age (2003).

② *See* Communications Disclaimer Requirements, 11 C. F. R. § 110. 11 (2005).

③ 2 U. S. C. § 441d (a) (3) (2000 & Supp. 112002).

者某项身体特征。[①]但实际上，识别信息主体的行为仅仅是将人与数据联系在一起，不等于把人等同于他们的识别特征，认为识别信息主体的身份就是将个人身份与身份的象征等同起来的想法纯粹是杞人忧天。因此，笔者不认为识别信息主体的行为会对信息主体的人格尊严造成贬损。

不过，关于识别信息主体的行为可能对个人身份造成负面影响的原因是什么，人们有另一种看法，他们认为问题的根源不是身份的象征等识别标识，而是将信息与个人相联系的这种行为本身。他们认为，因为识别信息主体的行为将人和信息联系在一起，等于将个人信息打包绑定在他人身上，这样当信息主体参与社会活动或者商务交易时，这些信息可能改变别人对信息主体的看法。举一个有趣的案例——B. v. France 一案[②]，该案由适用《欧洲保障人权和基本自由公约》（Council of Europe's Convention for the Protection of Human Rights and Fundamental Freedom）的欧洲人权法院（European Court of Human Rights，ECTHR）审理。在该案中，原告是一位法国公民，他通过手术变性，将自己的性别从男性变为女性，变形后他希望将自己的身份证明文件（包括出生证、身份证、护照和投票卡）上的“姓名”一栏，从男性名字变为女性名字。但是法院驳回了他的诉讼请求，理由是因为“在所有的身份证明文件上都会注明他人的身份证号码，而每个号码都会显示这个人的性别”，而且“这个号码是社会保险机构、雇主和被保险人之间进行社会保险业务往来所必要的一部分”，所以，身份证号码的存在限制了原告隐瞒自己的变性经历，也阻止了他获得有效的女性身份。正如欧洲人权委员会所说：“变性人无法向可能的雇主以及雇主的行政管理员工隐瞒自己的性别情况；而且，在日常生活中的许多情形下，由于他们必须证明自己的收入状况（如签订租约、开立银行账户、申请信用卡等），所以，他们的性别同样无法隐瞒。这会导致变性人难以融入社会和职业市场。”

欧洲人权委员会认为，变性应聘者“不得不经常将自己的私生

---

① Roger Clarke, Smart Card Technical Issues Starter Kit, ch. 32 - 34 (April 8, 1998), *available at* http://www.anu.edu.au/people/Roger.Clarke/DV/SCTISK3.html.

② 232 Eur. Ct. H. R. 33, 36 (1992).

活向第三者公开，导致他们忍受非常严重的精神痛苦，尽管我们将尊重别人的权益作为借口迫使他们面对这样的困难，但是这样的借口其实难以成立”。这段话证明了识别信息主体的行为将信息主体与他们想逃离的过往经历捆绑在一起，限制了他们改变生活现状的能力和自我发展的空间。①

在某些方面，识别信息主体的行为与询问行为很相似，因为识别信息主体的行为常常涉及向信息主体提问并强迫他们证明自己身份的行为。识别信息主体的行为也可以看作某类监视行为的一部分，因为识别信息主体的行为有助于对信息主体进行侦查和监控，而且行为人可以将通过监视所获得的他人的信息按照信息的主体归属进行分类。

因此，识别信息主体的行为与其他形式的隐私侵权行为存在内在联系，因为前者与后者都可能涉及披露他人的信息、歪曲他人信息和侵扰他人安宁的隐私侵权行为。但是，识别信息主体的行为与其他形式的隐私侵权行为存在区别，因为识别行为首先是一种将信息与人相联系的行为。整合信息的行为会创造出笔者所称的“数位人”——由个人信息碎片整合后得出的个人形象，②而识别信息主体的行为走得更远，将数位人与真实空间的人直接联系在一起。

某些形式的识别信息主体行为会与公开他人一般信息的行为产生相似的效果。例如，“奴隶制社会、种族歧视文化盛行的社会或者刑法严酷的社会”常常通过贴上标记、文身或者写上红字等外显标志来标明个人身份。③这些身份标记常常表示着某种耻辱，可以向外界表达某种信息，这种识别信息主体的行为与公开他人一般信息的行为很相似，因为它将信息主体的信息向第三人传播。与之相反的是借助某些不具有外显性特征的身份标记，如指纹，来标记识别信息主体身份的行为，这种行为本身不能向公众传播任何信息。

识别信息主体的行为也会造成建构性问题，因为它提升了政府对个人的影响力。首先，识别信息主体的手段是政府聚拢激进分子或者

---

① Gatraca (Columbia Pictures 1997).

② See Daniel J. Solove, The Digital Person: Technology And Privacy In The Information Age, 97 - 101 (2004).

③ Roger Clarke, Smart Card Technical Issues Starter Kit, ch. 20 (April 8, 1998), *available at* http://www.anu.edu.au/people/Roger.Clarke/DV/SCTISK3.html.

政府所不欢迎的公民的工具，[1] 这个工具可以帮助政府有效地控制民众。例如，在美国，控制个人对其护照的使用权可以用于压制反对派的声音，比如在麦卡锡时代，共产主义者被禁止使用护照，他们出国旅游受到严格的限制。

识别信息主体的行为还会限制信息主体保持匿名状态或者使用假名隐匿身份的能力。匿名权和使用假名的权利保护人们不会因为自己的身份受到别人歧视，还可以有效防止别人对信息主体进行打击报复，所以这两种权利有助于人们更自由地投票、发表言论和参加社会活动。匿名权对于人们的生活非常重要，原因是：①人们以匿名的方式发表观点可以提高个人观点的说服力，否则一旦说话者的身份公开，读者对其观点的接受程度会受到读者的偏见与歧视的影响，所以许多大学和中小学的考试评卷都采用匿名评卷的方式进行；②当人们采用匿名的方式批评自己工作的公司以及检举违法行为时会更有安全感[2]；③阅读或者打探某些非主流观点的人们也可以借助匿名的方式保护自己[3]。

美国联邦最高法院在其审理的一系列案件中提出，“政府实施的识别信息主体的行为以及人们对于报复的恐惧可能会妨碍人们就重要的公共事务心平气和地进行谈论。”[4]因此，如果行为人要求他人公开自己的身份信息，这种行为不仅会压抑言论自由，而且构成了违反《美国联邦宪法第一修正案》的行为。但是在 Hiibel v. Sixth Judicial District Court 一案[5]中，美国联邦最高法院判决认为，案中争议的法律规定要求民众在警察要求其止步（police stop）的时候自己表明身份，并没有违反《美国联邦宪法第四修正案》和第五修正案。在判决书中，法院就该法律规定是否违反《美国联邦宪法第五修正案》

---

① Richard Sobel, *The Degradation of Political Identity Under a National Identification System*, 8 B. U. J. Sch. & Tech. L. 37, 48 (2002).

② See Carl Bernstein & Bob Woodward, All The President's Men 71 - 73, 130 - 135 (1974).

③ See Julie E. Cohen, *A Right to Read Anonymously: A Closer Look at "Copyright Management" in Cyberspace*, 28 Conn. L. Rev. 981, 1012 - 1014 (1996).

④ Talley v. California, 362 U. S. 60, 65 (1960).

⑤ 542 U. S. 177, 189, 190 - 191 (2004).

这一问题作出分析："他人应警察的要求，说出自己的名字只不过是一件非常微不足道的小事，只有在较为不寻常的情况下，这种行为才有可能导致他人获罪。"然而，审理该案的 Stevens 法官并不这么认为，他在判决书中写道："名字可以成为行为人打开他人个人信息库大门的一把钥匙，尤其是当一位可以接触到某些司法数据库的警察在掌握了他人的姓名后，他很可能会查阅这个人的相关信息。而这些信息在刑事案件当中起着非常重要的作用。所以认为个人的身份与定罪证据之间'只有在极不寻常的情况下'才可能发生联系的观点是非常错误的。"Stevens 的这种观点说明了，识别信息主体的行为可能给信息主体造成损害的原因不在于它公开了他（她）的身份标记（姓名、指纹等等)，而在于这种行为可以让行为人由这些身份标记出发，寻找到一连串相关信息。因此，行为人要求他人证明自己身份的行为，其实是在要求他人将自己与其信息联系在一起，而不仅仅是要求他人说出自己的名字而已。

（三）过失泄露信息行为

盗用他人身份（identity theft）是目前发生率上升最快的白领犯罪。[①]身份窃贼会以受害人的名义在银行开立账户并实施诈骗。笔者在其他论文中曾经说过，由于他人都有自己的"电子档案（digital dossier)"，里面包含大量的个人信息，而且由不同的公司和机构保存，这使得别人盗用他人身份的可行性和可能性都很高。[②]身份窃贼的活动会一并记录在受害者的电子档案中，如果窃贼欠下债务或者利用受害人的身份犯罪的话，受害者的电子档案就会因此被污染，沾上了降低受害人信誉的信息。之后，为了恢复自己的信誉，受害人需要办理许多手续，以至于陷入充满官僚作风的"程序沼泽"中，因为根据一位学者的估算，受害者至少需要花费大约两年又两百个小时去

---

① Jennifer 8. Lee, *Fighting Back When Someone Steals Your Name*, N. Y. Times, Apr. 8, 2001, § 3, at 8.

② *See* Daniel J. Solove, The Digital Person: Technology And Privacy In The Information Age, 110 (2004).

清理自己的档案记录。[①]在清理档案的过程中，由于档案上仍然有污点，受害人难以找到工作、难以获得银行贷款或房贷。[②]

盗用他人身份的罪行之所以可能发生是由于一系列笔者称之为“过失泄露信息行为”的行为所导致的。信息持有人建造的信息储存系统存在缺陷、所提供的安全保障措施失效、对他人信息的滥用以及违法使用都属于信息持有人的过失。简而言之，过失泄露信息行为是指信息持有人保存和处理他人信息的不当行为。

过失泄露信息行为与信息加工的其他环节有着密切联系。首先，过失泄露信息行为与信息整合行为相关，因为信息经过整合之后，如果个人信息的目录没有得到足够的保护，可能引起后续的一系列信息安全风险。其次，过失泄露信息行为与识别信息主体的行为也存在内在关系，过失泄露信息行为常常使别人难以将数据与真正的信息主体相联系。Lynn Lopock 认为，身份盗用的现象之所以会出现，是因为“债权人和信用报告机构经常缺乏手段识别向他们寻求信用评估的人与他们所报告的人是否同一人，在没有特别原因的情况下，他们一般不会作出这种识别行为”。[③]从这种意义上说，过失泄露信息行为可能成为身份识别程序欠缺所付出的代价。

当行为人将他人的虚假信息对外公开时，他们实施的此种信息歪曲行为也同过失泄露他人的信息的行为有关，因为过失泄露信息行为也可能导致信息主体的数据被污染，某些正确的信息被错误信息所取代。歪曲他人信息的行为很可能损害信息主体的财务信誉，因为在当今社会，别人评价信息主体的财务信誉在很大程度上依靠信用报告机构的报告，歪曲他人信息的行为所传播的错误信息会导致错误的信用报告，以至于损害信息主体的财务信誉。[④]因此，过失泄露信息行为

---

① Janine Benner et al. , Nowathere To Turn: Victims Speak Out On Identity Theft, pt. I1, § § 1, 4 (2000), http: //ww. privacyrights. org/ar/idtheft2000. htm.

② See Daniel J. Solove, The Digital Person: Technology And Privacy In The Information Age, 110 (2004).

③ Lynn M. LoPucki, *Human Identification Theory and the Identity Theft Problem*, 80 TEX. L. Rev. 89, 94 (2001).

④ See Steven L. Nock, The Costs Of Privacy: Surveillance And Reputation In America, 53 (1993).

不仅可能造成行为人（包括信息持有人或第三人）未经他人同意公开他人的个人信息，而且还可能造成他人的信息被歪曲。

过失泄露信息行为还可能导致信息主体遭受潜在的未来损害。有数据证明，被盗用身份的信息主体以及司法机关很难在身份盗用行为发生后立即采取应对措施。[①] 商业机构和政府对于个人信息的使用掉以轻心，使得罪犯很容易实施盗用他人身份的罪行。由于许多公司将客户个人的SSN作为账户密码，而身份窃贼很容易通过公共记录或者数据库经营公司的记录获取他人的SSN，所以客户的个人账户和个人信息总是处于不安全的、保护不足的状态当中。

在某些涉及宪法上的隐私权的案件中，法院认为过失泄露信息行为属于侵害他人隐私权行为的一种类型。例如，在 Whalen v. Roe 一案[②]中，美国联邦最高法院认为宪法赋予公民的隐私权包括保护“公民的个人信息不被公开”的权利。该院认为，政府在收集个人信息建设公共记录系统的同时，“必须履行不得将公民的个人信息进行不合理公开的法定义务”。该院认为，“在某些情形下，政府的这种义务是源于美国联邦宪法的规定。”又例如，在 Fraternal Order of Police，Lodge No. 5 v. City of Philadelphia 一案[③]中，法院遵循了 Whalen 一案的判决，认为在该案中警察局对雇员发放的问卷没有对如何保障答卷雇员的信息安全提供说明，所以该警察局强迫雇员回答那些涉及个人信息的行为是违反宪法的。

许多有关隐私权的立法都要求相关机构保护个人信息安全。在1973年颁布的《公共信息处理条例》（Fair Information Practices）中对此有规定：“任何制作、保存、使用和传播有关个人保密信息记录的组织，必须保证其所使用的信息的可靠性，而且必须对防止不当使用信息的行为履行合理的注意义务。”1974年颁布的《隐私法》（Privacy Act）要求联邦政府机构在保存个人信息的过程中“应当采取合适的管理措施，采用适当的技术手段，而且应当采取物理性安全

① See Daniel J. Solove, The Digital Person: Technology And Privacy In The Information Age, 111 - 112 (2004).

② 429 U. S. 589, 599 (1977).

③ 812 F. 2d 105, 118 (3d Cir. 1987).

保障措施（physical safeguard）以保证信息记录的安全性和保密性”。《儿童网络隐私保护法》（Children's Online Privacy Protection Act）规定，网站必须保护“从儿童身上收集而来的信息的保密性、安全性以及完整性”。《金融服务现代化法》（又叫《格雷姆-里奇-比利雷法》，Gramm-Leach-Bliley Act）要求金融监管机构订立个人信息的安全保障标准。1996年颁布的《健康保险流通与责任法》（又叫HIPAA法，Health Insurance Portability and Accountability Act）要求相关机构颁布个人医疗信息的安全保障标准“以保障个人医疗信息的完整性和保密性”。而《计算机诈骗与计算机滥用法》（Computer Fraud and Abuse Act）禁止任何人通过黑客技术进入他人的电脑。

当行为人的行为破坏了他人信息的安全性，并因此导致他人遭受明显的损害时，法律将这种损害认定为法律意义上的损害。尽管如此，信息持有人由于未能保护他人信息的安全而给他人造成的损害，法院却不承认其为法律意义上的损害。有几部有关隐私权的立法绕开如何判断损害程度大小的问题，直接规定了可以请求赔偿的最低损害的标准。在许多案件当中，法院都忽略了过失泄露信息行为问题。例如，在Board of Education v. Earls一案①中，俄克拉荷马州特库姆塞市的一个学区规定，所有初中和高中生在参与任何课外活动之前都必须接受药物检查（drug testing），有的学生提出起诉，主张该规定违反了《美国联邦宪法第四修正案》，但是美国联邦最高法院采纳了被告的抗辩，认为这个药物检查规定可以保留。原告学生认为，学校所提供的保护药物检查结果信息安全的措施不足，药物检查的档案存放的地点不当，任何人如其他学生即使未经授权都可以查阅药物检查档案。美国联邦最高法院没有支持原告的主张，因为他们并没有提出任何请求法院禁止被告不当公开原告信息的行为的诉讼请求，即原告的诉讼请求与被告的行为是否符合《美国联邦宪法第四修正案》的要求无关。但是笔者认为，法院忽视了一个重要问题，公开他人一般信息的行为与过失泄露信息行为不同，因为公开他人一般信息的行为实际上是泄露他人信息的行为，而过失泄露信息行为对他人造成的损害是源于信息持有人对他人信息保护不足，导致别人轻易地获取他人信

① 536 U. S. 822, 826 (2002).

息。尽管过失泄露信息行为提高了他人信息被行为人不当公开的可能性，但是除非他人的信息真正被公开，否则目前来看，法院不会认定他人（信息主体）受到了损害。

（四）信息的二次利用行为

在1977年，美国联邦政府为了能够锁定涉嫌诈骗的目标人物而将自己的雇员记录和获得联邦政府福利津贴的名单进行比对。有的政府部门借助商业机构收集的信息进行比对，①这些通过电子数据库进行的比对工作导致政府对数以百万计的民众进行调查。在1988年，为了规制这种电脑比对行为，国会通过了《电脑比对与隐私保护法》(Computer Matching and Privacy Protection Act)。

在1973年，美国联邦政府卫生、教育和福利部（U. S. Department of Health, Education and Welfare, HEW）在其所作的有关电脑数据库的使用对个人造成损害的著名报告中，提出了《公共信息处理条例》(Fair Information Practices)，该条例有多条规定，其中一条是"收集保存个人信息的机构必须保证信息主体可以阻止该机构未经本人同意，将该机构因某个目的向他收集的个人信息用于其他用途"。这个规定，被称为特定目的原则(purpose specification principle)，许多有关隐私权的法律法规都依据该原则制定了具体的规定。例如，1974年颁布的《隐私法》要求政府部门在收集公民的个人信息时，将收集信息的目的和所收集信息的用途告知公民。1970年颁布的《公平信用报告法》(Fair Credit Reporting Act）对相关机构使用信用报告的目的进行了限制。1994年颁布的《驾驶员隐私保护法》(Driver's Privacy Protection Act）规定，"任何人不得故意将其获取的机动车驾驶记录上的驾驶员个人信息公开或用于本法所不允许的用途。"换言之，如果行为人从机动车驾驶记录上获得他人的个人信息，并用于法律所不允许的目的，则行为人应当对他人承担民事法律责任。1984年颁布的《联邦有线通讯政策法》（Cable Communication Policy Act）要求有线电信运营商在"其所收集的用户个人机密信息对于最初设定的目标已经毫无用处的时候，将这些机密信息销毁"。

---

① See Gary T. Marx, Undercover: Police Surveillance In America, 209 - 210 (1988).

1999年颁布的《金融服务现代化法》对于金融业公司对用户个人信息的“再利用（reuse）”——即将客户个人信息提供给另一家公司的做法作出了限制；1988年颁布的《录像隐私保护法》（Video Privacy Protection Act）也有类似的规定，该法要求出租录像的商家保护所收集的客户信息。根据《联邦选举法》（Federal Election Campaign Act），任何选举委员会的赞助人记录“公众都可以查阅，但是，任何人不得将这些记录的复制文件出售或者用于商业用途”。HIPAA法规定，相关机构或个人对他人的医疗记录信息的二次利用，除非为了治疗、支付医药费和健康护理所必需的以外，为其他目的而进行的二次利用的用途必须受到限制。

对于行为人超出收集信息时的初始目的对他人的信息进行二次利用的行为，立法者所担忧的问题是什么？为什么有那么多的法律限制行为人对他人信息的二次利用？

本文所称的“信息的二次利用行为”，是指行为人未经他人同意，将其搜集的他人信息用于与信息收集行为的初始目的无关的用途的行为。通常而言，信息的二次利用行为有可能是经过信息主体同意而实施的，但是因为行为人可以利用他人的信息以阻止犯罪或拯救生命，对他人信息的二次利用形式多样，其中有的是善意的利用，有的却是恶意的利用。

对信息的二次利用行为也可能引起纠纷。当行为人未经他人同意或违背他人意愿而使用他人信息，这种行为会对他人造成人格尊严上的损害。因为这样的二次利用行为违背了人们对于自己所提供信息的利用方式的期待。如果信息主体在行为人向他们收集信息时知道自己的信息可能遭受二次利用，例如，被别人获取后向信息主体进行电话销售、发送垃圾邮件或其他各种形式的侵扰性广告，那么信息主体可能会拒绝向行为人提供信息。美国军队在招募士兵时将新兵的指纹收集起来，并将指纹记录送到美国联邦调查局用于审查新兵的背景，并保存在FBI的刑事罪犯指纹数据库。[1]新兵也许从未想过也不希望政府将他们的指纹保存在执法机关的罪犯和囚犯信息数据库里。信息的

---

① Pamela Sankar, DNA-Typing: Galton's Eugenic Dream Realized?, in Documenting Individual Identity 273, 278－279（Jane Caplan & John Torpey eds., 2001）.

二次利用行为类似于违约行为，因为这种行为违背了人们在提供个人信息时的预期，违背了信息持有人和信息主体之间的保密约定。

也有另一种相反的观点认为，人们在向信息持有人提供自己的信息（relinquish）时，就应当自然而然地预料到这些信息会被用于各种不同的用途。根据这种观点，信息的二次利用行为不会对信息主体造成损害。但是，即使政府制定有关隐私的政策规定信息保存机构可以对收集到的他人信息进行二次利用，人们通常不会留意这些政策，也不明白其规定的含义，不懂得是否应当允许政府或其他机构、个人对自己的信息进行二次利用，因为人们根本不知道个人信息的二次利用可能会有哪些方式。根据 Paul Schwartz 的观点，这是一种认知不对称现象（asymmetry of knowledge）："公民个人通常几乎不知道或完全不知道自己的个人信息是在什么情况下被信息保存机构获取、出售或者加工处理的，这种无知限制了以合理方式使用个人信息的隐私市场（privacy marketplace）的发展。这种认知不对称的现象造成了信息的二次利用行为仅仅对信息持有人单方有利的局面。"

信息的收集者可能会对他人的信息进行二次利用的现象引起了人们的恐慌和不安，他们不知道自己的信息在将来会被用于什么用途，这让他们感到自己毫无权力可言，脆弱而无力自保。信息的二次利用对信息主体的人格尊严造成损害，因为信息主体无法控制自己的个人信息的使用，而这种使用对他们的生活却产生了重大影响。

信息的二次利用行为也会造成构建性问题，因为行为人收集的他人信息不一定适用于所有新的用途，他人的信息一旦被用于与收集信息的初始目的无关的用途上，信息很可能被误解。

（五）排除信息主体信息控制权的行为

《公共信息处理条例》中规定了三个关系密切的基本原则：①必须公布公共信息记录系统的存在，不得对公众隐瞒；②必须向信息主体提供途径，让他们可以"了解记录系统中保存了自己的哪些信息以及这些信息是如何被使用的"；③必须向信息主体提供途径，让他们可以"更正或修改自己的秘密信息"。这三项原则的设立使信息主体得以对政府机关和商业机构所保存的他们的个人信息有所了解并可以进行修改，换言之，各项原则不仅对记录系统的透明度提出要求，还赋予了信息主体以信息的修改权以保证信息的准确性。如果信息持有人没有将其所保存的信息内容告知信息主体会引起什么问题，或者说，会给信息主体带来什么损害呢?

笔者将信息持有人既不向信息主体告知其所保存的信息内容，也不允许他们修改信息的行为，称为“排除信息主体信息控制权的行为”。信息持有人认为，自己排除信息主体对其所保存信息的控制权具有正当性的理由有两个：其一，将信息持有人对他人信息的使用方式及信息内容告知信息主体并允许信息主体查阅和修改这些信息可能花费巨大；其二，政府机构希望对执法部门或情报部门的记录系统保密，以防有人向秘密调查对象通风报信。

然而，排除信息主体信息控制权的行为可能造成构建性问题，因为该行为减轻了政府和商业机构妥善保管他人信息的责任。而且，排除信息主体信息控制权的行为还可能引起过失泄露信息行为，因为一旦负责保存信息的政府部门和商业机构的责任减轻，这些机构就很可能不再为个人信息记录系统提供充分的安全保障。不过，排除信息主体信息控制权的行为与过失泄露信息行为存在区别，因为后者是指信息持有人没有采取足够防止个人信息泄露和污染的保障措施的行为，而前者则是指信息持有人没有告知信息主体其个人信息将被如何使用，而信息主体也无法对个人信息的使用施加影响，以至于信息主体完全无法插手干预个人信息的使用的行为。

有的学者认为，行为人实施的排除信息主体的信息控制权的行为本身不会对信息主体造成损害，这不过是导致下游损害个人信息的不当传播的其中一个因素。但是笔者认为，排除信息主体的信息控制权的行为即使不引起信息的传播也会对信息主体造成损害，因为这种行为导致信息主体无法控制行为人对其信息的二次利用行为和由此引起的信息安全风险，这让信息主体感到不安，而信息主体无法参与其个人信息的保存和使用也会引起信息主体的无力感，让人困扰。有人认为，生活当中本来就有许多事情是人们无力改变的，对于个人信息的处理和使用无力干预也不是需要大惊小怪的问题。但是笔者认为，在当今社会，各机构乃至政府在作出对人们的生活有重大影响的决定时，越来越依赖于它们所保存的个人信息，人们对于个人信息的利用无法干预会引起许多不便。

总体而言，行为人排除信息主体的信息控制权的行为对信息主体造成的损害并没有得到侵权法的承认。侵权法要求某些特殊法律关系的当事人双方必须承担比一般法律关系当事人双方更重的隐私保密义务。例如关于信托关系的法律规定，受托人在享有信托人授予他的特殊权力的同时，也必须对信托人承担特殊的法律责任和义务。①纽约州最高法院首席法官 Benjamin Cardozo 对于这种关系有一段精彩的描述："由于有了信托关系的束缚，信托关系的双方当事人在日常生活中许多本可以不受对方影响而实施的行为都受到了限制，受托人需要遵守的不仅仅是市场交易规则，而是更严格的行为规范，受托人不仅要对信托人忠诚，而且要在细节上注意对最为敏感的信息进行保密，这是受托人行使信托人授予的权力实施任何行为时都必须要遵守的行为标准。"②

信托关系形式多样，但任何信托关系都要求受托人保护信托人的隐私。信息持有人排除信息主体信息控制权的行为对信息主体造成的损害，与受托人违背保密协议对信托人造成的损害相似。例如，医生和病人之间的关系，属于信托关系的一种，医生是受托人，而病人是信托人。受托人获得信托人的知情同意（informed consent）之后，双方的信托关系才具有了法律上的意义。正如某法院在一个案件的判决中指出："在征求病人的同意以便实施某项医疗手段之前，医生应当履行信托义务向病人公开所有可能影响病人决定的信息。"③因此，尽管法院目前并不认为保存个人信息的机构需要对信息主体承担保存信息的信托责任，但是从已有的侵权法的判例上来看，信息持有人应当对保护信息主体的信息安全负有责任。不过，因为"法院并不希望过分限制信托义务的范围，以免新类型案件无法适用信托法进行审理"，所以信息持有人对信息主体的信息安全所负有的责任在将来可能会受到信托法的承认。④

制定法是法律保护信息主体的隐私权、限制信息持有人实施排除

① See Mobil Oil Corp. v. Rubenfeld, 339 N. Y. S. 2d 623, 632 (Civ. Ct. 1972).

② Meinhard v. Salmon, 164 N. E. 545, 546 (N. Y. 1928).

③ Moore v. Regents of the Univ. of Cal., 793 P. 2d 479, 483 (Cal. 1990) (en banc).

④ Swerhun v. Gen. Motors Corp., 812 F. Supp. 1218, 1222 (M. D. Fla. 1993) (quoting Quinn v. Phipps, 113 So. 419, 421 (Fla. 1927)).

信息主体信息控制权的行为的第一道屏障。有关隐私权的联邦法律要求信息记录必须保持透明度，并且信息主体有权利查阅自己的信息记录。例如，《隐私法》、《联邦有线通讯隐私法》、《公平信用报告法》和《儿童网络隐私保护法》都规定，保护人们查阅个人信息记录的权利。有的制定法还要求信息持有人建立一套方便人们修改自己的个人记录当中的不正确信息的机制。虽然，这些立法并没有要求信息持有人使用信息前必须获得信息主体的知情同意（informed consent），但是这些规定的确赋予信息主体以权利去了解信息持有人究竟收集到了什么信息。

有的立法还规定，信息主体有权利拒绝信息保存者对其信息的某些方式的利用。例如，《金融服务现代化法》规定，客户可以禁止金融机构与第三方分享其保存的客户信息。但是，这种权利的行使以信息主体明确表示不愿意自己的信息被第三者所知悉为要件，否则，该法即推定信息主体同意信息持有人的使用行为。不过，该法并没有要求信息持有人除了必须向信息主体（客户）告知计划中的信息分享行为之外，还必须令信息主体清楚了解相关情况。因此，这种权利所要求的、信息持有人必须获得的信息主体同意，与信托关系相关法律所要求的、受托人必须获得的信托人知情同意是不相同的。

五、信息传播行为

行文至此，笔者已经探讨过了由于信息持有人实施的信息收集行为对信息主体造成的损害，以及信息持有人对他人信息的储存和使用行为对信息主体造成的损害，接下来的这一部分将会讨论信息传播行为对信息主体的损害。信息传播行为是各种信息加工行为中最容易造成信息主体隐私权损害的一种。造成信息主体隐私权损害的信息传播行为既包括了对他人个人信息的披露，也包括威胁散播他人个人信息的行为，所包括的其中七种具体行为是：其一，违背保密协议的行为（breach of confidentiality）；其二，公开他人一般信息的行为（disclosure）；其三，披露他人高度私密信息的行为（exposure）；其四，提高信息可获取度的行为（increased accessibility）；其五，敲诈行为（blackmail）；其六，擅自使用他人真实信息的行为（appropriation）；其七，歪曲他人信息的行为（distortion）。

（一）违背保密协议的行为

涉及违背保密协议行为的一个经典案例是 McCormick v. England 一案[1]，McCormick 太太曾经与其丈夫诉讼离婚，之后又一直为了争夺孩子的抚养权与丈夫进行旷日持久的诉讼战，McCormick 太太的医生给 McCormick 先生寄了一封信，在信中说 McCormick 太太正罹患"严重的慢性病，包括忧郁症和酗酒"。McCormick 太太于是起诉了这名医生，审理这个案件的法官认为，"本案争议的焦点是法律早已作出规定的问题，法律规定，医生不得未经病人的授权而公开病人的秘密信息，否则病人可以此为诉讼理由对医生提起诉讼，除非该行为是法律强制规定必须实施的，或者为了这名病人的利益或公众的利益而实施的。"有关违背保密协议公开他人信息侵权的法律并没有将"令人高度反感"作为该侵权行为成立的必要条件，这与公开他人私人事务隐私侵权的法律不同。法院认为，法律规定之所以存在这样的差别，是因为有关公开他人私人事务的侵权行为的法律"注重被公开的信息内容而不是信息的来源。被告未经原告授权将原告的秘密医疗信息向别人公开，这种行为无论其对原告的侵犯性高低都应当受到法律的规制"。侵权法规制医生和其他与公众保持信托关系的银行业者以及其他专业人士违背保密协议的行为，[2]而且，某些法院还将有关违背保密协议的行为的法律适用扩大至规制第三人引诱医生公开病人病历的行为，实施这种行为的第三人同样需要对病人承担法律责任。[3]

为什么法律会将违背保密协议的行为规定为一种独立的诉讼理由？为什么为了遏制这种行为的发生需要依据有关公开他人私人事务隐私侵权行为的侵权法规定？

笔者认为，以上问题的答案在于公开他人一般信息的行为和违背保密协议的行为给信息主体所造成的损害是不同的，虽然二者都包括了对他人秘密的披露行为，但是后者还破坏了信托关系当中存在的信

① McCormick v. England, 494 S. E. 2d 431, 432 (S. C. Ct. App. 1997).

② See, e. g., Peterson v. Idaho First Nat'l Bank, 367 P. 2d 284, 290 (Idaho 1961).

③ See Hammonds v. Aetna Cas. & Sur. Co., 243 F. Supp. 793 (N. D. Ohio 1965).

任感，而前者则不会造成这样的后果，侵权法指出，这种在信托关系中出现的侵权行为“将他人对行为人的诚实和忠诚所具有的信任破坏殆尽”。[①]

行为人违背保密协议公开他人一般信息的行为，不仅仅造成他人信息被非法公开，还使他人对行为人的信任受到背叛。1920 年判决的 Simonsen v. Swenson 一案[②]首次认定违背保密协议公开他人一般信息的行为构成诉讼理由，审理该案的法官指出：“医生应当爱护自己的专业信誉，遵守职业道德，为病人的信息保密，如果医生违背了他（她）和病人之间的保密约定，背叛了病人的信任，病人可以以此为理由对医生提起民事诉讼并要求获得损害赔偿。”

法律为他人提供保障，禁止行为人实施违背保密协议的行为，可以促进信托关系的成立。有关公开他人私人事务的隐私侵权的法律虽然也可以促进信托关系的成立，但是，除非行为人的行为造成令他人尴尬的秘密或有损他人名誉的信息的泄露，否则法院不会将这种行为认定为构成公开他人私人事务的隐私侵权行为或对他人造成损害的行为。而违背保密协议的行为只要造成了行为人对他人信赖的背叛，无论行为人所泄露的他人的信息性质如何，该行为都构成了对他人造成损害的行为。

在某些情况下，人们会发现信息主体会允许信息持有人违背保密协议公开他们的信息。例如在 Simonsen 一案中，尽管梅毒在当时被认为是具有高度传染性的疾病，但是法院认为被告（医生）无须因为公开了原告（病人）患有梅毒这一事实而对原告承担法律责任，[③]原因是，公众的健康应当优先于原告的隐私权益受到保护。类似的案件还有 Tarasoff v. Regents of the University of California 一案[④]，在该案中，一名接受心理治疗的病人谋杀了一名他深深迷恋的年轻女子，这名女子的家人于是起诉了这名病人的心理医生。法院判决认为，该案的被告（心理医生）应当对这名被杀的女子承担告知的义务，因为

---

① Mobil Oil Corp. v. Rubenfeld, 339 N. Y. S. 2d 623, 632 (Civ. Ct. 1972).

② 177 NW. 831, 832 (Neb. 1920).

③ 177 N. W. text. at 831.

④ 551 P. 2d 334, 339 - 340 (Cal. 1976) (en banc).

被告明知他的病人会对这名女子带来危险。法院在判决书中写道："心理医生对他的病人负有保密的义务，心理医生不得将病人的秘密信息公开，除非这种公开对于避免其病人对他人造成危险而言是必须的，但即使如此，心理医生对病人信息的公开也应当是谨慎的，而且公开的程度应当与病人可能给他人造成的危险的程度相匹配。"

然而，有关法律对于是否承认违背保密协议的行为构成损害信息主体利益的行为这一问题态度不一，例如，《美国联邦宪法第四修正案》对这个问题的回答是否定的。这在 United States v. Miller 一案①中得到说明。在该案中，联邦政府的执法部门向两间银行发出传票，要求它们提供某一客户的财务记录，银行按照传票的要求向执法部门公开了客户账户记录却没有将其行为告知这名客户，这名客户直到被政府起诉后才知道这一情况，这名客户于是提起诉讼。该客户认为，联邦政府发出的传票损害了《美国联邦宪法第四修正案》赋予他的权利。但是，美国联邦最高法院认为，被告对于银行所保存的他的财务记录不享有合理的隐私期待，因为"《美国联邦宪法第四修正案》并不禁止联邦政府当局从第三方处获取他人向第三方公开并由第三方所告知的信息"，而且，"在案中，政府所获取的所有文件，包括被告的财务报表和存款单据都是被告自愿告知银行并且在银行的日常业务中自愿向银行员工公开的信息"。

在 Miller 一案判决后，美国联邦最高法院对 Smith v. Maryland 一案②作出了相似的判决。在 Smith 一案中，美国联邦最高法院认为人们对于自己所拨打的电话号码不享有合理的隐私期待，因为人们"都知道自己必须将拨打的电话号码信息告知电信公司"，因此，人们不能"期待自己拨打的电话号码可以秘而不宣"。

Miller 一案和 Smith 一案是法院根据"第三方理论（third party doctrine)"审理的典型案例，根据这个理论，如果信息主体的信息已经被第三方所获知，按照《美国联邦宪法第四修正案》的规定，则信息主体对于这些信息不享有合理的隐私期待。在当今的信息时代，人们的言行中有很大一部分是被第三方所记录的。因此，这个第三方

---

① 425 U. S. 435, 437 (1976).

② 442 U. S. 735, 743 (1979).

理论将很大一部分的个人信息隔离在《美国联邦宪法第四修正案》的保护范围之外。①

实际上，这个第三方理论是建立在秘密性理论基础上的，即他人的某种信息一旦为别人知晓，他人的这种信息就不再是秘密。但是，如果人们将保存信息的第三方（及信息持有人）向别人公开信息主体的个人信息的行为看作违背了信息主体与信息持有人之间的保密协议的行为，则该行为同样会对信息主体的利益造成损害，此时，美国联邦最高法院的这种分析理论便不能成立。当人们与银行、互联网服务商、电信公司以及其他商业机构发生交易服务关系时，人们只是将自己的信息向这些商业机构公开而不是向全世界公开，这些商业机构与客户之间存在明示的（或通常是暗示的）保密协议——商业机构不得将客户信息向别人传递。②

与《美国联邦宪法第四修正案》不同，侵权法将违背保密协议的行为认定为构成损害信息主体合法权益的行为。有关违背保密协议行为的侵权法规定适用于规制医生和病人的关系以及其他类似关系。如前文所述，有的法院认为这些侵权法规定同样适用于规制银行的行为。在 Paterson v. Idaho First National Bank 一案③中，法院认为："所有人都会认为银行应当保护客户的财务记录免受公众的窥探，无论企图窥探的人是出于好奇还是恶意，没有人会质疑银行享有保护其与客户之间的信托关系的权力，在正常的银行业务中，这种观念是一种常识，放之四海而皆准。"而且，法院认为，银行不得向别人披露客户的财务信息是"银行和客户签订的合同中所隐含的条款"，"不得损害客户信息的秘密性，是银行维护其与客户或储户之间关系所必须遵守的根本规则。"这些观点得到许多其他法院的认同。④

---

① See Daniel J. Solove, The Digital Person: Technology And Privacy In The Information Age, 201 - 202 (2004).

② *See*, *e. g.*, Brex v. Smith, 146 A. 34, 36 (N. J. Ch. 1929).

③ 367 P. 2d 284, 290 (Idaho 1961) (quoting United States v. First Nat'l Bank of Mobile, 67 F. Supp. 616, 624 (S. D. Ala. 1946)).

④ *See*, *e. g.*, Barnett Bank of W. Fla. v. Hooper, 498 So. 2d 923, 926 (Fla. 1986).

（二）公开他人一般信息的行为

立法者为保护公民的真实个人信息不被公开制定了一系列法律。由 Warren 和 Brandeis 提出的公开他人私人事务的隐私侵权行为受到了法律的承认，根据法律的规定，如果行为人将他人的私人事务公开，当其行为“是令一个有理性的人高度反感的行为”并且“并非为了保护合法的公众知情权”时，他人可以将这种行为作为合法的诉讼理由对行为人提起诉讼。例如，在 Whalen v. Roe 一案[①]中，美国联邦最高法院认为，根据实质性正当程序（substantive due process）的要求，公民的“隐私权”包括了“别人不得公开的公民私人事务中所包含的利益”。尽管美国联邦最高法院没有对这种隐私权的范围进行详细的阐述，但是许多联邦巡回法院都承认这种隐私权益的法律地位，因而公民可以以政府人员公开他们个人信息的行为侵犯了他们的隐私权益为由提起诉讼。[②]此外，许多制定法严格限制相关机构公开公民在政府部门公共记录中的信息、学校记录信息、有线电信公司记录的信息、录像信息、机动车记录信息和健康记录信息。许多州的立法还严格限制某些类型信息的公开，如公民的医疗信息以及公民滥用酒精和药物的医疗记录。

为什么法律要保护人们的个人真实信息不被非法公开？有的人批评这类法律限制了言论自由，例如 Eugene Volokh 认为，“个人对信息享有的隐私权使得信息主体可以控制别人关于其身份信息的交流，这种权利使政府可以禁止人们谈论他人。”[③]还有人认为这些法律规定限制了人们的判断能力，使信息主体之外的人难以对信息主体作出评价，也无法判断信息主体是否值得信任。Richard Posner 法官认为，保护个人信息免受非法公开的法律规定赋予人们以权力，使人们可以“隐藏其个人信息，防止别人对其个人信息加以利用并因此给信息主体带来不良影响”。[④]

---

① 429 U. S. 589, 598 –599 (1977).

② *See*, *e. g.* , Doe v. Borough of Barrington, 729 F. Supp. 376, 382 (D. NJ. 1990).

③ Eugene Volokh, *Freedom of Speech and Information Privacy*: *The Troubling Implications of a Right To Stop People from Speaking About You*, 52 Stan. L. Rev. 1049, 1050 –1051 (2000).

④ Richard A. Posner, The Economics Ofjustice 271 (1983).

公开他人一般信息的行为，是指行为人将他人的真实信息向别人公开披露的行为。公开他人一般信息的行为与违背保密协议的行为不同，因为前者对信息主体的声誉造成的损害来源于行为人对信息的传播行为，而后者对信息主体利益的损害来源于行为人对双方信赖关系的破坏，因为即使行为人与信息主体并不认识，行为人公开他人一般信息的行为仍然可能对信息主体的利益造成损害。在 Warren 和 Brandeis 所撰写的《论隐私权》（*The Right of Privacy*）一文中，两位作者提出明示的或暗示的保密协议赋予签订协议双方以保密义务，这足以为双方的隐私提供保障。[①]两位作者还特别注意到了一个现象，他们发现陌生人越来越容易获取他人的个人信息，他们在文中说道："违约责任认定标准的适用范围正变得越来越狭窄，在过去，如果行为人不是明确地违背与他人签订的合同或者某个特定的保密协议，行为人的行为不构成对权利的滥用，也不会对他人的权利造成损害，此时违约责任认定标准的适用范围仍然能够满足社会的需求；但是在现代社会，在他人还未曾与行为人发生接触时，许多现代设备就已经给行为人提供了大量的机会去侵犯他人的权益，因此法律对公民权益的保护范围必须扩大。"

Warren 和 Brandeis 在写下这段话的时候，他们所说的现代设备是指新的照相技术。在以前，照相机体积庞大，价格昂贵，人们拍照的时候需要摆好姿势坐在相机面前。这时，拍照对象和摄影师之间就构成了一种默示合同关系。但是"快拍照相机（snap camera）"的发明却使得"拍摄者可以偷拍他人的照片"，因为"快拍照相机"体积更小。正是快拍照相机的这个特点让 Warren 和 Brandeis 认为，"仅仅依靠有关合同和信托关系的法律规定审理案件已经不足以为人们的隐私权提供保障。"[②]

虽然法律为了保护人们的信息不被公开必然会对别人的言论自由造成一定限制，但是限制公开他人一般信息的行为同样可以保护某些

---

① Samuel D. Warren & Louis D. Brandeis, *The Right to Privacy*, 4 Harv. L. Rev. 210 (1890).

② Samuel D. Warren & Louis D. Brandeis, *The Right to Privacy*, 4 Harv. L. Rev. 211 (1890).

由言论自由所保护的公民利益，这体现在以下两个方面。一方面，有关限制公开他人一般信息的法律类似于赋予人们言论自由的法律，都有助于保护公民的匿名权。如果人们总是在担心自己的个人信息被别人公开，那么人们就会不愿参与有利于他们自我发展的一些活动。[①]另一方面，有关限制公开他人一般信息的行为的法律保护了人们的民主自治，因为大量政治信息的公开不是在公共平台上发生的，而是在私人对话当中出现的。而公开他人一般信息的行为限制了人们的交往活动，损害了人们的交往自由（freedom of association）和匿名权，而匿名权本身对于促进人们自由表达观点起着关键作用。

公开他人一般信息的行为还可能威胁人们的人身财产安全。例如，许多人都认为必须保持自己的住址的秘密性，比如曾经被别人跟踪和曾经遭受家庭暴力的人都希望远远避开那些威胁他们安全的人，警察和检察官会害怕遭受罪犯的报复，名人希望躲开狗仔队的骚扰，甚至实施堕胎手术的医生都希望通过保持住址的秘密性来保护家人的安全。人们总是小心翼翼地保护那些一旦被公开会很容易使他们遭受损害的信息，保护那些可能被别人利用以对他们造成肉体上、精神上、财产上和名誉上的损失的信息。例如在 Remsburg v. Docusearch, Inc. 一案[②]中，一名精神错乱的男子对 Amy Lynn Boyer 非常迷恋，他从一家数据库经营公司 Docusearch 购买到了 Boyer 的 SSN 和工作场所的地址，并到 Boyer 的工作场所将她杀害。审理该案的法院认为，"通过分析跟踪和身份盗用犯罪，我们会发现某些犯罪风险是可以预见的，因此调查人员在向客户披露第三者的个人信息时应当尽到合理注意义务，保持谨慎。"

事实上，在许多情况下，他人信息的公开不会提高人们评价他人的能力，却有可能扭曲人们对他人的评价。[③]因为只透过关于他人的只言片语，人们通常无法认识这个人的全部，这些只言片语还可能造成人们的错误印象和对他的谴责而不是对他的彻底理解。限制行为人

① *See* Daniel J. Solove, *The Virtues of Knowing Less: Justifying Privacy Protections Against Disclosure*, 53 DUKE L. J. 967, 990 – 992 (2003).

② 816 A. 2d 1001, 1005 – 1006 (N. H. 2003).

③ See Jeffrey Rosen, The Unwanted Gaze: The Destruction Of Privacy In America 200 (2000).

实施公开他人一般信息的行为，还可以减少人们因为对某种疾病的错误认知而形成对患有这种疾病的人的歧视和不理智的判断。同理，社会也许需要借助限制行为人实施公开他人一般信息的行为来遏制某种理性的判断，例如限制雇主依据员工的基因信息作出人事决定的行为。一般而言，雇佣某个拥有某种致病基因的员工会比雇用一个没有这种基因的员工具有更高风险，雇主据此作出人事决定是有道理的，但是这种带有理性歧视的聘任决定也会让社会付出代价，因为这样的决定相当于因为某些应聘者无法控制的原因而惩罚这些应聘者，而且这种决定还会让人们了解个人基因组成的热情冷却。

行为人公开他人一般信息的行为构成对他人（信息主体）权益的损害的另外一个原因是，这种行为使他人成为了"过往经历的囚犯"。人们总是在一天天地成长、变化，如果行为人公开有关他人过去经历的信息会限制他人改造自己行为的能力，剥夺了他们改正错误的机会，甚至剥夺他们改变自己人生轨迹的机会。而且，一旦行为人公开他人的信息，这些信息会被二次利用，并因此造成信息的二次利用行为可能导致的问题。

法律通常限制行为人公开他人保密的信息，但却不会限制行为人公开他人的已经被某些人所知悉的信息。正如某个法院在一份判决书中写道："当他人的个人信息被行为人公开后，他人对被公开的信息当然不享有法律保护的隐私权。"[①]例如，在 Penwell v. Taft Broadcasting Co. 一案[②]中，法院认为，当一对夫妇在公共场所被错误逮捕时，即便被告在其电视台的节目中播出这对夫妇遭遇逮捕的情形，他们也不能以此为由起诉电视台，因为这些片段是在公共场所拍摄的，而且"片段中的场景完全暴露在公众的视野当中"。另外，如果他人的某种私人事务已经被别人所知晓，许多法院都会认为这件私人事务已经不再是"私人"的事务了。又如在 Sipple v. Chronicle Publishing Co. 一案[③]中，一份报纸对 Olive Sipple 当年在一起暗杀事件中拯救了 Ford

① Cefalu v. Globe Newspaper Co., 391 N. E. 2d 935, 939 (Mass. App. Ct. 1979).

② 469 N. E. 2d 1025, 1028 (Ohio Ct. App. 1984) (quoting Jackson v. Playboy Enters., 574 F. Supp. 10, 13 (S. D. Ohio 1983)).

③ 201 Cal. Rptr. 665, 666 (Ct. App. 1984).

总统的英勇事迹进行报道时披露了 Sipple 的性取向，法院认为原告 Sipple 的性取向并非私人事务，因为那是在男同性恋者群体里众所周知的事情。又如在 Duran v. Detroit News, Inc. 一案[①]中，一位前任哥伦比亚市的法官的住址被一份报纸公开，他因而受到一名毒枭的金钱诱惑和死亡威胁而不得不离任，这名前任法官于是对这份报纸提起了诉讼，但是审理该案的法官认为，原告对于自己的住址不享有隐私利益，因为在报纸公开他的住址之前，他已经向几个人透露过自己的住址。公民对自己已经透露给某些人的私人信息是否享有隐私权益？有的法院认为这个问题的答案是肯定的。例如在 Times Mirror Co. v. Superior Court 一案[②]中，一份报纸公开了某一名谋杀案目击证人的身份，这名证人于是起诉了这份报纸，法院认为尽管这名目击证人曾经向自己的一些朋友和家庭成员透露自己的信息，她“虽然参与了警方的刑事侦查，并向亲朋好友寻求安慰，但是她并没有对社会公众披露更多的个人信息”，因此被告报纸公开原告身份信息的行为构成了对原告隐私利益的损害。

Lior Strahilevitz 指出，公开他人一般信息的行为令他人的信息超出了既存的信息流范围予以传播。[③] 在日常交往中，人们常常会向有限范围内的朋友披露自己的信息，并且希望这些信息仅在这个朋友圈子内流传，所以公开他人一般信息的行为对信息主体造成的损害不仅仅在于它消除了被公开信息的秘密性，更重要的是它使信息超出信息主体预期的范围而传播。然而，某些法院认为，判断行为人公开他人私人信息的行为是否构成隐私侵权行为时，只需要考虑他人私人信息的秘密性，而无需考虑他人是否对其私人信息享有隐私期待。

（三）披露他人高度私密信息的行为

在 1881 年发生了一起著名的案件——DeMay v. Roberts 一案[④]，在该案中，一名年轻未婚男子与一名医生一起进入产房，这名医生随

---

① 504 N. W. 2d 715, 718 (Mich. Ct. App. 1993).

② 244 Cal. Rptr. 556, 558 (Ct. App. 1988).

③ *See* Lior Jacob Strahilevitz, *A Social Networks Theoy of Pivacy*, 72 U. Ci. L. Rev. 919, 974 (2005).

④ 9 N. W. 146, 146 (Mich. 1881).

后在产房内替一名妇女接生，而年轻男子则在一旁观看。这名妇女随后起诉了这名医生，认为他带陌生人进入产房的行为侵犯了她的隐私权。审理该案的法院认为，这名年轻男子没有正当理由进入产房："他的行为令人震惊，对于人们通常的权利观、正义观和礼仪观造成冲击，法律应当对这种行为进行限制并为原告提供充分的法律救济。"一位陌生人观看一名妇女生育的过程为什么会令人"震惊"？

在2004年，在National Archives & Records Administration v. Favish一案[①]中，原告的家人Vincent Foster，Jr. 是Clinton总统的一名法律顾问，被告将他自杀后尸体被解剖的照片公开，法院认定被告的这种行为侵犯了原告即Foster的家人的权益，违反了FOIA的相关规定。法院认为，Foster的尸体解剖照片"属于人们可以合理预料其公开会对他人的隐私造成侵犯的信息"，"人们的家人有权缅怀和哀悼他们去世的亲人，有权拒绝别人对去世亲人的信息的不合理公开行为，以免他们的哀伤之情、葬礼仪式的庄严以及对死者的尊敬受到亵渎。"

公开他人的尸体解剖照片的行为为何是不得体的？这种行为会对死者家属造成怎样的损害？假设某报纸将他人被偷拍的裸体照或者他人在排便时的照片公开刊登，他无疑会感到惊骇万分，但是，为什么他会有这样的感觉？人们都有生殖器，人们都需要排便，这不是什么特别的事情，为什么拍照对象会对此感到惊恐？

上述行为属于笔者所称的"披露他人高度私密信息的行为"中的一种。"披露他人高度私密信息的行为"，是指行为人将他人的某些生理特性或情感特征向别人披露的行为。这些生理特征或情感特征是被人们认为属于高度原始的一些特性，一旦被披露会引起人们的尴尬和羞耻感。如悲伤、痛苦、肉体创伤、精神创伤、裸体、性行为、排尿和排便等都是人们生活中最为原始、最为私密的一部分，由于生理和精神的需求，人们都不可缺少这些人类的基本特征。[②]但是人们经过社会的文化教养，都懂得将这些基本特征隐藏起来。[③]

---

① 541 U. S. 157, 175 (2004).

② *See*, *e. g.*, Anita L. Allen, *Lying to Protect Privacy*, 44 VILL. L. Rev. 161, 177 (1999).

③ See Norbert Elias, The Civilizing Process 114 (Edmund Jephcott trans., 1994) (1939).

尽管披露他人高度私密信息的行为与公开他人一般信息的行为相似，都涉及传播他人真实信息的行为，但是二者存在重大区别，因为前者所公开的信息是他人极力隐藏的信息，这些高度私密信息不会影响人们对信息主体的人格的判断，因为它们并不能为人们评判一个人的个性或人格时提供依据。

披露他人高度私密信息的行为对信息主体的精神带来创伤，因为人们都会遵循社会的行为规则，自然地隐藏起自己生活中最像动物的、最不雅的一面，因为在实施某些行为的过程中，例如，在全身赤裸或者正准备沐浴的时候，他人总是脆弱且易受损害的，行为人不应当将他人实施这些行为的信息公开。不过，随着历史的变迁，社会对于裸体和解决生理问题所形成的行为规则是逐渐变化的。Martha Nussbaum 指出，在古罗马时代，人们会使用厕所，但在“伊丽莎白时代的英国，朝臣在宫殿的角落里排泄，直到宫殿臭气熏天时，当政者才决定对建筑物进行改造”。[1] 在历史上的不同时期，不同的文化关于身体的礼仪要求是非常不同的。今天的社会规则要求人们将大部分生理功能隐藏起来，包括解决生理问题的情形以及强烈情感的宣泄都要避人耳目。人们拒绝将这些方面的私密信息公开，因为这样才能够维护现代社会所定义的、人们的个人尊严。个人尊严是文明化的标志之一，象征着人们超越自己的动物本能的能力。[2]

人们都有自己的社会关系网，在社会关系网中进行活动、与人交往就必须遵循有关尊严与礼仪的社会规范，而保有隐私、不对外公开自己的高度私密信息以保持个人尊严和表示对别人的礼貌是其中一条必须严格遵守的社会规范。Willam Ian Miller 认为，“为了能够对外作出文明的举动，人们需要一个私人的空间，有了私人空间才能够保证人们拥有文明的公共空间。”

当信息主体的私人空间因为别人将其高度私密信息公开而遭到破坏，他们会感到严重的羞辱感和失去自我尊严。因而披露他人高度私密信息的行为妨碍了人们参与社会活动的能力，即使大部分人都不会

---

① Martha C. Nussbaum, Hiding From Humanity: Disgust, Shame, And The Law 115 - 116 (2004).

② *See* WilliamIan Miller, The Anatomy Of Disgust 177 (1997).

认为个人高度私密信息被别人披露的信息主体的文明化程度低于一般人，但是信息主体仍然会这样看待自己。这与公开他人一般信息的行为不同，披露他人高度私密信息的行为改变的是信息主体对自己的看法，而公开他人一般信息的行为改变的是别人对信息主体的看法。

公开他人一般信息的行为通过引起社会对信息主体的声讨和谴责来实施其对信息主体的影响力，而披露他人高度私密信息的行为则通过剥夺信息主体的个人尊严来实现其影响力。披露他人高度私密信息的行为与强有力的社会规范之间联系密切，当人们主动违反这些社会规范，社会倾向于让他们感到羞耻，这是社会对个人影响力的内化表现，这本身对于社会的发展是有一定好处的。但是，行为人披露他人高度私密信息的行为则让他人在非自愿、非主动的情况下对外披露那种任何社会成员都企图隐藏的信息，有损他人的尊严并且让别人误以为他人欠缺社交礼仪、违反社会规范。尽管人们不会因此谴责信息主体，令信息主体因此而承受精神痛苦对于社会的发展而言也没有任何好处，但是社会规范仍然会默默地发挥作用，通过对信息主体的内化影响使他们感受到强烈的羞耻感。

目前的侵权法并不承认披露他人高度私密信息的行为构成一种独立的诉讼理由，而认为公开他人私人事务的隐私侵权行为包括了公开他人一般信息的行为和披露他人高度私密信息的行为。但是随着时间的推移，披露他人高度私密信息的行为得到的法律承认比公开他人一般信息的行为要多。[①] 例如，在 Daily Times Democrat v. Gramham 一案[②]中，一家喷气式飞机将一名身处集市中的女子的裙子吹起，露出了她的内裤。正当此时，一名本地报社的摄影师经过并将当时的情形拍摄成照片，刊登在报纸的头版上。这名女子于是根据有关公开他人私人事务侵权行为的法律规定起诉了这家报社。被告辩称，案中争议的照片是在公共场所拍摄的，因此原告对于这张照片不享有隐私权益。被告的这种说法的依据正是秘密性理论，即一旦个人信息已经向公众公开，则这条信息不再属于秘密。然而，审理该案的法院认为，

① Eugene Volokh, *Freedom of Speech and Information Privacy: The Troubling Implicationsof a Right To Stop People from Speaking About You*, 52 Stan. L. Rev. 1094 (2000).

② 162 So. 2d 474, 476 (Ala. 1964).

根据有关公开他人私人事务侵权行为的法律规定，即使这张照片的内容不属于秘密，原告仍然有权保护自己的隐私不受被告的“不礼貌和粗俗”的侵犯。

在某些案件当中，法官没有区分公开他人一般信息的行为和披露他人高度私密信息的行为，这严重影响到法律对于披露他人高度私密信息的行为对信息主体所造成的利益损害的认可度。例如，在 McNamara v. Freedom Newspaper, Inc. 一案[①]中，一家报社将一名高中生运动员在打足球赛时不慎露出生殖器的照片刊登在报纸上，这名学生于是根据有关公开他人私人事务侵权行为的法律规定起诉了这家报社。原告认为，“被告报社的报道行为违背了公共礼仪的要求。”而法院认为，被告的行为构成了公开他人一般信息的行为，因为案中争议的照片并不是原告的私人事务，“原告是自愿参与这场在公众场合举行并由观众观看的运动的。”但是笔者认为，在这一案件中，被告的行为应当属于披露他人高度私密信息的行为，即使照片内的情形是发生在公共场合的，这也不会影响被告行为的定性。

（四）提高信息获取度的行为

今天，各联邦法院、州法院和政府机构都在开发网络系统以便在网上公布公共记录。人们可以在当地的法院或政府机关查阅到这些公共记录，但是这些记录一旦被放在网上公开，公众就会对这些记录的公开可能造成的隐私侵权问题作出激烈反应。有的人认为，这些信息本来就是向公众开放的，公共记录的网上公开与其在本地司法机构和政府机构办事处的实体公开本质上是相同的，区别只在于公开的形式——前者是对电子版本公共记录的公开，后者则是对纸版公共记录的公开。但是许多行政机构在对公共记录的网络公开制度进行审查时却犹豫了，因为网络会提高这些公共记录信息的可获取度。例如，美国联邦司法委员会（Federal Judicial Conference Committee）提出，“公众通过远程电子系统查阅刑事档案的行为可能产生的信息安全风

① 802 S. W. 2d 901, 903 (Tex. App. 1991).

险和执法风险应当优先于其带来的好处获得考量。”①

如果某些信息早已向公众开放，那么提高这些信息的可获取度可能带来什么问题呢？提高信息的可获取度的行为不等于直接公开信息的行为，提高信息可获取度的行为不会公开秘密信息，但会使得早已向公众开放的信息更容易被公众查阅。与公开他人一般信息的行为不同，提供信息获取度的行为不涉及行为人直接向第三人披露他人个人信息的行为，行为人并没有违背其与他人之间的保密协议，因为被行为人披露的信息早已不是秘密。但是，提高信息的可获取度对信息主体并非是百利而无一害的，相反，由于量变引起质变，信息可获取度得到提高的同时，信息被别人公开的可能性也在增加。

提高个人信息的可获取度可以给人们的生活带来许多好处。由于信息的开放度增加，人们可以更容易寻找到自己需要的信息，律师可以更容易地找到人们的地址以便按照法律程序开展工作，提高个人信息的可获取度还可以有助于家长和学校在聘任保姆或教师的时候，了解应聘者的背景。正如 Robert Gellman 所说，“社会机能的开展和某些机构提供的服务都依赖于某些公共记录的开放性。如美国的土地所有权制度的建立依赖于公共记录的开放性，破产纪录的开放性对于破产程序的执行也是必不可少的。”②

然而，各机构在提高个人信息的可获取度的同时，也提高了行为人公开他人一般信息的可能性。行为人对信息的利用可能与信息公开时信息保存机构预料的目标不一致。例如，公司会从公共记录当中收集信息用于市场营销或其他商业用途，或建立消费者的个人档案以作其他分析之用。正如 Peter Winn 所言，提高法院司法记录的可获取度会打击人们参与诉讼的积极性，“因为当事人会担心自己因为参加诉讼而失去个人隐私，他们的身份可能成为身份窃贼盗用的目标，他们的孩子可能会成为下一名性侵犯罪行的受害者。”③

---

① Judicial Conference Comm. On Court Admin. And Case Mgmt., Report On Priacyand Public Access To Electronic Case Files (2001), http: //www. piacy. uscourts. gov/Policy. htn.

② Robert Gellman, *Public Records, Public Policy, and Privacy*, Human Rts., Winter 1999, at 7, 9.

③ Peter A. Winn, *Online Court Records: Balancing Judicial Accountability and Privacy in an Age of Electronic Information*, 79 WASH. L. Rev. 307, 315 (2004).

根据秘密性理论，法院通常认为个人隐私由两部分组成：完全私人的信息和完全被公共知晓的信息，因此，一旦个人信息被公之于众，这些信息就不再是私人的信息。根据《美国侵权法复述（第二版）》的说法，“如果行为人仅仅是将早已为公众所知悉的信息的公开程度提高，其行为不构成公开他人私人事务的隐私侵权行为。”然而笔者认为，信息是否已经公开并不是判断行为人提高他人信息可获取度的行为是否对信息主体的利益造成损害的决定性因素，人们需要关注的是这些信息的可获取度提高的程度究竟有多少。不过许多法院恪守秘密性理论，直到现在还没有就行为人提高他人信息可获取度的行为是否会造成对他人利益的损害这个问题作出明确的答复。① 例如，在 Walls v. City of Petersburg 一案②中，原告是一群公务员，市政府要求他们填写一份问卷，说明他们的家庭成员是否有犯罪记录、他们的婚姻史、孩子的情况以及他们的经济状况，原告于是起诉市政府，主张政府的这份问卷侵犯了宪法赋予他们的信息隐私权。审理该案的法院驳回了原告的诉讼请求。法院认为，他们在问卷上提供的信息在公共记录上早已记载，原告对于这些信息不享有合理的隐私期待。

在 United States Department of Justice v. Reporters Committee for Freedom of the Press 一案③中，美国联邦最高法院终于承认了提高个人信息的可获取度的行为可能对信息主体的利益造成损害。在前文中，笔者也曾经提及这个案例，在这个案件中，美国联邦最高法院还认为，由于被告公开了 FBI 的逮捕记录，根据 FOIA 的规定，其行为侵犯了信息主体的隐私权益，并提及行为人对他人信息的整合也可能造成对信息主体隐私权益的损害。该院还认为，零散的信息碎片和一份完整的档案之间是有区别的，“人们通过对法院、政府档案和本地警察局的档案进行仔细搜索以获取他人的信息记录，与人们通过查阅已经被电脑系统整理总结并存放在信息库里的公共记录以获取他人的

---

① See, e. g., Cline v. Rogers, 87 F. 3d 176, 179 (6th Cir. 1996).

② 895 F. 2d 188, 190 (4th Cir. 1990).

③ *See* 489 U. S. 749, 780 (1989).

信息记录，这两种行为之间存在重大区别。”[①]换言之，美国联邦最高法院在本案中承认，提高信息的可获取度的行为可能对信息主体的隐私权益造成损害。

（五）敲诈行为

在19世纪的英国，鸡奸是一种严重的罪行，尽管罪不至死（在17世纪时确实是可以判死刑的罪行），但犯下鸡奸罪行的罪犯仍然要面临漫长的监狱生涯——从十年徒刑至终身监禁不等。[②]在那个时代，敲诈者会以披露富人们的同性性行为来威胁他们给出一大笔的封口费（harsh money）。后来法律逐渐承认这种敲诈行为应当列入刑事犯罪罪行中，于是，当一个涉及敲诈的案件呈现在法官面前的时候，法官通常会完全忽略敲诈者用于敲诈勒索富人的信息是否真实。很显然，虽然并非所有被敲诈的人都是无辜的，但是法院仍然保护这些被敲诈的人，使他们不会因为敲诈者的指控而被法官认定为实施了违法行为或犯罪行为的人。为什么法院要保护这些被敲诈的人？既然在当时社会对于鸡奸行为的谴责如此激烈，法官为什么要惩罚敲诈者而不是那些也许犯下了鸡奸罪后又被敲诈勒索的人？

有一位19世纪的英国法官对于这种现象作出评论，说道：“敲诈是法律所谴责的其中一种最严重的罪行。”Angus McLaren 曾经说过：“几个世纪以来，法院一直保护富人们以防他们的名声被口头诽谤或书面诽谤罪行所损害，敲诈者的罪行可怕之处在于，他们通过威胁公开龌龊的真相而不是借助损害他人名誉的谎言来抢劫富人。”

敲诈行为引起的法律问题一直是学者们希望解决的难题。[③]敲诈行为，是指行为人通过威胁他人要将他人的秘密公之于众来强迫他人同意行为人的要求的行为，而这种要求通常是向他人索要一大笔的封口费。[④] 为什么社会规范严格限制签订合同的双方，要求他们不得披露对方的秘密？即使行为人对他人实施了敲诈，不等于行为人就不会

---

① *Reporters Comm.*, 489 U. S. at 764.

② Angus Mclaren, Sexual Blackmail 17 (2002).

③ *See* Leo Katz, Ill Gotren Gains 140 – 145 (1996).

④ *See* 31A AM. JUR. 2D, *Extortion*, *Blackmail*, *and Threats* § 20 (2002).

实施公开他人信息的行为，正如 Joseph Izenberg 所说，如果阻止被敲诈者向敲诈者支付封口费，被敲诈者的信息被公开的可能性会更大。①如果 Izenberg 所说的话是真的，那么有关敲诈罪的法律规定所要保护的利益是什么？

对于以上这几个问题，学者们提出了多种理论来解答。Richard Posner 认为，敲诈是一种违法行为，因为它既不能令社会财富最大化也不能为社会带来任何好处。②相反地，Gary Anderson 和 Walter Block 则认为，敲诈是一种合法的行为，它不同于勒索（extortion），敲诈跟其他类型的交易没有两样，敲诈和其他类型的交易中交易双方都为了自己希望得到的结果而讨价还价。③ Jennifer Brown 认为，敲诈行为会令刑事司法制度逐渐崩溃，因为敲诈者与被敲诈者容易达成私人协议，将某些犯罪证据隐瞒起来不向司法机关提交。④ Richard Epstein 认为，敲诈对整个社会都是有害的，因为这种行为鼓励了“诈骗和欺瞒行为的发生”。⑤ 而根据 Wendy Gordon 的理论，敲诈是一种违法行为，因为敲诈者将被敲诈的受害人当作一种挣钱的工具。⑥还有一名学者，Richard McAdam 提出，敲诈限制了社会规范的发展，因为敲诈行为遏制了公共规范的实施，也阻止了人们对社会规范合适与否的问题的探讨。⑦

笔者认为，敲诈行为是一种犯罪行为，因为该行为使得被敲诈者受到别人的控制和主宰，敲诈行为之所以会对信息主体利益造成损害，其原因不在于行为人对他人信息的实际公开行为，而在于行为人

---

① Joseph Isenbergh, *Blackmail From A to C*, 141 U. PA. L. Rev. 1905, 1914 (1993).

② Richard A. Posner, *Blackmail, Pivacy, and Freedom of Contract*, 141 U. Pa. L. Rev. 1817, 1818 - 1820 (1993).

③ Walter Block & Gary M. Anderson, *Blackmail, Extortion and Exchange*, 44 N. Y. L. Sch. L. Rev. 541, 544 - 547 (2001).

④ Jennifer Gerarda Brown, *Blackmail as Private Justice*, 141 U. Pa. L. Rev. 1935, 1971 (1993).

⑤ Richard A. Epstein, *Blackmail, Inc.*, 50 U. Chi. L. Rev. 553, 565 (1983).

⑥ Wendy J. Gordon, *Truth and Consequences: The Force of Blackmail's Central Case*, 141 U. Pa. L. Rev. 1741, 1761 (1993).

⑦ Richard H. McAdam, *Group Norms, Gossip, and Blackmail*, 144 U. PA. L. Rev. 2237, 2243 - 2264 (1996).

通过威胁对信息主体实施控制的行为。在某些案件中，敲诈行为涉及的个人信息比较倾向于信息主体的高度私密信息而不是一般信息。违背保密协议的行为同样与敲诈行为存在联系，因为信息主体的知己好友也可能为了金钱而以公开信息主体的秘密为由对后者进行威胁。敲诈行为与公开他人一般信息的行为、披露他人高度私密信息的行为以及违背保密协议的行为的区别在于，实施敲诈行为的行为人仅仅是威胁他人要公开他人的信息，而没有真实地实施信息公开行为，这种区别与殴打（battery）和袭击（assault）这两种犯罪之间的区别类似。实施殴打行为的罪犯对受害人实施了切实的身体损害，而实施了袭击行为的罪犯很可能只是通过某些手段使受害人陷于恐惧当中，以为自己将会受到身体上的损害，二者之间区别巨大。在袭击罪的犯罪过程中，罪犯所威胁使用的暴力是违法行为，但是敲诈行为的行为人所威胁实施的信息公开行为则可能是合法行为，因为如果被敲诈者的确可能实施了犯罪或令人憎恶的行为，实施敲诈行为的行为人一旦将被敲诈者的犯罪信息公开，会对社会带来好处。但是，因为行为人的这种威胁对被敲诈者而言影响巨大，因此社会并不希望这种威胁发生。在Henrik Ibsen 的戏剧《海达·高布乐》（*Hedda Gabler*）的末尾，Brack 法官知悉了女主角 Hedda Gabler 的一个会对她的名誉造成不良影响的秘密，Brack 法官对 Gabler 说道："我亲爱的 Hedda，相信我，我不会滥用职权。" Hedda 回答道："在您的权力控制之下，无论如何，结果都没有区别，我只期望您能够大发慈悲，眷顾我这个奴隶！我只不过是一名奴隶！"①别人对他人的了解越多，他们就越能够对他人产生影响，所以当他人将自己心底最深处的秘密告诉别人时，他人会变得脆弱。禁止敲诈行为的发生可以防止别人利用他人的个人信息作出对他人不利的行为。

限制敲诈行为的目的不在于限制行为人公开他人信息，而在于防止行为人将威胁公开他人信息作为工具对他人实施控制。我们的社会有许多成文或不成文的规范，例如，禁止奴役他人；禁止雇主以低于最低工资标准的薪酬雇佣员工；禁止雇主不采取措施为雇员改善危险

① Henrik Ibsen, *Hedda Gabler*, in Hedda Gabler And Other Plays 362 (Una Ellis-Fermor trans. , Penguin Books 1961).

的工作环境；禁止性骚扰行为的受害人将同意加害人的性骚扰行为作为交换条件换取任何利益。我们的社会之所以会有这些规范，是由于以上各种行为都具有强迫性，即使被强迫接受行为的一方表示同意，这种同意表示也是非自愿作出的，这些行为的实施者对他人施加了强大的控制力，这是社会不希望出现的现象。实施敲诈行为的行为人将威胁公开他人信息作为工具对他人施加控制力，这对于社会而言是一种违反宪法精神的行为，因此刑法将敲诈行为作为勒索犯罪中的一种，将其界定为通过利用他人的恐惧或对他人实施威胁以迫使他人服从于罪犯意志的一种罪行。①

有关敲诈犯罪的刑事法律禁止任何人将公开他人一般信息的行为、披露他人高度私密信息的行为以及违背保密协议的行为作为手段对他人实施控制。信息的传播行为是一种强有力的工具，行为人可以借助这种行为达到对他人实施主宰和控制的效果，而这种后果对于社会而言也许是不利的，所以即使行为人仅仅是威胁传播他人的信息，该行为本身也是一种需要法律规制的错误行为。

（六）擅自使用他人真实信息的行为

在 1902 年发生了一个著名案件——Roberson v. Rochester Folding Box Co. 一案②，在案中，被告是一家生产面粉的公司，该公司未经原告 Abigail Roberson 女士的同意，擅自将其肖像印刷在 25000 份传单广告上进行宣传，这些传单上都印着标题“我们家的面粉”。原告诉称，“从广告上认出她的脸的人都在嘲笑她，她的良好名声因此受到损害，这个广告给她带来巨大的肉体痛苦和精神痛苦。”但是事实上，印在传单上的 Roberson 女士的照片既没有显得不雅也没有扭曲 Roberson 女士的形象，法院认为，“据消费者称，传单上的照片与 Roberson 女士本人非常相似”，原告认为“她因为这份广告而承受了精神上的痛苦”，“但是一般人都会为自己的照片被选上用做广告宣传照而感到高兴，因为这是对他们的美丽的一种赞扬”。最终法院驳回了原告根据 Warren 和 Brandeis 所撰写的《论隐私权》一文提出的

① *See*, *e. g.*, Cal. Penal Code § 518 (West 1999).

② 64 N. E. 442, 442 (N. Y. 1902).

诉讼请求，认为原告的诉讼请求没有制定法依据，因而不能成立。

Roberson 一案引起了人们的激烈争论。《纽约时报》（*The New York Times*）的一篇社论痛斥了该案的判决，认为这一判决“令普通民众、律师和法学家同样震惊”。①《耶鲁法学评论》（*Yale Law Journal*）的一篇文章批评 Roberson 一案的判决“对原告所遭受的、毋庸置疑的精神损害”视而不见。对该案的批评措辞最为激烈的要数《哥伦比亚法学评论》（*Columbia Law Journal*）上的文章，甚至连审理 Roberson 一案并对该案判决表示赞同的一位法官都站出来反驳《哥伦比亚法学评论》的观点。Roberson 一案判决一年后，纽约州通过了一部法律，纠正了 Roberson 一案的判决，并将该案原告提起诉讼的理由规定为法定诉讼理由，②这条法律直到今天仍然有效。

擅自使用他人姓名或肖像的隐私侵权行为是 Warren 和 Brandeis 撰写的《论隐私权》一文发表后第一种被侵权法所承认的隐私侵权行为，这种隐私侵权行为是指“行为人为了自己的利益擅自使用他人姓名或肖像”的行为。行为人的行为是否构成擅自使用他人姓名或肖像的隐私侵权行为的判断标准是，“行为人擅自使用了他人的姓名或者肖像，以利用其姓名或肖像所带来的名誉、威望、社会地位或商业地位、公共利益或者其他价值为自己获取利益”。

为什么 Roberson 一案的判决会引起这么大的反响？该案有什么特别之处引起公众的广泛谈论并促使议会通过有关立法？在广告当中使用他人的姓名或者肖像会引发什么问题？毕竟，个人的姓名和样貌并不是什么秘密。Roberson 的照片表现了她本人的美丽，也没有破坏她的名誉，面粉公司使用她的照片做广告会给她带来怎样的精神损害？

笔者在本文中所称的“擅自使用他人真实信息的行为”，是指行为人为了达到自己的目的而利用他人的身份或个人特征的行为，其中包括擅自使用他人姓名或肖像的行为。擅自使用他人真实信息的隐私

---

① Editorial, *The Right of Privacy*, N. Y. TIMES, Aug. 23, 1902, at 8, *reprinted in* Denis O'Brien, *The Right of Privacy*, 2 COLUM. L. Rev. 437, 438 (1902).

② *See*, *e. g.*, Irwin R. Kramer, *The Birth of Privacy Law: A Century Since Warren and Brandeis*, 39 CATH. U. L. Rev. 703, 717 (1990).

侵权行为，类似于公开他人一般信息的隐私侵权行为以及歪曲信息内容的隐私侵权行为，都影响到信息主体向社会展现自我的方式。

擅自使用他人姓名或肖像的隐私侵权行为的法律地位正在下降，因为法院和学者都无法充分解释这种侵权行为对他人造成的精神损害是什么，在案件判决和学术论文中对于这种精神损害的界定，主要有两种观点。①其中一种观点将行为人为了商业目的而使用他人肖像的行为对他人造成的损害界定为一种对他人人格尊严的侮辱。Edward Bloustein 是这种观点的支持者，他认为擅自使用他人姓名或肖像的隐私侵权行为“将他人人格的一部分商业化，贬损了他人的人格尊严”。②另外一种观点认为，擅自使用他人姓名或肖像的隐私侵权行为侵犯了他人的财产性权益。为现代隐私侵权行为四分法理论奠定基础的 Prosser 教授主张，擅自使用他人姓名或肖像的隐私侵权行为对他人造成的损害“与其说是精神损害，不如说是财产损害”。③ Jonathan Kahn 对此提出反对意见，他认为“在早期涉及擅自使用他人姓名或肖像的侵权案件中，原告一般都会将自己受到损害的无形的、无法衡量的感情特质当做人格尊严，在那个时候个人的人格面具（persona）仍然被作为一个整体看待，但现在因为个人身份的财产属性开始崭露头角，无形的人格特质似乎已经不再受到重视”。④法院也不再将行为人实施的擅自使用他人姓名或肖像的隐私侵权行为对他人造成的损害看作对他人人格尊严造成的损害，而是看作对他人的无形财产的损害。当代的许多案例判决都认为擅自使用他人姓名或肖像的隐私侵权行为侵犯了他人“珍贵的财产性利益”。⑤在今天，法院似乎更倾向于认定擅自使用他人姓名或肖像的侵权行为导致了他人的财产损失，而

---

① *See generally* Robert C. Post, *Rereading Warren and Brandeis: Privacy, Property, and Appropriation*, 41 CASE W. Res. L. Rev. 647 (1991).

② Edward J. Bloustein, *Privacy as an Aspect of Human Dignity: An Answer to Dean Prosser*, 39 N. Y. U. L. Rev. 962, 987 (1964).

③ William L. Prosser, *Privacy*, 48 Cal. L. Rev. 406 (1960).

④ Jonathan Kahn, *Bringing Dignity Back to Light: Publicity Rights and the Eclipse of the Tort of Appropriation of Identity*, 17 Cardozo Arts & Ent. L. J. 213, 223 (1999).

⑤ David A. Elder, The Law Of Privacy § 6: 1, at 375 (1991) (quoting McQueen v. Wilson, 161 S. E. 2d 63, 66 (Ga. Ct. App.), *rev'd on other grounds*, 162 S. E. 2d 313 (Ga. 1968).

不是导致他人产生虚无缥缈的尴尬感，或造成他人的人格尊严受损。①

既然侵权法的一个主要功能是保护他人免受人格尊严的损害，为什么我们还要禁止社会公众使用他人的身份特征？我们这样做仅仅是为了保护他人因为其人格特征商业化而免受精神损害吗？毕竟现代社会允许人们出售自己的身份信息以便为某些产品做广告宣传；也允许人们对他人作出辛辣的批评和讽刺，而这些行为都有可能对个人尊严造成侮辱和损害。

笔者认为，擅自使用他人真实信息的行为可能对他人造成的损害，除了 Prosser 教授所说的财产损失之外，还有一个非常重要的方面——即造成对他人的自由和个人发展的干预。早期涉及擅自使用他人姓名或肖像隐私侵权案件中，有的案件暗示这种损害的存在。例如在 1905 年，Pavesich v. New England Life Insurance Co. 一案②使佐治亚州成为美国第一个认可 Warren 和 Brandeis 提出的理论并且承认隐私侵权的法律地位的州。在 Pavesich 一案中，被告人寿保险公司在其广告中将原告 Paolo Paversich 的照片与另外一张“衣衫褴褛、面带病态的人”的照片并列展示，并且被告还在原告的照片下面写上一行广告语“在我身体健康、精力旺盛的时候，我购买了新英格兰互惠人寿保险公司（New England Mutual Life Insurance Co.）的保险”。这则广告似乎在标榜原告的形象，因为在照片上，他看起来是一个拥有大笔财富的成功人士，似乎是所有前来被告公司购买保险的客户的模范。但是原告并不这么认为，他对被告提起了诉讼。与 Roberson 一案的判决相反，审理 Pavesich 一案的法官认为原告的诉讼理由成立，因为他认为：“任何人都不得未经他人的同意将他人身体的形象予以展示。公民有权利自主选择在任何合适的时候、任何合适的地点、以任何合适的方式向公众展示自我，这种权利属于个人的人身自由。”行为人为了广告宣传而使用他人的肖像可能导致“任何有普通理性的人感觉失去自由，只要广告商将他人的形象用于广告宣传，他人必

---

① See Andrew J. McClurg, *A Thousand Words Are Worth a Picture: A Privacy Tort Response to Consumer Data Profiling*, 98 Nw. U. L. Rev. 63, 109, 114 (2003).

② 50 S. E. 68, 68 (Ga. 1905).

然会感到自己在宣传期间一直处于广告商的控制之下，失去自由，就像一名奴隶”。

审理 Pavesich 一案的法院将原告受到的损害称为个人自由的损失而不是金钱的损失，原告受到精神损害的原因在于被告违背他的意愿使用了他的肖像。审理 Roberson 一案的法官 Gray 也曾经在他持异议的判决书中表达过近似的观点：“人们不应当将原告的主张看作他的个人幻想，也不应当认为原告只是因为过分敏感才会感觉受到精神损害”,①“被告在各种公共场所突出展示原告的肖像，原告会因为因此产生的恶名（notoriety）以及民众的评论而受到侮辱”。Gray 法官暗示了擅自使用他人姓名或肖像的隐私侵权行为对他人造成损害的关键所在——这种侵权行为为原告带来了她所不希望获得的恶名。被告擅自使用 Roberson 女士的肖像的行为强迫她成为了公众人物，不仅将她带到了她不想进入的公共领域，还通过广告界定了她的公众形象和公众人格（public persona）。

有关禁止擅自使用他人真实信息的法律保障了人们对个人信息的控制权，使他们可以自己决定以何种方式向公众展示自我。人们公开宣传的产品和行业（如慈善事业，译者注）塑造了他们的公众形象，当公众将这些广告代言人和产品联系在一起时，广告代言人因为其宣传的产品而出名。许多公众人物对于自己的广告宣传工作都非常小心谨慎，因为他们所推广的产品造就了他们的公众形象。因此，擅自使用他人真实信息的行为即使没有对他人（信息主体）造成侮辱或损害他人的人格尊严，仍然可能对他人造成损害。行为人不顾他人的意愿擅自使用他人的肖像宣传某种产品的行为，在某种程度上相当于强迫他人说出某种观点或者代表某种观点。

法律之所以保护他人的姓名和肖像不被滥用，是因为社会认为，行为人在塑造他人的个人形象时应当采取适当的行为。因此，擅自使用他人真实信息的行为不仅仅损害了信息主体的经济利益，还损害了他作为自己的代言人的自主权。但是，Prosser 教授认为“擅自使用（appropriation）”一词表明隐私侵权行为所侵犯的利益主要是信息主

---

① Roberson v. Rochester Folding Box Co., 64 N. E. 442, 449 (N. Y. 1902) (Gray, J., dissenting).

体的财产权。也许“利用（exploitation）”一词更能表明信息主体受到损害的利益是什么，但是笔者继续使用“擅自使用”一词，因为行为人为了自己的利益，未经他人同意而使用他人的姓名、肖像等个人信息的隐私侵权行为的名称现在已广为人知。

（七）歪曲他人信息的行为

从很早以前，人们就已经认识到需要运用法律规制毁损他人名誉的行为，目前规制以口头或书面方式毁损他人名誉的行为的法律主要是侵权法，这些法律禁止行为人通过制造谎言来损害他人的名誉。判断行为人的行为是否构成毁损他人名誉的侵权行为的标准是，“行为人是否虚构了对他人名誉具有毁损性质的、虚假的陈述”。具有“名誉毁损性质”的陈述“通过降低他人的社会评价或妨碍别人与他人进行社会交往从而毁损他人的名誉”。由于受到 Warren 和 Brandeis 撰写的《论隐私权》的启发，[①] 近年来司法界认可了公开丑化他人形象的隐私侵权行为的法律地位。有关公开丑化他人形象的隐私侵权行为的法律禁止行为人“以令一个有理性的人高度反感的方式公开可能导致他人受到公众错误评价的私人事务”，这样的法律规定保护了“他人的利益，使其免于以被行为人丑化的形象出现在公众面前，换言之，使他人保持自己真实的形象”。公开丑化他人形象的隐私侵权行为属于 Prosser 教授提出的四种隐私侵权行为中的一种。[②]

除了有关公开丑化他人形象的隐私侵权行为以及毁损他人名誉的法律规定保护他人的公众形象之外，还有一些有关隐私权的法律规定也要求行为人保证他人的信息记录的准确性以保障他人的真实形象不被歪曲。例如，《隐私法》规定人们可以查阅和更正由政府机构所保存的个人信息记录。《公平信用报告法》则规定，个人有权向信用报告机构追索自己的信用记录以作更正。《家庭教育权和隐私权法》赋予学生查阅自己的在校记录的权利，以保证学生在校记录的准确性。另外，一些有悠久历史的隐私权法规如《公共信息处理条例》、《经

---

① See, e. g. Gary T. Schwartz, *Explaining and Justifying a Limited Tort of False LightInvasion of Privacy*, 41 Case W. Res. L. Rev. 885, 885 (1991).

② William L. Prosser, Privacy, 48 Cal. L. Rev. 389 (1960).

济合作与发展组织隐私指南》（Organization of Economic Cooperation and Development Privacy Guidelines）都规定信息持有人必须保证所保存信息的准确性。《欧盟数据保护指令》（European Union Data Protection Directive）也有类似的规定。

为什么立法者会认为个人信息记录不准确会造成对个人隐私权益的损害？为什么法律需要保障人们免受这样的损害？为什么人们有权利获得别人的准确评价？

笔者将行为人无法确保他人个人信息记录的准确性以至于对他人的隐私权益造成损害的这种行为称为“歪曲他人信息的行为”。歪曲他人信息的行为对信息主体的影响极大，因为这种行为干扰了别人对信息主体的评价，而且使得信息主体无法以准确、真实的公众形象来面对别人。笔者之所以将歪曲他人信息的行为纳入本文对隐私侵权行为的新分类当中，是因为歪曲他人信息的行为与其他类型的隐私侵权行为有许多共同特点。例如，歪曲他人信息的行为与公开他人一般信息的行为非常相似：首先，二者都属于将影响他人获得的社会评价的信息向公众传播的行为；其次，这两种行为都可能引起他人的尴尬、羞耻以及造成他人的名誉受到毁损；最后，这两种行为的发生都建立在信息主体对其个人信息的控制能力不足的基础上。不过，歪曲他人信息的行为与公开他人一般信息的行为仍然有所区别，因为歪曲他人信息的行为所披露的他人信息是虚假的、具有误导性的。

纵观西方国家的历史，人们将个人的名誉和品格看作造就个人尊严和公共社交能力所不可或缺的基础。多个世纪以来，人们都认为缺乏社会的认可不仅影响个人财富的积累，决定人们是否能够成功，甚至还影响人们的就业。[①]社会对个人的认可、接纳以及个人的荣誉是非常珍贵的，这些无形物对人们具有巨大的影响力，因为它们是人们顺利与别人展开交往的基本要件。Robert Post 认为，有关毁损他人名誉的侵权行为的法律“既保护了他人的个人尊严，即保护了他人获得社会尊敬的权益；也保护了社会文明规则的实施，即保护了全社会

① Arlette Farge, *The Honor and Secrecy of Families*, *in* 3 A History Of Private Life 571, 585 (Roger Chartier ed., Arthur Goldhammer trans., 1989).

界定和维护社会结构形态的权益”。①

他人的个人名誉不是仅仅靠他人自己的努力就可以建立起来的，尽管他人总是非常努力地建立自己的名声，但是他人的个人名誉是其他社会成员对他人作出评价之后的产物。个人名誉是他人与别人进行交往所需要的媒介，有关禁止歪曲他人信息的法律可以维护他人的社会交往活动顺利进行，因为这些法律保护了交往时所需要的媒介。歪曲他人信息的行为不仅影响权利受到侵害的信息主体，还会影响社会对该信息主体的评价，这种行为干扰了别人与信息主体的联系，限制了别人评价信息主体个人品格的能力；于是，别人在与信息主体交往的过程中受到了蒙蔽，这段人际关系被虚假的信息所污染，妨碍了别人对信息主体作出公平的、合理的评价。歪曲他人信息的行为直接作用于信息主体，但是这种行为的影响却覆盖了整个社会。实际上，人们都希望自己的人际关系可以不受别人任意的、不适当的干扰。

在莎士比亚的著名戏剧《奥赛罗》（*Othello*）中，Iago 曾经说过一段话，这段话令人费解，但是却说明了名誉对于个人的重要性：“陛下，无论对于男人还是女人，好的名声都是他们灵魂的珠宝；那些偷窃我的钱包的人不过是偷了一些垃圾：钱是好东西，但钱也什么都不是；这是我的钱，这是他的钱，钱不过是千万人的奴隶。那窃取了我的名誉的小偷，损人而不利己，但我却的确因此变得一无所有。”②

在剧中，Iago 借助名誉的力量，实施了一系列歪曲他人信息的行为，导致 Othello 误会了他的妻子 Desdemona，以为她与中尉 Cassiopeia 有奸情。这种歪曲信息的行为诱使 Othello 陷入暴怒，萌生杀意，最终杀死了他的妻子。《奥赛罗》这出戏剧生动地说明了歪曲他人信息的行为的破坏力之大，它可以撕裂人们的人际关系，消解人们之间的信任，还可以煽动人们使用暴力。

---

① Robert C. Post, *The Social Foundations of Defamation Law: Reputation and the Constitution*, 74 Cal. L. Rev. 691, 711 (1986).

② William Shakespeare, The Tragedy Of Othello, The Moor Of Venice Act 3, sc. 3, 11. 158 - 164 (Edward Pechter ed., W. W. Norton & Co. 2004) (1623).

六、侵犯他人私人事务的行为

最后一类对他人隐私权益造成损害的行为，笔者称之为“侵犯他人私人事务的行为”。侵犯他人私人事务的行为与信息收集行为、信息整合行为和信息传播行为并不相同，因为侵扰性隐私侵权行为的作用对象并不涉及个人信息。笔者将在下文探讨两种类型的侵犯他人私人事务的行为：①侵扰他人安宁的隐私侵权行为；②干预他人自治的行为。

（一）侵扰他人安宁的隐私侵权行为

数百年来，法律一直保护他人对其住所所享有的隐私利益。① William Blackstone 曾经说过：“我们的法律对于他人对其住所所享有的权利有着独特的理解，法律认为他人对其住所享有不受侵犯的权利，因为他人的住所就是他人的城堡。”② 法律保护他人的房屋，任何人不得擅自进入（trespass）他人的房屋，或者对他人的房屋实施侵扰行为（nuisance）。正如 Thomas Cooley 法官在他 1868 年出版的著名专著《联邦宪法修改的权限》中所说，“如果为了惩罚某些犯罪而让政府执法人员擅自进入他人的房屋中翻箱倒柜，还不如听任罪犯们胡作非为。”③《美国联邦宪法第四修正案》保护公民的住所、身体和行李不受政府执法人员的不合理的搜查。由于受到 Warren 和 Brandeis 的论文的影响，Prosser 教授提出的四种隐私侵权行为中的一种是侵扰他人安宁的隐私侵权行为，根据这种隐私侵权理论，当行为人“侵扰他人的居所或安宁，或者他人的私人事务”并且当该侵扰行为达到“令一个有理性的人高度反感的程度的时候，行为人应当对他人承担隐私侵权责任。为什么法律需要保护人们享有一片不受别人干扰的安全的私人空间”？

从广义上说，“侵扰他人安宁的隐私侵权行为”包括了任何形式

---

① *See* Note, *The Right to Privacy in Nineteenth Century America*, 94 HARv. L. Rev. 1892, 1894 (1981).

② 4 William Blackstone, Commentaries *223.

③ Thomas M. Cooley, A Treatise On The Constitutional Limitations Which Rest Upon The Legislative Power Of The States Of The American Union 306 (1868).

地对他人生活的干扰与入侵行为。这种行为干扰了他人的日常活动规律，破坏了他人心境的宁静，而且常常使他人感到不舒服和不安。法律禁止任何行为人实施侵扰他人安宁的隐私侵权行为，保护他人在其不愿受到干扰时不会受到来自其他社会成员的滋扰，赋予人们“独处权（the right to be let alone）”，这正是 Warren 和 Brandeis 在其论文中所提倡的权利。①

侵扰他人安宁的隐私侵权行为与公开他人一般信息的行为密切相关，因为实施后一行为的行为人所公开的信息常常是通过侵扰性的信息收集手段获得的。侵扰他人的私人领域的行为不仅仅可以通过物理性地侵入或接近他人的住所这一种方式来实施，还可能通过盯梢（监视行为或问话）来进行。侵扰他人安宁的隐私侵权行为与监视行为在一定程度上相似，因为行为人对他人实施长时间的盯梢，他人会感觉受到侵犯，干扰了他人的正常活动，甚至可能让他人感到恐惧。侵扰他人安宁的隐私侵权行为与询问行为也有一定联系，因为当行为人向他人询问某些事情的时候，他人可能感觉行为人正试图了解甚至干扰他人的私人事务。

不过，侵扰他人安宁的隐私侵权行为对他人的利益造成的损害，与其他类型的隐私侵权行为对他人利益造成的损害并不相同，因为总体而言，侵扰他人安宁的隐私侵权行为是通过行为人在他人不希望其出现的场合出现，或者通过行为人实施某些他人不希望其实施的行为来实现对他人的正常生活的干扰的。例如，Galella v. Onassis 一案②就有力地说明了侵扰他人安宁的隐私侵权行为与其他类型的隐私侵权行为之间的异同。在该案中，Galella 是一名专门追逐名人的摄影记者，他经常性地骚扰 Jacqueline Onassis 和她的子女——John 和 Caroline，Onassis 的丈夫是后来成为美国总统的 John F. Kennedy。为了拍摄 Onassis 和她的子女的照片，Gallela 曾经在 John 骑自行车的时候突然冲到 John 的面前，在 Caroline 打网球的时候进行干扰，而且，根据审理该案的法官所说：“Galella 将自己慢慢地渗透到 Onassis 女士的

---

① Samuel D. Warren & Louis D. Brandeis, *The Right to Privacy*, 4 Harv. L. Rev. 193 (1890).

② 487 F. 2d 986 (2d Cir. 1973).

生活中。”[1] Galella 的行为是对 Onassis 及其子女的监控行为（monitor），这种行为与监视行为很相似，但是前者对他人的生活具有物理性的侵扰特征，而后者则没有这样的特性。

行为人在实施侵扰他人安宁的隐私侵权行为时无须侵扰他人的物理性私人空间，发送垃圾邮件、垃圾广告、垃圾传真和进行电话销售同样可以造成侵扰他人生活的效果，因为这些活动不仅浪费了他人的时间和注意力，而且干扰了他人的活动。虽然许多行为人实施侵扰他人安宁的隐私侵权行为都是为了搜集他人的信息或者为了在搜集完他人的信息后将其公开，但是有的侵扰他人安宁的隐私侵权行为即使不涉及他人的个人信息仍然可能对他人的利益造成损害。尤其是，当行为人实施的侵扰他人安宁的隐私侵权行为干扰了他人独处的状态——这是一种避开人群的状态，行为人的行为同样侵犯了他人的隐私权益。Warren 和 Brandeis 当年提出“独处”这一概念应该是受到了 Ralph Waldo Emerson，Henry David Thoreau 和 Emily Dickinson 的启发。[2]

然而几个世纪以来，人们一直批评“独处”行为纯粹是他人的自我陶醉行为。亚里士多德（Aristotle）认为：“这也的确非常奇怪，他们竟然认为一位隐士会是一个极度快乐的人，因为没有人会愿意在一个只有他自己一个人的世界生活，人类是政治动物，人的本性要求他们和其他人一起生活。”[3]根据这种观点，独处是一种脱离的状态，处于这种状态的人是孤立的，因为他们只关注自我利益，并借助这种状态摆脱所应该承担的社会责任。[4]当他人独处的自由过多时，尽管他人可以不受别人的干扰，但是这也会导致社会的分崩离析，导致人们相互之间的距离越来越远，直至他人成为一座海上的孤岛。[5] 既然人们生活在社会当中，为什么他们还需要拥有一块没有别人踏足的

---

① Galella v. Onassis, 353 F. Supp. 196, 228 (S. D. N. Y. 1972).

② Dorothy J. Glancy, *The Invention of the Right to Privacy*, 21 ARIZ. L. Rev. 1, 25 (1979).

③ Aristotle, Ethica Nicomachea § 1169b, 11. 18 – 19 (W. D. Ross trans., Clarendon Press 1925) (n. d.).

④ *See* Michael A. Weinstein, *The Uses of Privacy in the Good Life*, *in* Nomos, *supra* note 71, at 88, 91 – 93.

⑤ See Lewis Mumford, The City In History 512 – 513 (1961).

领域?

笔者认为，保护他人的个人独处空间不仅仅有利于本人，还有利于整个社会，因为他人的个人独处空间同样是社会结构的一部分，同样有利于实现某些社会功能。Hannah Arendt 认为，尽管希腊人极度重视公共领域，但是私人领域对于塑造人们的公共生活的内涵和质量是不可或缺的，“如果人们只在公共领域、在有别人出现的场合生活，则他们的生活会变得肤浅。尽管这样的生活是光明的、透明的，但是人们也就无法从一个更暗淡的、必须隐藏起来的角落审视自己的生活，而事实上只有从这样隐蔽的角落里观察世界，人们才可以保持思想的深度，才能确保自己看待问题的角度切合实际而不主观。”[①] 换言之，独处不会使人们减少关注丰富多彩的公共生活，反而会提高人们的公共生活的质量。独处可以使人们远离公共生活压力，无须再扮演自己的公共角色，并真正获得身心的休憩。如果人们被周围人群包围得过于紧密，他们的人际关系反而可能受到破坏。Thoreau 认为，独处可以帮助人们建立更好的人际关系，因为“人们的社会太拥挤，人们总会挡住别人的道，反之亦然，于是人们不得不在磕磕绊绊中艰难前行，我想，这就是为什么人们不再那么尊重别人的原因”。[②]如果人们无法躲开人群，人们的人际关系会变得更加紧张，更难以维持。而且，在历史上，人们总是在独处的时候萌生出影响深远的智慧结晶，无论是艺术的、政治的还是宗教的思想，都具有非常高的价值，这些思想最终都被引进了公共领域并得到适当的利用。

自从许多法院认可了侵扰他人安宁的隐私侵权行为的法律地位后，在审理有关侵扰他人安宁的隐私侵权行为的案件时，法官的思维逐渐固化，目前许多法院认为，只有当他人是处于家中或者某个独处的地点时，行为人对他人实施侵扰的行为才有可能构成侵扰他人安宁的隐私侵权行为。这种观点与法院认为监视行为只有发生在私人场所，而非公共场所的时候才可能对他人造成损害的观点有异曲同工之妙。但是，除了独处的空间之外，即使在有别人出现的场合，人们在

---

① Hannah Arendt, The Human Condition 71 (1958).

② Henry David Thoreau, *Walden*, *In* Walden And Other Writings 113 (Barnes & Noble Books 1993) (1854).

某些时候仍然希望拥有不受别人干扰的私人空间。社会学家 Irwin Altman 认为，人们需要“个人空间（personal space）”，这是一种将自己和别人分隔开来的实体区域或者氛围。[1]物理性空间距离让人感到“舒适、安逸和放松”。动物会与其他同类动物保持“几乎恒定不变”的距离。在一系列研究中，科学家发现，当人们处在一个狭小的空间内，相互之间距离很小的时候，人们会产生强烈的敌意和不安；任何突然进入这个空间内的人都会迅速地找到与他人相处的合适距离。Robert Post 认为，有关侵扰他人安宁的隐私侵权行为的法律鼓励了社会文明规则的实行，有助于社会成员之间保持相互的尊重。[2]每个人都有一定的“自我空间”，社会文明规则要求人们尊重别人的自我空间，当然，人们也可以“不固守这片自我空间，邀请自己的亲朋好友靠近自己”。

某些法院开始承认公共场所的隐私权，它们认为，人们即使身处公共场所仍然可以拥有排除别人干扰的私人空间（realms of exclusion）。[3]排除别人干扰的私人空间不同于隔离他人的私人空间（realms of seclusion），当人们身处排除别人干扰的私人空间时，人们仍然可以相互交流，而不会受到别人的干扰。人与人之间的沟通和交往通常要求不受第三人的干扰。例如，当人们在餐厅或者其他公共场所内和自己的朋友聊天时，人们仍然需要有不受别人干扰的私人空间得以保证交谈的顺利进行。例如在 Sanders v. American Boardcasting CompaniesV 一案中，被告公司的一名卧底记者接受了一份充当传媒师（telepsychic）的工作，在与包括原告 Sanders 在内的同事一起工作的时候，这名记者将他们对话的情形秘密拍摄下来。尽管原告在一个可以被同事看见和听见其谈话的小隔间内工作，但是法院仍然认为，原告对于自己的谈话享有有效的隐私权益，法官在判决书中写道：“判断他人的某个空间是否是他人与别人‘隔离（seclusion）’的空间的标准是相对的而非绝对的，即使他人处于可以被别人所看见

① Irwin Altman, The Environment And Social Behavior: Privacy, Personal Space, Territory, Crowding 52 – 54 (Irvington 1981) (1975).

② Robert C. Post, *The Social Foundations of Privacy: Community and Self in the Common Law Tort*, 77 Cal. L. Rev. 966 – 968 (1989).

③ *See*, *e. g.*, Shulman v. Group W. Prods., Inc., 955 P. 2d 469, 491 (Cal. 1998).

的状态，任何人都不可以迫使他人成为自己观察的目标。

（二）干预他人自治的行为

在1965年，美国联邦最高法院在 Griswold v. Connnecticut 一案[①]当中指出，政府禁止夫妻使用避孕药的政策违反了美国联邦宪法。尽管美国联邦宪法当中根本没有明确使用“隐私”一词，但是美国联邦最高法院仍然认为，美国联邦宪法的众多修正案中规定了人们享有的“隐私权”，美国联邦最高法院指出：“权利法案当中所规定的各种权利保障实际上为人们提供了一定的隐私空间。”

在 Eisenstadt v. Baird 一案[②]中，美国联邦最高法院将 Griswold 一案中的判决予以发展，将其适用于未婚人士。美国联邦最高法院解释它之所以这样判决的原因是，隐私权“是他人的权利，无论已婚人士还是未婚人士都有权利不受政府的不合理干扰，对重大个人事务作出自主决定，比如是否生孩子的决定”。随后在 Roe v. Wade 一案[③]中，美国联邦最高法院认定，隐私权“包括了妇女自主决定是否终止怀孕的权利”。

Griswold 和 Eisenstadt 这两个案件的判决都保护人们享有的自主决定权，保护人们免受笔者所称的“干预他人自治的行为”的侵犯，换言之，人们就自己生活中的某些事务所作出的决定，政府不得干预。以上两个个案的判决适用于保护人们在有关性行为和性取向问题上的自主决定权，而 Roe 一案的判决则适用于保护人们在有关生育问题上的自主决定权。[④]许多学者都认为，法院在审理有关干预他人自治的行为案件的时候依据有关隐私权的法律是不适当的，因为干预他人自治的行为可能对他人造成个人自治（autonomy）和个人自由（liberty）的损害，而不是隐私权益的损害。因此，Laurence Tribe 认为，在 Roe 一案中，当事人双方所争议的核心“不是隐私权，而是自治权”。Louis Henkin 也有类似的观点，他认为美国联邦最高法院应

① 381 U. S. 479, 485 - 486 (1965).
② 405 U. S. 438 (1972).
③ 410 U. S. 113, 153 (1973).
④ *See*, *e. g.* , Pierce v. Soc'y of Sisters, 268 U. S. 510, 534 - 535 (1925).

当依据实质性正当程序（substantive due process）的要求而不是依据有关隐私权的法律来审理这类案件，因为在这类案件当中，法院需要保护的是“人们的自治的空间，免受政府制定的规范侵扰的空间”，而不是个人隐私。[①]干预他人自治的行为与本文提出的其他类型的隐私侵权行为有什么联系呢？

干预他人自治的行为与人们享有的信息隐私（information privacy）有深层次的联系。在Roe一案判决几年后，美国联邦最高法院在Whalen v. Roe一案[②]中提出，宪法所保护的“隐私权益”不仅包括“人们对重大事项的独立自主决定权”，还包括“个人事务不被公开的权利”。这一观点成为美国联邦宪法赋予人们以信息隐私权的依据，尽管美国联邦最高法院没有对此作详尽的阐述，但是大部分联邦巡回法院都认同了这种观点。在Whalen一案中，原告主张政府规定医生向政府报告使用某类药物的病人的姓名和住址的政策侵犯了他的权利。美国联邦最高法院认为，“政府要求医生填写统一表格报告病人使用某种药物的信息，这种规定会引起人们的忧虑，因为人们会担心表格上的信息会被公开，并有可能影响他们的名誉。这种忧虑令某些病人不愿意使用这种药物……”[③] 而且，由于政府的这一规定引起了公民个人信息被公开的风险，因而限制了人们作出关于个人保健事务的决定。但是美国联邦最高法院最终驳回了原告的诉讼请求，理由是州政府已经为了防止“病人信息遭受不合理的公开”而采取了足够的保障措施。Whalen一案充分说明干预他人自治的行为与公开他人一般信息的行为之间的联系，还说明了干预他人自治的行为与提高信息获取度的行为之间具有相似性，因为政府将个人信息收录到政府的数据库会提高这些信息被获取的可能性。

干预他人自治的行为与过失泄露信息行为、信息的二次利用行为以及排除信息主体的信息控制权的行为都有一定的相似性，因为这四种行为都可能产生寒蝉效应，对个人关于医疗保健事务的决定产生

---

① Louis Henkin, *Privacy and Autonomy*, 74 COLUM. L. Rev. 1410, 1410 - 1411 (1974).

② 429 U. S. 589, 599 - 600 (1977).

③ *WhaLen*, 429 U. S. at 600.

影响。

干预他人自治的行为和披露他人高度私密信息的行为都涉及同一类问题：健康、身体、性等等。干预他人自治的行为常常涉及人们通常认为属于私人领域的问题：住所、家庭和身体。因此，有关干预他人自治的行为的法律法规仅仅禁止行为人对他人在某些事务上的自主决定进行干扰，而这些事务通常属于社会所认定的私人事务。

干预他人自治的行为与侵扰他人安宁的隐私侵权行为的相似之处在于，实施这两种行为的行为人都侵犯了他人的私人领域，人们通常认为这些私人领域是任何人都不得侵扰的。不过，二者存在区别。侵扰他人安宁的隐私侵权行为对他人隐私的侵犯体现为，行为人在某些场合中出现或者实施某些行为以至于损害他人利益；干预他人自治的行为对他人隐私的侵犯体现为政府干预个人对其生活所作的决定和安排。这两种行为之间的相似性在 1891 年的 Union Pacific Railway Co. v. Botsford 一案①中得到说明，该案是美国联邦最高法院审理的有关隐私权的早期案件。在该案中，美国联邦最高法院认为，被告不得强迫原告接受外科检查："任何人在未获得法律授权的情况下，强迫他人，尤其是女性，赤身裸体地躺着或者接受陌生人触摸的行为，是侵犯他人人格尊严的行为，是一种袭击行为（assault），是一种侵犯行为……"美国联邦最高法院强调，由 Warren 和 Brandeis 提出并且受到 Cooley 法官认同的"独处权"对于人们来说是非常重要的。尽管在 Botsford 一案中，美国联邦最高法院认定，被告实施的行为构成侵扰他人安宁的隐私侵权行为，但是笔者认为该行为与侵扰他人安宁的隐私侵权行为、披露他人高度私密信息的行为以及干预他人自治的行为都具有相似性。美国联邦最高法院在该案的判决中指出，他人的"独处权"受到"普通法的有力保护"，享有这种权利"使他人可以拥有和控制自己的生命和生活，可以不受别人的限制和干扰，除非法律对别人赋予明确的、无可置疑的授权"。②

还有 Stanley v. Georgia 一案③，该案说明了干预他人自治的行为

① 141 U. S. 250 (1891).

② *Union Pacific*, 141 U. S. at 251.

③ 394 U. S. 557 (1969).

和侵扰他人安宁的隐私侵权行为之间的相似性。在 Stanley 一案中，原告指控佐治亚州颁布的一部有关淫秽物品的制定法违反了宪法，侵犯了宪法赋予原告的隐私权，在该案中，争议的这部制定法规定私人拥有淫秽物品将会受到惩罚。Roe 一案和 Eisenstadt 一案都曾经引用 Stanley 一案的判决来支持宪法赋予公民隐私权这一观点。尽管根据《美国联邦宪法第一修正案》，Stanley 一案中原告拥有的淫秽物品可能是违禁物，但是美国联邦最高法院仍然认为："美国联邦宪法保障公民获得信息和观念的权利，无论这些信息或观念是否具有社会价值。"该院还认为，"政府因为原告拥有某种印刷物或某种录像并将其存放在家里就起诉原告的行为令人们注意到，他人在此种情况下享有免受干预的隐私权"。它是一种基本的权利，这种权利的内涵是，除非在某些例外情况下，否则他人的隐私权免受政府的侵扰。该院引用了 Brandeis 法官在 Olmstead v. United States 一案[①]中提出的异议意见作为理论支持。Olmstead 一案涉及有线监听行为，最终法院依据《美国联邦宪法第四修正案》进行判决，在该案中，Brandeis 法官提出："美国联邦宪法的立法者赋予人们独处权，即使是美国联邦政府也不得侵犯人们的独处权，这种权利包含了多种权益，是文明社会的个人最为珍惜的一种权利。"

Stanley 一案的判决中最为有趣的一点是，法院引用了"独处权"这一说法，"独处权"是 Warren 和 Brandeis 用于支持他们的隐私侵权行为理论最重要的基础之一。在 Stanley 一案中，美国联邦最高法院认为，如果将私人藏有淫秽物品的行为规定为犯罪，则为了证明他人实施了这样的犯罪，政府就必须非法进入他人的住所，因为该院认为，"如果政府向他人询问他人的书房里有什么藏书，他人有权利拒绝回答"，因此，"州政府没有权力告诉人们在家中可以读什么书或者可以看什么电影"。Robert Post 敏锐地捕捉到了侵扰他人安宁的隐私侵权行为和干预他人自治的行为之间的关系，他认为有关侵扰他人安宁的隐私侵权行为的法律保护人们的"自我空间"，"自我空间"

① 277 U. S. 438 (1928).

对于人们保持“独立自治”起着关键作用。[①]

在 Lawrence v. Texas 一案[②]中，美国联邦最高法院进一步说明了侵扰他人安宁的隐私侵权行为和干预他人自治的行为之间存在交集。在 Lawrence 一案中，原告主张，得克萨斯州制定的禁止男性之间经过双方同意实施同性性行为的法律侵犯了宪法赋予原告的隐私权。美国联邦最高法院认为，“成年人可以自主决定在自己的住所内发生同性性关系，这是他们的私人生活，即使发生同性性行为，他们仍然保持着一个自由的人所享有的个人尊严”，由于案中争议的法律“不正当的侵扰了原告的私人生活”，因此法院认定案中争议的法律是违宪的。审理该案的法官在判决书中写道：“政府不得对他人的住所或其他私人场所实施不合理的侵扰行为，这是他人的个人自由。在人们的传统观念当中，家庭住所应当是国家不应随意进入的地方，除了不得随意进入他人的住所之外，国家也不得随意出现在他人生活的其他方面。因为人们的自由权益是不受物理空间范围的限制的。”

干预他人自治的行为与敲诈行为有某种不甚明显的相似性，二者的共通点在于，限制人们经过双方同意实施性行为的法律常常会引起敲诈行为的发生。在 1955 年判决的 Lawrence 一案中，美国联邦最高法院指出，在《标准刑法典》（Model Penal Code）中，美国法学会建议不要将“人们在私人场所经过双方同意后实施的同性性行为”纳入犯罪行为的范围，其中一部分原因是，“制定法并不限制对行为人之外的人造成损害的私人行为”，而且“当司法机构的自由裁量权过大时，敲诈发生的可能性会提高”。正如 Angus McLaren 所言，自从法律禁止人们在私人场所经过双方同意后实施的同性性行为之后，敲诈行为就在法律的阴影之下滋生，[③]“社会总是喜欢将敲诈行为的发生归咎于某些‘危险’的男人和女人，却不对法律和人们的性行为之间的紧张关系进行调节，不够细心谨慎的人常常因而触犯法律。”

---

① Robert C. Post, *The Social Foundations of Privacy: Community and Self in the Common Law Tort*, 77 Cal. L. Rev. 973 (1989).

② 539 U. S. 558, 578 (2003).

③ Angus Mclaren, Sexual Blackmail, 6 (2002).

七、结语

在1960年，Prosser教授提出了隐私侵权的四分法理论，认为隐私权保护他人的四种利益。在今天，因为范围过于狭小和过于落后于时代，Prosser教授的四分法理论无法更为有效地解决当今社会所面临的隐私侵权问题。在本文中，笔者试图对隐私作出更为清晰、更为稳妥的说明，为我们理解隐私的内涵提供理论框架。

尽管本文中提及的所有种类的隐私侵权行为之间相互联系，但是具体联系各不相同，这些隐私侵权行为并没有普遍存在的共性，部分法院承认其中某些隐私侵权行为的法律地位。人们对于“隐私”的理解是不清晰的，有关隐私权的法律不仅零碎，而且混乱。某些法官和政策制定者甚至还不能确定隐私是否存在。保护他人的隐私权需要法律同时平衡他人的隐私权和行为人的其他相冲突的权利，因为这些权利的价值都不是绝对固定的。然而，由于法院和立法者对隐私的概念理解混乱，他们常常忽视了隐私的重要性，以至于在审判许多案件或立法的时候，他们不仅没有平衡他人的隐私权和行为人的其他相冲突的权利，反而以行为人的其他权利取代了他人的隐私权。笔者并不认为隐私权在权利平衡过程中应当总是占据优先地位，但是法律不应当因为立法者忽视或误解隐私的内涵就拒绝保护他人的隐私权。

有关隐私权的法律保护他人的隐私权免受损害。损害他人隐私权的行为，不一定是社会所不接受的行为，法律不一定需要对实施了这些行为的行为人进行惩罚，或者禁止行为人实施这类行为。这是隐私问题之所以这么复杂的根源所在。在许多情况下，侵犯他人隐私权的行为人并不一定是做坏事的人，他们所实施的行为并不一定没有任何社会价值。相反，就像污染是工业生产的副产品一样，隐私问题虽然不是行为人希望创造的结果，但是许多隐私问题都是由于行为人实施的某些具有社会效用的行为造成的。在本文中，笔者提出的各种可能侵犯他人隐私权的行为并非都是没有社会价值的，因为实际上这些行为对于人们的生活和福利产生了不可忽视的积极作用。

目前，法律界对于隐私问题的处理存在以下问题。

首先，法官和政策制定者在处理隐私问题和有关隐私权益损害的案件时难以达成统一的评判标准。一种常见的做法是将他人的“隐私”看作一种任何人均可以侵犯并且无需承担侵权责任的东西，所以人们可以在本文中发现这样的案例：法官认为他人对于自己的公共记录信息不享有隐私权，如果行为人监视他人的行为发生在公共场所，行为人收集他人信息的行为发生在公共场所，行为人所披露的他人信息当中不包含任何私密信息或令人尴尬的细节，行为人仅仅实施了对其保存的他人信息的加工处理行为而没有额外获取他人信息，行为人的行为就不构成对他人的权益造成损害的隐私侵权行为。因而，在分析行为人对他人实施的监视行为时，即使这种行为在任何场合都会对他人的隐私权益造成损害，法院仍然只根据这种监视行为是发生在公共场所还是私人场所来判断监视行为是否对他人造成损害；信息整合行为所整理的信息即使是公共记录仍然可能带来问题，法院却对公共记录的整合行为可能对信息主体造成损害的问题视而不见；对于提高信息可获取度的行为，法院依然认为由于被公开的信息已经处于公共领域，行为人提高这些信息的可获取度不会对信息主体的隐私权益造成损害。至于公开他人一般信息的行为，法院认为被公开的信息的秘密性是判断行为人是否侵犯了他人隐私权益的决定性因素，但是这种看法忽视了一个事实：公开他人一般信息的行为之所以会损害他人的权益，不是因为这种行为暴露了他人的秘密，而是因为这种行为使他人的信息超出了他人的预期范围向外传播。而在处理有关侵扰他人安宁的隐私侵权行为的案件时，法院通常认为行为人在公共场所对他人实施的侵扰行为不会给他人的隐私权益造成损害，然而笔者认为，侵扰他人安宁的隐私侵权行为无论发生在私人场所还是公共场所都会对他人的隐私权益造成损害。隐私问题的一些关键因素常常被法官和政策制定者所忽略。

其次，法官或学者误解了某些隐私问题的实质。例如法官常常以为识别信息主体的行为对信息主体造成损害的原因在于这种行为披露了信息主体的姓名，但实际上，识别信息主体的行为之所以会损害信息主体的利益是因为该行为使信息主体本身与一连串的信息数据发生联系。而法律对于过失泄露信息行为并没有给予足够的重视，因为过失泄露信息行为并没有造成信息主体利益的实质性损害，然而，过失泄露信息行为即使没有造成他人令人尴尬的个人事务被实际公开，过失泄露信息行为仍然可能导致隐私问题。此外，法官还认为擅自使用他人真实信息的行为损害了他人的财产性利益，却忽视了这种行为对他人的人格尊严的损害。

最后，不同部门法对于隐私问题的认可和处理方式并不一致。比如，侵权法承认了违背保密协议的行为属于隐私侵权行为，并对如何处理涉及该行为的案件提出了相关规范，但是《美国联邦宪法第四修正案》完全不认为违背保密协议的行为会对他人的隐私权益造成损害。

法官和立法者对于某些历史悠久的隐私侵权行为的处理则更为妥当，其中包括侵扰他人安宁的隐私侵权行为、公开他人一般信息的行为和歪曲他人信息的行为。其中，一部分原因是这些行为所侵犯的隐私权益与人们传统隐私权观念相一致。根据秘密性理论，行为人将他人隐藏的信息或私人事务加以暴露的行为构成对他人隐私权益的侵害。物理性侵扰他人的住所所引发的权利侵害问题，即使是生活在古代的人们也可能遇到，他们也能够理解这样的问题为何产生。但是今天人们面临的某些隐私问题所涉及的隐私权却与传统的隐私权观念存在冲突，可能引起这些隐私问题的行为包括：不涉及物理性侵扰他人住所或者直接从他人身上获取信息的行为，即信息整合行为；涉及信息数据的保存和维护的行为，即过失泄露信息行为；信息的二次利用行为；令信息主体无法参与信息加工处理过程的行为，即排除信息主体的信息控制权的行为；尽管实施披露他人秘密的行为，却为了方便别人查阅公共信息而使他人并未被广泛公开的信息更容易被别人所获知的行为，即提高信息可获取度的行为；以及涉及持续对他人进行观察或窃听的行为，即监视行为。最后两种行为都可能构成新型隐私侵权行为的。

本文试图构建一个理解大量隐私问题的框架，指出这些问题之间的异同点、相互之间的关系以及问题的根源。本文重点分析了各种可能引起他人隐私权受到损害的行为，并试图找到隐私问题发生的根本原因。在通常情况下，科技的发展必然伴随着大量隐私问题的出现，因为科技有助于行为人收集、加工和传播他人的信息。不过隐私问题并不仅仅是科技的发展所引起的，个人、商业机构、政府的不规范行为是引起隐私问题的主要原因，要解决隐私问题就必须对这些行为进行规制。

借助识别和理解隐私问题的理论框架，法官和政策制定者可以更好地平衡他人的隐私权和行为人的权利之间的关系。笔者希望，本文可以帮助法律界从更为全面而清晰的角度理解隐私问题。

第四编　美国隐私权的基础

隐私及其法律保护的局限性

鲁斯·嘉韦逊[①] 著　王梓棋[②] 译

目　　次

一、导论

今天研究隐私法的学者或许都会有一丝担忧。一方面，社会对隐私保护的渴求日益剧增，对隐私的新威胁引起了广泛讨论，隐私和其他一些价值，比如自由、自治和精神健康之间的关系激发了公众的强烈关注。这些导致了大量法律效应的产生：大多数州承认隐私侵权是可以提起诉讼的[③]；美国联邦最高法院也以判例的方式表明宪法对隐私权的保护，确定隐私权保护堕胎和避孕药的使用[④]；在历时良久的

---

① 鲁斯·嘉韦逊（Ruth Gavison），耶鲁大学法学院客座副教授。

② 王梓棋，中山大学法学院助教。

③ W. Prosser, The Law Of Torts 804 (4th ed. 1971).

④ Roe v. Wade, 410 U. S. 113, 152 - 155 (1973); Eisenstadt v. Baird, 405 U. S. 438, 453 (1972); Griswold v. Connecticut, 381 U. S. 479, 484 - 486 (1965).

听证和讨论后，国会颁布了1974年《隐私权法》。[①] 这些举措[②]似乎表明各界对隐私的特殊性和重要性达成了广泛一致。

而另一方面，很多讨论隐私权的作者却持截然相反的立场。有些学者主张对隐私概念的研究已经误入歧途：当我们研究关于"隐私权"的法律（或是道德认知）时，我们实际上席卷了诸多其他利益的讨论[③]。所以，他们认为只有当我们忽略掉隐私这一修辞概念，而将目光投向隐私判决的背后，落在隐私所要保护的利益之上时，我们对隐私的理解才能真正击中靶心。他们进一步说道，由此我们可以清楚看见为何隐私本身不被保护：就提出隐私的主张而言，它们和其他主张有些不同，它们要么是表明了当事人的一些过度反应要么是含有一些不正当地操纵或欺骗的意图[④]。尽管这些学者在各个方面的意见有所差别，但他们全都否定将隐私认定为一项法律权利的作用，并提出一些形式还原理论。

不似还原论者，本文认同关于隐私的主流观点，即认为隐私是一项有用的概念。然而，要达到实际上的作用，隐私还必须指向一些独特且固有的利益。因为只有这样它才能帮助我们解决一些问题。不仅如此，我们必须研究贯穿以下三种情况中的隐私概念：第一，我们必须给隐私下一个中立的定义，使得他人隐私丧失时我们可对其进行定义和分类，以便争议和主张可以一目了然。第二，隐私必须是一个一致的利益，因为要求隐私保护的主张只有在隐私侵权是不合需要的且此种不合需要的理由是一致时才可以得到支持。第三，隐私必须是一个有法律意义的概念，从而使我们可以确定那些需要法律保护的情

---

① 5 U. S. C. 552a (1976).

② See, e. g., Cal. Const. art. I, 1; Privacy Protection Study Comm'n, Personal Privacy In An Information Society (1977).

③ For studies of legal protection in this vein, see, e. g., Davis, What Do We Mean by "Right to Privacy", 4 S. D. L. Rev. 1 (1959); Dickler, The Right of Privacy, 70 U. S. L. Rev. 435 (1936); Kalven, Privacy in Tort Law-Were Warren and Brandeis Wrong?, 31 Law & Contemp. Prob. 326 (1966); Prosser, Privacy, 48 CalIF. L. Rev. 383 (1960).

④ This aspect of privacy has been emphasized by Richard Posner. See, e. g., Posner, Privacy, Secrecy, and Reputation, 28 BUFFALO L. Rev. 1 (1979); Posner, The Right to Privacy, 12 GA. L. Rev. 393 (1978). Other commentators have followed his lead. See, e. g., Epstein, Privacy, Property Rights, and Misrepresentations, 12 GA. L. Rev. 455 (1978).

况，因为法律并不是对每一个不合需要的行为都予以干预。

我们对隐私这一用语的日常使用表明，我们认为在这三种情境下，隐私概念的确是一致且有用的，隐私的丧失（第一种情境所定义的），隐私侵权（第二种情境所定义的）以及可起诉的隐私侵权（第三种情境所定义的）是承接关系，每一种情景都是前一种的子集。对三种情景采用同种词语进行描述强化了他们之间的承接关系。还原论者对隐私的分析——否认隐私作为一个独立概念的效用——割裂了这些概念上和语言上的联系。本文试图保留这些联系，因为意识到它们之间的这种联系和它们交织形成的网络有助于我们对要求隐私法律保护主张的理解，对可以承认这些主张的情景的理解。

我将从隐私实际上是一个特殊且一致的概念着手。我认为，隐私利益同我们对自身可被别人察知的担忧相关联：我们被别人可察知的程度，我们可被别人物理上接近以及经受别人关注的程度。将隐私定义为对有限接近的关注使得我们可对隐私侵权进行界定。不仅如此，在各种不同情景下我们提起隐私主张的原因是一致的。它们都和隐私在我们生活中的作用相关，即促进自由、自治、自我和人际关系等，以及进一步维系自由社会的发展。隐私概念的连贯性和隐私侵权不合需要原因的一致性支撑了法律体系应该对隐私利益作出明确规定的观点，以便我们可以直接找到隐私侵权的法律结果和依据。这种理论并不需要保护所有案件中的隐私，原因就不在此赘述了，笔者仅在此处指出隐私是在平衡各种利益时的一项特殊考虑。

本文对隐私的分析主要集中在对隐私权法律现状进行更完整全面的说明，以及更深入地理解还原论的主张及其困境上。还原论主要是强调了隐私法律现状的事实，认为如果没有一些其他利益的存在，我们很少对隐私进行保护。其危险则是我们或许从上述事实中得出结论，隐私并非一项重要的利益，法律在决定对隐私予以保护时无需考虑隐私的丧失与否。虽然还原论广泛流行，但明确肯定和承认隐私权的案件——这正是和还原论恰恰相反的观点——仍获得了压倒性胜利。

二、隐私的概念和特征

在笔者看来，要理解隐私的概念，以下两方面的问题是关键。一是隐私这一术语的定位：隐私究竟是一种状态，一种权利，一项主张，一种支配形式还是一种价值？二是隐私的特征：它到底表现为什么？是信息、自治、人格身份还是物理上的接近？对这些问题的回答层出不穷，涌现在各种学术著作中。

这两个问题的答案意味着不同的选择。在解决这些难题之前，我们首先要对隐私的概念和隐私的价值进行区分。因为隐私的概念决定了隐私侵权。正因为如此，隐私的定义必须中立且客观，这样可以避免我们对隐私侵权产生太多的困惑。例如，被侵权人是否意识到侵权的发生？他是否默认这种侵权？这种侵权是否符合常理？法律是否应该阻止或者惩罚这种侵权行为？

这并不是说隐私的客观概念是最重要的，或者表明这是使用隐私的唯一合法情景。事实上，当法律给予其保护时，隐私也是一种价值。寻求隐私救济原因的相似性是形成隐私连贯性和效用性的缘由，这种原因相似性使得我们可以为侵权责任树立原则。这些原因决定了我们认定隐私合乎需要的方面。当我们要求隐私法保护时，我们实际上只是要求这些方面被保护，此时我们不再参考隐私的“客观”概念。我们会衡量隐私的哪部分是合乎需要的，并因此将其作为一种价值给予法律保护。然而在此之前，我们必须首先给隐私下个中立的定义，而不考虑其概念是否合乎需要。只有首先确定了隐私概念我们才能界定隐私价值，才能决定何种何时以及为何隐私侵权是不合需要的。

在本文中，笔者将先给隐私下个中立的概念，这是给予隐私以法律保护的前提。第三种情况下对隐私——作为一项法律概念——的研究建立在我们对隐私价值和作用的理解上，在此之上我们再展开法律体系应对其做何种保护的讨论。

（一）隐私的概念

笔者认为，我们既不能将隐私界定为一种价值，也不能将隐私界定为一种主张，“一种心理状态”或者“一个不应被侵犯的领域”①，

① Privacy And The Law, A Report By The British Section Of The International Comm'No F Justice?, 119 (1970).

甚至不应被界定为“一种控制形式”①，相反，要给隐私下个中立概念，我们应当将隐私界定为“一种他人面对别人的情形”或者将隐私界定为“一种生活状态”。

我们之所以不应当将隐私界定为“一种控制形式”，是因为如果将隐私描述为一种支配形式，那么我们还可以继续追问这个人有没有失去支配，这种失去是否是可以容忍的？然而这种看似中立的概念实际上容易产生误导，因为支配这一概念本身具有相当大的模糊性。举例说明：Gross 将隐私定义为“他人对自身私人事务的支配”②，根据此种界定，如果他人自愿公开自己的私人信息，则他人并没有遭受隐私损害，因为这是他人对其控制权的行使，而不是控制权的丧失。③不过，从更深层的意义上来说，他人对其个人信息的自愿披露仍然构成控制权的丧失，因为一旦该人将其信息公开，他们无权阻止别人继续公开其信息。

这儿存在两个问题。一方面，如果将隐私定义为较低程度的控制权，那么隐私得不到充分保护，因为即便他人没有公开其个人信息，别人也可通过其他手段和方式得到其个人信息。另一方面，如果将隐私定义为高度控制权，那么就意味着只有在存在这种隐私丧失的严重威胁时我们才对这种隐私提供救济。更重要的是，“支配”似乎表明隐私的重要性更多地体现在我们选择并尊重隐私。但是所有的选择都是控制权的运用，所以和界定隐私真正相关的是我们有选择隐私的能力而不是我们是否选择隐私。当然，他人或许会选择保持隐私或是放弃隐私。要对隐私下一个客观中立的概念，隐私首先就不应该取决于他人选择与否。我们需要一个框架，隐私或者是这个框架内支配权特殊运用的一种结果，例如，他人可以自由决定不披露其自身信息；或者是我们违背他人意志而强加于他人身上的结果，例如法律禁止在公共场所进行性交行为。此外，我们珍视隐私价值的原因或许和他人是否在事实上选择它毫无关系。有时我们会倾向于批判他人没有选择隐

① Parker, A Definition of Privacy, 27 Rutgers L. Rev. 275 (1974).

② Gross, The Concept of Privacy, 42 N. Y. U. L. Rev. 34, 35 – 36 (1967).

③ Shils, Privacy: Its Constitution and Vicissitudes, 31 Law& CONTEMP. PROB. 2 81, 282 (1966).

私而有时我们又会批判他人选择隐私。如果将隐私定义为一种支配，那么这些批判就不能成立。

但是一开始对隐私概念进行客观、中立的定位并不意味着隐私期待、隐私选择以及隐私主张不是在衡量隐私价值时的重要因素。这也不意味着隐私是高于其他利益的价值，从而我们认为法律只应该保护隐私这种选择。

解析隐私的定位相较分析隐私的特征还是容易一些。隐私究竟是秘密、行为自由、自我的感觉、一种自治还是上述这些概念的综合体？此处的答案不拘于一些方法论的限制。最关键的是，将这些概念统一于大多数隐私诉讼主张的定位之中，统一于要求法律保护的一致性原因之中，而这又有助于将这些主张分类归纳。因此，笔者将隐私视为是一种秘密、隐匿以及对世界的隔离。

（二）隐私的特征

在大多数情况下，隐私表现为一种对别人接近他人的限制。从方法论的角度出发，笔者认为，每个人都享有完全的隐私——如果别人完全不能接近他。这一点又可以划分为三个部分：在完全的隐私下，没有人可以得到关于X（假定一个人）的任何信息，既没有一个人关注X，也没有人可以在物理上接近他。这样的完全隐私当然不可能存在，在任何社会中都不存在。隐私并不是一个全有或全无的概念，所以隐私的完全丧失和完全的隐私同样是不可能存在的。于是产生了一个更重要的概念，即隐私的丧失。隐私的丧失在别人可了解他人的信息、关注他以及可接近他时始发生。秘密、隐匿以及隔离，这三个概念是三个相互区别、独立却又相关的概念，隐私概念绝非仅仅是围绕哪一个概念而展开的，而是这三项概念的一个复杂的综合。这样一种综合更好地解释了隐私是何时丧失的，并更好地抓住了隐私的实质意义。同时，这有利于区分一些表面上贴着“隐私”标签的情景，而实际上这些情况并不属于隐私。

1. 对他人信息的了解

主张隐私是对他人信息的了解可不是什么新奇提法。事实上，大部分学者都使用过这些术语来定义隐私，而且现在对隐私最热烈的讨论也和信息收集有关。尽管如此，至少有两个学者指出过，对他人信息的知晓并不是隐私丧失的内在要素[①]。笔者认为这些批判是错误的。如果说秘密不是隐私构成的一项独立要素，那么以下一些情景也不应视为是隐私的丧失：① 一对已分居的夫妻，妻子未经丈夫同意将她丈夫给她写的情书公开了；②一个包含所有人口普查资料和政府档案的独立数据库被所有政府官员所使用[②]；③一个雇主对其雇员进行穷尽可能的询问且不对这些信息进行保密。上述这些案件中都不涉及任何侵扰、非法侵入、歪曲事实或是擅自使用他人姓名或者肖像的行为。因此，除非认可别人对他人信息的知晓在某种程度上限定了他人的隐私，否则这些案件也不能视为是隐私的丧失。

谈到"对他人信息的知晓"，这似乎意味着我们可能区分出他人的某一类信息，锁定一些知道这些信息的人，因此而得到他人的这些信息。事实上，这是不可能的，这个概念若要在实践中得到适用，恐怕还需要更多的理论设计。笔者之所以在此提起这个观点，是因为在大多数案件中它的应用比较清楚一些。只有以下几个相关问题需要提及。

第一个问题是，我们是否应该区分对他人不同的知晓，比如这种知晓是感觉上的还是言语上的？又或者是几种不同感觉的知晓？例如，假定 Y 知道 X 是秃头，因为他读过一篇关于 X 的文字描述。过了一段时间以后，Y 看见 X，自然会观察到 X 的秃头。此时 Y 是否获得了关于 X 的进一步信息，如果是，那么这种信息是什么？有人会主张或许重读那篇文字描述也可以向 Y 展示关于 X 的进一步信息，即使 Y 没有别的任何信息渠道。

当我们试图比较对同一个人信息的不同掌握时就产生了第二个相关的问题。即，谁拥有关于 X 更多的信息？是与他相濡以沫 15 年的结

---

① Professor Gerety argues that information is part of privacy only if it is " private" —— related to intimacy, identity, and autonomy. Gerety, Redefining Privacy, 12 Harv. C. R. -C. L. L. Rev. 233 (1977), at 281 –295. Professor Parker suggests that there are times when loss of control over information does not mean loss of privacy, e. g., examinations in which it is revealed the student did not study. Parker, Parker, A Definition of Privacy, 27 Rutgers L. Rev. 275 (1974), at 282.

② Farhi, Computers, Data Banks and the Individual: Is the Problem Privacy?, 5 ISRAEL L. Rev. 542 (1970).

发妻子，还是对X做了4年详尽研究和挖掘的传记记者，而他所掌握的关于X的信息细节有一些是连X的妻子和心理医生都不知道的。

第三个问题同隐私丧失的构成要件有关，即这些信息需要是“关乎”他人自身的信息。一方面，这种关系需要有多特殊或亲密？我们知道大多数人都有性幻想和性行为。当然，我们确定他人都存在性幻想，这并不导致他人隐私的丧失。另一方面，如果我们知道他人和一些人性生活的细节信息，之后并因此结识其中的某一位，那么当这种对他人一般信息的了解具体化到某一人身上时，是否构成隐私的丧失？让我们以一段奇闻异事为例。一个神父在一个聚会上被问道，在他的告解室中他有没有听到过什么特别的故事。神父回答道：“事实上，我的第一位忏悔者就是一个特殊的例证。他向我坦白他曾进行过谋杀。”过了一会，一位举止优雅的绅士也来到聚会中，他看到了神父并向他亲切地打招呼。于是别人问他是如何认识神父的，这个人回答道：“如何认识的？我此生有幸作为他的第一个自白者。”

此时，神父只给了一个“匿名者”的信息，而这和当事人关于第一个自白者的“无辜”陈述结合起来，使得“匿名者”的信息一下变成了“关乎”某个特定人的信息了。虽然只有后者的陈述是关于某个特定的人，但是之前对匿名者的信息披露此时变成了关于某人的进一步信息。此时的转变是直接且明显的，这个过程类似于首先对某个群体有一般了解，而后意识到某个特定的人是属于这个群体的。

他人和信息之间的关系还存在另一个问题。关于X的妻子、车子、房子、父母乃至狗的信息也是属于X的信息么？毫无疑问，这是他人的信息或者是动物或事物的信息，但是X是否可以主张对这种信息的披露也构成他的隐私的丧失呢？这种主张不胜枚举①。这种主张的合理性在于，至少在有些案件中当事人关于自我的概念可以超出物理限制。

最后一个问题即是关于他人信息的真实性。对X虚假信息的传

---

① See, e. g., Cox Broadcasting Corp. v. Cohn, 420 U. S. 469 (1975) (parent alleged that his right to privacy was invaded by identification of daughter as victim of rape-murder); Corliss v. E. W. Walker Co., 57 F. 434 (C. C. D. Mass. 1893), injunction dissolved, 64 F. 280 (C. C. D. Mass. 1894) (plaintiffs alleged publication of biography and picture of dead husband and father constituted injury to their feelings).

播是否也意味着他隐私的丧失？对“知晓”的一般理解是假定知晓的信息是真实的，但此处的“知晓”是否也有这种要求？从某种意义上说，X 确实丧失了隐私。人们现在确信他们更了解了 X。如果该信息是十分惊人的信息，X 或许会从无名之卒一跃而成舆论焦点。然而从另一个角度说，X 并没有被“更多地了解”。事实上，甚至可以说他被“更少地了解”了，因为这些关于他的虚假消息或许会导致他人忽视掉一些正确信息，而这将影响他们对 X 的判断。[①] 另一个困难是当我们在衡量这些描述的真实性时是很难决断的，例如，当行为人说“X 是美丽的”或者“X 是沉默且不负责任的”的时候，这些描述的公开当然会导致他人隐私的丧失：别人现在知道了作者是如何看待 X 的，这也成为 X 的个人信息之一（对行为人来说也一样）。但是别人知道 X 确实漂亮么？这很难说。

2. 对他人的关注

通常，当他人获取了别人的关注时，他的隐私即开始丧失，而无论这种关注是有意的、有目的的还是无意的。关注是获得信息最原始的方法，有时候也是必要的方式，但是仅仅只关注而没有获得新的信息并不导致隐私的丧失。这一点在我们思索职业影响时尤甚，“假设某人是一位总统”，他应该尝试低调地在大街上行走么？没有进一步的信息，不过也不需要进一步的信息了。总统失去了作为一个无名之辈应有的隐私。他没有隐私，因为他身上永远都聚焦着大家关注的眼神。

但此时仍需要满足一些条件。X 或许被 Y 以两种典型的方式所关注[②]，一个是 Y 或许跟踪 X，注视着他，倾听着他或者以任何方式来观察他；要不然 Y 就是全神贯注地一门心思在 X 身上。只有在第一种情形下的关注是直接和隐私丧失有关的。对他人的讨论、想象或是思考就算是和隐私相关，恐怕也是间接关注。讨论或许在交流他人的私人信息或是制造话题从而导致了更多的关注时才导致他人隐私的丧失。对他人的思考或许同样会增强对其记忆或获得更多的信息。如

① See Roberts & Gregor, Privacy: A Cultural View, in NoMos, (R. Pen-nock & J. Chapman eds. 1971), at 199, 214.

② See generally The Social Structure Of Attention (M. Chance & R. Larsen eds. 1976).

果又获得了新的信息，这种心理活动或许反过来又导致了隐私的丧失。然而在多数情况下，即使对他人进行最强的思考，这种心理活动并不会导致他人隐私的丧失。一个人最喜欢的性幻想对象或许有理由抗议，但是这好像无关其隐私的丧失①。

3．物理上接近他人

通常，当别人获得对他人物理上的接近时，他人隐私的丧失始发生。此时，物理上的接近意味着物理接触——Y 足够接近至可使用其感官来碰触到或观察 X。然而，可以看见或听见并非就意味着是物理上的接近，因为 Y 同样可以通过远距离地观察或是电话窃听来看见和听见。这就解释了为什么对 X 来说判断 Y 是否可物理接近他比 Y 是否观察他要来得容易。以下几种隐私丧失的情景可以被看作物理接近的典型情况：①一个陌生人为了围观一个女人分娩而非法进入她家②；②趴在窗户边偷窥；③一个陌生人选择坐在我们的这条长椅上，即使公园里到处是空的长凳；④从一个独立办公室搬到一个必须和同事共享的更大一些的办公室里。这些案件的本质并非我们的信息被更多地获取了，也非我们引起了更多的关注，而是我们空间上的独立性被打破了③。

4．三个要素之间的关系

此处的隐私概念是这三个独立要素的综合：秘密、隐匿以及隔离。每一个要素都是相对独立的，隐私的丧失可能由于其中任何一个要素的变化而发生，而不必等到剩下两个要素丧失时而丧失。尽管如此，隐私仍是一个连贯一致的概念，因为这三个要素实际上都是接近他人的不同表现形式，并且在许多重要方面都是统一的。这三个要素在同一个情景中共存，例如，一个精神病医生坐在他的病人旁边④，听他讲述其个人信息，从而获得了关于该病人更多的信息，对他给予更多的关注，当然同时可以物理接触他。同时，这一个要素的发生并不必然导致其余两个要素的出现。

---

① But cf. Van den Haag, On Privacy, in NoMos, (R. Pen-nock & J. Chapman eds. 1971), at 149, 152

② See De May v. Roberts, 46 Mich. 160, 9 N. W. 146 (1881).

③ See E. Hall, The Hidden Dimension (1966).

④ See E. Goffman, The Presentation Of Self In Everyday Life 2 (1959).

如果 Y 关注 X，那么，前者当然可以获得后者的一些信息。当 Y 跟踪、注视或观察 X 时，就增加了他获得 X 信息的可能性。同样，当 Y 在物理上接触 X 时，他就获得了观察和得到 X 信息的机会。尽管如此，当 Y 不能在物理上接触 X 时，或者 X 并没有引起 Y 的关注时，Y 也能得到关于 X 的信息。不用观察或是物理上的接触，我们也可以通过询问他人的朋友或者邻居来得到其信息。甚至有时我们并没有关注此人，却也可能偶然得到他人的信息。

我们关注 X，或许并没有得到关于他的什么信息。跟在小孩后面的母亲是为了确保她的小孩不伤害自己而不是为了获得她小孩的什么信息，当然她也不需要获得信息。当行为人在一群人中指出 X 时，行为人的行为会增加大家对 X 的关注，无论他有没有与他人发生物理上的接触。同样，一个人可以不因任何关注和获得信息的需要而被物理上接近。两个坐在同一个房间的人或许并不关注对方，但或许都多少会有些隐私的丧失。

这三个要素之间的关系在我们考虑某种情况中隐私的不同方面时显现出来。例如，当警察试图来了解疑犯的犯罪计划时，疑犯或许会主张其信息隐私，但这种主张一般不会得到支持。疑犯认为其作案计划构成一项隐私主张，但这明显不能令人信服。或许，我们会更容易接受疑犯就受监视、观察或是独处的机会所作出的隐私主张。如果长久的监视是保证法律运行的代价，那么我想我们或许需要重新思考一下刑法了。这两项主张的不同结果表明隐匿和隔离的机会可能不仅和隐藏某些信息的期待相关，而且也和诸如放松以及不被抑制的自由等需要相关。

我们在研究公民享有不自证其罪的权利时就出现了另一个隐私问题。同样，这种权利的本质不是简单指信息本身，我们不是保护犯罪嫌疑人而让警察从别处寻找信息。我们保护的是信息获取的渠道：公民不得被强迫自证其罪代表着每个人都拥有隐私权。同样，证据特权也表明隐私并不仅关乎信息本身。此处的隐私还意味着应当保护他人之间秘密的关系，以便当事人双方确信这段关系中所分享的秘密不会被泄露出来。在某些案件中，并没有信息披露的存在，甚至有时候法律还为信息披露明确规定义务。

这三个要素的差异性表明隐私是这三个要素的综合的说法或许不

够精确，我们应该孤立地来看每一个要素，并单独地来研究法律应该怎样来保护秘密、隐匿和隔离。这种孤立的研究方法对某些目的而言是积极有效的。然而，目前这三个概念仍以“隐私”这一概念统一起来。因此，给予隐私一个综合概念而不是对其各个角度进行长篇的特殊分析似乎无可厚非。

隐私的客观概念包含了一些“典型的”隐私侵权类型，诸如信息的收集、储藏以及电子化；对他人私人信息的传播；偷窥、跟踪、监视以及偷拍他人；入侵或进入“私人”领域；窃取、窃听、偷看他人信件信息；吸引他人的注意；要求对他人做测试；披露他人信息；等等。同时，依据这种概念，一些被认为是构成隐私侵权的情景其实本身并没有丧失隐私。这些情况包括：对一些令人不悦的声音、气味及图像的曝露；对一些行为进行禁止，如堕胎、避孕药的使用以及一些不正常的性行为；对他人进行侮辱、骚扰和迫害行为；对他人形象进行丑化；主动提供一些邮件和电话信息；规定家庭应该承担的责任；商业利用[①]；等等。这些情景都在学术著作中被描述为是“隐私侵权”，并在它们共同的“隐私”标签下给它们进行分类，因此将这些案件排除于我的论证之外似乎就合理了。这样的一种解释或许同时也阐明了之前的分析及其方法论前提。

隐私首先是和对他人的接近有关，如同上述三个要件，即信息收集、关注以及物理接近表述的那样，并且隐私的概念是特殊的。我们想要很多隐私并把这些隐私视为是合乎需要的，正因为将这二者视为同一件事所以有时候我们失去的比得到的要多。[②] 如果我们使用的概念表面看起来只有细微差别，而事实上是完全不同的概念，那么我们容易成为这种假象的牺牲品，我们使用的语言更似一种障碍而非帮助。之所以将上述情景排除出隐私侵权的范围，没有肯定上述分析确立的理论，就是因为它们带来了这种危险。

有一种隐私概念可以包含所有这些所谓的隐私侵权。即把隐私定义为“独处的权利”，这个术语的使用始于 Warren 和 Brandeis。这种极其天真的定义给予了隐私修辞美感和吸引力，但同时他们的定义否

---

① See, e. g., Committee On Privacy, Report 17 - 22, 327 - 328 (1972).

② See, e. g., Rawls, Two Concepts of Rules, 64 Philosophical Rev. 3 (1955).

定了隐私的特殊性，而这对隐私的作用来说是非常必要的，远大于一个缥缈的感觉。这样一种定义表面上似乎将隐私和其他概念区分开来，而实际上这种定义可谓包含了每个人可想到的所有诉求。而许多妨碍“独处的权利”的例子不能都算是隐私侵权。这样的例子不胜枚举，比如要求公民纳税、入伍或给予公民刑事处罚就是一些很典型的例子。

出于同样的原因，我们必须否认 Bloustein 的主张，他认为隐私的一致性体现在所有的隐私侵权侵犯的是他人的人类尊严①。我们或许会因为行为人的行为侵犯了他人的人类尊严而关注隐私侵权。但是，很多种冒犯尊严和人格的方式都和隐私无关。例如，收买或贩卖他人器官并以此为业的行为当然是对他人尊严过分的冒犯，但这其实无关隐私。

将隐私界定为个人决定免受国家干预同将隐私界定为“独处权”别无二致。因为这种概念也存在两个问题。第一个问题是，典型的隐私主张根本和对抗国家干预无关。要求政府不进行干预的主张实则是要求法律给予其对抗别人的保护，并且“不干预个人决定”，这个问题本身就是模糊的。第二个问题是，这种概念排除了所有和高度私人决定无关的隐私主张，例如，他人不愿在中央数据库建档。②而且，将隐私定义为私人行为不受干预的权利经常为了避免对此作出“个人决定不受干预”明确说明，而将问题绕回至“实质正当程序”③上，这容易模糊法律判决的本质且转移大家对一些重要事项的注意。对国家干预个人决定的限制是一个已经萦绕多个世纪的重要问题。形容这一问题的一般术语是“行为自由（liberty of action）”。很有可能在一些案件中，国家对他人的干预过于强烈并且这些个人决定往往极具私密性，本就不该受到太多限制。但这些不足以给这些事项冠以

---

① See Bloustein, Privacy as an Aspect of Human Dignity: An Answer to Dean Prosser, 39 N. Y. U. L. Rev. 962, 971 (1964).

② But cf. Gerety, Redefining Privacy, 12 Harv. C. R. -C. L. L. Rev. 233 (1977), at 286 - 288.

③ See, e. g. , Emerson, Nine Justices in Search of a Doctrine, 64 MIcH. L. Rev. 219 (1965); Ely, The Wages of Crying Wolf: A Comment on Roe v. Wade, 82 Yale L. J. 920, 937 - 943 (1973).

“隐私”的名称。更好的处理方式或许是将它们视为自由问题，而对这些自由进行强制容易导致一些隐私难题①。

一些令人生厌的气味和事务也被视为隐私问题，因为他们将这些问题和侵扰侵权相类比。外部力量侵入私人空间似乎和隐私侵权十分相似。然而，侵扰的气味、噪音同获得他人信息或接近他人之间好像并没有什么相通性②。

还有一些商业使用的案件也被归类为隐私侵权，这主要是由于法律历史的原因：第一个给予擅自使用他人肖像和姓名案件以救济的判例，就将其归类为一种隐私侵权，③所以通常为商业目的而未经他人同意就擅自使用他人姓名和肖像的案件被视为隐私侵权的案件。然而，隐私的本质不是使他人的肖像或姓名免于商业利用。隐私侵权和这种商业使用没有什么关系，还有一些其他类型的使用，即使在最广泛的意义上也和隐私毫无关系。给对抗某些形式的商业使用的案件贴上隐私的标签是另一大不幸，因为倘若隐私领域没有遵循有序的概念架构，混乱将不可避免地产生。

三、隐私的作用

在给予隐私合乎需要的那些方面以法律保护时，我们要超越“隐私的丧失”这个中立的概念，试图来找到隐私有价值方面的积极概念。确定隐私的积极作用不是一个简单的任务。我们首先从完全的隐私和完全隐私的丧失出发，这两种情况都是不合需要的。隐私需求必须处在一个中间状态——私密和交际之间的平衡状态——以维持人类关系，发展人的能力和情感，从而创造和成长乃至生存。因此，在这个意义上，隐私不能被定义为一种越多人拥有就越好的价值。或许反过来反而更接近事实。无论如何，笔者的目的不是评价私密和交际之间平衡至何种程度是恰当的，笔者只想说明隐私在我们生活中的积极作用。由此出发，我们可以导出对隐私价值的限制，从而平衡隐私

---

① See, e. g. , Griswold v. Connecticut, 381 U. S. 479, 484 – 485 (1965); P. Devlin, The Enforcementof Morals1 – 25 (1968).

② See, e. g. , Public Utils. Comm'n v. Pollak, 343 U. S. 451, 469 (1952).

③ See, e. g. , Pavesich v. New England Life Ins. Co. , 122 Ga. 190, 50 S. E. 68 (1905).

价值和其他价值的冲突。

理解隐私价值最好的方式就是来看隐私的作用。然而，这种方式面临很大的困难。这种证明隐私价值的方式是工具式的，因为它们可以指出隐私是怎么和其他社会目标联系在一起的。所以这种方式的力度取决于哪些由隐私促进的目标被认为是重要的，取决于这二者之间关系的程度。而在绝大多数的案件中，隐私权和其他目标的联系一般来说，起码部分上，都是经验上而非实践的联系，因此这种方式产生了社会科学方法的常见问题。

在进行进一步的讨论之前，我们应该研究一下两种不需进行功能分析的方法。其一是隐私的“需要—满足”（want-satisfaction）说，其二是将隐私视为一种根本价值。

第一个是“需要—满足”的观点。这种观点提出合乎其需要的隐私主张，然后就对这种需要提供保护。它不需要隐私和其他社会目标之间有任何经验上的联系，这种选择就应该得到尊重的观点几乎被广泛接受为司法论证的出发点①。遗憾的是，这种论点经不起推敲。因为它并没解释为什么我们要保护 X 的隐私期望而对抗 Y 窃取其信息的期望。它也没有解释为什么保护隐私比信息获得更重要，仅“需要—满足”的原则并不能支撑隐私利益值得法律保护的观点。事实上，有些要求享有隐私的主张甚至在表面上都不能成立。例如，罪犯主张隐私利益来掩藏其罪行，江湖骗子利用隐私主张来隐瞒其受害人，我们没有正当理由给予这些隐私主张以法律保护。“需要—满足”的理论仍需要一个强大的补充，以给予那些人们想要且确实需要的隐私法律保护。这是我们对隐私进行工具式分析的本质目的所在。这就解释了我们确立隐私价值大于信息窃取判例的原因。这些原因同时也可解释为什么在一些案件中我们会选择保护当事人的隐私，甚至有时候他们本身并没有选择隐私。说到底，这些工具主义的原因将证明隐私价值的特殊性。

第二个是将隐私视为一种根本价值的观点。这种观点的吸引力体现在两个方面：一是，只有根本价值才是重要的；二是主张隐私价值

① See, e. g. , B. BARRY, Political Argument 38 – 43 (1965).

是一种根本价值不易受到上述“需要—满足”说缺陷的挑战。[①] 但是，这些主张同样模糊了隐私价值的特殊性。因为它使得并不信仰隐私价值重要性的人无从讨论这一问题。考虑到现在大量怀疑的评论，这种主张必然会导致更多的疑问，而非给予隐私重要性和特殊性确认。

因此，看来我们似乎不能避免要对隐私做功能分析了。这样一种分析是一项庞大的工程，因为隐私和许多不同的价值相关联。这些价值包括诸如健康、自由、民主以及多元社会；个人自治；精神健康；创造力以及和他人建立维持良好关系的能力；等等。这些社会目标和隐私一样，概念上都具有模糊性，这使得为经验调查制定问题变得困难，并且非常容易遗漏一些相关问题。更重要的是，经验数据不仅短缺，还常常带来双重影响。因此，评估隐私和其他价值间关系就十分棘手了。尽管如此，我们仍可以通过确定和解析隐私的功能参数而得出结论，这对评估和衡量两者之间的关系是至关重要的。

从定义人类生活的特征着手是明智的选择，因为若没有隐私，这些将不可能——或曰几乎不可能——成立。完全的隐私丧失意味着他人随时可以被接触得到，他人的信息到处可知，对他人的监视无处不在。这样的一种社会，不存在什么隐私想法，没有任何私人领域和私人空间。一个人的所作所为，一个人的想法很快就会被别人知晓。

不过，一个完全没有隐私的社会也有一丝令人宽慰的地方。那就是一个人可以很容易就意识到他的敌人，察觉到别人带来的危机，并确保他自己没有被欺骗或是操纵。犯罪率将降低，因为侦查必然不会太难，犯罪很有可能会夭折，而且一定会有惩罚。这个世界会更安全一些，同时这将影响现在花费在保护我们免受人类危机和传言上的时间和资源将转移至其他的事情上。

然而，这种宽慰从根本上说是一种自欺欺人。有些人类行为只有在隐私存在的情况下才有意义。阴谋诡计或许会消失，但是它们仍存在于我们自身的回忆里，是我们忏悔和自白的主旋律，回荡在我们被惊醒的瞬间。我们或许会很努力地试图抑制我们的白日梦和幻想以防

---

① See, e. g., Bloustein, Privacy is Dear at Any Price: A Response to Professor Posner's Economic Theory, 12 GA. L. Rev. 429, 442 (1978).

别人察觉。我们想要抹去我们脑海中的一切事物，我们不想出版或发表什么作品，我们不想做任何可能会使自己害怕、突兀或是伤害到自己的事情。所有人都一样，都重复着这种令人恐惧的一致行为。我们甚至不会选择去对抗这些隐私的丧失，因为我们根本无法去做到，因为似乎代价过于高昂。

无论如何，完全的隐私丧失是不现实的。在某些方面，我们现在享有的隐私待遇还是强过完全丧失的，因为我们都有一些不易被别人夺走的隐私。另一方面，现实状况或许也更糟糕一些，这是由于隐私权分布状况十分不均匀，有些人享有更严密且有力的保护。由此，可以说隐私保护的需要源于以下两方面原因：其一，在某些方面我们享有的隐私保护是不够的；其二，隐私的分布不均导致了一些操控和欺诈，这威胁到我们的民主和自治。

这里有两个相关的概念。第一个是我们关于个人的概念，以及人们为完善自我意识可以从事的行为。这个概念表明隐私的作用涉及精神健康、自治、成长、创造力以及我们建立和形成人际交往的能力。第二个则是我们想要的社会类型的概念。我们期待一个社会起码不要成为人们达成上述社会目标的阻碍。因此，社会应该是自由且多元的。此外，隐私还和民主息息相关。

接下来对隐私作用的讨论将不可避免地更提纲挈领一些。笔者的目的是指出隐私在很多领域内都发挥了作用，而不是要对隐私所有的功能做一个详尽的展示。

（一）隐私和个人

隐私的作用在于其促进了一些我们认为是合乎个人需要的价值的发展。为了论述个人价值，我们首先要知道个人的概念是什么，以及他们可以、应该达成何种状态。我们当然没有这样一幅蓝图，也没有什么权威说法。尽管如此，大部分理论都认可隐私是一种合乎需要的利益，可以促进诸如创造力、成长、自治以及精神健康等，当然也不是每一种理论都这么认为。这或许让隐私的作用显得博采众长，但这也表明了隐私具有这些功能。这说明无论依照学者提到过的哪一种理论，隐私对达成个人价值来说都是至关重要的。同时，这也表明所有的社会都关注隐私利益，即使是那些只承认身体隐私的社会。由于我们并没有单独分析个人的本质以及个人是如何和别人联系起来的理论，我们应该认识到隐私有助于个人价值的发展的观点本身就建立在我们关于个人的理论之上。

在接下来的讨论中，笔者将指出采用不同的视角会形成不同的看法并得出不同的结论。这些不同的视角是关于人类成长、发展以及人格方面的理论。每一种理论对下列问题的回答都是不同的：是否存在一个可知的“真正的自我”？如果存在，那么，这个概念是连贯的且始终一致的么？如果不存在，我们可以定义一个更优的概念么，一个我们可知的概念？人际交往是必要的么，还仅仅只是生活附属品而已？理论上，它们应该建立在毫无忌讳的披露和完全坦白之上么？抑或是，这就是一个被误导了的想法而不只是一个实践中的不可能？

1．环境论

隐私有些构成要素和其他社会价值并无经验上的关联。但是，隐私的这些方面通过限定接触为其他我们视为是必要的行为制造了必要条件。典型的例子是 Reiman 主张的：通过使得个体将他们的想法和感觉同别人区分开来，隐私促进了个性的发展①。无独有偶，Fried 也提出了一些环境论的观点，他认为隐私对信任、爱情和友谊的发展都是必需的。环境论的说法是工具性的，因为它将隐私和其他价值联系在一起。隐私和其他价值间的联系同时也在概念上又强化了这一理论。

关于隐私和亲密之间的关系也可得出类似结论。同样，此时可以进行亲密行为并不必然意味着隐私的增加。在公众面前进行亲密行为就是一个明确的反驳。② 这种环境论强调了隐私的重要性，这种方式大致类似于描述隐私完全丧失的后果。我们现在可以继续对隐私更特定的作用做一个更详尽的论述。

2．不受物理接近

通过限制行为人对他人的物理接近，隐私使他人免于行为人的干扰，免于行为人可轻易物理接触所带来的不良影响。免于行为人的干

---

① Reiman, Privacy, Intimacy, and Personhood, 6 Philosophy & Pub. Aff. 26, 31 - 36 (1977).

② See E. Goffman, Asylums 173, 223 - 238 (1961).

扰对所有需要集中精神的人类行为而言都是必要的，比如学习、书写以及所有有创造性的活动。即使书写或发明创造不会被认为是人类必须的行为，但不能否认学习——不仅包括获得基本知识和技巧，还意味着精神健康的发展和道德判断——是我们必须要做的事情①。所以学习，反过来影响到人类成长、自治以及精神健康。

限制行为人对他人的物理接近同样可以让他人感到放松和宽慰。甚至是偶然的观察都会对他人产生一些影响，会使他人更正式且严肃。② 放松重要么？答案部分取决于对“自我”的理论。如果我们认为人们与其“核心”人格应保持一致性，我们或许会觉得人们应该一直表现其人格。也有人会主张放松是不重要的，或者说是不合乎需要的，因为其本身就代表了他人在公众面前和独处时的不同。因此他们认为，放松因释放人格而具有重要作用的理论是错误的，或者说是言过其实的。无论依照哪一种理论，人们似乎都需要放松的机会，这将隐私和他人维持他们精神健康的能力联系起来。而且，免于行为人对他人的物理接近有利于增加他人的亲密行为。当然不是所有的关系都是私密关系，但那些最重要、最有意义的关系往往都是私密关系。放松和私密一起对多数人类关系而言都是不可或缺的要素，尤其是性关系。因此，将隐私视为免于别人的干扰，不仅对他人的自我本身是重要的，而且对他人与别人建立亲密关系而言也是必不可少的③。

由于对他人的物理接近是我们获取他人信息的主要渠道，对这种方式的限制同时也会限制这种信息的获得。然而，信息和接近并非就是必要关联的关系。信息获得是物理接近的可能后果之一，该命题反之也成立。

3. 促进行为自由

隐私的第三个作用是，隐私保证了他人行为不受别人行为、知识等的影响。因此，隐私阻止了干扰、服从的压力、嘲笑、惩罚、不满意的决定以及其他一些不好的影响。我们可以看到隐私所起到的促进

① See J. Coleman, Equality Of Educational Opportunity 298 - 302 (1966).

② See, e. g., J. Barth, The End Of The Road 57 - 58 (1960).

③ See, e. g., Bloustein, Group Privacy: The Right to Huddle, 8 Rut. -Cam. L. J. 219, 224 - 246 (1977).

行为自由的作用——因其消除了这些行为的不良后果从而增加了行为的自由。隐私促进行为自由的作用将隐私和一系列个人价值联系起来。当然，它也引起了一些严重的问题，如同它促进了某些作用和价值一样，它也必然会导致另一些社会目标的落空。

（1）不受责难和嘲笑的自由。除了保护我们免受干扰、提供我们更专注的空间以外，隐私同样也有助于我们的学习、创造以及自治，因为隐私使我们在早期的探索和实践中免受责难和嘲笑。没有人想要失败，但学习是一个不断试验和失败反复的过程，而一些实践是需要技巧的，在我们最终形成发明创造之前的一些失败试验将受到公众关注。如果没有隐私保护我们会怯懦，因为我们开始的失败会被记录在案。我们将只会在我们万无一失的情况下去做事情。对公开失败的恐惧会让我们不想再试一次。

（2）促进精神健康。Jourard 提出了一个理论，即将隐私和精神健康联系起来，他认为人们由于要符合社会期待的压力而很可能成为精神疾病的受害者[①]。一方面，绝对遵照所有的社会准则必然会导致精神抑制、压抑、紧张、病态甚至是精神崩溃；另一方面，不遵守又可能会导致处罚的产生。对一些差异甚至也采取制裁宣示着这个社会的一种错乱，这何尝不是一种讽刺。通过提供一个庇护，隐私使得人们可以在私底下反对、不遵守这些准则，因此获得公开遵守的能量。

精神健康在学术著作中是少有的一个定义明确的概念[②]。似乎 Jourard 教授使用这个概念来描述隐私的理论有些简洁：避免精神崩溃。精神崩溃是否总是不合乎需要的却是存在疑问的。当我们更仔细地研究精神健康和隐私之间的关系时就产生了更多的问题。长期的遵守社会规范就一定会导致精神崩溃么？如果他人遵守社会规范仅仅是出自社会压力和对处罚的恐惧的话，答案或许是肯定的，可事实并非如此。Jourard 教授对隐私需要的定义仅适用于那些不接受社会规范的人。因此他的理论取决于人们拒绝一些社会规范的可能性，或许只适用于一些极权主义社会。这同样还和社会规范的性质以及不被接受

① Jourard, Some Psychological Aspects of Privacy, 31 Law & Contemp. Prob. 307, 309 - 311 (1966).

② See B. Wooton, Social Science And Social Pathology 210 - 221 (1959).

的社会期待有关。而且，即使遵守社会规范的压力容易引起精神崩溃，那么完全不遵守这些规范也有可能殊途同归。我们有理由相信放任自流和过多管制一样都会对精神健康产生影响。社会规范的一项重要作用就是给予人们一种群体归属感，这样一种归属感源自共同的价值观。如果没有这些社会规范，没有这些规范带来的安定和秩序，人们极易丧失理性。[①] 尽管如此，在现有体系下的有些人确实会抱怨隐私的缺乏影响了他们的精神状况，这些主张支持了 Jourard 教授的观点。

（3）促进自治。自治是和隐私促进自由的作用相关的另一项价值。道德自治是对社会规范的反映和批判性接受，因为它是对社会规范价值的道德评价[②]。自治需要他人独立作出道德判断的能力，行使该能力的意愿以及实践该能力的勇气，而无论他人作出的道德判断是否同主流价值一致。

我们不知道是什么使得人们自治，但是或许在一个多元、宽容且鼓励独立判断的开放社会中行使自治会比在一个盲从的社会里更容易一些。不过，无论一个社会多么开放，它都存在一些危险，即从事某些偏离准则的行为仍会导致一些严厉的处罚。这样一种敌对的反应会产生一些抑制的作用。而隐私的意图就是使人们可以构建和树立自己的观点。如果别人不支持你的观点，隐私使得人们可以向有相似观念的一群人表述其观点。通过这样的过程，慢慢地持异见的人或许会更愿意在公众面前表明其非主流的观点。

有人或许会认为历史和自治的隐私理论不符：历史比我们现在社会要极权得多，但还一直存在着一些自治的人，所以缺少隐私并不必然意味着自治的终结。纵然我们认同隐私非自治的必要条件，我们也需认识到隐私仍是一种大多数人都需要的价值。不是所有人都是普罗米修斯，我们没有如此强大的力量，社会应该确保每个人，而不仅是异见分子来实现其道德自治。

（4）促进人际关系。隐私同样有助于增强人们树立和维持不同

① See E. Durkheim, Suicide: A Study In Sociology (1951).

② See D. Riesman, Faces In The Crowd 736 - 741 (1952); Benn, Privacy, Freedom, and Respect for Persons, in NoMos, at 24 - 26.

程度的人际关系来促进自由。隐私使得人们建立一个多元、多面的角色。控制对人们自身的“编辑”是至关重要的，因为正是通过别人，我们的人际关系才得以建立和维持。

隐私同样有助于人们继续人际交往，尤其是那些我们最珍视的感情交往，因为隐私保留了一个人内心真实的想法、疑问和期待，而这些可能是交往的另一方当事人不能接受的。隐私这种作用是毋庸置疑的，无论我们是否认为完全坦白才是一段关系的理想模式。

这建立在一方认为对方的观点即代表了对方本身不正当的理论之上，他们情感上不能接受这些看似威胁到自己的条件。隐私使得这样一段关系的当事人继续他们之间的关系，而不论他们私底下对一些事情的看法如何。

这些理论都是建立在隐私可以促进自由的共同理论依据之上：隐私允许他人去做那些他们因恐惧别人对其行为有不愉快或敌对反应而不会当众去做的事情。这些反应由于威胁到一些重要关系的解散以及承诺的违反，而这或许还会导致法律惩罚和强制义务的产生，所以成为他人恐惧的原因。于是问题就产生了，由于隐私的庇护，他人或许可以免于这些影响和责任，隐私的作用是否是恰当的？

也许有人会主张我们制定规则的原因是我们认为违反这些规则的行为是不合需要的，我们施加社会处罚正是为了阻止这种不合需要的行为。人们被赋予真实表达的权利，同时又会怀有对和他们交往之人的期待的合理考虑。隐私若要超越管制和教育的机制，使人自由行为，则其还需要一些正当理由。一般来说，只有在促进其自由的行为本身是合乎需要时，庇护这种行为的隐私才被视为是合乎需要的，或者说是可容许的。或许在不久后，我们就会通过改变社会规范直接来促进自由，或者准备好让隐私自由运作。

隐私源自自由，就这个意义而言，我们倾向于将促进自由的隐私视为是合乎需要的。学习、实践以及创造都需要隐私，这一点是毫无疑问的。同样，由于我们通常认为人们应该放松且享有亲密，所以我们当然视隐私为这些价值的必要保证。

如果我们认为在某些方面不应该有或者只能有少量的社会准则来约束，那么我们当然承认这一领域内的隐私作用，这种情况下我们需要隐私，因为有些人会有不同的价值观，会缺乏坚持信念的能量，或者在情感上仍不能接受行为人想要做的事情。典型的例证有，言论自由、种族容忍以及一些亲近和亲密关系的存在。一些官方规则赋予我们不受管制的自由，甚至要求我们不得歧视这些行为，但其并没有消除社会普遍观点或者偏见。① 配偶一方可以理解甚至支持对方有别的性幻想对象或者有别的亲近关系，但仍会觉得这是很难以接受的。在这种情形下，尊重隐私的方式即是迫使我们做到我们知道自己应该容忍的那样。我们认同隐私需要有时是一种对人类本性的限制。

一个相关却不同的情况是，当我们怀疑一些规则或期待的合乎需要性时，或者其明显缺少合乎需要的一致性时，我们不承认隐私的适用。对成人私下自愿的同性恋行为的处理似乎是一个典型的例证。② 另一个我们允许隐私应用的场合是，我们一般认为每个人都有不公开其过去的自由，因为每个人都享有的改变自己的权利以及免受偏见和非理性对待的必要保护。③

隐私在所有场合下都是服务于缓解个人选择和社会规范之间的紧张关系的。④ 但是，这种作用的存在是必要的么？如果促进自由是合乎需要的，那么为何不直接否认社会规范呢？若反之，那又为何允许他人私底下从事我们有合理原因根本不想他们去做的行为？

从概念上说，这是对隐私理论的强大挑战，尤其是因为隐私使其缓和的问题永恒存在。由于精神健康、自治以及人类交往这些因素，行为自由和公共管制之间紧张关系的表面缓和会减少我们直接去面对难题和解决难题的动力。隐私使得人们私下从事若公开从事会引起不快后果的行为，这同时或许会模糊公共管制本身要解决问题的紧迫性。如果同性恋行为不会受到谴责，那么完全没有必要去决定成人自愿私下的同性恋行为本质上是否应当禁止。如果人们可以保持他们的

---

① See G. Allport, The Nature Of Prejudice 326 – 339 (1954).

② The Constitutionality of Laws Forbidding Private Homosexual Conduct, 72 MIcH. L. Rev. 1613, 1613 – 1614 (1974), and the Supreme Court has refused to declare them unconstitutional, e. g., Doe v. Commonwealth, 403 F. Supp. 1199 (E. D. Va. 1975), aff'd mem., 425 U. S. 901 (1976); see Richards, supra note 3, at 1319 – 1320.

③ See Melvin v. Reid, 112 Cal. App. 285, 297 P. 91 (1931); Briscoe v. Reader's Digest Ass'n, 4 Cal. 3d 529, 483 P. 2d 34, 93 Cal. Rptr. 866 (1971).

④ A. Westin, Privacy And Freedom (1967), at 23 – 51.

独立判断只被和他们有相似价值观的人知悉，也没有必要处理别人不良反应的管理问题。至少在短期内，对做决定的人而言，取消和隐藏可能会威胁到重要关系的行为和想法或许相对更容易一些。因此，隐私让我们得以回避处理我们的问题。

然而，情况通常更复杂得多，于是隐私的应用更有合理性。

首先，我们改变实证道德的能力十分有限[①]，而这会影响到社会压力的增加，这或许会导致我们没有改变制度规范的能力。如果这个命题成立，那么隐私的缺乏就意味着人们私人生活整个的摧毁，因为我们的私人生活将被那些所谓地对社会有益的社会规范定得死死的。如果我们连改变一些特殊例外的机会都很小，那么反对隐私的应用看起来是无情且无理的。不到人们群起反抗，法律和社会不会有什么变革，即使这样我们也不应该强迫人们从事反对行为。如果一个人认为他唯一可以维持其理性的方式就是选择私底下从事一些异常行为而不是公开的反抗，这是他自己的决定。同样，如果一个人选择遵守社会规范而不是非传统意义的自治，那是他自己的选择。即便是最极权的社会也会尊重这种选择。

其次，如果我们期望隐私可以保护我们的行为自由，我们自由从事的行为本身需要在适当的范围内，我们对自己和他人所需帮助的评价要突破有限利他主义和一般理性人的限制。假设他人具有其明知会引起别人反感的特征，比如说他是同性恋或是共产党人或者长期从事犯罪行为，我们应该保护他隐瞒这些事实么？Posner 和 Epstein 认为，我们不应该。这种理论可以理解，但其极其严酷。理想地说，如果我们可以完全不理会别人的歧视或不正当行为，这种理论当然没有问题。然而，很明显我们不能做到。基于这个事实，最好的办法或许是忽视掉这种偏见。不仅如此，Posner 和 Epstein 还指出这种场合的隐私期待实际上是操纵和欺骗，因其剥夺了别人作出知情决定的机会。但是我们通常只会有保留的形容自己，也没有人会期待更多的信息。所以问题不是我们是否应该“编辑”这些事实，而是谁来、怎样来编辑这些事实。在这里，笔者认为如果要保护人们隐私需要认同上述前提假设。于是，在这我们要回过头来讨论一下环境论以及完全没有

① See H. L. A. Hart, The Concept Of Law 171 - 173 (1961).

隐私的恶果。一个多元化、个性化的社会当然需要自由——尊重差异的自由。但是差异一般被视为是一种威胁，因其容易导致仇恨、恐惧和偏见。社会生活的这些方面不应该被忽视，我们不能允许过于简单的隐私主张来模糊它们。

在上述情况中，人际交往可算是唯一的例外，因为此时当事人双方地位的更平等并且这种关系在本质上是自愿且私人的。一方当事人为维持这段关系而作出不公开自己某些隐私的决定是值得怀疑的。因为人们总是会选择对自己而言而非对双方都是更容易的方式。他的决定否认了另一方当事人对这段真切关系的理解，同时也否决了其决定是否原谅、容忍或放弃的机会。虽然我们不可能指望我们可以完全达成利他状态，也不期待我们去原谅雇主或是认识的人，或是拒绝生活伴侣作出某些或许会破坏这段关系的知情决定的机会。这是我们关于人际关系理论相关的另一方面。从这个方面上说，家长式保护应该是成人间关系的一部分，我们应该制定得当的规范准则。

（5）限制披露。隐私更深层且特殊的作用是，隐私会提高他人的人格尊严，起码当他人的人格尊严要求他人所做的某些事实不被披露时是这样的。对一些不庄重事实的披露不仅仅意味着他人选择隐私的失败，还意味着他人人格尊严的丧失。这种意义上的隐私丧失区别于人际关系中的隐私丧失。人际关系中隐私的丧失或许会导致 X 期待的关系破裂，但它没有造成 X 任何额外必要的尊严和人格的丧失。而在前者中却存在。我们很难知道哪种披露是不庄重的以及这种不当曝光对他人产生的影响。答案或许因当事人和文化的不同而不同①，但有一点是肯定的，即我们不能否认隐私的这一重要作用。

（二）隐私和社会

我们渴望建立一个理想社会，在那儿每个人可以茁壮成长，可以保持精神健康和自治，可以建立和维持人际往来，人们过着其乐融融、富有意义的生活。这种渴望表明隐私的存在是必要的，因为它可以保证人们从事这些活动，所以隐私既表明多元、兼容社会的存在，又有助于其建立。由于对自由的限制缺乏一致的标准，由于我们鼓励

---

① See generally H. Lynd, On Shame And The Search For Identity (1958).

容忍、接受能力和消除偏见能力的限制，倘若我们要承认个人自由，建立一个保护这种自由的社会，我们必须要将隐私纳入其中。

隐私对一个民主社会同样是必不可少的，因为隐私可促进和鼓励公民的道德自治，这是一个民主社会的核心要素。有关投票的大多数规范和权利就是认为公民应该参与到政治决策中来，以作出其判断和表达意见。因此，隐私不仅对自治而言是至关重要的，对民主而言也是必不可少的。

确实，民主对自由而言可能并非绝对必要条件。一个民主国家或许也会严格限制一些行为，但只要它是一个民主国家，它一定允许政治自由。政治自由也需要隐私，因为人们必须享有保证他们投票秘密、政治讨论、政治结社的权利，只有人们能完全自由行使这些权利，才能确保政治自由。所以隐私对民主而言尤其关键，因为它提供政党谋划政治地位以及向对立党妥协的机会，而不受到公众的监视。否认隐私的必要性最终会破坏民主制度①。

不仅如此，我们有理由相信对隐私的尊重还有助于一个社会吸引真正有才能的人去执政。否则醉心于政府服务的人们在计算竞选公职的代价时，他们还必须考虑自身隐私期待和隐私主张的完全丧失。而对隐私的尊重或许会减少这些代价②。

四、隐私法律保护的局限性

进行上述这些分析的一项优势即是它让我们注意到——并且解释了——对隐私进行法律保护一直都存在很大的局限性。因为在很多情况下，法律不能恢复隐私丧失的损失，有时候法律会为了另一些价值而舍弃隐私利益。所以，不能认为我们保护隐私的法律判决完全反映和适用了我们生活中对隐私的需求。

产生这种状况的部分原因是，在很多情况下，我们没有对隐私侵权行为提起诉讼。相关法律诉讼之所以稀缺，或许是因为这种损害并

---

① Cf. NAACP v. Alabama ex ret. Patterson, 357 U. S. 449 (1958).

② See, e. g., Galella v. Onassis, 353 F. Supp. 196, 207 - 210 (S. D. N. Y. 1972), aff'd and modified in Part, 487 F. 2d 986 (2d Cir. 1973); B. Woodward & S. Armstrong, The Brethren: Inside The Supreme Court (1979).

不被法律所认可，或者是因为许多隐私侵权的受害者并没有察觉到这是一种侵权行为，或者是因为人们认为给予法律救济是不恰当的，又或是因为如果对这种侵权提起诉讼会导致额外的隐私丧失。如果忽视掉这些因素，我们当然很容易得出隐私不是一项很重要的利益的结论。然而，诚如之前我们强调的，事实当然不是这样。对隐私法律保护局限性的理解有助于我们的受害者走出这种误区。

毫无疑问，在法律施行过程中，隐私有时必须让位于一些更高阶层的价值，诸如言论自由、研究调查和数据核实等等。这些必然导致对隐私保护范围的缩小。笔者将着重在一些其他原因上研究为什么我们现在对隐私的保护没有反映隐私的重要性。

现代社会存在很多种不让他人察觉而侵犯其隐私的侵权。人们一般只会在产生实质伤害时才会觉察到自己被侵害了，比如他们财产被窃取了，或是合同另一方当事人违约了。而他人的通话被截取、他人被跟踪或者关注、别人正在翻阅我们的档案等，他人就很难发现了。[①] 缺少对侵权的察觉在法律体系中是一个严重的问题，因为这直接影响到受害人是否提起诉讼主张。[②] 在某些情况下，受害者直到其信息被一个公开审理的案件所使用时才意识到隐私侵权的存在，Ellsberg 案就是这种情况[③]。然而，在大多数情况下，由于没有必要公开别人在使用这种信息，所以受害者不可能会提起隐私侵权诉讼，因为他根本不知道侵权的存在。因此，没有隐私诉讼主张的提起并不意味着隐私侵权不存在，也不意味着其不会产生不合乎需要的后果。不过，确实因为法律保护取决于，至少部分取决于察觉到侵权的概率[④]，所以觉察的问题或许助长了这些侵权的气焰。

具有讽刺意味的是，那些他人容易察觉到的隐私侵权，如公开他人私人事务的隐私侵权，通常由于其不同的特征导致其诉讼程序繁琐

---

① An interesting problem of this sort arises in the context of the disclosure excep-tion to the Privacy Act of 1974, 5 U. S. C. 552a (b) (1976).

② See, e. g., Weidner, Discovery Techniques and Police Surveillance, 7 Ucla-Alaska L. Rev. 190 (1978).

③ See N. Y. Times, April 28, 1973, at 1, col. 4.

④ See, e. g., Andenaes, The General Preventive Effects of Punishment, 114 U. PA. L. Rev. 949, 960 - 964 (1966).

冗长，容易使人放弃提起诉讼的念头。提起诉讼是一件历时漫长且费用高昂的事，更重要的是它可能还会引起隐私的额外丧失。在普通案件中，原告一般都希望公开审理案件。例如，在违约案件中，原告或许不是寻求自我宣传，但也不介意这结果。然而，对于隐私侵权的受害者，情况就特殊一些了。对他们而言，法律诉讼会进一步公开他们本就不想公开的信息，而这会大大打消他们寻求法律救济的积极性。而且，对于真正丧失隐私的受害人而言，损害赔偿甚至是禁令往往没有太大的补偿作用。一段关系的破裂、对超过时效的违法行为的披露、严重的羞愧感和耻辱感，这些伤害都不能通过金钱补偿而消除，唯一的收获或许是证明了对方的行为是侵权行为。但并不是所有隐私侵权的受害者都会想要追求这样一种救济方式。

法律保护隐私的局限性还源于有些利益需要隐私的丧失才能获得，比如言论自由、研究调查以及执法需要等。在这些情况下，有时我们甚至不会对隐私主张产生任何同情：刑事犯不需要隐私来保护其自治、精神健康和人际交往。然而在另一些情况下，有些伤害确实存在，但是法律保护的代价太高昂了。受害者意识到了这些事实，所以这些都反过来减少了人们寻求诉讼保护的倾向。

或许法律保护最大的局限性是上述隐私功能分析的结果。隐私之所以是重要的，是因为它给我们提供了一个躲避服从压力的场所，在此我们可以有从事禁止行为的自由，我们有探索、挑战和试验的自由。隐私侵权之所以是有害的，是因为它使我们曝光了，这会使得我们丧失自尊，从而丧失和别人建立良好关系的能力。而法律保护，作为最有效的一种社会调整机制，在隐私富有价值的领域内完全不称职。

虽然现有法律在很多情况下没有保护隐私利益，但上述这些因素表明，这不是对隐私价值的否定，其中存在某种必然性。法律效力当然也存在局限性。另一方面，这也不表明隐私利益不重要。对这一点的强调是至关重要的，因为我们必须看到隐私需求并非完全被法律等形式所反映出来。这也是我们试图将隐私利益明确纳入法律规定内的原因所在。

五、隐私的法律意义

以上对隐私的分析表明，在前两种情况下，隐私是一个一致且有用的概念，隐私的丧失或许可以参照第一种情况可接近的核心概念而得到结论，我们视隐私利益合乎需要的原因也类似于我们将其视为一项价值的正当理由。大部分还原论者不会否认这两项事实，不过，他们主张隐私不是一个有用的法律概念，因为对法律保护现状的分析，要求法律保护的主张实则都表明隐私不具法律意义且本身不值得保护。笔者认为，这种对隐私作为一个法律概念效用的否认是错误的，会产生一些不良结果。为了消除这种观点的不良影响，笔者主张法律应该将隐私利益明确规定下来。

（一）还原论的不足

思索“隐私法律”的一种方式是从询问什么是隐私开始，乃至到什么程度法律可对其提供保护。这种方式产生了一些问题，比如人们为什么需要隐私？为什么想要隐私还不提出法律保护的诉讼主张？如果他们需要，为什么法律又不给予他们保护？回答这些问题将使我们更全面的理解现行隐私保护的范围、法律对社会需要的反映方式、法律对人们想法保护的局限性以及由社会和科技新发展所产生的进一步法律保护的需要。相反，另一种方法则是从法律判决——或者是道德感——入手，来界定隐私法律保护的范围。这种方法的实用价值是显而易见的：将判决限定在一些判处被告承担侵权责任的案件，这样当有诉讼提起时，律师和法院能够依据法律传统而不用重新再查阅所有的案件。

原则上，出发点不应该影响到我们试图找到对现有隐私保护范围合适的描述。然而，从司法判决出发的方式似乎是以还原论的观点而告终。首先，除了对“隐私”这一术语的普遍使用外，这两个出发点代表了不同的数据。从判决出发的学者，没有对隐私的一个外部定义，仅从这些判决而导出隐私的概念。这种方式的一个优势在于，在他们试图研究的所有案件中，法院都已经明确表明了隐私的概念。然而，我们并不能保证这些判决得出的概念会一致，尤其是当这个概念的理论基础并不固定时。试图对单个司法判决中的隐私概念施加一致性必然行不通，因为这样一种一致性在事实上并不存在。还原论者已经意识到了隐私案件一致性的缺乏，并总结道，对现有法律描述的最好办法就是将法律救济进行分类，他们认为这些救济实则是保护其他一些利益而非隐私，且它们之间没有什么共同点。

还原论者的出发点遮蔽了他们的眼睛，使他们忽视处理缺乏司法判决一致性的其他办法。在有些情况下，隐私的标签确实是被用来保护一些非隐私的利益，这是由于法律传统和法律分类的限制。不过在大多数的隐私案件中，涉案的确实是隐私利益。正是由于这个原因，隐私案件除了有一些不同的原则外还存在一些共同特征。还原论者不能解释这种统一，他们的理论很难将这种统一性解释得通。另一方面，只看这些明确判决隐私利益的案件束缚了还原论者去发现另一些案件，即法律实际上是为了保护隐私却使用了一些其他标签的案件。

从判决出发的第二个问题是其数据基础太狭隘了。我们仅关注那些最后被判决了的主张，而且基本上都是法院给予隐私救济的案件。这是不对的，尤其是在隐私领域，因为隐私领域存在很多对给予法律保护不利的因素。最后，从法院判决出发来试图确定什么时候法院倾向于给予法律救济，会模糊我们不给予隐私法律救济的原因，而这对理解全局问题是至关重要的。

而从隐私本质概念的角度出发使我们避免了这些陷阱。这种方法至少对实践者来说是有帮助的，并且格外优于还原论理论：它将凸显关于隐私及其法律保护的诸多重要观察结果，而这有助于我们对隐私代价的关注。

这种理论最优于还原论的一点还在于，这种理论包含了所有贯穿隐私利益的法律保护，涵盖所有的法律分类，无论其贴着什么标签。对他人的有限披露、违约、证据特权的理由、拒绝自证其罪权以及隐私法律——这些一直被视为隐私利益却被 Prosser 教授的还原理论排除在外的要素——都将涵盖在内。当然，还有我们通常用来保护隐私的证据排除规则、非法侵入规则和诽谤原则。同时，这种方法排除了那些明确错误适用隐私概念的案件。我们还将看到有些隐私主张是恰当的，而有些要求免于干扰的主张将被排除。因此，这种方式较之还原论更好地展示了对隐私法律保护的现状。

即使是还原论关于隐私法律保护局限性最有力的主张都不能站住

脚。这些理论的主要观点是法律本身从没有保护隐私，无论何时，倘若存在对隐私侵权的救济只是因为涉及其他诸如姓名和肖像等财产利益被侵害。普遍上说，这种观点是正确的而且当然重要①。它反映了上述法律保护的局限性，尽管它是容易令人误解的。或许这是事实，法律只有当另一些利益被破坏时才倾向于保护隐私，但是对其他利益的侵犯本身也会引起法律保护。这并不能推断出这种情形下的隐私就不是引起法律保护的另一个原因。隐私、财产和名誉都是值得保护的利益。法律都没有赋予它们绝对的保护。当这三种利益中的两种被同时侵犯时，救济就当然产生了，哪怕它们单独并不能引起救济的发生。在这种情况下，原告就不会因为其隐私没有被侵犯而得不到救济。在还原论者处，这种隐私利益的存在就完全被掩盖了。

除此之外，还原论者还没有看到法律保护的连续性。他们错误地认为对隐私的关注是现代社会的产物，没有意识到对隐私的侵犯及其控制从古便有。“人们的家就是他的城堡”的习惯法格言，早期对搜查、扣押及入侵等公权力的限制、对合同的严格规范、禁止偷窥和窃听的法规都证明了早期的隐私关注②。即使在隐私利益没有被明确确认之前，法律也用各种不同的方式在保护隐私。Warren 和 Brandeis 在他们那篇呼吁隐私保护的文章中，追溯了合同法、非法入侵、诽谤以及违反信任关系等对隐私的早期保护。他们提出这些法律保护传统可以作为法院应给予他人隐私侵权救济的根据③。对法律保护连续性的认识有助于我们理解隐私在我们生活中的作用，以及由于社会新发展引发的隐私新主张。

还原论的理论完全没有思索隐私新主张产生的原因。尽管如此，了解一下是什么导致了这些新主张的产生有助于我们决定怎么去做。

---

① See, e. g., Melvin v. Reid, 112 Cal. App. 285, 297 P. 91 (1931).

② A certain sphere of privacy has been protected from the earliest times. Anglo-Saxon law and German tribal law protected the peace that attached to every freeman's dwelling, and offered compensation for damage to property, insulting words, and the mere act of intrusion. 1 Die Gesetzed Er Angelsachsena bt. 8, 15, 17, HI. 11, Af. 40, Ine 6-6. 3 (F. Liebermann ed. 1903); 1 F. Pollock & F. Maitland, The History Of English Law 45 (2d ed. 1968).

③ Wellington, Common Law Rules and Constitutional Double Standards: Some Notes on Adjudication, 83 Yale L. J. 221, 251 (1973).

撇开法律保护的传统，隐私愈演愈烈的丧失确实是现代社会才出现的趋势。正如 Warren 和 Brandeis 所说，这不仅是因为人们对一个有品质生活主要成分的意识、敏感或感觉的变化。事实上，笔者却认为，由于隐私对人类生活的作用太基础了，以致我们几乎不能察觉得到。并且这是存在疑问的：现代人就真的比我们的祖先更敏感或者更复杂么？此外，今天大多数人比我们的祖先都享有更多的隐私，以及在隐私丧失后重新获得自治权的能力。

所以，现代隐私威胁主要是由于社会和时代的变化发展而产生的，至少部分由于科技的发展。过去的法律保护变得不充分了，不是因为对隐私利益保护的等级下降了，而是因为这个等级不适用了。监视、记录、储存以及信息恢复技术的发展[①]使得对人们过去享有的隐私利益的保护变得要么不可能，要么代价高昂。Warren 和 Brandeis 曾指出的媒体“超过限度”，在现代媒体的发展下，旧式隐私侵权（主要是出版和八卦）有了新速度和新范围。夸大一点说，公众人物自治权的丧失就是一种新的表现。许多过去的故事在今天可能不会发生：雨果隐瞒市长职位，莎士比亚掩饰其公爵身份，这些极具仁慈的人们善意的乔装在现代社会都不太可能发生。

将科技的发展作为引发侵权新发展的原因存在事实支撑，即对隐私秘密和隐匿方面的主张不再伴随着物理接触：技术发展影响到了信息的获得、存储和传播，我们不再需要物理接触这种旧式要素才能达到隐私侵权。另一方面，八卦记者等探听、传播职业的大量涌现，大大刺激了人们对信息的搜寻，同时技术设备的发展催生了相关产业，这一切都使得信息和资料被记录和出版。

当然，科技发展并非全部的原因。现代媒体带来的隐私问题远不止丑闻杂志的发展，不止调查记者让更多的人更快地获得更多的信息；一个额外的问题是调查记者一般都不严谨，不会对曝光的情况采取合适的处理。偏颇的事实之所以扰乱人心，是因为他们对某一现象进行了单方面、肤浅的总结，而这些总结通常是不仁慈的。这和过去的八卦有断然的区别。最大的不同就是，过去八卦的对象一般是大家已经对其本身有所了解的人，所以此时就算八卦是有失偏颇的评价其

① See, e. g. , P. Hewitt, Privacy: The Information Gatherers (1977).

实并不会对大家产生误导。相反，报纸的大多数读者绝不可能更正他们从报纸接收到的单一信息①。

新型隐私主张也可能会被解释为旧主张的新形式。按照这个观点，一些新型隐私利益的产生不是因为新需要的存在，而是由于理论学说的新变化或者是对法律改变的期待。隐私被用来克服诽谤的局限性②，被用来避免诸如“实质正当程序”和“自由”等悠久法律术语的过重负担③，被用来作为所有权利的基础，这些作用和财产权的作用没有什么区别。

最后或许也是最重要的一点，还原论容易使得我们忽视掉隐私代价。因为还原论主张隐私只是用来保护其他利益的一个标签，逻辑表明，只要存在隐私问题，那么必然存在“真实”利益的平衡问题。所以，对隐私的这种使用完全是累赘的。还原主义论者认为，尽管我们讨论的是隐私，但实际上我们考虑的利益是还原隐私后的利益。这就是还原论者破坏我们坚持隐私特殊性和重要性的论调，这也会对我们的政治决定有不良影响。通过上述对隐私重要性和特殊性的功能分析，我们可以直面还原论的挑战。

（二）明确承认隐私利益的案件

对明确承认隐私利益的案件，我们有很多可以讨论的东西。这样一种承认可以证实隐私不仅仅是一个方便的标签，而是一种核心价值。这些案件也有助于还原论者用他们的角度来看待问题，例如在确定哪些隐私案件可获得救济时，这可以给予律师和法官一些指导。对隐私的法律保护不只是对其他利益保护的副产品，而是一个更“值得尊重”的价值。明确承认隐私利益可以让我们认识到隐私的丧失

---

① A powerful literary illustration is provided by H. Boll, The Lost Honor Of Katharina Blum (1975).

② Once it became established that truth was an absolute defense to a defamation claim, see Harnett & Thornton, The Truth Hurts: A Critique of a Defense to Defama-tion, 35 VA. L. Rev. 425 (1949), the only way to make truthful publications actionable was to develop new privacy doctrine. See Wade, Defamation and the Right to Privacy, 15 Vand. L. Rev. 1093, 1109, 1120 (1962).

③ Compare Lochner v. New York, 198 U. S. 45 (1905) and Griswold v. Connecticut, 381 U. S. 479, 481 - 482 (1965) with id. at 485 - 486.

是不合需要的，如果这种丧失阻碍了上述作用和目标的实现，那么，它是不合需要的。而且这种丧失应该纳入我们法律体系的范围，是我们应该努力减少的目标。

很明显，对隐私利益的明确承认并不意味着隐私应该受到绝对的保护。也不意味着隐私是我们试图保护的所有利益中我们最看重、最重要的一种利益。不过这两点几乎适用于所有的价值。没有什么价值是受到绝对保护的，即使那些明确被宪法规定和保证的权利。这也不意味着对隐私侵权普遍可提起诉讼。笔者已经大部分解释了法律不能对隐私提供广泛保护的原因。对隐私利益的明确承认不能被理解为法院否认了其他的利益需要，相反，它表明了我们在诉讼中应考虑的那些因素。

从正面说，明确承认隐私利益的案件表明了生活中隐私的特殊作用。我们必须承认，隐私和其他价值（如自由）一样，是一种有益且一致的利益。若我们仔细研究自由，我们会发现自由极易招致和隐私一样的攻击，但这种攻击却从来不会被视作由此否认自由重要性的原因。同时，我们也不是通过明确承认自由利益来表明其重要性的，以致任何一点自由丧失都要提及且纳入考虑。隐私利益也是一样。

我们需要明确隐私利益案件更深刻的原因是我们可以研究与其相反的案件。首先，或许有人主张美国法律系统已经承认了隐私利益，所以我们应该集中在回答法律保护范围的问题上，而不是在已经尘埃落定的事情上花费时间。法律保护范围的问题毫无疑问是重要的，如果隐私利益已经被明确承认且纳入法律体系，我们确实没有进一步确认的需要。但是还原论和承认隐私重要性和特殊性的理论势均力敌，并且虽然部分法律系统对隐私利益做了一些确认，很明显，还有一些并不承认隐私利益的法律系统。对后者而言，这些案件意义非凡。

另一种和第一点完全不同的观点也认为我们不应该承认隐私利益，但原因是隐私利益不需要进一步的法律保护：我们已经拥有了所有我们想要和需要的隐私。那些不合需要的隐私侵权法律已经提供了救济。这种观点继续指出，我们今天较之过去需要更少的法律保护，因为生活水平的提高，个人享有比过去更多的隐私。这些学者仅强调了几个相关案件，这些案件的当事人是会使大家深切同情其遭遇的案件。自从侵权救济存在的百余年间，他们只提出了三个案件，分别是

Sidis 案[①]、Melvin 案[②]和 Barber 案[③]。

解决这一问题的关键是理解隐私新主张产生的原因。的确，我们今天在某些领域享有更多的隐私，但是据此以偏概全就是一种误导了。诉讼的减少并不代表隐私需要的减少，或者是隐私侵权不合需要的程度降低了。我们享有隐私不是因为我们隐居的机会增加了或是对我们人际交往有了更强的支配能力，而是因为我们默默无闻，因为别人对我们没有兴趣。一旦有人对我们产生了强烈兴趣，他就会发现我们的隐私太容易获取了。他或许会一直跟着我们，通过一系列数据系统获得我们的信息，记录我们的谈话，甚至是监视、入侵我们的私人领域。所以，保护我们隐私的不是侵犯隐私的难度，而是他人动机和兴趣的缺乏。然而，问题的关键是一旦今天我们的隐私被侵犯了，它造成的伤害或许比过去的还要严重和长久。因此，虽然大多数人可能不大容易遭受隐私的丧失，但我们有义务来保护那些引起别人兴趣的人。在这个意义上，隐私和其他的基本权利没有什么不同。不过我们不会重点关注犯罪嫌疑人的权利因为我们自身的安全都受到挑战。但是，更普遍的是，我们想成为一个程序正当不受侵害的社会的一分子。

即使法律承认隐私利益应该受到法律保护，可是，对隐私利益的明确规定仍然是不可或缺的。因为没有特定明确的规定就无法确定给予隐私什么样的具体法律保护。同时，明确规定隐私将使我们意识到隐私的重要性，从而丰富我们对不同情况下不同法律保护的理解。

这种意识的后果不止是确定保护隐私的法律规则。例如，这种对隐私的明确承认会重点关注的是改善现行法律救济和诉讼的不当性的方法。有些想法则会深入至我们是否要对司法公开程序进行限制，即如果不付出言论自由和公平审判的昂贵代价，隐私主张是否可以得到保护。而且，法律的明确规定会增加人们对隐私丧失的敏感度，从而鼓励人们主动阻止这些隐私侵权而不要全部倚靠法律。它同样会导致我们不依靠法律而努力去减少隐私的丧失，这种努力包括发展科技使

---

① Sidis v. F-R Publishing Corp., 34 F. Supp. 19 (S. D. N. Y. 1938), aff'd, 113 F. 2d 806 (2d Cir.), cert. denied, 311 U. S. 711 (1940).

② Melvin v. Reid, 112 Cal. App. 285, 297 P. 91 (1931).

③ Barber v. Time, Inc., 348 Mo. 1199, 159 S. W. 2d 291 (1942).

数据泄露更困难。这还会使我们关注到那些破坏他人隐私的职业，诸如记者、医生、侦探、警察以及理疗师，虽然有时候有些侵犯行为是不可避免的，但对这种侵权敏感度的丧失则在损害受害者的同时也助长了侵权者。

如果法律对隐私作出明确规定，那么，隐私利益就不容易受到“法律不应保护隐私因为隐私没有什么作用”论调的攻击。有人或许会主张隐私可以发挥作用的场合都是那些法律传统上不愿干预的领域。这种不愿保护的原因是有些问题不应该也不能由法律处理。例如，法律不太可能规定为了小孩的成长、发展、自主以及交往，父母需要给予子女一些隐私的法律义务。我们会认为，法律对这种自由的干预是不恰当的。然而，法律对隐私的明确规定或许会使得这种隐私特殊保护不必要。因为父母那时或许会更全面地认识到隐私对他们的小孩是极其重要的，这将使他们不用直接法律义务指导就更尊重其小孩的隐私。

法律对隐私利益的普遍规定也有助于法律的执行。我们可将其作为一种解释原则来指明平衡隐私丧失的需要，以此来保护隐私。通过确定不恰当的行为并规定普遍法律义务，这同样可以补充现有隐私法律的不足。因此，对隐私利益的法律普遍规定可以减少隐私侵权，甚至是发生了侵权但受害者可能没有察觉或是其他上面提到的原因而没有提起诉讼的情况。

六、结语

明确规定隐私利益的益处不胜枚举，并且这不会削弱法律体系对其他价值的保护。让我们再次重申，对隐私的承认和对其他价值的承认别无二致，无论是言论自由或是其他自由。如同我们之前论述的那样，将隐私利益明确规定下来有助于我们认识到隐私的重要性，从而减少一些我们忽视了的隐私侵权。不过，更重要的是明确隐私利益将产生启示性影响。这种作用是极其重要的，因为我们大多数人不是完全依靠法律才享有隐私的。我们最应该学会的是怎样运用我们享有的隐私且好好运用它。将隐私利益明确列入法律规定之中可以让我们更加意识到隐私的功能。最终，隐私利益将不只存在在我们的法律中，而且隐私观念将深入人心。

作为社会系统工程的隐私权

奥尔·雅各布·斯特拉希拉威茨[①] 著 张雨[②] 译

目 次

一、导论

试想，当你在某个清晨醒来，却发现深藏在你心中，让你颇为尴尬的秘密被熟人和陌生人知晓，这不啻是一场灾难！鉴于那些令人反感的情节和人们的蜚短流长，我们笃信自己能够保守秘密，缄默不言。但多数人仍会将自己尴尬的隐私告诉其伴侣、兄弟姐妹、父母、好朋友、牧师、心理医生、同事，甚至是偶遇的陌生人。事实上，数以万计的美国人已将自己的私密告知无数陌生人。譬如参加“十二步项目（twelve-step group）”[③] 或是网上聊天。我们通常认为自己已告知别人的私人事务仍然属于隐私。

当行为人通过不正当手段获得他人的个人信息，或未经他人同意

---

① 奥尔·雅各布·斯特拉希拉威茨（Lior Jacob Strahilevitz），美国芝加哥大学法学院助理教授。本文首次刊登于芝加哥大学法律评论（72 U. Chi. L. Rev. 919 2005）。

② 张雨，中山大学法学院助教。

③ 十二步项目是一个通过一套规定指导原则的行为课程来挽回（治疗）上瘾、强迫症和其他行为习惯问题的项目。这个项目是由一个名为匿名酗酒者（AA）的人发起的，本来是作为一个治疗酗酒习惯的方法。译者注。

而在报刊中公开他人的私人事务，他人能够获得救济吗，这些信息属于隐私权法中的“隐私”吗？如果答案是肯定的，私人事务如何转变为公共事务，信息披露者有怎样的身份才会导致原告缺乏合理的诉由？如果有两人知道该信息，它还属于隐私吗？或是五人？抑或百人？在最近的总统与副总统辩论中，John Kerry 和 John Edwards 因为提到了 Mary Cheney 广为人知的性取向而被指责为侵犯其隐私，这真的构成侵权吗，能获得救济吗？总之，公共事务与私人事务的界限何在？

这是隐私权法的首要问题，也是公开他人私人事务与侵扰他人安宁这两类重要隐私侵权行为的症结所在。本文聚焦于隐私侵权行为，而对“隐私”的诠释跨越美国法律的诸多领域，包括《美国联邦宪法第四修正案》、商业秘密、专利、证据、宪政性的隐私权以及信息公开法（Freedom of Information Act）。

当他人已将自己的个人信息告诉别人后，他人还享有合理的隐私期待吗？这是隐私侵权法的核心问题，但遗憾的是，美国法院对此尚无统一完整的理论。并且，各州法院在司法审判中也难以达成一致。佐治亚州法律认为，就算他人将敏感信息告知成千上万的陌生人，也不必然导致其成为公共事务。[①] 但俄亥俄州法律却认为，如果他人将敏感信息告知四个同事，则其隐私期待的合理性就会降低。[②]

本文认为，通过社会系统工程来探讨信息传播途径，有助于法官建立更严谨客观的隐私侵权理论。隐私侵权法不应过分关注这样的问题，即当他人首次披露其私人事务后，他人是否还享有合理的隐私期待。因为该问题极其抽象繁复又模糊难定。相反，隐私侵权法应该关注的是，在他人首次披露了自己的私人事务后，其能够预测到该信息的后续传播范围究竟有多大。因为这是一个更加客观并使人信服的问题。之所以这样做，是因为应将“隐私”概念视为经验性问题，而非充满争议的规范性问题。许多法院表面上将其视为经验性问题，但

---

① See Multimedia Wmaz, Inc. v. Kubach, 212 Ga App 707, 443 SE2d 491, 494 (1994).

② See Fisher v Ohio Department of Rehabilitation and Correction, 61 Ohio Misc 2d 303, 578 NE2d 901, 903 (Ohio Ct Cl 1988).

实际上它们对此却漫不经心，同时也迷惑不解。

本文阐明了社会信息流通的途径。社会学家和经济学家长期致力于对流言传播的研究。近来有更多研究聚焦于个人敏感信息的传播，诸如艾滋病病毒感染情况等。总体而言，本文为研究特定信息在社会系统中的传播提供了内容丰富但尚待完善的讨论框架。同时，也会阐述与之相关的隐私权法，并与法院在真实案件中的审判相比较。假设由于交谈的一方反对另一方将谈话内容告知别人而产生了纠纷，如何解决该纠纷？笔者将说明，社会系统工程在此是一个不可或缺的工具。

它对隐私权法有重要影响。为了预测某些信息是否会被广泛宣扬，我们需了解的不单单是目前究竟有多少人知悉该信息，而且还需要知道，该信息存在于社会哪个领域；哪些群体能够了解它；其后续传播的诱因何在；是否需要与其他信息结合才能凸显其真实性；怎样的社会规范将推动或抑制其后续的传播。被一百人所知的信息也许不会进一步传播，但仅两人所知的信息却可能注定会流传开来。社会系统工程理论将对信息的社会流通渠道作出有效的概括。如果信息以可预测的途径传播，并出现在特定的社会领域中，那么法院就能据此分析出被他人初次披露的私人事务是否必定会广为人知。一旦法院如此操作，就能较轻易地评判行为人的行为对信息的传播起了多大作用。这正是隐私权法亟待解决的问题。

下文的第一部分笔者简要讨论了法律保护隐私权的理论基础，并对随后的讨论建立框架结构。第二部分将在普通法的范围内探讨这样的问题，即已被一两人所知的信息，在何种情况下依然会被法院认定为“隐私”。第三部分将对社会系统工程理论进行深入分析。它着重研究社会系统工程的结构和文化的多样性对信息公开传播有重要影响。第四部分阐述了司法审判的准确性。总体而言，法院的审判目前成效尚佳，但在某些领域，法官的直觉思维依然深陷歧途。本文认为，运用社会系统工程理论能够使法院更加精确而鲜明地判断“隐私”。

二、为何要保护隐私权

本文所要探讨的问题是，当他人首次披露了自己的私人事务后，其是否还享有合理的隐私期待。有一种“隐私”理论认为，他人信息一旦被他人以外的第二个人所知，就不再属于“隐私”。然而，美国联邦最高法院已认识到，这样一个简单的理论难以应付复杂的现实。[①] 个人秘密的确不可宣扬，谈到“隐私”，我们常常将其与性行为、身体特征、敏感病症、可耻的行为、对同事的偏见以及自身的弱点这些方面联系起来。正如笔者在开篇提到的，我们认为这些细节被熟人所知简直是一个灾难，更不用说是为陌生人所知了。

几乎没人能严守秘密，某些被推定为“隐私”的信息，比如性行为，它的发生必有另一个人存在。某些行为可能仅仅是个人所为，但通常认为，即使它被别人获知，但依然属于“隐私”，比如我们会告诉别人自身的病症。事实上，每个人都觉得，将令自己尴尬的隐私告诉别人会如释重负，当然，我们也期待别人能够保密，这样似乎更能促进我们之间的友情[②]。人们往往喜欢对他们敞开心扉之人，即使只是新识。[③] 一位备受尊敬的隐私权理论学家认为，“如果某人总是对别人缄口不言，则他们之间的亲密关系将难以为继。”[④] 我们不必过分看重亲密关系，但若从经济方面描述亲密关系的益处，实则是对亲密关系的贬低。不论是男人还是女人，如果没有密友，他们都将只剩下一副躯壳。

撇开人际关系不谈，与别人分享个人信息对我们也大有裨益。虽然人们的亲密关系有助于保护隐私，但依然存在诸多因素使社会重视隐私权。[⑤] 成千上万的美国人参加十二步小组和互助小组（support group），在这里，人们通常都会向陌生人披露自身状况，比如他们会谈到自己是酒鬼、暴饮暴食者、被虐待的儿童、吸毒者、艾滋病患者

---

① United States Department of Justice v. Reporters Committee for Freedom of the Press, 489 US 749, 763－764, 770（1989）（internal citations omitted）.

② See Charles Fried, An Anatomy of Values: Problems of Personal and Social Choice 142（Harvard 1970）.

③ See Thomas E. Runge and Richard L. Archer, Reactions to the Disclosure of Public and Private Self-Information, 44 Soc Psychology Q 357, 361（1981）.

④ Robert S. Gerstein, Intimacy and Privacy, in Ferdinand David Schoeman, ed, Philosophical Dimensions of Privacy: An Anthology 265, 265.

⑤ For an exploration of the competing values furthered by privacy law, see Daniel J. Solove, Conceptualizing Privacy, 90 Cal L Rev 1087, 1099－1153（2002）.

或是赌徒。[1] 在这些群体中披露隐私能得到有益的建议。同时，因为获知信息的人只是一些不会再见的陌生人，所以这也能舒缓人们的心理压力。[2] 总之，当他人不断将令自己尴尬的个人信息披露给别人后，他人仍然坚信自己享有主观上的隐私期待，如果别人再向第三人披露这些信息，则他人有权据此提起隐私侵权诉讼。法院允许他人提起该诉讼是因为此举能够有助于维护人们之间的亲密关系，虽然这也必须付出一定的代价，即限制人们对信息的传播。笔者暂且假定以上说法的正确性，尽管隐私侵权责任制度备受批评。[3]

（一）法律的相关规定

大多数情况下，法律并不关心谁披露了自己的私人事务。当我们将敏感信息告知朋友后，我们是否还享有合理的隐私期待，法律对此几乎没有规定。人们如何维护自己的隐私呢？人们往往依赖于朋友的德行，或是他们将会保密的承诺，或是一旦泄密就将遭到报复的潜在威胁。一旦朋友违反保密的承诺，我们会用不同的方式加以报复，比如拒绝与他们有更多交流，或是干脆斩断我们的友谊，或是将朋友的私人事务也披露给第三人。另一种情形是，人们会通过使用匿名，或因陌生人的流动性这些方面来保密。在以上两种情况中，侵权法对于塑造人们合理的隐私期待作用甚微。

对于某些敏感信息的披露行为将对他人造成巨大的损害，行为人当然应对此承担法律责任。因为这类案件不仅对他人造成了巨大损害，并且行为人对他人信息的披露范围非常广泛，另一类案件中，双方当事人极不平等，权势地位悬殊。即使让行为人承担名誉侵权责任，也不能阻止其侵权行为的继续，同时他人也不能自救。最典型的要属行为人为媒体的案件。不同于个人，这类“准被告”熟知法律。

侵权责任法通过在具体的案件中规制这类精通法律的当事人，也对普通人产生了间接却重要的影响，使他们能够了解什么是合理的隐

---

① See Jaimie Wilson, United by Addiction—and Hope, Fla Times-Union C1 (Mar 20, 2001).

② See Alan F. Westin, Privacy and Freedom 31 - 32 (Atheneum 1967).

③ See, for example, Richard A. Posner, The Right of Privacy, 12 Ga L. Rev. 393, 409 - 421 (1978).

私期待。如果非公众人物的敏感信息不经本人同意便动辄被电视和报刊报道，那么，普通人几乎就不能期待有任何隐私。因为人们觉得，事件真相若要被新闻媒体报道出来，总是会经历一些中间环节，这使得最终的报道与真相会有所出入，所以人们更不愿将自己或别人的私人信息与人分享，法律对大众媒体的规制也日益增多。越多的普通人将自己的情书发表在《纽约时报》上，则将有越多的人在报纸上发布捍卫隐私权的文章。这一切均对人们的亲密关系构成威胁，尤其是对于这类人，他们常常对那些有损他人名誉的信息反应激烈，这些信息极少产生，但一经产生便能为人所知①。社会在促进人们亲密关系的同时，应降低大家对这些低概率信息的关注度。

他人通常会在参与社会活动中主动透露个人信息，这其中部分的不幸者会看到，没有经过自己的同意，自己所透露的隐私就被行为人擅自披露给社会大众。侵权责任法作为“社会保险”的一种方式，它保护的对象是前者而非后者。② 如果一群情况类似的人们互相分享个人信息，但新闻媒体只公布其中一小部分，这大概也能弥补那些少数的不幸者。

（二）隐私侵权法的目的

公开他人私人事务的侵权责任制度试图在规范人际交流与增加社会福祉二者间达到艰难的平衡。一方面，法律鼓励人们倾诉衷肠来获取心理慰藉，这对交流双方颇有裨益，并能促进人们亲密关系的加深。另一方面，法律会对个人信息的后续传播进行规制。若一个人能与别人分享自己的隐私，而非第三方的隐私，这的确能加深交流双方的亲密关系。

对信息的后续传播有助于使公众认知现存的社会规范。③ 事实

① See Anita L. Allen, Coercing Privacy, 40 Wm & Mary L Rev 723, 755 – 757 (1999).

② See Shubha Ghosh and Vikram Mangalmurti, A Social Insurance Perspective on Security and Privacy (unpublished working paper July 2004), online at http: //papers. ssrn. comabstractid = 569643 (visited May 16, 2005).

③ See Ronald S. Burt, Bandwidth and Echo: Trust, Information, and Gossip in Social Networks, in James E. Rauch and Alessandra Casella, eds, Networks and Markets 30, 37 – 38 (Russell Sage 2001).

上，流言与舆论往往主导社会规范的执行和变化。当然，被蒙在鼓里的第三人可能会因为了解他人的隐私而大有收获。例如，告知一位忠实丈夫他的妻子与人通奸的事实，可能会使社会更加美好，这种披露行为就实属有益。因此，公开他人私人事务的隐私侵权就被四个要件所限定：①公开披露；②对社会披露的事务是私人事务；③社会公众不具有合法利益的事务；④行为人的公开披露行为对一个有理性的人而言，具有高度冒犯性。[①] 第一个要件排除了在法院以外对少数人的披露行为，而要求行为人将他人隐私披露给较多的人，某些州更是要求，这些信息获知者必须是与该信息有特殊关联的人群。第三个要件旨在保护《美国联邦宪法第一修正案》赋予人民的权利，允许人们披露民众具有合法利益的事务。[②] 第四个要件旨在让他人无法对一些无可非议的信息传播行为提起诉讼。但是，第二个要件的意图何在？

本文认为，侵权法中区别公共事务与私人事务有三个目的。

首先，是为了让当事人能自由地披露在一定程度上有益于双方当事人的私人信息。法律允许人们真诚地与别人分享自己隐私，比如在 Jerry Springer 真人秀中透露自己的性生活。这就解释了为什么不存在固有的“隐私”。在这个风靡真人秀节目和博客的时代，任何人都不可能拥有未被陌生人知晓的隐私。法律明智地避免了家长式的专制，并尊重人们披露自身信息的自由，因为只有人们自身才能权衡这种披露行为带来的得失，如果法律干预这种自由，对社会而言是弊大于利。被披露的信息是否属隐私，很大程度上取决该披露行为是否得到了他人的同意。[③] 所以，因受欺诈而披露的信息仍然属于隐私。

其次，侵权行为中的“隐私”要件旨在区分哪些披露行为有利于人际关系，而哪些披露行为是不利的。若人们之间分享的是广为人知或能轻易被人知晓的信息，则这并不能加深人际关系，侵权法不保护这类信息披露。相反，某些信息一旦被披露就能使社会纽带关系得到巨大的发展，法律保护的是这类隐私。

---

① Restatement (Second) of Torts § 652D.

② See Kim Lane Scheppele, Legal Secrets: Equality and Efficiency in the Common Law 260 (Chicago 1988).

③ See Scheppele, Legal Secrets at 199 - 200, 203 (cited in note 24).

隐私并不当然能促进人际关系。鲜有人知道我的鞋码，但我告诉你我穿9 1/2的鞋并不能加深我们的关系。人与人之间是否亲密不仅取决于人们相互坦诚的态度，更取决于坦诚的内容。这就是为何隐私侵权行为须同时具备“隐私”和“对于一个有理性的人而言具有高度冒犯性”两个要件。由于存在“隐私”要件，所以披露一个隐秘的同性恋者属于侵权①，而披露Mary Cheney的同性恋倾向则不属侵权。由于“高度冒犯性”这个要件，披露同性恋者的鞋码不属侵权，而披露其性取向则反之。如果他人所披露的自身信息满足以上两个要件，那么这种披露行为就能促进其与别人亲密关系的发展。这就是为何人们往往出于信任而与人分享自己的敏感信息。

最后，隐私要件能有助于法院评判侵权案件中的因果关系。为查清是否是行为人造成了他人的损害，则须知道在缺少行为人的情况下结果如何。② 该因果关系也决定了他人是否对被披露的信息享有合理的隐私期待。也就是说，如果该信息无论如何都难免会广为人知，那么他人对此就不享有合理的隐私期待。

（三）隐私兼具客观性和描述性

根据隐私权法的作用，我们可以设想法院会用哪些方式来区分公共事务和私人事务。

第一个分歧点在于法院将对隐私作出规范性还是描述性的定义。法官若运用规范性定义，则会认为医疗病症、性取向和政治立场实属固有的私人事务，而将育儿理念、影碟租赁信息和网上聊天当作公共事务。但问题接踵而至：第一，无论个人还是群体对以上问题都难以达成一致。某些同性恋者不愿公开性取向，但却希望与人分享其租赁的影碟。某些人夸夸其谈自己的性偏好，却对其政治宗教立场绝口不提。代表社会精英的法官，不断将自己的道德价值理念融入法律，这与公民群体的多元价值观相冲突。第二，对隐私的规范性定义存在难

---

① See Barbara Moretti, Outing: Justifiable or Unwarranted Invasion of Privacy? The Private Facts Tort as a Remedy for Disclosures of Sexual Orientation, 11 Cardozo Arts & Enter L J 857, 861 (1993).

② Causation is not, in and of itself, an element in the public disclosure tort. See, for example, Johnson v Sawyer, 4 F3d 369, 382 n 69 (5th Cir 1993).

以解决的分歧。人们生长于不同的文化背景，并且年龄、种族、宗教和经济状况的不同，都使他们对收集或披露他人信息的行为给予不同的道德评价。在2004年的总统选举辩论中，参议员John Kerry谈到副总统Richard Cheney女儿性取向的行为合乎道德吗？该问题没有绝对正确的答案，[①] 当人们试图摒弃时下流行的价值观而作出中庸的回答时，这样的答案却难服众口。[②] 也许对隐私的规范性定义极易走入死胡同，因此许多法院更愿意进行描述性定义。

但隐私权法中仍存在规范性分析。隐私侵权行为的第三个要件（社会公众不具有合法利益的事务）、第四个要件（该披露行为对一个有理性的人而言具有高度冒犯性）属于规范性定义，而另外两个要件（公开披露、私人事务）却属于描述性定义。因此，当我们须对“隐私”作描述性分析时，并不是对其所有要件均作纯粹的描述性分析，而是兼有规范性。

一旦法院决定以描述性的“隐私”定义来审理案件，就将面临第二个分歧点。

第二个分歧点即主观隐私与客观隐私的区别。法院会询问双方当事人，当原告首次披露自身信息后，他们双方分别有何种期待，法院或是会直接揣测当事人理应有何种期待。通常，法院更注重后者。[③] 若让被告对原告不切实际的隐私期待承担侵权责任，实属无理。此外，法院需要身临其境地站在原告的角度，以便判断原告的隐私期待是否太过主观，因为当事人极易撒谎。如下文所述，在许多隐私权案件中，原告本来都希望被告能对原告所披露的信息保密，而被告却以为原告并不要求他保密。因此，当法官在审理隐私侵权案时，他们已不再关注当事人的主观想法，而是从理智上推断当事人是否会预见信

---

① Compare Editorial, Outing Mary Cheney, Wall St J A14 (Oct 15, 2004).

② For a fuller and more provocative exploration of these themes, see Randall P Bezanson, The Right to Privacy Revisited: Privacy, News; and Social Change, 1890 - 1990, 80 Cal L Rev 1133, 1159 - 1162 (1992).

③ See, for example, Sanders v. American Broadcasting Companies, Inc., 20 Cal 4th 907, 85 Cal Rptr 2d 909, 913 (1999); Multimedia WMAZ v. Kubach, 212 Ga App 707, 443 SE2d 491, 494 (1994); YG. v. Jewish Hospital of St. Louis, 795 SW2d 488, 502 (Mo Ct App 1990).

息的后续传播。

第三个分歧点是，法院如何判断当事人享有合理的隐私期待，以及这种期待有何差别。如果原告、被告对后续的信息传播预期不同，则法院有两种选择。第一，法院将询问大多数人，他们在首次披露了自身信息后有何期待。第二，假设没有被告行为的情况下，该信息是否会广为传播。理论上，可以通过民意调查回答第一个问题，通过虚拟的信息传播网络来回答第二个问题。但第二个问题的理想答案须依靠精确的计算机模型，它能反映社会倾向，从而预测信息是否会广为人知——如果后续传播是可能或必然的，则一旦原告首次披露了自身信息，则他对此就不再享有合理的隐私期待。如果后续传播极不可能，则结果反之。审判隐私案件的法院往往采用计算机虚拟模型，而非凭借“民意”。不幸的是，在法院一直以来的实践中都缺少明显有益的方法，更不用说那种被假定完美的计算机模型了。由于缺少计算机模型和社会系统工程理论的分析，法官仅根据直觉来判断虚拟情况下信息传播的可能性。法官似乎在自问，“在缺少被告行为的情况下，如果我是原告，我能期待个人信息被继续保密吗?”该问题至关重要，但法院给出的答案却仅凭猜测。我们能够运用社会系统工程来评价法官猜测的准确性或是帮他们做更精确的揣度。

（四）计算机模型与民意调查

为什么“计算机模型”优于“民意”？简言之，法院之所以不用民意调查来解决隐私权纠纷，大概是因为没有学者建议这样做。但 Christopher Slobogin 和 Joseph Schumacher 认为，当公民对政府的搜查行为提起诉讼时，法院须采用民意调查来判断原告是否享有《美国联邦宪法第四修正案》所保护的隐私期待。[1] 在侵权法中运用 Slobogin 和 Schumacher 的这种观点并不算是重大的飞跃。

在隐私侵权案中，民意调查不应起到决定性作用。不论 Christopher Slobogin 和 Joseph Schumacher 的建议多么有益，我们都不清楚，

---

① Christopher Slobogin and Joseph E. Schumacher, Reasonable Expectations of Privacy and Autonomy in Fourth Amendment Cases: An Empirical Look at "Understandings Recognized and Permitted by Society," 42 Duke L J 727, 732, 774 - 775 (1993).

在民意调查中受访者所回答的有关隐私期待的看法究竟有多重要。如果大部分美国公民都告诉调查者说，“在拉斯维加斯发生的就留在拉斯维加斯吧。”这样的假设无所谓是否合理，相反，法院是否对隐私权给予救济，取决于公众的行为而非言语。因此，法院可以适当询问被告，他是否有理由相信，一次的披露行为不会导致信息广为人知。

试想，当民调结果大幅偏离实际行为，比如，假设80%的受访者回答，如果他们发现了朋友的婚外情，他们都将告知朋友的配偶，而实际上仅有20%的人会真正这样做。这就造成了计算机模型和民意调查的冲突。民意调查反映了民众的意愿（应该怎么做），而行为研究反映实际上会发生的结果。人生活在社会中，终生都在与人分享自己的私人事务，也见证着它们被保密或是被传播的整个过程。当他人将自身个人信息告诉别人，明智的人会凭借别人的行为去评判他是否会继续传播该信息，而不是根据别人的态度。在隐私侵权案中，行为分析优于调查分析，正如在环境法领域中，市场数据分析优于条件价值评估数据。①

如果以民调结果来判断当事人是否享有合理的隐私期待，将会产生更多问题。首先，它会在法律中产生循环论证。美国联邦最高法院在一份著名的判决中指出，如果公民对于使用红外线摄像机检测住宅温度的行为享有合理的隐私期待，则会有大量的受访者在民调中认为类似的检测和调查均属隐私侵权。实际上，美国联邦最高法院早就因为民众的隐私期待与隐私权法多有龃龉而颇为不安。② 更重要的是，民调结果会轻易地被民调问题中的措辞而操纵。Slobogin 和 Schumacher 指出，戏剧性的是，不论调查的过程会透露什么，也不论受访者被问及的问题是关于自身还是关于他人的，民意调查结果多取决于调查的主题。③ 在关于《美国联邦宪法第四修正案》的民意调查中，所有的事实都会涉及公权力的运作，这时的调查结果更为一致。而在关于侵权行为的民意调查中，民众对隐私侵权行为的评价大部分取决于

---

① See Note, “Ask a Silly Question...”: Contingent Valuation of Natural Resource Damages, 105 Harv L Rev 1981, 1982 (1992).

② Kyllo v. United States, 533 US 27 (2001).

③ Slobogin and Schumacher, 42 Duke L J at 759 – 760 (cited in note 37).

双方当事人的身份，该信息被披露的程度，披露的目的、本质，等等。

相比调查性结论，法律更倾向于观察性结论，因此计算机模型得出的数据更优于民意调查。以下两点印证了建立计算机模型的必要。第一，陪审团的情绪就是民意的最佳代表，这降低了民意调查的价值。第二，在涉及隐私的名誉侵权中，法院长期运用的均是类似于计算机模型的评判方法。在涉及隐私或是毫无新闻价值的事件中，名誉权法关注的是言论内容本身的真伪，而非被告陈述的真伪。[①] 若某报纸刊登了涉及非公众人物个人信息的虚假事件，即使报社在刊登该文时坚信它绝对真实，但报社依然不能免责。因此，这能促使报社在刊登任何文章之前都能谨慎地进行审查。对于"准被告"而言，判断隐私并不比判断真伪困难，也可能是更为容易。某些案件中，如果被告公开披露的是毫无新闻价值的事务，或是非公众人物的私人事务，则通常原告都会胜诉。在此，可以类推适用名誉侵权法的有关规定，即当非公众人物作为原告时，被告错误地预期与他应对原告承担的责任无关。这些结论都是对"计算机模型"的支持。

对于条件有限的法院而言，计算机模型是否可行？该问题的答案当然取决于现存的科技水平，所以本文将从诸多细节来审视这个重要问题。可以预想，通过社会系统工程理论建立的模型将精确地预测信息传播的可能性。虽然这些模型还不完善，但有诸多理由说明，比起民意调查，社会系统工程更能准确地评判当事人是否享有合理的隐私期待。在正式进入这个主题之前我们先要就侵权法的一些细节做更具体的探讨。

三、有限的隐私权

美国法律一直避免回答一个问题，即在何种情况下他人对自身私人事务的有限披露，将会导致它们成为侵权法中的"公共事务"；奇怪的是，少有法学理论回答过这个问题。

---

① See Gertz v. Robert Welch, Inc., 418 US 323, 327 - 328 (1974); Dun & Bradstreet, Inc. v. Greenmoss Builders, Inc., 472 US 749, 761 (1985).

（一）有限的隐私权

加利福尼亚州的隐私权法比美国其他各州的更为完善，它似乎最为强调“有限的隐私权”这个理论，该理论认为，当他人将自己的私人事务披露给行为人后，他人能合理地期待行为人不会再传播该信息。加州最高法院于1999年对Sanders v. ABC①一案的判决具有里程碑作用。美国广播公司的一名调查记者为揭露电话心理咨询行业的欺诈，而卧底成为一名电话咨询师，并私下用摄像机记录下了自己与同事的对话。Mark Sanders就是她的一名同事，当Sanders与记者Lescht的对话在Prime Time Live节目中播出后，Sanders起诉了美国广播公司，Lescht认为，因为Sanders的同事们都能无意中听到这段对话，所以，Sanders对此并不享有合理的隐私期待。但法院并不同意：

该案恰好提出有关有限的隐私期待……在侵扰他人安宁中，“隐私”要件的存在不是绝对的。社会对隐私期待的承认度有诸多差别，对隐私的期待不可能是绝对合理或绝对无理……“这一事实说明一个人被别人看见并不意味着他被所有人看见。”②

法院由此判决，同事间的“公共事务”可能对外仍然属于“私人事务”。如果Lescht将录音告诉其他同事，Sanders就不会受到损害，但当Lescht将该内容披露给数以万计的电视观众时，Sanders便能以此向法院提起诉讼。最终陪审团判决，Sanders因为安宁受到侵扰而获得了635000美元的赔偿。在其他的案件中，加州法院遵循了该案产生的“有限的隐私权”的先例。

“有限的隐私权”并不仅仅出现在类似Sanders一案这样侵扰他人安宁的行为中，同时也有越来越多的公开他人私人事务的案件引入了“有限的隐私权”。自从侵扰他人安宁中的“隐私”概念完全包含了公开他人私人事务中的“隐私”概念之后，法院将“有限的隐私权”理论引入这两类隐私侵权行为，就越发显得举足轻重。在众多引入“有限的隐私权”的公开他人私人事务案件中，Missouri's YG.

---

① 20 Cal 4th 907, 85 Cal Rptr 2d 909 (1999).

② Id at 72, quoting J. Thomas McCarthy, 1 The Rights of Publicity and Privacy § 5. 10 (A) (2) (West 1998).

v. Jewish Hospital[①] 与 Georgia's Multimedia WMAZ, Inc. v. Kubach[②] 两案具有里程碑的意义。

YG. 是一对患有不孕症的夫妇，他们在被告医院里接受试管婴儿的治疗[③]。只有医院员工和夫妇二人的母亲知道这件事，该夫妇也没有将此事告诉其他人，因为他们所属的教会谴责该做法。在妻子怀孕几个月时，该夫妇受邀参加医院举行的纪念试管婴儿技术运用5周年的派对，当地电视台摄制组和记者也在现场。虽然夫妇二人尽量避免被摄像机拍到，但含有他们二人的画面仍然出现在晚间新闻中，画外音同时说道，该夫妇希望通过试管婴儿孕育三胞胎。新闻播出后，原告夫妇受到了教会的责罚，丈夫在工作时也遭人嘲笑。被告辩称，一旦原告与其他40人参加了该纪念派对，这就意味着原告放弃了合理的隐私期待。法院驳回了这个抗辩理由，并且认为，原告参与派对只是表明"原告主动将他们接受试管婴儿治疗的事实披露给其他类似的夫妇，但并不意味着披露给社会公众"。

与之相似，在 Georgia's Multimedia WMAZ, Inc. v. Kubach 一案中，原告 Kubach 是一名艾滋病患者，他仅将该事实告诉了"朋友、私人医生、互助小组的同伴"大概共有60人[④]。Kubach 同意参加某个讨论艾滋病的电视节目，但要求他的形象必须经马赛克处理，使观众不能认出他来。电视台相关员工没有进行充分程度的马赛克处理，以至于 Kubach 还是被他同一社区的人们辨认了出来。Kubach 起诉该电视台侵犯其隐私权后，被告辩称，当 Kubach 向其亲友、医生等熟人披露他是艾滋病患者时，他就放弃了自己合理的隐私期待。法院并不认可该抗辩，因为 Kubach 仅仅将信息披露给了"关心他的人……或是同样的艾滋病患者"。虽然 Kubach 没有要求这些亲友为他保密，"但他们肯定知道自己不能与别人随意谈论此事"。

这些案件说明，即使原告将自己的私人事务披露给别人，无论是亲友（如同 Kubach 一案）、同事（如同 Sanders 一案），还是陌生人

---

① 795 SW2d 488 (Mo Ct App 1990).

② 212 Ga App 707, 443 SE2d 491 (1994).

③ YG., 795 SW2d at 492.

④ 443 SE2d at 494 & n 1 (stating that Kubach told " a relatively small number of people he thought had reason to know of his disease").

(如同 YG. 一案),对于这些人的后续传播行为都缺少法定或意定的限制,但该信息依然被隐私侵权法认定为“隐私”。

(二)态度强硬的判决

法院在审理某些案件时会驳回原告对“有限的隐私权”的援引,这些案件的判决认为,一旦原告将私人事务披露给别人,就意味原告已放弃了合理的隐私期待,New York's Nader v. General Motors 一案正是标志性案件。① 全国最大的汽车制造商通用汽车试图诋毁和恐吓消费者利益的维护者 Ralph Nader,他曾出版畅销书 *Unsafe at Any Speed*②。后来,通用汽车公司涉嫌向 Nader 的密友和生意伙伴调查他的种族宗教观、性取向、个人习惯和政治倾向。通用公司还欺骗这些受访者,让他们以为自己在为 Nader 所求职的公司提供信息。然而最终,法院驳回了 Nader 提出的侵扰安宁的诉因:③

虽然这些调查能获取原告的个人信息,但很难认定它侵犯了原告的隐私,原告的这些信息已被别人所知,就很难再被认定为“隐私”。原告一旦将某些个人信息告知别人,他就将承担这种风险,即其亲友会进一步传播该信息。

法院认为,Nader 的个人信息被他首次披露给亲友后,就不能再被认定为“隐私”。事实上,法院否定了一个关于有限隐私权的基本假设,即 Nader 的朋友只愿意将 Nader 的信息告诉正打算聘用 Nader 的公司,而不是试图抹黑陷害 Nader 的公司。④ 但根据该案的判决,一旦某人将自己的私人事务告知别人,则该事务就不再是法律所认可的“隐私”。

发生在密歇根州的 Duran v. Detroit News Inc. 一案对此作了进一步说明。⑤ Consuelo Sanchez Duran 是哥伦比亚的法官,曾审判臭名昭著的毒枭 Pablo Escobar。在她和家人受到生命威胁后,她便从法院辞

---

① 25 NY2d 560, 255 NE2d 765 (1970).

② Ralph Nader, *Unsafe at Any Speed* (Grossman 1965).

③ Nader, 255 NE2d at 767.

④ Alabama has followed Nader's approach in two recent opinions. Myrick v. Barron, 820 S2d 81, 85 (Ala 2001); Johnston v. Fuller, 706 S2d 700, 702 - 703 (Ala 1997).

⑤ 200 Mich App 622, 504 NW2d 715 (1993).

职。此后 Duran 担任哥伦比亚驻底特律领事一职，并在该地区租赁公寓。州政府雇佣了安保人员来保护 Duran。她在商店购物或在餐馆吃饭时都使用真名，并告诉那些充满好奇的邻居，她一直受毒贩的威胁。同时，Duran“一直使用一个秘密的电话号码，也不参加任何社交俱乐部，或观看演唱会、体育比赛、电影”。在 Duran 搬到底特律市后的几个月里，当地的媒体披露了 Duran 此前的经历，并向读者与电视观众展示了 Duran 所住的公寓大楼照片。还有一名记者写到，哥伦比亚的大毒枭悬赏一百万取得 Duran 的人头。Duran 以公开披露他人私人事务为由起诉该媒体，上诉法院维持了低等法院对被告的简易判决。该判决指出，原告的诸多行为已经表明她主动公开了自己的身份（open to the public eye）。

Fisher v. Ohio Department of Rehabilitation and Correctio 一案①，完成了强硬观点的三部曲。在该案中，原告告诉她的 4 个同事，她与自己的儿子存在不正当的乱伦关系。法院认为，原告的披露行为使该私人事务成为公共事务，因此原告的雇主有权自由将该事务披露给即将与原告离婚的丈夫。法院的判决指出，“雇主的披露行为仅仅是重申了原告与其同事的公开对话，当原告将自身经历随意披露给周围的人时，她没有考虑到这对自己人格的影响。”②

总之，隐私侵权法中“隐私”概念的确难以捉摸。法院从未精确论证为何某些披露行为会导致原告丧失合理的隐私侵权，而某些披露行为则不会。当然，一个简单的民意调查难以调和判决先例间的矛盾，毕竟，Kubach 向 60 人披露自身的私人事务，并没导致其成为公共事务，而 Fisher 仅向 4 人披露却有相反的结果。笔者将在下文中论证，这两个案件的结论均合理准确。虽然 Kubach 向更多的人披露了自身的私人事务，但该披露行为在某些重要方面比 Fisher 一案中的更为隐秘。

一直以来，法院都希望用社会系统工程理论来判断“隐私”并长期致力于此。所以，我们有必要探讨社会学家会如何回答这些令法院头疼的问题。

---

① Ohio Misc 2d 303，578 NE2d 901（Ohio Ct Cl 1988）.

② Fisher，578 NE2d at 903（emphasis added）.

四、作为社会系统工程的隐私权

在过去的几十年中，社会学家、流行病学家、电脑专家、电气工程师、经济学家等其他领域的诸多专家学者都致力于研究大部分社会领域的运行模式，这被恰当地称之为“社会系统工程理论”。其面临的首要问题在于明白这些领域的变化如何发生，以及该变化如何传递到其他社会领域。[①] 令人诧异的是，该理论已经被运用到诸多学科中。例如，研究电网输电的专家已经注意到通过不同种群的神经网络研究能够寻找到与之类似的传输结构。[②] 同样，流行病学家通过观察高危人群间的联系，来探究流行疾病是如何在特定人群中传播的；而致力于研究组织管理结构的学者则通过美国公司董事身份的重叠，发现了企业管理内部的关联。[③] 不论学者们谈论的是计算机网络、社会系统还是生物系统，同样的“无标度（ scale-free)”模式在这些系统中经常可见。[④]

（一）社会系统工程理论概述

无标度网络，有时也被称为“幂次定律（ power-law)”网络，它具有大量连接较少的节点（称为边缘节点 peripherals)，和少量连接较多的节点（被称为超节点 supernodes，或集线器 hubs)。[⑤] 我们可以将该无标度网络与每个节点连接数相同的随机网络相对比，这二者的区别与我们探讨的目的相关，因为它表明，大部分的社会系统，尤

① Network theorists tend to focus on network structure and relationships as a means of understanding social phenomena. See, for example, Timothy J. Rowley, Moving Beyond Dyadic Ties: A Network Theory of Stakeholder Influences, 22 Acad Mgmt Rev 887, 897 (1997).

② See, for example, Duncan J. Watts, Networks Dynamics; and the Small-World Phenomenon, 105 Am J Sociology 493, 515 – 516 (1999).

③ See, for example, Gerald E Davis, Mina Yoo, and Wayne E. Baker, The Small World of the American Corporate Elite, 1982 – 2001, 1 Strategic Org 301, 321 – 322 (2003).

④ Watts, Six Degrees at 107 (cited in note 92); Lada A. Adamic and Eytan Adar, Friends and Neighbors on the Web, 25 Soc Networks 211, 215 (2003).

⑤ Watts, Six Degrees at 107 (cited in note 92).

其是信息系统都属于无标度模式。①

图 1 是一个纯粹的无标度网络，图 2 是随机网络。在图 1 中，每个（相对独立的）边缘节点（P）都与一个超节点单独连接，总共有八个连接，每条直线代表一个连接。在图 2 中，所有节点之间也共有八个连接。每个节点都处在一个和三个节点的联系中。仅粗略浏览图 1 即能发现，无标度网络能更有效地联系社会。当然，该结论的前提是，所有节点之间的连接都是稳定的，且系统内没有阻塞。例如，在无标度网络中，P_1 和 P_3 通过两个线路所连接，其他节点也是一样。但在随机网络中，节点之间的连接更困难。连接 P_1 和 P_3，需要连接 P_4 和 P_5。实际上，仅仅有八个连接和 9 个节点并不能确保整个系统的贯通。如果删除 P_4 和 P_5 间的联系，将 P_6 与 P_7 连接，则至少有两个节点（P_1 与 P_5）将与其他节点完全隔离。

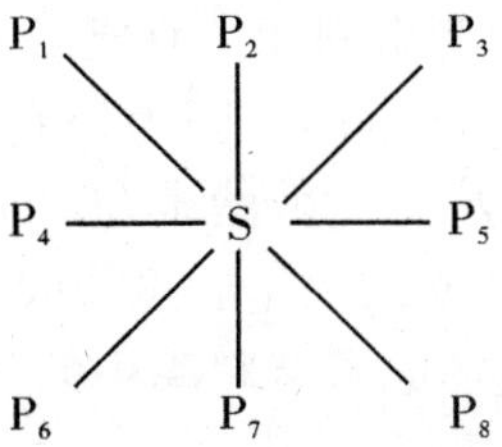

图 1　纯粹的无标度网络

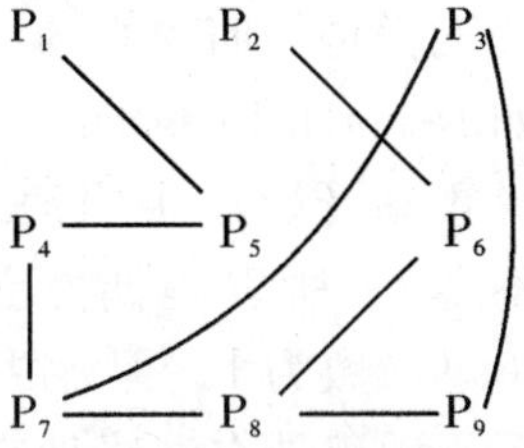

图 2　随机网络

如今，“无标度网络”已被运用到流行的社交网络游戏“Six Degrees of Kevin Bacon”中。1994 年，奥尔布赖特大学兄弟会的几名学生发现，演员 Kevin Bacon 能与 1989 年以来的近 50 万电影演员联系起来。② 于是学生们玩起了一个游戏，游戏的参与者必须想方设法用最短的路径将其他演员与 Kevin Bacon 联系起来。例如，Laurence Fishburne 与 Bacon 在 2003 年共同出演了电影《神秘河》。包括 Laurence 在内，共 1806 位演员与 Kevin Bacon 有 1 个 Bacon 数的连接。

① See Ronald S. Burt, Structural Holes and Good Ideas, 110 Am J Sociology 349, 351 - 352 (2004).

② See *The Oracle of Bacon at Virginia*, online at http://www.cs.virginia.edu/oracle (visited May 16, 2005).

虽然 Carrie-Anne Moss 并未与 Kevin Bacon 共同出演过电影，但却与 Laurence 在《黑客帝国》中有合作，所以她像其他 145024 名演员一样，与 Kevin Bacon 的连接为 2 个 Bacon 数。此外，1996 年，Justin Allder 与 Carrie-Anne Moss 共同出演了电影 Sabotage，所以包括 Justin Allder 在内的 395126 名演员与 Kevin Bacon 之间有 3 个 Bacon 数的连接。①

在互联网电影资料库②中，每个演员的平均 Bacon 数是 2.946，这意味着他们能够通过一个或两个演员而与 Kevin Bacon 建立联系。虽然 Bacon 在好莱坞中相识甚多，但在互联网电影资料库中确有 1048 名演员比 Bacon 拥有更广阔的交际圈。Rod Steiger 就是如此，他与众多好莱坞演员都能建立联系，2004 年 6 月，互联网电影资料库中平均每个演员的 Rod Steiger 数为 2.679。

来自互联网电影资料库的这些数据能够使我们更好理解，人类的社会系统工程是如何建立的。在互联网电影资料库中有成千上万的演员，比如 Deborah Reagan，她仅演出过两部电影，因为她在 1979 年的电影《重新开始》中出演了 Bacon 的妻子（虽然她与 Bacon 的对手戏并不多），所以她偶然获得了 1 个 Bacon 数。虽然 Deborah Reagan 的 Bacon 数为 1，但她并没有帮互联网电影资料库中的其他演员建立联系。她仅处在边缘地带。

综上所述，我们能在现实生活中找出一些“Kevin Bacon”和多个“Deborah Reagan”。他们参加晚宴派对，为他人牵线搭桥，也能与老朋友保持联系。最重要的是，他们在不同的圈子里总有好朋友。他们都是“Bacon”：社会超节点。③ 相反，Deborah Reagans 的世界似乎与世隔绝，她也不会介绍他人相识。Deborah Reagan 虽然也有朋

---

① See Who Is the Center of the Hollywood Universe? online at http://www.cs.virginia.edu/oracle/center.html (visited May 16, 2005) (calculating Bacon numbers as of June 29, 2004).

② See http://www.imdb.com (visited May 16, 2005).

③ See Herminia Ibarra and Steven B. Andrews, Power, Social Influence, and Sense Making: Effects of Network Centrality and Proximity on Employee Perceptions, 38 Admin Sci 0 277, 279 (1993). For a typology of different types of supernodes, see Kimmel, Rumors and Rumor Control at 101 (cited in note 8).

友，但这些朋友之间早已相互认识，所以 Deborah Reagan 不能帮他们建立新的联系，她是典型的边缘节点。

真实的社会系统要比游戏中的“Kevin Bacon 演员网络”复杂得多。因为它是动态的，而非一成不变。人们之间不断建立新的联系，而旧有联系因为死亡、争吵、地理局限，或仅因冷漠就被隔断。[①] 我们常常回想起多年未联络的小学、高中或大学朋友，或一些旧有的邻居、同事、服务供应商等熟人。相反，在“Kevin Bacon 世界”中，即使 Rod Steiger 去世已有三年，他依然推动着人们之间新联系的建立。即便如此，这两者间仍有许多相似之处。虽然人们之间的通信网络不是图 1 中单纯的无标度网络，但它分明呈现出向此发展的倾向，因为人类是群聚的，且只存在少量的超节点能将隔绝的节点重新联系起来。此外，随着时间的推移，社会系统中的人际联系会不断加深拓宽，我与 Joe 认识的时间越长，那么我认识 Joe 其他好朋友的可能性就更高。[②]

总之，“Kevin Bacon 网络”与真实的社会系统存在诸多相似的有趣之处。奥马哈的农民与波士顿的银行家之间只隔了几个环节就能产生联系，但他们可能终生都不认识。人们惊讶于 Bacon 数向我们展示的各种现象。飞机上邻座的陌生乘客，可能会突然发现，他们均认识一个身在远方的人，这让他们由衷地感叹世界有多小！这些惊讶并不会带来危险，但人们却会逐渐适应生活中的惊讶，并日渐认识到要严密捍卫自己的隐私，这实属危险之举。虽然农民和银行家通过几个人就可联系，但却少见他们之间有过交流。当奥马哈的农民与波士顿的银行家之间有少量交集或者毫无联系之时，他们会被 Ronald Burt 称之的“结构洞（structural hole）”所隔离，如此，这两个群体便会缺乏有效联系，而纵然他们的信息交流能使双方受益，实际上也难以实现。[③]

这一点对我们研究私人事务在社会中的传播路径而言至关重要。

---

① See Ronald S. Burt, Bridge Decay, 24 Soc Networks 333, 333 - 334 (2002).

② See Scott L. Feld, The Focused Organization of Social Ties, 86 Am J Sociology 1015, 1019 - 1020 (1981).

③ Ronald S. Burt, Structural Holes: The Social Structure of Competition 18 (Harvard 1992).

无标度的社会系统意味着，任何人所披露的信息都有可能被整个社会知晓。但幸莫大焉，这种厄运有时候也不会发生，因为“结构洞”普遍存在，并且法律也将防范这种可能的厄运成为现实，这些笔者将在下文讨论。至于被披露的信息是否会被认为公共事务，完全取决于它是否会连接上超节点，以及超节点是否认为它有传播价值。笔者将在第四部分说明，即使该信息已被一个超节点获知，这也很难证明在没有行为人的情况下的结果。

（二）弱连接的优势

我们总是与一些人谈天说地，无话不言，而与另一些人却鲜有话题可谈。社会学家通常将前者称为“强连接（strong ties）”或“高强度（high intensity）”，将后者称为“弱连接（weak ties）”或“低强度（low intensity）”[①]。假设我有两个邻居，A 邻居和我经常讨论工作、体育、电视节目、浪漫情调和政治，B 邻居仅仅和我偶尔寒暄客套几句。我与 A 的关系便是“强连接”，与 B 则是“弱连接”。

我们可以将这些关系映射到真实生活中。设想都市中的一家大型律师事务所，一般而言，主管税务事务的律师与该部门的其他律师有强连接，而与主管知识产权的律师仅有弱连接。[②] 但总会出现跨部门的强连接。例如，身在招聘委员会和管理委员会的律师总要花时间相互交流。但一般总是部门内的联系更强，而跨部门的联系较弱。

此结论也可推及到同一律所之外。芝加哥 Jenner & Block 律师事务所的一名税务律师也许与同在芝加哥的 Kirkland & Ellis 律师事务所的一名税务律师有强连接，因为他们曾经或现在同属一个律师协会。但不同律师事务所的律师间往往是弱连接，像芝加哥这样的大都市，大部分律师并不认识。[③] 可以说，Kirkland & Ellis 律师事务所的

---

① See John Scott, Social Network Analysis 32 (Sage 2d ed 2000); Gabriel Weimann, The Strength of Weak Conversational Ties in the Flow of Information and Influence, 5 Soc Networks 245, 246 (1983).

② See Morten T. Hansen, The Search-Transfer Problem: The Role of Weak Ties in Sharing Knowledge Across Organization Subunits, 44 Admin Sci Q 82, 106 (1999).

③ See John P. Heinz, et al, The Constituencies of Elite Urban Lawyers, 31 L & Socy Rev 441, 448 (1997).

一名知产诉讼的律师与 Jenner & Block 律师事务所一名税务律师不会有太大的距离，因为至少会有一人同时认识这两位律师，要让他们二人相识非常容易。

Mark Granovetter 有关“弱连接的优势”的理论[①]已经成为了社会系统工程研究中的规范文本，Granovetter 注意到，社会系统往往高度密集：我与家人，家人与家人之间都有密切的联系，并且他们之间的联系并不依赖于我而存在。[②] 有密切联系的人通常有许多相似之处：他们可能有相同的工作、或是邻居、或同姓、有相同的知识背景、或是校友。这些亲密关系有极高的传递性——我在法学院里的所有好朋友，他们本身也是好朋友。这使得在具有强连接的人之间常常出现信息冗杂重复的状况。当我从一个同事口中得知有趣的信息时，即使我不将它告诉与我具有强连接的其他同事，他们可能已经知道或必然会知道。

强连接对我们的生活大有裨益，但若将它当作唯一可靠的信息来源，这实在不是明智之举。正如 Granovetter 所言，“弱连接中的个人不会获知离他们较远的社会系统中的信息，他们的信息来源仅限于关系密切的朋友。”[③] Granovetter 认为，经济能力较弱的人往往过分依赖与他人的强连接。强连接的维持比起弱连接更昂贵，因此贫民对于强连接的投资将会使他们与弱连接无缘。

Granovetter 的研究也表明，弱连接能使个人更容易了解社会中新的就业机会。弱连接能使信息在不同的社会系统领域中传递，它具有桥梁作用。凭借弱连接所获得的信息，可能是最新而简洁的。同时 Granovetter 也发现，弱连接尤其能帮管理人才或专业技术人员找到工作。值得一提的是，虽然弱连接对有益信息的传递效率可能很低，但弱连接的大量存在，使它成为有益信息的重要来源。[④] 强连接同样对我们益处颇大，尤其是对一个希望从其密友处获得大量工作信息的失

---

① Mark Granovetter, The Strength of Weak Ties: A Network Theory Revisited, 1 Sociological Theory 201 (1983).

② See Granovetter, 1 Sociological Theory at 204 (cited in note 123). 126 Id.

③ Granovetter, 1 Sociological Theory at 202 (cited in note 123).

④ See Noah E. Friedkin, Information Flow Through Strong and Weak Ties in Intraorganizational Social Networks, 3 Soc Networks 273, 284 - 285 (1982).

业者而言。

Granovetter 对就业信息的传递途径所作的研究，显然适用了信息传播的相关理论。社会中的信息传播通常依赖于弱连接："文化传播何以能够进行？完全是因为这些亲密群体的存在。群体内部成员有义务共享同一种文化，但群体并不封闭。相反，思想文化会通过弱连接在不同群体间传递渗透。我一直在强调，弱连接能使人获知与己不同的想法和信息，因此，弱连接的作用似乎在于'同质化'，该结论看似是一个悖论，但其矛盾之处会随着人们的理解而烟消云散。从其他区域和不同文化中获得的思想可能是全新的。亚文化间的同质化不会在信息产生之初发生，但却能在信息传播的终点发生。"

在 Granovetter 的研究中，弱连接能够解释任何信息在不同社会系统边缘的传播路径，不论该信息是学术观点，还是时尚潮流。其他社会学家所做的后续研究表明，弱连接尤其有助于对八卦消息的流传，但有关新产品和消费信息的传播还是主要依赖于强连接。① 通过弱连接传播信息的优势主要是快速，强连接传播信息速度较慢，但更为精确可靠。

这些通过弱连接而积极传递信息的人被认为是超节点，他们更有可能获得较高的经济和社会地位，因为他们通常是一个社交圈子里最早获知新信息的人②。这些超节点多数比边缘节点更快乐，消息更为灵通。他们也更可能被视为领导者，或者在工作中得到晋升。③ 为了维护这些特殊地位，超节点会不断地传播新信息，有时，他们甚至不惜将自己的私人事务与人分享。④

可以说，某些信息不适宜通过弱连接来传播。例如，诸多学者的创新研究表明，弱连接能推动单独的信息搜索，但却不利于复杂信息的传播。⑤ 这表明要使某些信息聚合在一起是非常困难的——假设有

---

① See Weimann, 5 Soc Networks at 254－255 (cited in note 119).

② See Gordon W. Allport and Leo Postman, An Analysis of Rumor, 10 Pub Op Q 501, 512 (1946—1947).

③ See Daniel J. Brass, Being in the Right Place: A Structural Analysis of Individual Influence in an Organization, 29 Admin Sci Q 518, 520, 532 (1984).

④ See Tardy and Hale, 65 Commun Monographs at 353 (cited in note 100).

⑤ See Hansen, 44 Admin Sci Q at 82, 105.

两人分别获知一条信息，而该两条信息必须结合在一起才能产生有用功效，如果两人之间有强连接，他们更可能将各自的信息相结合。例如。“9・11”事件的调查表明，政府部门的人员各自对恐怖袭击有不同程度的预见，但体制和法律的限制使他们没有及时有效地交流彼此的信息，因此便不能产生完整信息，也没能阻止该事件发生。[①]

（三）社会系统的组织结构

并非所有的社会系统都能有效地传递信息。社会系统结构呈现出不同层次的无标度网络，它们的差异决定了相关信息能否从一个节点传递到同网络中远距离的另一个节点。

首要的结构变量在于超节点的数量和从超节点到边缘节点的社会距离。在分析弱连接的优势时，我们可以发现，如果超节点与不同社群都有弱连接，则它的普遍存在能够使新信息快速完整地在社会中传播。当所有其他条件相同，社会感兴趣的信息会通过超节点间的弱连接而传播，而不是在边缘节点之间传播。

第二个重要的结构变量是社会的联系程度。超节点能使 100 人或 2000 人间的弱连接正常运作。一个超节点所拥有的良性连接越多，网络中传播的信息就会更优质。真实社会系统中的边缘节点与存在于边缘节点和超节点之间的普通节点十分相似。如果其他条件相同，更优质的节点意味着更多的信息传输量。Robert Putnam 有一个著名理论，即充实的社会资本和充沛的社交活动能促进社会福祉。而该理论的基础之一就是社会联系的必要性。[②]

对局外人隐瞒信息会降低社会系统的沟通效率。当某些信息高度敏感，或反映出了非法动机，或反映出不被主流观点欢迎的政治动机，社会系统中的成员会对它们异常谨慎。此时，弱连接将完全无效，因为人们只会与非常信任的朋友分享这样的信息，例如，犯罪预谋，存在于集权制度中的政治反对派运动，或是单身群体之间的

---

① See National Commission on Terrorist Attacks upon the United States, Staff Statement No. 9: Law Enforcement, Counterterrorism, and Intelligence Collection in the United States Prior to 9/11, 3-5, 8-10 (July 26, 2004); Philip Shenon and David Johnston, Threats and Responses: The Inquiry, NY Times A17 (Oct 2, 2002).

② See Robert D. Putnam, Bowling Alone 319-325 (Simon & Schuster 2000).

交流。

（四）信息披露中的文化与策略思考

有一个论点长期被人忽视，即社会学家经过研究发现总有些信息会很容易地就在社会中流传。对信息传播作实证研究通常涉及不同的题材，比如艾滋病患病事实，或是学校规范，或是面包店的倒闭，对这三个主题的简要讨论将有助于我们对社会系统的实证研究。

1. 患有艾滋病的事实

法院往往将患有艾滋病的事实推定为私人事务。但也不必惊异这样的事实，即几乎所有艾滋病患者都会将患病事实告诉一些人。[①] 为研究该问题，Gene Shelley 和其同事采访了 70 位艾滋病患者。

该研究有些很有趣的发现。首先，比起患有艾滋病的事实，受访者的许多信息却少有亲友知晓。比如受访者的政治倾向、血型、犯罪记录的有无、他们与工会会友的关系、他们的房屋是否曾被非法侵入、过去一年的大概收入、其宗教信仰、他们是否服兵役、家庭的主要问题、近来 12 个月发生的重大事件、他们是否曾受到持枪威胁、在现有住址的居住时间、过去 12 个月去哪里旅游过。只有很少的事务能比患有艾滋病的事实更加广为人知：比如他人的性取向、实名、是否使用过禁药、有几个孩子、住址、出生地、年龄、婚姻状况以及其职业。的确，患有艾滋病的事实比一个人的血型更重要，且有他的亲友更需要获知他患病的事实，研究数据也表明患病的事实并非秘不外传。

其次，研究者的调查也证明了“选择性披露”的存在。相比自己的亲友，受访者更愿意将患病的事实告知其互助小组的组员。大部分受访者称，他们不愿告诉其亲人、密友、性伴侣，因为害怕会因患有艾滋病而招致他们的羞辱、厌弃、他们对同性恋的憎恶、失业或暴力侵害。而互助小组的组员本身也是艾滋病患者，所以向他们倾诉不会有太多的担忧，他们会互相保密。其他关于选择性披露的研究也得出了相似结论。虽然 Shelley 及其同事并未强调，但研究数据的确隐含着一个重要的事实：艾滋病患者将患病事实告诉同一个社会系统中的

---

① See Gene A. Shelley, et al, Who Knows Your HIV Status? What HIV + Patients and Their Network Members Know About Each Other, 17 Soc Networks 189, 211 (1995).

某些朋友，却同时对该系统中的其他人保密，或仅仅告诉互助小组组员，并不告诉其他亲友，即使这些被蒙在鼓里的人对受访者的病症颇有怀疑。

最后，研究者发现艾滋病患者通常只生活于很狭窄的社会系统中[①]，原因有诸多方面：他们被曾经的亲友避之不及；一些人与之前的亲友断交，只为让他们免受目睹死亡的痛苦；许多艾滋病患者正眼看着自己的社交圈子日渐缩小，因为艾滋病正吞噬着其他病友的生命；大部分受访者都不再工作，并且远离了之前的工作的圈子。[②] 此外，受访者非常拮据，他们蜗居在很小的公寓里，与其他的艾滋病患者为邻，并切断了之前与外界的许多弱连接。

2．校园女生间的闲言碎语

第二个关于信息传播的重要研究先于社会系统工程的出现。20世纪50年代，Stanley Schachter 和 Harvey Burdic 专门对校园女生间的闲言碎语做了研究。[③] 研究人员让老师公开从每四个班里抽走一名学生，并称这名学生在这天的余下时间中都会离开。[④] 班里的其他学生依然照旧上课。研究者随后向四个同学散布了关于这些被抽走学生的流言。其中，两人所在的班级都有一名同学被抽取。在午餐休息时间后，研究者对校园里的所有女孩做了采访，以获知他们所听说的有关四个女孩离开的原因。

研究者列举了一些有趣的发现：第一，全校 96 个女孩除了一人都听说了那个流言。第二，比起没有学生被抽走的班级，在有学生被抽走的班级中，女生们花了更多的时间来议论流言，并将流言告知了更多人。Schachter 和 Burdick 就这些数据得出了以下结论：当流言与谈论者相关时，将促使他们有更大热情来议论流言。第三，该流言在校园的流传过程中并没有被歪曲。第四，虽然研究者散布的流言版本基本上被保留，但同时也有将近 12 个其他版本在校园中流传。目睹同学被抽走的班级更可能编造并议论这些新版本。此外，被抽走学生

① See Shelley, et al, 17 Soc Networks at 200.

② See Shelley, et al, 17 Soc Networks at 194, 200, 213－214 (cited in note 150).

③ Stanley Schachter and Harvey Burdick, A Field Experiment on Rumor Transmission and Distortion, 50 J Abnormal & Soc Psychology 363 (1955).

④ Schachter and Burdick, 50 J Abnormal & Soc Psychology at 365.

的好朋友更可能从有利的方面得出原因（比如，她离开是因为接受了奖励），相反，与被抽走的同学并不和睦的同学会传播对其不利的流言（比如，她离开学校是因为违反校规而被处罚）。

3. 香港面包店的谣言事件

第三项研究，是 Gina Lai 和 Odalia Wong 对虚假流言在香港的传播路径所作的研究。[①] 当 Lai 和 Wong 观察了流言在一个大而复杂的社会系统中的传播过程，他们发现了许多奇怪的现象。

1997 年 11 月 24 日，香港某连锁面包店中的一些员工看到几个同事收到了辞退通知，并就此认为该连锁店即将破产。这种想法十分合理，因为在这同一年该面包店所附属的百货公司已经宣布破产并关闭了其所有店铺。在任何情况下，面包店的倒闭都将影响消费者，正如那些交易面包券的人，他们本可以以面包券换取烘烤食品。当时上千张面包券在流通，流言将使香港居民纷纷涌入该面包店，他们都试图在它破产前将手头的面包券换成食物。在流言产生的随后几个小时内：成千上万的香港人，在听到这个流言后，纷纷带着自己的面包券涌入该面包店……面包店里非常拥挤，人们拿走了所有蛋糕点心。当所有现成的点心被抢完之后，人们甚至在商店外等候新出炉的点心。为了平息疯狂的民众，当晚该面包店立即对流言作出了公开澄清。然而次日，仍有许多人拿着面包券来该店兑换。该流言毫无根据，却给香港的面包业带来了不小的冲击。

幸运的是，我们仍能从这场闹剧中受益。社会学家 Lai 和 Wong 在事件发生的一周内对 1011 人做了电话调查，以询问他们对该事件的看法。超过 90% 的受访者表示知道该流言。Lai 和 Wong 通过调查数据，详尽分析了流言在一个高度城市化社会中的传播路径，笔者将说明他们一些有趣的发现：

第一，非正式的社会系统在信息传播中起到了至关重要的作用。许多人在大众媒体的报道之前就听到了流言，在电视媒介之后，人际关系是第二个普遍的信息源。

第二，在那些通过人际交流而获知流言的人中，仅有 30% 的人

---

① Gina Lai and Odalia Wong, The Tie Effect on Information Dissemination: The Spread of a Commercial Rumor in Hong Kong, 24 Soc Networks 49 (2002).

再将流言告诉他人。这意味着在一个社会系统中流言的传播率有降低的倾向，它将被一种可预测而非随机的方式降低：如果人们认为自己听到的传言是全新、有趣而可信的，并且与别人有关，他们就会将该传言告诉别人。来自香港的这些数据也表明，在此情况下存在传播流言的机会成本——原本可以降低民众抢购面包的概率。于此，社会系统与类似孩子们电话游戏的通信网络有诸多不同。因为社会中的个人能决定是否将信息传递给下一个人，因此可以预期，许多传言并不会流经整个社会系统。

第三，人们倾向于将传言告诉那些可能从中受益的人，因此他们会将面包店即将破产的消息告诉持有面包券的人。因为面包券通常被当作礼物互赠，所以我们极易预见哪些密友拥有面包券。此外，因为该流言涉及购买食品，这在香港主要是女人的日常事务，所以人们通常会将流言告诉女性。

第四，这些受访者有助于将信息从弱连接传输到强连接中。超过74%的受访者常常从非亲属获知信息（比如同事），当他们再次传递信息时，其对象中有45%是亲属而55%为非亲属。一定程度上，亲属关系就意味着强连接。这表明，人们更愿意将有潜在价值的信息告诉他们所重视的人。在那些通过人际关系而获知信息的人中，34%的人认为自己与信息提供者的关系"非常好"，24%的人认为他们的关系为"好"，41%的让人认为"一般"。该研究也表明信息传递的对象是不同的人群：52%的受访者与信息提供者关系"非常好"，22%是"好"，26%为"一般"关系。

第五，信息源与信息传播者的身份都对信息传播有重要影响。该流言之所以迅速蔓延，部分原因是它似乎源于公司内部。同时也因为谣言传播者具有传递真实信息的动机——抽样人群显示，他们更可能将信息告诉他们所关心的人，同时我们从其他研究中了解到，通过强连接所传递的信息比起那些声誉较差的信息源来说具有更高的可信度和影响力。①

---

① Kimmel, Rumors and Rumor Control at 56; Ibarra and Andrews, 38 Admin Sci Q at 282.

（五）系统结构和文化背景之间的互动

综合有关系统结构和文化背景的见解，我们能够得出有关信息传播的新观点。系统结构和文化背景相结合能够创造出极端的不可能——即有关非公众人物的信息会在超过二级维度（two degrees of separation）的人群中极具吸引力。Duncan Watts 指出，“任何在朋友的朋友之外的人都是陌生人……比二级维度更多的可能是三级维度。”Watts 认为，人们的确很难知道二级维度以外发生的事，至少在社交网站 Friendster 出现之前，没有人会关心远离我们两个连接环节的人。

这个事例恰到好处：婚外情颇能吸引眼球。在鸡尾酒会上，任何自尊自重的人都不会告诉别人其朋友的朋友的朋友与某人有婚外情的消息，因为那些听众和议论者都不认识这个人。唯有当听众和议论者知道奸夫是谁，知道该消息的某些细节，或者是该消息本身极其肮脏、滑稽或让人难忘，那么它才会被进一步传播。[1] 当其传遍整个社会系统，故事主角的名字似乎不再被人注意。因此，如果人们之间存在多于两个环节的联系，则对于那些口耳相传的信息，他们应该享有合理的隐私期待。如果 A 将自己的隐私告诉 B，B 再告诉 C，C 告诉超节点 D，D 告诉公众，假设 A 与 C 或 D 没有直接联系，则 A 对 D 即享有合理的隐私期待。

当人们远离一个口耳相传的交流系统，以上经验法则的效力似乎就会减弱。近几十年来，电子邮件、博客等新型通讯系统的流行使得信息传播更为快速，并且也创造出许多新型的潜在超节点。因此，偶尔会有令人尴尬的电子邮件或备忘录流传世界各地，最终的接收者似乎并不认识初始的信息传递者。该情形同样发生在有关私人事务的照片或影像上，比如描绘的是裸体或性行为。[2] 可以说，电子邮件初始接收者会将邮件转发给超过两级维度的人群，这种概率非常低，以至于一个谨慎的非公众人物都可以忽视该风险的存在。此外，当大量的邮件涌入人们的收件箱，其中某封邮件被挑出然后再广泛传播的几率

---

① See Allport and Postman, 10 Pub Op Q at 502 - 505, 512 - 514.

② See Ian Ith, Local Porn Business Tries to Stay Under Wraps; Hilton Tape Bringing Unwanted Attention, Seattle Times B1 (Nov 20, 2003).

完全能够忽略不计。制造烟幕弹一直是保护隐私的重要方法。

对信息传播的道德与法律限制无疑在告诉他人他的确享有合理的隐私期待。显然，他人对于自己披露给律师的私人事务享有合理的隐私期待。[①] 律师的客户都能合理期待，该律师必对客户信息保密，除非该律师失职。但某些情况下，并不存在明确的法律责任能够约束行为人披露他人私人事务的行为。假设某位著名女演员参加匿名戒酒会，并在会上介绍说："大家好，我是 Lara Flynn，我是个酒鬼。"[②] 这里显然不存在法定和意定的责任约束——能够制约其他参加者对其见闻的披露。[③] 但匿名戒酒会的参加者显然深知这一社会规范——禁止向参加者以外的人披露参加者的私人事务。如果这一规范足够有效并被参加者普遍接受，那么即使当一名参加者是公众人物，他也对自己披露的信息享有合理的隐私期待。简言之，某些特定群体本身就能够使群体中的人们之间互相保密，当他人在该群体中披露自己的私人事务时，必然享有合理的隐私期待——这些事务不会被传播到该群体之外。

（六）社会系统工程的预测性分析

1977 年，Russell Bernard，Peter Killworth 和 Lee Sailer 为社会系统工程的分析建立了一个崇高的目标。他们指出一个关于信息传播的有效理论"必须能预测信息在系统中是怎样传播的，从 A 点传到 B 点需多久，以及信息如何会在一个圈子里循环传递"。[④] 28 年之后，对信息传播的准确预测尚未实现，依然有许多方面可以探讨，我们能从信息传播理论和社会系统工程的法律应用中受益匪浅。该文的诸多经

---

① See Diane Leenheer Zimmerman, Secrets and Secretiveness: Patterns in the Fabric of the Law?, 78 Cal L Rev 515, 531 (1990).

② The National Enquirer has reported on celebrity participation in Alcoholics Anonymous meetings in the past. See, for example, Lara Flynn Boyle in Alcoholics Anonymous, Natl Enquirer (Mar 20, 2003).

③ See Bree Schonbrun, Comment, " In the Light of Reason and Experience": The Scope of Evidentiary Privilege in the Self-Help Setting: Alcoholics Anonymous Examined, 25 Cardozo L Rev 1203, 1227 n 124, 1237 - 1238 (2004).

④ H. Russell Bernard, Peter Killworth, and Lee Sailer, Summary of Research on Informant Accuracy in Network Data, and on the Reverse Small World Problem, 4 Connections: Bull Intl Network for Soc Network Analysis 11, 18 (1977).

验教训能够有助我们准确预测某信息在最初披露后是否会被继续传播。精确而言，该问题主要依靠以下因素。

系统结构方面：连接与超节点的普遍分布；强、弱连接的混杂交错；某一披露行为邻近是否超节点；通过弱连接整合复杂信息的困难程度；系统结构中对效率与隐蔽性的权衡；人们使用科技来促成或限制信息传播的程度。

文化因素方面：人们披露事实的意愿有所不同；信息披露的道德和法律限制；人们推知该信息是否与他人有关的能力不同；随着信息的传播，人们对它的兴趣将降低；该信息容易通过强连接还是弱连接传播。

以上因素又取决于该信息本身。独立的信息能通过弱连接高效传播，复杂信息则不能。人们通常根据自己对别人的了解，而将自认为对别人有价值的信息告诉别人。面包店倒闭的消息会被告知对此有兴趣的人，而不会被告知没有面包券的人。艾滋病互助小组的组员认为除非他们知道陌生人本身也是艾滋病患者，否则他们会避免将其他组员的病情披露给陌生人，这是道义上的责任。总之，如果并不知道该信息的内容，则系统结构与文化的诸多因素使我们很难预测信息传播的可能性。有趣的是，隐私学说本质上忽略了该信息的内容和本质所具有的决定作用——正是它们能够决定，当他人已将个人信息披露给别人后其是否还享有合理的隐私期待。

（七）经验之谈

如果要将同一网络中多个节点的非重复信息聚合起来，则弱连接的作用并不明显。因此，先将分散的个人信息整合起来，再对它进行公开披露，这样的事例实属罕见。尤其是当信息整合发生在由多个弱连接相连的信息源中，这简直就是侥幸，任何理性人都可以忽视它的存在。相反，当某些信息分散在一个拥有诸多强连接的社会系统中，这些信息被整合的可能性就会变大，而他人对此所享有的隐私期待就会降低。

同时，个人信息越是有趣就越会被传播。因此，如果信息内容非同寻常，或涉及一位大名鼎鼎的公众人物，或是与重要的时事相关，那么它就极易被传播。如果 Monica Lewinsky 告诉 Linda Tripp 她与 Joe Schmo 有婚外情，则比起她告诉别人自己与美国总统有婚外情来说，她对此享有的隐私期待更为合理。同样，一旦某项有趣的信息为一个超节点所获知，则这个超节点很可能认为该信息非常值得与其信息关联者共同分享。某些信息如果拥有可靠的信息来源，诸如，面包店员工称店铺将倒闭的传言，就更容易被传播，因为人们总希望帮助和自己境况相同的人。一般，如果他人所披露的自身信息非常有趣新奇，或是显而易见或是充满娱乐性，则他人应该能够预见该信息会轻易地流传开来。此外，在大部分隐私侵权案件中，如果原告是损害性信息的最初披露者，则他应该知道他的披露行为可能会使信息广为流传。

五、在社会系统工程理论的指引中重读经典案例

回到第二部分关于侵权法的讨论。一些观点认为，因为原告已将信息披露给一部分人，所以他不能因后续传播而获得救济。大部分观点持相反意见——原告对私人事务有限度的披露并不必然使该信息沦为隐私侵权法中的“公共事务”。简言之，私人事务若要转化为公共事务，它究竟需要被披露给多少人仍是不确定的。法官似乎用一个特别标准“当我看到它时，就能作出判断（I know it when I see it）”来审查原告的隐私期待是否合理。问题是：法院作出的直观判断与社会系统工程有没有相契合之处？本部分将对此展开研究。

私人事务怎样会转化为公共事务。即使他人本想就自己的私人事务对行为人保密，但行为人仍然可能获知该信息，并予以传播，在随后的案例中，笔者将以此来评判该信息成为公共事务的可能性。这里的“行为人”，比如在 Kubach 一案中，意指与他人毫无关联者；又如 Fisher 一案，意指与他人有强连接者。何种情况会使私人事务转化为公共事务？当然不能以大部分美国人是否获知该信息来评判。

也许社会系统工程能够提供更引人注目的答案。社会系统工程学家的一个当务之急在于如何评判他人所属的社会系统究竟有多大范围。虽然研究结论多有不同，但它们依然表明单个成年人交际人数的中位数大概是 1700 人。[①] 这并不意味着平均每个人拥有 1700 个积极

① Peter D. Killworth, et al, Estimating the Size of Personal Networks, 12 Soc Networks 289, 310 (1990) (offering the margin of error on this estimate at (+/-) 400). See also Peter D. Killworth, et al, Two Interpretations of Reports of Subpopulation Sizes, 25 Soc Networks 141 (2003).

的社交联系，而是他大致认识这么多人。

我们可以通过1700人的界限，并以最灵活又具说服力的方式来诠释“公共事务”。如果与我有关的某项事实被我所认识的每个人和一些陌生人知道，那么该事实无论如何都属于公共事务。另一方面，如果某特定事实为我朋友所知，却没有陌生人知道，则我必然认为自己享有有限的合理隐私期待。若要评判他人是否享有合理的隐私期待，必须先评价该信息是否会被传播到他人所属的社会系统之外。如果这种可能性很低（比如低于5%），法院将认可他人享有合理隐私期待。

这一方法的前提是，假设他人在首次披露自己的私人事务时，就能充分认识到不同结果出现的可能性，然后再能够判断出，这些可能性是否低到足以让他人忽略的程度。假设他人充分认识到后续传播有可能发生，而并非一定会发生。然后，再用这种微积分学的方式就能推测出他人作出的首次披露是否合理。因为社会系统通常是无标度网络，所以这些分析使我们特别注重对相邻超节点的信息披露。信息的广泛传播常常取决于其是否为超节点所知，以及超节点是否会进一步传播它。

向超节点披露信息不单单会增加获知该信息的人数，也会提升其“跳”过结构洞的概率，否则该结构洞会将两个不同的子网分隔开来。通过超节点的活动，他人与12步项目组员分享的信息将有可能被牙医、学者、秘书，或者在最糟糕的情况下，被小报记者获知。在侵权之诉中，法院必须审查因果关系的有无：如果没有被告的行为，原告是否会受到损害？当原告的损害源于自己对其私人事务的披露时，社会系统工程为该问题的答案提供了理论基础。法院只需自问：对该信息的传播是否不可避免，或者说，被告的行为是否对信息的后续传播有着重大影响？

（一）评价里程碑式的案件

回顾一下Sanders一案，本案所涉及的两个雇员间的谈话，同时也存在于其他雇员的听力范围之内，能被他们知晓。[①] 原告认为，

① 85 Cal Rptr 2d at 912. For a full discussion of Sanders.

Lescht 虽然作为谈话的一方，实际上却是一名卧底记者，因此该案中一项明显的争议是，Sanders 和 Lescht 之间的对话是否发生在当事人两厢情愿的基础上，同时根据笔者在第一部分的讨论，社会系统工程对此毫无指导作用。Sanders 也许坚持认为，正是该记者的虚假陈述才引出了他的谈话，否则他绝对不会有这番言论。同时，如果当时 Sanders 知道他正在被一个记者采访并且正被录音，他却仍然说了这番话，那么他对此就不享有合理的隐私期待。就其工作性质而言，记者就是一个超节点的极端版本，他与读者、观众或听众都建立了弱连接。

社会系统工程理论依然十分贴切。美国广播公司为其记者行为的辩护称，作为一项法律事实，能被其他雇员听到的对话不可能属于隐私。法院认为，Sanders 告诉 Lescht“他自己的抱负、信仰，以及为 Lescht 做过一次心理咨询”。[①] 这些内容都比较模糊，但后来的媒体报道表明，美国广播公司所公布的一个有关 Sanders 的 6 秒钟片段显示，“Sanders 之前是一个喜剧演员，并暗示他并不是一个特别上进的电话心理咨询师”。假设他的 5 个或 10 个同事听到了这段对话，他们传播这些信息的可能性将非常低，那么不认识 Sanders 的人就不会知道该信息。即使该独立信息已经为某个超节点所知，但任何自尊自重的超节点，也不会冒着激怒那些与自己有弱连接的人的风险，而去传播关于这些非公众人物的闲言碎语。不必对这些事实感到惊讶，即一些电话心理咨询师十分怀疑本行业，而一些不起眼的心理咨询师曾当过喜剧演员。Sanders 一案中，虽然法院作出的判决实属直观，但由于其同事的在场不会导致该对话的公开化，所以该判决与社会学的研究结论相一致。

Multimedia WMAZ, Inc. v. Kubach 一案提出了更复杂的问题，即当某人将其患有艾滋病的事实告诉了 60 个朋友、亲属、互助小组组员以及医疗专家，这是否会导致该个人信息被公开化？佐治亚州上诉法院认为，此信息依然属于隐私[②]。显然，在医疗服务中披露的大多数信息都会通过医患特权、保密责任以及诸如《健康保险便携性与

---

① Sanders, 85 Cal Rptr 2d at 912.

② 443 SE2d at 494. For a full discussion of Kubach, see text accompanying notes 65 – 70.

责任法》（Health Insurance Portability and Accountability Act）等法律而得到保护，所以医疗过程中的披露并不必然导致信息公开化。然而，对朋友、亲人和互助小组组员的非特权披露又会如何？Shelley所作有关艾滋病信息传播的研究表明，当事人常常将该信息披露给其社交圈子的一部分人，另一部分人虽然也很关心当事人的健康，但他们却一直被蒙在鼓里。艾滋病的患病信息似乎不会轻易在社会系统中传播，至少非公众人物的患病信息就是如此。虽然本案中的信息比Sanders一案更吸引人，并且该信息也是独立的，但Kubach依然享有合理的隐私期待：他将自己的患病信息告诉一部分认识他的人，并不会使其他人也知道此事，更不用说当地成千上万的居民了。所以，法院对该案的判决是正确的。

法院对YG. v. Jewish Hospital一案的判决却并不显然正确。我们不谈原告自身能否避免被摄影师拍到的问题。原告参加的这个派对，有诸多情况类似的当地夫妇参加，当原告所属教会的会友和丈夫的同事知道此事后，原告十分恐惧。被告辩称，原告参加了这个40人的派对就意味原告已经不再享有合理的隐私期待了①。

评价这种说法是否正确很困难，尤其是因为目前并没有与Shelley研究相类似的学说出现，唯有这种学说才能用当事人所属的社会系统来判断其接受试管婴儿治疗的事实是否属于隐私。所以，我们不得不通过现有所知来进行推断。YG. 一案中，原告接受了试管婴儿治疗，同时其所属的教会将会谴责他们，我们能够因此推断出该信息属复杂信息，它不会因弱连接而被整合。因此，如果原告参加了派对，但并没向派对上的任何人透露其所属教会将谴责接受试管婴儿治疗的行为，那么原告就拥有一个相当稳固的隐私期待。此外，尽管遭到教会反对，但比起患有艾滋病，试管婴儿治疗似乎具有较少的羞辱感，因为医院要求电视台到场拍摄，派对的其他参加者并不反对。于此可以推知，对于后续的信息披露，派对中的人们会受到更少的道德约束，但他们对此也没有多大兴趣。此外，除开电视台的摄制人员，派对的参加者基本是医疗服务者（有为患者保密的义务），或是接受该治疗的患者。如果在这些患者中有人与原告同属一个教会，则他们

① Id at 493. For a full discussion of YG., see text accompanying notes 58 – 64.

也不会将原告的医疗信息披露给教会其他成员，因为他们同样害怕自己的信息被原告泄露。同时，该医院坐落在原告所住的社区，这无疑使原告能被其教会成员或同事轻易地辨认出来。

总之，法院关于涉案信息是否属于公共事务的判断较为合理，但在理想情况下，法院应该审查以下两点：①原告在派对中的陈述是否会将复杂信息整合为独立信息（即是否公布了他们的身份和其教会的反对意见）；②原告在派对中是否花了大量时间与其他人交谈并将自己的情况告诉别人。

相反，Duran 一案中法院的分析并不与社会系统工程相一致。Duran 原本是哥伦比亚的一名法官，她审判过大毒枭 Pablo Escobar 的贩毒集团。根据法院的判决，Duran 在购物或餐饮消费中使用了自己的真名，这就使她对自己的身份不再享有合理的隐私期待。但在社会系统工程中，这些行为连同她在哥伦比亚的恶名，都不会有损其合理的隐私期待。在购物或餐饮这些弱连接中，Duran 至多会与其他顾客或是店员有瞬间的接触，其个人信息也不存在任何有趣的情节。为了给故事增加些趣味，被告将 Duran 在底特律的现状与其往日在哥伦比亚的恶名联系起来，并提到了贩毒集团对她人头的悬赏金。这些信息原本都不会被 Duran 在底特律社会中的弱连接而整合。也许哥伦比亚的服务员本来能把这些相关事务结合到一起，但这也极不可能。Duran 在底特律籍籍无名，这使她对自己在购物和餐饮中披露的个人信息享有合理的隐私期待。

Nader v. General Motors 一案是一个更为贴切的案例。通用汽车公司热衷于收集 Nader 的个人信息，诸如其性倾向、政治立场、宗教信仰和种族观念。[①] 因此，其代理商就通过欺诈手段采访了 Nader 的密友和业务伙伴。这些行为是否侵扰了 Nader 的安宁呢？法院得出了否定的结论，但却很难抽象地回答这个法律问题。Nader 是一位公众人物，因此他告诉给朋友和业务伙伴的个人信息极有可能被广泛传播。信息被披露的可能性取决于其是否有趣或是新奇，以及现存的道德约束力。简言之，在他人首次披露其个人信息后，只有深入了解该信息所涉及的性倾向、政治立场、宗教信仰和种族观念等细枝末节，

---

① 255 NE 2d at 767. For a full discussion of *Nader*, see text accompanying notes 71 – 77.

才能准确地判断他人是否还享有合理的隐私期待。

社会系统工程能够帮我们理解 Fisher v. Ohio Department of Rehabilitation and Correction 一案那令人费解的结论，即原告的个人信息被披露给 4 个同事后，就被认定为不再属于法律中的“隐私”。该信息表明一位母亲与儿子的乱伦关系,[①] 至少在美国，这的确极具刺激性，以至于它不会被严密封锁在诸如办公室这样充满强连接的环境中。在美国大部分工作场所中，人们能够见到同事的配偶，假定原告的丈夫与原告的同事间至少存在弱连接，则其丈夫便极有可能知道该信息。而其他与 Fisher 有关的人，如她的前夫和其同事都能使她丈夫知道。鉴于原告的披露行为反映出了淫秽和潜在的非法因素，法院的结论是合理的。

（二）法官或者陪审团

在以上案件中，上诉法院主要审查原告对其私人事务的披露行为是否会使该信息成为公共事务。如果初审法院的回答是肯定的，则原告的上诉请求将被驳回。反之，如果答案否定，原告的请求会被提交给事实调查员（the finder of fact）。如果主审法官判定涉案信息可能属于隐私，则他会让陪审团最终决定是否为隐私。

Sanders 和 Kubach 两案中，陪审团最终均认定被告的确公开了原告的私人事务。Sanders 一案的陪审团判决原告 635000 美元赔偿，Kubach 一案陪审团判决原告 500000 美元的补偿和 100 美元的惩罚性赔偿。因此，陪审团的隐私观念与社会系统工程理论相一致。Fisher 一案中，初审法院得出的恰当结论为，原告对其儿子“恋母情结”的披露可能会使与她疏离的丈夫最终获知该不雅信息。也许该信息被披露的概率为 50% 或 15%，但社会系统工程理论表明，明智的陪审团不会认为其丈夫无法获知该信息。法院最终没有将该问题提交给陪审团是合理的。比如 Nader 和 Duran 两案中，法院都没有将问题移交给陪审团让陪审团最终评判涉案信息是否属隐私。正如上文所述，虽然 Nader 一案的结果与社会系统工程理论相符，但该案提出了一个问题，即如何保证事实调查员能解决这些纠纷。陪审团能够听审有关案

---

① See 578 NE2d 901. For a full discussion of *Fisher*, see text accompanying notes 86 - 89.

件事实的举证，也能听审专家证人阐述社会系统工程的证词，该证词能够帮助陪审员判别当不存在通用公司的行为时涉案信息是否还会被广泛传播。相反，在 Duran 一案中，明智的陪审团没有得出这样的结论——原告在饭店中使用自己的实名会将她与哥伦比亚大毒枭联系起来。并且，法院理应判决她曾经的法官身份和所受到的人身威胁都属于法律中的“隐私”。

另外，比起经济学在反垄断案件中的运用和高端的科学原理在专利纠纷中的运用，陪审团运用社会系统工程理论来解决隐私侵权案件显得更为容易，但我们依然会担心，陪审团往往更愿意用直觉去判断，而非专家证言中的社会学论据。如果这种担忧十分重要，我们便会将“隐私”当作一个纯粹的法律问题，从而，初审法院会制定一套清晰的规则，以便能够区分公共事务与私人事务。

话虽如此，当运用社会系统工程时，陪审团的判决比法官的判决更为公正合理。法官被先例和他造法的愿望所束缚，他们对良法的渴望可能导致伪科学的产生。

法官往往对某些特别案件的结论耿耿于怀，并将其应用到截然不同的案件中。最典型的案例是佐治亚州去年的 Zieve v. Hairston 一案①。该案中，原告在当地诊所进行了植发手术，佐治亚州的上诉法院对他的隐私权诉求进行了审查。原告 Hairston 同意该诊所在其电视广告中使用原告治疗前后的对比照片，只要该广告不会在佐治亚州方圆 500 英里的地区播放。但最终广告还是在佐治亚州播放了，广告中的原告也被其同事认了出来，所以原告以隐私权被侵犯为由提起了诉讼。Zieve 法院根据 Kubach 一案（另一个佐治亚州的案件）的先例，适用了该案运用的“有限的隐私权”理论。但是 Kubach 一案在社会系统工程理论的推论下得出了正确的结论，Zieve 却并非如此。毕竟，佐治亚州的居民（包括 Hairston 的熟人）到本州以外地区都能看电视，而 Hairston 也会在本州以外有熟人，他们会在电视广告中认出他来，并可能将这个引人注目的消息告诉佐治亚州的居民（嗨，我们的朋友 Hairston 竟然在电视上，你猜是为什么）。法院应该关注，在本州以外究竟有多少居民能看到这个广告，并探究 Hairston 所属社会

---

① 266 Ga App 753, 598 SE2d 25 (2004).

系统的特征。但 Zieve 法院没有回答这些问题，反而盲目地将 Kubach 一案的结论适用到这样简单的案件中，尽管法院是遵循先例，但却忽视了社会学理论和一般的常识。

实际上，在审判隐私权案件的过程中并不必然应当遵循先例，因为高新科技和社会观念可能正在不断改变隐私期待的意义。将“隐私”归为一个法律问题，无疑威胁着此前僵化过时的“隐私期待”。当然，出于同一原因，法院在利用社会系统工程分析时必须要警惕对社会学数据的过分依赖——诸如 Schachter and Burdick 的经典研究必须考虑到女子学校最新的发展变化，比如短信、博客和近年来青少年文化的变化。鉴于此，假设专家证人已经在初审中向陪审团阐明了社会系统工程，那么我们宁愿“隐私”是由陪审团界定，因为他们不必担心造法的一致性。事实异常复杂，社会系统工程理论不能被减缩为一条简短的数据库摘要。

（三）制度能力[①]

毫无疑问，一些读者会认为，法院缺少在隐私侵权案件中进行社会系统工程分析的能力。尤其是那些公开他人私人事务的复杂案件。

但让我们重新审视那些里程碑式的案件。Sanders 和 Fisher 两案中，法院凭直觉得出的结论与社会系统工程相互契合，Kubach 一案的结论可以说是违反直觉的，但它依然得到了社会系统工程的支撑。Nader 与 YG. 两案都属于疑难案件，虽然笔者此前认为法院本应考察更多事实以便判定涉案信息被后续传播的可能性，但法院的结论依然合理。唯有在 Duran 一案中，法院的结论有些离谱，这可能是由于“事后诸葛亮”的作祟。

可以说，法院凭借自己的直觉，恰当地回答了什么是社会系统工程可以预测的问题。但法院很少对此进行充分的解释，除非是为了阐明或否决“有限的隐私权”理论。因此，要是有更严谨的方法并且经过更多的实践历练就会更好——尤其是在那些社会系统工程理论会

① 在 1976 年的四乙铅公司诉环保署案中，Bazelon 法官则明确提出了制度能力（Institutional Competence）的概念，指出这些更为微妙、更加不为人所见的科学判断事项，已经完全超越了我们法官的制度能力之外。

得出反直觉结论的案件中——法院才能够得出更加公开透明、更让人信服的观点。

事实上，如果法院能够衡量信息传播的风险及其精确度，那么普通人同样也行。一项有前景的社会研究可能会关注外行人预测信息传播与实际数据的契合程度。如果人们能通过经验得出信息传播的概率，那么这肯定能安慰那些痛苦的心灵，它们总是担心法院会忽视主观的隐私期待。

鲜有证据证明主观与客观的隐私期待密切相关。人们总倾向于以为自己处于社交圈子的中心，并且以为周围的熟人都对他的私人生活有浓厚的兴趣。如果法院用客观的标准来评价隐私期待，那么，它对隐私权的保护程度就会很低。Duran 一案中的司法错误将比 Zieve 一案更为普遍。

值得期待的是，法院在偶尔适用社会学理论后定能够得到颇有助益的反馈，正如现今法院对经济学理论的适用一般。当他人对自己的个人信息首次披露后，该信息是否会被后续传播？虽然目前针对该问题已经出现了一些发人深思的研究，但这仍然没有引起社会学家足够的重视，即便相关理论显然能够应用到隐私权领域。如果法院认真对待社会系统工程，那么社会学家也会对此作更深入的探究，正如对于披露艾滋病患者患病信息和面包店谣言这些主题一样，它们都留下了诸多的经验教训。

（四）该理论的扩展

合理的隐私期待问题涉及诸多法律领域。包括《美国联邦宪法第四修正案》、宪政性的隐私权、《信息公开法》、免证权、有关专利和商业秘密的法律。本文中，笔者主要探讨的是隐私侵权法。原因在于，一方面，“有限的隐私权”理论已经被应用到某些侵权案件的审理中，因此把产生于社会系统工程中的这个理论引入法律，并不需要对各州的侵权法大肆修改。另一方面，相比其他领域，“有限的隐私权”可能更适合在侵权法领域中运用。而侵权法的统一化也会对此大有裨益，倘若相关法律具有说服力，则社会系统工程在未来将会被广泛运用。

除此之外，对社会系统工程的研究也为某些人打开一扇新窗——

他们一直以来都希望成为法律与社会规范研究领域的专家学者。第一代研究社会规范的学者认为，社会舆论能够促进非正式社会控制方式的形成，该控制方式能够取代正式的法律。近年来的社会规范研究势头减弱，法学学者若想使其得到恢复，可以以更严格的方式来研究社会舆论，同时也能预计非正式的社会控制方式何时能够取代法律。

该观点有许多潜在的应用前景，在此有两个例子作为例证。如果我们认为舆论在房东和房客的纠纷中非常有效，那么法律就倾向于让房东自救。正如，社会系统工程对于调整律师与客户的关系用处不大，所以法官需要以“Rule 11 Sanctions”来制裁律师的违法行为。社会系统工程能够帮助我们判断是否需要法律来保护隐私权，该理论同时也为第二代社会规范学说奠定了基础。

六、结语

当原告对自身的私人事务进行了首次披露，该信息最终是否会广为人知？有关隐私侵权的学说能够指导法官解决该问题。大部分法院都认为，这需要社会学家所具备的独特能力——这是一种能够进行大量虚拟研究和事前分析的能力。鉴于此，法院可能在诸多里程碑式的案件中得出令人惊讶的结论，虽然那些案件的分析并不尽如人意，但本文已经用社会系统工程的理论对其加以补充。近来，因为专家证词的介入，所以该社会学理论大有改善，它正在一步步融入美国法院。

本文试图为法院提供一种简单可取的理论，在案件的审判中，该理论能帮助法官判断当被告以外的其他人对原告的私人事务首次披露后，原告享有何种期待。如果被告的披露行为在实质上改变了并不显著的信息传播——使本来默默无闻的信息变得广为人知，那么被告就会因公开他人私人事务而承担法律责任。同样，如果法院要评判被告不当收集原告私人信息的行为是否侵扰了他人安宁时，法官必须首先明确，在不存在被告的情况下原告的个人信息是否必然不会被公开。社会系统工程理论都坚持认为，若要评判这两种侵权行为，就应该摒弃普通法的模糊性，转而适用一种相对客观严谨并具有统帅地位的方法。

隐私的社会基础
——侵权法中的社群与个人

罗伯特·C. 波斯特[①] 著 张雨[②] 译

目 次

一、导论

隐私权作为一种价值理念，通常被个人用以对抗来自社会的好奇与窥探。[③] 因此，这也意味着“隐私权以个人的社会观念为基础”[④]，并且“当今隐私权的主要敌人”之一便是“社群（community）”。[⑤] 鉴于这些观点，普通法中隐私侵权责任制度的基础在于保护个人的“主观”利益免受“直指其内心的伤害”。[⑥] 与此同时，侵权法的目

---

① 罗伯特·C. 波斯特（Robert C. Post），加利福尼亚大学伯克利分校 Boalt 法学院教授。

② 张雨，中山大学法学院助教。

③ See T. Emerson, The System Of Freedom Of Expression 549 (1970). For an excellent discussion and critique of this understanding, see Boone, Privacy and Community, 9 Soc. THEORY & PRAC. 1, 1 -3, 14 -21 (1983).

④ R. Hixson, Privacy In A Public Society: Human Rights In Conflict at xv (1987); see also A. Westin, Privacy And Freedom 27 (1967); Andre, Privacy as an Aspect of the First Amendment: The Place of Privacy in a Society Dedicated to Individual Liberty, 20 U. West L. A. L. Rev. 87, 89 (1988 -1989).

⑤ B. Moore, Privacy: Studies In Social And Cultural History 267 (1984).

⑥ Emerson, The Right of Privacy and Freedom of the Press, 14 Harv. C. R. -C. L. L. Rev. 329, 333 (1979).

的也是为原告所受的精神损害提供救济。[①]

1890 年，Samuel Warren 和 Louis Brandeis 发表了著名的文章《论隐私权》（*The Right to Privacy*），并在该文中提出了隐私侵权的概念。[②] 其中，这样的法律观念备受争议，即“隐私权，作为人类一般的豁免权——一种人格权”，该文推动了现代隐私侵权法的发展。在现如今的理论界，隐私侵权行为被分为不同的四种类型：侵扰他人安宁的隐私侵权[③]；不合理公开他人私人事务的隐私侵权；擅自使用他人姓名或者肖像的隐私侵权；公开丑化他人形象的隐私侵权。笔者将在本文中对前两类隐私侵权作简要分析，并由此论证侵权法并不是简单地为了保护个人利益免遭社会侵害，而是为了维护人类社会的道德礼仪准则（rules of civility），因为它们是构建社群利益和个人利益的重要方法。侵权法的基础不是私人生活与社会生活的对立，反而是二者的关联。正是这种关联才使个人能够获得尊严与自主，而这两者仅仅与社群规范共存。

有鉴于此，普通法关于隐私侵权的规定全面而复杂地呈现了美国社会生活的标准形态。它不仅能够体现社会规范在定义个人与社群中所具有的特权，而且也体现了对这种特权的限制，因为在社会统治与社会责任方面，个人与群体就会相互龃龉。

二、侵扰他人安宁的隐私侵权：隐私、道德礼仪与个人

侵扰他人安宁的隐私侵权需要哪些构成要件？Hamberger v. Eastman 一案[④]对此做了最好的例证。该案于 1964 年由新罕布什尔州最高法院审判，该州法院在本案中首次引入了“侵扰他人安宁的隐私侵权”概念。笔者选择这个案件来讨论是因为它的判决理由和判决结论极具代表性，并且无懈可击。在该案中，原告是一对夫妇，他们宣称被告即他们的房东兼邻居在他们的卧室内安装了窃听器。新罕布什尔州最高法院在审判中采纳了 William Prosser 教授有关隐私侵权行为

---

① Froelich v. Adair, 213 Kan. 357, 360, 516 P. 2d 993, 997 (1973); see also Hazlitt v. Fawcett Publications, Inc., 116 F. Supp. 538, 544 (D. Conn. 1953).

② Warren & Brandeis, The Right to Privacy, 4 Harv. L. Rev. 193 (1890).

③ Restatement (Second) Of Torts § 652B (1977).

④ 106 N. H. 107, 206 A. 2d 239 (1964).

四分法的学说,[1] 将原告的诉由认定为“被告侵扰了原告的安宁”。[2]

原告诉称，发现这个窃听器使他们“感到非常痛苦、耻辱和尴尬”，并且他们一直承受着“焦虑、严重的精神压力，变得极度紧张而沮丧”。新罕布什尔州最高法院轻轻松松地以“一种轻描淡写的方式”作出了结论，即原告所遭受的侵扰“对任何具有正常感知能力的普通人来说都是具有冒犯性的”。法院认为，原告虽然不能证明何人曾经“听到过原告卧室里的声音”，但这并不重要，因为原告诉讼的要旨仅仅在于这个冒犯性的窃听器的确侵扰了他们的生活。

乍一看，Eastman 一案只是讲述了一个简单的故事。但此案却是美国联邦最高法院在隐私权领域适用了首个现代宪法性权利的案件，即人们对于“夫妇的卧室”享有合理的隐私期待，它是不可被贸然侵犯的“神圣领域”，侵犯它可能会造成比人身伤害更为严重的精神损失。[3] Eastman 一案中的原告恰恰就遭受了这样的“精神损失”，而侵权法的功能就在于能为此提供救济。

该案精确地反映了大部分法官与律师对隐私侵权行为的理解。如果说该案仅仅关注于特定个人的实质精神损害，这未免有些狭隘。这种想法的局限性非常明显，因为它单单认为原告遭受了痛苦，而不将安装窃听器的行为认定是“对任何具有正常感知能力的普通人的冒犯”,[4] 那么 Eastman 一案中的窃听器就不再是一种侵扰他人安宁的隐私侵权了。根据后来的《美国侵权法复述（第二版）》规定，原告能够以安装窃听器的行为为由起诉被告，因为这种行为“对任何一个理性人都具有高度冒犯性”。[5]

“理性人（reasonable person）”的概念经常出现在美国普通法中，尤其是在侵权法领域。这个概念的重点是他并不是指任何一个特定的

---

① See Prosser, Privacy, 48 CalIF. L. Rev. 383, 389 (1960); compare id. with Restatement Of Torts § 867 (1939).

② Eastman, 106 N. H. at 110, 206 A. 2d at 241.

③ Eastman, 106 N. H. at 112, 206 A. 2d at 242 (quoting 3 R. Pound, Jurisprudence 58 (1959)); see also Emerson, supra note 4, at 333; Wade, The Communicative Torts and the First Amendment, 47 Miss. L. J. 671, 707 – 708 (1977).

④ Eastman, 106 N. H. at 111, 206 A. 2d at 242.

⑤ Restatement (Second) Of Torts § 652B (1977).

人。“他不能被认定为任何一个真实的人物。”用标准的书面语言来说，他仅仅是一个“抽象概念”，代表着社会行为的普通标准，他有这个社会中普通人的道德水平。[①] 在 Eastman 一案中，原告能够以被告安装窃听器为由起诉被告侵犯了自己的隐私权，因为一般的社会道德观念都认为房东和邻居对其他夫妇卧室的窃听行为具有高度的冒犯性。在该案中，法院认为，“一旦侵扰他人安宁的行为超出了一般道德礼仪的极限，则侵权责任由此产生。”因此，隐私侵权责任制度至少能够维持道德礼仪的限度，同时也能补偿特殊原告的精神损失。

《美国侵权法重述（第二版）》认为，对这些极限的违反即具有“高度冒犯性”。乍一看，“冒犯”这个概念似乎正是 Eastman 一案中原告认为自己所遭受的精神损失。例如，《韦伯斯特第三版新国际辞典》中将“冒犯性”定义为，引发了“痛苦或不快的情绪”，或导致了“不满或怨恨”。但在 Eastman 一案中原告的“痛苦或不快”并不能适用于其他案件中的原告，因为原告这种特定的精神状态并不能使其能够以被告安装窃听器为由提起隐私侵权诉讼。所以，必须是在一个“理性人”遭受了痛苦的前提下才能提起诉讼。但这不啻给我们留下了一个谜题，因为“理性人”不过是一个没有真实情感的抽象概念。有鉴于此，案件中的痛苦或不快不能被理解为真实的情感，因为理性人并不仅仅是从经验和统计学上对社群中多数人观念作出的平均化，案件中所争议的精神损害也不能被认为是从经验或统计学上对社群中多数人情绪的预测。恰恰相反，因为理性人是社群规范的实例化，所以必须根据这些规范来预测 Eastman 一案中是否存在“冒犯性”。

《韦伯斯特第三版新国际辞典》指出，形容词“冒犯的”描述的是当个人的尊严和感情遭到冒犯或侮辱后所带来的厌恶、恶心、痛苦。这种痛苦或不快被认为是随着“侮辱”和“冒犯”油然而生的。“侮辱”或“冒犯”恰当地描述了社会规范被违反之后的一般感受。因此当法律在评判某一隐私侵权行为是否对理性人具有“高度冒犯性”时，不仅是在预测一种真实感受，而且要看这种违背社会规范的行为是否造成了侮辱或冒犯。

Eastman 一案更为精确地呈现出了隐私侵权行为的构成要件。即

---

① 2 F. Harper & F. James, The Law Of Torts § 16. 2 (1956).

如果原告能够证明被告的行为违背了某种社会规范，并且被告的该行为被认为是冒犯或侮辱的行为，则原告有权获得救济，也就是因人格权受损而获得有效补偿。这些要件构成了典型的侵扰他人安宁的隐私侵权，它的前提在于这样一个假设，即只有当人们对社会规范的普遍遵守才能使个人的人格权保持完整。

当然，该假设也出现在许多社会学理论中。为了分析隐私侵权行为，Erving Goffman 对该假设作了非常系统的阐释。他在早期的文章《论遵从与举止的本质》（*The Nature of Deference and Demeanor*）中很精确地分析了这种假设，并对社会交往的过程作了生动的描述，他认为，任何社会交往都建立在“遵从与举止”的行为规范之上。根据他的理论，遵从的规范（Rules of deference）定义了双方的这样一种关系，即一方将自己对另一方的欣赏或该欣赏之情的象征性、扩展性、媒介性的信息传达给另一方，而另一方同样也将这些信息传达给对方。而举止的规范（Rules of demeanor）定义的关系是一方在另一方的面前能即刻表现出他有教养或是无教养的品行。

总之，遵从与举止的规则构建了这样的行为规则，它能够约束行为人与相对方，同时也能约束整个社会。有鉴于此，社会中的个人不仅是在遵从现存的社会规范，同时也在建立并肯定自己与他人各自生活的“礼仪性的”和“神圣的”范畴。Goffman 称，每个人都必须依靠别人才能完成自己的人生蓝图：“每个人都对自己的举止行为和他人的遵从行为负责，所以为了成为一个完整的人，每个人必须在一连串的礼节中与别人联系起来，人们以合理的举止向别人表达遵从，也能得到别人的遵从。虽然每个人的确都是独立的自我，但我们仍然可以证明每个人都是一系列礼节的产物。比起别人的遵从行为所传递的意义而言，个人举止所表达的意义更为重要。”①

根据 Goffman 的理论，我们必须明白个人的人格权依赖于人们对遵从与举止规范的遵守；或者用 Eastman 一案的通俗语言讲，就是要遵守理性人的道德礼仪。违背这些行为规范即会破坏他人的名誉或毁损其人格。打破“一系列的道德礼仪（the chain of ceremony）”将会

① E. Goffman, The Nature Of Deference And Demeanor, In Interaction Ritual: Essays On Face-To-Face Behavior 47, 47 (1967).

使个人不能成为“完整的人”，并且这也是对其人格权的“否定”。

因此，法律将隐私侵权制度视为对社会规范的维护和对人格损害的补偿。然而，我们必须清楚，在诸多特定的案件中个人都可能已经吸收消化或根本不认可“遵从和举止的规范”，此外，个人也可能遭到或没有遭到实际的人格损害。但是，法律所关注的不是当事人所受到的实际伤害，而是因为遵守了“遵从与举止的规范”所建立起来的完整人格是否得到了保护，违背这些规范即会引起冒犯或侮辱。笔者将这些规范称为“道德礼仪准则（civility rules）”，并将由道德礼仪准则维护的人格称为“社会人格”。

社会人格的概念同时指出了两个不同的方向。一方面，个人在社会中的真实人格必然与社会人格相一致，因为个人已将道德礼仪准则吸收消化。而恰恰又是该道德礼仪准则定义了个人所具有的社会人格。因此，即使以“理性人”的预期来定义“侵扰他人安宁的隐私侵权”，相关的侵权责任制度也能在实践中为原告的精神损失提供救济和保护。但另一方面，社会人格存在于一系列的道德礼仪准则中，当道德礼仪准则结合在一起就构成了这个社会的标准形态。实际上，这些道德礼仪准则所定义的“社群”正是“理性人”的聚居地，它们使社群中的成员能够提起对其他成员的特殊诉讼，这些道德礼仪准则同时又构成了每个社群的独特形态。[①] 因此，即使原告鲜有社交行为并且也没有遭到实际的损害，但由于被告违反了道德礼仪准则，所以原告依然有权对此提起诉讼。法律以此才能维护社群中所固有的社会人格。

对侵权行为的这些讨论，解释了其构成要件中令人费解的部分。大部分侵权行为的成立都要求有诉由和证据能够证明被告对相关社会规范的违反对原告造成了实际的损害。这与表面上证据确凿的案件（a prima facie case）不同。例如，如果你心不在焉地开着车，随后发生了车祸，那么一个以过失为由起诉你的案件必须证明你的过失行为实际上造成了他人显而易见的损害才能获得胜诉。这就是“没有伤害，就没有违规（no harm，no foul）”的基本理念。但是隐私侵权行为与此大为不同，因为它所要求的是不当行为在逻辑上会造成损害结

① J. Gusfield，Community：A Critical Response 29（1975）.

果而非实际发生了意外的损害结果。侵扰他人安宁的隐私侵权本质上会对他人造成伤害，因为该行为被视为是对他人社会人格的损害。

对隐私侵权行为的大致概括反映了这一逻辑结构。与通常以过失为由提起的诉讼相反，在隐私侵权责任制度中，原告无须证明他受到了诸如精神痛苦等实际或意外的损害就可能胜诉。其他有关“人格尊严贬损（dignitary harms）”的侵权责任制度也有诸如此类的规定①。比如在名誉侵权案件中法律依然需要维护道德礼仪准则②，因此，即使被告能够证明原告并未受到实质或意外的损害，但原告却能够因普通法的规定获得胜诉，甚至因“一般的损害”都能获得一笔数额巨大的补偿。Warren 和 Brandeis 在他们 1890 年发表的文章中设想名誉侵权的救济方式能够类推适用到隐私侵权责任制度中。1939 年的《美国侵权法重述（第一版）》中称，隐私侵权案件中的补偿额能够以“名誉侵权法中的计算方法”确定，③《美国侵权法重述（第二版）》对此论述得更为慎重：当原告在一件隐私侵权案中胜诉，则他能对以下几项损害获得赔偿：侵权行为对隐私利益造成的损害；原告遭受的精神损害如果能够被证明通常会由该侵权行为引起（则能获得赔偿）；侵权行为所造成的特殊赔偿④。

《美国侵权法重述（第二版）》的这些规定使原告能以“隐私利益”受到损害为由而获得胜诉，甚至当原告不能证明自己遭受了诸如精神痛苦等实质损害的情况下，他也能获得赔偿。这一切都使隐私侵权行为的理论不再要求，隐私侵权行为必须具有因违背道德礼仪准则所造成的经验上或意外的损害结果。这一结论能够使人信服，完全在于《美国侵权法重述（第二版）》的规定已使原告能够利用侵权责任制度来充分保护自身的社会人格利益。因为一旦被告违反了道德礼仪准则，则原告的社会人格利益必然会受损。

然而，该结论的效力必须要受到限制，因为缺乏相关案例能够对

---

① The phrase comes from Kalven, Privacy in Tort Law-Were Warren and Brandeis Wrong?, 31 Law & Contemp. Probs. 326, 341 (1966).

② Post, The Social Foundations of Defamation Law: Reputation and the Constitution, 74 CalIF. L. Rev. 691, 707 – 719 (1986).

③ Restatement Of Torts § 867 comment d (1939).

④ Restatement (Second) Of Torts §652H (1977).

它加以证明。鲜有原告不能或不愿证明自己受到了实际损害。但在某些案件中，即使仅仅是名义上的[①]，法院也已适用了《美国侵权法重述（第二版）》的结论，尤其是那些关于损害赔偿金的论述。[②]

这些案件虽少，但发人深思。因为它们说明了几乎每个原告都将指称并能够有效地证明自己遭受到了精神痛苦等实际损害。这些证据所具有的公信力表明，人格权极度依赖于社会成员对道德礼仪准则的遵守，并且它也证实了诉讼当事人的实际人格与社会人格高度一致。在 Eastman 一案中，即使我们对原告的身份毫不知情，但我们却坚信原告的确遭受了他所诉称的精神损害。我们的这种“坚信”就是对社会人格与实际人格一致性的最佳例证。但这种“坚信”有一个不可推翻的前提，即原告的人格同我们一样，都是由道德礼仪准则塑造而成。

隐私侵权责任制度在此呈现了一个复杂模式——在特殊受害方要求的情况下，法律会引用一般的道德礼仪准则并对其表示肯定。这种模式被看作试图分散司法权威。与此相反，在刑法中，证明被告触犯了重要法律的权力和责任都集中在政府官员手中，而隐私侵权责任制度却将司法权威分散给了私方当事人。但伴随着这种权力下放，或者说是因为权力下放——隐私侵权责任制度还聚焦于这些原告的特殊利益，因为他们往往很难将道德礼仪准则的违反者诉诸公堂。此外，隐私侵权责任制度还尤为关注，如何规定侵权行为的构成要件才能使遭受损害的原告能够获得赔偿。

我们能粗略区分原告的两种利益。当原告因被告违反了道德礼仪准则而遭到意外的精神损害，第一种利益便产生。常见的损害是精神上的痛苦与屈辱，当然也包括其他特殊的类型。例如，在 Eastman 一案中，原告夫妇中的丈夫宣称当他在卧室中发现了窃听器后，他就患

① See, e. g. , Manville v. Borg-Warner Corp. , 418 F. 2d 434, 437 (10th Cir. 1969); Cason v. Baskin, 159 Fla. 31, 41, 30 So. 2d 635, 640 (1947); S. Hofstadter & G. Horowitz, The Right Of Privacy 265 - 268 (1964). But see Brents v. Morgan, 221 Ky. 765, 774 - 775, 299 S. W. 967, 971 - 972 (1927); Hazlitt v. Fawcett Publications, Inc. , 116 F. Supp. 538, 544 (D. Conn. 1953).

② See, eg. , Socialist Workers Party v. Attorney General, 642 F. Supp. 1357, 1417 - 1423 (S. D. N. Y. 1986).

上阳痿，而其妻子称发现窃听器使她变得性冷淡。虽然这类损害尤为特殊，但依然值得法律为其提供救济。侵权责任制度的构建正是为了提供这种救济。

当原告因受到无礼待遇而遭到人格减损，第二种利益便产生了。即使原告并没有实际遭遇损害，但违反道德礼仪准则的行为在本质上就是对他人人格的贬低。这是因为人格减损并不源于原告的精神状态，而是源于其他人通常会以何种方式对待原告。当这些通常的方式被违反之后，我们便需要探求法律能为被减损的人格提供怎样的救济。

我们可以在少数案件中发现该问题的答案，在这些案件中陪审团会以“精神与情感损害”为借口去“支持那些数额巨大的裁决，尽管少有客观证据能够对此加以证明”。[①]《美国侵权法重述（第二版）》机敏地将这种赔偿视作对原告诉求的肯定：在人格侵权行为的几种类型中，法律的目的均在于为受害者辩白。在名誉侵权案件或隐私侵扰案件中……诉讼的主要目的可能是向公众声明，原告的诉求正确合理，他的确遭到了无礼的对待。这不是一个仅用名义赔偿金就能保护的法律权利，通常还需要惩罚性赔偿。[②]

《美国侵权法重述（第二版）》的结论是，高额的损害赔偿金似乎与任何实质的损害都无关，它其实是对原告诉求的一种肯定。这个结论非常明智又让人信服。如果说隐私侵权案中的原告提起诉讼是为了证明自己隐私权的正当性，那么这也意味着证明自己隐私权的清白。该结论令人费解，因为原告是违法行为中的受害者而非行为人。实际上，原告已经被剥夺了尊严，或者说是受到了羞辱，连他们本应受到的尊重都遭到了质疑。

换言之，这些受害者会遭受特殊的伤害：他们正经历着“名誉扫地”的“威胁”，因为他已经被“一系列道德礼仪”所排除，正是这个“一系列道德礼仪”构建了所有社会成员之间的尊重。自从“每个成员能对彼此提出不同的诉求”为一个社群划定了边界，而如果被告无视原告希望得到尊重的要求，就会潜在地将原告排除在了这

---

① Vassiliades v. Garfinckel's, Brooks Bros., 492 A. 2d 580, 594 (D. C. 1985).

② Restatement (Second) Of Torts § 901 comment c (1977).

个社群的边界之外。据此，只有当原告被重新肯定为这个社群的成员，他才能获得救济。如果将那些隐私侵权案中额外的损害赔偿金解释成是为了重新肯定原告为这个社群的成员，并且也是为了使原告得利，从而使被告得到惩罚，那么这样的解释才能令人信服。因此，隐私侵权责任制度的功能不仅是维持“一系列道德礼仪”，也是在适当情况下弥补它的裂痕。

三、隐私权与道德礼仪准则：一些理论学说

针对 Eastman 一案这个简单的故事，我们已经谈论了许多。隐私侵权行为的基本要件旨在维护社群中的道德礼仪准则及其建立的“一系列道德礼仪”，同时它也旨在保护人们的精神福祉。这种观点产生了一些重要的理论学说，其中包括有关隐私概念的理论和有关隐私侵权法律功能的理论。

（一）隐私的规范性本质：社群与自治的融合

侵权法中的隐私概念，与“中立的隐私理论”明显不同，一些评论家提出“中性的隐私理论”①，试图用一些纯粹的描述性定义和价值中立的观点来诠释“隐私”。比如 Ruth Gavison，将隐私的定义分解为三个层次：保守秘密、隐姓埋名、与世隔绝。她认为，如果他人失去了自己的隐私，这就能够被客观描述为“行为人获知了该信息”，“（行为人）注意到他人，或是窥探他人”。无需考虑社会习俗就能确定隐私是否存在。

隐私的中性理论具有明显的优势和作用。比如它能对隐私进行跨文化分析，因为它所创建的分析对象能够独立于诸多的文化观念。同时，它也能有效地解释隐私权的功能。有种理论认为“隐私”必然会导致某些结果，如果“隐私”被当作一项可衡量的事实，那么该理论便更加容易被证实。Robert Merton 宣称隐私“对于社会结构的有效运作具有重要作用”，该结论的基础在于隐私的中性理论使他人免受行为人的窥探。Merton 认为，隐私权必然存在，因为如果没有它，人们将难以承受遵守社会规范所带来的压力；如果精神分裂症患者的

① Gavison, Privacy and the Limits of Law, 89 Yale L. J. 421, 425 - 440 (1980).

行为从现有社会规范的例外转变为真正的社会规范，那么这个社会将变得复杂而混乱。

无论隐私的中性概念有何优势，它的基础肯定不是普通法。普通法中的隐私一直立足于固有的规范性概念。普通法中的侵权责任制度所保护的隐私不能被简化成诸如空间距离、信息或可观察到的客观事实；借助于行为规范，我们才能理解它。如果被告在拥挤的电梯中离原告非常近，这不能被视为是一个具有高度冒犯性的侵扰他人安宁的隐私侵权；但如果被告在一片开阔的区域中也离原告这么近，那么结果就可能不同了。在普通法中，人们日常生活中的隐私权纠纷通常涉及的是人们的行为，而并非一种用于评价世界的客观中立的方式。

侵权法所保护的隐私范围只能被 Simmel 所称的"道德机智(moral tact)"来划定。[①] Gavison 认为，用社会规范来定义隐私"仅仅是一个结论，而不是一种工具，因为工具能够分析起初对侵权行为的判断是否错误"。但这种反对最终只是在强调普通法并不试图像一位道德哲学家一般，去搜寻和表达第一性的道德原则，而是要去不断发现并刷新我们生活所依靠的社会规范，这些规范为 Gavison 提供了批判的起点。

道德礼仪准则当然保护隐私权以外的其他人格权。但因为普通法并没有以 Gavison 所倡导的中性理论来诠释隐私，所以它根本不关心那些保护隐私权和其他人格利益的道德礼仪准则有何不同。被告的一个行为常常使他在诉讼中受到多项人格损害的指控，比如隐私侵权、名誉侵权或是故意的精神伤害。

普通法试图通过详述隐私侵权行为的构成要件而将隐私权与其他的社会尊重类型区分开来。对隐私权法的触犯行为在正式情况下被称为是"侵扰"，在 Eastman 一案中，隐私侵权行为的成立需要原告指控被告故意侵扰了原告的安宁，并且这对于一个理性人来讲具有高度冒犯性。另一方面，要构成故意的精神伤害需要原告指控被告故意实施了高度冒犯的行为，从而引起原告严重的精神痛苦。

显然，这些要件实质上是重叠的——原告通常会同时指控被告的行为属于侵扰他人安宁的隐私侵权和故意的精神伤害，这不足为奇。

---

① G. Simmel, The Sociology Of Georg Simmel 324 (K. Wolff trans. & ed. 1950).

但是，这两种侵权行为的要件在逻辑上不同。因为法律对侵扰他人安宁的隐私侵权的规定仅仅保护的是Simmel所称的“人们生活的理想环境”，它“不能被打破，除非个人的人格价值被完全摧毁”。而有关故意的精神损害的法律规定旨在防止行为人故意破坏道德礼仪准则而造成对他人人格的伤害。后者旨在禁止恶意的主观意图，而前者要保护的是私人领域免遭侵扰。这些正式的区别并无太大意义，因为对私人领域的侵扰通常只在有恶意的主观意图时才具有高度冒犯性，因此，这两种侵权行为的界限非常模糊。

普通法能够包容这种模糊的存在，这说明它的主要目的是为了维护社会生活所必需的尊重，而不在乎个人所受到的特殊形式的尊重是否被视为个人享有的“隐私权”。有几种尊重形式通常被认为与隐私有关，因此普通法粗略地将这些观点吸纳到了隐私侵权的构成要件中。但是，普通法并不打算将“隐私权”分离出来作为一个独特的保护对象。

隐私侵权行为的几种类型与对隐私的一般理解有着直观而明显的联系。在一般的常识中，隐私的基本意义在于私人空间，比如浴室、居室等排除其他人存在的空间。Erving Goffman在他的文章“个人领域”（“The Territories of the Self”）中描述了存在于这些空间中的尊重形式。Goffman将“领域”定义为“物之归属地”或是“保护区”，个人能够宣称对它的“占有、控制、使用或处分”。领域并不是被“英尺”或“英寸”这样中立客观的标尺而界定，而是需要依靠所处的语境和前后的关联。它们的边界具有“社会多样性（socially determined variability）”，这些边界的存在也依靠“当地的人口密度、侵入者的目的……社交场合的特点等等”。

这种领域由规范性和社会性因素界定，而非“中立”和“客观”的标准。最近的Huskey v. National Broadcasting Co.一案就是很好的例证，在该案中，Arnold Huskey是伊利诺伊州马里恩地区监狱中的一名囚犯，他起诉了美国广播公司，因为该公司拍摄了他在监狱的“运动笼（exercise cage）”中的情形，这种房间是由大概25英尺宽30英尺长的水泥地与周围的栅栏组成。Huskey当时仅穿着运动短裤，能够看到他身上的几个独特文身。Huskey称，美国广播公司侵扰了他的安宁，因为他本来预期能在监狱中看见他的人是那些在他监禁过程中必然会看到他的人：看管他的警卫、其他监狱管理人员、其他狱友。美国广播公司辩称，其无需对“侵扰 Huskey 的安宁负责，因为他并不处于隐居状态”——那个运动笼也对其他狱友开放并被他们使用。

法院拒绝用“Huskey 能被他人看见”的“中立”事实来决定他所拥有的排他性领域：

Huskey 能被其他人看见，这并没有剥夺他独自生活的权利。人们通常将自己的生活暴露给家人或来访者，但这并不意味着他们也对电视摄像机敞开家门。监狱是一个封闭的系统，其中的囚犯一方面习惯于将自己暴露在管理人员和其他狱友的眼光下，一方面理所当然地认为自己与外界相隔离（至少某些领域不能容许外界的人们以非正式的方式进入）。

法院总结道，Huskey 的胜诉要依靠运动笼相关习俗惯例的进一步发展。不同于可见度、保密性、匿名性和与外界隔绝等“客观”事实，这些惯例主张 Huskey 拥有不受干扰而隐秘生活的合法权利，它们能够被用来来定义“领域”。

Goffman 的中心论点在于，规范性定义中的“领域”是一种表词达意的工具，它是人们之间相互交流的一种语言，一个日常习语（ritual idiom）。我们通常以承认一个人的个人领域而表达对他的尊重，相反，我们放弃自己的领域以便结交密友，并允许别人亲近。例如，一个拥抱可以表达人们间的同情，但如果它并不受欢迎，这将被视为一种贬损人格的侮辱。同一行为通常有两种不同的意义，而相互尊重的规范构成了该行为的重要性，这些规范恰恰划分了每个人的私人空间。“个人领域”是被用来建立尊重与维持尊重的方式。

Goffman 的分析表明，通过对个人领域进行权威规制，有关侵扰他人安宁的隐私侵权的责任制度至少有三种作用。第一，通过支持他人对个人领域的诉求而维持了个人的尊严。第二，维护了个人领域所产生的语言或“日常习语”，从而保存了这些语言的特殊含义。第三，侵权责任制度保护了个人适用这些领域中习语的能力，正如 Goffman 所言，这种能力总是关注于自己的个性、自我的主观感受，个人通常只关心自我人格、自我意识、个人积极感受的一部分。这里的问题不是维护个人领域是否是排除地拥有，或与人共享或完全放弃自己的领域，真正的问题是个人在决定自己诉求之时充当了怎样的角色。

一个人压制或放弃其个人领域的能力，就是他获得密友与赢得尊重的能力，这会让他深深感到自己是一个独立自主的人。正如 Jeffrey Reiman 所言，"隐私是复杂社会生活中必不可少的一部分，社会群体通过它才能相互认识、相互交流，它存在的意义就是它本身。这是人格的先决条件。"①

近来在法律与政治哲学领域中展开了一场有关自由主义与社群主义的激烈辩论。② 前者强调自我的独立与自主，后者强调了社会规范的价值。然而，在侵扰他人安宁的侵权责任制度中，这场辩论被奇迹般地超越了，因为正是该项责任制度主导了社会规范，而这些社会规范又使人们获得了自主与独立。

诸如禁止谋杀等某些社会规范，不能随着个人观点的改变而改变。但是，侵扰他人安宁的侵权责任制度所涉及的社会规范则不同。它们能划分尊重与亲密的界限，但这完全取决于它们在具体情况中是被强制执行还是被毅然放弃。正是独立自主的本质使人们有作出这种选择的能力。侵扰他人安宁的侵权责任制度神秘地融合了社群文明与个人自主。

（二）道德礼仪准则的法律执行力：霸权和社群

到此为止，我们得出了这样的假设，即普通法用一些相对毋庸置疑的方式引入了社会的道德礼仪准则。这种假设反映出普通法对于自身的理解。侵扰他人安宁的构成要件中包括他人已经遵守了理性人所认可的道德礼仪准则，"理性人"意味着"这个社群中普遍的道德层次"。陪审团通常被委托来洞悉和应用这些道德礼仪准则，这些随机选出的人通常代表整个社群。这种流行的观念也是法律体系对社会规范的反映。

---

① Reiman, Privacy, Intimacy, and Personhood, 6 Phil. & Pub. Aff. 26, 39 (1976).

② For an overview of this debate, see Gutmann, Communitarian Critics of Liberalism, 14 Phil. & Pub. Aff. 308 (1985); Thigpen & Downing, Liberalism and the Communitarian Critique, 31 AM. J. Pol. Sci. 637 (1987); Wallach, Liberals, Communitarians, and the Tasks of Political Theory, 15 Pol. Theory 581 (1987); Note, A Communitarian Defense of Group Libel Laws, 101 Harv. L. Rev. 682, 689-692 (1988).

然而，这种观念需要三个重要的条件。

第一，社会生活充满了有关个人领域的规范，它们造就了“混凝土的密度与社交互动的活力”。因此，普通法只能保持这些规范的一小部分。法律本身能够强制执行的也只是其中的重要部分，它们一旦被违反，即会造成“高度冒犯性”。这种选择标准保证了司法机制的运作，否则司法资源将被湮没在琐碎的纠纷中。同时，这也能保持社会生活的灵活和活力（尽管不太明显），如果任何轻率的行为都会引起正式的法律诉讼，那么，社会生活无疑将变得僵硬或趋向恶化。

第二，法律体系必须将道德礼仪准则转化为可行的法律原则。Goffman 所描述的那种复杂隐晦并需要联系语境而理解的个人领域原则，必须被转化为相对清晰、明确、精确的诉讼请求。这种转变就是 Paul Bohannan 所称的“双重制度化”，它意味着法律必须引进一般的社会规范，以便它们能够与法律体系的功能与需要兼容。道德礼仪准则必须遵从法律原则与法律规则的逻辑，这意味着道德礼仪准则必须以“足以引导人们行为”的方式来阐释。[①] 它们须是从先例中产生的法律原则，如此才能限制今后的司法审判。正如 Bohannan 认为的，这些转变意味着法律原则常常存在于社会之外。如果法律的目标是塑造或改变社会规范，那么法律与习俗之间的紧张关系将油然而生。但如果法律的目的是维护社会规范，正如普通法对侵扰他人安宁行为的有关规定，那些不和谐之处将是对法律原则的挑战。

第三，也是最重要的一点，如果将美国这样范围广大而文化多元的国家当作一个单一的同质化社会，这不啻为一个假想。因此，有关隐私的道德礼仪准则千差万别，因为它们处于“不同的社群、代际、种族、宗教或其他社会群体，甚至个人中”。[②] 例如，Warren 和 Brandeis 写下了他们著作，因为 Warren 是一个真正的波士顿上层人士，对于普通小报披露他的私人事务非常愤怒，[③] 因此在其作品中对隐私规范的描述非常彻底。同样的内容也出现在 E. L. Godkin 的笔下，Warren 和 Brandeis 赞同并引用过 Godkin 认为隐私权是“文明的奢侈

---

① J. RAz, The Rule of Law and Its Virtue, in the authority of Law 210, 213 (1979).

② Anderson v. Fisher Broadcasting Co., 300 Or. 452, 461, 712 P. 2d 803, 809 (1986).

③ A. Mason, Brandeis: A Free Man's Life 70 (1956).

品之一，它不存在于原始社会，而是在原始社会之后突如其来的”，他说明了这样的社会事实：在西部矿区的一家旅馆中，一位旅行者入厕后，用自己的衬衫挡住了卫生间的窗口以免被那些闲荡者看到，几分钟后，他的衬衫被掀开，那人说道，“我们想知道你究竟在这干什么?”那些闲荡者以自己粗鲁的方式表达了对此人试图保护隐私的愤怒……

Godkin 讲的这个故事显然是为了证明隐私规范的阶层基础。如果一个地区的隐私规范是不同的，那么普通法必须认可其中一种，并赋予其强制执行力，它必须在旅行者与闲荡者的冲突中选择支持其中一方。根据“理性人”的判断标准，这种选择不可避免，因为首先应该决定这个“理性人”属于哪个社群。

在名誉侵权法中，该法究竟立足的是那个社群，这显然是一个理论问题。一些法院认为，这部法律维护的是“社会中一个人数较多并受人尊敬的阶层的价值观”，另一些法院适用了“正常思维人”的价值观。但在最近的隐私侵权法律原则中，这个问题并不明确，因为它们仅仅用大而化之又极其抽象的话语谈到了“理性人”的概念。因此在普通法有关侵权行为的规定中，道德礼仪准则被描述成“普遍性的规范适用于整个社会，而不是一些单独的部分，它们是一些具有高度概括性的原则和标准”。①

无论这种“普遍规范”的说法是否合理，它都不能以司法判决的事实来决定。也许正是这些通过司法判决而强制执行的道德礼仪准则展现了一个社会中被普遍接受的价值观念。例如，我怀疑有人会质疑 Eastman 一案的结论，即在夫妻卧室中安装窃听器是对一般道德礼仪准则的违反，但是相反的结论也可能正确，因为某些法院适用的道德礼仪准则可能是一种主流的文化观念强加给它的。

这表明，我们必须认真评价侵扰他人安宁的侵权责任制度中的价值主张。在价值多元的时代，普通法能够有效地抹掉文化与规范的各种差异。这非常重要，不仅是因为它能够形成一种支配性的地位，而且也揭示这样一种可能，即通过对道德礼仪准则做权威性阐释，能够建立一个共同的社群。普通法中的侵权责任制度就是意图代表某个社

① T. Parsons, Sociological Theory And Modern Society 510 (1967).

群发言，这样的雄心壮志同时需要普通法铲除其他离经叛道的社群，在此，社群与霸权必定相互关联。

四、公开披露他人私人事务的隐私侵权

隐私侵权责任制度的核心一般被认为是旨在规制公开他人私人事务的隐私侵权。《美国侵权法重述（第二版）》将侵权行为的这种类型描述为：行为人公开了他人的私人事务，如果该事务涉及以下方面，则行为人将对此承担侵权责任：①对于一个理性人而言，该事务具有高度冒犯性；②公众对此不具有合法利益。

侵权法的这种类型（方便起见，笔者将它称为“公开披露”）与侵扰他人安宁的隐私侵权有三个不同之处。

首先，侵扰他人安宁的隐私侵权需要被告在事实上有所行为，而公开披露只涉及对信息的传播。在 Eastman 一案中，一旦被告将窃听器安装在了原告的卧室中，侵权行为就成立了，被告的侵权责任并不是因为他真的使用了该窃听器或是从中获知了某些信息，或是他将获知的信息告诉了其他人。但另一方面，公开披露的要件却是被告将原告的私人信息予以公开地披露。因此，公开披露的侵权责任旨在规范人们的交流形式，而不是具体行为。

其次，不论是侵扰他人安宁的隐私侵权还是公开披露都会涉及这个问题。公开披露的侵权责任只惩罚那些极富冒犯性的隐私披露行为，即被告披露了冒犯性的信息，披露即是公开。这个概念不同于侵扰他人安宁的隐私侵权。

最后，公开披露需要原告证明公众对于该冒犯性信息不具有合法利益。“合法利益”的概念也与侵扰他人安宁的隐私侵权不同。

接下来，笔者将对以上三点作详细阐述。

（一）对冒犯性私人事务的披露：道德礼仪准则与信息保护

公开披露的侵权责任制度规制的是人们的交流形式而非人们的实际行为。如果人们的交谈涉及到了“他人的私人事务”，并且“对于理性人而言该事务具有高度的冒犯性”，那么这无疑将引发一场诉讼。乍一看，这两个标准只是针对人们交谈的内容——有没有“他

人的私人事务”，是否具有“高度冒犯性”。但实际上，这里不纯粹只是交谈的内容，还涉及评价这场谈话的标准——除了谈话的内容，还有诸多方面，比如时间、理由、地点、形式以及相关语境。

对信息内容的规制与对交流行为的规制截然不同，Brents v. Morgan 一案①就是例证。该案是肯塔基州审理的首个隐私侵权案件。该案发生在 1926 年肯塔基州的莱巴嫩小镇上。兽医 W. R. Morgan 欠了汽车修理工 George Brents 49.67 美元，Brents 屡次讨债不成后，在他的汽车修理厂窗口挂上了一个长 8 英尺宽 5 英尺的标语牌，这个汽车修理厂面对的是该镇的主街道，标语牌上写道：“W. R. Morgan 在此欠账 49.67 美元，本应早就归还。这个标语会一直在此展示，直到他欠款付清。”

随后，W. R. Morgan 起诉了 George Brents，要求他赔偿损失，并称这个标语牌“使他遭受了严重的精神痛苦和羞辱，令人们纷纷对他表示蔑视、嘲笑、厌恶”，并且“丑化了他在其他店主和一般公众眼里的形象”。Morgan 的起诉在语言上属于典型的名誉侵权诉讼。但如同其他地区一样，在肯塔基州，对于名誉侵权诉讼的有力抗辩仅仅在于“事实”，但本案的事实就是 Morgan 的确欠 Brents 49.67 美元。

然而，肯塔基州最高法院认为，虽然事实能够作为名誉侵权案件的抗辩，但却不能抗辩这样的诉求，即“它是近两年才形成的法律部门，其被称之为隐私权”。隐私权是指，“个人生活有权避免未经授权的公开，或者是指公众不能对那些自己毫无合法利益的他人事务进行干涉。”法院总结道，Brents 张贴标语牌的行为侵犯了 Morgan 的隐私权。此后，该案作为隐私侵权的先例而被屡次引用。②

《美国侵权法重述（第二版）》使我们必须对 Brents 的标语牌提出两个问题。第一，标语牌上的信息是否属于 Morgan 的私人事务。然而该问题时常让人费解，因为 Brents 身负债务与拒不归还的事实在何种情况下属于“私人事务”，这是极不确定的。当然，这些事实为 Brents 所知，对于 Morgan，同样也不属于“秘密”。Brents 有权将该

① 221 Ky. 765, 299 S. W. 967 (1927).

② See, e. g., Restatement (Second) Of Torts § 652D comment a, illustration 2 (1977).

事实告诉自己的妻子、理财顾问或会计师。我们也没有理由认为他不应将此事告诉一个陌生人，即使这个陌生人正在为 Brents 的汽车修理厂估价并打算收购它。

因此，我们不能仅根据该标语牌上的内容而判断其是否属于“隐私”。而是应聚焦于该信息的其他背景。同样的信息可能在涉及某些交谈时属于“隐私”，而在某些时候又不是。如果说 Brents 在标语牌上写的内容属于“隐私”，也就是说他本不应该以这样的方式公开它。

其他一些案件戏剧性地反映了这样的结论，即如果被告公开了一个正在改造的重罪犯过去的罪行，则被告将因侵犯隐私而承担责任。例如，在加州最高法院审理的 Briscoe v. Reader's Digest Association 一案①中，原告曾过着一种受人尊敬的模范生活，但是因为一份全国性的杂志公开披露他曾在 11 年前因劫持一辆卡车而获罪，所以他以公开披露为由提起了诉讼。法院区分了披露“过去的罪行”与披露“行为人在其很久以前罪行中的身份”。② 当然，只有后者才会产生法律责任。

然而，过去对原告进行定罪时，他的身份正如他的罪行一样属于“公共事务”。这些信息不会仅仅凭借它的内容或是其传播的范围而被认定为“隐私”，而是需要考察这些信息交流过程的背景与语境。如果法院的结论被理解为，被告以这样的方式、在这样的时刻，向别人披露原告身份的行为极不合理，那么法院的结论才言之有理。

加州最高法院实际上在 Melvin v. Reid 一案中明确肯定了这种披露行为的不合理。③ 该案是 Briscoe 一案所遵循的先例。Melvin 曾支持一位隐私侵权案中的原告胜诉，因为其中的被告制作了一部有关原告过去生活的电影，电影中将原告描绘成了一位臭名昭著的妓女和一个被检方指控的重罪犯人。法院给该电影贴上了这样的标签：它故意无视存在于社交活动中的宽容，这种宽容能够防止我们会偶尔鄙视那些

---

① 4 Cal. 3d 529, 483 P. 2d 34, 93 Cal. Rptr. 866 (1971).

② Briscoe, 4 Cal. 3d at 537, 483 P. 2d at 39 - 40, 93 Cal. Rptr. at 871 - 872 (emphasis in original).

③ 112 Cal. App. 285, 297 P. 91 (Ct. App. 1931).

正直的社会成员。

有结论称一个交际行为将公开原告的"私人事务"，如果这种观点最终却提出了这样的问题，即在这种情况下该社交行为是否完全无视社会规范的存在，那么《美国侵权法重述（第二版）》中的第二个问题就会油然而生。要评价 Brents 制作标语牌的行为是否属于一个可诉的隐私侵权行为，就需要考察该标语牌的内容"对理性人来说是否具有高度冒犯性"。

《美国侵权法重述（第二版）》所提出的问题，使我们聚焦于该标语牌的内容并根据社群规范去评价它。例如，我们可能认为，社群规范会将某人的罪行看作固有的丑恶，我们谈论此事当然具有高度冒犯性。但是，Brents 一案并不能简单适用以上观点。Morgan 的债务与其拖欠债务的行为，这些事实都不必然具有冒犯性。例如，这项欠款的事实可能对于 Morgan 与其理财顾问而言，或是 Brents 和 Morgan 而言，或是 Morgan 与其妻儿而言都不具有高度冒犯性。实际上，在 Brents 一案发生的 24 年后，肯塔基州最高法院在判决 Voneye v. Turner 一案时认为，如果将债务人欠债不还的事实告诉其雇主，这不但不具有冒犯性，也不属于隐私侵权行为。虽然曾有法院认为，"雇主并不属于一般公众，对于债权人和债务人间纯粹的私人事务，一般公众并没有任何合法利益。"① 因为当某人接受了别人的借款，他实际上就默示允许债权人能够采取合理方式"以便能够找到债务人并说服他还款……"，只有在债权人的行为令债务人难以忍受时，比如不当宣扬他欠款的事实，那么这些行为才会造成对债务人隐私权的侵犯。

Brents 一案中的标语牌具有冒犯性，这不仅是因为它所表达的内容，也因为它公布该内容的方式让人难以忍受。最近的 Vassiliades v. Garfinckel's, Brooks Bros. 充分证明了这二者的不同。该案中，一位妇女以公开披露为由起诉了她的医生，因为这名医生在电视节目上展示了她整容手术前后的不同照片。初审法院作出了有利于被告的判决，其根据在于"这些照片并不具有高度冒犯性，因为它们并不存

① Harrison v. Humble Oil & Refining Co., 264 F. Supp. 89, 92 (D. S. C. 1967) (quoting Patton v. Jacobs, 118 Ind. App. 358, 78 N. E. 2d 789 (App. 1948)).

在贬损他人或令人厌恶的内容”。但上诉法院推翻了该判决并认为初审法院对该案有所误解。该案的症结不是照片的内容是否具有冒犯性，而是“公开 Vassiliades 夫人进行手术的事实，对于一个理性人来说是否具有高度冒犯性”。

然而，构建“冒犯性”这个要件旨在将交流信息的行为置于整个语境与背景中，以便判断其是否具有“高度冒犯性”。该要件几乎与“私人事务”要件相同。我们必须关注人们之间的交流是否合理，而不是聚焦于交流的内容。“冒犯性”这个要件自有其独特的贡献，因为它明确指出法律所要规制的不是每个不适当的披露行为，而是那些具有“高度冒犯性”的披露行为。因此，正如侵扰他人安宁的责任制度一般，公开披露的侵权责任制度，仅仅惩罚那些严重的违法行为。

与侵扰他人安宁的隐私侵权相同，公开披露的隐私侵权所针对的是类似于我们日常所理解的隐私。当我们在日常生活中谈到“侵犯隐私”，我们会联想到的是本不应为人所知的私密信息被不当公开。“私人事务”和“冒犯性”这两个要件就是为了详细说明这样的披露行为在何时是不合理的。但是，如同侵扰他人安宁的隐私侵权，公开披露的侵权行为在面临法律责任时，也不存在一个客观中立的评判标准，这让它们去利用那些在现代社会中控制信息传播的社会规范。比如定义“个人领域”的规范，因社会多元而常常是千差万别，因此它们极易受诸多因素的影响，比如“社交场合的特征”，行为人的目的、状态与行为时间，信息接收者的状态和目的等等。如果将债务人的信息披露给其雇主或理财顾问或其妻子，则这样的行为并无不妥，但如果披露给其邻居，则结果反之。虽然该信息在某些社交圈子中可能广为人知，但将它披露给其他人依然不合理。

可以说，信息通常会被一些规范化的边界所隔离。这些边界的功能类似于[①] Goffman 所分析的个人领域。Goffman 早已特别指出，有一种领域实际上就是“信息保护区”，它包括“一些他人想要保密的个人信息”和在“传统意义上被认为是‘隐私’的信息”。Goffman 旨

① Seipp, English Judicial Recognition of a Right to Privacy, 3 OxF. J. Legal Stud. 325, 333 (1983).

在说明正如人们希望控制自己的私人空间一样，人们也期待能够控制自己的信息不随意外泄。但这样的信息空间明显会带来诸多困扰，如同 Warren 和 Brandeis 的担忧："礼仪与尊严的界限受到了各个方面的压力"。因为个人信息空间的界限"与此时此地的习俗相关……由普通人的规范所决定"。[①] 可以说公开披露的侵权责任制度旨在维持社会的道德礼仪准则，这些规范建立起了个人的信息保护区，而侵扰他人安宁的侵权责任制度保护的是那些定义个人领域的道德礼仪准则。

就像个人领域，信息保护区为人格权的发展提供了规范性的框架结构。卧室被非法侵入后，我们感到自己的权利遭到了侵犯，同理，受到侮辱也正如同我们的私人事务被非法公开一般。虽然定义信息保护区的社会规范会涉及行为人和第三方的交流，但我们仍然以这些规范为基础，[②] 如果发生违背这些规范的行为——如同"有人躲在门后偷听"一般让人难以接受。因此，当法院在适用公开披露的侵权责任制度时，旨在保护人们免受"不雅而庸俗"交流的伤害，因为这种交流"对于一个普通人而言，会引起其精神上的痛苦与羞辱"[③]，或是"通过公开他人的私人生活达到贬低其人格的目的"[④]，或是给他人带来了"丧失自我认同感"的威胁[⑤]。

划分信息保护区的道德礼仪准则肯定会被理解为"社会尊重"的一种形式，不论是对个体人格还是社会人格它都必不可少，其中非常重要的部分是对社会成员间所负义务的规定。这有助于澄清公开披露侵权责任制度的复杂特征。该侵权责任制度显得有些奇怪，因为如果原告要想以"公开披露私人事务"为由获得损害赔偿，则必须在正式的审判程序中明确地公开同样的"私人事务"。因此，纵然 Vas-

---

① Wheeler v. P. Sorensen Mfg. Co., 415 S. W. 2d 582, 585 (Ky. 1967).

② Schoeman, *Privacy and Intimate Information*, in Philosophical Dimensions Of Privacy: An Anthology 403, 406 (F. Schoeman ed. 1984) (emphasis in original).

③ Daily Times Democrat v. Graham, 276 Ala. 380, 382, 162 So. 2d 474, 476 (1964).

④ Diaz v. Oakland Tribune, Inc., 139 Cal. App. 3d 118, 126, 188 Cal. Rptr. 762, 767 (Ct. App. 1983) (quoting Nimmer, The Right to Speak From Times to Time: First Amendment Theory Applied to Libel and Misapplied to Privacy, 56 CalIF. L. Rev. 935, 959 (1968)) (emphasis omitted).

⑤ Briscoe v. Reader's Digest Ass'n, 4 Cal. 3d 529, 534, 483 P. 2d 34, 37, 93 Cal. Rptr. 866, 869 (1971).

siliades 夫人的医生在电视上公开了她的整容事实，但此事依然鲜有人知——实际上，Vassiliades 夫人只能确定有两人看过这个电视节目——但她的整容事实却永远地写在了法院的庭审记录中，而该案的审判程序无疑也将该事实告知了 Vassiliades 夫人的诸多熟人，在此之前，他们可能一无所知。公开披露的侵权责任制度本来是为了保护他人的私人事务，结果却似乎弄巧成拙。但如果该侵权责任制度被认为是在为侵犯信息保护区的行为进行辩护，并且只要原告最终能重新融入包容所有社会成员的“一系列道德礼仪”，那么在司法程序中公开原告信息也就无关紧要了。

笔者在上文中提到了侵扰他人安宁的侵权责任制度具有三个功能，实际上，公开披露的侵权责任制度也具有其中两个功能——通过原告的“领域”诉求来维护其所享有的社会尊重；保护“日常习语”，因为它是社会尊重的表达方式。但公开披露中的习语与侵扰他人安宁行为中的有所不同。因为侵扰他人安宁的隐私侵权调整的是二元关系，这涉及原告与被告间的直接接触是否恰当，而公开披露所调整的是三方关系，涉及的是被告将原告的私人事务披露给第三方是否恰当。

这些差异造成了重要的结果。侵扰他人安宁的侵权责任制度所要调整的是他人是否能自主决定主张还是放弃那些旨在构建个人隐私的道德礼仪准则。但在公开披露侵权责任制度中，相关的道德礼仪准则仅仅是指那些调整行为人与第三人关系的规范。很难说这些规范从本质上构建了他人的私密生活。因此，公开披露的隐私侵权责任制度主要表达了“尊重”的意义，但没有在对侵扰他人安宁的侵权责任制度所保护的道德礼仪准则中起到作用，正是这些规范划定了尊重与亲密的界限。由此可知，公开披露并不具有侵扰他人安宁的隐私侵权所具有的第三种功能，即促使人们使用有关“个人领域”的语言以培养人们的自主意识。因此，对于公开披露的限定比起侵扰他人安宁的隐私侵权来说少了几分深刻的社会意义。

（二）“公开”：社会与个人的冲突

《美国侵权法重述（第二版）》中明确表达了对公开披露的隐私侵权的两项限定，但在侵扰他人安宁的隐私侵权中没有类似的描述。

第一项限定在于被告“公开”了原告的信息。《美国侵权法重述（第二版）》认为，“公开”就是将信息披露给“大部分的社会公众，或者披露给许多人从而使这些信息成为一项公共事务”。如果行为人仅仅将原告的私人事务披露个单个人或者是一小部分人群，则根据本章节的叙述，该行为不属于对隐私权的侵犯。此外，即使是在发行范围很小的报纸或杂志上披露该信息，或者在演讲中对许多观众披露信息，这都足以构成本章所说的“公开”行为。这就是私人交际与公共交际的区别。[①]

这种严格的限定，使公开披露侵权责任制度与侵扰他人安宁的侵权责任制度截然不同，因为它不会为每一个具有高度冒犯性的侵权行为提供救济。Vassiliades 夫人的医生在一次公开的晚宴派对上当众展示了她整容前后的照片，虽然此行为对 Vassiliades 夫人而言的确具有高度冒犯性，但根据美国侵权法重述，该医生却可能不用为此承担侵权责任，因为他的行为并不算是“公开”了这些照片。

这些结果无疑是非常苛刻的。也许正是“公开”这个要件的目的非常模糊，所以法院也不确定是否应该遵循《美国侵权法重述（第二版）》中的严格规定。虽然普通法一直仍在不断发展，但两种路径的差异依然存在。首先 Beaumont v. Brown 一案体现了少数人的观点[②]，该案中，原告是密歇根州劳工部的一名安全监督员，他因为要服一个月的兵役而不能工作，但他没有告诉上司，也没有安排其他同事去接替他的工作，原告因此而被解雇。他为此向上司提出了申诉。其上司却给陆军预备役部队写了一份令人恶心的长信，表面上是为了核实原告服兵役的情况。原告诉称这封信是对他隐私权的侵犯。密歇根州上诉法院的判决支持了被告，因为被告并没有“公开”信件内容：“一封信的收件人与寄件人并不构成‘一般公众’或是‘大多数人’。”但是密歇根州的最高法院推翻了该判决，[③] 并认为“公开”这个要件不应沦为一个“数字游戏”，“如果被告将原告的私人

① Restatement (Second) Of Torts § 652D comment a (1977).

② 401 Mich. 80, 257 N. W. 2d 522 (1977).

③ Beaumont v. Brown, 65 Mich. App. 455, 464, 237 N. W. 2d 501, 506 (Ct. App. 1975), rev'd, 401 Mich. 80, 257 N. W. 2d 522 (1977).

事务披露给了公众，并且这令原告感到非常尴尬，那么被告对原告隐私权的侵犯就非常严重。这里的公众包括……同事、同一个俱乐部的会员、同一个教会的成员、家人或是邻居。”[①] 法院甚至表明，“仅将令人尴尬的事实告诉一个人”同样也符合这样的判断标准。因此，问题的关键不是公众的数目，而是该公开行为是否“不必要”或“不合理”。

Beaumont 一案瓦解了对于私人事务的“公开”标准以及“冒犯性”的要件。如我们所知，这些要件不仅涉及人们所交流的信息内容，也涉及交流方式的合理性，及其地点与时间。如果说公开披露行为不必要或不合理，其实就是说人们交流信息的地点不妥，“公开”这个要件因此显得有些多余，它不会再去干涉任何独立的信息保护屏障。因此也不必对此感到惊异，即那些以 Beaumont 一案为先例的法院在解释“公开”时都会不断强调“对灵活性的需求”，以便使原告能够以“极度恶劣的行为（egregious conduct）”为由提起诉讼。

在当下诸案中对“公开”要件的理解正试图遵从《美国侵权法重述（第二版）》的描述，并试图以一个严格的方式来解释“公开”这个要件。许多地区的司法系统都采取了以上的方法。McSurely v. McClellan 一案[②]与 Pemberton v. Bethlehem Steel Corp. 一案[③]的对比恰好能证明这两种判断方法的差异。在 McSurely 一案中，法院遵循了 Beaumont 一案的判断方法，因此判决，将妻子在婚前收到的情书披露给她的丈夫就构成了对隐私权的侵犯，他人能对此提起诉讼，即使行为人仅仅将该事实披露给一个人。在 Pemberton 一案中，法院认为将丈夫的婚外情披露给其妻子，这不是一项可诉的隐私权侵权行为，因为行为人并没有将该信息公开。Pemberton 一案尤为突出，因为该案中的披露行为极度恶劣，它实际上是伯利恒钢铁公司故意要毁损一位工会组织者的名誉并意图妨害他的生活。有匿名者将关于这位组织者婚外情的证据寄给他的妻子，而这些证据来自于原告所住的汽

---

① Beaumont, 401 Mich. at 105, 257 N. W. 2d at 531.

② 753 F. 2d 88 (D. C. Cir.), cert. denied, 474 U. S. 1005 (1985).

③ 66 Md. App. 133, 502 A. 2d 1101 (Ct. Spec. App.), cert. denied, 306 Md. 289, 508 A. 2d 488, cert. denied, 479 U. S. 984 (1986).

车旅馆，因为该旅馆被人偷偷地安上了窃听设备。

Pemberton 一案表明，《美国侵权法重述（第二版）》中所称的“公开”要件依然有强大的影响力。

用来解释“公开”要件的第一种假设是，该要件意味着要限制隐私权侵权的法律救济，如此才不会让社会中每个轻率行为都具有走上法庭的可能。这样的限制有利于司法体系，以免它被“诉讼浪潮”而淹没，同时也有利于维护社会生活的自由。然而，这个假设缺少说服力，因为我们尚不清楚，为什么“公开”要件具有这些预期性的效果。以 Beaumont 一案为先例的法院显然都愿意承受“诉讼浪潮”的危险以及社会生活超组织化的风险。几个世纪以来，在名誉侵权领域中法院同样也甘冒风险以便能够规制名誉侵权行为，即使仅有一个人获知这些诋毁他人名誉的言论。对于那些遵从《美国侵权法重述（第二版）》的法院而言，为什么这些风险具有决定性的作用？

用来解释“公开”要件的第二种假设是，原告所遭受的损害如此严重，它足以证明在此种情况下法律干涉的正当性，这种情况仅出现在行为人将他人的私人事务披露给了“公众，或是许多人以至于该信息被当作是公共事务”。然而，Pemberton 一案充分证明了这种推论的荒谬性。对原告而言，比起防止信息被披露给不知名的公众，更为重要的是防止信息为某些特定人所知。此外，普通法的逻辑显示，原告受损的程度能够决定对该侵权行为应采用何种救济方式，以及原告因此而获得的损害赔偿金有多少，但它却不能决定行为人应承担的法律责任以及原告是否有权提起诉讼。

用来解释“公开”要件的第三种假设最具有说服力。《美国侵权法重述（第二版）》表明，该要件的基础在于实质上的区别而不是程度上的差异。《美国侵权法重述（第二版）》告诉我们，这种“区别”“存在于私人交流与公共交流之间”。笔者用以下事例对此加以证明。假设被告在一次演讲中将原告与别人通奸的事实披露给大量听众，《美国侵权法重述（第二版）》明确指出，“在演讲中对大量听众所作的陈述……足以构成本章节中‘公开’”。也就是说，在演讲中所作的陈述通常会被认为是与“公众”的交流，但假设被告是一个牧师，而其听众就是他的教会成员，他是在对原告适用教规的过程中作出了以上陈述。虽然他面对的依然是大量听众，但我们可能会认为牧师所作的陈述完全不同于那些对许多陌生人作出的演讲。如果面对陌生人作出的演说无疑就是“公开”交流，则教会中的牧师演说并非如此。因此，“公开”这个要件并不与听众的人数有关，反而依赖于我们对交流行为相关背景的判断。

该判断的本质何在？例如，我们如何区分包含原告教会的听众与由普通公众组成的听众？一个明显的区别在于，原告所在的教会是一个团体，其中的成员会共同遵守其公认而明确的规范，但一般公众与原告之间并没有这样的联系。因此，Alvin Gouldnbr 注意到：当文化开始衰弱，或是社交形式逐渐减少，“公众”的概念就出现了。传统的“群体”来自于社团和成员间的互相支持。成员之间的交往能够培养他们之间的共同价值观与共同利益，而这反过来又能加深他们的关系。“公众”是指“共享同一社会价值观的人们”，以及那些具有共同点的人们，即使他们中途断交……“公众”所指的人们不需要“共存”在某一空间中，也不需要出现在彼此的“视觉或听觉”范围内。

将某些事实“公开化”意味着将这些事实告诉给那些此前对此毫无所知的人们。具有典范意义的是，将信息公开化意味着让信息（或允许信息）超出家庭的范围，因为在家庭之内任何信息都在彼此的视觉与听觉的范围之内，这使得交流信息的背景变得神秘而模糊。①

Gouldner 的这些观点表明《美国侵权法重述（第二版）》所定义的“公开”要件区分了两种不同的交流形式。一种交流出现在“默示”的，出现在由情感相连接的传统群体之中。另一种交流存在于陌生人间的非个人交际中，正是这些陌生人组成了“公众”。《美国侵权法重述（第二版）》与诸多法院都要求第二种交流形式必须遵守有关道德礼仪准则。这实际上与我们的常识相一致。因为在人们的常识中，公共交往必须更加正式，也要受到更多的限制，但私人间的交往具有更多灵活性和自发性。正如 Richard Sennett 所说，在传统意义上“公共与私人间的界限必然是民事诉讼的基础——它被普适性的

---

① A. Gouldner, The Dialectic Of Ideology And Technology 95, 101 (1976) (Citations Omitted); See Also J. Bennett & M. Tumin, Social Life: Structure And Function 140 (1948).

公共行为所概括”。①

此外，我们也可以认为“公开”要件是在试图确保公共交流必须遵从道德礼仪准则的最低标准，而私人交流却可以免受法律规定的限制。该要件保护的是非陌生人间的交际活动。然而，这样解释就意味着“公开”要件通过将某些信息的流通限制在“相互依存的，充满感情的”传统社群交往中，从而会牺牲人们受到社会尊重的权利。

对“公开”要件的这种解释导致的结果通常与个人观点背道而驰，它是反直觉的。因为主要的社群交往都是感性的、私人的，这会充满了波动并有潜在的伤害性。比起一般公众里的陌生人如何看待我们，我们更在乎的是我们“社群”中的其他成员对我们的看法。如果行为人将某位丈夫对婚姻不忠的事实披露给一般公众，那么，根据《美国侵权法重述（第二版）》所定义的“公开”要件，这必将受到法律制裁，但如果行为人仅将该事实披露给这位丈夫的妻子，则结果反之。这是因为法律并不将信息保护的规定适用在夫妻间。这个要件的存在显然不是为了保护他人免受精神损害，它的目的是针对社会而言要维护社群交际的自发性和表达形式。正是这些目的才使《美国侵权法重述（第二版）》与 Beaumont 一案的分析方式截然不同。

《美国侵权法重述（第二版）》描述“公开”要件的难点在于它试图掩盖基础的价值观念。《美国侵权法重述（第二版）》在对“公开”要件的定义中，不仅区别了“私人交流与公共交流”，还将交流的对象区分为“单个人或是一个小群体”与“许多人以至于交流信息被公开化”。② 换句话说，《美国侵权法重述（第二版）》似乎在假设，与单个人或一个小群体的交流必然是社群生活充满活力的一部分，而这种假设包含了一大堆模棱两可的观点。

首先，可能存在这种情况，即当被告将原告的私人事务披露给一个小群体，但原告却恰恰也属于该群体。例如，在 Pemberton 一案中，Bethlehem 钢铁公司将有关原告对婚姻不忠的侦探报告匿名寄给

---

① R. Sennett, The Fall Of Public Man: On The Social Psychology Of Capitalism 18 (1978). Thus Sennett observes: “[W] hile man made himself in public, he realized his nature in the private realm.” Id. at 18 - 19 (emphasis in original).

② Restatement (Second) Of Torts § 652D comment a (1977).

了原告的妻子。原告与该信息接收者处于一种主要的社会关系，但被告却是这个关系之外的陌生人，因此，在该案中“公开”要件被捍卫的理由可能是主要社会关系中的成员拒绝在他们之间划定各自的信息保护区。法律对原告诉求的驳回，可能是源于它反对夫妻之间相互查看彼此的信息，如果原告与信息接收者共属同一个群体，则法律希望以此加深这个群体的关系。然而，如果被告与其听众同属于一个亲密的小群体，但原告并不属于该群体，则捍卫“公开”要件的理由就会大不相同。如果 Vassiliades 夫人的医生在一个私人晚宴派对上展示了 Vassiliades 夫人整容前后的照片，而 Vassiliades 夫人被排除在这种小群体的交流之外。虽然可以说 Vassiliades 夫人已经在某些她所属的小群体中放弃了对自己信息保护区的维护，但这并不出现在那些包括她医生晚宴客人的群体中。在此，捍卫“公开”要件的理由仅仅是让群体成员的交流拥有更多自发性，这要比尊重非群体成员的信息保护区重要多了。第三种可能性是原告、被告以及信息接收者均不属于同一个群体。Lemnah v. American Breeders Service 一案①就是如此，在该案中被告在国内市场上生产和销售牛的精液，原告是被告在当地的经销商和销售人员。原告与被告最终因为原告拖欠款项而终止了合同。原告诉称被告公司的一名员工曾告诉一个农民说合同终止的原因是原告是一名严重的酗酒者，而这位农民正是原告的顾客。

该案中的三方——原告、被告与那个农民——实际上都是陌生人，他们仅仅因正常的市场交易而建立了联系。他们中没有任何两人属于同一群体。假设被告所披露的私人事务具有高度冒犯性，我们很难想象佛蒙特州最高法院在陈述“公开”要件中，会以怎样的理由去驳回诉求。适用“公开”要件的理由不应是为了保护被告与该农民所共属的群体关系，也不是为了保护原告与该农民的亲密关系。被告与该农民的交流其实就是“公共”交流，我们可以预见该农民一定曾冷酷而客观地认为，原告应对他自己的酗酒行为负责。

由此可知，在许多情况下，《美国侵权法重述（第二版）》的理论都不符合“公开”要件的社会学基础。对此的一种解释可能是私人交流与公共交流的不同，这需要法院发展出一套明确可行的标准以

---

① 144 Vt. 568, 482 A. 2d 700 (1984).

便能够区分亲密群体的各个种类，因为这些群体的出现会阻碍公开披露侵权责任制度的执行。比如，我们在 Lemnah 一案中，如果该农民只是原告的顾客，那么被告与他的交流就属于“公共”交流，而如果他是原告的密友则结果就是“私人”交流。在抽象上论证这种区别是非常困难的，其在个案裁判主导的普通法司法体系中也是不可能的。法院承受着巨大的压力，因为它必须明确陈述其遵从还是区别先例的理由。《美国侵权法重述（第二版）》的起草者可能有充分理由认为，这项任务超出了法院的能力，因为社会学的概念相当微妙又难以捉摸。

因此，对于与个人或小群体间的交流，法院已经找到了一项清晰而可行的经验法则，并且法院也知道在一些特殊案件中，该法则可能与它们的初衷背道而驰。

《美国侵权法重述（第二版）》中的“公开”要件实际上就是因司法实践需要从而转化而来的一项社会规范。虽然对这些规范的“重新制度化（re-institutionalization）”（使用 Bohannan 所创的短语）掩盖了这些法律规则的社会目的，也使其中的价值基础变得模糊不清，这大概就是形成一项可行的法律原则所必须付出的代价，此代价可以被用来衡量 Beaumont 一案与《美国侵权法重述（第二版）》两种分析方法的不同之处。然而，更重要的是在促进社群生活与尊重个人的信息保护区这二者之中，谁更重要？

（三）“合法的公众利益”：道德礼仪准则与公共责任之间的冲突

《美国侵权法重述（第二版）》所描述的“公开”要件及其模糊又备受争议。它毫无疑问地占据了公开披露的隐私侵权的中心地位。为了满足该要件，原告必须证明被告所披露的信息是“公众不享有合法利益的事务”。该要件有时被称为“新闻报道的特权”或是“公开赋有新闻价值事务的特权”，这已经为诸多普通法院所认可，这些法院早已肯定了公开披露的侵权责任制度。此外，在区分公开披露与侵扰他人安宁两种隐私侵权中，该要件的作用至关重要。如果说前者是为了调整的对象是具有高度冒犯性的侵扰他人空间的行为，那么后者的目的就是使某些信息领域能够被自由进入，因为这些信息具有

"新闻价值"。

造成这些差异的原因十分明确：物理空间和信息空间是不同的。保护前者仅仅需要调整单独的物理行为，保护后者却不止要控制整个社会中的信息传播行为，普通法在很久之前就意识到信息传播在维护社会秩序与社会团结中能起到重要作用。例如，1826 年，Thomas Starkie 在有关名誉侵权法的论文中提到了控制个人信息有多困难，因为其主体更为微妙，也不承认存在那些广泛而平常的限制与区别，这些区别是由暴力伤害建立起来的。比如，在非法殴打的案件中，法律能够毫不犹豫地宣布最低限度的暴力都应被视为非法行为，并且那些受害者都有权得到救济。但是，有关名誉的信息交流却不能因此而被禁止。日常生活中，一些私人琐事注定会被人们谈论，也常会损坏他人的名誉。所以为了社会的道德礼仪准则以及社会的安全，这些日常交流必须被赋予极大的自由。公众的责难与羞辱不仅非常有效，更为重要的是在诸多案例中①（就个人观点而言）尊重他人的信息保护区是一种常见的礼仪。然而从更一般的角度来看，如果个人以信息保护区来隐藏自己不道德的行为，这本来就有损礼仪。此外，Starkie 提出，对信息提供法律保护会付出其他的社会代价，其中包括那些基于信息不对称的市场交易。

在美国联邦宪法规定隐私权很久之前，普通法对于那些有关信息传播的政策都非常敏感，例如，Warren 和 Brandeis 就曾直截了当地宣称，"隐私权并不禁止公开那些具有公共利益的事务"。首个承认隐私权的案例是 Pavesich vs New England Life Insurance Co. 一案②，该案对此表示了同样的坚定，即"有关公共事务的真相必须被说出、写出或出版，对待那些公众享有合法利益的私人事务也是如此"。以此案为开端，普通法一直在寻找个人信息保护与公共利益之间的平衡。

为了概括公共利益的诉求，法院一直倾向于遵从这两项不同的要求。第一，是要考察原告的社会地位，第二，是该信息对于社会的重

---

① T. Starkie, A Treatise On The Law Of Slander, Libel, Scandalum Magnatum, And False Rumours at xx-xxi (New York 1826).

② 122 Ga. 190, 50 S. E. 68 (1905).

要性。以上二者最终都会产生同样的问题，即哪一项才更为本质，以及公众获知他人信息的权利何在。

公职人员与其竞选者能够恰当地证明第一项要求。这些人员的完整信息能被自由传播，这具有显然的政治意义。因此，法院认为他们只有极少的个人信息能得到法律救济。虽然近来对 Gary Hart 婚外情的披露表明法院的上述观点备受争议，但法院仍然不可能去评判公职人员或其竞选者的哪些信息能被披露。这里暗含的意思是“公共人物的私人财产就像被征收的私人财产一般，已经变成了公共财产”①，公职人员对保护私人信息的诉求早已被公共需求与政治责任所湮没。

法院也得出了类似于“自愿性公众人物（voluntary public figures）”的结论。在《美国侵权法重述（第二版）》中写道：当某人通过参加公众活动，或是在一些组织或活动中承担了主导的角色，而这些活动都涉及普遍的经济、文化、社会等类似的公共利益，或是让自己或自己的工作服从公众价值观，那么此人就是自愿地将自己置于公众的眼光之中，他一直寻求的就是让自己的身份公开化，因此，当他的信息被公开，即使这对他不利，他也不能提起诉讼……如果某些信息是关于自愿性公众人物的，那么公众对此享有的合法利益将会扩大，一定程度上也包括那些对于其他人而言应属于隐私权的信息。②

虽然《美国侵权法重述（第二版）》陈述的理由几乎就是自愿性公众人物放弃了保护个人信息的权利，但这样的逻辑推理依然不完整。当公众人物以私人信息被披露为由而起诉时，他们都认为这些信息并没有被自愿公开，同时，他们也明显没有放弃对私人信息的保护。在这些案件中，法院总是详尽分析公众对这些信息享有“合法利益”，以此来证明法院理应驳回原告的诉求。

法院用来解释“合法的公共利益”的第二项要求包括了以下这些实质分析。该项要求关注的不是原告的社会地位，而是涉案信息的本质。正如《美国侵权法重述（第二版）》所称“公众享有合法利益

① Beauharnais v. Illinois, 343 U. S. 250, 263 n. 18 (1952); see also Mayrant v. Richardson, 10 S. C. L. (1 Nott & McC.) 347, 350 (S. C. 1818).

② Restatement (Second) Of Torts § 652d Comment E (1977); See Also R. Sack, Libel, Slander, And Related Problems 410 - 411 (1980).

的事务习惯上被称之为‘新闻’”。Gouldner 在其有关“公众”的论述中认为公众对于“新闻”所享有的利益在普通法中占据了有力的地位，以至于其已经掩盖了个人对于保护隐私权的诉求。Gouldner 也认为，“新闻是一个公共（公众产生的）社会现象。”在庞大而多元的现代社会中，普遍的社会交往非常有限，新闻精确地提供了“相同的社会刺激”从而将人们聚集起来而成为“公众”。[①] 因此，大众媒体的出现与“公众”概念的出现是相互推动的。限制新闻实际上也是限制公众。然而，公众会用诸多理由来抵制这些限制。其中之一就是政治。因为美国法律认为，当公众作为选民时，他们最终将对每一个政治决策负责，公众被推定有权获知任何必要的政府信息。《美国联邦宪法第一修正案》中也对此有详细阐述。正因如此，美国联邦最高法院反复强调，“公共事务的表达一直是基于《美国联邦宪法第一修正案》的崇高地位。”[②]

虽然将政治统治的原理适用到公开披露的侵权责任制度中毫无争议，但这并不足以解释法院所要保护的“合法的公共利益”为何有如此广泛的范围。在此，最好的例证便是 Sidis 诉 F-R Publishing Corp. 这个经典案例[③]。William James Sidis 是一个著名的神童，1910 年，当他 11 岁时，他为一些著名的数学家们做了以“四维的身体”为主题的演讲。16 岁时，他毕业于哈佛大学，这使他“受到公众极大的关注（considerable public attention）”。但不幸的是，Sidis 此后不再有似锦的前程，他毕业后不久便退出了公众的视野。此时他被收录进纽约客 1937 年人物传记《如今他们在哪里》一书之中。该文“无情地解剖了主人公私人生活的每一个细节，并且详细叙述了 Sidis 曾为了受到避免公众关注的所作所为”。第二巡回法庭认为“该文是对一位曾是公众人物者的无情披露，他一直都被剥夺了他所渴望的生活安宁”。纵然如此，法院还是认为 Sidis 不能以隐私侵权为由获得救济，因为比起“个人的隐私权期待”，“公众对于信息所享有的合法

① See Molotch & Lester, News as Purposive Behavior: On the Strategic Use of Routine Events, Accidents, and Scandals, 39 AM. Soc. Rev. 101 (1974).

② Naacp v. Claiborne Hardware Co., 458 U. S. 886, 913 (1982) (quoting Carey v. Brown, 447 U. S. 455, 467 (1980)).

③ 113 F. 2d 806 (2d Cir.), cert. denied, 311 U. S. 711 (1940).

利益”占据着主导地位。

法院的这份判决，支持了公众利益而驳回了 Sidis 有关隐私权保护的诉求，但这并不能用一个狭隘的公众政治理论来解释。那篇文章中的信息与政府毫无关系。从一个纯粹的循环论证而言，这份判决的理由也不能解释为 Sidis 现在可怜的情形就属于新闻，因为自从 1937 年他就完全退出了公众视野。那么，法院为何就能够认定公众有权了解这篇文章中的信息呢？

法院解释道，Sidis“曾是一位公众人物”，“他曾唤起诸多的好奇与崇敬”。这篇文章“属于公众的关注”因为它解答了“Sidis 是否如他幼时般前途无量”。实际上，法院将合法的公众利益这个概念等同于公共事务中的“合理”问题。因此，法院的最终分析立足于这样的假设，即公众有权利探究公众人物与公众事件的意义。

这个假设具有深刻的历史和社会根源。比如，Gouldner 注意到家庭以外的关系缺乏“亲情感情的依托，圆滑和……以及能够管理其他成员的直接权力，因此，当要判断哪些事可以当众谈论时，这些关系存在着更少的限制”。公众人物的行为“应该接受陌生人的批评，他们受到的限制比公众人物要少，而且对他们的批评也不需要公正合理的依据”。因此，公众人物必须对自己的行为进行“经常的自我审视或者是披露解释此行为及其理由”。简言之，“公众是指一定的范围，其中的每一个人都负有义务”，这意味着，“当行为人要披露他人有何作为以及他人为什么要这样做时，必然会受到限制”。

当然，Gouldner 并不是要求公众的交谈总是属于理性的问责。总有人知道事实并非如此，如果他们熟悉公开披露的信息中必然有“不公正、轻率、可耻与不负责任”的特点，或是知晓那些针对信息操纵者的披露行为，他们就会被 Walter Lippmann 称之为宣传员。在 20 世纪 20 年代，有人发现了公开披露中诸多不合理的因素，这引发了民主制度的“危机”。[①] Gouldner 论述的关键点在于总有人试图去评价公共现象的意义，这表明“存在一个纯净而安全的空间”，在此，相互龃龉的评价会受到“质疑，否定和反驳”。换言之，公众的

① E. Purcell, The Crisis Of Democratic Theory: Scientific Naturalism And The Problem Of Value 95 – 114 (1973).

问责实际上变成了一种社交模式，它天生就喜欢吹毛求疵。

Gouldner 的关注表明公众就是陌生人的集合，他们因为一些普遍的爆炸性信息而聚集到一起，公众是一种社会形态，它具有自己独特的动力。这种动力的一个重要方面在于这些爆炸性信息的意义需要被不断评估，正是这些信息的公开披露使公众本身继续存在。这就需要产生一种批判性的逻辑，在这种逻辑中没有任何评价是无懈可击的。Sidis 一案的判决理由中显然包括这种逻辑。该案实际上创建了“一个纯净而安全的空间”，在该空间中，有关公众人物或事件的任何相对的解释都会相互竞争。在 Sidis 一案中，如果要解释“公众人物”，某些信息就是必须的，而法院正是通过隐藏这些信息从而拒绝对该空间作出限制。

因此，Sidis 一案的结果最终取决于什么是规范性的公众问责理论，也取决于一种观念，即公众有权自由地获知公众人物和公共事件，该权利如此强大，它比保护私人信息的诉求更为重要。该理论深受现代判例法的影响，同时它也使法院将“合法的公众利益”解释为要保护对某些信息的披露，因为这些信息与公众人物或公共事件有着“合理的，至少可能是亲密的关系”。

公众问责理论为《美国侵权法重述（第二版）》中有关“自愿性公众人物”论述提供了一个正当的理由。因此，即使自愿性的公众人物没有放弃维护自身私人事务免遭调查的权利，但是如果公众在评价他们的公共行为涉及这些事务，那么公众就有权获取并审议该信息。

该理论同样也能解释何为《美国侵权法重述（第二版）》所称的“非自愿性公众人物”。“非自愿性公众人物”往往被卷入公共事件，但这并未经过他们的同意。这些事件包括犯罪、灾难或事故。《美国侵权法重述（第二版）》总结道，他们被视为应合理地屈从于公共利益，出版社被允许去满足公众的好奇心……在有关自愿性公众人物的案件中，被授权的公开行为并不受制于事件本身必须具有公共利益，并且在一定的合理程度上，它也包括对某些个人信息的公布，对于其他人来说这种信息可能属于纯粹的隐私权。[①]

---

① Restatement (Second) Of Torts § 652D comment f (1977).

因为“同意”和“放弃”这两个概念显然不妥，因此《美国侵权法重述（第二版）》难以准确解释为什么有关非自愿性公众人物的信息保护区必须受制于“经授权的公开”。然而，公众问责理论可以证明，如果要对卷入这些人的公众事件进行评价，那么就必然要公开信息。只有当公开行为与需要解释的公共事件没有明显关系时，他人才能对此行为提起诉讼。①

公众问责理论，即法律体系允许人们对公众人物和其活动进行批评性评价，这二者与使公共交流符合文明规范的观念相冲突，也与“公开”要件的意图相冲突。Sidis 与 Briscoe 两案就是这种冲突的例证。在 Sidis 一案中，公众人物被视为有责任接受公众的考察，尽管时光流逝，并且公众人物主动退出了公众视野。在 Briscoe 一案中，时间的流逝与公众人物的主动隐退，都被认为是表明该公众人物已经“回归到一种被别人领导的平平无奇的合法生活”，因此“他不再需要‘满足公众的好奇心’”。② 在 Sidis 一案中，公众问责冷酷无情地湮没了文明礼仪，而在 Briscoe 一案中，文明礼仪却能够阻止人们对公众人物与公共事件的潜在评价，并且也阻碍了公众问责制的关键程序。

这些冲突的和解是公开披露中的基本问题。Sidis 一案本身考虑到了这样的可能性，即对于公众人物的问责在理论上要受到文明礼仪的限制。但同时这些限制势单力薄，就如同它不存在一般——那些已被公布的具有新闻价值的事件是否总能作为有力的辩护，我们对此不发表任何评论。在受害者看来，那些被披露的信息是如此私密又毫无根据，纯粹是对公序良俗的冒犯。但是当我们开始关注那些公众人物，对他们的服饰、语言、习惯等其他普通方面作出评判，这都不会被视为是对道德礼仪准则的冒犯。不论遗憾与否，邻居与“公众人物”的不幸与痛苦都可能成为其他人谈论和感兴趣的对象。如果这就是社会的习俗，而法院却禁止人们在当时的报纸、书籍和杂志中表达

① Howard v. Des Moines Register & Tribune Co., 283 N. W. 2d 289, 302 (Iowa 1979), cert. denied, 445 U. S. 904 (1980); see also R. SACK, supra note 184, at 411 – 412.

② Briscoe v. Reader's Digest Ass'n, 4 Cal. 3d 529, 538, 483 P. 2d 34, 40, 93 Cal. Rptr. 866, 872 (1971) (quoting Restatement Of Torts § 867 comment c (1939)).

他们的观点，那么这将是最不明智的做法。[①]

一直以来，法律的发展一般都支持 Sidis 一案的观点。即使加州最高法院将自己审判的先例——Briscoe 一案，看作“对基本原则的例外，该原则认为‘一旦他人成为了公众人物或者上了新闻，那么直到他去世，他都会一直存在于公众的头脑中’”。因此公众问责的逻辑已经证明，对公众人物或事件的讨论占据着首要地位。与公共事务有“明显关联”的信息都会被视为是“公众能够合法关注”的信息，并且它也能被公众自由传播。

由此产生的问题是，有关非公众人物或事件的信息何时总会被认为“公众享有合法利益的事务”。Meetze vs 美联社案[②]就是该问题的例证。南加州最高法院对此案的判决认为，在一篇报道 12 岁已婚女孩生子的文章中包含着合法的公众利益，尽管这位母亲要求不要将此事公开。直到美联社刊登此文，这件事才被公开，因此法院的判决不能用公众问责的理论来解释。公开此事的正当性并不在于公众需要了解公众人物和事件。相反，法院对这篇报道的保护必须依靠另一个理论，该理论能够回答行为人何时能够将某些事件或人物首次公开。

该理论是有关政治治理的理论。因为我们将公众看作选民，是政治权力的来源，因此有关政府管理的信息都应被公众了解。正如 Walter Lippmann 在《美国联邦宪法第一修正案》产生之际就认为“新闻是主要的舆论之源，政府据此才能正常运行”。[③] 但该理论虽然毫无争议但却过于狭隘，以至于其不能够解释像 Meetze 这样的案件。因此，南加州最高法院没有采用该理论。相反，法院维护了它自己的解释，即“12 岁的女孩生子，这非同寻常。这种生物学事件自然会激起公众的兴趣”。

何为“自然”激起公众的兴趣？真是让人费解。Meetze 所提出的准确问题是一位母亲的信息是否应被迫屈从于公众的好奇心。公众的好奇可能的确存在，但这只是重申了该问题。正如法院本身也注意

---

① Sidis v. F-R Publishing Corp., 113 F. 2d 806, 809 (2d Cir.), cert. denied, 311 U. S. 711 (1940).

② 230 S. C. 330, 95 S. E. 2d 606 (1956).

③ W. Lippmann, Liberty And The News 12 (1920).

到"'公众或普通人的兴趣'在此并不是单纯的好奇心"，这将我们带入一种循环论证，因为如果没有任何标准能够判断非公众人物的信息何时能被公开，那么我们也就不能区分"自然"与"纯粹"的好奇心。

《美国侵权法重述（第二版）》中有一段被广泛引用且颇有影响力的评论为我们提供了这样一个标准。它向我们指明，如果要判断一项对于非公众人物事务的公布是否具有合法的公众利益，那么必须查明"该社群的习俗和惯例"——在最后的分析中，什么是合理的，这俨然已成为有关社群习俗的问题。当被公开披露的不再是公众有权获知的信息，那么这就是对他人隐私权的带有病态的窥探。此时，公众中的任何一个具有一般道德水准的理性人，都不会去关注这些信息。换言之，普遍的道德礼仪准则在此制约了出版自由，也限制了理性人披露他人事务的自由，此外，它也考虑到了他人在此披露行为中的感受和其所受到的伤害。①

乍一看，《美国侵权法重述（第二版）》的上述论证似乎在解释这样的现象。例如，在 Meetze 一案出现的 30 年后，南加州最高法院在 Hawkins v. Multimedia, Inc. 一案②中判决一家报社承担法律责任，因为该报社在一篇有关青年早孕的文章中公布了一位父亲的身份，这位父亲刚刚十几岁便有一名私生子。该判决表明，比起那篇关于 12 岁母亲的报道，这篇文章对于"社群习俗"的冒犯性更大。

然而，进一步分析，Hawkins 一案对《美国侵权法重述（第二版）》的注解远远不够，因为它必然将某些"社群的习惯风俗"等同于"冒犯性"和"私人事务"这两个要件所隐含的社会规范，这里的"社群的习惯风俗"正是被用来评判非公众人物的事务是否能被公众合法关注。这就是"合法的公众利益"坍塌为这样一种标准，它被用来定义哪些披露行为能成为原告起诉的诉因。那么，这项标准无疑就变得多余了。因为新闻有能力公开社会中的人与事，所以新闻必须受到公开披露侵权责任制度所维护的道德礼仪准则的限制。

然而，许多法院都拒绝让新闻受此限制。比如 Kelley v. Post

---

① Restatement (Second) of Torts § 652D comment h (1977).

② 288 S. C. 569, 344 S. E. 2d 145, Cerl Genied, 479 U. S. 1012 (1986).

Publishing Co. 一案，该报社被原告起诉，因为公布了关于一位男孩身体的照片，这个男孩因为遭遇了致命的车祸而变得残疾。

虽然报社的行为显然超过了道德礼仪准则的界限，但法院仍然驳回了原告的诉求，因为法院认为如果作出任何相反的结论，都会阻止对这些照片的公布，它们描绘的是“火车失事或飞机坠毁那些可以被辨认出的受害者身体”。

Kelley 一案的判决有两项被广泛共享的重要前提：第一，我们都希望那些灾难事件被公布，第二，我们希望这些信息被公布时不会违反侵权责任制度下的道德礼仪准则。《美国侵权法重述（第二版）》的确也包含了这些前提，因为它明确叙述道“被授权公开的事务通常涉及杀人等罪行，逮捕，搜查，自杀，结婚与离婚，意外事故，火灾，各种自然灾害……和许多其他相似的事务，甚至或多或少让人伤悲的，却对公众有吸引力的事务”。

因此，《美国侵权法重述（第二版）》和几乎所有法院实际上都将“合法的公众利益”解释为，是让那些不文明的“凄凉的”新闻报道免于法律责任。但这意味某些“社群习俗”与道德礼仪准则是不同的。这些“社群习俗”能够决定对非公众人物的披露行为是否具有合法的公众利益，而这些道德礼仪准则能够决定人们的交流是否具有“高度冒犯性”，是否是对“私人事务”的披露。《美国侵权法重述（第二版）》告诉我们，“合法的公众利益”标准中的社群习惯并不能决定“某些事务……通常会被认为是‘新闻’”。这些习俗受制于新闻媒体“选择报道对象的合理方式”。

这些对“合法的公众利益”的解释虽然具有内部一致性，但它们同时也提出了一个关于公共政策的独特问题：为什么新闻媒体要受制于“新闻”的习惯性定义？的确，正如我们所知，新闻采访的习惯为公众生活规定了诸多界限，但为什么法律拒绝扩大这种生活，尤其是当公众非常想获知现存范围以外的信息。

答案是，一旦某些人、事被公开化，那么，公众问责的逻辑当然就会取代民事规则。在公共领域内，所有的人和事无时无刻都经历着一种审视监督的眼光，这种眼光一直在搜寻这颇具意义的事务。在社群领域中，这种审视与监督被认为是在贬低和破坏那些维护个人尊严的习俗。这两个领域非常不对称，它们的并存必然伴随着冲突。普通法抵制对公共空间的扩大，因为这与维护社会人格的观念不符。在这种抵制中，最危险的便是要保护那些道德礼仪准则中的个人尊严和社群身份使它们免受公众问责逻辑的侵害。

在现代侵权责任制度中，这种逻辑的覆盖范围究竟有多大，要看"合法的公众利益"这一标准在非公众事务中的适用情况。因此，该标准承担了巨大的社会压力。同时，也不必惊异，普通法对此所做的规定充满了困惑和矛盾。[①] 某个案件的判决中放弃了公众领域，并拒绝执行公共的道德礼仪准则，虽然另一案的判决对于"社群的习惯风俗"摇摆不定，同时，第三个案件的判决却认为，"在模棱两可的案件中，为了保护公众的出版自由，必须抛弃那些虽然有利的怀疑。"一些法院只将合理的公众关注限制在 Gouldner 所称的"脱离语境（decontextualized）"的信息，所以，它们"一方面要区分虚构性和戏剧化，另一方面要区分公布的是新闻还是其他信息"。另外一些法院认为，"如果法院通过区别信息性新闻和娱乐性新闻来决定出版自由的程度，这是既不可行，也不可取"[②]。

在有关"合法的公众利益"的不同解释中，我们能够发现在公众问责与公共生活的表达需求间有一条摇摆不定的界限。就像我们中的其他人一样，普通法院也正在寻找方法以便能够调节这两项必要制度中的冲突。我们知道，公开披露侵权行为手持着一直闪烁的蜡烛，正要照亮 Max Weber 在 1918 年时所说的"我们这个时代的命运"，这个时代是"理性化，智能化，最终要的是……它是'世界的觉醒'"。[③]

五、结语

笔者希望已经充分陈述了自己的第一个论点，即普通法有关隐私

---

① Compare Zimmerman, Requiem for a Heavyweight: A Farewell to Warren and Brandeis's Privacy Tort, 68 Cornell L. Rev. 291, 350－351 (1983) with Woito & McNulty, The Privacy Disclosure Tort and the First Amendment: Should the Community Decide Newsworthiness 64 IowA L. Rev. 185 (1979).

② Jenkins v. Dell Publishing Co., 251 F. 2d 447, 451 (3d Cir.) (footnote omitted), cert. denied, 357 U. S. 921 (1958); cf Winters v. New York, 333 U. S. 507, 510 (1948).

③ M. Weber, Science As A Vocation, In From Max Weber: Essays In Sociology 129, 155 (H. Gerth & C. Mills eds. & trans. 1958).

权侵权的规定反映了当代社会复杂的忧虑。侵权责任制度保护了道德礼仪准则下的个人利益。这些道德礼仪准则促使个人能够尊重彼此同时也受到尊重，并且在一定程度上，它们也是人类尊严的一部分。在侵扰他人安宁的有关案件中，这些规范也令个人加深与他人的亲密关系，也是人们自治范围的一部分。在同时具有侵扰他人安宁行为与公开披露行为的案件中，法院通过判决被告对社群中的其他成员承担法律责任从而维护了道德礼仪准则，一定意义上这也定义了社群生活的本质和界限。

侵权法对社会规范的维护最为明显的表现在它保护了私人生活的安宁免遭侵扰。但当道德礼仪准则试图去控制人们之间的交流，就像要防止公开披露他人私人事务的隐私侵权一般，那么普通法就必须要面对此类规范与公众问责的要求之间所具有的冲突。普通法俨然已经被撕裂，因为它一方面要维护为公开披露的隐私侵权中所必要的道德礼仪准则，另一方面又要保证行为人具有自由讨论事务的能力。

对侵权责任制度所作的这些解释催生了当今社会对隐私权的重要理解。

首先，它表明，在日常生活中，我们并不将隐私权视为一项“中立”或“客观”的事实，而是一种固有的规范性的社会实践，它形成了我们生活的一种方式。普通法所保护的“隐私权”并没有特殊的“功能”，比如对保护秘密或是维护“角色分离（role segregation)”，虽然它或多或少都可能实现上述目标。在侵权法中，“隐私权”仅仅是一个标签，我们能够用它来定义社会尊重的一部分，而正是这些尊重维持了一个社群的存在。比起标签的纯净，维护社群生活的形式更为重要。

其次，只有当社会生活的强度和密度足以产生这些道德礼仪准则，隐私权才会被认为存在于这些规范的礼仪习语中。但我们必须强调社会生活并不总是有这些特点。例如，几种“全控机构”[①] 就故意违背了道德礼仪准则，从而去贬低和羞辱囚犯。

---

① 这是加裔美国社会学家 E. 戈夫曼 1961 年在《救济院》一书中提出的术语，指一种对个人进行强制性改造的再社会化机构。在全控机构里，居住者被限定在这里度过一段指定的时间，并与外界断绝来往或只有十分有限的来往。

James Rule 在他的文章中列举了有关道德礼仪准则消亡的重要例证，他对诸如消费信贷评级机构等大型监督机构做了深入的研究。他发现在隐私权的名义下，若要试图限制这些机构获得个人信息，总是会被转变为这些要求，即这些机构能够确保个人信息的准确以及对它们的合理使用。① 这种转变的基础在于，一方面是一个无懈可击的假设，即如果这些机构获得了更多的信息，它们会作出更精确的决定。另一方面，是一个值得怀疑的假设，即“这些机构和个人都能从该机构工作的高效率中获益”。Rule 的显著发现是，现实中缺乏强有力的隐私权诉求，该诉求原本能限制这些机构获得过多信息。

在 Rule 有关隐私权利益本质的叙述中，他认为这种现实的缺乏能够被解释。他认为，“隐私权”的本质仅仅是“一种对于因隐私领域得到保护而产生的‘美学’上的满足感”。换言之，在大型监督机构的世界里，隐私领域已经减少为“本能的”世界。这无疑表明，个人与诸如信用评级机构等监督机构的关系并没有亲密到足以维持那些重要的道德礼仪准则。因此，隐私权已经失去了公共性和社会性。但如果隐私权仅能被个人或一些主观观念概括，那么我们就不必惊异于隐私权的价值不能证明其在政治上的影响力。

最后，某些社会生活的特殊方面被道德礼仪准则所规制，它们容易因外生机构的移位而受到损害。公共领域中的理性问责使文明获得了优先性，这说明这些外在的压力证实了政府控制公共生活的需求。Stanley Diamond 曾对此大发议论，即现代社会是如何“拆解”了“习俗”的“自发、传统、个性和其他广为人知的特点”。② 根据《美国联邦宪法第四修正案》的法理，国家特权与公共生活之间的冲突显然可见，该修正案也试图使参与执法的公职人员能够遵守社会的“隐私期待”，它同时也试图达到某种平衡，平衡的一方是社会的隐

---

① J. Rule, D. Mcadam, L. Stearns & D. Uglow, The Politics Of Privacy, 70 – 71 (1980).

② Diamond, The Rule of Law Versus the Order of Custom, 38 Soc. REs. 42, 44 – 47 (1971).

私期待，另一方是政府在惩戒违法行为时所追求的高效。[①] 在此政府对隐私的"工具性需要"不会践踏社群规范。

侵权行为责任制度的最后一些经验教训在于告诉我们隐私权在现代生活中极度脆弱。这不仅源于我们要对社会进行规制的贪婪胃口，也源于公众问责制度所包含的不可否认的特权。在对公共现象做评估的过程中，我们生活的方式恰好构成了我们本身并且告诉我们隐私的意义，它似乎有些武断——它是一个关于美学或本能的问题。这使我们去合理评价隐私权的价值，我们能够发现它的功能和理由，并用有关自治权的哲学原理来装饰它，或使用有关信息消费的经济学原理来贬低它。但是，我们却忽视了一项简单的事实，即隐私权对我们来说就是一种现实，仅仅因为我们都存在于公共社会中。我们的"尊严"生来就存在于这种社会中。如果这种存在不被承认或不被保护，那么，我们所珍惜的隐私权必将消失。

---

① New Jersey v. T. L. O., 469 U. S. 325, 337 (1985); see also United States v. Montoya de Hernandez, 473 U. S. 531, 537 (1985); Skinner v. Railway Labor Executives' Ass'n, 109 S. Ct. 1402, 1414 (1989).

第五编　美国隐私权的分析方法："隐私的合理期待"

"隐私的合理期待"的三步分析法

理查德·G. 威尔金斯[①] 著　南方[②] 译

目　次

一、导论

在纪念《美国联邦宪法》颁布 200 周年之际，一位艺术家将

---

① 理查德·G. 威尔金斯（Richard G. Wilkins）美国杨百翰大学鲁本克拉克法学院副教授。

② 南方，中山大学法学院助教。

《美国联邦宪法第四修正案》描绘为城堡塔尖上的一座避难所。[①] 这位艺术家捕捉到了人们对《美国联邦宪法第四修正案》的通识：当公民的私权被政府的公权力侵犯时，他们的住宅就是避难所。但是近来美国联邦最高法院的判决却与此观点相悖，该判决赞成对郊区生活和手工业贸易的设备进行高空监视。[②] 美国联邦最高法院认为，公民的住宅的确是避难所，但是它的无坚不摧必须建立在公民住宅周围没有任何可疑行径的前提下。

美国联邦最高法院的这项关于高空监视的判决引出了《美国联邦宪法第四修正案》中一个复杂的问题："非法搜查"的成立要件是什么？这个问题非常重要，因为依据法律规定，政府机构只有在获得搜查令的前提下方可进行搜查。从共和制思想植入美国宪政以来，此问题就一直是讨论的热点。在美国，有人认为高空监视是警方惩罚犯罪的必要手段。近来美国联邦最高法院也收到了很多关于高空监视侵权的上诉状，有律师引用美国作家 George Orwell 在其文章中提到的"空中警察巡逻"[③] 来反驳上述观点。其实，最早关于此问题的争论出现在《权利法案》当中；200 年后，争论充分说明了《美国联邦宪法第四修正案》的法律体系缺乏逻辑，也说明了法律规范应当以当下的社会背景为参照。

在过去的 50 年间，电子科技以及其他监控技术飞速发展，这使得《美国联邦宪法第四修正案》改革压力重重。针对警察违反《美国联邦宪法第四修正案》使用调查技术的行为，美国联邦最高法院在 1967 年的 Katz v. United States 一案[④]中作出了具有里程碑意义的判决。在 Katz 一案中，在判断行为人所进行的搜查行为和扣押行为是否侵犯他人隐私时，审理 Katz 一案的法官引入了一种弹性十足的分析方法即"合理的隐私期待"标准。这种分析方法与其说是一种理论分析方法，倒不如说是一种弹性分析方法。但是，法官在判断他人的隐私期待是否合理时，需要考虑无穷无尽的因素，这就导致了不同

---

① S. Fink, The Constitution Of The United States, article IV (1985).

② California v. Ciraolo, 106 S. Ct. 1809 (1986); Dow Chem. Co. v. United States, 106 S. Ct. 1819 (1986).

③ G. ORWELL, 1984, at 6 (1949).

④ 389 U. S. 347 (1967).

法官会得出不同的，甚至矛盾的判决结果。

很多法学家对上述问题作出了批判，然而文字上的批判并不能改变现实的混乱，不过这种混乱状况也没有持续太久。在经历了20年的混乱期后，美国联邦最高法院发布了一个具有指导意义的判决，它可以为此后所有关于《美国联邦宪法第四修正案》的诉讼提供指引。但是，这项判决并没有引起太多关注。

通过对Katz一案之前和之后的判决进行分析，我们发现，在判断政府行为是否侵犯他人的合理隐私期待之时，以下三个具有内在联系的要素应当纳入法官的考察范围：其一，政府监视行为的发生场所；其二，政府监视行为的侵扰本质以及侵扰程度；其三，政府监视行为的对象和目的。这就是所谓的判断合理隐私期待的三步分析法。虽然法院并没有在判决中明确采用三步分析法，但是实际上他们已经在判决中暗含适用了三步分析法。而今，笔者认为，是时候将三步分析法正式作为判断合理隐私期待的重要标准予以推广适用了。为此，本文将详细分析三步分析法，从而使法院在适用《美国联邦宪法第四修正案》进行判决时更加明确与有序。

本文分为七个部分，旨在介绍三步分析法的历史背景和现代发展。

第二部分，主要分析《美国联邦宪法第四修正案》所规定的"搜查"的历史定义。在这一部分中，笔者介绍了这样一个现状：在Katz一案之前，法官完全依据不动产侵入侵权理论进行判决，换句话说，只有在行为人实施物理性侵入他人的不动产的行为时，则该行为人的行为就构成了《美国联邦宪法第四修正案》所规定的"搜查"，但是随着现代科技的发展，非物理性监视的出现使得传统的不动产侵入侵权理论遭遇严峻挑战，继而出现了Katz一案的基本规则。

第三部分主要说明"隐私的合理期待"理论在为美国联邦最高法院判决带来许多便利的同时也造成了一系列的适用障碍，因为法官将此种理论适用到具体案件中时会面临大量问题。

第四部分，提出了Katz一案引发的问题之一：打开从合法截停的机动车中获得的容器是否构成"搜查"。法院在解决此类案件时虽然通过扩大"机动车例外"的适用范围以平息纠纷，但它未明确回答上述行为是否侵犯了他人的"隐私的合理期待"。

第五部分，主要分析了美国联邦最高法院近期的相关判决，并得出结论：法院已经开始限制之前由 Katz 案建立的判决参考要件的范围。第五部分说明，法院已经不再基于“隐私的合理期待”对所有可能证据进行全盘考量，而是采取三步分析法判断“合理的隐私期待”，主要关注政府监视行为的发生场所，该监视行为的侵扰程度，以及监视行为侵扰的对象这三个判断要件。

第六部分，笔者将会对 Katz 一案之前和之后的经典案例逐一介绍，说明各个判决对以上三种要件的暗含性使用。最后笔者得出结论：如果美国联邦最高法院和各个州法院积极使用以上要件，那么《美国联邦宪法第四修正案》所规定的“搜查”的含义就会更加清晰，法官对具体案件的判决也会更加容易。

二、历史的视野：从“场所”到“隐私”

在搜查令、现代警察以及《美国联邦宪法第四修正案》出现之前，政府就享有搜查私人财产的权利。[①] 在英国，印刷机发明之后，政府由于害怕煽动性言论的公开化，所以立即以官方名义使用了搜查令。[②] 在 16 世纪，英国皇室颁布适用一般性搜查令（它是为了保证出版法的实施而设置的无差别搜查权）以及协助收缴走私物品令（它为了保证进口关税法实施而设置的搜查权和收缴权）

到了 17 世纪中叶，由于一般搜查令和协助收缴走私物品令对行为人授予了无限制的搜查权，社会大众越来越反感此种行为，于是开始大范围批判此种行为。[③] 为了使公民从政府搜查行为中获取自由，英国政治家 William Pitt 发表了一段充满激情的言论：“即使是最贫困的公民也可以在他的寒舍中对英国皇家表示反抗，纵然他的房屋是简陋的，纵然它的根基是会摇晃的，纵然狂风会吹垮它，暴雨会入侵它，但是，国王不可以进入，国王的任何特权都不能侵犯这个被毁坏

---

① Marcus v. Search Warrants of Property, 367 U. S. 717, 724 –729 (1961).

② N. Lasson, The History And Development Of The Fourth Amendment To The United States Constitution 101 (1937). at 24 –25.

③ Wilkes v. Wood, Lofft 1, 98 Eng. Rep. 489 (1763).

的房屋。"[1] Pitt 的激昂演说或许在最初会有一些影响，但是政府使用一般搜查令的行为仍在继续。[2]

英国人民不断增长的愤恨之情和对无限制搜查权的司法考量催生了 Entick v. Carringto 一案[3]的经典判决。在 Entick 一案中，国务大臣曾对政府机关颁布搜查令，允许其搜查 Entick 的房屋并收缴其作品，原因是 Entick 的文章中有对政府的煽动性诽谤言论。Enrick 对政府长达四小时的搜查行为提起了侵权损害赔偿之诉。上议院的 Camden 勋爵认为搜查令是无效的，应当支持 Entick 的诉讼请求。Camden 勋爵认为，尽管在公法中，为了社会公共利益，私人权利应该适当让渡给公权力，但是政府对私人权利的侵犯也应当由法律明确规定。一般搜查令已经破坏了私人权利和公共利益之间的平衡。在 Camden 勋爵看来，由于法律并没有对搜查和收缴进行规定，所以从英国侵权法角度看，依据一般搜查令实施的政府行为是侵权行为。

直至今日，Entick 一案的基本分析对政府搜查行为的判断仍然具有一定的影响力，并且带有平衡公共利益和私人权利的作用。在 18 世纪普通法的背景下，Entick 一案的法官利用侵扰法中的相关权利寻找公共利益与私人利益的平衡，他们也以此作为判断政府行为合理性的基准。后来，19 世纪的美国法院也迅速跟随 18 世纪英国判例的脚步。[4]

美国联邦最高法院在解释《美国联邦宪法第四修正案》时，引用了 Entick 一案限制政府权力所确立的规则，联邦最高法院认为，在《美国联邦宪法第四修正案》中，"不合理的搜查权和收缴权"与英国皇家适用的一般搜查令及协助收缴走私物品令相类似。但是，就本文而言，Entick 一案的意义在于它明确了"非法搜查"的要件。

在 Boyd v. United States 一案[5]中，美国联邦最高法院判决收缴私

---

① Frank v. Maryland, 359 U. S. 360, 378 - 379 (1959) (Douglas, J., dissenting) (quoting William Pitt).

② N. Lasson, The History And Development Of The Fourth Amendment To The United States Constitution 101 (1937). at 37

③ 19 Howell's St. Tr. 1030 (1765).

④ Boyd v. United States, 116 U. S. 616 (1886).

⑤ Boyd v. United States, 116 U. S. 616 (1886).

人书籍和作品可能是非法行为，理由是，所有人的利益是依靠对该财产的占有而实现的。在本案中，美国联邦最高法院将非法搜查与财产法中的侵犯财产权相联系。法院其实是想表明，如果政府行为侵扰的对象是被窃财产，那么上述有关财产权的抗辩是缺乏理由的。① 同时，从 Boyd 一案可知，法院对“非法搜查”的定义需要和侵权法上的专业概念相联系，例如物理性侵犯。②

然而，在 Hester v. United States 一案③中，Holmes 大法官修正了以不动产侵入侵权理论为依据判断《美国联邦宪法第四修正案》所规定的“搜查”行为的传统理论，创立了判断“搜查”行为的例外规则，他认为，由于《美国联邦宪法第四修正案》保护的是公民的身体、房屋、作品等财产不受侵犯，并不保护公共场所，因此行为人在 Hester 一案中对农田的小范围侵犯并没有违反《美国联邦宪法第四修正案》。从此以后，原告基于不动产侵入侵权理论请求保护其隐私利益不一定能获得《美国联邦宪法第四修正案》的保护，原告必须明确只有法律明确规定的政府行为侵犯地才归宪法保护。在 Hester 一案之后，美国联邦最高法院也在不停地检视这一问题：“场所”的含义到底更接近于公开场所还是“房屋与作品”。

面临科技的发展，仅仅对物理性妨碍进行救济已经显得有些落后了，但是以财产保护为基础的《美国联邦宪法第四修正案》是经久不衰的。尽管科技的发展使得对法院先前相关判决的反对声音从未停息，但是在 1967 年前，美国联邦最高法院都是以财产保护为基础适用《美国联邦宪法第四修正案》的。在此，我们暂且不考虑现实原因，上述适用方式会引出这样的问题：政府的侵权行为如果不是物理性侵扰，那么该非物理性侵扰行为的发生地是否属于《美国联邦宪法第四修正案》保护？

1967 年，凭借微芯片的发明，高空监视技术已经在社会普及并因此成为时代的先驱者。自此，对私人事务的侵扰不再仅限于物理性

---

① Mickenberg, *Fourth Amendment Standing After*, Rakas v. Illinois: *From Property to Privacy and Back*, 16 NEw ENG. L. Rev. 197, 201 (1981).

② Olmstead v. United States, 277 U. S. 438 (1928).

③ 265 U. S. 57 (1924).

侵扰，现行法律已经不能解决由非物理性侵扰带来的一系列问题，最终现行法律成为形式主义的躯壳。[①] 美国联邦最高法院也意识到，目前社会对《美国联邦宪法第四修正案》的不满情绪正在升温。

在 Katz 一案中，美国联邦最高法院理清了思路，它认为，法定隐私期待的界限并不限于对特定场所的物理性侵犯，这种对法定的隐私期待的理解将会引领之后对《美国联邦宪法第四修正案》的适用。

三、从隐私到公开场所：Katz 案规则在开启容器类案件中的适用

在 Katz 一案中，法官依据《美国联邦宪法第四修正案》得出结论：当联邦调查员使用电子监听设备对公用电话亭进行监听时，该联邦调查员的行为就构成《美国联邦宪法第四修正案》所规定的“搜查”。但是政府方基于以下两个理由认为其“非法搜查”不成立：其一，公用电话亭不属于《美国联邦宪法第四修正案》的保护范围；其二，该调查员并没有进入该电话亭对他人进行搜查。Katz 一案的法官对此并不赞同，他们认为，虽然《美国联邦宪法第四修正案》保护的是他人人身免受行为人所实施行为的非法侵扰，并不保护他人对特定场所的隐私期待，而且发生在公用电话亭的搜查行为并不是物理性侵犯，但是《美国联邦宪法第四修正案》对于联邦调查局的调查行为本身是有约束力的。Harlan 大法官在其判决意见中这样表示，《美国联邦宪法第四修正案》的适用应当以社会大众之观点为基准，社会大众如果认为他人对隐私权的期待是合理的，那么，该期待就是合理的，警察的任何调查行为一旦侵犯该隐私期待，就违反了《美国联邦宪法第四修正案》。

Katz 一案更新了《美国联邦宪法第四修正案》中“非法搜查”的法律含义。在 Katz 案之后，美国联邦最高法院依靠“合理的隐私期待”的概念，已经将新近出现的大部分非物理性侵入调查技术纳入合宪性审查，而这些非物理性侵入调查技术在先前的法律中是被忽视的。

目前，美国联邦最高法院已经在侵权案件的判决中放弃了对财产

① Clinton v. Virginia, 377 U. S. 158 (1964).

权理论的适用，不再认为行为人搜查行为是对他人财产权的侵犯。美国联邦最高法院的这一改变产生了两个效果：其一，由科技革命带来的社会压力变小了；其二，对《美国联邦宪法第四修正案》的批判声音也变少了。虽然如此，在司法上建立“隐私的合理期待”理论，回避传统法律思想中的“特定场所”和“物理性侵扰”要件时，也遇到很多障碍：首先，判断“隐私的合理期待”需要用到法官的先前经验，法官有很大的自由裁量空间；其次，“合理期待”的界限不明确，这使得法官的判决过程有太多偶然性；最后，当政府侵权行为发生时，基层法院无法依照 Katz 一案进行准确判决。①

在判断行为人是否侵犯他人合理的隐私期待时，法官的判断标准多种多样。有学者认为，认定“隐私的合理期待”应当联系社会规范的分析、行为人的行为目的，并且禁止将情感夸大化。Marshall 大法官在 Oliver v. United States 一案②的判决意见中认为，“隐私的合理期待”需要依靠以下三个要件判断：其一，自然法中是否对原告之“期待”有规定；其二，政府搜查行为发生的场所；其三，原告的隐私利益是否被理性人认可。

由于美国联邦最高法院并没有就什么样的隐私期待是“隐私的合理期待”作出具体的说明，使法官在决定他人隐私期待是否合理的问题上并无明确的指导意见。

目前，“隐私的合理期待”产生的问题并没有波及各个州法院，但是，一系列的有关开启机动车内某容器的案例正在引起更多的关注，美国联邦最高法院也一直在努力寻求认定该行为的标准，但在法律适用上总是显得模棱两可。

四、Katz 一案与对特定容器的搜查：“隐私的合理期待”理论在现实中的适用障碍

Carroll v. United States 一案③的判决向我们说明，如果在该案中适用“隐私的合理期待”理论会非常消耗法律资源而且没有任何结

---

① United States v. Fisch, 474 F. 2d 1071, 1076 (9th Cir.), *cert. denied*, 412 U. S. 921 (1973).

② 466 U. S. 170, 189 (1984).

③ 267 U. S. 132 (1925).

果。因此，在 Carroll 一案中，美国联邦最高法院确立了《美国联邦宪法第四修正案》当中“机动车例外”的规则。

在审理 Carroll 一案时，一审法院认为，依据《美国联邦宪法第四修正案》，如果警察有理由认为他人的机动车内有违禁品，那么宪法授权他可以在无搜查令的情况下搜查该机动车。① 该法院认为，在该案中，搜查行为是依据《美国联邦宪法第四修正案》这一“授权条款”实施的，因此，执法人员的搜查行为符合《美国联邦宪法第四修正案》的规定。但是，在本案的判决中，法院并没有判断该搜查行为是否属于“非法搜查”，而且该法院也没有明确“机动车例外”中合理“搜查”的范围。② 因此，在之后的案件中，美国联邦最高法院一直在试图确定《美国联邦宪法第四修正案》中合理搜查的范围，寻找合理的搜查行为需要满足的时间条件和对象条件。③ 但是，不论如何，笔者认为，美国联邦最高法院在界定合理搜查之前应首先判断，行为人所实施的开启他人机动车中所藏容器的行为是否侵犯了他人的“隐私的合理期待”。④

1977 年的 United States v. Chadwic 一案⑤率先将“隐私的合理期待”理论适用于对容器的搜查行为当中。在该案中，联邦缉毒官员在驶往波士顿的列车上发现一只可能装有大麻的军用小提箱。联邦缉毒官员待军用提箱到达目的地后迅速命令警犬辨认该提箱并嗅出大麻药品的存在。该缉毒官员并没有立即扣押该军用提箱，而是待其被运送入被告的机动车后备箱后，迅速抓捕被告，收缴该后备行李箱并将其移至安全场所开箱搜查。尽管原告政府方承认军用提箱与被告机动车的短暂接触并不能成为搜查行为的合理性原因，但是原告方认为，本案应当适用的规则是：无搜查令搜查行李的行为是合法的。美国联

---

① United States v. Ross, 456 U. S. 798, 799 (1982), *Carroll*, 267 U. S. 132.

② *Ross*, 456 U. S. at 799 - 800.

③ Robbins v. California, 453 U. S. 420 (1981); Arkansas v. Sanders, 442 U. S. 753 (1979); United States v. Chadwick, 433 U. S. 1 (1977).

④ United States v. Mannino, 635 F. 2d 110, 114 (2d Cir. 1980); United States v. Goshorn, 628 F. 2d 697, 700 - 701 (1stCir. 1980); United States v. Mackey, 626 F. 2d 684, 687 - 688 (9th Cir. 1980).

⑤ 433 U. S. 1 (1977).

邦最高法院对此并不认同，该法院认为，由于机动车辆是一种运输工具，较少作为公民住所存在，也很少存放私人财产，因此减少公民对机动车辆的合理期待是合理的。[①] 但是，上述理论并不能适用于该军用提箱。被告认为，当该军用提箱是作为存放私人财产的容器时，对其进行搜查则侵犯了他人所享有的“隐私的合理期待”。

在接下来的 Arkansas v. Sanders 一案[②]中，法院援引了上述 Chadwic 一案所确立的规则，在 Sanders 一案中，州立警署的警官在小岩城机场发现被告 Sanders 将一可能携带大麻的绿色行李箱放入出租车的后备箱中，于是将该出租车拦截。随后，警官收缴了行李箱并将其打开，在其中发现大麻。原告阿肯色州立政府与 Chadwic 一案的原告一样，坚决认定 Carroll 一案所确立的规则也适用于本案对行李箱的搜查，即在没有搜查令的情况下，对机动车中任何一种容器的搜查均是合法行为。法院并不认同原告的诉讼理由，法院认为，《美国联邦宪法第四修正案》对容器的保护取决于该容器所涉及的权利性质，换句话说，《美国联邦宪法第四修正案》并不保护一切行为人在无搜查令的情况下所实施的搜查他人容器和包裹的行为。

随后，基层法院依照 Sanders 一案所确立的规则，试图在其审理的案件中判断对机动车中的容器进行搜查是否侵犯了他人对隐私的合理期待。该法院确认了以事实界定为基础的认定方式：其一，确定不同容器的本质特征；其二，看这些容器是否为存放私人财产所用。有的法院为了更方便适用《美国联邦宪法第四修正案》，将密闭容器分为有保护价值的容器（例如行李箱和军用小提箱）以及无保护价值的容器（例如纸袋、塑料袋）。这种判断方式随着哥伦比亚特区巡回法院对 United States v. Ross. 一案[③]的判决引起了社会的广泛关注。

在 Ross 一案中，一位警官基于充分的证据怀疑被告 Albert Ross 用其机动车进行毒品贸易，于是依法将该车辆拦截。警察局将 Ross 逮捕后，该警官打开该车后备箱找到一个闭合但未密封的棕色纸袋和一个用拉链密封的红色皮包。随后该警官打开纸袋，发现一个装有白

---

① Cardwell v. Lewis, 417 U. S. 583, 590 (1974).

② 442 U. S. 753 (1979).

③ 655 F. 2d 1159 (D. C. Cir. 1981), *rev'd*, 456 U. S. 798 (1982).

色粉末的玻璃纸制的信封，该粉末最终被化验为海洛因，而那个皮包里则装有3200美元的现金。审讯中，政府成功使Ross提出的证据异议被驳回。

在上诉中，哥伦比亚区巡回法院的陪审团表达了不同的意见，他们认为，违反《美国联邦宪法第四修正案》的是打开皮包的行为，而不是打开纸袋的行为。[①] 他们以巡回法院之前所审理的一系列案件为依据认定，对以下容器的开启是非法搜查行为：行李箱、行李袋、双肩包、运动包、公文包、钱包、塑料制小包、吉他盒子等，因为对上述容器的搜查侵犯了他人合理的隐私期待。但是对以下容器的开启不会侵犯他人合理的隐私期待：已经打开的背包、已拔出的电动剃须刀盒子、工具箱、关闭但没有密封的百货商店储物箱以及已合上但没有密封的信封。[②] 虽然陪审员对上述理由的陈述并不清晰，但是这让我们注意到，按照陪审团的意见，如果Ross将纸袋密封，那么，本案则会是另一个结果。

哥伦比亚区巡回法院主审法官认为，依照上述对容器的划分方法确定案件的基本问题是显失公平的，因此他们要求原审法院再审此案。该区巡回法院认为，对《美国联邦宪法第四修正案》的适用应首先体现出法律的公平与理性。再审法院拒绝适用之前陪审员对容器的划分规则，因为这种方式会使原告与法院陷入一场难以控制的局面。最后法院总结：警察局只有在获得合法的搜查令之后方可进行搜查，在没有搜查令的情况下，不论对何种包裹进行搜查都是非法搜查。[③]

纵然，适用“合理的隐私期待”会带来很多方便，但在判定行为人开启机动车内容器的行为是否侵犯他人合理的隐私期待时，哥伦比亚区巡回法院仍然避免了对该理论的适用。最终，哥伦比亚区巡回法院自创了一个规则：警察不论在何时打开包裹都是非法搜查。

美国联邦最高法院并不认可哥伦比亚区巡回法院的判决，[④] 但是

---

① *Ross*, 456 U. S. at 803 n. 3.

② *Ross*, 665 F. 2d at 1161 n. 3.

③ Arkansas v. Sanders, 442 U. S. 753, 766 (1979).

④ United States v. Ross, 456 U. S. 798 (1982).

与该巡回法院的一个重要观点保持一致：区分有保护价值的容器和无保护价值的容器是显失公平的。美国联邦最高法院并不认为《美国联邦宪法第四修正案》只保护那些表征他人合理的隐私期待的容器，它并不认为容器被密封并且标注“隐私”二字就应当被保护，其他容器就不应当被保护，这种做法会使得被搜查的私人财物沦为一种评价工具。

美国联邦最高法院也针对此案得出判决结论，但它同样没有引用 Katz 一案所确立的规则。但与哥伦比亚区巡回法院不同的是，美国联邦最高法院并没有进行理论再创新，它只是拓展了“机动车例外”的范围：对机动车的每个部分（包括容纳物）的搜查均侵犯了他人所享有的合理隐私期待。

在笔者看来，美国联邦最高法院和哥伦比亚区巡回法院对 Ross 一案的判决都是经典判决，它们均以事实为基础，在判决意见上也具有独创性。这两个判决开创了在特定容器搜查上对 Katz 一案的开放性思考。哥伦比亚区巡回法院避免了 Katz 一案的分析障碍，而美国联邦最高法院却明确了适用于特定容器搜查的“机动车例外”，但是我们需要注意的是，这种合理期待对于运送违禁物品的机动车是不能适用的。尽管两级法院在分析方式上有所区别，但它们的判决结论非常清晰。众所周知，尽管“隐私的合理期待”理论是开放性的，并且具有利用价值，但是将其适用于现实生活中（如上述的机动车搜查一案）却需要付出很大代价。

五、对“隐私的合理期待”当中合理性范围的限制：Oliver 一案、Ciraolo 一案和 Dow 一案所确立的规则

Ross 一案简化了对“隐私的合理期待”的适用，但是“隐私的合理期待”理论并不仅仅适用于机动车搜查领域而且会在机动车搜查领域之外适用。可是，问题在于，在机动车搜查领域之外，警察和法院如何判断行为人实施的某种行为超出了 Katz 一案所确立的“隐私的合理期待”呢？例如，行为人通过已经打开的窗户拍摄他人肖像是否违反《美国联邦宪法第四修正案》？行为人在电线杆上、山顶、直升机上监视他人的后院，或者用望远镜观察他人是否违反《美国联邦宪法第四修正案》？在这些情况看下，上述对“隐私的合

理期待”的理论分析似乎就没有什么效果了。

但是，美国联邦最高法院在 Oliver 一案[1]、Ciraolo 一案[2]和 Dow 一案[3]中得出结论：Katz 一案中的搜查行为构成要件的范围是有限制的。其实，美国联邦最高法院是想通过这些案例表明，Katz 一案对《美国联邦宪法第四修正案》所做的解释已经成为古老的先例，失去了适用意义。这三个案件的判决都摒弃了 Katz 一案所确立的规则，适用了上述的三步分析法。

（一）Oliver 案：受保护的场所

在 Oliver 案中，法官将两个关于警察侵入大麻种植地的案件合并审理。在这两个案件中：警察侵入了大麻种植地，这些大麻种植地周围竖起了栅栏，并且标有“不得入内”的警示牌。审理该案的法院采纳了被告提出的证据异议，因为该案被告在其种植地上设有栅栏和警示牌以宣示自己享有“隐私的合理期待”，此时原告侵入该种植地的行为就是非法搜查行为。但是，美国联邦最高法院对于此案的判决表示反对，同时认为，被告对于其开放的土地是没有“隐私的合理期待”的。

美国联邦最高法院是以两个步骤对此案进行分析的：第一步，它重申了 Hester v. United States 一案所确立的规则，即《美国联邦宪法第四修正案》的保护范围仅限于公民的身体、房屋、作品和名誉，并不能扩张到其所拥有的公开场所，这是《美国联邦宪法第四修正案》为美国联邦最高法院的判决提供的基础。第二步，美国联邦最高法院利用 Katz 一案的“隐私的合理期待”分析了本案。

Powell 大法官认为，判断行为人的监视行为是否侵犯了他人的隐私权并不只有一个标准，应当综合考虑以下要件：其一，立法者的立法目的；其二，他人隐私在不同场所的用途；其三，社会对特定场所保护的认知度。美国联邦最高法院将重点放在了政府监视行为的发生地上。

---

① 466 U. S. 170 (1984).

② 106 S. Ct. 1809 (1986).

③ 106 S. Ct. 1819 (1986).

美国联邦最高法院的上述分析明确将私人场所和公开场所区分开来。《美国联邦宪法第四修正案》的立法目的是：防止政府侵入特定的私人土地。公开场所并不属于该类私人土地。美国联邦最高法院认为，公共场所并不符合《美国联邦宪法第四修正案》所保护的范围，因为它并不是人们进行私人活动的场所，因此不能免于政府行为的干扰和监视。另外，在此类公开场所也不存在任何为了社会利益而进行的个人活动，如保护私人对农作物的耕作。总之，美国联邦最高法院认为二审被告对于其大麻种植地缺乏“隐私的合理期待”，因为该种植地并不属于《美国联邦宪法第四修正案》保护的特定私人土地。

有学者指出，他人对其场所是否享有“隐私的合理期待”应该由他人周围的环境和事物决定，例如，他人的大门是否紧锁，他人是否竖有“不得入内”的标识，他人的场所是否有高围墙，等等。但是，美国联邦最高法院并不赞同此建议，它认为，上述判断标准要求更加细致的概念区分，会导致法律规则包含有各种但书和假设，过于复杂。具体而言，法院基于以下两个理由不赞同此建议：其一，如果采纳以上建议，那么，警察在搜查前必须推测他人是否已经搭建了足够高的围栏，设立了足够多的标识，或者将其违禁品隔离并使其处于隐私权的保护之中。其二，上述建议会使得宪法权利变成了任意性与缺乏公平性的权利。最终，美国联邦最高法院提出了基于“私人活动”的特定场所标准，也就是说，只有该场所是私人活动的进行场所才属于《美国联邦宪法第四修正案》的保护范围，此种标准在适用法律上更加宽泛，可以避免 Katz 一案引起的判断困境。

（二）由 Dow 一案和 Ciraolo 一案引发的思考：监视行为的侵犯程度及其对象是否应当纳入考量

Oliver 一案的判决结论产生了轰动性效应，许多人认为，如果按照 Oliver 一案的分析，那么 Katz 一案也在某种程度上违背了该案所提出的“公共场所”与“私人场所”的区分规则。如果说 Oliver 一案给我们带来的判决结果令学界无法接受，那么，Ciraolo 一案和 Dow 一案对高空监视的判决结果或许会引起更大的轰动。因为这两个案例的判决向我们表明，尽管 Katz 一案所确立的规则有强大的立论基础，但是审判的法院也应当对事实发生的场所以及政府监视行为的侵犯性和对象等要素进行考量。

在Ciraolo一案中，圣克拉拉县的警察局收到一通匿名来电，该通电话表明Ciraolo家的后院种植有大麻。可是Ciraolo家的两层护栏完全挡住了警察的视线（其内层护栏有10英尺高，外层护栏有6英尺高），因此警察不得不使用一台直升机，在1000英尺的高度向下观察其后院的大麻种植地。随后这些警察基于此证据获得了搜查令。[①]第二天警察就在Ciraolo家缴获了73株大麻，此后，政府向法院提起了诉讼，要求法院判处被告私种大麻的相关罪行。Ciraolo提出，由于警察是通过非法搜查收缴的大麻，所以此证据应当予以排除。但是一审法院驳回了Ciraolo的异议。上诉法院并不认同一审法院的判决，并认为Ciraolo基于两层围栏而对其后院享有“隐私的合理期待”。[②]

在Dow一案中，Dow公司的发电厂位于密歇根州中部占地两亩的制造工厂上，Dow公司拒绝环保局进入其发电厂进行二次检查，于是环保局在没有搜查令的前提下，使用直升机对该发电设备在12000英尺、3000英尺、1200英尺的高空分别拍照。Dow公司意识到此问题后随即以环保局违反《美国联邦宪法第四修正案》为由向联邦地区法院提起诉讼。[③] 该法院在判决总结中认可了Dow公司的诉讼请求，法院认为，被环保局拍到的工厂建筑结构和管道布局已经构成“商业秘密”，受本州侵权行为法保护，因此政府侵犯了Dow公司享有的“隐私的合理期待”。

美国联邦最高法院在对Ciraolo一案与Dow一案的分析意见中说明了三个基本要素：监视行为发生地，监视行为的侵犯程度，监视的对象。通过对以上三要素的考察表明：不论是对大麻种植地的高空观察还是对制造工厂的高空拍摄均构成“非法搜查”。美国联邦最高法院的意见也充分印证了：如果以上三要素之任何一个发生变化，那么上述案件的结果就会不同。以下用三步分析法对三个基本要素进行说明。

1. 监视行为发生地

尽管美国联邦最高法院首席法官Burger认为，“场所”并不是案

---

① *Ciraolo*, 106 S. Ct. 1809, 1810 – 1811 (1986).

② People v. Ciraolo, 161 Cal. App. 3d 1081, 1089, 208 Cal. Rptr. 93, 97 (1984).

③ *Dow*, 106 S. Ct. 1819, 1824 (1986).

件的决定性要件，但是，美国联邦最高法院在 Oliver 一案、Ciraolo 一案和 Dow 一案中都探讨了监视行为的发生地，Ciraolo 一案涉及的场所是住宅附属庭院，它应当算是与住宅联系最密切的场所，在这类场所，他人对隐私期待应当是最高的。[①] Dow 一案涉及的场所是户外制造工厂，该场所并不是住宅也不算住宅附属庭院，所以美国联邦最高法院认为很难对其提起违宪审查。[②]

需要说明的是，美国联邦最高法院对“场所”的分类并不是先前设定的。Oliver 一案已经重新解释了《美国联邦宪法第四修正案》中对住宅和住宅附属庭院的规定，[③] Dow 公司认为，工厂的附属庭院应当在宪法上与住宅附属庭院同样受到宪法保护，法院并没有采纳此意见。具体而言，Burger 法官对两个案件中“场所”的分析出于以下两个原因：

其一，在上述两个案件中，对“场所”进行分析是适用《美国联邦宪法第四修正案》的基础环节。一开始美国联邦最高法院在 Oliver 一案中已经发现，对“隐私的合理期待”的判断需要经常引用“场所”这一要件，而且美国联邦最高法院在对 Ciraolo 一案和 Dow 一案进行分析时也大篇幅地对“场所”要件进行介绍，但是最终上述案件的重点都会转向其他要件。上述现象并不是为了表明，判断“合理的隐私期待”时应经常提及侵权行为场所，而是强调侵权行为场所必须纳入“隐私的合理期待”的分析中。

其二，美国联邦最高法院对“场所”的关注以 Oliver 一案所确立的规则为基础，它并不是依据那些从 17 世纪的社会习惯中提炼出的抽象规则和纯理论概括。在 Ciraolo 一案中，美国联邦最高法院之所以将住宅附属庭院当作《美国联邦宪法第四修正案》一案的保护对象，是因为它与公民的家庭与私人活动相关，因此属于私人活动地。而 Dow 一案中所谓的工厂附属庭院则不应当受到保护，因为它不属于私人活动地。因此，美国联邦最高法院关注的不仅仅是“场所”，而是他人在特定场所的行为。这就印证了 Katz 一案所确立的规

① *Ciraolo*, 106 S. Ct. at 1812.

② *Dow*, 106 S. Ct. at 1825.

③ Oliver v. United States, 466 U. S. 170, 180 (1984).

则：《美国联邦宪法第四修正案》保护的不是“场所”而是公民权利。[①] 而美国联邦最高法院也不是将“场所”要件当作《美国联邦宪法第四修正案》的物理性限制使用，而是将其作为判断“隐私的合理期待”的分析工具。

2. 监视行为的侵扰程度

美国联邦最高法院在对 Ciraolo 一案和 Oliver 一案作出分析时，最引人关注的是，《美国联邦宪法第四修正案》适用时所强调的高空监视的非侵犯性本质。尽管在 Ciraolo 一案中，警察高空监视的对象是包含“隐私期待”最多的场所，但是美国联邦最高法院也认为，这种行为并不违法，因为它发生在公共领域，并不是一种物理性侵犯行为。同样地，美国联邦最高法院也认为，Dow 一案中的高空监视也不是物理性侵犯行为。

一方面，美国联邦最高法院认为，适用《美国联邦宪法第四修正案》时，物理性的侵犯行为在之前被美国联邦最高法院多次适用，它是界定非法搜查的重要基础，也是判决此类案件的基本准则。另一方面，依照 Ciraolo 案和 Dow 案，监视行为的侵犯性是美国联邦最高法院分析案例的重点环节。并且美国联邦最高法院明确表示：不论是物理性侵犯还是非物理性侵犯都会导致对他人合理隐私期待的侵犯。

美国联邦最高法院的上述观点引起了 Powell 大法官的批判：“在现代社会，仅仅将物理性侵犯作为判断‘非法搜查’的标准是不能有效保护宪法权利免于高科技监视侵扰的。”[②] 此时，Burger 法官将其注意力转向了第三个要素：政府监视行为对象的本质。

3. 监视的对象

Burger 法官在其发表的意见中强调，Ciraolo 一案和 Katz 一案中的政府监视行为是不同的，Katz 一案中“隐私的合理期待”的背景是政府执法人员对公民私人谈话的电子监听。而且保护私人谈话的规则并不能套用到保护非法种植大麻的行为免受政府监视上，因为保护私人谈话的宪法利益要比保护非法种植大麻行为的宪法利益要更有价值。

---

① Katz v. United States, 389 U. S. 347, 361 (1967).

② *Ciraolo*, 106 S. Ct. at 1815.

美国联邦最高法院在 Dow 一案中的审判意见进一步强调了监视行为对象的重要性，他们认为，环保局获得的信息是工厂的整体布局，这些信息并没有披露工厂的隐私，并不能受到宪法保护。如果政府披露了 Dow 公司有关商业秘密的交谈或者这些图片记录了他人的肖像和机密文件，那么，这就会牵涉到隐私保护问题。因此，美国联邦最高法院认定“非法搜查”不存在。

综观上文所探讨的三步分析法，我们可以发现，美国联邦最高法院在 Ciraolo 一案和 Dow 一案的分析思路都很简洁。Oliver 一案也是一样，法官拒绝考量过于细节化的证据和法律问题。例如，Ciraolo 家围栏的高度，政府监视行为的目的，州侵权法的影响，对高空摄影技术的使用，等等。上述细节或许和案件有逻辑联系，但是，美国联邦最高法院仍然认为，不论如何，案件裁判的依据都应当是对上述三要件的分析，而不是其他要素。

美国联邦最高法院的裁判一般是这样进行的：首先，美国联邦最高法院会把每个案件中的政府监视行为放入特定的场所中考察，接下来它会调查该政府机关是否在该场所进行了侵犯性的行为。最终，美国联邦最高法院会集中探究由该监视行为所获得信息的本质。在 Ciraolo 一案和 Dow 一案中，后两个要件一般是最终判决结果的决定性要件。但是美国联邦最高法院的分析并不是脱离事实的纯理论分析，在这两个案件中的侵犯性要件与对象要件是不同的，例如，高空监视包括利用技术对公民的房屋侵犯或者非法获取他人隐私信息。因此，美国联邦最高法院需要从不同的角度判决不同的案件。

Oliver 一案、Ciraolo 一案和 Dow 一案的判决动摇了 Katz 一案所确立的规则。尽管 Katz 一案认为，《美国联邦宪法第四修正案》的保护并不完全取决于“特定场所”要件，但美国联邦最高法院还是认为对大麻种植地的侵犯并不是“非法搜查”，原因是《美国联邦宪法第四修正案》所保护的宪法权利还没有扩展到公开场所。虽然 Katz 一案的结论是：不论是物理性侵扰还是非物理性侵扰均构成非法搜查，但是美国联邦最高法院还是认定高空监视，基于其非侵扰性并不构成“非法搜查”。最终美国联邦最高法院建议，宪法应该更多关注窃听私人谈话信息的行为而不是监视某一对象的行为。这说明，隐私并不只是他人的主观期待，监视行为下对象的本质发挥着更为主要的作用。

学术界很多学者批评了上述观点，他们认为美国联邦最高法院近来的判决与 Katz 一案之间缺乏联系。关于高空监视的案件判决之后，《华盛顿邮报》也发布评论："法院可能是想让政府通过适用现代科技防止不合理的搜查方式进而保护宪法权利。"① Powell 大法官也说，Ciraolo 一案和 Dow 一案的大部分判决意见都是否认适用 Katz 一案的所确立的规则。

的确，美国联邦最高法院的上述判决违背 Katz 案所确立的规则是显而易见的，但是该判决对《美国联邦宪法第四修正案》的真正影响却被忽略了。可是，正如 Powell 大法官所说，上述判决是否真正尊重了 Katz 一案所确立的规则是一个很大的问题。其实，这两个判决并没有与 Katz 一案所确立的规则分离，但却发展了更为成熟的针对《美国联邦宪法第四修正案》的适用理论。同时，上述判决表明，它们非但没有放弃"隐私的合理期待"理论，反而更加丰富了该理论的内容，并且暗示了"隐私的合理期待"的界限。② 那么，非法搜查行为是否应该依照 Katz 一案所确立的规则判断呢？或者如何判断政府行为是否侵犯了"隐私的合理期待"呢？对 Oliver 案、Ciraolo 案和 Dow 案的判决表明：对于三步分析法的适用就是对上述问题的最好回答。

六、用三步分析法界定"非法搜查"的含义

Katz 一案中最具挑战性也是最重要的部分是：法院能否使他人的一项主观性的期待成为"合理"的隐私期待。然而，上述判断在某些情况下是不可行的，因为将隐私期待合法化需要参照《美国联邦宪法第四修正案》以外的很多法律概念，例如，财产法上的概念，同时，它还要受到来自社会的认可与承认。也正是因为此方面理论的不足，才导致关于隐私权利益方面的立法建议层出不穷。

Oliver 案、Dow 案和 Ciraolo 案无疑再一次掀起了关于隐私权的激

---

① Marcus, *Aerial Surveillance Powers Broadened*, Wash. Post, May 20, 1986, at Al, col. 5, & at A10, col. 1.

② NWC Report, *supra* note 50, at 204.

烈讨论，在上述案件的判决作出之前，就有学者提出警告："由于现行法律对财产权的重视，各级法院在裁判时应限制适用《美国联邦宪法第四修正案》中的隐私保护制度。"[①] 在上述案件中，美国联邦最高法院不仅援引了对财产权保护的规定，同时也关注了监视行为的侵犯性与监视行为对象两个要件。美国联邦最高法院的这一举动预示着，宪法适用将迈入一个黑暗时期。

但是各级法院和学者对上述改变的态度仍然无法确定。最近就有学者批判，美国联邦最高法院对财产权的适用表明，"隐私的合理期待"理论的基础过于宽泛，事实依据过于灵活，它基本上是由政治、社会环境、个人判断等不确定要件决定。对此美国联邦最高法院则采取了三步分析法对"非法搜查"的定义来克服"隐私的合理期待"理论的不确定性。[②] 美国联邦最高法院的最新判决是对其过去定义"非法搜查"的经验性总结与提炼，尽管它只是建立在先例的基础上，但是它也是对《美国联邦宪法第四修正案》价值的认可，而绝不是一个世纪前的那种限制性法律规则。

美国联邦最高法院是站在正义的理念上适用三步分析法的，而对于"特定场所"与"物理性侵犯"的研究似乎又让我们回到了 18 世纪，但是三步分析法中的监视行为对象要件从 Katz 一案至今就一直保持其重要地位。而且，在"隐私的合理期待"理论产生前后，美国联邦最高法院就已经使用了侵犯行为发生地或背景、侵犯行为本身、监视行为对象作为适用《美国联邦宪法第四修正案》的依据。笔者认为，如果上述三步分析法能够以 Katz 一案中的私人财产保护为基础，那么，它就可以为"非法搜查"的界定确定一个基本方向。

（一）"特定场所"的保护：从私人住宅到公共场所

自从美国联邦最高法院在 Katz 一案中表明《美国联邦宪法第四修正案》保护的是人身权而不是特定场所后，"特定场所"就一直作为一种有效的分析要件在各种案例中得到了适用。从表面上看，这个

---

① Mickenberg, *supra* note 25, at 226.

② Wechsler, *Toward Neutral Principles of Constitutional Law*, 73 Harv. L. Rev. 1, 18 – 19 (1959).

现象似乎表明，美国联邦最高法院否定了“特定场所”要件在分析《美国联邦宪法第四修正案》的重要意义。但是，笔者认为上述结论过于片面，Katz 一案的判决必须在《美国联邦宪法第四修正案》时的背景下分析，它明确保护了公民享有被其住宅庇护的权利，也为后续案件对 Katz 一案所确立的规则的适用埋下伏笔。

Katz 一案判决后不到一年的时间内，美国联邦最高法院就在 Alderman v. United States 一案[①]中，以三个电子监听私人谈话案件为基础重新确认了住宅的含义，将其确定为一个有宪法保护价值的“特定场所”。尽管这三个案件中的事实都无法确定电子监视行为的发生场所，但是根据美国联邦最高法院的分析，在这三个案件中，政府的监听行为都发生在住宅范围内。笔者认为，美国联邦最高法院的这一分析存在这样两个问题：其一，私人谈话的参与者的隐私是否被监听行为侵犯；其二，被监视住宅之所有人在没有参与谈话的情况下是否有权提起诉讼。Harlan 大法官认为谈话的参与者享有合理的隐私期待，而且其他案件的相关结论也表明《美国联邦宪法第四修正案》不仅保护住宅也保护公民的人身权益。[②] 针对这一问题，美国联邦最高法院总结道：基于一系列的事实，不管政府监听的是原告的谈话，抑或是原告住宅内的谈话，不管原告是否参与该谈话，政府的“非法搜查”行为均成立。

有意见认为，当谈话被监听后，《美国联邦宪法第四修正案》并不保护住宅所有人的权利，只保护谈话的实际参与者的权利。美国联邦最高法院对此并不认同，他们认为，住宅所有权人不仅对其自己的私人谈话享有隐私期待，还对其住宅享有免于被无授权的政府行为侵犯的权利。住宅所有权人固然对被监听的谈话没有任何值得被《美国联邦宪法第四修正案》保护的利益，但是，他仍可以就其住宅被政府人员侵入提起诉讼，因为，该谈话的监听是非法搜查其住宅的结果。美国联邦最高法院认为，Katz 一案所确立的规则的确强调《美国联邦宪法第四修正案》保护公民及其私人谈话，但是这并不能说明它否定《美国联邦宪法第四修正案》对住宅的保护。

---

① 394 U. S. 165 (1969).

② 394 U. S. at 191 – 192, 194.

紧随 Alderman 案件之后，其他很多案件也对政府监视行为发生的“特定场所”进行了分析，① 这些案例分析表明，虽然美国联邦最高法院高度重视适用合理的隐私期待，但也没有完全放弃对私人财产权概念的适用；例如，在判断隐私利益是否受《美国联邦宪法第四修正案》保护方面，美国联邦最高法院就充分考虑了私人财产权的概念。②

Katz 一案所确立的规则减少了“特定场所”要件与《美国联邦宪法第四修正案》的相关性，也减少了对住宅提供的保护措施，其实，就算是 Katz 一案不存在上述改变，它也在某种程度上重新明确了“特定场所”的本质。在 Katz 一案之前，法律基于住宅是私人财产而保护，而在 Katz 一案之后，法律不仅仅基于此对住宅进行保护，更因为它属于公民私人活动的场所。就像近期美国联邦最高法院所说：“住宅作为私人财产的神圣不可侵犯已经是毫无争议的事实，但是在《美国联邦宪法第四修正案》中，住宅不是因为它所具有的财产价值而受到保护，而是因为它所具有的隐私价值而受到保护。”③

在“特定场所”的理解上，Katz 一案的法官试图避免在私人财产意义上适用《美国联邦宪法第四修正案》，因为这种适用会导致我们忽视对公民权益的保护。但是，如果我们立足于住宅是公民私人活动的特定场所来理解则会防止上述问题的发生。④ 因此，笔者认为，决定他人对某个特定场所是否享有隐私期待并不是看该场所是否能与其他场所区分，是否具有某种特定标识，而是看它是否与公民的私人生活相关。

从上述的分析可知，对于特定场所的范围有了新的确定办法：一端是最为明确的隐私生活区域，即住宅；⑤ 另一端是公开场所，即与隐私生活联系最不密切的地方。⑥ 上述范围的确定可以决定政府的监视行为是否侵犯了他人“隐私的期待”从而构成“非法搜查”。例

① United States v. Dunn, 107 S. Ct. 1134 (1987).

② Rakes v. Illinois, 439 U. S. 128, 143 n. 12 (1978).

③ Segura v. United States, 468 U. S. 796, 810 (1984).

④ Oliver v. United States, 466 U. S. 170, 177 n. 6 (1984).

⑤ *Payton*, 455 U. S. at 589.

⑥ *Oliver*, 466 U. S. at 177 - 181.

如，进入住宅大门就是非法搜查，但是穿越森林里的围栏则不是非法搜查。[①]

在上述所确定的范围之间有很多其他类型的场所，判断他人对于这些场所的隐私期待则取决于这些场所与他人隐私联系的紧密程度，具体而言，要通过这些场所与他人之间是否存在亲密关系、他人是否对这些场所享有主观期待以及与住宅的联系程度来判断。[②] 同理，在“机动车例外”方面，机动车之所以不能受到《美国联邦宪法第四修正案》保护，是因为机动车的移动性以及其他内在特征导致它与隐私的联系并不紧密。[③]

目前，政府对特定场所的管理范围很宽，并且伴随有一系列政府行为。那么某个特定场所是否值得宪法严格保护呢？由于我们拒绝仅从财产权意义上对《美国联邦宪法第四修正案》进行解释，因此该修正案对特定场所保护可能会扩大到商业场所；但是商业场所所有权人与住宅所有权人所享有的隐私期待是不同的。[④] 这个区别在一定程度上决定了政府对商业场所的密切监视的长期传统，同时也限制有人认为它们与私人生活相关的不同观点。[⑤] 当然，还有其他很多场所都与隐私没有密切关联。正如美国联邦最高法院在 Oliver 一案中所述："公开场所并没有为私人活动提供适当的背景"，因为保护这些场所下的隐私利益对社会利益没有任何帮助。[⑥]

其实，就算我们能够在“私人住宅”到“公开场所”这个范围内确定某“特定场所”，我们也并不能马上判断政府实施的搜查行为是否构成“非法搜查”。“隐私的合理期待”的分析还要依靠其他两个要件。在搜查商业场所的案件中，物理性侵犯的存在与否还是具有决定性意义的。而关于搜查其他场所（介于私人住宅和公开场所之间）的案件中，对象要件是具有决定性意义的。

---

① *Compare Payton*, 455 U. S. at 589 - 590*with Oliver*, 466 U. S. at 177 - 181.

② Dow Chem. Co. v. United States 106 S. Ct. 1819, 1823 (1986).

③ California v. Carney, 471 U. S. 386, 388 - 390 (1985).

④ *Mancusi*, 392 U. S. at 367.

⑤ Marshall v. Barlow's, Inc., 436 U. S. 307, 313 - 314 (1978).

⑥ *Oliver*, 466 U. S. at 179.

（二）物理性侵扰：从人身侵扰到高空侵扰

根据 Katz 一案的判决，物理性侵犯的存在与否对《美国联邦宪法第四修正案》的分析来说的确非常重要。但是在目前日益科技化的社会背景下，这个结论显得很苍白无力，可我们必须承认，由于政府监视行为本身就是一种侵扰他人隐私权的行为，它的性质与判断合理的隐私期待是否被侵犯的相关性还是比较大的。在物理性侵犯对违宪审查的必要性方面，美国联邦最高法院一般都很谨慎的提出建议，但是美国联邦最高法院还是让我们了解到，物理性侵犯与判断《美国联邦宪法第四修正案》是否被违反至少是有一些相关点的。① 随着近来一些案件的判决更加深入，美国联邦最高法院逐渐将物理性侵犯的存在作为直接的分析要件。②

在 Katz 一案中，对侵犯性程度的解释还是比较详细的。大部分人认为，他人如果故意将自己暴露于公众，那么不论是在他自己的住宅内还是在办公场所，他人都是不被《美国联邦宪法第四修正案》保护的。③ 如果这一观点被承认，也就是说，如果《美国联邦宪法第四修正案》的保护要根据他人的主观性要件判断，那么，美国联邦最高法院的观点就会被彻底颠覆。但是，如果其他下级法院将这种“故意暴露”理解为，行为人只有采取了物理性侵害的方法侵犯他人隐私权，《美国联邦宪法第四修正案》才对他人隐私权进行保护。笔者认为，在特定的案件中，《美国联邦宪法第四修正案》的保护不应当取决于他人是否故意将自己或者隐私暴露，即主观性要件，而是取决于政府侵犯行为是否存在。那些故意暴露给政府或者其官员的信息是不会用“侵扰”方式获得的，也不在《美国联邦宪法第四修正案》保护的范围内。

通过 Ciraolo 一案和 Dow 一案可知，美国联邦最高法院更关注侵犯性程度而不是主观性问题。在 Ciraolo 一案和 Dow 一案中，美国联邦最高法院的确对主观性要件问题进行了简单的探讨，但是美国联邦

① United States v. Karo, 468 U. S. 705, 713 (1984).

② California v. Ciraolo, 106 S. Ct. 1809, 1813 (1986).

③ 389 U. S. at 351.

最高法院是通过考量主观性要件而得出与侵犯性要件相关的结论。美国联邦最高法院并没有对主观性问题进行实质性分析，它仅仅作出结论：政府侵犯行为获取的信息是他人尽力保护的隐私信息。美国联邦最高法院作出的这个结论与其先前的理解相一致：《美国联邦宪法第四修正案》的功能就是防止公民的隐私、名誉被无授权的政府行为所侵扰。[①]

其实，就像上一部分对“特定场所”的分析一样，我们可以理解为，Katz 一案改变了分析要件的重要程度，而不是排除了物理性侵犯要件。例如，Katz 一案将与他人隐私的相关性作为满足“特定场所”的要件，而不是将“特定场所”看作纯粹的地理位置。也就是说，美国联邦最高法院在判决与《美国联邦宪法第四修正案》相关的案件中，再也不会依据该行为是否属于物理性侵扰行为来判断其是否侵扰了公民的隐私，而是依据该行为是否侵犯了公民的权益来判断。具体而言，它不是依照该行为是否闯入他人的房门，搜查他人的抽屉来判断，而是看该行为是否侵犯了他人与生俱来的权利，如保障个人安全的权利、私人财产权、自由权。[②]

类似于上一部分对“特定场所”的范围建构一样，法院对于侵犯性也可以划定一个基本范围：一端是该行为确定违反了合理的隐私期待；另一端是没有违反。而且与“特点场所”一样，侵犯性的边界也很明确。例如，对人体的物理性侵犯，如将针插入他人皮肤获取血样的行为就构成了侵犯。[③] 另一种情况：他人自愿将信息暴露给政府的行为就没有违反“隐私的合理期待”，因为这类行为叫做“故意暴露”。[④]

在很多相关案件中，侵犯程度的确对确定“非法搜查”有一定作用，但是并不能决定该行为是否发生。在这些案件中，相似案件可以通过政府行为侵犯程度的不同区分。例如，下述两件收缴成人书店的色情书刊的案件就是证明：Lo-Ji Sales, Inc. v. New York[⑤]、Mary-

---

① Schmerber v. California, 384 U. S. 757, 767 (1966).

② Schmerber v. California, 384 U. S. 757, 767 (1966).

③ *Schmerber*, 384 U. S. at 767.

④ J. HALL, *supra* note 119, § 4: 3.

⑤ 442 U. S. at 325.

land v. Macon[1]。

在 Lo-Ji 一案中，一个镇法院的法官发布了一个空白搜查令，然后命令警察去成人书店搜查，在长达六个小时的搜查后，该法官将所搜查的物品填入了空白搜查令中。美国联邦最高法院将这个授权程序比作 18 世纪英国的“一般性搜查令”和“协助收缴走私物品令”。纽约政府认为，虽然该授权程序是有瑕疵，但是政府进入成人书店的行为不能构成“非法搜查”。政府认为，由于 Lo-Ji 书店是对外开放的，因此它的所有人对它并不享有隐私期待。

在梅肯市的 Mayland 一案也出现了相同的问题，当时，县警署的三个侦探到 Sliver News 成人书店浏览了几分钟后，用 50 美元买下了两本杂志。出书店后，他们发现这两本杂志是淫秽杂志，随后返回店里抓捕了老板 Baxter Macon。Macon 认为该种行为构成了非法搜查。但是政府方认为，他们并没有搜查，因为侦探只是买了这两本正在售卖的杂志。

Macon 一案最终以政府方的胜诉而告终，因为美国联邦最高法院认为，购买杂志的行为并不构成搜查。相反，在 Lo-Ji 一案中的警察行为则是搜查，因为我们没理由认为零售书店一定邀请所有公众进入，并且必须服从于政府的搜查，而且该书店不被《美国联邦宪法第四修正案》保护。[2] 因此，笔者认为，唯一能够区分 Lo-Ji 一案与 Macon 一案的关键就是政府的行为，即购买杂志不构成搜查行为，而大规模的收缴杂志则构成搜查行为。正如美国联邦最高法院在 Macon 一案中所说：“在这种情况下，该案中所有行为都是受《美国联邦宪法第四修正案》保护的，就算是侦探买了大量的杂志和其他材料都不能构成非法搜查。”

与此同时，美国联邦最高法院认为，判断行为人无搜查令适用寻呼机是否合法也需要依赖于行为人应用该技术的侵犯性程度。美国联邦最高法院认为，行为人用寻呼机追踪他人车辆的行驶路线并不成立非法搜查，尽管寻呼机是帮助进行隐形监视的工具，但是该行为并不

---

① 472 U. S. at 469.

② 442 U. S. at 329.

是隐形监视，因为任何人都可以看到车辆的行驶路线。[①] 但是，如果行为人用寻呼机监视住宅就会被美国联邦最高法院认定为非法搜查。因此，寻呼机在住宅内的使用与在高速公路上的使用不同，在住宅内使用寻呼机很难逃离联邦宪法的调整。但是，在很多情况下，在公众视线之外监视私人财产都会逃脱《美国联邦宪法第四修正案》的调整，这些情况对隐私利益的危害更严重。

在上一部分我们讨论到，“特定场所”要件对分析政府监视行为的侵犯性程度非常相关。在这一部分，通过Lo-Ji一案与Macon一案，笔者则想要表明，杂志的摆放位置对于判断警察是否对书店进行全盘搜查也非常重要。通过寻呼机一案，笔者想要表明，在公共道路上使用寻呼机没有在住宅内使用寻呼机的侵犯性强。

“特定场所”要件与“侵犯性”要件是密切相关的，或者说有重合之处。[②] 如果案件事实不属于上述两个要件的边界情形，如果冲入房门或者在他人的同意下观察某公开场所，那么，单独适用上述两个要件中的任何一种都是不能单独判断非法搜查行为的。例如，在Ciraolo一案与Dow一案中，“特定场所”或是“侵犯性”要件都不是决定性要件。Dow工厂并不是一个公共场所，没有搜查令的高空监视是不能随意进行的。在Ciraolo一案中，一般被认为应当受到严密保护的住宅附属庭院也不能完全判断非法搜查行为，因为美国联邦最高法院认为任何对住宅附属庭院的侵犯性都是最低限度的，可能不会侵犯到隐私利益。因此，美国联邦最高法院的分析并不会止于此，在这两个案件中的关键要件是第三个要件：被获取信息的本质。

（三）监视行为的对象：私人领域还是公共领域

从上述分析可知，Katz一案表明，“特定场所”与“侵犯性”要件对于联邦宪法来说并无太大意义，但是在判断是否构成非法搜查行为方面，第三个要件比上述要件更为重要。在Katz一案中，美国联邦最高法院认为，来自于公用电话亭的电话是受到保护的，这并不是依靠“特定场所”或者“侵犯性”要件确定的，而是该通被窃听电

① United States v. Knotts, 460 U. S. 276, 281 (1983).

② United States v. Miller, 425 U. S. 435, 440 (1976).

话的内容。[1] 通过对这些内容的关注而不是仅仅关注场所与侵犯程度，美国联邦最高法院建立了第三种也就是最重要的分析要件：对象要件。

对象要件与前两部分介绍的“特定场所”要件与“侵犯性”要件一样，可以建立一个范围来确定。Katz 一案建立了这样一个概念范围：一端是具有高度隐秘性的私人信息，例如，私人间的谈话就是最有可能受到《美国联邦宪法第四修正案》保护的对象形式。的确，在其他要件都无法判断的情况下，侵犯他人之间的私人谈话最有可能侵犯他人“隐私的合理期待”；对象要件范围的另一端是：数据，这些数据只能支持很少的隐私期待，因为这些信息没有包含太多的隐私信息，或者只包含有很少的隐私信息，基于上述特征，他人无法根据它提起隐私权侵犯之诉。

尽管他人对隐私有热切的期待，但是法院很难从表面发现某些信息的隐私程度。这些信息包括：他人的生理信息，例如外貌、身高、体重、性别，这些信息并不算真正的隐私。美国联邦最高法院还认为，指纹信息、声音信息以及笔迹信息也在这类信息范畴之内。[2] 美国联邦最高法院认为，虽然他人的文章受联邦宪法保护，但是他的笔迹是不受保护的。因为笔迹与演讲一样会被多次在公共领域公开，因此他人对笔迹的隐私期待并不会多过对声音的隐私期待。[3]

与此同时，美国联邦最高法院认为，行为人使用记录器记录在他人私人电话上拨打的号码并没有侵犯隐私期待。其实，记录器记录下来的号码并不属于隐私信息，因为他人拨打该号码这个行为就意味着他人自愿暴露该信息，这说明记录器并没有记录任何具有高度隐秘的私人信息。而且笔式记录器记录号码的行为与 Katz 一案中的监听设备也不同，因为笔式记录器并没有获得谈话内容。

除了上述信息之外，还有一种信息并不包含太多的隐私成分。因为在现代社会它与隐私存在较少关联，没有太多的保护价值。这种信息便是：车牌号。车牌号在政府调控中发挥着重要的作用，联邦政府

① Katz v. United States, 389 U. S. 347, 350 - 353 (1967).

② United States v. Dionisio, 410 U. S. 1, 14 (1973).

③ United States v. Mara, 410 U. S. 19, 21 (1973).

也努力将其置于公开领域。[①] 支票记录和现金流转记录也不受《美国联邦宪法第四修正案》的保护，因为它们是贸易往来的信息，而不是私人信息。[②] 正如 Oliver 一案所强调一样，他人对于在公开的田地耕作玉米这类信息也无法享有合理的隐私期待。

在 United States v. Jacobsen 案件[③]中，美国联邦最高法院认为有一种信息也在《美国联邦宪法第四修正案》保护范围之外。他们认为，判断可卡因是否存在的特殊化学仪器只能证明违禁品的存在而不会披露私人信息。[④] 虽然美国联邦最高法院的结论或许存在一些问题，但是它来自于 Katz 一案所确立的规则。而且，与 Boyd v. United States 一案一样，使用该化学仪器发现违禁品并不构成非法搜查。与此同时，在 Jacobsen 一案中，美国联邦最高法院拒绝扩大《美国联邦宪法第四修正案》的保护范围，这也使笔者联想起 Boyd 一案的结论：被告不能以《美国联邦宪法第四修正案》为依据任意起诉政府的合法搜查行为与收缴被盗财产的行为。[⑤]

在判断政府实施的某种行为是否侵犯他人享有的合理的隐私期待时，对象范围的建立非常有价值。在 Ciraolo 案和 Dow 案中，对象要件的范围非常重要，因为政府通过高空监视只看到了违禁品和工厂设备的整体布局，并没有看到人脸或者机密文件。因此，美国联邦最高法院可以得出非法搜查并不存在的结论。但是与“特定场所”要件和“侵犯性”要件一样，监视行为对象要件并不能单独判断非法搜查是否存在。由 Katz 一案确立的这一要件的功能则是使下级法院在判决时通过考量对象要件，防止错误判决的发生。

在 United States v. Jacobsen 一案中，Brennan 大法官认为，美国联邦最高法院过度关注信息的本质以及通过监控科技获取的信息。他认为，美国联邦最高法院的这种关注造成了一种可能：如果发明一种可以从建筑外检测到建筑内可卡因的仪器，那么，警方监视放有毒品的住宅就不会有宪法上的障碍。

---

① New York v. Class, 106 S. Ct. 960, 966 (1986).

② Miller v. United States, 425 U. S. 435, 442 (1975).

③ 466 U. S. 109 (1984).

④ United States v. Place, 462 U. S. 696, 707 (1983).

⑤ Boyd v. United States, 116 U. S. 616, 624 (1886).

Brennan 法官的批判是有力的，他的预言也使得社会舆论很不安。但是笔者认为，这位法官的批判有些不妥当。Jacobsen 一案的法官并没有过度关注监视行为对象，而且本文中对其他两个要件的考量也缓解了 Brennan 法官预言的威慑力。

在 Jacobsen 一案中，毒品管制所的官员的确检查了被毁坏包裹的内容，但是该包裹在被政府官员检查前就已经被洲际托运人打开过。事实是，洲际托运人依据保险条款打开包裹发现白色粉末后，立即通知了联邦官员。该官员除了检验先前打开的包裹，并且取出小部分白色粉末检测是否有可卡因存在外，没有采取任何其他行为。此时，摆在美国联邦最高法院面前的问题是：联邦官员的上述行为是否构成非法搜查。

美国联邦最高法院通过考虑本文中的三个要件发现：该行为发生的场所是受到《美国联邦宪法第四修正案》保护的，因为包裹毫无疑问是在《美国联邦宪法修正一案》保护范围内的。随后美国联邦最高法院又考量了第二个要件和第三个要件。

美国联邦最高法院发现：根据本案的事实，联邦官员检查包裹的行为并不属于宪法上所说的侵权行为。因为在联邦官员检查前，该包裹已经被洲际托运人彻底搜查了，要想对政府行为提起诉讼，必须证明该官员在搜查包裹的现场。因此，联邦官员的行为并没有侵犯任何隐私期待，《美国联邦宪法第四修正案》所规定的非法搜查行为并不存在，而且这一行为并没有让联邦官员获得更多的信息。

最终，美国联邦最高法院认为，该检测的侵犯性程度是很小，而且，该检测只能披露一个之前无人知晓的事实：该白色粉末是否是可卡因。因此，美国联邦最高法院认为，该政府行为并不能构成非法搜查。此案中对粉末的化学检测行为扩充了政府合理搜查的范围。

与 Brennan 法官所说的不同，美国联邦最高法院并没有仅仅关注搜查行为的对象，相反，法院将政府监视行为置于其发生背景之下，仔细考量政府侵犯行为的本质。通过分析化学检测，它发现该检测只是一种小程度的政府侵犯行为。而且由于该信息有两个特点：其一，该信息与隐私信息没有太大关系；其二，该信息只披露了一个事实——可卡因的存在。因此，该检测并没有侵犯任何隐私利益。

笔者认为，根据美国联邦最高法院的分析，我们没必要害怕某天警察会任意利用高科技仪器检查美国居民的住宅寻找犯罪踪迹。这些行为比 Jacobsen 案件中的政府行为更有侵犯性。[①] 因为这些行为发生在传统宪法高度保护的场所内，也就是住宅内。因此，就算 Brennan 法官预言的高科技仪器在今后会出现，那么，上文分析的前两个要件可以证明，如果没有搜查令，该仪器是不可以使用的。

七、结语

在“非法搜查”含义的演变进程中，关于如何确定《美国联邦宪法第四修正案》所规定的非法搜查行为的决定要件问题引起了很大争论。在 1967 年的 Katz 一案中，美国联邦最高法院就依据指导法官判决的“特定场所”与“物理性侵犯”要件总结出了一系列规则。该案的判决将非法搜查概念从先前判例中解放出来，确立了新的规则：只要政府监视行为侵犯了合理的隐私期待，那么非法搜查行为就成立。但是，这个标准为以后的适用带来了很多问题。

正是由于“隐私的合理期待”标准的适用很复杂，才产生了要尽量减少判断成本的需求。例如，在开启他人机动车中容器的情形下，美国联邦最高法院通过确立“授权条款”替代“机动车例外”规则从而减少判断“隐私的合理期待”的混乱状况。但是，这种方式并不能解决由 Katz 一案带来的一系列问题。

从 Oliver 案、Ciraolo 案和 Dow 案的判决，美国联邦最高法院开始缩小分析“隐私的合理期待”的范围，对上述案件的判决表明，在适用 Katz 一案所确立的规则时要考虑下列要件：其一，政府监视行为发生的特定场所；其二，政府监视行为的侵犯性；其三，政府监视行为的对象。这些要件来自于对 Katz 一案前后的判决的总结与提炼。因此，如果行为人实施的某一行为仅仅侵犯特定场所并且获取的信息并不一定能引起《美国联邦宪法第四修正案》的保护。根据 Katz 一案，只有在政府行为获取的信息与隐私相关才构成非法搜查。上述的三步分析法并没有掩盖“隐私的合理期待”的基本理论，相反它可以使该理论更加合理化，更加方便法官适用。

本文所述的三要件并不能万无一失地判断非法搜查行为。不同的

---

① Dow Chem. Co. v. United States, 106 S. Ct. 1819, 1827 (1986).

政府监视行为要求对此三要件的更加不同与深入的研究，就算是相似的案件也会因为上述要件的不同而有所区别。无论如何，在这个 Katz 一案判决的 20 周年之际，笔者认为，如果法官能够对三要件仔细考量和确认，Katz 一案带来的法律适用一定会更加明晰。

公众对于免受 GPS 监控是否享有合理隐私期待
——美国 Jones v. United States 一案评析

林泰松[①] 韩林平[②]

目　次

一、导论

在当今的美国，科学发展使得警察的侦查执法能力得到了飞速提高，对此，美国联邦最高法院必须不断审视《美国联邦宪法第四修正案》对公民的保护措施，不断协调进步的科技与滞后的法律保护之间的关系。2011 年，美国联邦最高法院在 Jones v. United States 一案[③]中就提出两个非常重要的问题：①若行为人在未获授权的情况下使用全球定位系统（Global Positioning System，GPS）的有车辆追踪功能的移动设备来对他人车辆进行追踪定位，那么他人可否主张行为人侵犯了自己受到《美国联邦宪法第四修正案》保护的权利？②他人对被车辆追踪移动设备记录下来的自己的私人车辆的坐标位置信息是否享有合理隐私期待？由此，该案向《美国联邦宪法第四修正案》的调整范围提出了挑战。该案旨在扩大美国联邦最高法院在司法实践

---

① 林泰松，国信信扬律师事务所主任、高级合伙人和执业律师，法学博士。
② 韩林平，中山大学法学院助教。
③ Jones v. United States, No. 1210 - 1259 (U. S. argued Nov. 8, 2011).

中适用《美国联邦宪法第四修正案》的保护范围，同时检测美国联邦最高法院权衡执法检查技术和“1984”之间的关系。美国联邦最高法院很可能判定美国政府在未获授权的情况下使用GPS追踪他人车辆位置的行为构成对《美国联邦宪法第四修正案》的违反，但是他人对自己暴露在公众视野之下的私人车辆坐标位置信息不享有合理隐私期待。

二、Jones v. United States 一案的案情简介

2004年，美国联邦调查局（FBI）和哥伦比亚特区警察局联合成立了一个联合专案组（joint task force），开始调查一位名叫Antoine Jones的嫌疑人贩运可卡因的行为。专案组对嫌疑人Jones进行了常规视觉监控，对Jones的日常电话通话进行了录音，并且在Jones经常光顾的夜总会附近安装了固定摄像机。除此之外，专案组还经过上级授权，在一辆登记在Jones的妻子名下但主要由Jones使用的吉普车内安装了GPS追踪定位设备。该项授权要求专案组内的一名FBI特工在获得授权10日内在该吉普车位于哥伦比亚特区内时将GPS设备成功装入车内。但是，这名FBI特工在获得授权后的第11天才在马里兰州一个公共停车场内将GPS设备装入该吉普车内，从时间和地域上均超出了专案组的司法管辖范围。车内的GPS设备随时记录Jones的行踪，并将其所记录的资料实时传输回司法部门，这样的追踪记录持续了4周之久。

专案组根据GPS传回的数据发现Jones频繁出现在几处房屋附近，并将这几个地方确认为其涉嫌藏匿可卡因的地点。此后专案组通过申请得到上级发放的搜查令，开展了几次突击搜捕行动，并在这几处Jones涉嫌藏匿可卡因的地点发现了毒品、现金和枪支。接着，一个联邦大陪审团以Jones涉嫌与别人共谋贩运可卡因为由将检方对Jones的指控移交法院。在初审中，被告人Jones以专案组通过GPS追踪定位设备获取的证据为非法证据为由，要求法院排除适用专案组通过GPS获取的证据。初审法院驳回了Jones的该项动议，但排除了所有当吉普车停在Jones的自家车库里时GPS追踪定位设备获取的证据。尽管如此，在一审判决中，陪审团仍然认定被告人Jones与别人共谋犯罪；在二审判决中，法院认定被告人Jones与别人共谋贩卖可

卡因，并判处 Jones 终身监禁。被告人不服，向美国哥伦比亚特区巡回上诉法院提起上诉。哥伦比亚特区巡回上诉法院推翻了之前的判决，判定专案组在未获授权的情况下对被告人 Jones 进行的超长时间的 GPS 追踪定位行为侵犯了 Jones 的合理隐私期待。

三、美国法院对 Jones v. United States 一案作出的判决

在 Jones v. United States 一案[①]中，哥伦比亚特区巡回上诉法院认为，美国政府使用 GPS 车辆追踪定位系统对被告人 Jones 长达 4 周的 24 小时全天候追踪监控的行为侵犯了 Jones 的合理隐私期待。

首先，在分析为何美国政府使用 GPS 对 Jones 进行监控的行为构成《美国联邦宪法第四修正案》中的搜查行为时，法院首次明确指出：上文提到的 Knotts 一案的判例并非具有引导性的判例，本案不遵循 Knotts 一案的做法。根据哥伦比亚特区巡回上诉法院的观点，Knotts 一案的做法只适用于对一些“不连续的路途（discrete journey）”进行的“有限的（limited）”高科技追踪，并不适用于本案这种持续很长一段时间的、每天 24 小时全程进行的监控。

其次，哥伦比亚特区巡回上诉法院分析了 Jones 是否将其行踪暴露于公众视野之下的问题。法院重申，判断隐私权人对自己暴露在公众视野之下的信息是否享有合理隐私期待取决于隐私权人期望别人做什么。Jones 既没有“实际上（actually）”暴露自己的行踪，我们也无法“推断（constructively）”他暴露了自己的行踪。一方面，一个人能够完全观察到别人整整一个月以来“所有的行踪”的可能性“几乎为零（essentially nil）”，因此 Jones 并没有“实际上”暴露自己的行踪；另一方面，借用在 2009 年的 People v. Weaver 一案[②]中纽约州法院提出的“马赛克（mosaic）”理论，法院认为，我们根本无法“推断”Jones 暴露了自己的行踪。哥伦比亚特区巡回上诉法院提到，使用 GPS 跟踪定位设备对他人进行的长期监控的行为能够揭露与他人有关的大量生活细节，这些细节往往是他人不愿意被揭露也不

---

① 615 F. 3d 544 (D. C. Cir. 2010), *cert, granted sub nom.* United States v. Jones, No. 1210 – 1259 (U. S. argued Nov. 8, 2011).

② 909 N. E. 2d 1195 (N. Y. 2009).

愿意被他人拼凑起来进行分析的信息，这样的监控行为可以说全面且具体地揭露了他人的私人生活。本案中，尽管 Jones 在某时某地的行踪可能是暴露在公众视野之下的，但是他的整个行动轨迹最初并未直观地暴露在公众视野之下，因此，法院认定 Jones 对自己的行踪享有合理的主观隐私期待。

最后，法院认定，从社会公众普遍观念的角度来看，Jones 也享有合理隐私期待。正如美国联邦最高法院先前曾声明的，“判断他人的隐私权是否具有合理性，还需涉及《美国联邦宪法第四修正案》以外的渊源，例如参考社会公众的理解和主流观点。”哥伦比亚特区巡回上诉法院指出，哥伦比亚特区刑法典将未经授权获取的 GPS 证据排除在可使用的有效证据之外，这表明社会公众普遍认同 Jones 在该案中的隐私期待是具有合理性的。法院还对被允许的可视化监控和本案中的长时间 GPS 追踪作出了区分。可视化监控受到时间和人力资源成本的天然限制，同时还有监控设备被发现的危险。与此不同，GPS 追踪的成本非常低廉，这使得“行为人能够以一种迄今为止尚未被人知晓的隐私侵权方式侵入他人的私人领域”。

综上所述，哥伦比亚特区巡回上诉法院最终认定，哥伦比亚警方在未获授权的情况下使用 GPS 车辆追踪定位设备获取的证据应当被全部排除。

四、对美国 Jones v. United States 一案的评析

（一）法律背景

《美国联邦宪法第四修正案》保护“公民的人身、住宅、文件和财产安全”，保护其“免受不合理的搜查和扣押”。正如大法官 Harlan 在 1967 年的 United States v. Katz 一案[①]中的观点一样，如果公民在某项事务上表现出主观隐私期待，且社会公众认为该公民的隐私期待是合理的，那么，政府在未获授权的情况下针对公民该事务所实施的执法活动将被视为搜查行为。由于判断隐私期待是否具有“合理性（reasonableness）”必须涉及《美国联邦宪法第四修正案》以外的

① 389 U. S. 347 (1967).

社会规范，因此法院在判断这个问题时不仅要参考物权法等法律上的概念，还要参考社会公众的理解和主流观点。如果政府在未获授权的情况下实施的执法活动被视为搜查行为，那么，政府必须拿出一个法院承认的授权书（如搜查令或者逮捕令）来证明自己行为的合法性，除非政府能够证明自己的行为属于法律承认的几种例外情形之一，例如，“紧追（hot pursuit）”或者“逮捕并搜查（incident to arrest）”的情形。“紧追”情形是指：警方在紧急情况下或者追捕某些犯罪分子时，可以进入他人的私人领域。[①]“逮捕并搜查”的情形是指：警方能够在对某人进行逮捕时搜查这个人是否携带武器或者其他可能危及别人人身安全的物品。[②]根据美国联邦最高法院的态度，事前批准的授权书（如搜查令或者逮捕令）是防止司法机关权力滥用的一个重要堡垒。实际上，很长一段时间以来，即使执法机关能够对为何事后授权作出合理解释，美国联邦最高法院也已经不再承认事后追认的授权书（如搜查令或者逮捕令）的效力，因为这将使得政府行为的合法性取决于“不可靠的事后司法程序（far less reliable procedure of an after-the-event justification）”。[③]

在判断何为合理隐私期待时，Katz 一案以及其后遵循该案判决的判例均将判断的焦点集中在“他人期望自己的何种事务被视为隐私权加以保护”这一问题上，即使他人期望保护的事务处于公共领域，该事务也可能作为他人的隐私事务而受到保护，也就是说，这些判例并不是单纯地审视政府是在什么地点观察到他人的隐私事务的。当然，他人对于其公开曝光的信息不享有合理隐私期待，因为任何人都可以观察到这些信息。虽然 Katz 一案将判断合理隐私期待的焦点集中在隐私权人的主观思想之上，但是“家（homes）”仍旧是法律重点保护的隐私场所。因此，从一般性的意义上讲，法律保护公民的所有不在外人直观的视线范围内（plain view）的家中事务的隐私权，保护这些事务免受政府的窥探。此外，在一些案件中，若执法部门的搜查行为不会有揭露他人隐私的危险，那么他们可能会在未获授权的

---

① United States v. Santana, 427 U. S. 38, 42 -43 (1976).

② Chimel v. California, 395 U. S. 752, 762 -764 (1969).

③ Beck v. Ohio, 379 U. S. 89, 96 (1964).

情况下对他人实施搜查行为。

1. 公开曝光和合理隐私期待

在 Katz 一案中这种以隐私权人的主观思想为中心的判断标准之下，隐私权人本身对外界公开曝光的程度会在很大程度上影响其主观隐私期待的合理性。当隐私权人行走在公共视野之下——特别是在公共道路上时，执法部门可能在没有任何授权的情况下对其进行可视化监控，因为我们可以认为，一个暴露在公共视野之下的人将其在哪里以及在做什么的信息“自愿告知给任何想看到这些信息的人”。致力于“扩大（augments）”这种可视化监控的科学技术并不必然违反《美国联邦宪法第四修正案》的规定。在 1983 年的 Knotts v. United States 一案①中，美国明尼苏达州执法部门怀疑一起刑事案件的被告人 Knotts 制造非法药物，并利用一部寻呼机对 Knotts 的一桶装有 5 加仑氯仿的原料在美国公共高速公路上的运输进行了追踪。Knotts 认为，美国明尼苏达州执法部门的做法违反《美国联邦宪法第四修正案》的规定，侵犯了他的隐私权，向法院提起诉讼。该案中，法院最终认定执法部门使用寻呼机对 Knotts 的原料运输进行追踪的行为不构成《美国联邦宪法第四修正案》中所指的搜查，因为如果执法部门不用寻呼机进行追踪，而是单纯地对高速公路进行官方的可视化监控，也能获取其通过寻呼机追踪所获取的信息。

然而，在判断隐私权人的合理隐私期待问题上，隐私权人对外界公开曝光的程度可能也并不是决定性的因素，因为美国联邦最高法院还会考虑另一个问题：隐私权人希望别人以何种态度或者方式对待他的隐私。例如，在 2000 年的 Bond v. Untied States 一案②中，虽然“一个巴士乘客明确知道他的手袋可能会被别人检查或者处理”，但是美国联邦最高法院仍然得出结论：边境巡防部门挤压原告行李的行为侵犯了原告的合理隐私期待利益，因为巴士乘客并不会明确知道也不会预料到别人会“以一种粗暴的探索性的方式检查包裹”。而与此相反，在 1988 年的 California v. Greenwood 一案③中，法院认定：警

---

① 460 U. S. 276 (1983).

② 529 U. S. 334 (2000).

③ 486 U. S. 35 (1988).

方在搜查麻醉药证据时检查被告遗留在路边的不透明垃圾袋的行为并不侵犯被告隐私权，被告对此垃圾袋不享有合理隐私期待。对此，法院的理由是：可以装入垃圾袋的物品非常之多，包括“动物、孩童、腐烂的动物以及监视器等等”，且这样的垃圾袋可以被放置在“任何适合对特定事物进行观察”或者“方便某人将其带走”的地方。

2.“直观的视线范围”和在家中的合理隐私期待

正如上文所述，尽管美国法院在保护公民隐私权时强调公民的主观思想以及隐私期待，但是在《美国联邦宪法第四修正案》之下，“家”仍然受到了与隐私权相关的法律的重点保护。公民的所有不在外人直观的视线范围内（plain view）的家中事务均被视为私人事务，因此均应得到隐私保护，应免受“政府窥探的眼睛（prying government eyes）”的监视。例如，在2001年的Kyllo v. United States一案[①]中，警方在尝试阻止犯罪嫌疑人Kyllo参与的一起大麻交易的过程中，在犯罪嫌疑人Kyllo的家中放入一个热成像设备来探测其家中发出热量的地方。警方的这一行为侵犯了Kyllo的合理隐私期待，因为警方在未获授权的情况下，通过采用“尚未被社会大众普遍使用”的高科技手段，获取到了只有通过非法地物理性侵入犯罪嫌疑人家中的手段才能够成功获取的信息。

然而，公民家中的信息也并非完全不能够被警方获取。如果对于某公民家中的信息，一个正常人只要在公共区域选取一个比较好的角度就能够看到的话，那么，警方也可以在未获授权的情况下对该信息进行监控。在1986年的California v. Ciraolo一案[②]中，古巴圣克拉拉市的警察就得到消息称某嫌疑人种植大麻，并且根据该消息，动用警用飞机在距地面1000英尺的地方拍摄了嫌疑人家后院的照片。法院认为：“位于公共航空道路上的私人飞机和商用飞机”是长期进行常规飞行的，任何搭乘这些飞机、位于这个高度、这个位置的人均可以往地面看，而且均可以观察到警方拍摄的场景，因此，警方在未获授权的情况下对嫌疑人进行的监控行为不构成《美国联邦宪法第四修正案》中所说的搜查行为。《美国联邦宪法第四修正案》并不要求警

---

① 533 U. S. 27, 37 (2001).

② 476 U. S. 207 (1986).

方在观察所有公众只要位于“公开的好观测点”均可以观察到的活动时“遮住自己的眼睛”。类似的，在 1989 年的 Florida v. Riley 一案①中，法院认定警方动用直升机在距地面 400 英尺的高度对嫌疑人家后院进行观察的行为是应当被允许的，原因有二：一是警方遵守飞行规则，并未违反任何飞行条款；二是警方的观察行为并未揭露任何“与嫌疑人家庭住宅内或庭院内有关的隐私细节”。

3. 法律仅允许揭露非隐私细节的搜查

法院在考虑警方的行为是否侵犯了公民的合理隐私期待时，还有一个考虑因素，即警方的搜查行为是否有可能揭露公民的亲密关系或者隐私细节。例如，在 1984 年的 United States v. Jacobsen 一案②中，一名联邦快递（FedEx）主管人员根据该公司的保险政策要求，打开了一个员工的破损的包裹并对该包裹进行了检查。该主管人员在检查过程中，在包裹内发现了一些白色粉末状物质，于是重新封好该包裹并将情况告知了药品执法管理部门（Drug Enforcement Administration，DEA）。随后，药品执法部门进行的两个现场测试证实，这些白色粉末状物质为可卡因。该案中，美国联邦最高法院认为，药品执法部门进行的两个现场测试并不构成不合理的搜查行为，因为这些测试所调查并确定的仅仅是“这些白色粉末状物质是否是可卡因”这个问题，而并不涉及任何与被调查人有关的其他隐私细节。

尽管如此，执法部门也不能在未经被调查人知晓并且同意的情况下擅自使用被调查人的财产，即使其目的是揭露不涉及被调查人隐私信息的其他信息。在 1961 年的 Silverman v. United States 一案③中，政府官员就在被调查人 Silverman 家中的传热导管上安装了一个钉子传声器，用于调查 Silverman 涉嫌参与的赌博活动。Silverman 认为，政府的行为侵犯了他的隐私权，于是向法院提起诉讼。法院支持原告 Silverman 的主张，认定美国政府的行为的确违反了《美国联邦宪法第四修正案》的规定，因为美国政府“在未经原告知晓并且同意的情况下……部分霸占了原告的房子”。

---

① 488 U. S. 445 (1989).
② 466 U. S. 109 (1984).
③ 365 U. S. 505 (1961).

（二）对争论焦点的分析

该案中，美国政府与Jones之间的争论焦点主要集中在以下三个问题上：①Jones对于由GPS设备收集到的关于自己车辆位置的信息是否享有合理隐私期待；②美国政府在Jones的吉普车上安装GPS设备的行为是否侵犯了Jones对于自己的私家车的合理隐私期待；③美国政府是否能够适用“合理怀疑标准（reasonable suspicion standard）”，使得其在未获授权的情况下使用GPS追踪Jones的车辆的行为合法化。

1. 美国政府的观点总结

美国政府不服哥伦比亚特区巡回上诉法院的判决，向美国联邦最高法院提起上诉，其理由主要有以下三点：①Jones对于其吉普车的位置信息不享有合理隐私期待，因为该信息已经暴露在公众视野之下；②Jones不能合理期待其吉普车不被安装任何GPS设备，美国政府在汽车内安装GPS追踪设备的行为不构成对其隐私期待的侵犯；③即使该案中美国政府的行为构成《美国联邦宪法第四修正案》所说的搜查行为，这一行为也是合理的，因为美国政府开展大型扫毒行动所保护的社会公益远远超过Jones的隐私利益。

对于第一点，美国政府主张，当专案组特工使用GPS车辆追踪定位系统记录Jones的吉普车在公共道路上的位置信息时，没有搜查行为发生，因为Jones对于自己暴露在公众视野之下的车辆行踪信息不享有合理隐私期待。美国政府认为，上文提到的Katz一案[①]以及之后遵循Katz一案的判例均强调——一个人的隐私细节和暴露在公众视野下的个人信息之间存在很大区别，而政府仅仅追踪了Jones的交通工具在公共道路上的行动轨迹，而这一信息是完全公开的，是暴露于“任何希望得知该信息的人”的眼中的。

除了采用GPS追踪手段以外，没有人能够观察到Jones的车辆长达一个月以来的所有行踪，但是根据美国政府的观点，这一点细节无关紧要。无论是在上文提到的Greenwood一案还是Bond一案中，法院都没有以“别人也有观察到同样的信息或实施同样的行为的同等

① 389 U. S. 347 (1967).

可能性（likelihood）”为理由来判断权利人是否享有合理隐私期待。美国政府同时反对哥伦比亚特区巡回上诉法院适用“马赛克理论”的做法，认为当他人的所有行踪均暴露于公众视野之下时，他人不应当还对自己“在公众视野下的完整的行踪（totality of [one's] public movements）”享有合理隐私期待。美国政府认为，无论是“同等可能性标准”还是“马赛克理论”均为错误的不应当适用的合理隐私期待判断标准，因为这些标准没有任何参考或者指导价值，既无法对不同行为人观察他人行踪的相似程度作出判断，也无法分析行为人对他人持续多长时间的监控才能够视为违反“马赛克理论”的监控？

对于第二点，美国政府主张，由于专案组特工是在 Jones 的交通工具的外表安装 GPS 追踪设备的，所以 Jones 对此不享有合理隐私期待。美国政府安装 GPS 追踪设备的行为并未揭露 Jones 的隐私信息，因此不构成《美国联邦宪法第四修正案》中所说的搜查行为。此外，美国政府的安装行为也未对 Jones 与吉普车有关的所有权利益造成任何影响，并未影响吉普车的“驾驶质量（driving qualities）”，因此也不构成《美国联邦宪法第四修正案》中所说的搜查行为。正如美国联邦最高法院在 1984 年的 United Stated v. Karo 一案[①]中所指出的，单纯的侵入他人领域（trespass）的行为对于构成一项搜查行为来说，“既不是必要条件也不是充分条件”。

对于第三点，美国政府主张，即使该案中美国政府的行为构成《美国联邦宪法第四修正案》中所说的搜查行为，这一行为也是合理的，因为美国政府开展大型扫毒行动所保护的社会公益远远超过 Jones 的隐私利益。美国政府指出，从当今适用《美国联邦宪法第四修正案》的司法实践中可以看出，法律要求美国联邦最高法院以及其他法院在判断政府实施的搜查行为是否具有合理性时，应当进行一个平衡检验，比较“政府行为侵犯他人隐私权的严重程度”和“推进合法公共利益的需要”两者之间孰轻孰重。该案中，根据美国政府的观点，Jones 作为一个普通公民，法律对其隐私利益的保护是“最低限度的（minimal）”，因为政府安装的 GPS 设备唯一揭露的与 Jones 有关的信息即为吉普车的位置，而这一信息原本也能够通过可

---

① 468 U. S. 705 (1984).

视化监控等方式获得。此外，如果要求政府在开展此类活动之前都要获得授权，那么这将会降低甚至破坏政府“获取并调查毒品贩卖、恐怖活动以及其他犯罪活动中的线索或者提示的能力”。美国政府指出，该案中，由于政府肩负着开展一个大规模扫毒行动的使命，而这一使命所保护的社会公益远远超出 Jones 的隐私利益，所以对 Jones 的具体怀疑足以使得美国政府在未获授权的情况下在 Jones 的交通工具上安装 GPS 追踪定位设备的行为合法化。

2. Jones 的观点总结

Jones 的观点主要有以下三点：①Jones 对于其吉普车的位置信息享有合理隐私期待，美国政府使用 GPS 收集其车辆方位信息的行为侵犯其合理隐私期待；②美国政府在 Jones 的汽车内安装 GPS 追踪设备的行为本身构成对其隐私期待的侵犯，同时侵犯了其对汽车享有的所有权利益；③合理怀疑标准不能够取代一个有合理理由的授权，因此该标准不能用于使得美国政府安装 GPS 对 Jones 进行车辆追踪的行为合法化。

对于第一点，Jones 指出，专案组特工侵犯了他的合理隐私期待。美国政府对其行踪进行的完整记录已经达到了一个“通过可视化监控或者其他方式不可能达到的程度”。即使每个独立的时刻车辆的位置是暴露于公众视野之下的，但是 Jones 的吉普车一个月来的所有移动轨迹并不可能暴露于公众视野之下，因为“一个陌生人能够观察到该车一个月来所有行动轨迹的可能性……几乎为零”。基于某个特定个人“位移图”的独一无二的隐私特性，对其进行长时间的监控会给被监控人带来隐私被揭露的危险，正如上文提到的 Knotts 一案中的“二十四小时监控”一样，这也与哥伦比亚特区巡回上诉法院在判决中使用的“马赛克理论”所表达的道理相同。

对于第二点，Jones 指出，美国政府在 Jones 的汽车内安装 GPS 追踪设备的行为本身构成一项不合理的搜查行为，因为该行为侵占了自己对汽车的所有权。根据上文提到的美国联邦最高法院在 Silverman 一案中的观点——“侵犯他人所有权的行为构成搜查行为”——可知，专案组特工以达到政府目的为借口不合理地将自己的吉普车与 GPS 追踪定位设备相连接的行为也构成侵犯其财产所有权的行为，从而构成搜查行为。行为人对于在未经他人同意的情况下将他人物品与 GPS 设备相连接的行为，应当同时承担两种责任——侵入他人土地的侵权责任和反追踪法律中所规定的刑事责任。正因为如此，Jones 指出，社会公众毫无疑问将会认为：自己对自己的交通工具不被安装 GPS 所享有的隐私期待是具有合理性的。Jones 还注意到，这种不受限制的 GPS 追踪设备将增大普通民众受到“不加选择的监测（indiscriminate monitoring）”的危险，因为较之于花费高昂的可视化监控，实施这种 GPS 追踪行为所需要的成本非常低廉，这使得警察能够“对所有值得怀疑的、不值得怀疑的公民实施 GPS 监控，甚至在其邻居、乡镇或者城市中布下监控网络”。

此外，Jones 指出，之所以指控专案组特工安装 GPS 的行为构成不合理的搜查行为，还因为这些安装在车上的 GPS 设备“故意干涉了 Jones 对吉普车所享有的所有权”。Jones 主张，政府的安装行为暗中破坏了 Jones 排他性地使用该车辆的占有权和使用权，从而改变了该车辆的属性。由于“行为人暗中使用 GPS 设备对他人进行追踪监控的行为构成侵犯他人土地的行为，而且还有可能构成刑事犯罪行为”，所以 Jones 有理由相信，他有权利保护自己的所有物不受包括执法部门在内的任何人的侵扰。与美国政府在该案中的立场恰好相反，Jones 认为，行为人对他人实施的干扰行为并不一定包含对他人所有物实施的物理上的损坏或者毁坏行为。不仅如此，《美国联邦宪法第四修正案》还保护他人免受“有目的性”的干扰行为以及政府的权力滥用行为所造成的侵害。

对于第三点，Jones 指出，美国政府针对其在未获授权的情况下使用 GPS 设备的行为所做的平衡测试是不合理的。一方面，美国政府所谓的合理怀疑标准作为一项变通性的解释，在《美国联邦宪法第四修正案》中找不到任何基础或者根据；另一方面，美国政府在进行平衡测试时始终从有利于自己的角度作出评判，作出错误假设，一味地降低政府行为对公民隐私权的侵犯程度，而夸大执法部门使用 GPS 收集信息所得出的结果的重要性。Jones 还进一步表明，合理怀疑标准之所以不可行，还因为这一标准并未要求政府记录其在未获授权的情况下对他人进行 GPS 追踪的原因，即使这一标准要求政府记录原因，无辜地被追踪者也永远不会知道他们的权利是否遭到了侵犯。而相反，一个“中立的裁判官（neutral magistrate）”在发放授权书（如搜查令或者逮捕令）之前对执法部门是否应当实施搜查或者逮捕行为的判断才最有可能是真正中立且公正的，才能够更好地确保普通民众免受执法部门暗中进行的 GPS 监控。

五、结语

哥伦比亚特区巡回上诉法院在 Jones v. United States 一案中的判决可谓开创了一个先例，向社会公众抛出一个问题——我们对于免受 GPS 监控是否享有合理隐私期待？GPS 追踪定位系统是否有侵犯公民隐私权的潜在危险？在美国，GPS 车辆定位设备的应用非常之普遍。即便在中国，私家车主对 GPS 导航的青睐也有了逐年增长的趋势。导航是车主驾车行驶的一大辅助工具，是否也是潜在的揭露车主隐私的侵权工具？这一问题无论在美国还是在中国，都值得我们进行深入的思考和探讨。

隐私期待与隐私权的消退[①]

肖恩·B. 斯宾塞[②] 著 孙言[③] 译

目 次

一、导论

本文的第一部分检讨了主流的隐私权法律概念是如何让他人的隐私范围逐渐萎缩的。一般而言，法律在决定他人的隐私受到多大范围的保护时，要考虑社会对隐私的合理期待。如果我们把法律保护的隐私事项看作一个范围，那么这个范围会随着社会对隐私期待的不同而不同。这种合理期待的隐私理论实际上建立了一个有关隐私方面的市场，其字面和隐喻上的含义都类似于一般的观念市场。在这种市场中，社会的隐私期待随着不断变化的社会实践而变化。因此，大型机构能够通过影响社会实践从而操控市场，使隐私权更容易受到侵害。

本文的第二部分讨论了隐私权消退的两个基本要素：受法律保护的隐私范围的不确定性与他人对侵权行为的自觉内化（internalization）。由于社会公众所明确期待应予保护的隐私利益（即私人的），与其明确知道不受保护的利益之间，存在着不可避免的灰色区域，因

 Some of the footnotes had been omitted.

② 肖恩·B. 斯宾塞（Shaun B. Spencer），美国马萨诸塞州大学助理教授。

③ 孙言，中山大学法学院助教。

此我们发现了受法律保护的隐私范围的不确定性。行为人对灰色区域中的未决隐私期待实行逐步递增的侵蚀（incremental incursions），最终致使他人的隐私权受到实际侵犯。此外，他人将行为人每一次逐步递增的隐私侵犯行为自觉内化成自己的隐私观念，从而导致他人逐渐丧失了灰色区域中那些曾经可能受到保护的隐私利益。因为他人逐渐将行为人的侵权行为自觉内化成自己的隐私观念，而主流的隐私权法律概念中采取的社会公众合理期待的判断标准着眼于当前社会公众的隐私期待水平，所以这种主流的判断标准无法解释行为人连续侵入未决隐私期待、进而最终侵蚀他人隐私权的累积效应的形成原因，也在不知不觉中导致他人的隐私范围逐渐萎缩。

本文的第三部分分析了有关隐私方面市场的普遍失灵。如上文所述，社会的隐私期待具有易损性，因此对隐私权的保护就取决于他人防御隐私侵权行为的能力。然而，信息不对称，议价能力不均衡，以及集体行动难题，不仅在经济市场，而且在政治市场中都对隐私权的保护造成阻碍。此外，任何个别的隐私侵犯行为都不可避免会产生一些不可预知的后果，这同样也是造成阻碍的问题所在。这些现象在无形中阻碍着公民对私人领域的保护，并且为那些从隐私权消退中牟取利益的人提供了可乘之机。如果不作出一些结构性改变以恢复市场中的平衡，那么隐私权的消退就是预料中的结局。

在开始讨论这些问题之前需要作出一些适当的说明。首先，“隐私权”这一术语对于不同的人有着不同的含义。需要阐明的是，本文中的隐私权指的是许多人所称的“信息性隐私权”，而不是被贴上隐私权标签的基本的个人自主权利。Alan Westin 给出了这一信息性隐私权的经典定义——他人决定在何种情况下将自己信息传递给别人的权利主张。[①] 此外，“公共领域”与“私人领域”这两个术语，可能使信息性隐私权概念存在歧义。因此，本文尽可能避免使用这些术语。

因为“隐私权”这一术语一旦离开其特定的社会环境，就会因失去相应的物质载体而变得难以观察，所以本文在界定一种无法以一定形式量化的隐私权时，常常使用隐私权的“范围”这一可以扩张

---

① Alan f. Westin, Privacy And Freedom 7 (1967).

或者缩小的概念来说明这种抽象的隐私权。这一概念意味着一个可测量的隐私权范围，我们可以观察到其扩张和缩小，从而表达出那些曾经被视为私人的事项受到侵蚀后不再受到保护的情形，反之亦然，这一概念也能用于表述那些曾经不被认为是私人事项且不受法律保护的利益最终被纳入受法律保护的隐私范围。

最后需要说明的是，本文的目的不在于论证或者反驳特定的法律实践。尽管文中提及了许多有关特定的监视技术或者数据收集的法律实践，但是需要首要阐明的是，他们的作用在于使抽象的隐私期待以直观有形的形态表现出来，而不在于探究特定法律实践的正确与否。接下来提到的许多法律实践都有许多支持者与反对者，他们对于这些法律实践是否侵犯了合理的隐私期待持有不同的观点。事实上，这种意见分歧恰恰说明了受法律保护的隐私范围的不确定性。对于某些事项是否应作为私人事项予以保护，社会公众不可避免地会各执己见，在这种不确定性下，灰色区域中的未决隐私期待受到逐步递增的侵蚀，最终导致了相应隐私权的消退。

二、合理期待的隐私理论

本文的这一部分主要讨论社会公众的隐私期待在隐私权法律中的作用。法院主要通过两种方式对隐私权进行保护，其一为普通法上的隐私侵权制度，其二为《美国联邦宪法第四修正案》有关不合理搜查与扣押的隐私侵权制度。无论采取以上哪种方式，法院在审理隐私权案件时，都必须参考主流的社会观点，根据社会公众对于涉案信息是否具有合理的隐私期待来界定隐私权的范围。由于隐私权的概念取决于与其相关的社会公众的隐私期待，所以一旦相关社会的隐私期待发生改变，那么，受到法律保护的隐私权的范围也会随着相关社会的变化而有所不同。举例而言，我们通常对自己在家中的一言一行都享有合理的隐私期待，因而法律保护我们的居所免受其他人的侵扰。但是，如果居所以外的人可以自由地使用技术设备通过墙壁检测到我们的体温，或者是窃听屋内的动静，那么，我们对于居所所享有的隐私期待也许就会因此而改变，进而影响到受法律保护的隐私权的范围。在本部分的最后一节中，我们将分析行为人如何通过连续递增地侵入他人的隐私期待，最终使社会公众的隐私期待逐渐消退。

（一）法官对隐私权的定义

在美国，法官在决定是否对原告主张的隐私权进行司法保护时，必须判断原告是否合理地期待涉案信息始终保持私密的状态。换句话说，案件争议的焦点在于社会公众是否认可原告主张的对涉案信息的隐私期待是合理的。法院在隐私权司法保护的两大领域中适用这种合理性的判断标准：其一是《美国联邦宪法第四修正案》有关不合理搜查与扣押的隐私侵权制度，其二是美国普通法上隐私侵权制度。

1.《美国联邦宪法第四修正案》对隐私权的保护

《美国联邦宪法第四修正案》基于社会公众的隐私期待，保护公民免受不合理的搜查和扣押。在 Katz v. United States 一案①中，美国联邦最高法院认为，公民在使用公共电话时对其通话内容享有合理的隐私期待，政府搭线窃听公用电话的行为侵犯了公民的隐私期待。在法院作出的判决中，大法官 Harlan 解释道，判断他人的隐私期待是否具有"合理性"，必须采取一个关于隐私期待的、两步分析的判断标准。第一步，法官需要判断原告对其信息是否拥有一个现实的或者主观的隐私期待；如果原告对其信息拥有隐私期待，那么法官需要进行第二步分析，判断原告的这一隐私期待是否是"一个为社会公众所认可的'合理'的期待"。

美国联邦最高法院在 O'Connor v. Ortega 一案②中详细说明了合理期待的隐私理论。在该案中，一个州立医院在一起性骚扰调查中搜查了一名医生的办公桌抽屉以及私人文件柜，调查员扣押了这名医生的私人信件及照片。这名医生依据《美国法典》第 42 卷第 1983 条对医院提起诉讼，声称医院侵犯了其依据《美国联邦宪法第四修正案》所享有的权利。大法官 O'Connor 撰写的多数意见认为原告提交了充分的证据以支持法院作出的简易判决。在谈到《美国联邦宪法第四修正案》的"合理期待"的判断标准时，大法官 O'Connor 写道："工作场所的办公运行机制可能会使雇员的隐私期待的合理性大打折扣。当隐私侵扰行为来自于执法人员时，雇员对于一些私人事项具有合理

① 389 U. S. 347 (1967).

② 480 U. S. 709 (1987).

的隐私期待，然而，当隐私侵扰行为来自于单位的高级管理人员时，基于工作场所的实际环境，雇员对于这些私人事项便不具有合理的隐私期待。政府部门雇员对其办公室、办公桌以及文件柜，具有与私营部门雇员类似的隐私期待，但由于政府部门的工作惯例、程序及政府的合法监管减损了其隐私期待的合理性，所以政府部门雇员对工作场所不再具有合理的隐私期待。”[①]

法院认为，雇员所应遵循的惯常的工作方式、工作程序以及办公运行机制等，会限制雇员的隐私期待的合理性，由此可见，社会环境能够决定受法律保护的隐私权的范围。正如 Frederick Schauer 所指出的，《美国联邦宪法第四修正案》的判断标准既不包含对哪些事项应属于隐私权的固定道德判断，也没有对这种判断标准作出形式上的法律规定。相反地，法院在决定他人对其信息是否具有隐私期待时，“要关注社会实际……要关注当前社会公众认为具有合理的隐私期待、应当受到法律保护的隐私权的范围。”[②] Ortega 的判决意见表明，这种社会认知“本身就不可避免地依赖于不断变化的社会价值与社会期待”。[③]

法院对于 Kyllo v. United States 一案[④]的判决理由说明，日新月异的科技发展会使社会的合理隐私期待发生变化。法院认为，该案中执法人员未经授权使用热成像设备扫描被告住宅的行为，构成《美国联邦宪法第四修正案》意义上推定的不合理搜查。在该案中，执法人员使用热成像设备从街对面扫描被告的住宅，设备所显示的房屋内热度不寻常的部分，与被告可能使用加热灯种植大麻的犯罪事实相一致。执法人员事后依靠热成像扫描结果获得了搜查证，并且发现被告确实在其住宅内种植大麻。地区法院否决了被告要求排除在其家中发现的证据的申请，第九巡回法院维持了地区法院的判决。

美国联邦最高法院大法官 Scalia 在其判决中认为，对热成像设备

---

① 480 U. S. 709, 717 (1987).

② Frederick Schauer, The Social Construction of Privacy, Discussion Draft 10 (Mar. 20, 2000).

③ Frederick Schauer, The Social Construction of Privacy, Discussion Draft 10 (Mar. 20, 2000).

④ 533 U. S. 27 (2001).

的使用构成了《美国联邦宪法第四修正案》意义下的推定的不合理搜查。Scalia 的最主要论据是热成像技术"不为普通公众所使用"。[①]他将热成像设备与已经获得广泛使用的科技如飞机、直升机等进行比较，认为后者的广泛使用使得"曾经属于私人隐私范畴的住宅和庭园"进入公众的视野范围，因而社会公众丧失了相应的隐私期待。这一判决理由体现的符合逻辑的结论是，如果热成像技术可以为普通公众所使用，那么社会公众对于免受这一技术侵扰的合理隐私期待便可能不复存在了。

美国联邦最高法院在对几个案件进行裁判时认为，当他人自愿将自己的个人信息与别人分享时，他人就不可能再对其信息享有合理的隐私期待，例如他人将自己的个人信息登记在银行[②]或者电话公司[③]时，他人对于其留在银行或电话公司的信息便不再享有合理的隐私期待。然而，一些州法院却不认同这种推定。在 Burrows v. Superior Court 一案[④]中，加利福尼亚州最高法院认为，顾客对于其留在银行的信息具有合理的隐私期待。加利福尼亚州最高法院在作出裁决时，很大程度上是基于银行职员与顾客提供的证词，证词中体现了顾客对于其银行记录的隐私期待，顾客期待他们的记录只被用于银行内部。

虽然在判断银行顾客对其留在银行的信息是否享有合理的隐私期待时，审理 Burrows 一案的法院与美国联邦最高法院适用的判断标准大同小异，但二者得出的结论却大相径庭。之所以如此有两个原因：其一，在对顾客是否具有合理隐私期待的认定上，加利福尼亚州最高法院比美国联邦最高法院更加注重原告是否能够提出经验性证据，证明其具有合理的隐私期待；其二，由于州与州之间的惯例与规范互不相同，因而各州之间对合理的隐私期待的判断标准难免有所不同。

由此可见，合理期待的隐私理论使美国联邦最高法院处于一种非常尴尬的处境。当法官需要依据《美国联邦宪法第四修正案》认定涉案信息是否属于合理的隐私期待时，美国联邦最高法院必须从国家

① *Kyllo*, 533 U. S. at 34.

② United States v. Miller, 425 U. S. 435, 442 - 443 (1976).

③ Smith v. Maryland, 442 U. S. 735, 743 - 744 (1979).

④ 529 P. 2d 590 (Cal. 1974).

或者社会的整体角度出发，判断（或者宣布）全体国民对涉案信息的价值标准与隐私期待，但是其对主流价值标准与隐私期待的任何声明又不可避免地与少数州或者地区群体产生冲突。也许解决这个问题的最好方法是将美国联邦最高法院的隐私权理论作为法律适用的基线，仅仅用于认定最广为接受的隐私期待的合理性。当地区价值标准与隐私期待超过美国联邦最高法院认可的保护范围并因此要求建立比美国联邦最高法院更高水平的隐私保护时，各州法院可以在美国联邦最高法院的基础上扩张隐私权的保护范围，从而保护地区民众额外、特殊的隐私期待。这种司法模型需要各州最高法院分别、独立地适用《美国联邦宪法第四修正案》关于禁止不合理搜查与扣押的宪法性保护，将之与其他在全国范围内统一适用的有关隐私权的联邦规定区别开来，而不是将这种宪法性保护与联邦法律的保护混为一谈。如果没有这种独立的、各州有别的隐私保护制度，而是由美国联邦最高法院在全国范围内适用统一的隐私权定义，只会限制对隐私权的保护，而不能促进隐私权保护的完善，还会因此而削弱少数地区所持的不同于大多数地区的隐私期待。另一种选择是由美国联邦最高法院在其对《美国联邦宪法第四修正案》禁止不合理搜查与扣押的既有解释中，引进一种“现行社会标准”的判断标准。如果采纳了这种判断标准，美国联邦最高法院要么必须适用成百上千的地区规范审理案件，要么使《美国联邦宪法第四修正案》的隐私权理论在审理中沦为摆设。

2. 美国普通法上隐私侵权制度对隐私权的保护

隐私侵权行为概念的起源追溯到 Warren 和 Brandeis 发表的一篇影响深远的法律评论文章。[①] 这篇文章针对 19 世纪末的通俗新闻业对他人隐私的大肆侵犯而创作，Warren 和 Brandeis 在文章中主张对普通法上的隐私侵权行为作出明确的定义，即“保护他人的隐私权免受任何野心勃勃的新闻媒体、摄影师或持有记录、复制场景及声音的现代设备的行为人的侵犯”。在往后的 70 年间，大多数州都接受了 Warren 和 Brandeis 对于隐私侵权行为的定义。[②] 1960 年，Prosser

---

① Samuel D. Warren & Louis D. Brandeis, *The Right To Privacy*, 4 Harv. L. Rev. 193 (1890).

② See William L. Prosser, *Privacy*, 48 Cal. L. Rev. 383 (1960).

教授的文章再次发展了隐私权法律制度。Prosser 教授分析了大量根据 Warren 和 Brandeis 的隐私权定义作出的判决，认为此前这些判决所涉及的隐私侵权行为实际上可以按照所侵犯的隐私利益划分为四种不同的侵权行为。Prosser 教授区分的四种隐私利益分别被编入《美国侵权法复述（第二版）》第 652B 条至第 652E 条当中。①

《美国侵权法复述（第二版）》保护他人的居所安宁与对话，防止行为人侵扰与窃听他人的“隐居”，同时也保护他人的私人信息，防止行为人不合理公开他人私人事务。《美国侵权法复述（第二版）》认为他人是否可以主张侵权之诉取决于行为人的行为是否合理。如果行为人侵扰他人安宁的行为对他人而言构成“使一个有理性的人高度反感”的行为，他人就可以提起隐私侵权之诉。这是因为，当行为人的行为使一个有理性的人“高度反感”时，这一行为才是极具冒犯性的，应当受到法律的规制。同样地，如果行为人不合理公开私人事务的行为对他人而言构成“使一个有理性的人高度反感”的行为时，他人就可以提起隐私侵权之诉。《美国侵权法复述（第二版）》的评注中明确指出，当行为人公开披露他人信息的行为构成“使一个理性的人感到其权利受到严重不法侵害时”，他人就可以对其提起隐私侵权之诉。法院在判断行为人的行为是否合理时，应将合理性判断标准“与行为发生时发生地的惯例、原告的职业以及行为发生地一般居民的习惯相结合”进行判断。

以上所述的理性人的判断标准包含了社会公众对于那些事务属于隐私和应当受到保护的隐私期待。如 Frederick Schauer 所指出的，隐私侵权行为所带来的伤害归根究底是对社会公众的伤害。② 法律之所以认为他人可以对侵权行为提起隐私侵权之诉并不是由于这些行为对原告的个人情感造成了多大的伤害，而是由于这些行为具有“一种伤害社会大多数人的隐私期待的功能，如果社会公众的隐私期待发生了改变，那么，建立在社会隐私期待上的判断侵权行为是否构成伤害

① *See* Restatement (Second) Of Torts § § 652B - 652E (1977).

② Frederick Schauer, The Social Construction of Privacy, Discussion Draft 3 (Mar. 20, 2000).

的标准也会随之改变。”[①] 同样，Robert Post 设想下的理性人的判断标准是“对社会规范的现实化、实例化”，它不关注行为人的行为对特定个体的人格造成了多大伤害，而是旨在维护“服从与行为（deference and demeanor）”的社会规则，Post 称这种规则为“礼仪规则（civility rules）”。[②] Schauer 和 Post 都认为，侵权法上对隐私权的定义取决于社会的隐私期待。

法院在判断一项隐私期待是否合理时往往将注意力放在涉案侵扰行为发生的社会背景以及决定隐私期待合理与否的社会规范与惯例上。在 Shulman v. Group W Productions, Inc. 一案[③]中，原告一行乘坐的汽车冲出公路而遇险，一支直升机医务救援队把原告从车中救出。随队人员中有一名电视台摄像师。这名摄像师拍摄了救援队把原告从车中救出并用直升机将他们送往医院的图像。此外，直升机上的一名护士用麦克风录下了与其中一名原告的对话。数月之后上述录像带与录音带在一个电视节目中播出。原告从来没有授权电视台播放这些影音资料，继而起诉电视台制片人侵犯其隐私权。特别地，原告所依据的加利福尼亚州普通法与《美国侵权法复述（第二版）》第652B 条侵扰他人安宁隐私侵权制度具有同等含义。

法院在审理原告的隐私权主张时，分析了主流社会实践以及与涉案隐私期待有关的法律规定。

首先，法院对当前媒体的惯常做法进行分析，基于此种分析驳回了原告的其中一项主张，认为被告在事故现场拍摄原告被救援的画面不构成侵扰他人安宁隐私侵权。法院是这样分析的：由于新闻记者拍摄事故现场及救援活动是司空见惯的，所以原告对于禁止媒体拍摄救援现场不具有合理的隐私期待。[④] 法院还援引了加利福尼亚州制定法关于新闻媒体不受紧急情况封闭令限制的相关规定，用以支持上述结论。显然，法院将此免责规定解释为社会公众同意新闻媒体对事故现

---

① Frederick Schauer, The Social Construction of Privacy, Discussion Draft 10 (Mar. 20, 2000).

② Robert C. Post, *The Social Foundations of Privacy: Community and the Self in the Common Law Tort Law*, 77 Cal. L. Rev. 957, 961 - 963 (1989).

③ 955 P. 2d 469 (Cal. 1998).

④ *Shulman*, 955 P. 2d at 488 - 489.

场进行报道与播放，因而原告对于新闻媒体对事故现场的报道不具有合理的隐私期待。

其次，对于原告的其他主张，法院却认为被告拍摄原告在救援直升机内的图像构成侵扰他人安宁隐私侵权行为。法院在作出这一判决时，综合考虑了法律与社会惯例。“尽管记者和摄像师出现在事故现场是十分常见的，但是我们认为无论是法律还是惯例，都未允许新闻媒体在患者在接受治疗时、未经患者同意乘坐正在对其进行救治的救护设施或进入治疗室。”① 法院在判决中批注道，“无论是社会惯例或者习惯，都未允许任何社会一般公众或者媒体代表，搭乘救护设备的顺风车或是津津有味地观看医务人员对一个受伤的陌生人的救治。”

再次，法院还认为被告记录原告与救援护士的对话构成侵扰他人安宁隐私侵权行为，因此驳回了被告要求对此作简易判决的请求。法院在作出判决时，也充分考虑了现行法律制度所反映的社会惯例与规范。因为该案中，事故发生“在乡村高速公路底下好几码以外的沟壑内”，几乎不可能有路人可以听到他们的对话。法院还认为“由现有的对通信的法律保护可以推知，原告对她与护士以及其他救援人员的对话具有合理的隐私期待”。法院援引了《加利福尼亚州证据法》中有关医患特权的规定、《医疗信息保密法》以及《加利福尼亚州隐私侵权法》禁止未经各方当事人许可擅自记录任何秘密通信的规定。法院在判断涉案隐私侵扰是否达到使一个有理性的人高度反感的程度时，充分考虑了现有的社会惯例与规范。法院将现有的新闻报道技巧，如采访询问知道秘密信息的人，与侵扰“已建立法律保护的物理的或者感官的隐私权领域——侵入他人私人住宅或者搭线窃听私人电话线路”的科学技术进行比较。因为后者更难从实质上证明其合理性，所以法院认为后者更可能使一个有理性的人高度反感。该法院还认为，任何法院在审理此类案件时都应当考虑行为人实施侵扰行为的目的，对于不同目的的行为人，在判断其侵扰行为对理性人的冒犯程度时，可能会得出不同的结论。如果行为人是一个记者，那么，其侵扰行为可能并不会使一个有理性的人高度反感，然而，如果行为人是一个收债人，那么，其侵扰行为很可能会使他人高度反感。这种判

① *Shulman*, 955 P. 2d at 490.

断标准反映了法院对不同社会角色的社会评价，根据不同社会角色的社会功能，判断各个社会角色的在社会中的相对重要性，并以此判断其侵扰行为对理性人的冒犯程度。因此，审理 Shulman 一案的法院在判断原告是否具有隐私期待时，非常注重考察社会惯例与法律所反映出的社会规范。

爱达荷州最高法院在审理 Hoskins v. Howard 一案①时，也采取了类似的判断标准，用于判断原告对其信息是否具有隐私期待。在该案中，原告以被告截取其无绳电话通话内容为由对被告提起隐私侵权之诉。爱达荷州最高法院撤销了地区法院对被告的简易判决，认为该案的真正争议在于原告是否具有合法的隐私期待。法院在判决理由中认为，爱达荷州禁止搭线窃听的制定法已经从法律上确立了对有线通信的社会隐私期待的保护，该规定也同样适用于无线通信。

最后，在 Lewis v. Dayton Hudson Corp. 一案②中，审理该案的密歇根州法院认为，如果零售商店在试衣间设有提示消费者处于被监视状态的标志，那么消费者在监视范围内便不具有合理的隐私期待。该案中，一名卧底警察在这间商店购物时，进入试衣间试穿鞋子并将他的枪放在一旁，一名保安人员通过监视器看到其携带的枪后立即报警。由于试衣间内设有提示该区域处于监视中的标志，所以法院认为，原告对自己在试衣间内的活动不具有合理的隐私期待，驳回了卧底警察关于侵犯其隐私权的主张。

（二）立法者对隐私权的定义

从某个角度上说，立法者定义隐私权的方式与法官相比似乎大相径庭。大多数情况下，立法机关以颁布专门的制定法的方式，来确认他人对特定的事务或者情形享有合法的隐私期待。这样的制定法一旦产生，制定法所规定的特定事务就顺理成章受到法律的保护，而无需再考虑社会公众对其是否具有合理的隐私期待。举例而言，在备受争议的关于提名大法官 Robert Bork 进入美国联邦最高法院的确认听证

---

① 971 P. 2d 1135 (Idaho 1998).

② 339 N. W. 2d 857 (Mich. Ct. App. 1983).

会之后，国会在 1988 年通过了《影像隐私保护法》。① 在听证会中，当参会人员得知一名《华盛顿城市报》的记者竟然可以轻易取得大法官 Bork 从附近影像店租用录影带的记录时，许多人都大为震惊。② 如今，《影像隐私保护法》规定，如果录影带租赁服务提供者故意披露消费者租赁的录音带标题，消费者可以对租赁服务提供者提起民事诉讼。③ 该法还规定了 2500 美元的法定损害赔偿金，附加惩罚性损害赔偿以及合理的律师费用。如上所述，因为国会已经颁布了这部法律，确立了对录像租赁信息的隐私保护，所以我们不需要再去追问社会公众是否合理地期待影像店不披露我们的录像租赁信息。此外，国会禁止录像租赁服务提供者擅自披露租赁信息的规定，直接创设了他人对录像租赁信息的合理隐私期待，或者说是强化了对录像租赁信息的隐私期待的保护。

尽管如此，我们仍然无法忽略社会隐私期待在立法程序中发挥的作用。立法机关作为最直接代表人民利益的部门，在表达与强调社会规范与价值标准上发挥着独一无二的作用，其中就包括社会的隐私权规范及价值标准。事实上，在特定情况下对于何为合理的隐私期待，美国国会与美国联邦最高法院有着不同的看法。在 1982 年的 Olmstead v. United States 一案中，法院需要判断搭线窃听电话线路是否属于《美国联邦宪法第四修正案》意义上的搜查。④ 尽管大法官 Brandeis 在其异议中发表了著名的保护隐私权的意见，但是法院仍然认为从存疑的及字面上的角度分析，由于搭线窃听并不包含任何对居所的物理上的侵扰，因而搭线窃听行为不属于搜查。而紧随 Olmstead 案之后，国会就颁布了《联邦电子通讯法》第 605 条，禁止未经电讯信号发送人同意而截取、揭露通讯内容的行为，从而削弱了法院裁决的效力。⑤

显然，既有的社会规范并不是影响立法的唯一因素。特殊的利益要求对立法议程也发挥了巨大作用，常常促成保护隐私权法律的出

---

① 18 U. S. C. § 2710 (2000).

② *See* Simson Garfinkel, Database Nation 72 (2000).

③ 18 U. S. C. § 2710 (b) (1) (2000).

④ Olmstead v. United States, 277 U. S. 438, 462 (1928).

⑤ 47 U. S. C. § 605 (2001).

台，并且这些法律所发挥的保护隐私权的效果与当代社会规范所提供的隐私保护水平相当。理论上，如果美国国会认为出于政策或者道德考虑，确有需要对某些事项进行保护，但当时的主流规范却不为所动时，国会可以另辟蹊径，不借助社会规范的影响，直接进行隐私权立法。如果国会以这种方式进行隐私权立法，便会创设一项前所未有的合理隐私期待，或者是恢复曾经存在而后又消退的合理隐私期待。

然而上述的这种立法在现实中不太可能发生，这使得社会期待在隐私权立法中的作用显得尤为突出。由于一些游说集团极力反对法律给予他人隐私权强有力的保护，考虑到这些反对力量带来的强烈影响，在描述社会期待对于立法进程所发挥的作用时，最好还是将社会期待表述为隐私权立法的必要条件。也就是说，只有在社会对特定领域的隐私权具有强烈的期待时，立法者才会通过立法对其进行保护，否则想要通过立法保护该领域隐私权的努力是注定失败的。但是，对于特定事务而言，仅仅具有社会期待也并不足以保证立法的通过。立法机关将社会价值标准与规范作为隐私权立法的基础，因此立法者对隐私权的定义与法官在某种程度上有异曲同工之妙，二者都必然依赖于不断变化的社会期待。接下来的部分将分析，有权势的行业及机构逐步侵蚀社会隐私期待的行为机制。

（三）对合理隐私期待的侵蚀

社会公众的合理隐私期待极易受到侵蚀。那些有权势的行为人的一举一动都足以影响社会公众的行为模式，改变社会的隐私期待，进而改变法律保护的隐私权的范围。他们通过改变他们自身的行为或活动，设计、改进侵犯隐私权的技术或是实施影响社会隐私期待的法律以实现对社会公众隐私期待的侵蚀。

Jeffrey Rosen 认识到了社会公众的合理隐私期待的易损性，他指出："人们对于隐私权的主观期待往往反映了人们在主观上感受到的受到保护的隐私权的范围；由于监控技术与搜索技术的进步，使得行为人可以更加轻而易举地实施侵扰性监控，隐私期待也就随着宪法性保护的相应减少而被当然削弱。”① 例如，如果雇主在工作场所监控其雇员的电话通讯及电子邮件往来，那么，雇主便削弱了雇员对工作场所的隐私期待。如果商人习以为常地出售消费者的个人资料，那么，商人就削弱了消费者对交易信息的隐私期待。如果美国联邦最高法院的判决认为，执法人员在执法时可以未经授权检查公民的银行记录，那么，法院就削弱了社会公众对于银行记录的隐私期待。②

这种侵蚀潜移默化地持续进行，以至于隐私权的消退看起来似乎是社会发展过程中的必然代价。想要阻止这种侵蚀的发生，其重要前提是人们必须意识到这种侵蚀进程的周期性以及自我延续性。为了分析行为人侵蚀隐私权进程的始末，笔者以工作场所隐私权为背景举例说明。在最近几年里，雇主越来越关注雇员对互联网的使用。雇主对雇员的网络使用有两方面的担忧：第一，雇员可能会访问和分享一些令人十分反感的网站，这些网站的内容可能会引起敌意工作环境之诉；第二，雇员可能会将大量工作时间浪费于网上冲浪。

假如这些担忧成为现实，雇主将有许多解决方式可供选择。如果我们将雇主可选择的解决方式总结成一个集合，那么，集合的一端是相对不具有侵犯性的方式。例如，雇主会将注意力集中在企业的生产力数据上，这些生产力数据能够大概反映出雇员滥用网络的情况以及其他降低效率的工作习惯。或者雇主会要求管理人员更频繁地视察雇员们的工作情况，监督他们的工作效率以及雇员间的彼此交往。在集合的另一端则是极具侵犯性的方式。例如，雇主会在每个雇员的电脑中安装监视软件，监控雇员的每次键盘输入。或者雇主会安装软件记录雇员访问的每个网页以及每次访问的持续时间。在集合两端之间还有一些其他解决方式，例如安装软件记录每个雇员在网络上花费的时间。

我们进一步假设，少数雇主已经制定了相关企业政策或者实施了一些具体规则以解决雇员滥用互联网的问题，并且他们中的大多数采用了集合中间段的方式之一，即记录每个雇员花费的上网时间。在雇

① Jeffrey Rosen, The Unwanted Gaze: The Destruction Of Privacy In America 60 - 61 (2000).

② *See* United States v. Miller, 425 U. S. 435, 443 (1976).

主采取措施之前，许多雇员可能觉得他们使用网络的程度不至于会引起雇主的关注。然而雇主采取措施之后，雇员便不再期待雇主会对他们使用网络的时长与频率熟视无睹。尽管雇主可以预见到雇员会有一定程度的抱怨，但是雇主可以辩称这是以一种温和的方式来解决上述对工作效率和可能引发的法律责任的担忧，从而驳回少数雇员的反对意见。雇主通过选择这种温和手段，轻微地削弱了社会对于工作场所的隐私期待。在接下来的部分，笔者将进一步发展这一假设，从而阐明致使隐私权被递增地侵蚀的两个要素——其一为受法律保护的隐私范围的不确定性，其二为他人对侵权行为的自觉内化。

1．受法律保护的隐私范围的不确定性

在合理期待的隐私理论下，受法律保护的隐私范围具有不确定性，行为人对隐私权的实际侵蚀正是发生在这种不确定的隐私范围的边缘。由于社会公众所明确期待应予保护的隐私利益（即私人的），与其明确知道不受保护的利益之间，存在着不可避免的灰色区域，因此，在合理期待的隐私理论下受法律保护的隐私范围具有不确定性。如果在上文所举的例子中，雇主首先选择了最具有侵犯性的方法，那么，他们就要面临受到雇员强烈反对的风险。雇员间可能会形成一致的反对意见，认为雇主选择的最极端的措施侵犯了他们的隐私权。雇主之所以会遭到雇员的集体反对是由于雇主所选择的最极端措施，早已明显僭越了灰色隐私区域并且侵犯了社会公众对于工作场所的隐私期待。为了避免遭到抵抗，行为人往往不是简单地一次性完成这种过度侵入，而是每次以微小的增幅，一而再再而三地主张他们在灰色区域中的利益。行为人利用合理期待的隐私范围中普遍的不确定性，从隐私范围的边缘开始侵蚀，最终导致隐私权的消退。

为了进一步说明这种不确定性如何促成行为人对他人隐私权的递增侵入，我们可以在上文所举的例子的基础上进一步假设雇主可能采取的措施。雇主可能在先前监控措施的基础上继续加强对雇员网络使用的监控，进一步将监控范围扩大到对雇员访问的具体网站。由于先前监控措施的实施，雇员们已经预料到有朝一日雇主也可能会对网络的具体使用进行监控，因此雇主可能并不会因为监控政策的升级而面临雇员强烈的反对。由于这种小幅度扩张的监控措施未必会冒犯任何明确的隐私期待，因此尽管一些雇员可能会心存不满，但也只能不了了之。一旦雇主对访问网站的监控植根于雇员的观念中变成理所当然的管理手段时，雇员的隐私期待便发生了改变，然后雇主便会继续扩张监控范围，对雇员所访问的网站中的每个具体网页进行监控。如果雇主按照上述模式继续潜移默化地加强对雇员网络使用的监控，那么距离雇主实施最为极端的监控措施——监控公司电脑的每一次键盘输入，就仅仅只是时间问题了。

2. 他人对侵权行为的自觉内化

上文所描述的递增侵蚀的关键在于，他人将行为人实施的连续侵犯行为自觉内化成自己的隐私观念。举例而言，在上文假设的工作场所的网络监控问题中，雇员首先意识到雇主将会（或者可能）监控他们上网的一举一动，并且将这种观念自觉地内化。一旦雇员接受了这种规则，他们的隐私期待便发生了改变，因而雇主的下一步行动就是监控雇员所访问的特定网站，至此雇主的侵犯行为已经侵入到了未决隐私期待的灰色区域中。当行为人的每一小步侵犯在他人心中根深蒂固时，他人便将这种侵犯行为自觉内化，重塑自己的隐私观念，导致受侵犯领域原本可能受到保护的隐私权遭到彻底的侵蚀。因为合理隐私期待的判断标准仅仅关注当前社会公众的隐私期待，只能对隐私受到挑战的社会实践现状进行判断，所以他人的这种自觉内化的倾向，使法院在进行合理隐私期待的判断时无法认识到行为人对隐私期待灰色区域的递增侵蚀，也就无从制止这些隐私侵权行为。

对于他人的这种自觉内化现象，众多学者联系各种各样的主题，从许多不同角度进行了探讨。Jeremy Bentham 的“敞式监狱（Panopticon）”概念最直接地说明了隐私权背景下他人的自觉内化现象。① 1787 年，Bentham 构想了一个完美的监狱模型，即“敞式监狱”。②它的目的在于通过使囚犯产生自己正在“受到持续监视的错觉”，改变囚犯的行为。Bentham 设想的敞式监狱由中央塔楼和四周环形的囚室组成，关押着囚犯的环形囚室，围绕着一个四面八方都有窗户的中心塔楼而建。囚室朝着中央塔楼向里敞开，中央塔楼里的巡视员可以

---

① *See* Michel Foucault, Discipline And Punish: The Birth Of The Prison, 195 - 308.

② *See* Reg Whitaker, The End Of Privacy: How Total Surveillance Is Becoming A Reality 32 (1999).

在任何时候监视任何一名囚犯、对任何囚犯训话。敞式监狱效果的关键在于，囚犯知道他们的行为会被持续地监控，但是因为囚犯无法看到巡视员，所以他们无法知道自己何时处于巡视员的监控下。这样一来，即使巡视员并未监视囚犯，仅仅是被监视的可能性就足以制止囚犯的不当行为。Bentham 的敞式监狱模型的精髓在于，监视者的监视不知不觉中改变了人们的行为，使人们将特定的规则逐渐内化成自己的行为准则，并且自觉遵守这些规则。Foucault 这样描述他人对侵权行为的自觉内化现象："当一个人明知自己置身于其他人的审视中时，他便承担起了限制自己权利的责任；他不由自主地开始服从于别人对其制定的规则；他不断提醒自己，在这一权利关系中，自己正同时扮演着监督者与被监督者的角色；最后，他成为了自己的监督者，自觉地奉行着那些制约着他的规则。"①

因此，敞视状态成为囚犯特有的标识之一。

Shoshanna Zuboff 就信息技术对工作场所的影响进行了大量历史学、社会学以及心理学方面的研究，她发现，雇员在应对雇主削弱其隐私权的行为时，也存在自觉内化现象。② 那些行为被披露的雇员，特别是以他们不愿意的方式被披露的雇员，开发出了免受被披露之耻的方法。Zuboff 称其中一种方法为"预期整合（anticipatory conformity）"。随着监视变得更加无处不在，"时刻暴露在监控之下的压力使雇员开始从源头上重整自己的行为方式，雇员自觉将自己的行为塑造成与监视者的规范标准相符合的行为。"雇员的预期整合行为不仅仅是为了不在雇主面前丢脸，还是为了避免在同事面前丢脸。

敞视效应的关键特征在于它形成了一种生活方式。Nicholas Burbules 在文章中谈到了敞视效应以及隐私权的易损性状态，他注意到人们已经逐渐接受了现实中的各种监视机制，例如地铁、银行、停车

---

① *See* Michel Foucault, Discipline And Punish: The Birth Of The Prison, at 202 - 203 (emphasis added).

② *See generally* Shoshana Zuboff, In The Age Of The Smart Machine: The Future Of Work And Power (1984).

场、商店和电梯里安装的记录我们一举一动的监控摄像。①"当人们接受了被监视、被记录，认为监视机制不可避免时，他们的习惯就发生了改变；他们自身也发生了改变。"他们不仅自身发生了改变，还忽略了那些最初致使他们改变的外部手段。Burbles 强调，"无论是在公共场所，还是私人生活领域，人们隐私观念都发生了许多改变，导致人们自觉地对自己的活动加以限制——如此一来，人们还有何'隐私'可言?"这也意味着公共与私人范围之间的界线可能变得毫无意义。

Burbules 在另一个类似的语境下阐释了敞视效应：假使让学生们围成一圈就座，而不是逐行就座。在这种情况下，因为每个学生都持续地处于教师和其他学生的视线范围内，所以每个学生都必须遵守其认为能被其他人接受的行为。敞视效应的阴暗面不仅仅在于使学生遵守别人强加的外部规则，事实上它还使学生忽略了他们循规蹈矩的原因——即为了遵守其意识到的别人设置的规范。学生逐渐将此前的外部规范自觉内化，并且将这些规范自觉地强加在自己身上。由于他人的这种自觉内化倾向，所以法院在进行合理隐私期待的判断时，只能对每一次递增侵蚀发生后、隐私范围已经受到侵蚀后的现状进行判断，而无法判断受到递增侵蚀之前社会公众的隐私期待。

3. 过度侵入

当然，并不是每一次隐私侵蚀都能成功。有时，行业与政府对灰色区域过度地侵入，反倒打草惊蛇，扰乱了其企图削弱的稳定的社会期待。由于这种过度侵入的行为过于激进，以至于行为人不能再以隐私期待范围的不确定性作为掩护。

对此，网络空间中有一个著名的案例，就是 DoubleClick 公司创建个人资料数据库计划的失败。Abacus Direct 公司拥有一个巨大的存储有能够识别出客户的个人信息的直接邮件档案，DoubleClick 公司计划将其详尽但匿名的网络资料与 Abacus Direct 公司的档案合并，从而创建一个庞大的个人资料数据库。DoubleClick 公司在上千家网

---

① *See* Nicholas C. Burbules, Privacy, Surveillance, and Classroom Communication on the Internet, http://faculty. ed. uiuc. edulburbules/ncb/papers/privacy. htmi (last visited Apr. 19, 2002).

站上投放差不多4500家公司的广告，每当用户打开其中一个广告网页，DoubleClick公司就在他们的硬盘驱动器中放置信息记录程序（cookie），并利用这些信息记录程序跟踪记录用户的上网过程。DoubleClick公司将其从每个用户的上网习惯中收集来的数据合并成一个档案，然后根据每个用户的档案向其投递广告。

DoubleClick公司始终坚称自己是以匿名方式收集用户信息的。在1999年，DoubleClick公司以17亿美元收购了从用户的购物习惯目录中收集大量数据的Abacus Direct公司后，这一论调则发生了改变。DoubleClick公司宣布，该公司计划将其所称的匿名采集的网络信息与Abacus Direct公司的客户个人认证数据进行合并。此计划一经公布，公众的抗议就使DoubleClick公司不堪重负，美国联邦贸易委员会与几个州检察长对DoubleClick公司进行了调查询问，此外，电子隐私信息中心也向美国联邦贸易委员会投诉DoubleClick公司，DoubleClick公司的公众形象与股票价格因此而遭受重创。最后，DoubleClick公司迫于巨大的压力，只得改变其隐私政策，并在2000年5月宣布将不会合并DoubleClick公司与Abacus Direct公司的数据。

除了上述商业行为外，政府行为也可能过度侵入公民的隐私权，例如Johnson政府创建国家资料中心的失败。1965年，预算局提议联邦政府创建一个国家资料中心以集中存储、处理联邦各机构的数据。创建国家资料中心的第一步就是挑选、储存人口普查局、劳工统计局、国内税务署及社会保障局的部分数据。该提案的初衷是为了节约政府开支，而支持者则不断吹捧该提案，称其有利于联邦各部门间数据的交叉引用，例如可以促进数据的有效使用以及加强数据安全等。如此一来，这一概念“慢慢地发展成一个巨大的，包含每一个美国公民从出生到死亡的电子记录的数据库”。① 这个数据库将会包括公民的出生证明、身份证明、学历、征兵与服兵役信息、纳税记录、社会保险记录、死亡记录、房产信息等等。

计划一经公布，便遭到了新闻媒体的批判，国会为此针对计算机数据库对隐私权的威胁召开了听证会。众议院隐私侵权特别小组委员会以及参议院行政行为小组委员会都听取了反对者对国家资料中心计

---

① See Simson Garfinkel, Database Nation 72 (2000), at 13－14.

划的严厉批判。考虑到公众与国会极端负面而强烈的反应，Johnson政府最终停止了这个计划。

政府过度侵入隐私权的第二个例子是《网络电子安全法案》的初始草案，该法案可能有授权执法人员远程进入嫌疑计算机并安装“后门程序”的嫌疑。后门程序可以使政府获悉嫌疑对象的每次信息键入，只要嫌疑对象的密码设置不是牢不可破的，政府就可以得到其密码进行解密。有些人甚至认为，该草案可能授权政府与软件制造商订立协议，要求软件制造商在他们开发的系统中嵌入后门程序，以便执法人员远程激活后门程序、获取隐私信息。草案中的争议条款“面对公民自由团体的激烈反对，很快就被搁置了”。①

尽管如此，我们不能被这些因高调公布而遭受抨击的过度侵入事件所误导。虽然这些例子一定程度上说明人们有可能制止行为人对隐私的递增侵蚀，但是它们毕竟属于极少数的例外情况。大多数递增侵蚀隐私权的行为都避人耳目，即便有也只会受到很小的社会关注。换句话说，大多数递增侵蚀隐私权的行为都不会引起公众的极大关注，因而不会触及社会雷达的底线。

理论上，合理期待的隐私理论意味着，现实社会中行为或者技术的变化不仅可以削弱隐私权的范围，还可以对其进行扩张。例如，雇主可以许诺不检查潜在员工的医疗信息；媒体可以克制自己不印刷出版政治候选人的私人生活信息；国会可以通过法律，防止商家未经消费者具体明示的同意而使用消费者的个人资料。以上这些措施都可能扩张社会对所涉信息的隐私期待。

然而实际上，合理期待的隐私理论助长了行为人对他人隐私期待的递增侵蚀，他人即便试图抵抗，也面临着许多看似无法克服的障碍，因此我们很少看到隐私权范围得以扩张。接下来的两个部分将讨论他人面对的各种刺激与障碍，分析这些刺激与障碍如何促使隐私权的进一步消退。

① A. Michael Froomkin, *The Death of Privacy*?, 52 Stan. L. Rev. 1461, 1487 - 1488 (2000).

三、合理期待的隐私理论与递增侵蚀的简易化

上文已经阐述了合理的隐私期待极易受到递增的侵蚀。在本部分，笔者将从特定的事务或实践的层面出发，来分析合理期待的隐私理论如何放大隐私侵权行为的最终效果。随着每一次侵蚀效果的放大，他人将更加难以防御行为人的隐私侵权行为。

（一）对合理隐私期待的故意剥夺

在商业活动中，合理期待的隐私理论不当地激励行为人预先、故意地剥夺、削弱他人的隐私期待。这其中的逻辑非常简单——人们不必为侵犯根本不存在的隐私期待而承担责任，只要他人的隐私期待不复存在，那么行为人的侵权行为就可以不受法律的限制。我们在雇佣问题中发现了一个利用以上方法、滥用合理期待的隐私理论的突出例子，即当雇主的律师在向雇主提供法律咨询的时候，无一例外地都会建议雇主在与员工签约时就约定，员工不再享有任何与工作有关的隐私期待。Employment Law Learning Technologies 公司的业务就是帮助公司制定相应的公司隐私条款，如该公司的 Shanti Atkins 所言："降低雇员的隐私期待是每一个雇主远离隐私权诉讼所必须做的头等大事。"① 一位评论员建议，"每一个雇主都应当预先制定一套能够有效降低员工的隐私期待的公司条款……这样做的好处是，如果将来雇主与员工因为隐私侵权对簿公堂时，凭借这些预先制定的公司隐私条款，雇主能够使得胜诉的天平向自己这一方倾斜。"② 另一位评论员还建议雇主应当预先制定书面的电子邮件使用条款来提醒员工"注意雇主将会监控员工对于计算机设备以及电子服务使用情况。这将摧毁员工对其电子邮件或者互联网使用的隐私期待"。③ 这位评论员还进一步建议，雇主应当要求员工签署关于隐私权的格式条款。"尽管

---

① Jeffrey Benner, *Privacy at Work? Be Serious*, Wired News, Mar. 1, 2001, at http://www.wired.comlnewsbusiness/O, 1367, 42029, 00.html (last visited June 23, 2002).

② Kevin J. Baum, *E-Mail in the Workplace and the Right of Privacy*, 42 VILL. L. Rev. 1011, 1039 n. 142 (1997).

③ Hall Adams, III, *et al.*, *E-Mail Monitoring in the Workplace: The Good, the Bad and the Ugly*, 67 DEF. COUNS. J. 32, 44 (2000).

在雇主并未按照格式条款严格实施隐私政策的情况下，一份由员工亲笔签署的格式条款并不能为雇主提供额外的保护，但这至少可以说明员工本人对于公司的隐私侵权行为有事先的认知，这将有助于雇主赢得这场隐私权诉讼。”

在医疗隐私领域中，我们也可以看到类似的先发制人的手段。患者在接受医疗服务之前被要求签订一系列内容宽泛的隐私豁免协议的做法已经成为一项惯例，这些隐私豁免协议几乎可以使医疗机构免于承担任何披露医疗资料的责任。这一做法的结果就是，患者往往是在根本不知道哪些与自身有关的医疗隐私会被泄露的情况下就糊里糊涂地签订了相应的隐私豁免协议。在患者主张其医疗资料不被泄露的隐私期待时，这些广泛彻底的豁免协议使医疗机构得以置身事外。Clinton 政府执政末期颁布的《医疗隐私保护条例》首次对该问题作出了规定。虽然《医疗隐私保护条例》规定了许多隐私保护的例外情况[①]，但是该条例还是对医疗机构在治疗、付费、手术等项目之外请求患者同意其使用或披露患者隐私的做法设定了一些要求。该条例规定，提供给患者的授权书必须使用一般人能够理解的语言，并且必须解释“在何种特定并且有必要的情况下”该信息将会被披露；由具有何种特定资格的人或特定等级的人披露；何人能够获得该信息；该隐私保护豁免协议的到期日或有效期。[②]

网络服务商也常常试图通过他们所谓的隐私条款来削弱用户的隐私期待。网络服务商通常都会作出非常明确的免责声明，声称他们保留随时修改隐私条例而无须事先通知消费者的权利。在 2000 年 8 月 31 日之前，Amazon. com 的隐私声明称“Amazon. com 不向其他任何人出售、交易或出租您的个人信息”。但是到了 2000 年 8 月 31 日，Amazon. com 却改变了它的隐私条款，声称“我们可能在将来向可信的第三人出售、交易或出租您的个人信息，如果您不同意以上做法，请您向 never@ amazon. com 发送一份空白邮件”。Amazon. com 解释道，

---

① *See* 45 C. F. R. § 164. 512 (b) – (1) (2001); see 45 C. F. R § 164. 514 (e); see Standards for Privacy of Individually Identifiable Health Information, 67 Fed. Reg. 14776, 14815.

② 45 C. F. R. § 164. 508 (c).

以上改变只是对原声明的简单澄清，把其可能未经消费者同意而将消费者的个人信息披露给他人的特定情形具体化，包括将 Amazon. com 出售给其他公司的情况。当然，Amazon. com 的新隐私声明也保留了许多其他的例外情况，这些例外情况使得 Amazon. com 公司新声明中那些看似用词严谨的内容变得毫无意义。Amazon. com 对例外情况作了如下声明："由于 Amazon. com 的商业运营情况是不断变化的，因此本条例所称的注意情况以及对于顾客个人信息的使用情况也会不断变化。在本份隐私声明的有效期内，我们将会严格按照本份声明使用我们目前已经掌握的顾客信息。"因此我们不难看出，至少根据该份 Amazon. com 所谓的隐私声明，消费者根本不可能期待 Amazon. com 能够真正保护他们的个人隐私。

Toysmart. com 的案例给网络服务商，包括那些尚未制定隐私声明的网络服务商带来了惨痛的教训。Toysmart. com 在申请破产的同时宣布，它将出售其所掌握的客户信息资料，但是，Toysmart. com 自身的隐私声明却明确地保证其所掌握的客户个人信息"绝不会被披露给第三方，"并且其隐私条例中也不包含任何关于全面保留条款修改权的声明。结果，美国联邦贸易委员会以 Toysmart. com 向客户作出绝不向第三方披露客户个人信息的虚假陈述为由，向法院起诉 Toysmart. com。[①] 最终联邦贸易委员会与 Toysmart. com 达成了如下和解协议：Toysmart. com 只能向与其运营方式相似的网络服务商出售客户个人信息，并且该网络服务商必须继续遵守 Toysmart. com 的隐私声明。联邦贸易委员会的该项决定遭到了众多隐私权保护倡议者以及多位州检察长的反对，他们向法院提交了对这笔交易的联名反对。最终，审理破产申请的法官判决：作为破产协议的一部分，Toysmart. com 必须销毁其所掌握的客户个人信息，同时，Toysmart. com 的大股东——Walt Disney 集团的一家子公司，为该公司破产支付 50000 美元。经过 Toysmart. com 一案，也许越来越多的网络服务商不会再制定类似于 Amazon. com 那样的隐私条款。

---

① First Amended Complaint, Federal Trade Commission v. Toysmart. com, LLC, Civ. No. 00 - 1 1341-RGS (D. Mass. July 21, 2000), *available at* http: //www. ftc. gov/os/2000/07/toysmartcomplaint. htm (last visited Apr. 20, 2002).

（二）媒体隐私侵权以及社会对自身隐私期待的减损

由于社会在不知不觉地侵蚀、减损自身隐私期待，因此现今的媒体更加肆无忌惮地侵犯、偷窥他人的隐私。例如，目前社会上那些大行其道的、大肆披露隐私的电视节目，如 Big Brother，Survivor，被人们津津乐道的、完全不顾个人隐私只为赚取眼球的小道新闻，以及社会大众对于公众人物个人与家庭隐私的各种人肉搜索，等等，都不断侵蚀着社会的隐私期待。甚至我们在观看和阅读这些节目和报道时，也不禁欣然地窥探起这些别人的隐私。但是，合理期待的隐私理论的本质决定了，在我们侵犯他人隐私的同时，我们也正在不断地削弱自身享有的隐私期待。

一个世纪以前，通俗新闻业侵犯隐私的问题促使 Warren 与 Brandeis 写作了一篇有关隐私保护的影响深远的文章。[①] 现在，我们面对着同样的问题，只不过现在的隐私侵权的问题更加严重。那些非主流的媒体，因大肆利用、销售越来越私密的私人生活细节并广受关注，甚至使主流媒体也逐渐加入他们的行列，社会大众也乐于接受这些更易获取的隐私爆料，主流的隐私期待早已被大大削弱。例如，那些桃色新闻曾经只出现于超市小报中，但是现在，这样的故事却会被其他大众媒体、广播电视节目，如 Inside Edition 和 Access Hollywood 等节目，以及互联网广泛地报道。David Broder 写道，通过各种印刷出版与广播对小道消息的广泛报道，“展现了其‘夸大编造’故事的能力，它们通常编造出最庸俗低级的故事来吸引眼球，甚至也使那些主流媒体觉得有必要跟进报道这样的新闻。”[②] 其实早在 1890 年，Warren 与 Brandeis 就已经认识到了这些小道消息报道会逐渐递增地侵蚀社会的隐私期待：

“这种侵害造成的伤害不仅限于那些小道消息所针对的目标个人或者其他企业。就这点而言，如同商业交易的其他分支，隐私方面的

---

① Samuel D. Warren & Louis D. Brandeis, *The Right To Privacy*, 4 HARv. L. Rev. 193 (1890), 76 – 77.

② *See* Andrea Sachs, *Mud and the Mainstream: When the Respectable Press Chases the National Enquirer, What's Going On?*, 34 Colum. Journalism Rev., May/June 1995, at 33, 33.

市场也遵循着需求创造供给的规律。社会公众闲暇时的每一句闲言碎语，在对他人隐私造成伤害后又变成一颗欲望的种子，与其循环的次数成正比，驱使着更多侵犯的发生，导致了社会隐私保护标准、道德行为标准的降低。社会公众的每一句闲言碎语，表面上看起来似乎无关痛痒，但是当这种侵犯他人隐私的行为被广泛地传播时，它就成为了一个潜在的恶魔。"①

最近几十年，新闻媒体报道侵犯政府公务人员个人隐私的情况愈演愈烈。新闻媒体热衷于将政府官员们潜在的、令人羞耻的个人隐私公之于众。由于新闻媒体业的萧条，新闻媒体公司的数量正在不断减少，在这样的背景下，保持盈利便成为新闻媒体行业的主要目标：那些吸引人们眼球的、包含情色内容的故事能够创造更高的收视率，吸引更多的读者，这也意味着更多的收益。私人媒体报道隐私新闻则有着自己的动机，他们希望通过这样的做法赚取更高的利润、赢得更大的权力、获得大的名声。私人媒体非常热衷于报道政府官员的花边新闻，对于这种本质上侵犯他人隐私的做法，私人媒体用这样一种说辞来试图证明自己行为的合法性，他们认为，一名合格的政治领导人必须具备良好的品格与社会评价，而发生在这些领导人身上的性丑闻，恰恰证明了他们不具备良好的品格与社会评价。新闻媒体打着"社会公众有权利获知"的幌子，来论证"社会公众偷窥隐私欲望"的合法性。

过去，政府官员是享有一定程度的个人的性隐私权的。Anita Allen 写道，曾经有一段时期，"家庭，朋友，员工，以及新闻媒体都遵守着不披露他人隐私的不成文规定"，并且"将政府官员以及公众人物的性隐私"牢牢地保守为秘密。② Allen 引用了两个例子来证明他的这个观点：一个是总统 Franklin D. Roosevel 与第一夫人 Eleanor Roosevelt 之间的性隐私传闻，另一个是总统 John F. Kennedy 与 Lyndon Johnson 之间发生的婚外情（以上两个例子都是有关政府官员性

① Samuel D. Warren & Louis D. Brandeis, *The Right To Privacy*, 4 HARv. L. Rev. 193 (1890), 77.

② Anita Allen, *Privacy and the Public Official: Talking About Sex as a Dilemma for Democracy*, 67 Geo. Ash. L. Rev. 1165, 1165 (1999).

隐私的传闻，但当时的新闻媒体都未对其进行报道）。但是今天，公职人员已经将媒体的隐私侵权行为自觉内化成自己的隐私观念，认为自己对自己的性隐私不享有合理的隐私期待，他们的性隐私也就成为新闻媒体热炒的对象。如今的公职人员相信“除非是极端无聊或者日常的事物，其他任何在他们私生活领域发生的事情，都可能成为社会公众津津乐道的对象”。Allen 还同时指出了从 Kennedy 政府时期到 Clinton 政府时期，新闻媒体对于报道政治人物性隐私的态度的转变。这 30 年间，由于媒体翻旧账的能力极强，被政治人物认为压箱底的隐私常常被媒体挖掘出来，所以政府官员的隐私权被大大削弱，成为一个特别棘手的问题。1998 年，在总统 Clinton 因为与 Lewinsky 的性丑闻而遭到众议院弹劾的同时，三家新闻媒体又将众议院中共和党人在几十年前发生的一些婚外情丑闻一齐爆料出来。Salon. com 将共和党议员 Henry Hyde 一段长达 30 年的婚外情丑闻爆料出来，颇具讽刺意味的是，Henry Hyde 议员本人正是审理克林顿弹劾案的检察官中的一员。而另一名共和党议员 Dan Burton，在面对婚外情丑闻曝光时采取了一种先发制人的策略，他在媒体曝光他在 80 年代因婚外情而生子的新闻之前，就预先向《印第安纳波利斯星报》承认了这段婚外情丑闻，以求获得公众的谅解。另外，议员新闻网站 Roll Call 也曾经将白宫发言人候选人 Bob Livingston 在 30 年婚姻关系存续期间发生的几段婚外情丑闻公之于众，原因也在于 Bob Livingston 想要先于媒体向公众坦白这些丑闻。而正是由于新闻媒体对于这些政府官员性丑闻的无情报道，极大地满足了，或者说催生了社会公众窥视名人隐私的渴望。也正是随着新闻媒体报道内容的越加私密，使社会公众期待媒体对这些内容的报道，政府官员逐渐丧失了对自身亲密关系的隐私期待。

Allen 同时也指出，在 20 世纪的最后几十年中，“美国社会对个人的隐私期待”① 呈现出普遍的消退。她还预测道，随着这种趋势的进一步发展，可能导致的结果包括：通讯与加强监控的科学技术的普及、政府进一步加强对隐私的监控以及商业化信息收集技术的不断进步。“获得他人隐私成为一种致富、成名的手段……社会公众以廉价

① Anita L. Allen, *Coercing Privacy*, 40 WM. & MARY L. Rev. 723, 729 (1999).

的方式消费他人的隐私信息、窥视他人私人生活”，社会公众的隐私期待被进一步削弱。在当今社会，我们经常会在小报消息上，在电视谈话节目上（如 *Oprah*，*Jerry Springer*），以及在所谓的电视真人秀节目上（如 CBS 电视台的 *Big Brother* 与 *Survivor*，以及 MTV 电视台的 *The Real World*），获得令人震惊的他人隐私信息。这些电视节目、电视真人秀之所以大获成功，不仅依靠少数敢于在社会公众面前暴露自身隐私的表演者的卖力演出，更多的是因为它们满足了电视机前沉默的大多数观众窥探他人隐私的欲望。

Allen 颇具洞察力的进一步指出，上述那些自我隐私爆料已经渐渐失去了它们的吸引力，爆料者必须进一步采取一种更具震撼力的方式作为替代，例如，利用互联网查找更多他人的私人细节与财产信息，或者“在互联网上实时观看陌生人在真实生活中如何打扮自己、如何与亲密的人交往等”。这种隐私事实的市场促进，并且构建了消费他人隐私的新的消费方式。

Allen 指出，在经历了 Clinton-Lewinsky 丑闻的惨痛教训之后，我们的政府官员也许该意识到数十年中性隐私权的消退，而对自己的性隐私不再抱有隐私期待。但 Allen 也同时抱有这样一种希望：国家“或许在将来，会对以前对于政府官员性隐私的侵犯作出自我反省，并在反省之后作出改变，重新对政府官员的性隐私给予更高的尊重”。[①] Allen 的这种希望还蕴涵着这样一层思想，只有整个社会经过自我反省从而减少对政府官员性隐私的侵犯，才能相应地增加政府官员对自身性隐私的期待。

Allen 以一种新的方式强调了对于隐私权的保护，但是，这种对他人隐私的尊重想要获得新闻媒体的认同，似乎是最为困难的。因为新闻媒体对隐私权的侵犯享有《美国联邦宪法第一修正案》提供的独一无二的保护，为新闻媒体报道个人隐私提供了有效的许可。例如，由 New York Times v. Sullivan 一案[②]所创立的诽谤诉讼的“实际

① Anita Allen, *Privacy and the Public Official*: *Talking About Sex as a Dilemma for Democracy*, 67 Geo. Ash. L. Rev. 1165, 1174 (1999).

② 376 U. S. 254 (1964).

恶意规则”同样适用于隐私侵权案件中的错误曝光情况。[①] 在这一规则下，当原告起诉新闻媒体因错误曝光而侵犯其隐私权时，原告不仅需要证明新闻媒体的错误曝光导致了其在社会大众中的评价被极大降低，还需要证明新闻媒体的错误曝光是由于“故意或者过失”导致。但同时，只要新闻媒体报道的事件属实并且具有重要的社会意义，那么即使新闻媒体对个人隐私进行了报道，其获取他人隐私并报道的行为也会受到《美国联邦宪法第一修正案》的保护，从而使其免于被起诉。[②] 在 Florida Star v. B. J. F 一案中，原告以被告披露了能够识别其为一起性侵犯案件的受害者的信息为由，向法院起诉了被告。[③] 佛罗里达州的法律禁止警方向社会公布性侵犯案件受害者的姓名，同时也禁止新闻媒体报道性侵犯案件受害者姓名。但是，在该起案件中，警方却错误地将一份包含有原告姓名的警方报告发送给了新闻媒体，新闻媒体根据该警方报告报道了原告的姓名。法院最后支持了新闻媒体的抗辩，因为新闻媒体的报道是真实的，并且新闻媒体自身在获得该份资料的过程中并未违法，虽然州法律禁止新闻媒体公开受害者姓名，但为了保护州的整体利益，该新闻媒体的做法并不被认为违法。

在法院最近的一些判例中，该规则得到了进一步发展。在 Bartnicki v. Vopper 一案中，法院判决，广播电台播放通过非法途径获得的电话录音的行为也受到《美国联邦宪法第一修正案》的保护，[④] 虽然该广播电台明知该电话录音是通过非法途径获得的，但由于其并未提议或参与非法获得电话录音的行为，因此，仅仅播放该电话录音的行为仍受到《美国联邦宪法第一修正案》的保护。

一些评论员认为，“实际恶意规则”已不是诽谤诉讼案件所必须适用的规则，即使废除该规则，也不会对新闻媒体的行为造成丝毫影响。[⑤] 同样地，如果认为《美国联邦宪法第一修正案》对于言论自由

---

① Time, Inc. v. Hill, 385 U. S. 374, 390 (1967).

② *See generally* Fla. Star v. B. J. F., 491 U. S. 524 (1989); Cox Broad. Corp. v. Cohn, 420 U. S. 469 (1975).

③ *Florida Star*, 491 U. S. at 527 – 528.

④ Bartnicki v. Vopper, 532 U. S. 514, 535 (2001).

⑤ *See*, *e. g.*, Frederick Schauer, *Uncoupling Free Speech*, 92 Colum. L. Rev. 1321, 1328 – 1334 (1992).

的特殊保护在新闻报道的隐私侵权中也同样不是必须遵守的规则，那么只会继续纵容新闻媒体对个人隐私的侵犯。

（三）无法预知的结果

在“The Economy of Ideas”这篇文章中，互联网梦想家 John Perry Barlow 曾说过这样一句名言：“信息渴望自由。”① 对 Barlow 来说，他的这一积极主张认为，“对获取秘密的渴望是人类的天性。”他的意思是，当互联网真正取代了旧时代的静态新闻媒体时，“未来动态的工作状态”将会使得静态的版权失去意义，未来动态的工作状态完全由不断闪现的想法组成，这些不断变化的想法“逐步形成，以填充他们所处的环境的空缺”，并不断努力地“传播开来”。然而 Barlow 的这一推论，将会使隐私保护的坚定倡议者不得不面对这样一个残酷的现实：由于信息本身有着自由传播的趋势，原先行为人出于某一特定目的而收集的信息，在不断的传播、扩散过程中，将不可避免地被别人用于其他目的。

我们可以用经济学的方法对信息的这种渴望被自由传播的本质进行分析。由于信息是非竞争性的，所以行为人在收集了信息之后可以不受限制地与别人共享，并且在这一过程中始终保持信息的最初用途。又因为信息传播的成本很低，所以行为人在收集了大量的信息之后可以以非常低的成本与内部或外部的受众分享。还因为信息是非排他性的，所以行为人在收集了信息之后还必须采取一定的实质性保护措施来防止信息被未经许可的第三人获知。信息的非排他性，不仅仅针对外部人士，同样也针对未获授权获得该信息的内部人士。

上文提到的信息的诸多特性，使得信息泄露可能产生的后果不可预知，而这种不可预知性也大大增强了隐私侵权的最终效果的破坏力。行为人收集的信息在传播过程中，将会不可避免地被其他人掌握，这些其他人要么是经过许可而将该信息用于新用途或者是掌握信息的第三人，要么是信息持有人意外地将信息披露给第三人或未经许可的内部人士而使信息为其他人所掌握。我们可以把信息传播过程中

① John Perry Barlow, *The Economy of Ideas*, Wired News, Mar. 1994, at http://www.wired.com/wired/archive/2.03/economy.ideaspr.html (last visited March 29, 2001).

发生的这种不可预知的结果称为信息传播的外部效应，经济学家将之定义为：商品交换过程中获得的成本或者利益对交易当事人以外人发生作用。最初的行为人只需承担隐私侵权行为所引起的直接损失的赔偿责任（赔偿责任的形式有支付金钱，承诺给予政治资本，或者赔礼道歉），而不承担不可预知结果造成的实际损失的赔偿责任。因为通常这些不可预知的结果在隐私侵权最初发生时仅仅是预测性的，所以他人无法以这种不可预知的结果来要求行为人赔偿其实际损失。

1. 信息的二次使用

第一种不可预知的后果是由信息的二次使用导致的。二次使用概念是指，当行为人出于某一目的收集了一定信息或使用某种监视技术后，这些信息或者这种监视技术又被其他行为人以其他目的加以使用。社会保险号（SSN）在使用过程中被不断再次使用，就是二次使用的一个典型例子。社会保险号最初是由美国国会在1935年建立的，而建立社会保险号的最初目的，仅仅只是为了确保每一位公民退休金账户的安全。[①] 1943年，Roosevelt政府认为，如果每一政府部门都建立一套自己的公民身份系统，将会造成极大的资源浪费，因此，Roosevelt总统下令所有政府部门都必须统一使用社会保险号。截至1967年，国防部、国内税务署以及文官委员会都已经统一使用社会保险号来追踪、获取公民的信息。而到了20世纪70年代，政府部门对社会保险号的使用范围更是大大扩展。到1988年，连卫生与公共服务部的部长都不得不承认“社会保险号的广泛使用，已经使之成为事实上的全国统一的公民身份识别系统”。

此外，不仅是州与联邦政府广泛地使用社会保险号，就连私人之间的来往，也在广泛地使用社会保险号。大量商业组织也正在使用社会保险号，包括信息经纪人、征信所、欠款代收机构、银行、信用卡公司、公用事业、房地产销售、医疗健康服务以及商业保险。一位评论员观察到，“社会保险号的使用，对于商业行为与政府部门来说都有着非常重要的作用。如果一个人坚定地维护自己的隐私权而拒绝向其他人透露她的社会保险号，她将会发现除非同意他人使用她的SSN

① H. R. REP. No. 106-996 (I) (2000), *available at* 2000 WL 1604000.

账号，否则没有人会同意与她进行商业交易。”①

驾驶证信息可以用来进一步说明二次使用中存在的个人隐私保护问题。虽然毫无疑问，国家颁发驾驶证的主要目的是为了监督司机的驾驶行为，但是仅仅是建立一个驾驶员个人资料数据库的举动，就会不可避免地引发驾驶员个人信息被挪作他用的后果。例如，密苏里州出于商业目的向大约400家商业机构出售了该州的机动车以及司机驾驶证信息。这些机构包括：正在寻找视力存在问题的司机并希望为其提供眼科医疗服务的眼科医生；正在寻找体型魁梧的司机并希望为其提供服装定制服务的服装商店；正在寻找65岁以上并可能对额外医疗保险感兴趣的司机并希望为其提供医疗保险服务的医疗保险公司；正在寻找因被暂扣驾驶证而刚刚恢复驾驶资格的司机并希望为其提供机动车保险的机动车保险公司。一位因被暂扣驾驶证而刚刚恢复驾驶资格的司机抱怨说，自从他恢复驾驶资格以来，就收到了16封电子邮件，这些邮件全部来自于承保“高风险”险种的机动车保险公司。密苏里州通过出售该州的驾驶证信息，每年可以获得50万美元的收益。2000年，俄亥俄州一部旨在禁止州出于商业目的出售该州驾驶证信息的法律生效，在此之前该州通过出售驾驶证信息每年可以获得大约300万美元的收益。同样地，截至2000年，威斯康星州的交通运输部门通过出售该州机动车信息每年可以获得大约800万美元的收益。

国会于1994年通过了《司机隐私保护法》（DPPA），该法旨在有效遏制各州出于商业目的出售该州的司机私人信息。虽然《司机隐私保护法》禁止各州在未经司机同意的情况下出于商业目的出售司机的驾驶信息，但事实上直到1999年，国会将《司机隐私保护法》的保护方案从“选择性退出”修改为“选择性加入”之后，《司机隐私保护法》才真正开始发挥作用。② 在“选择性退出”的方案下，除非司机向州有关部门明示不允许相关部门出卖自己的驾驶信

① Flavio L. Komuves, *We've Got Your Number: An Overview of Legislation and Decisions to Control the Use of Social Security Numbers as Personal Identifiers*, 16 J. Marshall J. Computer & Info. L. 529, 535 (1998).

② See Driver's Protection Act of 1994, Pub. L. No. 106 - 169, 113 Stat. 986, § § 350 (c) - (d) (codified at 18 U. S. C. § 2721 (b) (11) - (12) (2000)).

息，否则州政府就可以假定司机允许州向商业机构出售该司机的驾驶信息。[①] 相反地，修改后的“选择性加入”的方案下，除非司机向州有关部门明示同意将自己的驾驶信息另作他用，否则州未经允许无权将该司机的驾驶信息用于出卖牟利。[②] 在俄亥俄州正式实行《司机隐私保护法》的一个月内，只有寥寥可数的几个司机明示同意该州可将自身的驾驶信息用作商业用途。

除了利用现有的司机驾驶证信息以外，一些州还利用该系统对一些新型信息进行收集。截至 2000 年 5 月，有五个州要求公民在取得驾驶证的同时必须提供其指纹信息。密苏里州的官员最近甚至考虑在驾驶证的背面印制有关司机医疗状况、经济状况的信息。虽然《司机隐私保护法》禁止将上述信息用作商业用途，但该法还设置了一些例外情况，包括代收欠款、诉讼相关以及州、联邦或者地方政府部门“执行公务”的行为。[③]

不论何时政府部门开发出一项新技术，这项新技术肯定会被二次使用。最好的例子就是全球定位系统技术（GPS）的应用。GPS 技术最早是由美国国防部在 20 世纪 70 年代开发出来的，该技术能够依靠卫星为地面人员提供定位及导航。GPS 系统能够为任何持有 GPS 接收器的地面人员不间断地提供定位目标实时的三维定位、速度以及时间数据。除此之外，因为操作人员只需从 GPS 系统接收信息而无需向 GPS 系统发送任何信息，所以军事单位使用 GPS 系统可以使其自身免于被敌方探测与发现。GPS 系统还能够为导弹提供精确的导航与目标定位信息。

基于 GPS 系统的以上种种特性，我们可以轻易地想象出 GPS 系统可以被广泛地用于侵入他人隐私，并且 GPS 系统也正在逐渐实现这一用途。对私人手机或者无线设备进行监控是 GPS 系统最常见的日常应用。截至 2002 年 10 月 1 日，美国联邦通信委员会（FCC）要求所有移动通信运营商必须保证能够监控 100 米范围内 60% 以上的

---

① Driver's Privacy Protection Act of 1994, Pub. L. No. 103 – 322, 108 Stat. 2099, Title XXX, § 300002 (a), § 2721 (b) (11) (1994).

② See Driver's Privacy Protection Act of 1994, Pub. L. No. 106 – 69, 113 Stat. 986, § § 350 (c) – (d) (codified at 18 U. S. C. § 2721 (b) (11) – (12)).

③ 18 U. S. C. § 2721 (b).

手机通信，以及300米范围内95%以上的手机通信。[1] FCC的这一规定旨在保证当手机用户拨打“911”报警电话时能够迅速追踪到该用户的确切位置，在此主旨下本应要求移动通信运营商将GPS系统设计为只在用户拨打“911”时才进行定位追踪。然而，移动通信运营商却将系统设计成只要手机用户处于开机状态，就能通过系统定位手机用户的位置，这种设计将手机变成随时待命的追踪设备，以便移动通信运营商向目标手机用户发送各种商业广告或服务广告，以赚取收益。例如，当一名手机用户路过一家商店时，只要该家商店与移动通信运营商签订了广告协议，那么，该家商店的商品广告就会自动地发送到用户的手机上。又如，如果用户订阅了无线设备运营商提供的能够引导客户到最近的快餐店用餐的服务，那么只要快餐店向无线设备运营商支付可观的报酬，快餐店就能够通过运营商提供的服务向用户发送广告。再如，在英国，至少有一家移动通信运营商根据手机用户拨打电话时所处的位置，向该用户发送附近的酒吧信息，并提供相应的导向服务。执法人员同样能够从上述技术中受益，只要他们获得相应授权，他们就能够要求移动通信运营商提供特定的手机用户通话时的位置信息。

GPS技术可以被大量运用于监控设备的制造，且不仅限于监控他人所处的位置。一家佛罗里达的公司拥有一项称为“数码天使”的专利技术，该技术不仅能追踪你的位置，甚至还能显示你的生命健康状况。该项技术主要通过监测体温来显示生命健康状况，而监测体温的仪器，可以是一个佩戴在你身上的特制手镯或者特制项链，你甚至还可以将该仪器植入你的皮下。而另一家位于加拿大的AirIQ公司，则利用GPS系统来对租车公司丢失的或者超期未还的车辆进行追踪定位。但该公司除了在公司网页上介绍上述服务以外，还向客户介绍了该公司能够提供的其他隐私监视服务，该公司在网站上这样介绍：“只要使用我公司提供的技术，您只需轻轻点击一下鼠标，就能解开任何一辆汽车的车锁或者使任何一辆汽车不能正常启动。”一家位于康涅狄格州的汽车租赁公司，已经开始使用AirIQ公司的该项技术来追踪该公司出租的汽车在使用过程中的行驶速度，一旦该公司发现客

---

① 47 C. F. R. § 20. 18 (2000).

户在使用汽车的过程中超速驾驶，该公司就会根据该技术的监控，对客户处以一定金额的罚款。截至2001年6月，已经有超过25位的客户就该公司对他们超速驾驶进行罚款的行为向康涅狄格州的消费者保护部门申诉。

上文已经提到的GPS技术被用于其他监视个人隐私的用途的例子已经很好地说明，任何一项被设计用来收集信息的技术，都可能存在被二次使用的风险。被越来越广泛使用的高速公路自动收费系统，使得司机能够在不停车并向收费站缴纳通行费的情况下，直接快速地通过收费站。每一辆车配备有一个应答器，能够在车辆通过自动收费系统时自动向该系统发出信号。该设计可以使收费站通过接受到的信号，从司机的通行费结算卡里轻松地扣除必要的通行费用。由此可知，使用该系统并不需要为了识别司机身份交换任何数据、不会暴露任何司机的个人隐私。然而事实上，该系统最终被设计为由应答器向接收器发送独一无二的可以确定司机身份的代码，从而进行通行费用的结算。上文所说的第一种设计思路，能够有效地保护司机的个人隐私，但却需要另外设计其他方式，来对那些通行费结算卡上余额不足的司机进行收费。一个可供选择的方法就是当一辆通行卡余额不足的车辆在经过一处自动收费系统时对其进行拍照，记录下该车的车牌。这种方法相对于上文第二种在车辆经过每一处自动收费系统时都将司机的个人信息发送出去的方法，对个人造成隐私侵犯的程度较低，后一种方法显然将车辆的所有行驶信息暴露无遗。

在选择采取何种技术来追踪车辆何时、何地通过高速公路自动收费站的过程中，政府开辟了一条通过对车辆行驶信息进行二次使用从而获得巨额收入的潜在财路，因为总有一天会有人对你曾经去过哪里感兴趣。事实上，执法人员早已开始利用这种新的信息来源。纽约州的执法部门早已开始将纽约州的快易通（E-Zpass）记录用于起诉犯罪。马萨诸塞州的公路收费管理部门近日也收到了一份法院命令——尽管受到公路收费管理部门的反对——该命令要求马萨诸塞州的公路收费管理部门向法院提供一位摩托车司机在快速车道上的行驶记录，该记录将被用于一宗重大交通伤害诉讼案件。该案的法官甚至还拒绝了公路收费管理部门就披露该记录事先通知那位司机的要求。但公路收费管理部门拒绝向法院提供该位摩托车司机的快速车道行驶记录，该部门认为它“有替客户保守相关秘密信息的义务”。至于其他可能对高速公路自动收费系统信息感兴趣的机构包括：追踪父母将其子女带往何处的社会服务机构，估算被保险车辆行驶里程的保险公司，以及离婚案件中试图通过追踪车辆行驶信息发现配偶出轨证据的离婚案件代理律师。

便利店中广泛使用的会员卡则为我们提供了个人信息被二次使用的另外一个例子。作为回馈，拥有会员卡的顾客在购物时能够享受到一定的价格优惠。但是，每当顾客出示他们会员卡的时候，他们在不知不觉中就已经允许便利店将他们购买的每一样物品都记录下来。这些会员卡不但有助于便利店清算售货清单并顺便为便利店做了广告，还使得便利店可以向第三方出售顾客信息而从中获益。此外，执法部门也会对会员卡中包含的个人信息感兴趣，例如，犹他州的药品执法部门，就利用对顾客购物记录的查询，来监视具有贩毒嫌疑的犯罪分子是否购买了过量的三明治包装袋。另外，健康或者人身保险公司也会对个人的购物记录感兴趣，因为它们可以利用该信息来判断一位潜在的被保险人到底是购买了酸奶还是甜点，或是一位患有糖尿病的被保险人是否购买了高糖分的糖果。

同样地，互联网市场中编辑、分享的庞大的用户网络资料，也很有可能被执法部门加以利用。执法部门能够轻易地获得任何一家互联网运营商保存的特定用户的浏览记录，并且收集该用户所有被保存下来的点击流数据。执法部门只需查找出嫌疑犯的 IP 地址，就能非常容易地获得上述所有信息，而获得嫌疑犯 IP 地址的方法多种多样，例如，向嫌疑犯发送一封带有木马程序的电子邮件，只要嫌疑犯打开该封电子邮件，其之后所有的点击流信息都将受到监控。

2. 对个人信息保护的不足

第二种个人隐私保护的不可预知后果的模式来源于对个人信息安全保护的不足。无论是对于政府掌握的还是商业机构掌握的个人信息而言，互联网黑客也许是目前最广为人知的巨大威胁。在 2001 年初，一个有组织的黑客团体从商业网站上窃取了 100 多万张信用卡的卡号。这些黑客主要来自俄罗斯及乌克兰，他们利用微软公司出品的 Windows NT 操作系统中的一个易受攻击的漏洞，成功窃取这 100 多万张信用卡卡号。这些黑客在得手之后，以不给钱或聘用他们作为网络安全顾问就在互联网上公开这些信用卡信息为要求，对相应的商业机构进行敲诈勒索。但相应商业机构拒绝了黑客的要求，于是，这些黑客就将成千上万个信用卡用户的信用卡卡号公布在了网上。而微软在事后则紧急向用户提供在线“补丁”来弥补 Windows 操作系统中的漏洞。但是，很多时候即使软件开发者发现了漏洞并及时采取了补救措施，那些正在使用这些软件的公司往往没有对这些网络漏洞给予充分重视。一位国防部前官员披露道：“在过去几年中，一些公司为了适应市场需要，匆忙地建立起了自己的公司网站，并且他们天真地认为，只要自己的网站采用了专业的商业防火墙，就足以保证他们网站的安全。”

除了盗取信用卡卡号，黑客们还相中了几家主要的社会信用记录机构，如 Equifax 公司以及 Experian 公司，利用他们信息安全系统中的漏洞，来窃取客户的社会信用记录。此外，就连政府部门都不能幸免于黑客的袭击。联邦政府公布的资料显示，在 1999 年，联邦政府机构的 110 台电脑曾经暂时性地被黑客所控制，而到了 2000 年，这一数字已经上升为 32 个政府机构使用的 155 多台电脑。政府官员警告说，以现有的科学技术，只能侦测到大约 1/5 的黑客袭击事件。2001 年 3 月，联邦审计署报告，黑客已经成功地侵入了美国税务署的内部计算机，这些计算机中存储了大量的敏感信息，其中就包括了电子税务申报记录。联邦审计署的该份报告“说明了任何未获国内税务署授权的个人，无论是国内税务署的内部人员还是外部人员，都能够通过侵入国内税务署计算机系统的方式，来浏览以及修改电子税务申报记录”。

实际上对于外部人员来说，利用安全漏洞侵入他人计算机系统并不是获得他人个人信息的唯一途径。在实践中，因为严格的信息管理制度往往意味着更高的公司运行成本，所以许多公司常常不实行严格的信息管理，即使是无需掌握这些信息的员工也都可以轻易地获得公司所掌握的私人信息。例如，医疗健康服务机构常常允许它的雇员能够任意获取病人的医疗记录，但事实上，这些雇员中的很大一部分根本就没有获知这些医疗记录的必要。虽然医疗服务机构的这种做法或许能提高其自身的工作效率，但同时它也使其病人的个人隐私遭受到被披露的风险。一位女士曾经在一家医疗机构接受过医疗服务，并且该家医疗机构保证不将其与艾滋病有关的病情泄露。虽然该位女士仅仅将其病情告知了她的主治医生以及家人，但她的一位在医院担任秘书工作的熟人，却仍能够通过医院的电脑获知她的治疗记录。所以当这位熟人某天突然向这名女士表达了对其病情的关心时，这名女士彻底震惊了，更糟糕的是，这位熟人甚至还将女士的病情告诉了这名女士的一位邻居。

另外，隐私信息还面临被政府或商业机构意外泄露的风险，甚至那些极为敏感、重要的信息也不例外。例如，美国联邦调查局（FBI）的 Carnivore 计划被意外曝光，这一计划涉及调查员秘密队伍隐秘地执行一项 Carnivore 的独立调查，美国司法部曾试图为这起讽刺而又尴尬的事件向社会公众作出解释，以求安抚社会公众的对于隐私权将受侵犯的担忧。事件始于 2000 年 9 月，司法部在网上发布了一份 PDF 文件，该份文件包含了由执行 Carnivore 任务的独立监视小组出具的书面报告。该份文件在发布之前经过了特殊处理，任何有关姓名、电话以及执行该项任务的小组人员的政府安全等级等信息都被黑色印记所涂销。但是，该项涂销工作似乎完成得并不专业，以至于“任何能够熟练使用 Adobe 公司的图片编辑软件或者能够使用文档编辑器的人，稍微花一点时间，就能够将该份文件还原成涂销前的模样，并顺利的浏览所有的文件信息”。果然，就在司法部发布该份经过涂销的 PDF 文件的当天，另一份经过还原的、未经涂销的文件原件便出现在了 Cryptome. org 上。那份未经涂销的原文件显示，该秘密监视小组的成员与 Clinton 政府关系密切，并且享有有效地获取最高机密的权限。

除了上述政府信息的意外泄露之外，有关财政以及医疗信息的意外泄露事件也正在惊人地频繁发生。1997 年，Experian 公司曾经意外地泄露了 2000 份有关客户信用卡信息的资料，在这次意外泄露事件之后，Experian 公司就彻底放弃了在线信用卡信息申报服务。药品制造商 Kasiser Permanente 都曾经在发送电子邮件时因写错地址而意外地泄露了机密医疗信息。而最恶名昭彰的信息意外泄露事件之一发生在蒙大拿州，一名蒙大拿大学的工作人员竟然意外地将超过 60 名儿童以及青少年的心理治疗记录公布在了网上。这些记录详细记载了这些少年和儿童的治疗过程以及诊断报告。而蒙大拿大学对于该起事件的官方说法是，该起事件有可能是因为该校的某一名学生或者工作人员意外地将上述信息公布在了网上，而这些信息竟然在网上公布了8天之久，直到一家当地的新闻媒体报道了这一事件，这起信息泄露事件才被最终发现。蒙大拿大学的律师声称，这样的信息意外泄露事件是不寻常的、纯属意外的，并且校方在发现这一情况之后迅速作出了补救措施。

对于小偷来说，窃取身份认证信息是一宗非常划算的买卖，因为到目前为止，信用卡公司还没发明出一种有效的方法来甄别通过电子邮件或者电话申请开通信用卡的用户的具体身份。想要尽可能地避免损失，信用卡公司只能加强对发放信用卡的限制，只向通过了严格身份核对程序的客户发放信用卡，以此减少信用卡盗窃案件的受害者数量。但实践中，信用卡公司一般都不会那样做，因为如果采取了上述方法，那将会大大减少他们新客户的数量。

我们还要说明的是，个人隐私总是会受到那些不诚实、心怀不轨之人的威胁，这些人能够轻易接触到政府部门或商业机构掌握的个人信息。拥有接触政府部门掌握的海量个人信息资源的机会，会使人蠢蠢欲动。那些政客以及官员，早就已经并且必然会继续用我们的个人信息来实现他们自身的政治目的。FBI 前副局长 J. Edgar Hoover 在掌控 FBI 期间利用各种手段收集了大量内容详尽的机密文件，J. Edgar Hoover 本人以及这些机密文件的故事充满了传奇色彩。1963 年，Kennedy 总统应众议院非美活动委员会的请求，特别授权国内税务署将公民个人的纳税申报单信息披露给该委员会。1970 年，一名美国军事情报部门的前特工揭露他曾经“帮助该机构将 5000 到 8000 名居住于圣保罗、明尼苏达等地的反对越战公民的纳税申报信息记录在一张记录卡上”。参议会公民权利小组司法委员会随后披露，上述圣保罗的资料“只是政府庞大监视计划的一小部分内容，该监视计划由总部位于马里兰州 Fort Holabird 的军事情报指挥部执行，在该计划中，军事情报部门收集了成千上万美国公民的个人档案材料”。《华尔街杂志》编辑委员会引用过 Richard Nixon 总统于 1971 年在任命一位联邦税务总署委员时说的话：“我要任命的委员，就是一个冷酷无情的混蛋，我让他干什么，他就干什么；我要看谁的税务申报表，他就给我看谁的税务申报表；他只会仅仅盯着我们的敌人，而不会冒犯我们的朋友。”根据一些报道，Clinton 总统显然曾经“批准过将 900 份甚至更多数量的 FBI 文件非法转移到白宫的命令”，这些秘密文件，很可能被用作了政治用途。

事实上，这种滥用权力的现象不仅仅发生在国会与白宫。国内税务署已经因为它的员工越权浏览他们的朋友、亲戚以及名人的保密的税务记录而惹上了麻烦。一名国内税务署内部审计专员，曾经将 1994 至 1995 审计年度的他所浏览过的 1515 份税务记录全部记录在案。还有一名国内税务署的员工在非法浏览 Elizabeth Taylor，Lucille Ball，Tom Cruise，Elvis Presley 以及其他名人的税务记录的指控中，被判无罪释放。而在另一起案件中，一名为国内税务署工作的 3K 党成员，曾非法浏览了“多名疑似白人至上主义者，一名家族敌人以及一名政敌的税务记录”。

上述权力滥用现象甚至不仅仅发生在政府工作人员身上。一名哥伦比亚大学的教授估计，一些在医院急诊室工作的员工也会私自将病人的信息出售给不择手段寻找客户的律师，以赚取外快。[①] 当著名乡村音乐歌星 Tammy Wynette 在 1995 年因病入院治疗时，一位医院的员工将她的病情资料提供给了《国家询问报》，后者则根据这些信息撰写了一篇详细描述其病情的文章。由于信息自身的本质，由于信息自身渴望被自由传播，[②] 任何被集中收集起来的信息，都极易遭受拥有接触这些信息机会的人的侵犯。

四、市场失灵与政治领域的市场失灵

第四部分分析了侵犯隐私权的行为不常遭到有意义的反对的原因。如果个体消费者、雇员以及公民能够团结起来反对侵犯行为，也许就能够保护他们的隐私期待不受侵犯。然而，这种团结一致的反抗却受到许多因素的阻碍而无法形成。

（一）市场失灵

自由市场的理想状态是实现商品的有效分配，然而这种理想状态

① Charles J. Sykes, The End Of Privacy 106 (1999).

② See John Perry Barlow, *The Economy of Ideas*, Wired NEws, Mar. 1994, at http://www.wired.com/wired/archive/2.03/economy.ideaspr.html (last visited March 29, 2001).

所依赖的理论假设在实践中却常常被证明是错误的。实践中，市场可能会由于信息不对称、交易成本分配不均、谈判能力不平等而导致分配效率低下。此外，集体行动难题也是阻碍消费者团结一致反对隐私侵犯的因素，它加剧了市场的失灵。

Paul Schwart 把理想的隐私市场描绘成一个需要由一定的组织从事“隐私权的价格歧视（privacy price discrimination）”的市场。[①] 在传统经济学术语中，价格歧视是指卖方根据买方对产品的需求弹性的不同，对不同的买方实行不同的售价。那么，隐私权的价格歧视则会要求特定组织根据他人对于别人使用其私人资料的不同态度，使用不同的方式，收集、利用隐私观念不同的人的资料。然而，当前的隐私市场却与这种理想模式不符。相反地，由于普遍的市场失灵，特定组织可以用相同的价格购买到注重隐私权者（privacy valuer）与不注重隐私权者（non-privacy valuer）的资料，因此他们不需要因人而异地支付收集个人资料所花费的真实成本。实际上，因为当前隐私市场中，消费者尚不能充分地主张他们所期待的隐私权利，所以消费者们无法同仇敌忾、组织起有一定规模的反抗来反对行为人侵犯隐私权的行为。

1. 信息不对称

当买方比卖方更了解某种产品或者交易时，或者卖方比买方更了解这些信息时，市场中买卖双方的信息就是不对称的。信息的严重不对称“会破坏市场，以至于市场无法通过自愿交换实现最佳社会效果”。[②] 例如在房地产交易中，相比于更了解房屋潜在缺陷的卖方，买方就常常处于严重的信息劣势地位。因为买方可能需要支付高于房屋价值的购房款，或者出于对房屋潜在缺陷的担忧而放弃购买，所以这种信息不对称导致了市场的失灵。以上这两种效率低下的表现，即超额支付以及参与不足，在当今的隐私市场中都屡见不鲜。许多消费者在进行交易时根本不知道商家正从这笔交易中获取一项非常有价值的财富，即消费者的私人资料与交易记录，并且这种信息获取完全是免费的。其他消费者出于保护隐私权的考虑，则拒绝在网络上进行任

---

① Paul M. Schwartz, *Internet Privacy and the State*, 32 Conn. L. Rev. 815, 832 (2000).

② See Robert Cooter & Thomas Ulen, Law And Economics 43 (3d. ed. 2000).

何商品与服务的交易。Forrester Research 公司的一项调查发现，仅在 2000 年间，消费者对隐私泄露的担忧就使电子商务业损失了 124 亿美元的潜在收入。

（1）消费者缺少关于信息采集活动方面的知识。最基本的信息不充分情况是，他人对行为人收集数据与监视信息的活动知之甚少。自由市场理论预先假设消费者在决定将自己的特定信息透露给别人时，对于透露的对象与后果都有充分的认识。然而现实中的交易却与这种理想状态背道而驰，消费者通常并不知道商家正通过各种手段收集他们的信息。

在网络提交申请行为中，我们发现了许多信息不对称的例子。一般来说，在线申请意味着网站可以匿名地收集申请人信息并且向申请人投放目标广告，或者是将点击流数据与个人认证信息相结合加以利用。当你访问一个网站时，该网站可能偷偷地收集你的相关信息，例如你的电脑 IP 地址、你所使用的浏览器的种类与版本、你所使用的电脑型号、你上一次访问该网站的活动内容以及你在其他网站的活动内容。该网站还有可能追踪记录下你在其网站上下载的网页及图片，你输入的内容、你电脑中的信息记录程序以及你发布链接的网页——点击这些网络链接可以自动跳转到目标网页。这些点击流数据“是一笔潜在的丰厚资源，它能反映你的社交习惯、语言习惯以及商业习惯”。浏览你的点击流数据的人，可以掌握你的网络行为，仿佛你上网时他就坐在你身边，观察你的一举一动，顺便还可以对你的所有数据进行分类，只挑拣出他们感兴趣的内容。

网站通过各种方式收集网民的私人资料，对于其中的一些收集方式，大多数网民并不知晓。最广为人知的一种方式就是利用信息记录程序——网站在你毫不知情的情况下直接在你的硬盘驱动器中写入的小型文本文件。这些信息记录程序可以容纳大量的信息，例如登陆注册信息、网络购物车信息以及你的偏好与兴趣方向。信息记录程序被大量地用于“加强对特定个体的追踪活动，以便针对不同个体定制不同的广告”。

此外，网络漏洞属于一种网站设置的源代码，它的使用比信息记录程序还难以被人察觉。信息记录程序必须通过物理的方式写入用户的硬盘驱动器，但是网络漏洞与信息记录程序不同，它隐藏于网页的

HTML 代码中，很难被人发现。由于它们通常以一小块区域的图形元件的形式出现在网页上，因而常被用户们忽略。因为网络浏览器不具有禁用网络漏洞的功能，所以用户对于网络漏洞毫无防备。尽管网络漏洞的规模很小，但是却能够传递大量的信息。当你上网浏览含有网络漏洞的网页时，这些漏洞会将下列信息“传回”植入这些漏洞的公司：你的电脑 IP 地址、你所浏览的网页的统一资源定位符（URL）、网络漏洞图像本身的统一资源定位符、你触发网络漏洞的时间、你所使用的浏览器种类以及你硬盘驱动器中信息记录程序记录的任何信息。网络漏洞也可以植入电子邮件。如果一个信息接收者想要匿名地接收数据信息，网络漏洞可以不断转换接收者的电脑 IP 地址使其不被发现。用户对于通过网络漏洞收集、转移信息的行为毫无招架之力。想要防御网络漏洞，用户顶多只能通过使用浏览器或者其他复杂的措施阻止别人在其电脑中放置信息记录程序，这至少能防止网络漏洞通过信息记录程序获取一些关于用户上网习惯的信息。为了配合网络漏洞的隐蔽性质，网站通常不会在其隐私声明里披露其对网络漏洞的使用。

数据归档人员也使用被称为“电话召回程序”的秘密程序，更直白地说，这种程序是一种“间谍程序”。在线网络游戏玩家 Robert Ellsworth 在“Everquest：The Scars of Velious”游戏中发现持续的延迟现象，他怀疑很可能有人正在偷偷地复制他电脑中的私人信息。于是他使用了一种“嗅探器”监控电脑对外传递出去的信息，他发现游戏的服务器主机，即 Sony Online Entertainment 公司的一个部门，正在使用间谍程序收集他电脑中其他正在运行的程序的信息。这些程序通常是以小型应用程序的形态嵌在软件里的。它们可以是有利于用户的程序，例如一些程序的自动核实功能可以使用户拥有最新更新的软件补丁与软件版本。但是它们也会“提取用户的相关信息，比如网络浏览习惯或电脑配置，并且在用户联网后将这些信息发送给特定网站”。[①] 许多公司利用这些程序在用户上网过程中收集用户的私人信息，再将这些信息卖给广告商。尽管用户可能凭经验知道点击生效的

---

① Howard Millman, *How to Keep Vendors from Quietly Violating Your Privacy*, MEs, Jan. 18, 2001, at G9.

软件许可协议的细则中存在类似的猫腻，但是一般而言，用户无一例外地忽略这些繁琐的条款，因而也对这些隐蔽的数据收集程序一无所知。此外，隐私权专家 Richard Smith 注意到，尽管一些软件的合同条款或者隐私声明中对这类间谍程序有所描述，但是大多数用户仍然很难读懂这些程序会导致何种后果。① 并且越来越多的软件销售商为了提高收益开始使用这种间谍程序，其中不乏一些著名的行业佼佼者，例如 Microsoft 公司、Netscape 公司、RealNetworks 公司以及 Intuit 公司。

（2）消费者缺少关于信息利用方面的知识。即使用户知道那些公司收集了自己的哪些数据，但是关于这些数据被如何使用、被何人使用，用户还是一无所知。例如，许多网站通过种种技术收集到用户的姓名与地址，这些技术包括设置注册程序以及举办抽奖活动等。通常情况下，由于这些网站不会强调注册或者参加抽奖活动可能带来的隐私泄露后果，所以用户完全想不到网站会将他们的私人资料进行二次使用，甚至于三次使用。用户对于向网站购买他们资料的公司没有明确的认识，也不知道他们的资料将被作何用途，因此无法理智地决定哪些信息可以透露给信息的初次收集者，而哪些信息绝对不能透露。

信息收集者不愿意披露他们收集到的信息的所有潜在用途，对此任何人都不会感到惊讶。消费者的资料可能会被用于许多被消费者排斥的用途，以下仅举几例来说明，例如“雇主在招聘时用于排除劣质基因的求职者；健康保险合同中保险人用于拒绝身体不健康的投保人；雇主用于决定是否雇佣一个有个性风险的求职者，或是根据求职者的宗教信仰决定是否雇佣；寻找住处的人用于决定是否入住一个有个性风险的室友的房屋，或是根据室友的宗教信仰决定是否入住”。但是“信息收集者不会……对以上这些用途感兴趣，……因为他人会很容易发现自己受到其他人的排斥，而怀疑自己的信息可能被人窃取”。

2. 估价困难

现实中他人的估价能力较弱，并不像自由市场理论所假设的那样高，因而他人难以作出准确的估价决定。Michael Froomkin 创造了“隐私近视（privacy myopia）”这一概念用于描述使消费者总是低估

① *See All Things Considered*: *Internet Privacy*, *supra* note 234.

了他们的私人信息的估价困难现象。① 隐私近视的主要特征是：隐私市场中的卖方往往将大量的私人信息汇聚起来形成一份综合档案，这份档案的价值超过了其所包含的私人数据单个价值之和；然而被收购隐私的消费者并不了解这种汇聚行为所带来的升值效应。所以在每次信息交换过程中，消费者总是以自己丧失的隐私权的边际价值来估量私人资料的价值，而商家在估价时则会将与其他资料汇聚后的整体价值考虑在内。于是，消费者透露私人信息的要价总是低于商家的估算价格，并且消费者对于商家看似大方的出价总是欣然接受，并将信息出卖给商家。

如果消费者以一个非常低的边际价值对特定的资料进行估价，那么，消费者透露其资料将造成的损失通常会低于消费者与商家协商制定一份保密条款或是放弃整个交易的损失。因此，除非数据将被以一种很不寻常的方式披露，否则隐私交易中很少会制定隐私保密条款。消费者在购买一个应用时，透露她的地址的损失与不购买该应用造成的损失相比，可能会显得微不足道。通常情况下，消费者往往是在其已经参与了一项隐私交易，并且这项交易继续发展的框架中，决定进一步透露自己的私人信息，而商家则将在数据档案商业的实际情况与经济规模上继续发展他们的交易活动。

为了进一步的讨论，Froomkin 的隐私近视概念接受了他人能够对失去的隐私权的明确货币价值进行评估的理想化的假设。然而，他人并不能通过减损无形的隐私权而有效地获得与其价值相符的确定的货币价值。与其他高级的标的一样，隐私权具有“固有的无法量化的维度，这一维度可能在隐私权经过交易而转换成货币时全部丧失或者扭曲得面目全非”。然而因为商家在对私人信息进行估价时，或者考虑其向第三人出售信息所能获得的收益，或者考虑将这些信息用于自己的商业经营能够获得的利润，完全不需要考虑隐私权作为一种高位权利的重要价值，因此他们能够轻而易举地将隐私权的价值转换成货币。正是如此，从各方面来看，实际上消费者与商家之间的议价如同鸡同鸭讲，双方所依据的估价前提是完全不同的，但是市场结构强迫

① A. Michael Froomkin, *The Death of Privacy?*, 52 Stan. L. Rev. 1461, 1502 - 1504 (2000).

消费者完全按照商家的前提与规则进行交易。所以对于消费者而言，这笔交易必然使他们失去了一些重要的利益，但是可笑的是这种损失的发生却是建立在他们会低估自己的隐私权价值的预先设定上。

另外，即使他人对于自己私人信息的用途与价值拥有充分的认识，并且可以根据这些用途估量出一个准确的货币价值，他们仍然无法估量出一个足以反映隐私权意义的价值。人们显然不善于估算事务的未来价值并且将未来价值折现成货币，[①] 然而这种计算方式又恰恰是理想的隐私市场所需要的。让我们来设想有这样一笔隐私信息交易，商家要求消费者披露其姓名、电话号码以及收入水平。假设消费者对于以下因素都有充分的认识：①商家使用信息的用途；②随后可能从商家处购买信息的公司；③其他未来买家使用信息的可能用途。即使在这种理想状态下，如果消费者无法预知信息每一次可能的使用情况、使用的次数及使用信息可能创造的价值，那么消费者仍然无法对其隐私信息作出准确的估价。根据市场的要求，在对未来价值估价之后，他人必须将其隐私权价值折现成货币从而实现交易。这种计算方式对于时刻需要进行风险与效益分析的公司而言是习以为常的，但是对于仅仅是注册使用立体声工具或是注册某网站的消费者而言，简直是难上加难。

3．议价能力不均衡与有限理性

1971 年，Arthur Miller 注意到，隐私市场主体议价能力的不均衡会阻碍他人对隐私权的保护。[②] 一般而言，公司与政府组织拥有充足的手段，可以向任何人提取他们所需要的私人资料。例如，征信所对于不合作的个人，可以简单地通过否决他们的贷款申请资质来威胁个体，使他们老老实实地上交需要的资料。而个体却不可能要求征信所承诺对他们的交易数据保密。消费者知道他们无法说服公司改变其格式条款，即使一些消费者想要对不同公司的格式条款进行比较——假设公司之间的格式条款确有不同——仔细的阅读与比较对于消费者作

---

① Julie E. Cohen, *Examined Lives: Informational Privacy and the Subject As Object*, 52 Stan. L. Rev. 1373, 1397 - 1398 (2000).

② Arthur R. Miller, The Assault On Privacy: Computers, Data Banks, And Dossiers 214 (1971).

出一个明智的选择是不可或缺的，但也是个极其艰巨的任务，它所耗费的成本可能远远高于这笔交易所带来的利益。当消费者需要面对的不是语义具体明确的格式条款，而是含糊不清的隐私政策时，这项比较的任务则会难上加难，这些隐私政策甚至很难找到，更不用说那些被加密的文件了。一项近期的关于六间金融公司的隐私声明的研究表明，平均来说，这些公司的隐私声明的写作都是以读者具有3年到4年的大学阅读水平为前提的。精通文学的专家建议，公司应当按照普通公众的阅读水平，即高中阅读水平来写作这些文字材料。

对于个体为什么不抵制格式条款或者惯例，甚至他们明知这种抵抗是一种理性的选择也会选择放弃，行为经济学给出了另一种解释。理性选择理论是传统法学与经济学的理论基础，通常被理解为“假设个体行为旨在实现个体期望效用最大化”的较弱假设，或是“假设个体行为旨在实现个体利益最大化”的较强假设。[①] 迅速发展的法学与行为学理论正在探索理性选择理论在一些情况下预测行为失败的原因。“有限理性”是一个很宽泛的概念，有时被用于概括个体背离理性选择模型所实施的各种各样的行为模式。有限理性的其中一个方面表现为现状偏差现象（status quo bias），Russell Korobkin 在探究现状偏差现象时发现，在合同谈判时，相比于自己制定违约条款，个体更倾向于使用标准格式条款。[②] Korobkin 也将这种偏好称为合同谈判中的惯性理论（inertia theory），在对待侵犯隐私的格式条款或者惯例时，惯性理论实际上限制了个体的选择，使他们不理性地接受格式条款。[③]

这些从事隐私侵入活动的产业所采取的侵权行为远不止签订格式条款与设定行业惯例那么简单。他们可以继续提高网络浏览器、无线电话等产品的技术标准，从而维持已经取得的信息披露最大化的现状，商家们甚至会进一步剥夺个体选择其他标准与行为的机会，使个

① Russell B. Korobkin & Thomas S. Ulen, *Law and Behavioral Science: Removing the Rationality Assumptionfrom Law and Economics*, 88 Cal. L. Rev. 1051, 1055 (2000).

② Russell Korobkin, *Inertia and Preference in Contract Negotiation: The Psychological Power of Default Rules and Form Terms*, 51 Vand. L. Rev. 1583, 1587 - 1588 (1998).

③ Paul M. Schwartz, *Internet Privacy and the State*, 32 CONN. L. Rev. 815, 822 - 823 (2000).

体别无选择而只能被商家们牵着鼻子走。个体消费者在面对商家的统一战线时显得势单力薄，如果他们能够团结一致地开展行动，也许他们还可以为自己争取到一定的选择权。但是正如下一部分所示，消费者总是面临着实质的集体行动难题，以至于他们无法团结起来。

4．集体行动难题

个体保护自己隐私权的尝试面临着集体行为的难题。Mancur Olson 解释道，在一个大型集体中，每个成员只能对集体作出少量的贡献，即使不作贡献也不容易被人发现，所以每个人都难免强烈地希望自己可以偷懒等着享受其他人的努力成果。[①] 在个体的隐私权语境下，收买隐私信息的公司通过交换私人信息来创造商品与服务，单个个体可以拒绝与这些公司交易以保护自己的隐私权。然而此举给个人带来的损失也是实质的，并且能够给集体带来的利益也微乎其微。结果，处于类似处境的个人很可能放弃了自己的维权行为，继续将私人信息透露给那些公司。他们侥幸地等待着其他人能够采取强硬的姿态，而自己便可以不费吹灰之力地从那些人的维权行动中分一杯羹。当然问题就出现了，只有极少数人确实以强硬的态度拒绝接受那些有损隐私权的条款，这种少数的反抗并不能给隐私市场带来什么实质的影响。

此外，还有一些其他因素导致消费者无法团结起来以集体行为抵制格式条款与惯例。首先，关于网络隐私权，电子商务的分散性使集体行动更加难以形成。即使存在一个经验丰富的消费者小集体，他们对特定的侵犯隐私行为十分了解，但是由于庞大的网民数量以及网民间的相对独立，因此这些知情者很难将网站的侵犯隐私行为告知其他利害相关的消费者。其次，即使所有的消费者都充分认识到这些格式隐私惯例的危害，他们通常也不得不选择接受或者拒绝这些条款，而不是通过协商、争取改变不平等的现状。即使是在人们设想的互联网的新疆域，退出一项交易的成本可能也会相当高，例如，消费者们需要放弃已经投入的学习使用一项特定设备的时间与资源，或者是退出交易需要消费者作出一些管理方面的实质变动，如更改电子邮箱地址

① Mancur Olson, The Logic Of Collective Action: Public Goods And The Theory Of groups 16 (2d prtg. 1971).

或者网络银行。再次，由于商家通过重复使用格式条款不仅可以实现交易便捷，还可以获得许多其他效率上的益处，但个体消费者完全不会因此而受益，所以与商家相比，个体消费者总是处于劣势地位。基于上述这些原因，如果交易双方在交易时制定、草拟非格式规则而不采用格式条款，那么消费者需要比商家付出更高的代价。最后，即使一个经验丰富的消费者小集体得以建立，商家也不会为如此小规模的消费者而修改其针对所有消费者的隐私条款，顶多只会为这一小集体的消费者提供更有利的条款以平息风波。

目前，提出的两种针对集体行动难题的解决方案值得我们关注。第一种解决方案是利用隐私验证程序，或者称为隐私认证计划。理论上，这些计划由独立的实体进行操作，它们给那些拥有符合一定标准的隐私条款的公司授予批准认证，那些符合标准的条款包括声明该公司将收集用户的哪些信息、信息的用途以及用户改正被收集信息中的错误的机会等。理想情况下，消费者可以只与这些获得批准认证的商家进行交易，避免隐私权受到侵犯。不同的认证计划甚至可能会逐步形成保护水平不同的隐私权保护体系。然而，这些隐私认证计划也有许多缺陷。首先，对这些计划的参与完全由商家自愿决定。迄今为止，只有为数不多的商家选择参与隐私认证计划，显然也没有任何外部压力迫使它们参与。并且隐私认证机构也常常被指责不作为，对于已经获得认证的公司所实施的违反认证标准的行为未实施任何制裁。截至2000年12月，尚未有任何一家隐私认证机构曾经撤销或终止任何公司的认证，并且那些持有隐私认证的公司的隐私侵权行为，通常是被媒体或是隐私倡导组织所揭露的，而不是那些认证机构。

另一种解决集体行动难题的方案是Lawrence Lessig所描述的“电子管家”，“电子管家”是经由个体委托进行隐私权条款协商的隐私权代理工具。[①] 这些隐私代理工具的最杰出代表就是隐私偏好设置计划平台（the Platform for Privacy Preferences Project），被称为P3P程序。在P3P程序标准下，用户与网站可以在规范的列表中互相明示他们的隐私惯例。然后，每个用户代理会与网站进行协商，阻止

① Lawrence Lessig, Code: And Other Laws Ofcyberspace 160 (1999).

（或者至少是警告用户注意）那些隐私惯例不符合用户隐私偏好的网站。① 理想情况下，隐私代理可以为用户省去逐字逐句阅读其访问的每个网站的隐私条款的麻烦。P3P 要求网站对他们的隐私惯例按等级排列形成一份隐私代理可以读懂的列表，从而实现这种自动化协商。

隐私代理旨在解决消费者的集体行动难题，然而其主要缺陷在于隐私代理的实现要求商家集体与他们自己的利益作对。隐私代理的运行必须依赖于商家对他们的隐私惯例按等级进行精确的排列，但是商家们必然会排斥这些要求，拒绝接受这种使消费者形成集体行动以表达他们的隐私偏好的方法。据 2002 年 3 月进步与自由基金会的一项调查显示，302 家任意抽样的网站中 4% 的网站以及最受欢迎的 85 家网站中的 22% 网站，使用 P3P 程序。根据开发 P3P 程序的 World Wide Web Consortium 公司的说法，截至 2002 年 7 月 8 日，只有 445 家网站正在使用类似的 P3P 程序。

P3P 程序还有另一个缺陷。P3P 程序并不涉及任何实际的制裁机制，因而无法保证网站能够始终遵守其声称的隐私惯例。P3P 程序甚至会锁定整个隐私交易行业的侵犯隐私权的活动模式。而且 P3P 列表对于一些用户还是显得过于复杂，以至于用户不会使用。最后，因为列表本身是由 P3P 设计者选择的，而不是个体用户自己选择的，所以 P3P 协议可能具有剥夺用户表达隐私偏好的权利的风险。

（二）政治领域的市场失灵

Charlotte Twight 创造了“政治交易成本操纵（political transaction-cost manipulation）”这一术语，她将该术语定义为，“当人民实施的集体政治行为涉及影响政权的事务时，‘政府官员’故意修改人民进行集体政治行为的成本，以阻碍集体行为的发生。”Twight 阐释了经济领域与政治领域间的平行性，这一观点非常具有理论价值。她将政治市场中的“改变政府作用与范围的集体政治行动”与经济市场中的市场交易进行类比。在经济市场中，交易成本包括获取信息的成

① Lawrence Lessig, *The Law of the Horse: What Cyberlaw Might Teach*, 113Harv. L. Rev. 501, 521 (1999); World Wide Web Consortium, *P3P and Privacy on the Web FAQ*, #1: What Is P3P?, at http://www.w3.org/p3p/p3pfaq.html (last modified Jan. 29, 2002).

本、合同谈判的成本以及履行合同的成本。相应地，在政治市场中，个体与立法者的交易成本包括“认知特定政府行动与职权的净成本、评估特定政府行动与职权的净成本与采取集体行动所花费的成本”。

Twight 将政治交易成本操纵分成两种类型：①合意成本操纵与实施成本操纵，也就是操纵个体对政府领域行为与非政府领域行为的进行划分、形成集体合意并且实施集体行为的成本；②操纵人们在决定如何划分政府领域行为与非政府领域行为时所付出的信息成本。这两种操纵类型都涉及 Twight 所称的“人为的”政治交易成本。为了反映政治市场失灵与经济市场失灵之间的平行关系，笔者对 Twight 的理论进行了少许改进。对政治交易成本的操作可以被细分成三个类型：信息不对称；杠杆式的杰出谈判能力；递增主义。

1．信息不对称

政府在参与法律的起草、推进过程中隐瞒法案真正的法律效果、用晦涩的语言歪曲陈述其法意时，政治市场中就发生了信息不对称。这种信息不对称所导致的信息不完全与信息错误使公民无法意识到自己的隐私权正遭到侵犯、更无法对侵犯隐私权的法律提出反对。

政府可以在立法活动中，将侵犯隐私权的条款隐藏入那些与隐私权无关的法律中，从而实现其政治目的。近期的一个例子恰好能够说明这种现象，即 1966 年颁布的《健康保险携带和责任法》（HIPPA）。[①] 在其“简化管理”的名号下，隐藏着政府的别有用心，它要求卫生与公共服务部对所有参与卫生医疗制度的公民适用标准化的唯一卫生识别码。

唯一卫生识别码条款是在《健康保险携带和责任法》通过前的最后时刻，由俄亥俄州众议员 David Hobson 提交，并悄悄地藏入《健康保险携带和责任法》中的。Hobson 从 1993 年起就一直在推动医疗机构、数据处理公司及其他协会组织对“唯一个人识别码”的使用。事实上，Hobson 并没有亲自进行立法，该法条的起草得益于：“紧要关头下私有利益与数以亿计的美元的联合推动，涉及的机

① Health Insurance Portability and Accountability Act of 1996, Pub. L. No. 104 - 191, 110 Stat. 1936 (codified in scattered sections of 29 U. S. C., 42 U. S. C., 18 U. S. C., 26 U. S. C.).

构组织包括了美国卫生信息管理协会、美国医院协会、电子医疗事务协会、国际商务机器公司（IBM）以及电子数据交换委员会。”①

直到 Hobson 在 1996 年竞选连任时，“得益于《健康保险携带和责任法》中唯一卫生识别码立法取得的卫生、保险以及信息利益”就达到了 28000 美元。其中，受益最大的是参与立法的美国医院协会。而在《健康保险携带和责任法》尚未通过时，联席保荐人 Sen. Kassebaum 的手下的两名职员就已经在就享有药品卫生保险的工作福利进行谈判。Kassebaum 的卫生政策顾问 Dean Rosen 也正在就担任华盛顿 Glaxo Weilcome 国际制药公司的政府事务主管一职进行协商。

尽管唯一卫生识别码条款藏身于法条之中，但建立唯一卫生识别码的要求最终还是被公之于众，遭到了猛烈的批判，并被迫于 1998 年《卫生与公共服务部白皮书》中作出提示，标题为“个人的唯一卫生识别码”。② 卫生与公共服务部提出了六种可以作为识别信息的“候选识别码”供机构选择，其中包括社会保险号（SSN）及一些生物识别码，如指纹、声纹、视网膜、虹膜及 DNA。白皮书提示道，卫生与公共服务部门可以借唯一卫生识别码大大提高工作效率，“从公民在医院产房出生开始”，“有关部门就可以立刻为新生儿分配一个出生证明码、一个社会保险号、一个卫生识别码。”在白皮书对唯一卫生识别码进行披露后，《纽约时报》发行了一篇头版文章对唯一卫生识别码计划进行宣传。卫生识别码的要求“使自由主义者以及保守派人士十分恐慌，他们担心无论设置了何种预防措施，他们的隐私权最终都会被政府侵犯”。③ 为了回应公众反对的呼声，副总统 Gore 在 1998 宣布，在全面的医疗隐私保护制度建立之前，行政机关不会实行唯一卫生识别码制度。随后，国会禁止卫生与公共服务部发布类似的识别码，并且卫生与公共服务部也停止了发行唯一卫生识别码的计划。显而易见，建立统一的卫生识别码的体系构想必然受到公

① Center for Public Integrity, *Nothing Sacred: The Politics of Privacy* (1998), at 34.

② U. S. Dep't Of Health & Human Servs., Unique Health Identifier For Individuals: A White Paper § III. A. 1, *available at* http://www.epic.org/privacy/medical/hhs-id-798.html (July 2, 1998).

③ James P. Lucier, *Antiprivacy Plot Is Well-Kept Secret*, INSIGHT, Aug. 24, 1998, at 16, *available at* 1998 WL 9105765.

众的强烈反对。而国会通过在《健康保险携带和责任法》中隐藏识别码条款，避开了公众的反对，但这也只是暂时的安全。但是，我们应该意识到，并非所有类似的误导行为最终都能真相大白。

政府也同样将侵犯隐私权的立法贴上保护隐私权的标签，从而制造政治隐私市场的信息不对称。一个经典的例子就是1970年颁布的所谓的《银行保密法》。[①] 不知情的普通公众永远也想不到这样一部保密法竟然要求银行永远保存他们的银行记录，以便政府在“刑事犯罪案件、税务案件以及行政调查及行政诉讼”[②] 中使用。

2．杠杆式的杰出谈判能力

政府同样也将侵犯隐私权的立法与政府利益相挂钩，以便利用其杠杆式的杰出的谈判能力，实现政治目的。1935年，当国会打算为所有美国公民退休账户设立社会保险号时，为了保证提案的顺利通过，国会将社会保险号计划与一些受民众欢迎的计划，例如“基于需求的养老救助计划、失业补助计划及妇幼卫生服务计划等”[③] 相挂钩。在痛苦挣扎的大萧条时期，民众不会反对那些重要的社会福利计划，自然就不会对政府建立识别、认证每个美国公民的国家资料库的行为提出反对。通过将侵犯隐私权的立法与那些民众喜闻乐见的计划相结合，政府的社会保险号计划受到了民众的广泛支持，同时也大大提高了反对这些计划的政治交易成本。

国会随后利用杠杆式的杰出谈判能力确保社会保险号在全国范围内广泛使用，使之成为事实上的国民识别码。理论上，在人们开始工作并且缴纳社会保险基金之前，根本没有取得社会保险号的需要。但是在实务中，国会通过一些鼓励措施，对那些为子女注册社会保险号的家长实行所得税减除政策，有效地排除了其他影响公众选择的因素，从而实现社会保险号对全民的普遍使用。

① Pub. L. No. 91－508, 84 Stat. 1114 (1970) (codified at 12 U. S. C. § § 1730d, 1829b, 1951－1959 (2000); 18 U. S. C. § 6002 (2000); 31 U. S. C. § 321, 5311－5314, 5316－5322 (2000)).

② 12 U. S. C. § 1951 (b) (2000).

③ Charlotte Twight, *A Constitutional Counterrevolution*, Ideas On Liberty, Oct. 2000, at 15, 20.

3. 递增主义

最后，政府递增地继续发展了许多侵犯隐私计划，逐渐使社会公众的隐私期待消退。在社会保险号使用率呈指数型增长过程中，递增主义是最有效也最普遍的手段。1935 年，政府官方向所有美国人宣布，社会保险号将成为识别他们社会保险账户的唯一方式。尽管表面上看来这是政府进一步侵入公众隐私的举措，但在实行逐渐递增的进一步行动之前，联邦政府就已经确保了社会保险号不仅在社会保险制度上被广泛使用，还被广泛用于政府机构、州政府以及其他商业部门的身份识别领域，因而这一递增的举措不会太过引起民众的注意。

1943 年，Roosevelt 总统发布了一项总统行政命令，要求联邦各机构摒弃各个机构分门别类地使用各自的认证系统的做法，统一使用社会保险号作为身份识别手段。20 世纪 60 年代，三个联邦机构采用社会保险号作为识别码：文官委员会于 1961 年采用，国内税务署于 1962 年采用，国防部于 1967 年采用。20 世纪 70 年代，社会保险号的使用范围扩展至各州政府的福利计划。1972 年，联邦政府开始对依法承认的外国人以及接受或申请联邦福利的任何公民发放社会保险号。家庭及抚养子女援助计划以及食品券计划，分别于 1975 年、1977 年开始使用社会保险号进行资格审核。1976 年，州政府开始将社会保险号用于税务事项、公共援助、身份证明以及驾驶执照。在 20 世纪 80 年代、90 年代，社会保险号的使用甚至更加普遍。20 世纪 80 年代，社会保险号被扩大使用于学校午餐计划、有息银行账户、商用机动车辆驾驶执照、献血认证以及国家助学贷款数据系统。20 世纪 90 年代早期至中期，社会保险号的使用扩展到退伍军人事务部的补助金支付、商业驾驶执照、职业证书、结婚证书以及死亡证明。

公众对国家资料中心计划与统一卫生识别码的反对呼声告诉我们，政府不能一步到位地实施对他人的隐私侵犯。相反的，通过分步骤逐步递增地实施侵入，政府实现了其创建社会保险号档案的目标，记录下公民从摇篮到坟墓的所有信息。政府可以通过社会保险号认证的联邦资料库，获悉公民的学历、病史、就业信息、金融交易、公共福利收入、社会保险福利以及死亡证明。由此，联邦政府得以建立起事实上的国民认证系统，记录公民从摇篮到坟墓的所有信息。

五、结语

上述的观察结果已经提供了强有力的论据以论证，实施保障他人隐私权的宽泛的结构性措施的必要性。其他一些学者也提出了许多类似的结构性措施，因此笔者将不再对此进行详细阐述。尽管如此，笔者还是应当指出以上冠以合理隐私期待的分析是如何论证实施结构性改革的必要性。

保护隐私权最为彻底的结构性措施是建立一个隐私委员会作为联邦政府的一部分。尽管这样的隐私委员会没有强制执行的权力，但其有助于消除他人在主张隐私权保护时遭遇到的信息方面的障碍、议价能力不平衡问题以及集体行动难题等。委员会可以通过对侵犯隐私的行为的调查和公布以及适当的建议型立法或管理性措施，对行业和政府施加影响。这将有助于缓解他人由于信息不对称而处于劣势地位的现状。同时，委员会还可以采用其杰出的谈判能力去说服相关行业修正那些侵犯隐私的格式合同和技术标准。委员会还可以给予他人强有力的声援，帮助他们克服集体行动的难题。最后，委员会可以通过出版研究文章，分析隐私权的概念是如何随着时间而变化并在将来可能会如何变化，解构他人自觉内化侵犯隐私行为的倾向。如果赋予隐私委员会强制执行权力，委员会还可以直接制止特定的隐私侵权行为并且鼓励他人采取对隐私的预先保护。然而即使没有强制执行权力，委员会也可以发挥其影响力，向适当的有强制权的权力机关披露那些不合法行为。

在消费者隐私权领域，隐私保护的倡导者一直以来都呼吁通过出台特定的立法或管理规章对相关行业进行规制，要求相关行业应当采用选择性加入而不是选择性退出的方法去收集用户的个人信息。一项有意义的选择性加入要求，将会通过简单的指令语言来提示他人信息商将收集何种信息以及将如何使用这些信息，从而改变双方的信息不对称。这将使消费者更充分地认识到透露其资料将产生的后果。上文提到的一个例子就说明了选择性加入的方法比选择性退出更为有效。1994 年颁布的《司机隐私保护法》就禁止州政府在未经司机同意下为特定目的而披露其个人信息，但该法允许州政府在司机没有作出选

择性退出时推定司机同意政府对其信息的使用。[①] 一项 1999 年的修正案把 1994 年该法的保护方案修改为选择性加入，即国家在没有获得驾驶者的明示同意下不得披露其信息。[②] 在俄亥俄州推行选择性加入法律后的一个月内，仅有屈指可数的司机明示作出选择性加入。在消费者的要求下，选择性加入方法将信息披露责任从消费者身上转移到商家身上，即商家有义务告知消费者有关他们个人信息可能的使用情况，并清晰地说明他们要求消费者同意披露个人信息的做法的合法性。在商家建立了与每一位消费者交换信息的机制之后，商家就能够更好地承担起信息告知义务。另一种可替代的选择就是，要求每位消费者去搜寻并了解每个商家的隐私政策及行为，但这种方式显然是对消费者有限资源的浪费。

消费者隐私权立法应当要求每个商家，在每次将消费者信息披露给第三方时，都必须取得消费者的明示同意，以此进一步防止信息不对称现象的发生。商家还可以通过电子邮件或者明信片的方式向消费者发送提示，利用电子邮件、网站或者免付费的电话告知消费者其拥有允许或是拒绝信息披露的选择权。这项提示还应当披露接收消费者信息的第三方的身份。尽管一些消费者已经模糊地意识到他们的信息可能被别人所披露，但大部分消费者对于数据网络的普及程度仍然一无所知。消费者仅仅是在每一次得知有关信息披露的实例时，才会产生保护自己隐私权的意识。时至今日，仍然缺少一项有实际意义的同意机制，从而使消费者在信息披露的程序当中拥有实质的拒绝授权行为人披露其信息的权利。

基于上述提议，一项更引人注目的步骤就是防止公司对那些不愿意透露个人信息的消费者设定歧视性的条款和限制。《司机隐私保护法》就为这种步骤的实施提供了一种立法模式。[③] 一项 2000 年的修正案就禁止州政府在给公民发放驾驶执照、头衔或是让公民登记以获得公民对信息披露的明示同意时，“以任何形式对公民进行条件限制

---

① Driver's Privacy Protection Act of 1994, Pub. L. No. 103 – 322, § 300002 (a), 108 Stat. 1796, 2099 (1994).

② Department of Transportation and Related Agencies Appropriation Act of 2000, Pub. L. No. 106 – 69, § 350 (c) – (e), 113 Stat. 986, 1025 (1999).

③ A. Michael Froomkin, *The Death of Privacy?*, 52 Stan. L. Rev. 1461, 1463 (2000).

或设定负担”。[1] 虽然一些人可能会抗议，认为此举将会剥夺某些自愿出售个人隐私的个体的自由，但是这也许是解决递增主义带来的问题唯一有效的办法。递增主义使得消费者认为每一次个体隐私交易的收益都远远高于损失仅仅1比特大小的个人信息的成本。

阻止商家歧视那些不同意透露信息的消费者的做法，还可以检验某些行业的冠冕堂皇的声明是否真实，这些行业总是声称大部分人都可以从私人信息共享中获得实际的利益，如目标广告和完善的服务。一方面，如果这项声明是正确的，那么许多个体还是会自愿地共享他们的资料，而另一些更注重自己隐私权的个体也会更容易得到保护。另一方面，如果这项声明是错误的，那么就只有寥寥无几的人会自愿地透露私人信息，立法就可以帮助人们趋利避害，不再为了追求短期的眼前利益而牺牲长期的隐私安全。

商家，尤其是网络商家，会抱怨这样的立法会大幅度地增加他们的成本，以至于他们无法再把这些成本转移到消费者身上。这项抗辩的前提是，假设共享私人信息是商家商业活动的主要部分。然而，更恰当地说，当前的私人资料交易应该被理解为是商家创造其他收入流、补充主要商业活动的一种尝试，并非其商业活动的主要部分。与其不同的是，一些数据归档者和网络公司的活动与收益几乎完全依赖于信息共享，因而限制私人资料交易将会对这些公司造成致命的打击。这也说明了我们对私人资料交易行业的容忍，也许仅仅是对无效率的商业活动的一种资助。

相比之下，工作场所的隐私保护似乎更需要进行结构性改革。正如商家与消费者之间谈判能力的悬殊，雇主也具有远远强于雇员的谈判能力。正如上文所讨论的，雇主充分地利用了合理期待的隐私理论的本质，采取先发制人的措施、减损雇员的隐私期待。立法者则对雇主进行限制，禁止其采取降低雇员隐私期待的手段，从而缓和双方力量的不平衡。例如，新的隐私权立法可以对雇主进行限制，仅允许其在某些情况下对雇员的电子邮件和网络使用进行监控，也可以禁止雇主在雇佣政策和合同中声明其将对雇员的网络使用进行监控。在这种

---

① See Pub. L. No. 106 –346, § 309 (e), 114 Stat. 1356 (2000) (codified at 18 U. S. C. § 2721 (e) (2000)).

情形下，隐私委员会就可以发挥有益的作用，例如要求雇主向雇员作出，类似于职业安全与卫生部门所要求的工作场所安全提示的隐私声明。

比探究特定的解决方法更为重要的是，人们要认识到隐私权是一项期待权。这场隐私权之战的胜败并不是取决于对隐私权本质的理论争辩，而是取决于那些足以影响社会隐私期待的具体行动和主张。如今，一些最重要隐私保护工作几乎都是由那些致力于揭露并阻止侵犯行为的监察人和拥护团体来实施的。我们在探究引起隐私权的原因时，最好不要执着地局限于对哪些事务应当属于隐私权的范围的抽象争论，我们不仅应当仔细地分析当前社会的隐私期待是什么，还应该讨论我们当前的隐私期待是如何发生改变，又是为何发生改变。在合理期待的隐私理论下，我们现在拥有的隐私期待将会决定明天法律如何保护我们的隐私权。

震惊世人的“9·11”恐怖袭击事件使原有的个人隐私与公共安全之间的脆弱的平衡变得更加倾斜于后者。而如今，现实的公共危险前所未有地蒙蔽了决策者的双眼，使他们忽视那些侵害隐私权的行为，尽管这些行为单独看来效果都很有限，但其造成的后果却是影响广泛的、潜在的、不可挽回的。新的《美国爱国者法》[①] 已经实质性地扩大了政府的对公民实施监督、监视的权力。就其中一例而言，《美国爱国者法》扩张了可以披露、使用的互联网信息的类型，即任何“政治实体”——不仅仅局限于执法机关——都可以未经授权或是法院命令审阅私人信息。[②] 他们需要做的仅仅是通过电子数据交换服务供应商，向他人提供一份行政传票、大陪审团传票或是审判庭传票。[③] 最新被认可的信息包括互联网会议的时间和持续时长，IP 地址以及用户用于支付互联网服务的信用卡或者银行卡账号。实际上，即

① Uniting and Strengthening America by Providing Appropriate Tools Required to Intercept and Obstruct Terrorism (USA Patriot Act) Act of 2001, Pub. L. No. 107 - 156, 115 Stat. 272 (2001) (codified in scattered sections of 8 U. S. C., 15 U. S. C., 18 U. S. C., 22 U. S. C., 31 U. S. C., 42 U. S. C., 49 U. S. C., 50 U. S. C.).

② 18 U. S. C. § 2703 (c) (2), *amended by Pub. L. No.* 107 - 156 § 210, 115 Stat. 283 (2001).

③ 18 U. S. C. § 2703 (c), *as amended by* USA Patriot Act § 210.

使没有新的立法或者行政措施，许多商家也会在遭遇袭击之后的几天内，就不顾他们自身的隐私政策而向执法机关披露相关信息。国会认为《美国爱国者法》是一部正当、合法且必需的法律，其有助于“制止并惩罚发生在美国乃至全世界的恐怖活动，强化法律执行调查的力度”。但其对社会公众隐私期待所产生的影响将会远远超过对恐怖分子或者其他执法调查目标的影响。实际上，任何互联网用户都应该意识到这样一种可能性，即政府机构可以轻易地获悉他们的信用卡或者银行卡的账号、他们的 IP 地址或者是他们的网络会议的日期和时间。①

那些制定法律和政策的人必须要在他们制定决策的权衡中考虑到，这些法律与政策的出台将给隐私权带来哪些长远的影响。然而，那些实质上削弱隐私权的措施，往往通过表面上更为具体正当的目标，诸如效率、刑事威慑以及安全等，而被证明是正当可行的。在某种程度上，政策制定者根本不是如其所言，为了在某些所谓的正当目的与隐私权之间寻求平衡，而不得已选择削弱隐私权。在这种情况下，只有社会公众最迫切需要的隐私权才会被他们纳入考虑之中。举例说，由于航空公司在向乘客身份进行常规询问时，人们必须向大多数的边境检察机关出示他们的护照或者其他身份信息，所以采用国民身份证以增强机场或者边界的安全的措施往往会导致个人仅仅享有最低限度的隐私权。

然而，这样一种狭隘的观点忽视了国民身份证所带来的普遍的不可预料的后果。如果像上文所述，只考虑社会公众最迫切需要的隐私权，那么对国民身份证的二次使用就会以指数方式成倍地增加，对社会保险号的使用也是如此。一个国民身份认证系统需要一个国家资料库、一个单一的识别码——一些数字或者是一些生物性信息，例如指纹或者面部识别图像——以匹配每一个持卡人。不管是在政府内部还是外部，这样的一种集中的公共建设必然面临着不可避免的二次使用。福利机构可以把相关信息纳入其资料库当中以防止人们欺诈而从中获利，执法机构还可以将刑事犯罪记录合并到资料库当中。资料库

① 18 U. S. C. § 2703 (c), *amended by* Pub. L. No. 107 - 156 § 210, 115 Stat. 283 (2001).

中还可以拥有保密性医学信息，并可以作为1996年颁布的《健康保险携带和责任法》当中提出的普适的卫生识别码。在商业领域，金融机构和商家可以坚持要求消费者出示有效的国民身份证作为发放信用或者引导与其他个体交易的条件。

尽管政府努力地对私人信息进行保密，但是这样的集中式的私人信息资料库似乎注定无法摆脱被滥用的命运。任意举一个恶名昭彰的例子，“二战”期间，政府将本应保密的人口统计局的信息，用于识别日裔美国人，将他们监禁到集中营里。此外，如上文所讨论的，虽然政府官员被规定不得将保密信息用于牟取个人利益或者政治利益，但即使是国内税务署的机密信息也不免容易受到内部人员的滥用或是外部黑客的窃取。

国民身份证的每一次递增的扩张使用都会进一步侵蚀他人的隐私期待。从机场到福利部门，从银行到商家，特定场合下出示真实私人档案的要求几乎也是不可避免地扩张着。那些需要接受常规披露、审查的资料类型也同样在不断扩张——从我们的身体特征到我们的地址，再到我们机密的医疗信息与金融信息。伴随着这一递增过程中的每一步骤，他人会对私人信息可以被行为人肆意监视的观念越来越习以为常。到那时候，私人信息的披露将会成为一项规则，而非一项例外。

如国民身份证的例子所论证的，政府必须认识到其行为及主动性早就远远超过了社会公众的隐私期待。如果政府屈服于短期的担忧而无视了其行为所造成的长远的隐私权后果，那么，不可避免的二次使用、铲除恐怖分子的积极性所导致的不可预知的后果，都会使隐私权沦落为反恐战争的陪葬品。